NORDRHEIN-WESTFALEN
— eine Kulturlandschaft

North Rhine/Westphalia — a cultural landscape

Rhénanie-du-Nord-Westphalie — terre de civilisation

Herausgeber / Editor / Editeur	Heide Ringhand
Autoren / Authors / Auteurs	Rolf Buttler
	Werner Ringhand
	Johannes K. Glauber
	Bert Frings
	Günter Isfort
	Die Präsidenten der Industrie- und Handelskammern

Wir in Nordrhein-Westfalen: Vielfalt ist unsere Stärke

Am 2. Oktober 1946 trat der erste, damals noch von den Briten ernannte nordrhein-westfälische Landtag in der Düsseldorfer Oper zusammen. Die Rückwand schmückte ein großer Union Jack, die Fahne des Vereinigten Königreiches. Nordrhein-Westfalen — ein neues Land — entstand aus dem Ruinenfeld, das Hitlerdiktatur und Krieg hinterlassen hatten. Obwohl die großen Landesbereiche Westfalen und Rheinland seit Jahrhunderten wirtschaftlich, aber auch kulturell und emotional eng miteinander verbunden waren, gab es damals nicht wenige, die Zweifel anmeldeten: Würde Nordrhein-Westfalen — das »Bindestrich-Land«, wie es auch genannt wurde — bestehen und seine Chance nutzen können?

Die Geschichte hat diese Zweifel zerstreut: Das traditionelle Industrieland Nordrhein-Westfalen hat sich zu einer der vielfältigsten und dichtesten Kulturlandschaften der Welt entwickelt. In vielen Bereichen hat unser Land eine Spitzenstellung unter den Bundesländern erreicht. Industrie und Handwerk an Rhein und Ruhr, an Weser und Wupper haben die ökonomische und ökologische Erneuerung, die wirtschaftliche Leistungskraft und den Umweltschutz in Einklang bringt, geschafft. Die Bedeutung Nordrhein-Westfalens als dem stärksten Bundesland im vereinten Deutschland wird durch den europäischen Binnenmarkt zusätzlich wachsen. Mit 49 Hochschulen hat Nordrhein-Westfalen eine Hochschuldichte, wie sie in Europa nicht noch einmal anzutreffen ist. Für die kulturelle Attraktivität spricht etwa die Tatsache, daß rund elf Millionen Menschen jährlich die Museen unseres Landes besuchen. Das Wichtigste aber ist: Die Menschen fühlen sich wohl hier. Ganz selbstverständlich sagen die meisten Bürger, unabhängig von Weltanschauung und Überzeugung, »Wir in Nordrhein-Westfalen«. Mit Münsterländer Platt oder Kölsche Tön, Siegerland oder Selfkant, Porta Westfalica oder Drachenfels, mit Rheinischem Sauerbraten oder Bergischer Kaffeetafel — bei uns zeigt jede Region ihr eigenes Gesicht. Unverkennbar in ihrer Tradition sind alle Regionen jedoch durch Toleranz und die gemeinsame Heimat Nordrhein-Westfalen miteinander verbunden. So macht es Freude, sich Nordrhein-Westfalen mit diesem schönen Band zu nähern und sicher auch vieles neu zu entdecken.

Johannes Rau
Ministerpräsident des Landes Nordrhein-Westfalen

North Rhine/Westphalia: Diversity is our biggest asset

The first state parliament of the new Land North Rhine/Westphalia met in the Opera House in Düsseldorf on 2 October 1946. The rear wall of the hall in which the parliamentarians met was adorned with a huge Union Jack, the national flag of Great Britain, for this first parliament had been appointed by the British occupying forces. North Rhine/Westphalia was a new Land created amidst the ruins left by Hitler's dictatorship and the war. Although Westphalia and the Rhineland had maintained very close economic, cultural and emotional ties for many centuries, many people had their doubts whether the »hyphenated Land« as North Rhine/Westphalia was known (it is written with a hyphen in German) could actually survive and seize its opportunity.

History has proved the doubters wrong: traditionally an industrial centre, North Rhine/Westphalia has become one of the world's most diverse and densely populated cultural centres. Our Land has in many fields achieved a leading position among the German Länder. Industry, trade and commerce around the rivers Rhine, Ruhr, Weser and Wupper have rejuvenated the region economically and ecologically, harmonizing economic strength and environmental protection. North Rhine/Westphalia's position as the strongest state in a united Germany will become even more important in the single European market. With 49 colleges and universities, North Rhine/Westphalia has more centres of excellence per head of population than any other region in Europe. And the fact that around eleven million people visit the museums dotted about the Land every year demonstrates just how attractive it is as a cultural centre. What is most important, however, is that people are happy here. Regardless of their view of the world or confession, most of the people here simply refer to »us in North Rhine/Westphalia«. Be it the local dialect of Münster or Cologne, the Siegerland or Selfkant, Porta Westfalica in the north or the Drachenfels overlooking the Rhine, culinary deligths such as Rheinischer Sauerbraten (sweet'n'sour beef) or Bergische Kaffeetafel (lavish spread of cakes, coffee, bread and sweetmeats): every region here has its own speciality. Yet all the regions are quite unmistakably and traditionally bound by their tolerance and common roots in North Rhine/Westphalia. It is a pleasure to rediscover our Land in this beautiful book and no doubt discover many new sights in the process.

Johannes Rau
Prime Minister of North Rhine/Westphalia

Nous autres, de Rhénanie-du-Nord-Westphalie: notre force, c'est la diversité

C'est le 2 octobre 1946 que, dans les bâtiments de l'Opéra de Düsseldorf, se réunit le premier Landtag de Rhénanie-du-Nord-Westphalie, un parlement désigné, à l'époque encore, par les Britanniques. Déployé sur le mur du fond de la salle, un grand 'Union Jack', drapeau du Royaume-Uni. La Rhénanie-du-Nord-Westphalie — Land nouveau — était en train de naître des ruines qu'avaient laissées derrière elles la dictature hitlérienne et la guerre. Bien que les grandes régions de Westphalie et de Rhénanie aient été, depuis des siècles déjà, étroitement unies, tant sur un plan économique que culturel et émotionnel, nombreux étaient alors ceux qui se demandaient si la Rhénanie-du-Nord-Westphalie, cet «état trait d'union» comme on l'appelait aussi, allait vraiment être à même d'exister et de saisir la chance qui s'offrait à elle? L'histoire a dissipé ce doute: le Land de Rhénanie-du-Nord-Westphalie, traditionnellement industriel, est devenu l'une des régions civilisées les plus diversifiées et les plus concentrées du monde. Dans de nombreux secteurs, notre Land occupe désormais, au sein des Länder de la République fédérale, une position de tête. Sur les bords du Rhin et de la Ruhr, de la Weser et de la Wupper, l'industrie et l'artisanat ont su procéder à un renouvellement économique et écologique à même de concilier rentabilité économique et protection de l'environnement. L'importance qui sera celle de la Rhénanie-du-Nord-Westphalie, Land le plus puissant de l'Allemagne unie, va croître encore, grâce au marché unique européen. Avec ses 49 établissements d'enseignement supérieur, la Rhénanie-du-Nord-Westphalie peut faire état d'une densité universitaire inégalée en Europe. La meilleure preuve de son attrait culturel n'est-elle pas que, chaque année, les Musées du Land reçoivent en gros 11 millions de visiteurs? Mais, plus important encore: on se sent bien, ici. Et c'est le plus naturellement du monde, qu'indépendamment de leurs convictions philosophiques ou politiques, la majorité des citoyens disent, en parlant d'eux-mêmes: «Nous autres, de Rhénanie-du-Nord-Westphalie». Qu'elle l'exprime au travers du patois de Münster ou de l'accent de Cologne, du Siegerland ou du Selfkant, de la Porta Westfalica ou du Drachenfels, du rôti mariné à la rhénane ou du goûter typique du Bergisches Land, chaque région a chez nous son propre visage. Le lien méconnaissable unissant toutefois entre elles ces régions et leurs traditions, c'est la tolérance et le sentiment d'avoir une patrie commune, la Rhénanie-du-Nord-Westphalie. Aussi, c'est un plaisir, au travers de ce beau livre, que d'aller à la rencontre de la Rhénanie-du-Nord-Westphalie et d'y faire aussi très certainement plus d'une découverte.

Johannes Rau
Ministre Président du Land de Rhénanie-du-Nord-Westphalie

←

S. 6/7

Ein Haus für alle Bürger soll der neuerbaute Landtag sein. Er liegt direkt am Rhein im Südwesten des Stadtkerns. Die Architekten Fritz Eller, Erich Moser und Robert Walter bestimmten die Kreisform in unterschiedlichen Höhen und Radien für den Baukörper des Landtages.

The new parliament was built for all the citizens of the Land. It is located directly on the banks of the river Rhine, to the southwest of the city centre. The circular building with different heights and radii was designed for the parliament by the architects Fritz Eller, Erich Moser and Robert Walter.

Le nouveau Landtag doit être la maison de tous les citoyens. Il est situé directement au bord du Rhin, au sud-ouest du centre. Les formes circulaires du corps de bâtiment, de hauteurs et de rayons de tailles différentes, ont été arrêtées par les architectes Fritz Eller, Erich Moser et Robert Walter.

Feierliche Eröffnung des neuen Landtages am 7. September 1988 im runden Plenarsaal.

The new Land parliament was officially opened with an inaugural ceremony in the round plenary chamber on 7 September 1988.

7 septembre 1988 — Cérémonie officielle d'inauguration du nouveau Landtag, dans la salle ronde de l'assemblée plénière.

Inhalt
Contents
Table

Einleitung
Introduction
Sommaire

Johannes Rau
Wir in Nordrhein-Westfalen: Vielfalt ist unsere Stärke — 4
We in North Rhine/Westphalia: Diversity is our biggest asset — 4
Nous autres, de Rhénanie-du-Nord-Westphalie: notre force, c'est la diversité — 5

Werner Ringhand
»Wir in Nordrhein-Westfalen ...« — 12
»We in North Rhine/Westphalia ... « — 35
«Nous autres, de Rhénanie-du-Nord-Westphalie...» — 45

Rolf Buttler
Land und Leute zwischen Rhein und Weser — 56
The land and the people between Rhine and Weser — 230
Choses et gens, entre Rhin et Weser — 243

Johannes K. Glauber
Vielfältige Kulturlandschaft an Rhein und Ruhr — 258
Cultural variety along the Rhine and Ruhr — 302
La diversité culturelle des bords du Rhin et de la Ruhr — 308

Bert Frings
Ein starkes Stück Zukunft — Wissenschaft und Forschung in Nordrhein-Westfalen — 314
Science and research in North Rhine/Westphalia: A strong future — 328
Un grand avenir: les sciences et la recherche en Rhénanie-du-Nord-Westphalie — 333

Günter Isfort
Ökologie und Ökonomie in einem Industrieland kein Gegensatz mehr — 346
Ecological and economic interests are no longer mutually exclusive — 362
Ecologie et économie dans un pays industrialisé: la fin d'une contradiction — 368

Die Präsidenten der Industrie- und Handelskammern
»Aus Nordrhein-Westfalen in alle Welt« — 388

The Presidents of the Chambers of Trade and Industry
»Around the world from North Rhine/Westphalia« — 389

Les Présidents des Chambres de Commerce et d'Industrie
«La Rhénanie-du-Nord-Westphalie dans le monde entier» — 390

Werner Ringhand

»Wir in Nordrhein-Westfalen...«

Dieser Slogan drückt das Besondere an und in Nordrhein-Westfalen knapp und einfach aus: Einmalig ist, daß Nordrhein-Westfalen aus einer Fülle von Landschaften und Regionen besteht, die ein eigenes Selbstwertgefühl und einen eigenen Charakter haben. Jede dieser Regionen hat ihr eigenes Profil, und trotzdem gehören sie alle zusammen. An erster Stelle steht die Liebe zur näheren Heimat — nach mehr als vierzig Jahren wurde aber der Bindestrich zur Klammer aller Bürger in Nordrhein-Westfalen. Das Wir-Gefühl, von Politikern etwas hölzern »Landesbewußtsein« genannt, hat seinen Ausdruck in diesem Bekenntnis gefunden: Wir *in* Nordrhein-Westfalen. Und dies weit über Parteigrenzen hinweg, ein Motto für alle im Lande; das geht so weit, daß sich Unternehmen in einer Anzeigen-Serie des Landes unter diesem Slogan zu »NRW« bekennen. Kein Zweifel, auch wenn es *die* »Nordrhein-Westfalen« nicht gibt und nie geben wird (aber auch die vielzitierten Bayern oder die Hessen gibt es so platt nicht), die Menschen in Nordrhein-Westfalen haben zu Beginn der Neunziger ihre Rolle als Zentrum im Westen, als starke Region unter den Besten im Binnenmarkt der EG, gefunden. Die Vielfalt auf jeder Ebene ist das Typische, daher gibt es auch mehr Toleranz und Liberalität als anderswo, das gemeinsame Haus heißt Nordrhein-Westfalen. Ein Land, das immer auch Verantwortung für die gesamte Bundesrepublik trug und trägt, das hinsichtlich der Bevölkerung größte Bundesland auch im einigen Deutschland, das die »Wir-in-Nordrhein-Westfalen« zum starken Bund deutscher Länder ausformen wollen.

Das Bundesland »Nordrhein-Westfalen« existiert erst seit 1946. Ein Zeitraum von weniger als 50 Jahren reicht sicherlich nicht aus, um in den Bewohnern eines neu abgegrenzten und politisch geordneten Staatsgebietes ein verbindliches und tragfähiges Staatsbewußtsein entstehen zu lassen. Auch der Name ist unglücklich gewählt. Während die zweite Bezeichnung »Westfalen« ein jahrhundertealter territorialgeschichtlicher Begriff ist, abgeleitet von dem sächsischen Volksstamm der Westfalen, hat das — auch geografisch ungenaue — Wort »Nordrhein« keinerlei Bezug auf einen bestimmten Volksteil und dessen Geschichte. Ganz anders liegt die Sache bei dem traditionellen Namen »Rheinland«, der schon für die 1815 geschaffene preußische Rheinprovinz gebräuchlich wurde und nach dem sich die Bewohner dieser Region schlicht Rheinländer nannten und gerne nennen ließen. Unter Anspielung auf die historische Bezeichnung »Rheinland«, womit das ganze Gebiet zwischen Wesel und Kreuznach gemeint war, bemängelte Konrad Adenauer bei der Einweihung des Ständehauses in Düsseldorf (1949): »Sehen Sie, daß man immer Nordrhein-Westfalen sagen muß, ist mir höchst unsympathisch. Ich finde, daß eine Silbe in diesem Namen zu viel ist, und ich würde mir wünschen, daß wir diese Silbe ablegen können.« Mit dieser Kritik an der Teilung der alten Rheinprovinz stand Adenauer damals keineswegs allein.

Nordrhein-Westfalen — eine politische Neuschöpfung, ohne eine für das politisch-gesellschaftliche Bewußtsein seiner Bewohner notwendige Verankerung in einer gemeinsamen geschichtlichen Tradition. Von Natur aus, d. h. in ihrem Charakter und ihrer Mentalität, sind die Rheinländer und Westfalen nicht gerade für eine politische Lebensgemeinschaft prädestiniert. Ohne einem Trend zu schnellen Klischeevorstellungen nachgeben zu wollen, kann man doch davon sprechen, daß die Rheinländer, mitbedingt durch ihre Landschaft und Geschichte, einen ausgeprägten Sinn für Geselligkeit und Humor, aber auch für eine gewisse Leichtlebigkeit und Oberflächlichkeit besitzen, während die Westfalen bekannt sind für ihre bis zur Verschlossenheit reichende Zurückhaltung und für ihre Ernsthaftigkeit, mit der sie die Dinge des Lebens betrachten. Um so anerkennenswerter ist es, daß seit der Gründung des Landes Nordrhein-Westfalen im Jahre 1946 alle Parteien und

Die in Stein gehauene Gestalt des Neandertalers, dessen Knochen 1856 in einer Höhle im Neandertal bei Mettmann gefunden wurden. Er gilt als Ureinwohner Nordrhein-Westfalens.

A rock carving of Neandertal man whose bones were found in a cave in the Neandertal valley near Mettmann in 1856. He is commonly considered to be the oldest inhabitant of North Rhine/Westphalia.

L'homme de Néandertal, sculpté dans la pierre. Ses ossements furent découverts en 1856 dans une grotte de la vallée du Néander. Il passe pour l'être le premier habitant de Rhénanie-du-Nord-Westphalie.

Regierungen sich darum bemüht haben, die Entwicklung eines verbindenden und verbindlichen Landes- und Staatsbewußtseins zu fördern. Schon der erste, von den Briten ernannte Ministerpräsident Rudolf Amelunxen sprach bei der Eröffnung des Landtages am 2. Oktober 1946 von einem »rheinisch-westfälischen Volk«. Und in dem ersten Entwurf der Präambel zur neuen Landesverfassung vom Januar 1947 hieß es: »Die rheinisch-westfälische Bevölkerung ist durch jahrhundertelange Schicksalsgemeinschaft auch in der Gegenwart durch vielseitige wirtschaftliche und kulturelle Beziehungen miteinander verbunden.« Eine solche »jahrhundertelange Schicksalsgemeinschaft« innerhalb der heutigen Landesgrenze hat es mit Sicherheit nicht gegeben, die euphorische Formulierung war vielmehr ein in der damaligen politischen Situation durchaus verständlicher Versuch, die Bürger des Landes für die schwierigen Jahre des Aufbaus zur Solidarität und Mitarbeit zu motivieren. Damit das nordrhein-westfälische Landesbewußtsein nicht eine politische Wunschvorstellung, eine unerfüllbare »Sehnsucht« blieb, wendeten sich die Politiker mit mehr oder weniger spektakulären Maßnahmen an die breite Öffentlichkeit. Dazu gehörten die Gründung des »Westdeutschen Rundfunks Köln« und die Stiftung des »Großen Kunstpreises Nordrhein-Westfalen« in den fünfziger Jahren ebenso wie der Aufbau der »Kunstsammlung Nordrhein-Westfalen« und das »Nordrhein-Westfalen-Programm 75« in den sechziger und siebziger Jahren. Nicht alle Aktivitäten und Institutionen fanden in der Bevölkerung vorbehaltlose Zustimmung, aber insgesamt haben sie doch eine starke integrierende und stabilisierende Wirkung gezeigt.

Vieles erklärt die Geschichte

Jeder Staat, jedes Volk, ja, jeder beliebige Lebensbereich der Gegenwart ist in seinem Wesen, in seinen Vorzügen und Schwächen nur dann wirklich zu verstehen, wenn man die verschiedenen Voraussetzungen und Bedingungen seiner Entstehung und seine Geschichte mit all ihren Gesetzmäßigkeiten und Unwägbarkeiten kennt. Auch Nordrhein-Westfalen hat seine Geschichte, deren Kenntnis für das Verstehen der gesellschaftlichen, wirtschaftlichen und kulturellen Verhältnisse in unserem Land notwendig und nützlich ist. Im Rahmen eines knappen historischen Abrisses können nur einige wichtige Ereignisse und Zusammenhänge genannt werden, die das heutige Erscheinungsbild unseres Landes mehr oder weniger stark mitgeprägt haben.

Wenn der Streifzug durch die Geschichte mit einer kurzen Würdigung des Neandertalers beginnt, so muß dieser Punkt gewissermaßen als zusätzlich ins Programm aufgenommen angesehen werden. Der Neandertaler, eine Art Urmensch bzw. Vorstufe des homo sapiens, kann zwar nicht als Ahnherr der heute in Mitteleuropa lebenden Menschen gelten, denn er ging in der letzten Eiszeit zugrunde. Er kann also erst recht nicht als gemeinsamer Stammvater der

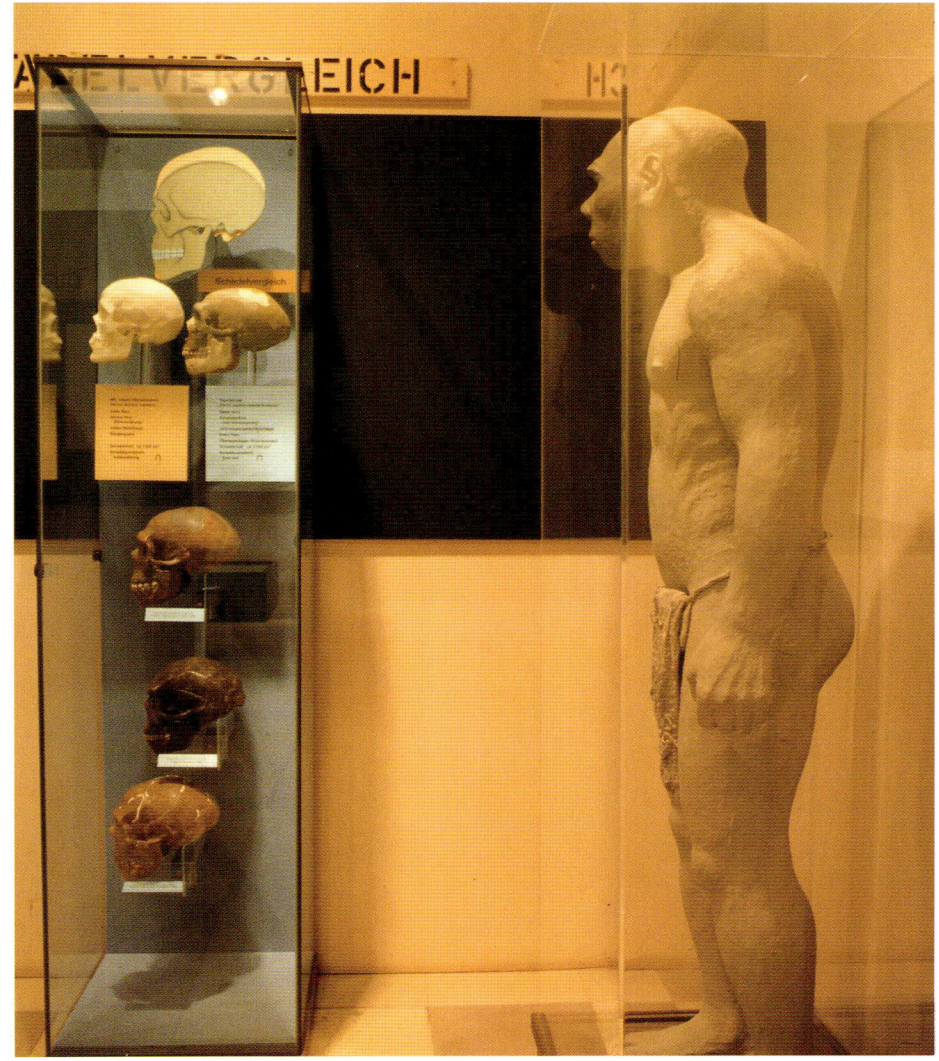

Rheinländer und Westfalen in Anspruch genommen werden. Insofern gibt es zwischen ihm und der Geschichte von Nordrhein-Westfalen keinerlei Berührungspunkte oder Zusammenhänge. Und dennoch hat er seinen festen Platz in unserem Lande: Jeder kann seine in Stein gehauene Gestalt im Neandertal bei Mettmann bewundern, ganz in der Nähe der Höhle, in der im Jahre 1856 einige seiner Knochen gefunden wurden. Der Neandertaler, dem auch ein eigenes Museum gewidmet ist, ist also so etwas wie der älteste Ehrenbürger unseres Landes und hat gewiß unser gebührendes Interesse verdient.

Die eigentliche Vorgeschichte Nordrhein-Westfalens beginnt erst nach Christi Geburt, als die Römer, die Gallien bis zum Rhein erobert hatten, in der Schlacht im Teutoburger Wald eine vernichtende Niederlage erlitten und sich damit der Niedergang des Römischen Reiches anbahnte. Während in den folgenden Jahrhunderten der germanische Stammesverband der Sachsen, zu dem auch die West- und Ostfalen gehörten, sich vom Norden und Nordosten her nur bis an den Niederrhein ausbreiteten, drangen die germanischen Franken über die Rheingrenze auf römisches Gebiet vor und errichteten dort um 500 n. Chr. ein fränkisches Großreich, die Keimzelle des späteren französischen und deutschen Staates. Mit der Besiedlung des Rheinlandes durch die (Rhein-)Franken und der östlich anschließenden Landnahme der Westfalen war also bereits im frühen Mittelalter die bevölkerungsmäßige Konstellation geschaffen, die bis heute ein wichtiges Merkmal Nordrhein-Westfalens geblieben ist und so manche landespolitische Entscheidung mitbeeinflußt hat.

Die westlich des Rheins siedelnden Franken wurden nach dem Untergang des Römischen Reiches Erben einer hochentwickelten Stadtkultur und einer das ganze Gebiet umfassenden Verwaltungsorganisation. Viele Militärlager und Städte der Römer entwickelten sich unter den fränkischen Königen und späteren Kaisern zu einflußreichen Zentren weltlicher und geistlicher Macht. So erklärt sich, daß beispielsweise in Aachen, der bevorzugten Kaiserpfalz Karls d. Gr., bis 1531 die meisten deutschen Könige gekrönt wurden und Köln bereits seit etwa 800 Sitz eines Erzbischofs war, dessen Kirchenprovinz auch die rechtsrheinischen Bistümer Münster und Paderborn mit einschloß. Im 14. Jahrhundert erhielt der Erzbischof, längst zu einem mächtigen Territorialfürsten aufgestiegen, auch die Würde eines Kurfürsten und damit das Recht, über die Wahl eines neuen Königs mitzuentscheiden.

Vom Mittelalter bis zum Ende des 18. Jahrhunderts gab es innerhalb der Grenzen des heutigen Nordrhein-Westfalen keine einheitliche politische Entwicklung und Struktur. Im Rheinland entstanden neben Kurköln, dessen Gebiet sich am Westufer des Rheins erstreckte, die Herzogtümer Kleve, Geldern, Jülich und Berg. Die mächtigsten Landesherren Westfalens waren die Bischöfe von Münster und Paderborn sowie der Erzbischof von Köln in seinem

Im Teutoburger Wald bei Detmold steht das Hermannsdenkmal, das an den Sieg von Hermann dem Cherusker über die Römer erinnert.

The monument commemorates the victory of Arminius, leader of the Cherusci, over Roman legionaries in the Teutoburg Forest near Detmold.

C'est dans le Teutoburger Wald, près de Detmold, que se dresse le Monument d'Arminius, qui rappelle la victoire du Chérusque sur les Romains.

Dieser Kopf des griechischen Philosophen Sokrates ist Teil eines großartigen Fußbodenmosaiks im Römisch-Germanischen Museum in Köln. Es enthielt ursprünglich die Bildnisse von sieben griechischen Philosophen und Dichtern, die jedoch eher die Züge der Menschen des dritten nachchristlichen Jahrhunderts tragen.

This portrait of the Grecian philosopher Socrates is part of a magnificent floor mosaic in the Roman-Germanic Museum on Cologne. It originally included seven Greek philosophers and poets, who are moulded, however, more in the image of people in the third century A. D.

Cette tête du philosophe grec Socrate fait partie d'un magnifique sol en mosaique du Musée romano-germanique à Cologne. La mosaique représentait à l'origine les portraits de sept philosophes et écrivains grecs qui ont cependant plutôt les traits d'hommes du IIIème siècle après Jésus-Christ.

*Das Grabmal des Lucius Poblicius. Nicht als ehemaligen Soldaten, sondern als Redner mit Buchrolle, Buchrollenbehälter und der offiziellen Tracht des Römers, der Toga, steht Lucius Poblicius in der Mitte zwischen den Säulen. Neben ihm Familienangehörige.
Die Höhe = 14,50 m.*

*The tombstone of Lucius Poblicius. Lucius Poblicius stands between the columns flanked by members of his family posing as a public speaker with scroll, scroll container and wearing the official Roman dress, the toga.
The edifice is 14.50 metres high.*

*Tombeau de Lucius Poblicius. Au milieu, entre les colonnes, Lucius Poblicius n'est pas représenté sous les traits d'un ancien soldat, mais sous ceux d'un orateur tenant à la main un rouleau et son étui; il est revêtu de la toge, costume officiel des Romains. A ses côtés, des membres de sa famille.
Hauteur = 14,50 mètres.*

Das Praetorium war seit der 1. Hälfte des 1. Jh. n. Chr. Amtssitz der Oberbefehlshaber des niedergermanischen Heeres und seit der 2. Hälfte des 1. Jh. Dienst- und Verwaltungsgebäude der Statthalter der Provinz Germania inferior. Die Ausgrabungsstätte befindet sich im Kellergeschoß des ehemaligen Spanischen Baues des Rathauses. Ein Treppengang führt hinab zu den 9 m unter der heutigen Straßenhöhe gelegenen römischen Abwasserkanälen.

The praetorium served as the official residence of the commander-in-chief of the Nether German army in the first half of the 1st century. From the second half of the 1st century onwards, it was used as an office and administrative building for the provincial governors of Germania inferior. The site was excavated in the basement of the former Spanish building with town hall. Steps lead down to the Roman sewage channels which are 9 metres below the level of the modern street.

Depuis la 1ère moitié du 1er siècle ap. J. C., le Prétoire était la résidence officielle du commandant en chef de l'armée de Basse Germanie et, depuis la seconde moitié du 1er siècle le bâtiment abritant les services administratifs du Stadthalter de la Province de Germania inferior. Les fouilles archéologiques sont situées dans les caves de l'ancien Bâtiment Espagnol de la Mairie. Un escalier permet de descendre jusqu'aux égouts romains, situés 9 mètres au-dessous du niveau de la rue actuelle.

Eine Steinbefestigung von 3911 m Länge mit 19 Türmen, 9 Toren und einem umlaufenden 12 m breiten Graben wurde 50 n. Chr. von den Römern in Köln angelegt.

In AD 50, the Romans built a stone wall 3911 metres long, with 19 towers, 9 gates and a 12 metre wide ditch encircling the city of Cologne.

Les Romains construisirent à Cologne, en l'an 50 ap. J. C., des fortifications de pierre de 3911 mètres de long et garnies de 19 tours, 9 portes et, sur toute la périphérie, d'un fossé de 12 mètres de largeur.

Im Jahre 1349 stiftete Kaiser Karl IV. diese Reliquienbüste, in der die Hirnschale Karls des Großen, des ersten deutschen Kaisers, aufbewahrt wurde. Das Kunstwerk besteht aus teilweise vergoldetem Silber und zeigt die späteren Hoheitssymbole der deutschen und französischen Herrscher, den Reichsadler und die Lilie.

In 1349 Emperor Karl IV donated this relic bust in which the cranium of Charlemagne, the first German Emperor, was preserved. This artwork, part of which is made of gold-plated silver, shows the imperial eagle and lily, later the regal symbols of the German and French sovereignty.

En 1349 l'empereur Charles IV fit donation de ce buste à reliques où fut conservé le crâne de Charlemagne, l'empereur allemand. L'oeuvre d'art en argent et en partie dorée montre les futurs symboles de puissance des souverains français et allemands, le lys et l'aigle impérial.

Die heute noch erhaltene und im Kunsthistorischen Museum Wien zu sehende Reichskrone ist im Auftrag Otto I. um 960 entstanden. Bis zum Ende des Römischen Reiches Deutscher Nation war diese Krone sinnfälliger Ausdruck kaiserlicher Herrschaft.

The imperial crown which has remained intact to this day was commissioned by Otto I. around A. D. 960. This crown served as the manifest expression of imperial sovereignty until the end of the Holy Roman Empire.

La couronne impérial bien conservée et qui se trouve au Musée de l'Histoire de l'Art de Vienne fut créé sur l'ordre d'Otton Ier vers 960. Cette couronne fut l'incarnation de la puissance impérial jusqu'à la fin du Saint-Empire romain germanique.

→

Hoch über der Stadt Münster an den Türmen der Lambertikirche hängen die Zeugen unerbittlicher Glaubenskriege, die Käfige für die Wiedertäufer. Zur Schau gestellt, ließ man sie dort oben verhungern.

The cages for the Anabaptists hang high above the town of Münster, witnesses of the merciless religious wars. Imprisoned in these cages, the Anabaptists were suspended from the spires of the Lambertikirche and left to starve in full view of the public.

Dominant la ville de Munster, accrochés aux tours de l'Eglise St. Lambert, les témoignages d'impitoyables guerres de religion, les cages des anabaptistes. C'est là qu'on les laissa mourir de faim, exposés aux regards de tous.

Herzogtum Westfalen. Unter den weltlichen Herren nahm der Graf von der Mark den ersten Rang ein. Durch Heirats- und Erbverträge schlossen sich zum Beginn des 16. Jahrhunderts Kleve, Jülich, Berg, Mark und Ravensberg zu einem nach Umfang und Bedeutung mächtigen Gesamtstaat zusammen, ohne damit jedoch eine territoriale Geschlossenheit zu erreichen. Insgesamt gab es seit dem Mittelalter im Rheinland und in Westfalen mehr als 250 Grafen- und Herrengeschlechter, von denen aber nur wenige ihre vielfältigen Herrschaftsrechte zur vollen Landeshoheit ausbauen konnten. Einen zusätzlichen Machtfaktor in dem oft komplizierten politischen Kräftespiel stellten die Städte Aachen, Köln und Dortmund dar, die sich der Gewalt ihrer geistlichen bzw. weltlichen Landesherren entzogen und den Status einer freien Reichsstadt erlangten.

Die reformatorischen Lehren Luthers, Zwinglis und Calvins fanden in den Territorialstaaten des Rheinlandes und Westfalens sehr unterschiedliche Aufnahme. Verständlicherweise setzten die Bischöfe der neuen Lehre ihren entschlossenen Widerstand entgegen, dennoch konnten sie nicht verhindern, daß sich viele ihrer Untertanen öffentlich oder insgeheim zum evangelischen Glauben bekannten. Selbst der Kölner Erzbischof Gebhard Truchseß von Waldburg trat noch 1582 zum Protestantismus über. Seltsame Blüten trieb die reformatorische Bewegung in der Bischofsstadt Münster, wo eine kleine, radikal denkende Gruppe von Wiedertäufern die Herrschaft über die Stadt gewann und versuchte, mit Zwang und Terror ein himmlisches Jerusalem zu errichten. Im Zuge der Gegenreformation kehrten die drei Bistümer mit Ausnahme kleinerer Gebiete zum Katholizismus zurück, der hier im 19. Jahrhundert in schwere Auseinandersetzungen mit dem preußischen Staat geraten sollte.

In den Herzogtümern und Grafschaften konnte sich der Protestantismus, vor allem in seiner calvinistischen Ausprägung, wesentlich stärker durchsetzen. Die Ausbreitung der neuen Lehre in den Spanischen Niederlanden und in der benachbarten Landgrafschaft Hessen trugen nicht unwesentlich zu dieser Entwicklung bei. Das Nebeneinander von katholischen und evangelischen Territorien, die nicht selten — wie im Falle von Jülich, Kleve, Berg und Mark — durch Erbverträge miteinander verbunden waren, war die Ursache für viele politische Machtkämpfe und Streitigkeiten. So wurde auch der Dreißigjährige Krieg von den katholischen Wittelsbachern und den protestantischen Hohenzollern dazu benutzt, ihre Erbansprüche auf die niederrheinischen Gebiete geltend zu machen. Nicht nur im Erzbistum Köln, sondern auch in den Herzogtümern Jülich und Berg residierten im 17. und 18. Jahrhundert einflußreiche Fürsten der bayerischen und pfälzischen Wittelsbacher.

Eine tiefe Zäsur in der Geschichte Nordrhein-Westfalens bedeutete die Französische Revolution von 1789. Mit den Truppen Napoleons gelangten nicht nur neue politische Gedanken und Wertvorstellungen an den Rhein, sondern es kam auch zu tiefgreifenden territorialen Veränderungen. Die linksrheinischen Gebiete wurden Frankreich angegliedert und in Départements eingeteilt. Der hier wie in Frankreich eingeführte Code Napoleon brachte eine Vereinheitlichung und spürbare Liberalisierung der bestehenden Rechtsordnung, und die neu eingeführte Gemeindeverfassung hob die rechtlichen Unterschiede zwischen Stadt- und Landgemeinden auf. Die dadurch in ihrem Besitzstand geschädigten Lan-

desherren erhielten aufgrund des Reichsdeputationshauptschlusses von 1803 die Gebiete der kleineren rechtsrheinischen Adelsherrschaften, die auf diese Weise ihre Souveränität und Reichsunmittelbarkeit verloren. Außer dieser »Mediatisierung« veranlaßte Napoleon die Säkularisierung aller geistlichen Gebiete, d. h. die entschädigungslose Landenteignung aller Bistümer, Stifte und Klöster, eine revolutionäre Maßnahme, durch die der katholischen Kirche die materielle Grundlage ihrer politischen Macht weitgehend entzogen wurde.

An dieser Stätte, dem Friedenssaal im Rathaus zu Münster, wurde nach fünfjährigen Beratungen am 15. Mai 1648 der spanisch-niederländische Frieden — ein erster Abschnitt des Westfälischen Friedens — beschworen, womit die Unabhängigkeit und die staatliche Freiheit der Generalstaaten der Niederlande anerkannt wurde.

The Spanish-Dutch Peace, a first step towards the Peace of Wesphalia, was signed here in the Hall of Peace in Münster's Town Hall on 15 May 1648 after five years of consultation. This accord finally established the independence and sovereign freedom of the states general of the Netherlands.

C'est ici, dans la Friedenssaal de la Mairie de Munster que, le 15 mai 1648, après 5 années de délibérations, fut conclue la paix entre l'Espagne et les Pays-Bas, préliminaire du Traité de Westphalie reconnaissant la liberté des Provinces-Unies des Pays-Bas.

Nach seinem Sieg über Österreich und Preußen dehnte Napoleon, der inzwischen zum Kaiser emporgestiegen war, seinen Herrschaftsbereich auch auf die rechtsrheinischen Gebiete aus und errichtete hier ein bis zur Elbe reichendes Königreich Westfalen, das er seinem Bruder Jérome übertrug. Daneben gab es als größere Territorien die Großherzogtümer Berg und Hessen, die als Mitglieder des Rheinbundes aber ebenfalls der Befehlsgewalt Napoleons unterstanden.

Bereits 1814 war es mit der französischen Fremdherrschaft in Deutschland und in Nordrhein-Westfalen vorbei. Nach seiner vernichtenden Niederlage in der Völkerschlacht bei Leipzig mußte Napoleon mit seinen Truppen alle besetzten Gebiete räumen und sich nach Frankreich zurückziehen. In Wien versammelten sich die Souveräne aller namhaften europäischen Staaten zu einem Friedenskongreß, der über eine territoriale Neuordnung Europas und die Wiederherstellung des deutschen Reiches beraten sollte. Unter dem Leitgedanken einer allgemeinen politischen Restauration entstand — als Erneuerung des untergegangenen alten Reiches — der Deutsche Bund, dem 35 souveräne Fürsten und vier Reichsstädte angehörten. Doch von einer wirklichen Wiederherstellung der vorrevolutionären Zustände des 18. Jahrhunderts konnte weder im Rheinland noch in Westfalen die Rede sein. Die durch die Mediatisierung und Säkularisation geschaffenen territorialen Veränderungen wurden nicht nur anerkannt, sondern durch neue Eingriffe in die bestehenden Besitzverhältnisse noch weit übertroffen. Das ganze linksrheinische Gebiet zwischen Wesel, Kreuznach und Saarbrücken sowie die rechtsrheinischen Gebiete bis zur Weser wurden Preußen als »Ausgleich« für anderweitige Landverluste und die während der französischen Besatzungszeit erlittenen Schäden zugesprochen. Anstelle verschiedener kleiner Territorien besaß Preußen im Westen nun eine große, geschlossene Landmasse, die allerdings noch — bis 1866 — vom preußischen Kernland räumlich getrennt blieb. Die Einteilung des Gebietes in eine Rheinprovinz mit Koblenz als Sitz eines Oberpräsidenten und eine Provinz Westfalen mit dem Regierungssitz in Münster blieb mehr als

100 Jahre nahezu unverändert bestehen. Nach 1945 spielte diese geschichtliche »Vorlage« bei der Schaffung des Landes Nordrhein-Westfalen eine nicht unerhebliche Rolle, wenn auch mit einigen wichtigen Einschränkungen.

Die preußische Herrschaft wurde im Rheinland und in Westfalen weitgehend mit Zurückhaltung und Skepsis aufgenommen, manchenorts sogar mit offener Ablehnung. Man empfand — zumindest in den ersten Jahren — ein tiefes Mißtrauen gegenüber der preußischen Beamtenschaft und dem preußischen Militär, die in großer Zahl in die Westprovinzen geschickt wurden, um hier eine neue Ordnung zu schaffen und für die nötige Sicherheit zu sorgen. Die Preußen brachten nicht nur ihren protestantischen Glauben mit, was bei vielen Katholiken zu ernsten Besorgnissen und Spannungen führte, sondern sie vertraten auch eine neue Staatsgesinnung, die durch Gehorsam, Pflichterfüllung und Opferbereitschaft gekennzeichnet war. Gerade die lebensfrohen, in vielen Dingen liberal denkenden Rheinländer konnten sich mit diesen strengen Wertvorstellungen nur schwer anfreunden. Darüber hinaus sah das gebildete Besitzbürgertum in der Zugehörigkeit zum preußischen Staat eine Gefährdung seiner politischen und wirtschaftlichen Interessen.

Die Regierung in Berlin reagierte auf die defensive und ablehnende Haltung der Bevölkerung im allgemeinen mit Gelassenheit und Sachlichkeit, sie scheute aber auch vor offenen Konfrontationen und Strafmaßnahmen nicht zurück. Schon die Gründung der Rheinischen Friedrich-Wilhelm-Universität in Bonn (1818) war ein deutlicher Affront gegen das ungeliebte katholische Köln, das aufgrund seiner kulturgeschichtlichen Bedeutung weit eher den Rang einer Universitätsstadt für sich beanspruchen durfte. Verschärft wurde die politische Situation noch durch den Kölner Kirchenstreit von 1837, in dem die unterschiedlichen Auffassungen von Kirche und Staat über die Kindererziehung in konfessionellen Mischehen zutage trat. Wegen seiner unnachgiebigen Haltung wurde der Kölner Erzbischof Droste zu Vischering schließlich sogar verhaftet und auf die Festung Minden gebracht.

Das Ölgemälde von Gerard Terborch und Gerard van der Horst entstand um 1646. Es zeigt den feierlichen Einzug des holländischen Gesandten in die Stadt des Friedenskongresses.

This oil painting was produced by Gerard Terborch and Gerard van der Horst around 1646 and shows the ceremonial arrival of the Dutch emissary in the town hosting the Peace Congress.

Cette peinture à l'huile de Gerhard Terborch et Gerard van der Horst date des environs de 1646. Elle montre l'entrée solennelle de l'Envoyé hollandais dans la ville du Congrès de la Paix.

Elberfeld von Osten — kolorierte Radierung um 1810, Ausschnitt. Bleicherei mit einem Schöpfrad, um die Bleichwiesen zu bewässern.

Elberfeld from the east - detail from a coloured etching dated around 1810. Bleaching shop with bucket wheel to irrigate the bleaching fields.

Elberfeld, vu de l'ouest — Détail d'une gravure coloriée des environs de 1810. Blanchisserie avec une roue à godets pour arroser les prés destinés au blanchiment.

Spinnsaal einer Spinnerei — Stahlstich um 1835. Aus dichtem, lockerem Vorgarn wird ein dünner, fester Faden gesponnen. Für Ausbesserungs- und Hilfsarbeiten werden mehr Hilfskräfte als abgebildet eingesetzt; es handelt sich meist um Kinder.

Spinning hall in a spinning mill - steel engraving dated around 1835. The bulky loose roving yarn is spun into a fine, firm thread. More assistants - mostly children - are required to make improvements and carry out menial tasks than are shown here.

Salle de filage d'une ancienne filature. Gravure sur acier des environs de 1835. D'une mèche épaisse et peu serrée, on fabrique un fil fin et solide. Pour les travaux de réparation et pour divers travaux accessoires, on embauchait plus d'aides qu'il n'y en a sur la gravure; il s'agissait la plupart du temps d'enfants.

Nicht zu übersehen sind aber auch die großen Verdienste, die der preußische Staat sich um den Landesausbau und die Verwaltungsorganisation in den westlichen Provinzen erwarb. Die neugeschaffenen Provinziallandtage in Düsseldorf und Münster, die von meist tüchtigen Oberpräsidenten geleitet wurden, erreichten trotz mancher Widerstände die Vereinheitlichung und Modernisierung der Wirtschafts-, Finanz- und Schulpolitik. Der Reichsfreiherr v. Stein und sein Mitarbeiter und Nachfolger Ludwig Freiherr v. Vincke leisteten als Oberpräsidenten von Westfalen jahrzehntelang eine vorbildliche Arbeit für die Entwicklung dieses Landes.

Das Verhältnis von Staat und Kirche war und blieb während des 19. Jahrhunderts ein ebenso wichtiges wie schwer zu lösendes Problem, das noch bis in die hitzigen Verfassungs- und Schuldebatten im nordrhein-westfälischen Landtag nach 1947 nachwirkte. Die Angriffe der preußischen Regierung richteten sich aber nicht nur gegen die katholische Kirche, sondern in gleicher Weise auch gegen die Protestanten, die aufgrund ihrer bisherigen synodal-presbyterialen Gemeindeverfassung eine kirchliche Autorität des preußischen Königs als Summus episcopus ablehnten. Der schließlich erzielte Kompromiß war die »Kirchenordnung für die evangelischen Gemeinden der Provinz Westfalen und der Rheinprovinz« von 1835, die den Gemeinden und Synoden wesentliche Sonderrechte garantierte. Diese Rechte sind auch heute noch ein kennzeichnendes Merkmal der verschiedenen Landeskirchen in Nordrhein-Westfalen.

Der Streit mit der katholischen Kirche wurde durch die Teilnahme des preußischen Königs Friedrich Wilhelm IV. am Kölner Dombaufest im Jahre 1842 nach außen hin beigelegt, doch brachen die alten Gegensätze in der Kirchenpolitik bald wieder auf und führten zur Gründung der katholischen Zentrumspartei, gegen die sich der bald nach der Reichsgründung von Bismarck inszenierte Kulturkampf richtete. In seinem Verlauf wurden die drei Bischöfe abgesetzt und inhaftiert, Klöster und soziale Einrichtungen geschlossen. Hunderte von Gemeinden verloren vorübergehend ihren Pfarrer. Erst am Ende der siebziger Jahre lenkte der Reichskanzler ein und hob einige der zahlreichen Kulturkampfgesetze wieder auf.

Das andere große Thema des 19. Jahrhunderts ist die Industrielle Revolution, die innerhalb weniger Jahrzehnte das Bild der Landschaft und der Gesellschaft in der Rheinprovinz und in Westfalen grundlegend veränderte. Gestützt auf die Energie immer neu entdeckter Kohlevorkommen, entwickelten sich aus kleinen Werkstätten und Heimfabriken die großen Konzerne der Eisen- und Stahlindustrie an Rhein und Ruhr. Die wirtschaftlichen Ballungszentren und die damit verbundene Ausdehnung und Neugründung von Städten, die eine Massenzuwanderung von Arbeitern aus Schlesien, Ostpreußen und Polen erlebten, führten zwar nicht zur Aufhebung der Provinzgrenze zwischen dem Rheinland und Westfalen, wohl aber zu einer spürbaren Annäherung der betroffenen Grenzregionen. Die Unternehmer gewöhnten sich daran, von einem »rheinisch-westfälischen« Industriegebiet zu sprechen, in dem es bald einen »Rheinisch-Westfälischen Grubenarbeiterverband« und einen »Verband rheinisch-westfälischer Bergleute« gab. Und sogar das in Aachen gegründete erste Polytechnikum der preußischen Westprovinzen erhielt den Namen »Rheinisch-Westfälische Technische Hochschule«. Aber diese verbale und institutionelle Verbindung konnte nicht darüber hinwegtäuschen, daß die Rheinprovinz und die Provinz Westfalen als preußische Verwaltungseinheiten im Bewußtsein ihrer Bewohner deutlich voneinander getrennt blieben.

Wie andere Volksstämme, so entwickelten auch die (fränkischen) Rheinländer und die Westfalen im Laufe ihrer Geschichte ein eigenes Stammes- und Heimatbewußtsein, dessen Kern oftmals ein handfester Lokal- und Regionalpatriotismus war. Aber es fehlte auch nicht an weitsichtigen Männern, die besonders in politisch bewegten Zeiten ihre Heimat, ihr Land als Teil eines größeren Ganzen sahen, Männer, deren politisches Denken und Handeln an den Aufgaben und Zielsetzungen eines großen deutschen Nationalstaates orientiert waren. Zu diesen national gesinnten Rheinländern und Westfalen gehörten im 19. Jahrhundert nicht nur einflußreiche Vertreter des liberalen Bürgertums, sondern auch bedeutende Persönlichkeiten des politischen Katholizismus. Sowohl im Vereinigten Preußischen Landtag von 1847, dem Vorboten der 48er Revolution, als auch in der Preußischen und Frankfurter Nationalversammlung saßen Abgeordnete aus dem Rheinland und aus Westfalen, die sich mit Nachdruck für die Freiheitsrechte der Bürger, für eine liberale Verfassung und die Er-

Tiegelstahlguß bei Friedrich Krupp in Essen 1850

Casting crucible steel at Friedrich Krupp in Essen, 1850

Fonte au creuset chez Friedrich Krupp à Essen, en 1850

Hochofen Bergeborbeck

Bergeborbeck blast furnace

Haut-fourneau de Bergeborbeck

Zeche Recklinghausen

Recklinghausen mine.

Mine à Recklinghausen.

Zeche ›Rheinelbe‹ Gelsenkirchen

›Rheinelbe‹ mine in Gelsenkirchen

Mine ‹Rheinelbe› à Gelsenkirchen

Köln blickt auf eine 200jährige Luftfahrtgeschichte zurück. So liegt der älteste Kölner Flughafen, zugleich auch einer der ältesten Deutschlands, zwischen Köln-Longerich und Köln-Bickendorf auf dem Gelände des Butzweiler Hofes (Errichtet bis 1938). Er war auch Start- und Landefläche für das Luftschiff »Graf Zeppelin«.

Cologne can look back on 200 years of airborne tradition. The oldest airport in Cologne is also one of the oldest in the country and lies on the Butzweiler Estate between Cologne-Longerich and Cologne-Bickendorf. (In service until 1938) It was also the arrival and departure point for the airship »Graf Zeppelin«.

L'histoire aéronautique de Cologne a deux cents ans. Le plus ancien aéroport de Cologne, qui est également le plus ancien d'Allemagne, est situé entre Cologne-Longerich et Cologne-Bickendorf, sur les terres du Butzweiler Hof. (Construction achevée en 1938). C'est aussi d'ici que partait, ici qu'atterrissait le «Graf Zeppelin».

→

→
Das zerstörte Köln 1945, ein Beispiel für viele zerstörte Städte an Rhein und Ruhr. Es war die Stunde 0 für Deutschland.

Cologne ravaged by bombs as it was in 1945: the same fate was suffered by many of the towns along the rivers Rhine and Ruhr. Germany's 0 hour.

Cologne en ruine, en 1945; un exemple des villes détruites sur les bords du Rhin et de la Ruhr. Allemagne, heure 0.

richtung eines deutschen Nationalstaates einsetzten. Ehrlicher als König Friedrich Wilhelm IV. waren sie davon überzeugt, daß Preußen fortan in Deutschland aufgehen müsse.

Als Deutschland am Ende des verlorenen Ersten Weltkrieges gezwungen war, den Versailler Friedensvertrag zu unterschreiben, wurde vor allem die Bevölkerung des Rheinlandes von einer Welle der Wut und Empörung erfaßt. Der Protest richtete sich nicht nur gegen die erklärte Absicht Frankreichs, seine Ostgrenze bis an den Rhein vorzuschieben, sondern auch gegen die vertraglich festgelegte Entmilitarisierung des Rheinlandes und seine Besetzung durch französische und belgische Truppen. Diese als demütigend empfundenen Bestimmungen belasteten für viele Jahre das Verhältnis der Rheinländer zu ihren westlichen Nachbarn.

Noch höher schlugen die Wellen während der Besetzung des Ruhrgebietes im Jahre 1923, mit der die Franzosen die pünktliche und vollständige Lieferung von Reparationsgütern durchsetzen wollten. Der von der Reichsregierung unterstützte passive Widerstand brachte Tausende von Familien in soziale Not und setzte sie den Repressalien der Franzosen und Belgier aus. Andererseits weckte er bei den Arbeitern aber auch ein starkes Gefühl der Solidarität und ließ bei vielen Menschen ein bis dahin in diesem Maße kaum vermutetes National- und Staatsbewußtsein zutage treten. Die vom Reichskanzler Stresemann im August 1923 angeordnete Beendigung des Kampfes mußte — trotz mancher spürbarer Erleichterungen — daher bei ihnen den Eindruck hervorrufen, daß der Staat sie in ihrem berechtigten Widerstand gegen Ausbeutung und Willkür im Stich gelassen hatte. Die Folge dieser Entscheidung war ein deutliches Anwachsen der separatistischen Kreise, die die Loslösung des Rheinlandes vom Deutschen Reich und die Errichtung einer selbständigen Rheinischen Republik betrieben. Auch als das Ruhrgebiet und danach die drei Besatzungszonen des Rheinlandes von fremden Truppen wieder geräumt wurden, blieb die politische und wirtschaftliche Situation in den beiden Provinzen bis zum Ende der Weimarer Republik unsicher und gespannt. Erst der von Hitler im März 1936 befohlene Einmarsch deutscher Truppen in das entmilitarisierte Rheinland stellte die volle Souveränität des Reiches in diesem Gebiet wieder her — doch um welchen Preis!

Verordnete und verwirklichte Demokratie in Nordrhein-Westfalen

Von 1933 bis 1945 verlief die politische Entwicklung in den preußischen Provinzen nicht anders als in den übrigen Gebieten des Deutschen Reiches: Zerschlagung aller demokratischen Parteien und Organisationen, Gleichschaltung aller staatlichen Institutionen durch die NSDAP, totale Erfassung und Indoktrinierung des Menschen, Verfolgung und Ausschaltung politisch Andersdenkender, weitverbreitetes Mitläufertum und Karrieredenken, aber auch unüberhörbare Kritik und offener Widerstand gegen die gewissen- und verantwortungslose Gewaltherrschaft des Nationalsozialismus. Die Mitglieder der Barmer Bekenntnissynode von 1934 und der Münsteraner Bischof Clemens August Graf Galen gehören zu den Männern, die mutig ihre warnende Stimme gegen eine Politik erhoben, die die Würde und die Rechte der Menschen mit Füßen trat.

Das Ruhrgebiet als Zentrum der deutschen Schwer- und Rüstungsindustrie wurde während des Zweiten Weltkrieges durch zahllose Luftangriffe der Alliierten stark zerstört, aber auch Städte wie Köln und Wuppertal erlitten außerordentlich schwere Schäden. Hinzu kamen die großen Verwüstungen und Zerstörungen, die beim Vormarsch der feindlichen Truppen im Frühjahr 1945 im Lande entstanden. Am 8. Mai 1945, dem Tag der bedingungslosen deutschen Kapitulation, hatten Hunderttausende von Menschen ihr Leben oder zumindest ihre Habe, ihre Wohnung und ihren Arbeitsplatz verloren. Der Wert der zerstörten oder beschädigten Wirtschafts- und Kulturgüter war auch nicht annähernd abzuschätzen.

Entsprechend der bereits während des Krieges getroffenen Vereinbarungen überließen die Amerikaner das von ihnen besetzte Gebiet an Rhein und Ruhr den britischen Militärbehörden, deren Besatzungszone von Schleswig-Holstein bis nach Rheinland-Pfalz reichte. Noch im Jahre 1945 faßte die britische Regierung den grundsätzlichen Entschluß, in dem von ihr verwalteten nordwestdeutschen Gebiet mehrere Länder zu errichten, was eine faktische Auflösung des bisherigen Staates Preußen bedeutete bzw. voraussetzte. Das neu zu gründende Land Nordrhein-Westfalen sollte im wesentlichen die beiden preußischen

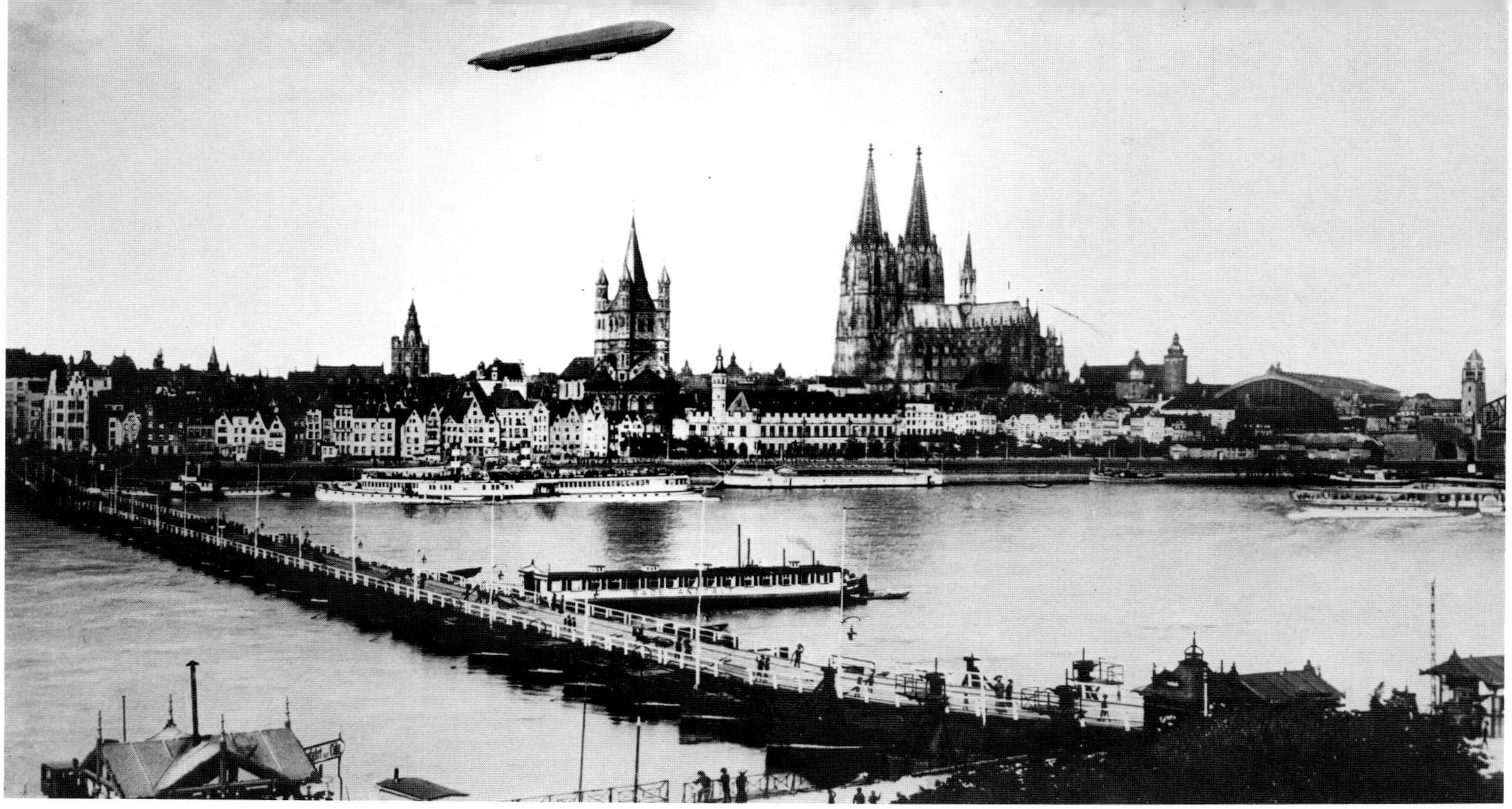

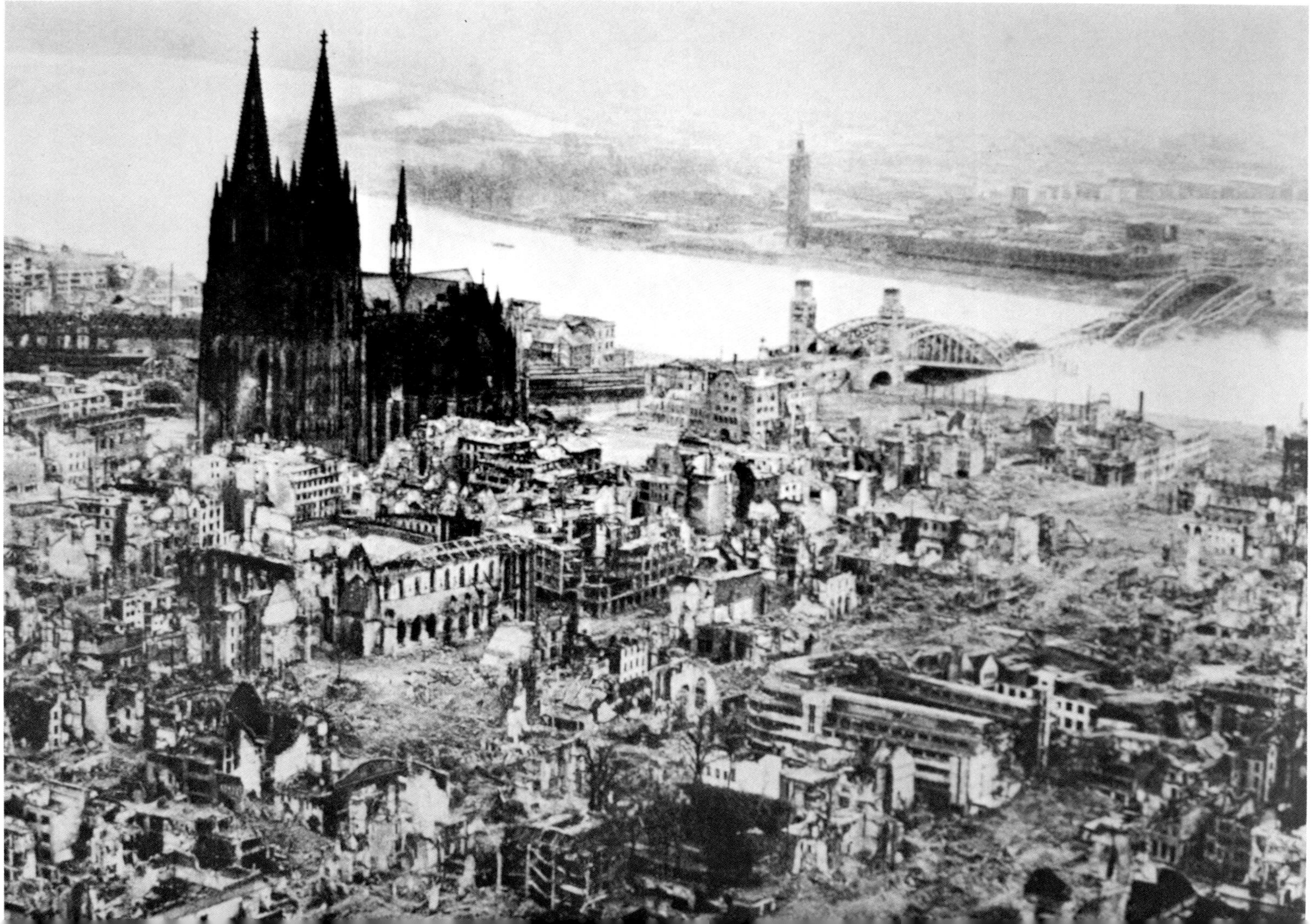

Westprovinzen umfassen, allerdings mit der entscheidenden Einschränkung, daß die Franzosen, inzwischen als vierte Besatzungsmacht anerkannt, den südlichen Teil der ehemaligen Rheinprovinz erhielten. Nicht nur ausländische, sondern auch deutsche Politiker meldeten Bedenken gegen den Zusammenschluß dieser »anderthalb Provinzen« zu einem neuen Land mit einer deutschen Regierung und Verwaltung an. Von den bald nach Kriegsende wieder zugelassenen bzw. neugegründeten politischen Parteien wendete sich vor allem die SPD unter ihrem Führer Kurt Schumacher entschieden gegen die Gründung eines Landes Nordrhein-Westfalen, weil eine derartige politische Vorentscheidung nach seiner Überzeugung die bereits brüchig gewordene Einheit Deutschlands weiter gefährden würde. Der energische Widerspruch der Franzosen und Russen lag demgegenüber in ihrem Anspruch auf eine politische und wirtschaftliche Verfügungsgewalt über das Ruhrgebiet begründet. Die durch die Gründung des Landes Nordrhein-Westfalen gebannte Gefahr einer Internationalisierung des Ruhrgebiets mag dem Oberbefehlshaber der britischen Zone, Sir W. Sholto Douglas, vor Augen gestanden haben, als er am 2. Oktober 1946 erklärte: »Die Zusammenlegung der Provinzen Nordrhein und Westfalen war meiner Ansicht nach eine notwendige Maßnahme.«

Bereits am 21. Juni 1946, also mehr als drei Jahre vor der Gründung der Bundesrepublik Deutschland und noch acht Monate vor der formellen Auflösung Preußens, beschloß die britische Regierung die Bildung eines neuen Nordweststaates Nordrhein-Westfalen. Am 17. Juli gab die Alliierte Kontrollkommission in Berlin diesen Beschluß bekannt, und mit der berühmten Verordnung Nr. 46 vom 23. August 1946 beauftragte die britische Militärregierung die deutschen Behörden mit der Schaffung aller dafür notwendigen gesetzlichen und organisatorischen Voraussetzungen. Es war selbstverständlich, daß das Land nur auf der Grundlage einer festen demokratischen Ordnung errichtet werden konnte und daher die Mitarbeit und Mitverantwortung aller demokratischen Parteien notwendig war. Andererseits stand aber auch fest, daß sich die britischen Militärbehörden ein Mitsprache- und Zustimmungsrecht in allen wichtigen politischen Entscheidungen vorbehalten

Eröffnungssitzung des ernannten Landtages am 2. Oktober 1946 mit Ministerpräsident Rudolf Amelunxen

Opening session of the designated Land parliament on 2 October 1946 with Rudolf Amelunxen as Prime Minister.

Séance inaugurale du Landtag désigné, le 2 octobre 1946, sous la présidence de Rudolf Amelunxen, Ministre-Président du Land.

würden. Denn nach wie vor blieb Nordrhein-Westfalen ein militärisch besetztes Land, für das die britische Militärregierung in Absprache mit dem Alliierten Kontrollrat der vier Siegermächte in Berlin die politische Verantwortung trug.

Der Aufbau eines demokratischen Staatswesens in den engen Grenzen einer anfangs stark dirigistischen und oftmals hart zupackenden Besatzungskontrolle glich der Quadratur des Zirkels. Sie erforderte von den deutschen Politikern ein Höchstmaß an Geduld und Verständnis für das Mißtrauen und die Vorbehalte der britischen Besatzungsbehörden, aber auch eine nur in jahrelanger politischer Arbeit zu gewinnende Fähigkeit, dieses Mißtrauen durch eine zuverlässige und ehrliche Zusammenarbeit allmählich abzubauen und dadurch den eigenen politischen Handlungsspielraum Schritt für Schritt zu erweitern. Nur so konnte das Experiment einer vom Sieger verordneten Demokratie gelingen.

Von den fünf politischen Parteien, die sich bis zur Gründung Nordrhein-Westfalens über unterschiedliche lokale und regionale Zusammenschlüsse landesweit etabliert hatten, konnten das katholische Zentrum, die SPD und die KPD auf Programme und Erfahrungen ihrer früheren und 1933 gewaltsam beendeten Arbeit zurückgreifen. Dagegen waren die CDU und FDP neu entstandene Parteien, die die ihnen fehlende historische Profilierung durch Flexibilität und Aktualität ihrer Forderungen auszugleichen suchten. Vor allem die CDU unter ihrem Landes- und späteren Bundesvorsitzenden Konrad Adenauer fand mit ihren wirtschafts- und sozialpolitischen Vorstellungen und ihrer bewußten Öffnung zur evangelischen Wählerschaft einen unerwartet hohen Zulauf. Als eine christliche Volkspartei wurde sie schlagartig zu einer ernst zu nehmenden Konkurrentin für die SPD, gegen die sie sich in den Landtagswahlkämpfen bis 1966 fast immer durchsetzen konnte. Die von der SED in Ostberlin gesteuerte KPD verlor bereits bei der Landtagswahl von 1954 ihren parlamentarischen Einfluß; das Zentrum war noch bis 1958 im Düsseldorfer Landtag vertreten. Danach war — ähnlich wie in anderen Bundesländern und im Deutschen Bundestag — die politische Macht nur noch auf die CDU, SPD und FDP verteilt, wobei die FDP als kleinste Landtagspartei bei der Bildung bzw. beim Sturz einer Regierung mehr als einmal den Ausschlag gab.

Die neue Demokratie in Nordrhein-Westfalen begann zunächst mit einer durchaus undemokratischen Maßnahme, nämlich mit der Ernennung der ersten Landesregierung und des ersten Landtages durch die britische Militärregierung. Die dafür zu Hilfe genommenen Wahlergebnisse aus den letzten Jahren der Weimarer Republik enthielten keine irgendwie brauchbare Aussage über die nach 1945 bestehenden politischen Kräfteverhältnisse. Der langjährige westfälische Oberpräsident Rudolf Amelunxen als Leiter einer immer noch intakten Provinzialverwaltung wurde als Ministerpräsident nach Düsseldorf berufen und mit der Bildung eines Allparteienkabinetts beauftragt, was aber vorerst an der ablehnenden Haltung Konrad Adenauers scheiterte. Der Ernannte Landtag war paritätisch aus je hundert »Abgeordneten« des Rheinlands und Westfalens zusammengesetzt — eine Rücksichtnahme auf die in vielen Bereichen spürbare Rivalität zwischen den beiden Landesteilen. Demgegenüber blieb die Mitgliederzahl der einzelnen Parteien bei der Sitzverteilung weitgehend unberücksichtigt. Trotz mancher rechtlicher und äußerer Unzulänglichkeiten wurde die Eröffnungssitzung des Ernannten Landtags am 2. Oktober 1946 in der Düsseldorfer Oper zu einem großen und denkwürdigen Tag in der Geschichte Nordrhein-Westfalens. In seiner kurzen Begrüßungsansprache wertete Amelunxen den demokratischen Neubeginn in Deutschland als einen »dritten Versuch, einen gesunden, auf Gerechtigkeit und Wahrheit beruhenden Volksstaat aufzurichten«, und fügte mahnend hinzu: »Dieser Versuch ist eine letzte Möglichkeit. Sein Erfolg oder Mißerfolg entscheidet über die deutsche Zukunft.« Als herausragende Merkmale des »rheinisch-westfälischen Volkes« bezeichnete er seine starke »Verbundenheit mit Gott und Offenheit gegenüber der Welt«. Sein Vertrauen darauf, daß in Nordrhein-Westfalen, dem Land der »Kathedralen, Klöster, Kohlenzechen«, der Aufbau einer demokratischen Staatsordnung gelingen werde, begründete Amelunxen mit den Worten: »Die Menschen an Rhein und Ruhr, nunmehr zusammengeschlossen in dem 12 Millionen Einwohner zählenden Land, sind immer freiheitsliebende Menschen gewesen, kultivierte, zivilisierte Leute, die bei ihrer hohen Achtung vor Würde und Wert des Menschen jede unnötige Beschränkung der persönlichen Freiheit, den Drill, Kommißgeist und Terror verachtet und wie die Pest gehaßt haben.« Die Sprecher al-

ler Parteien bekräftigten ihre Entschlossenheit, das Land aus dem Chaos herauszuführen und den Menschen ein Leben in Frieden, Freiheit und sozialer Sicherheit zu ermöglichen. Unüberhörbar waren aber auch die Stimmen, die zur Erhaltung der politischen Einheit Deutschlands aufriefen. Der damalige FDP-Vorsitzende Friedrich Middelhauve nannte »das Reich« das »Endziel« aller politischen Bemühungen. Mit enthusiastischen Worten versuchte er, die Versammlung für seine visionäre Zielvorstellung zu gewinnen: »Wir wollen unser Land als Heimatland ansehen, lieben und gestalten. Doch unser Vaterland ist größer, ist Deutschland... Die Verfassung unseres Landes soll und darf nur ein Bekenntnis zum Reich sein.«

Mit seiner Kabinettsumbildung vom 5. Dezember 1946 erreichte Amelunxen die Beteiligung der CDU an der Regierungsverantwortung, aber auch dieses Allparteienkabinett besaß noch keine parlamentarische Legitimation. Erst der am 20. April 1947 gewählte Landtag konnte über die Zusammensetzung der nordrhein-westfälischen Landesregierung frei entscheiden. Die von Ministerpräsident Karl Arnold (CDU) geführte Regierung der Großen Koalition, bestehend aus CDU, SPD, Zentrum und KPD, sah sich einer Fülle brennender und schwieriger Probleme gegenüber. Eine der vordringlichsten Aufgaben war die Versorgung der Bevölkerung, die durch den anhaltenden Zuzug von Vertriebenen und Flüchtlingen aus den polnisch und sowjetisch besetzten Gebieten in kurzer Zeit um mehr als anderthalb Millionen angestiegen war. Vor allem in den zerbombten Großstädten herrschte ein katastrophaler Mangel an Wohnraum und Arbeitsplätzen, das Verkehrsnetz war weitgehend zusammengebrochen, die Energieversorgung völlig unzureichend. Hinzu kam die quälende Ungewißheit über das Ausmaß der von den Siegermächten geplanten Demontage von Industrieanlagen, die für die Wirtschaft des Landes von großer Bedeutung waren. Der Landtag ging daran, durch eine Reihe wichtiger Entscheidungen die Grundlagen für einen demokratischen Umbau der Wirtschafts- und Gesellschaftsordnung zu schaffen, aber schon die ersten Gesetze über eine Bodenreform und die Sozialisierung der Kohlewirtschaft scheiterten an dem Einspruch der britischen Militärregierung.

Als auf mehreren Außenministerkonferenzen der Siegermächte und dann in der Berlin-Blockade von 1948/49 der unüberbrückbare Gegensatz zwischen den westlichen Alliierten und der Sowjetunion deutlich wurde, faßten die Amerikaner und Briten die Gründung eines westdeutschen Staates ins Auge, der in das nordatlantische Verteidigungsbündnis gegen die Sowjetunion einbezogen werden sollte. Mit der Übergabe der »Frankfurter Dokumente« am 1. Juli 1948 wurde den Ministerpräsidenten der Länder der Auftrag für die Ausarbeitung einer Verfassung und die Bildung einer deutschen Regierung erteilt. Bereits am 14. August 1949 konnte die Wahl zum ersten Deutschen Bundestag durchgeführt werden, einen Monat später gab Konrad Adenauer als erster deutscher Bundeskanzler seine Regierungserklärung ab.

Die Gründung der Bundesrepublik Deutschland stellte die politische Entwicklung in Nordrhein-Westfalen — wie auch in allen anderen Bundesländern — auf eine neue Grundlage. Die gesetzgeberische Arbeit des Landtags mußte mit den Bestimmungen des Grundgesetzes in Einklang gebracht werden, wichtige Aufgaben wie die Außen- und Währungspolitik fielen in die ausschließliche Kompetenz des Bundes. Aber die Auswirkungen der Staatsgründung auf Nordrhein-Westfalen reichten noch weiter. Die politischen Machtverhältnisse in Bonn übten einen nicht zu übersehenden Einfluß auf die Regierungs- und Oppositionsparteien in Düsseldorf sowie auf die Landtagswahlen aus, die bis 1970 jeweils ein knappes Jahr nach den Bundestagswahlen stattfanden. Personalpolitisch ging von Bonn eine starke Sogwirkung aus. Eine Reihe profilierter Landespolitiker — nicht nur von der CDU — wechselte in die Bundeshauptstadt über, um dort größere Aufgaben zu übernehmen und die eigene politische Karriere zu fördern. Und schließlich stellte Bonn, das nur rund fünfzig Kilometer von Düsseldorf entfernt liegt, auch als neues politisches Machtzentrum in Nordrhein-Westfalen eine ernsthafte »Konkurrenz« zu der um ihr politisches Ansehen bemühten Landeshauptstadt dar. Die nordrhein-westfälische Regierung sah sich sogar, nicht nur rechtlich, sondern auch »moralisch« dazu gezwungen, sich an den gewaltigen Kosten für eine funktionsgerechte und würdige Ausgestaltung »ihrer« Bundeshauptstadt zu beteiligen.

Als die Etablierung eines westdeutschen Staates in greifbare Nähe gerückt war, setzte der Landtag in Düsseldorf seine Beratungen über eine nordrhein-westfälische Landesverfassung aus, um die von Bonn zu erwartenden verfassungsmäßigen Vorgaben mit berücksichtigen zu können. Erst am 6. Juni 1950, wenige Tage vor dem Ende der 1. Legislaturperiode, wurde die Verfassung für das Land Nordrhein-Westfalen, zu dem seit Januar 1947 auch das bis dahin selbständige Land Lippe (-Detmold) gehörte, mit den 110 Stimmen der CDU und des Zentrums verabschiedet. In der Präambel heißt es: »In Verantwortung vor Gott und den Menschen, verbunden mit allen Deutschen, ... haben sich die Männer und Frauen des Landes Nordrhein-Westfalen diese Verfassung gegeben.« Die hier formulierte christliche Grundhaltung fand vor allem ihren Niederschlag in den Bestimmungen über Erziehung und Schule, die noch in den sechziger Jahren im Landtag und in der Bevölkerung heftige Debatten zwischen Anhängern und Gegnern der christlichen Bekenntnisschule auslösten und schließlich durch Kompromißentscheidungen abgeändert wurden. Die parlamentarisch-demokratische Grundordnung wurde in der Verfassung durch eine konsequente Gewaltenteilung und die Verantwortlichkeit der Regierung gegenüber dem Parlament gesichert, darüber hinaus gab es ein Recht auf Volksbegehren und Volksentscheid. Zweimal machte die Bevölkerung Nordrhein-Westfalens nach 1950 von diesem Recht Gebrauch: 1974 im Zuge einer geplanten Gebietsneugliederung, einige Jahre später im Kampf gegen das Gesetz über die kooperative Schule — im zweiten Falle mit Erfolg. Das ebenfalls in der Landesverfassung verankerte konstruktive Mißtrauensvotum wurde im nordrhein-westfälischen Landtag bisher zweimal gegen eine von der CDU geführte Koalitionsregierung angewendet und führte 1956 und 1966 zu einem von der SPD angestrebten Machtwechsel in Düsseldorf.

←

Am 20. September 1949. Dr. Konrad Adenauer, wenige Tage vorher zum Bundeskanzler gewählt: »Wir hoffen — das ist unser Ziel — daß es uns mit Gottes Hilfe gelingen wird, das deutsche Volk aufwärtszuführen und beizutragen zum Frieden in Europa und in der Welt.«

20 September 1949. Dr. Konrad Adenauer, a few days after being elected Federal Chancellor: »It is our hope and our aim, with the help of God, to lead the German people towards a prosperous future and towards peace in Europe and the world.«

Le 20 septembre 1949. Le Dr. Konrad Adenauer, élu peu de jours auparavant Chancelier fédéral: «Nous espérons, c'est là notre but, que nous parviendrons avec l'aide de Dieu, à faire progresser le peuple allemand et à le faire contribuer à la paix en Europe et dans le monde».

Das Land, insbesondere das Ruhrgebiet mit seinen industriellen Ballungszentren und einer entsprechend großen Bevölkerungsdichte, stellte alle Regierungen vor enorme Schwierigkeiten. Das Ruhrstatut von 1948 und die 1950 gegründete Montanunion bedeuteten einen erheblichen Fortschritt in den Beziehungen zwischen den Siegermächten und Deutschland, sie konnten aber die beginnenden wirtschaftlichen und sozialen Probleme an Rhein und Ruhr nicht lösen. Bereits in den fünfziger Jahren setzten im Kohlebergbau Absatzschwierigkeiten ein, die in der Folgezeit zu immer neuen Zechenstillegungen und Massenentlassungen führten. Auch viele Erzeugnisse der Eisen- und Stahlindustrie waren bald nicht mehr absetzbar, so daß manche Stahlgießereien ihre Produktion drosseln oder sogar ganz einstellen mußten. Die für solche Fälle ausgearbeiteten Sozialpläne konnten die wirtschaftlichen Einbußen für die betroffenen Familien nur teilweise ausgleichen. Trotzdem kam es nicht zu den befürchteten großen Abwanderungen aus dem Ruhrgebiet, eher kann man von einer zunehmenden »mentalen Absetzbewegung« sprechen, d. h. von einer allmählichen inneren Loslösung vieler Menschen von ihrer Heimat, die ihr Gesicht mehr und mehr veränderte.

Andererseits hat sich das Ruhrgebiet gerade in den letzten dreißig Jahren zu einer blühenden Kultur- und Bildungslandschaft entwickelt, wie es sie in der Bundesrepublik und in Europa kein zweites Mal gibt. Die von den Ministerpräsidenten Heinz Kühn und Johannes Rau seit 1966 geführten Landesregierungen haben sich von Anfang an für eine durchgreifende Verbesserung der wissenschaftlichen und kulturellen Infrastruktur des Ruhrgebiets eingesetzt. Heute verfügt dieser Teil Nordrhein-Westfalens über ein dichtes Netz von Hochschulen und Universitäten sowie über eine stattliche Zahl hervorragender Theater, Musikensembles, Museen und Kunstsammlungen. Durch die Schaffung bzw. Verschönerung von Revierparks, Sportanlagen und Naherholungszonen hat sich auch der Freizeitwert des Ruhrgebiets beträchtlich erhöht. »Der blaue Himmel über dem Ruhrgebiet« ist nicht nur ein schön klingender Werbespruch für Reiseprospekte, sondern inzwischen eine durchaus erfahrbare Realität.

Nach vielen Jahren finanzieller und räumlicher Selbstbeschränkung beschloß der nordrhein-westfälische Landtag 1980, das völlig unzureichende Gebäude des ehemaligen preußischen Ständehauses in Düsseldorf durch den Bau eines modernen, zweckmäßigen Parlamentsgebäudes zu ersetzen. 1985 konnten die neu gewählten Volksvertreter den »Landtag am Rhein« neben dem Rheinturm beziehen. Der eindrucksvolle Rundbau enthält außer einem großen Plenarsaal die dringend notwendigen Räume für Fraktions- und Ausschußsitzungen. Nach der Auffassung von Heinrich Große-Sender könnte der neue Landtag »ein wichtiges Identifikationsmerkmal für die Bürger Nordrhein-Westfalens mit diesem Lande werden«. Diese Fähigkeit zur Identifizierung, diese innere Übereinstimmung der Menschen mit ihrem eigenen Land zu fördern, bleibt eine lohnende Aufgabe, auch und gerade im Hinblick auf die politische, wirtschaftliche und kulturelle Neugestaltung des wieder vereinigten Deutschlands.

»We in North Rhine/Westphalia…«

These few words sum up what is so special in and about North Rhine/Westphalia. It is unique in being a Land with a multitude of landscapes and regions, each with its own sense of worth and its own character. Although each region has its own profile, they all belong together, firstly and foremost through the people's love of their immediate home. More than forty years after its creation, the hyphen has become a bracket embracing all the people in North Rhine/Westphalia. This sense of togetherness which the politicians woodenly circumscribe as the »Land consciousness« is summed up in these few words: »we *in* North Rhine/Westphalia«. The words apply for everyone in the Land and are not tied to any political or party limits. Indeed, various industrial companies have even expressed their solidarity with »NRW« in a promotional series organized by the Land authorities. Even if *the* »North Rhine/Westphalians« do not exist now and never will (nor do the frequently cited Bavarians and Hessians exist in that simple form), the people who live in North Rhine/Westphalia in the early nineties have found their role as a western centre and one of the strongest regions in the single European market. Diversity at every level is a typical feature of the Land with more tolerance and liberality than elsewhere. And that Land is called North Rhine/Westphalia. It is a Land which has always borne responsibility for the nation as a whole and still does; even in a united Germany, it is still the Land with the largest population in the country. »We in North Rhine/Westphalia« will make the federation of German Länder strong.

The Federal Land of North Rhine/Westphalia was only created in 1946. A period of less than 50 years is doubtlessly not enough to create any strong or binding state consciousness in the people of a newly defined and politically organized territory. The name itself is an unfortunate choice. The second half »Westphalia« is a historical name which has been used for centuries to describe the territory inhabited by the Westphalians, descendants of the ancient Saxons; the first half »North Rhine«, however, is not only geographically imprecise, it also lacks all ethnic and historical reference. This is not the case with the traditional name of »Rhineland« which was already used for the Prussian Rhine province created in 1815. The people of the Rhineland consequently referred to themselves and liked others to refer to them as Rhinelanders. Konrad Adenauer's words during the inauguration of parliament in Düsseldorf in 1949 contained an implied reference to the historical name of »Rhineland«, describing the entire area between Wesel and Kreuznach: »I find it extremely unpleasant to have to say North Rhine/Westphalia. In my opinion, there is one syllable too many in this new name and I wish we could get rid of it.« There were many people at the time who shared Adenauer's criticism of the Land's name.

North Rhine/Westphalia is a new political creation lacking the common historical tradition necessary for its people to develop a sociopolitical awareness. The nature of the Rhinelanders and Westphalians, i. e. their character and mentality, did not exactly predestine them for a political marriage. Without wishing to yield to the tendency for hasty stereotypical judgments, it is nevertheless true to say that the Rhinelanders have a dinstict sense of social life and humour, due in no small part to their landscape and their history, as well as a certain happy-go-lucky and superficial attitude. The Westphalians, on the other hand, are well known for being reticent to the point of being withdrawn and for their serious view of life. This makes it all the more remarkable to see how all parties and governments have sought to promote the development of a unifying and binding sense of identification with the state and the Land since North Rhine/Westphalia was created in 1946. The first Prime Minister appointed by the British occupying forces, Rudolf Amelunxen, referred to the »Rhenish-Westphalian people« during his inauguration address on 2 October 1946. According to the first draft version of the preamble to the Land's constitution written in 1947, »the Rhenish-Westphalian people are united by fortunes they have shared in past centuries and by the manifold economic and cultural relations of the present«. There has never been any centuries old community of shared fortunes within the Land's present boundaries; considering the political situation at the time, the euphoric words were merely an understandable attempt to motivate the people to join together and cooperate in the difficult years of reconstruction.

The politicians turned to the general public with a number of more or less spectacular measures in their efforts to ensure that the people's identification with the Land of North Rhine/Westphalia did not simply remain a political dream or an unfulfillable »desire«. The foundation of the »West German Broadcasting Corporation (WDR) Cologne« was one such measure, another being the creation of the »major North Rhine/Westphalian art award« in the fifties and the organization of the »North Rhine/Westphalian art collection« and the »North Rhine/Westphalia programme 75« in the sixties and seventies. Not all these activities and institutions found the unreserved approval of the general public, but they did have an integrating and stabilizing effect overall.

History explains a lot

Every state, every nation, indeed every area of modern life can only really be understood with its entire nature, advantages and disadvantages, if we are aware of all the various prerequisites and conditions leading to its genesis and its history with all its laws and imponderables. North Rhine/Westphalia has its own history. A knowledge of that history is both necessary and useful in order to understand the social, economic and cultural conditions prevailing in the Land. This concise historical summary can only outline some of the most important events and relationships which have more or less shaped the Land as it is today.

Let us start our roundtrip through history with a short detour to Neandertal man. Neandertal man was a primeval precursor of homo sapiens who cannot exactly be considered the predecessor of modern man in Central Europe, for he died out in the last Ice Age. He therefore certainly cannot be claimed as the common ancestor of the Rhinelanders and Westphalians. Although there is thus no connection between Neandertal man and the history of North Rhine/Westphalia, he nevertheless has a firm place in our Land. His portrait has been hewn in the rock face for all to see near the cave where bis bones were found in the Neandertal valley near Mettmann in 1856. Neandertal man has his own private museum and is in a sense the oldest honorary citizen of our Land. Reason enough for us to devote some attention to him.

North Rhine/Westphalia's early history does not really start until after the Birth of Christ when the Romans, who had conquered the whole of Gaul up to the Rhine, suffered a humiliating defeat in the forests of the Teutoburger Wald, heralding the downfall of the Roman Empire. While the Germanic Saxon tribes, which included Westphalians and Eastphalians, only advanced from the north and northeast, settling the area up to the lower Rhine in the following centuries, the Germanic Franks crossed the Rhine and entered Roman territory, establishing a Frankish empire around 500 AD that was subsequently to develop into the French and German nations. Today's constellation with (Rhenish) Franks in the Rhineland and Westphalians in the eastern part of the land has thus existed since the Middle Ages, remaining an important feature of North Rhine/Westphalia right up to the present day and influencing not a few of the political decisions made.

Following the decline of the Roman Empire, the Franks who settled to the west of the Rhine inherited a highly developed urban culture and an administrative organization encompassing the entire territory. Under the rule of Frankish kings and later emperors, many of the military camps and Roman towns flourished to become influential centres of worldly and spiritual power. This explains why most of the German kings were crowned in Aachen, the preferred imperial city of Charles the Great, up until 1531 and also why Cologne has been an archbishopric since 800 AD, its ecclesiastical province including the bishoprics of Münster and Paderborn on the right bank of the Rhine. The archbishop became a powerful territorial prince and even acquired the rank of Elector in the 14th century, giving him the right to participate in the choice of a new king.

There was no uniform political development or structure in modern North Rhine/Westphalia from the Middle Ages to the end of the 18th century. The Rhineland was made up of the Electorate of Cologne, its territory extending along the western bank of the Rhine, as well as the duchies of Kleve, Geldern, Jülich and Berg. The supreme rulers in Westphalia were the bishops of Münster and Paderborn, as well as the archbishop of Cologne in his duchy of Westphalia. The highest worldly ruler was the Earl of Mark. By the early 16th century, Kleve, Jülich, Berg, Mark, and Ravensberg had been united by marriage and testamentary contracts to create a powerful state of considerable size and importance, but without at the same time achieving any territorial unity. After the Middle Ages, there were more than 250 ducal and princely houses in the Rhineland and Westphalia, although only a few of these were able to build up their manifold ruling rights and attain complete sovereignty. The towns of Aachen, Cologne, and Dortmund represented an additional power factor in the frequently complex political tug-of-war, for these towns evaded the power of their spiritual and worldly lords, acquiring the status of Free Imperial Cities.

The reformational teachings of Luther, Zwingli, and Calvin were received very differently in the territorial states of the Rhineland and Westphalia. Not surprisingly, the bishops determinedly resisted the new doctrine but they were unable to prevent many of their subjects from openly or clandestinely practising the Protestant faith. Even Cologne's archbishop Gebhard Truchsess von Waldburg became a Protestant convert in 1582. The reformational movement took a strange twist in the bishopric of Münster where a small but radical group of anabaptists took possession of the town and tried to create a celestial Jerusalem through compulsion and terror. Apart from a few small enclaves, all three bishoprics reverted to Catholicism during the counterreformation, leading to serious disputes with the Prussian state in the 19th century.

The Protestant faith, and particularly the Calvinist faith, became much more firmly established in the duchies and principalities. This development was further promoted by the spread of the new faith in the Spanish Netherlands and the neighbouring landduchy of Hesse. The coexistence of Catholic and Protestant territories which were not infrequently associated with one another through testamentary contracts, as in the case of Jülich, Kleve, Berg, and Mark, fuelling many political power struggles and disputes. The Thirty Years War was used by the Catholic House of Wittelsbach and the Protestant House of Hohenzollern, for instance, to assert their hereditary claims to the lands along the lower Rhine. Influential princes from the Bavarian and Palatinate House of Wittelsbach resided in the duchies of Jülich and Berg, as well as in the archbishopric of Cologne during the 17th and 18th centuries.

The French Revolution of 1789 marked a major caesura in the history of North Rhine/Westphalia. Napoleon's armies not only introduced new political ideas and values to the Rhine, but also brought far-reaching territorial changes.

The land on the left bank of the Rhine was annexed by France and subdivided into Départements. The Napoleonic Code prevailing in France was also introduced here, standardizing and distinctly liberalizing the existing legal structure; the new municipal constitution similarly eliminated the legal differences between urban and rural municipalities. Following the decision of the Deputation of German Estates in 1803, the sovereign princes who had lost territories to France were granted the lands of the smaller aristocratic families on the right bank of the Rhine, thus robbing them of their sovereignty and immediacy. In addition to this mediatization, Napoleon also ordered the secularization of all church lands, i. e. confiscation of the lands owned by the bishoprics, monasteries and convents. This was a revolutionary measure through which the Catholic Church forfeited most of the material foundation for its political power.

Following his conquest of Austria and Prussia, the Emperor Napoleon — as he had become in the meantime — expanded his territory to include the lands east of the Rhine, creating a Kingdom of Westphalia extending as far as the river Elbe which he assigned to his brother Jérome. The surviving grandduchies of Berg and Hesse were territorially larger but subject to Napoleon's command as members of the Rhenish Confederation.

French rule in Germany and thus also in North Rhine/Westphalia ended in 1814. After his devastating defeat in the Battle of the Nations near Leipzig,

Napoleon was forced to withdraw from all his occupied territories and retreat to France. The sovereign rulers of all the leading European states gathered for a Peace Congress in Vienna to consult on the territorial reorganization of Europe and the restoration of the German Empire. The German Confederation made up of 35 sovereign princes and four imperial cities was formed as a revival of the former empire, guided by the central motif of general political restoration. Yet the prerevolutionary conditions of the 18th century were never restored, neither in the Rhineland nor in Westphalia. The territorial changes wrought by mediatization and secularization were not only acknowledged, but even intensified through further changes in the existing patterns of ownership. The entire area left of the Rhine, from Wesel through Kreuznach to Saarbrücken, and the lands to the right of the Rhine, as far as the river Weser, were assigned to Prussia more or less as »compensation« for territories lost elsewhere and as reparations for the damage suffered during the French occupation. Instead of numerous small territories, Prussia now owned a large contiguous land mass in the west, although it remained physically separated from the Prussian heartland until 1866. The territory was subdivided into a Rhine province with Koblenz as the seat of the governing president and a province of Westphalia with Münster as the seat of government. This division survived almost unchanged for more than 100 years. The historical situation played a not inconsiderable part in the creation of North Rhine/Westphalia after 1945, albeit with one or two significant limitations.

Prussian rule was largely received with reticence and scepticism in the Rhineland and Westphalia. It was even rejected openly in some places. At least in the first years, there was a deep-seated mistrust of Prussian civil servants and of the Prussian army which was sent to the western provinces in considerable force to establish a new order and ensure the necessary safety. The Prussians not only brought their Protestant faith with them, leading to serious apprehensions in many Catholics, as well as creating considerable tension; at the same time, they also introduced a new understanding of the state characterized by obedience, a sense of duty and willingness to make sacrifices. The convivial, in many respects liberal-minded Rhinelanders found it particularly difficult to accept these stern values. The educated landowning classes also felt that their affiliation with Prussia endangered their political and economic interests.

The government in Berlin generally reacted to the defensive and rejectionist attitude of the population in a relaxed and objective manner, although it was not afraid of open confrontation and retribution. The establishment of the Rhenish Friedrich-Wilhelm-University in Bonn in 1818 was a clear affront to the unpopular Catholic Cologne, although the latter's cultural and historical significance would have made it a much more suitable university town. The political situation was aggravated by the Cologne church dispute of 1837 revealing the differences of opinion between the church and the state on the subject of how children should be brought up in families of mixed religion. Cologne's archbishop Droste zu Vischering was finally even arrested and brought to the citadel of Minden on account of his incalcitrant attitude.

However, it is also an inescapable fact that the Prussian state rendered great services in developing the land and in the administrative organization of the western provinces. Despite various shows of resistance, the newly created provincial parliaments led by diligent governing presidents in Düsseldorf and Münster nevertheless managed to standardize and modernize economic, financial and educational policy. As the governing presidents of Westphalia, Imperial Baron von Stein and his colleague and successor Ludwig Baron von Vincke, rendered unrivalled services in developing this land for several decades.

Throughout the 19th century, the relationship between state and church remained a serious and difficult problem that even emanated into the heated constitutional and educational debates of the North Rhine/Westphalian parliament after 1947. However, the Prussian government's attacks were directed against both the Catholic Church and the Protestant Church, as the latter had rejected the ecclesiastical authority of the Prussian king as summus episcopus in accordance with its former synodal and presbyterian communal constitution. A compromise was finally reached in 1835 in the »Church order for the Protestant communities in the province of Westphalia and the Rhine province«, guaranteeing the communities and synods extensive special rights. These rights are still a characteristic feature of the various churches in North Rhine/Westphalia today.

The dispute with the Catholic Church was externally settled when the Prussian King Friedrich Wilhelm IV attended the construction celebrations for Cologne cathedral in 1842. Before long, however, the old contradictions in church policy flared up again, leading to the formation of a Catholic centre party which bore the brunt of the cultural campaign instigated by Bismarck shortly after the foundation of the German empire. Three bishops were deposed and arrested, monasteries and social institutions were closed and hundreds of parishes temporarily lost their priest in the course of this campaign. The imperial Chancellor did not intervene until the late 1870s, rescinding some of the numerous laws relating to this struggle between church and state.

The industrial revolution was the other major topic of the 19th century, fundamentally changing the face of the land and of society in the Rhine province and Westphalia within only a few decades. Fuelled by the energy from more and more newly discovered coal reserves, small workshops and home factories flourished and grew to became the major iron and steel corporations of the Rhine and Ruhr area. Although the economic centres and the associated urban expansion and the establishment of new towns populated by immigrant workers arriving in hordes from Silesia, Eastern Prussia and Poland did not result in elimination of the provincial border between the Rhineland and Westphalia, it did lead to a noticeable rapprochement between the border areas concerned. Businessmen began to refer to »Rhenish-Westphalian« industry in which a »Rhenish-Westphalian Pitmen's Association« and an »Association of Rhenish-Westphalian Miners« were soon formed. The first polytechnic founded in Prussia's western provinces was even designated the »Rhenish-Westphalian Technical University« in Aachen. However, the verbal and institutional links could not conceal the fact that the Rhine province and the province of Westphalia were Prussian administrative units clearly distinguished from one another in the minds of the local people.

Like other ethnic peoples, the (Frankish) Rhinelanders and the Westphalians each developed their own sense of ethnic and regional allegiance in the course of their respective histories. This consciousness frequently focussed around a sound sense of local or regional patriotism. At the same time, there was no shortage of farsighted men who saw their region and their land as part of a larger whole, especially in politically turbulent times. The political ideas and actions of these men were oriented around the tasks and objectives of a large German nation state. These nationally minded Rhinelanders and Westphalians included not only influential members of the liberal 19th century bourgeoisie, but also leading Catholic political peronalities. Both the united Prussian parliament of 1847, the herald of the revolution of 1848, and the Prussian and Frankfurt national assembly included deputies from the Rhineland and Westphalia who emphatically supported the move for more civil liberties, a liberal constitution and the creation of a German nation state. More honest than the King Friedrich Wilhelm IV, they were convinced that Prussia would have to become part of a larger Germany.

When Germany was compelled to sign the Treaty of Versailles after losing the first world war, anger and indignation swept through the people of the Rhineland in particular. Their protest was directed not only against the stated French objective of advancing its eastern border up to the Rhine, but also against the demilitarization of the Rhineland specified in the Treaty and its occupation by French and Belgian troops. Relations between the people of the Rhineland and their neighbours in the west were for many years strained on account of these humiliating conditions.

The waves of anger and indignation rose still higher when French troops occupied the Ruhr area in 1923 in order to guarantee punctual and complete delivery of the reparations granted to them under the Treaty. The passive resistance supported by the central government brought social destitution upon thousands of families and exposed them to reprisals from the French and Belgian occupying forces. At the same time, it also aroused a strong sense of solidarity among the workers, revealing a sense of national identity that was much stronger than had previously been suspected in many people. When Chancellor Stresemann ordered an end to the struggle in August 1923, many of these people must have felt that the state had deserted them in their justified struggle against exploitation and arbitrariness, even though things did subsequently improve in many respects. One of the consequences of this decision was a distinct increase in the number of separatists calling for the Rhineland's severance from the German Reich and the creation of an independent Rhenish republic. Even when the foreign troops withdrew from the Ruhr area and the three occupation zones in the Rhineland, the political and economic situation in the two provinces remained tense and uneasy until the end of the Weimar Republic. The nation's full sovereignty was not re-established in this area until Hitler ordered German troops to march into the demilitarized Rhineland in March 1936. But what a price the country paid for it!

Democracy imposed and realized in North Rhine/Westphalia

The prussian provinces experienced the same political developments as the rest of the country between 1933 and 1945. All democratic parties and organizations were smashed, all state institutions were standardized by the NSDAP, total registration and indoctrination of the people, political dissenters were persecuted and eliminated, »running with the masses« and career-mindedness were widespread. But there was also inescapable criticism of an open resistance against the Nazis' unscrupulous and irresponsible rule of violence. The members of the Barmer confessional synod of 1934 and Münster's bishop Clemens August Earl Galen are among those who courageously raised their voices to warn against a policy that trod on human dignity and human rights, crushing them underfoot.

As the centre of German heavy industry and the nation's armaments industry, the Ruhr area suffered extensive damage through Allied bombing raids during the second world war. Many other towns like Cologne and Wuppertal were also severely damaged. The situation was further aggravated by the serious devastation and destruction wreaked by the advancing enemy forces during the Spring of 1945. By the time Germany capitulated unconditionally on 8 May 1945, hundreds of thousands of people had lost their lives or at least their possessions, their homes, and their jobs. The value of the economic and cultural assets which had been lost cannot be estimated even roughly.

In accordance with the agreements reached during the war, the Americans ceded their occupied territories along the Rhine and Ruhr to the British military forces whose occupation zone extended from Schleswig-Holstein to the Rhineland-Palatinate. Even in 1945, the British government had come to the fundamental decision to establish a numer of states or Länder in its administrative zone in northwestern Germany, implying or presupposing the de facto dissolution of the former Prussian state. The new Land of North Rhine/Westphalia was basically to comprise the two Prussian western provinces. The decisive point, however, was that the southern part of the former Rhine province was to be ceded to France as the acknowledged fourth occupying power.

Foreign and German politicians voiced reservations with regard to the combination of »one-and-a-half provinces« to create a new Land with a German government and administration. Among the political parties repermitted or newly established shortly after the end of the war, the SPD led by Kurt Schumacher resolutely opposed the foundation of North Rhine/Westphalia because he felt that such a preliminary political decision would seriously endanger Germany's already fragile unity. The French and Russians, on the other hand, opposed the plan because they claimed political and economic authority over the Ruhr area. The commander-in-chief of the British zone, Sir. W. Sholto Douglas, may have been aware that the creation of North Rhine/Westphalia had banished the danger of internationalizing the Ruhr area when he declared, on 2 October 1946 that »I believe it was necessary to combine the two provinces of North Rhine and Westphalia«.

The British government decided to create North Rhine/Westphalia as a state in northwestern Germany on 21 June 1946, more than three years before the creation of the Federal Republic of Germany and eight months before the formal dissolution of Prussia. The Allied Control Commission in Berlin promulgated the decision on 17 July, the British military government empowering the German authorities to take all the requisite statutory and organizational measures in its famous Order No. 46 dated 23 August 1946. It was a matter of course that the new Land could only be established on the basis of a firm democratic order necessitating the cooperation and shared responsibility of all democratic parties. At the same time, it was also clear that the British military government would reserve a consultative and approbational right in all major political decisions. North Rhine/Westphalia remained an occupied zone for which the British military government retained political responsibility in consultation with the Allied Control Council of the four victorious powers in Berlin.

Building up a democratic state within the narrow limits imposed by an occupying force which at first intervened considerably and often sternly was like finding the quadrature of the circle. It demanded utmost patience and understanding from the German politicians for the mistrust and reservations of the British occupying authorities which had gradually to be overcome through reliable, honest cooperation, expanding the Germans' political freedom of action step-by-step in the process. This was something which could naturally only be achieved through years of political work, but it was the only way in which the experiment of democracy imposed by a victorious power could possibly succeed.

Of the five political parties which had become established throughout the Land by uniting various local and regional groupings when North Rhine/Westphalia was formed, the Catholic Centre, the SPD and the KDP (communist party) were able to draw on the platforms and experiences of their earlier work which had been forcibly ended in 1933. The CDU and FDP were new parties which sought to compensate their lack of historical profile through flexibility and up-to-date demands. Led by its Land chairman and later national chairman Konrad Adenauer, the CDU in particular attracted an unexpectedly large number of supporters with economic and social concepts and its deliberate overtures towards the Protestant electorate. The popular Christian party became a serious rival to the SPD almost overnight; it almost always finished better than the SPD in the Land elections until 1966. The communist KPD controlled by the SED in East Berlin had lost its parliamentary influence by the time of the 1954 Land elections; the Catholic Centre retained its seat in the Land parliament in Düsseldorf until 1958. As in the other German Länder and in the German Bundestag, political power was subsequently shared only among the CDU, SPD, and FDP. As the smallest party in the Land parliament, the FDP has more than once helped a party into government office or toppled a government.

The new democracy in North Rhine/Westphalia started with a thoroughly undemocratic measure: the appointment of the first Land government and of the first parliament by the British military government. The election results for the last years of the Weimar Republic were consulted for this purpose, but they did not provide any useful indications whatsoever concerning the political relations existing after 1945. As the head of an intact provincial administration, the long-serving Westphalian governing president Rudolf Amelunxen was called to Düsseldorf as Prime Minister to put together an all-party cabinet. This attempt initially failed on account of Konrad Adenauer's uncooperative attitude. In an act of consideration for the rivalry between the two parts of the Land that made itself clearly felt in many areas, the Appointed Parliament was made up of 100 »deputies« each from the Rhineland and Westphalia. The number of members from the various political parties was largely disregarded when the seats were allocated.

Despite a number of legal and external inadequacies, the opening session of the Appointed Parliament in Düsseldorf's opera house on 2 October 1946 nevertheless became a great commemorative day in the history of North Rhine/Westphalia. In his short opening address, Amelunxen described the fresh democratic start in Germany as a »third attempt to build up a healthy state based on justice and truth«, adding as a word of warning that »this is also our last chance. Germany's future depends on whether this attempt succeeds or fails.« He described the »Rhenish-Westphalian people's strong links with God and their openness to the world« as being their most outstanding features. Amelunxen was confident that North Rhine/Westphalia, the land of »cathedrals, monasteries and coal mines«, would be able to build a democratic state system because »the people who live along the Rhine and Ruhr, the 12 million people who live in this Land, have always loved their freedom, have always been cultivated, civilized people with a high respect for human dignity and worth, despising every unnecessary restriction of personal freedom, military drill, the military spirit and terror, hating them like the plague.« The speakers of all parties confirmed their determination to lead the Land out of chaos and allow its people to live in peace, freedom and social security. A number of voices also called unmistakably for the restoration of Germany's political unity. Friedrich Middelhauve, chairman of the FDP at the time, declared »the Reich« to be the »ultimate objective« of all political efforts. He tried to sway the parliament to support his visionary objective as he enthusiastically proclaimed: »We want this Land to be our home, to love it, and to build it up. Our fatherland, however, is much larger: Germany... The constitution of our Land can and must be nothing more than a declaration of loyalty to the Reich.«

Amelunxen's cabinet shuffle on 5 December 1946 brought the CDU in to share some of the responsibility of government, but even so the all-party cabinet still did not have any parliamentary legitimation. Only the Land parliament elected on 20 April 1947 was able freely to decide on the formation of North Rhine/Westphalia's Land government. The grand coalition government led by Prime Minister Karl Arnold (CDU) included representatives from the CDU, SPD, Centre Party, and KPD. It was faced by a multitude of urgent and difficult problems, one of the most pressing of which concerned the supply of food for the people. The population had increased by more than one-and-a-half million within a short space of time, as displaced people and refugees continued to stream into the Land from the occupied Polish and Soviet territories. There wa a catastrophic shortage of housing and jobs, particularly in the bomb-damaged cities, the traffic system had largely broken down and the fuel supply was totally inadequate. The torment was intensified by uncertainty as to the degree to which the victorious Allies would actually dismantle the industrial plants of such importance to the Land's economy. The parliament passed a number of resolutions creating the basis for a democratic restructurization of society and the economy, but the first land-reform laws and the first laws the socialize the coal industry were vetoed by the British military government.

When the unbridgeable differences between the western Allies and the Soviet union became clear at various conferences of the Allied foreign ministers and finally during the Berlin blockade of 1946/47, the Americans and the British began to consider the formation of a West German state to be integrated into the North Atlantic defensive alliance against the Soviet Union. The Prime Ministers of the Länder were authorized to draw up a constitution and form a German government in the »Frankfurt documents« handed over on 1 July 1948. The first German Bundestag was elected on 14 August 1949. One month later, the first German Chancellor Konrad Adenauer made his first government statement.

The political development of North Rhine/Westphalia, and of the other German Länder, was placed on a new footing with the foundation of the Federal Republic of Germany. The land parliament's legislative work now had to be brought in line with the provisions of the Basic Law. Major aspects, such as foreign and defence policy, were now the exclusive responsibility of the national government. However, the establishment of the new state had still more far-reaching consequences for the Land of North Rhine/Westphalia. The balance of political power in Bonn had an indisputable influence on the government and opposition parties in Düsseldorf, as well on the Land elections which were held almost exactly one year after the national elections until 1970. Bonn exerted a strong magnetic influence on personnel policy, and a number of well-known Land politicians from all parties moved from Düsseldorf to Bonn to take over new responsibilities and promote their political careers. Only some fifty kilometres away from Düsseldorf, Bonn had become a new political power centre in North Rhine/Westphalia and a serious rival to the Land capital anxious to preserve its political status. The North Rhine/Westphalian government felt legally and morally bound to share in the immense cost of organizing »its« national capital in a functionally correct and worthy representative manner.

Once the establishment of a West German state became tangibly close, the Land parliament in Düsseldorf suspended its deliberations on a Land constitution for North Rhine/Westphalia so that the constitutional directives expected from Bonn could be integrated accordingly. The constitution of the Land North Rhine/Westphalia, which had included the formerly independent Land of Lippe (-Detmold) since January 1947, was not passed until 6 June 1950, a few days before the end of the first legislative period. It was passed with 110 votes by the CDU and Centre Party. The preamble states that »the men and women in North Rhine/Westphalia have given themselves this constitution ... out of responsibility towards God and all people, united with all Germans.« The basic Christian approach formulated here was primarily reflected in the provisions concerning education and the schools, triggering hefty debates between supporters and opponents of Christian confessional schools in the Land parliament and among the general public even in the 1960s. It was subsequently modified in compromise decisions. The basic democratic parliamentary order was set out in the constitution through the consistent separation of powers and the government's answerability to parliament; in addition, it allowed for a right of petition and referendum. This right was exercised by the people of North Rhine/Westphalia on two occasions after 1950. The first case was in 1974 and concerned a proposal for territorial reorganization; the second case was a few years later in the battle against the law on cooperative schools and proved successful. The constructive vote of no confidence which is also anchored in the Land constitution has so far been used twice against a coalition government led by the CDU. In 1956 and 1966 it led to a change of government in Düsseldorf as desired by the SPD.

The Land and especially the Ruhr area with its industrial conglomerations and a correspondingly high population density imposed considerable difficulties on all governments. Although the Ruhr Statutes of 1948 and the coal and steel community set up in 1950 represented a major improvement in relations between the victorious powers and Germany, they were not able to solve the economic and social problems which were beginning to arise along the Rhine and Ruhr. The mining industry experienced its first difficulties in selling its coal in the fifties; more and more mines had to be shut down as mass redundancies became the order of the day in the subsequent period. Many of the iron and steel industry's products also became unsaleable, causing many steel foundries to cut back production or even stop production entireley. The social plans drawn up for such contingencies only partly compensated the financial cutbacks suffered by the families affected. However, there was no mass exodus from the Ruhr area as had been feared; instead, there has been more of a »mental departure« as many people have gradually separated mentally from their former homeland which was changing all the time.

The Ruhr area has developed into a flourishing cultural and educational centre unrivalled in the Federal Republic of Germany and in Europe, particularly in the last thirty years. The Land governments led by Prime Ministers Heinz Kühn and Johannes Rau since 1966 have always encouraged a fundamental improvement in the scientific and cultural infrastructure of the Ruhr area. This part of North Rhine/Westphalia now has a closely meshed network of colleges and universities, as well as a large number of outstanding theatres, musical ensembles, museums, and art collections. The creation and embellishment of parks, sports facilities, and recreation areas in the former mining districts have remarkably improved the leisure value of the Ruhr area. »Blue skies over the Ruhr area« is not only an attractive promotional slogan for travel brochures, but also a thoroughly common reality.

After many years of self-imposed financial and physical constraints, North Rhine/Westphalia's Land parliament finally resolved in 1980 to erect a modern, purpose-built parliament building to replace the totally inadequate former Prussian assembly house in Düsseldorf. The newly elected deputies moved into the »parliament on the Rhine« in 1985. In addition to the plenary hall, the impressive circular building also houses the urgently required rooms for party and committee meetings. According to Heinrich Grosse-Sender, the new parliament building could prove to be an »important feature allowing the people of North Rhine/Westphalia to identify with this Land«. It remains an important task to promote the people's ability to identify with their Land, particularly in view of the political, economic, and cultural reorganization of the unified Germany.

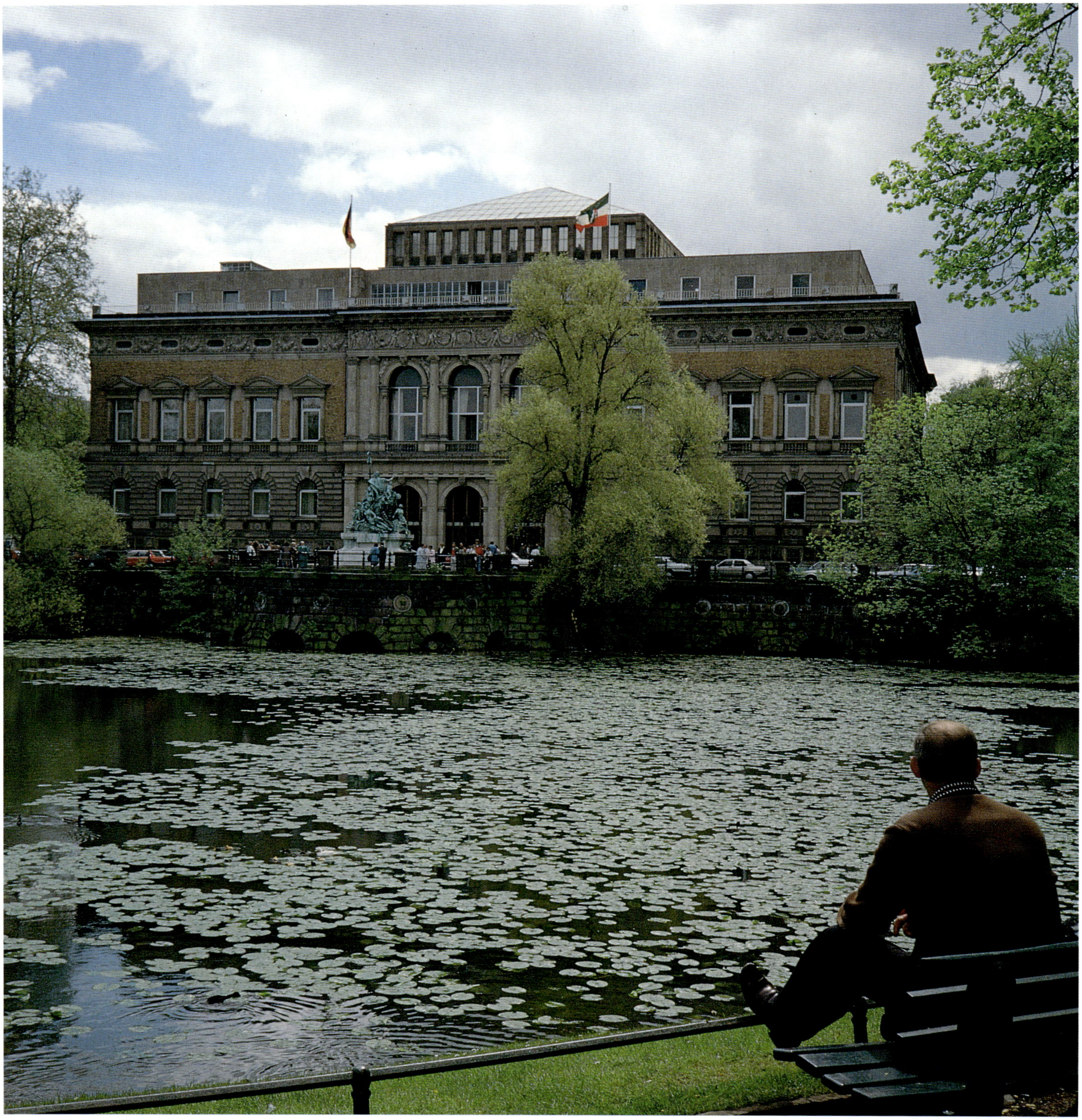

«Nous autres, de Rhénanie-du-Nord-Westphalie …»

Ce slogan exprime de manière simple et concise la particularité de la Rhénanie-du-Nord-Westphalie: ce qu'il y a d'unique, c'est que la Rhénanie-du-Nord-Westphalie est composée d'une profusion de contrées et de régions dont chacune possède un caractère particulier, de même que la conscience de sa propre valeur. Chacune de ces régions a un profil bien déterminé et, malgré cela, elles forment ensemble une unité. En premier lieu figure l'amour du pays natal, mais après plus de quarante années, le trait d'union entre les deux régions est devenu une sorte d'agrafe tenant ensemble tous les citoyens de la Rhénanie-du-Nord-Westphalie. Ce «Nous», que les politiciens appellent un peu sèchement «Conscience du Land», a trouvé son expression dans cette profession de foi: «Nous autres, *de* Rhénanie-du-Nord-Westphalie». Un slogan qui, bien au-delà des partis, est devenu celui du Land tout entier; cela va si loin que, dans une série d'annonces publicitaires du Land, des entreprises l'ont utilisé pour se déclarer partisans de la «RNW». Aucun doute n'est permis: même si *le* «Rhénanien-du-Nord-Westphalien» n'existe pas, n'existera jamais, (mais le Bavarois ou le Hessois tant cité n'existent pas non plus de cette manière simpliste), les êtres de la Rhénanie-du-Nord-Westphalie ont trouvé au début des années quatre-vingt-dix le rôle qu'ils doivent jouer, à savoir être le centre de l'ouest, la région forte au sein des meilleures régions du marché intérieur européen. La marque caractéristique de la région, c'est sa diversité sur tous les plans, ce qui explique qu'on y rencontre plus de tolérance et de libéralisme que partout ailleurs et que la maison commune s'appelle Rhénanie-du-Nord-Westphalie. Un Land qui, sans cesse également, a porté, porte la responsabilité de l'ensemble de la République fédérale, qui, même dans l'Allemagne unifiée, reste le plus grand par la population, un Land qui souhaite faire de son «Nous autres, de Rhénanie-du-Nord-Westphalie» le lien unissant solidement entre eux tous les Länder allemands.

Le Land fédéral de «Rhénanie-du-Nord-Westphalie» n'existe que depuis 1946. Un demi-siècle est certainement insuffisant pour faire naître dans l'esprit des habitants d'un territoire aux frontières et aux structures politiques réorganisées, la conscience engageante et porteuse d'appartenir à un état. Le choix du nom, lui aussi, a été malheureux. Alors que sa seconde composante, la «Westphalie», est une notion territoriale et historique vieille de plusieurs siècles, dont il faut rechercher l'origine dans la race saxonne des Westfaliens, le mot «Nordrhein», «Rhénanie-du-Nord», dont même la situation géographique est indéfinie, ne se réfère à aucun peuple déterminé ou à son Histoire. Il en va tout autrement dans le cas du nom traditionnel de «Rheinland», Rhénanie, nom qui devint vite courant pour désigner la Province du Rhin fondée en 1815 par la Prusse, nom dont les habitants s'inspirèrent tout simplement pour se désigner eux-mêmes du nom de «Rheinländer», un nom qu'ils aiment bien aussi se voir donner. Faisant allusion à l'appellation historique de «Rheinland», qui servait à désigner toute la région comprise entre la Wesel et Kreuznach, Konrad Adenauer formula au cours de l'inauguration de la Chambre des députés de Düsseldorf (1949), la critique suivante: «Voyez-vous, je trouve des plus antipathiques d'avoir toujours à dire «Nordrhein-Westfalen». Je trouve qu'il y a une syllabe de trop dans ce nom et je souhaiterais que nous puissions nous débarrasser d'elle. Adenauer était alors loin d'être le seul à critiquer la division de cette ancienne Province du Rhin.

La Rhénanie-du-Nord-Westphalie, création politique, n'est pas suffisamment ancrée dans une tradition historique commune qui lui permettrait de faire naître dans l'esprit de ses habitants une conscience socio-politique. De par leur nature, c.à.d. dans leur caractère et leur mentalité, les Rhénans et les Westphaliens ne sont pas véritablement prédestinés à former une communauté politique. Sans se laisser aller à reprendre des clichés, on peut tout de même dire que les Rhénans, en raison en partie du paysage dans lequel ils vivent et de leur Histoire, ont le sens très développé de la sociabilité et de l'humour, mais se distinguent aussi par une certaine insouciance et une certaine superficialité, tandis que les Westphaliens sont connus pour le sérieux avec lequel

Bis 1985 tagte der Landtag von Nordrhein-Westfalen im Ständehaus, dem Sitz des früheren preußischen Provinziallandtages.

Until 1985, the Landtag of North Rhine/Westphalia met in the Ständehaus (»estates building«), the seat of the former Prussian Provinziallandtag.

Le Landtag de Rhénanie-du-Nord-Westphalie, jusqu'à 1985, se réunissait dans le Ständehaus («maison corporative»), siège de l'ancien Provinziallandtag Prussien.

ils considèrent les choses de la vie. Il n'en est que plus remarquable de voir comment, depuis la fondation du Land de Rhénanie-du-Nord-Westphalie, en 1946, tous les partis et les gouvernements se sont efforcés de faire naître dans la population le sentiment d'appartenir à un Land, à un état. Le premier Ministre Président, Rudolf Amelunxen, désigné par les Britanniques, parla déjà lors de la séance inaugurale du Landtag (assemblée du Land), le 2 octobre 1946, d'«un peuple rhénano-westphalien«. Et dans le premier projet de préambule à la Constitution du Land, en janvier 1947, on pouvait lire: «La population rhénano-westphalienne est liée par un passé commun séculaire et, de nos jours, par des relations économiques et culturelles variées«. Il n'y a certainement pas eu un tel «passé commun séculaire» dans le cadre des frontières actuelles du Land, et il faut vraisemblablement voir dans cette formulation euphorique une tentative, tout à fait compréhensible dans la situation politique d'alors, en vue de motiver la solidarité et la coopération des citoyens du Land, nécessaires pour les dures années de la reconstruction. Afin que ce sentiment d'appartenance «rhénano-du-nord-westphalien» ne reste pas qu'un souhait politique, un rêve irréalisable, les hommes politiques se tournèrent vers le grand public au travers de mesures plus ou moins spectaculaires. Citons par exemple la création du «Westdeutscher Rundfunk Köln» (Radio de l'ouest de l'Allemagne, à Cologne) et la fondation du «Grand prix de l'art de Rhénanie-du-Nord-Westphalie» dans les années cinquante, ou bien encore la constitution des «Collections de Rhénanie-du-Nord-Westphalie» et du «Programme 75 pour la Rhénanie-du-Nord-Westphalie» dans les années soixante et soixante-dix. Toutes ces activités ne recueillirent pas l'approbation unanime de la population, mais elles ont eu tout de même un effet fortement intégrateur et stabilisateur.

L'Histoire explique bien des choses

Chaque état, chaque peuple, oui, n'importe quel secteur de la vie d'aujourd'hui, ne peut être véritablement compris dans son essence, ses avantages et ses inconvénients, que si l'on connaît les divers préalables et conditions de sa genèse et de son Histoire, toutes ses légitimités et ses impondérabilités. La Rhénanie-du-Nord-Westphalie a elle aussi son Histoire, une Histoire qu'il est nécessaire et utile de connaître pour comprendre les conditions sociales, économiques et culturelles qui règnent dans notre Land. On ne peut, dans le cadre d'une courte esquisse historique, présenter que quelques-uns des événements et enchaînements ayant plus ou moins fortement contribué à donner sa physionomie actuelle à notre Land.

Si notre périple historique débute par un hommage à l'homme de Néanderthal, il ne faut y voir qu'un supplément au programme. L'homme de Néanderthal, une sorte d'homme des origines, ou d'étape préliminaire à l'homo sapiens, ne peut certes pas être considéré comme étant l'ancêtre de l'homme vivant aujourd'hui en Europe centrale, car il disparut à la fin de la dernière ère glaciaire. Encore moins, donc, comme l'ancêtre commun des Rhénans et des Westphaliens. Il n'y a en conséquence aucun lien, aucune relation entre lui et l'Histoire de la Rhénanie-du-Nord-Westphalie. Il n'en occupe pas moins sa place dans notre Land: tout un chacun peut contempler sa statue en pierre dans la grotte où, en 1856, furent découverts quelques-uns de ses ossements. L'homme de Néanderthal, qui a son propre musée, est donc en quelque sorte le plus vieux citoyen d'honneur de notre Land et mérite certainement tout notre intérêt. La préhistoire proprement dite de la Rhénanie-du-Nord-Westphalie ne commence qu'après la naissance du Christ, lorsque les Romains, qui avaient conquis la Gaule jusqu'au Rhin, connurent une défaite exterminatrice dans le Teutoburger Wald, défaite qui donnait le signal de la chute de l'Empire romain. Tandis qu'au cours des siècles suivants, les Saxons, alliance de tribus germaniques dont faisaient également partie les Westphaliens et les Ostphaliens, se répandaient du nord et du nord-est jusqu'au Rhin inférieur, les Francs germaniques franchirent la frontière du Rhin et avancèrent sur le territoire romain pour y fonder aux environs de l'an 500 ap.J.C., un grand empire franc, cellule de base des futurs états français et allemand. Avec la colonisation de la Rhénanie par les Francs (rhénans) et la conquête des territoires adjacents de l'est par les Westphaliens, la configuration humaine était donc déjà parfaite dès le Moyen Age, une configuration qui est restée jusqu'à nos jours une caractéristique importante de la Rhénanie-du-Nord-Westphalie et a influencé bien des prises de décision politiques au niveau de Land.

Les Francs installés à l'ouest du Rhin héritèrent après la chute de l'Empire romain d'une riche civilisation citadine et de structures administratives couvrant l'ensemble du territoire. Durant le règne des rois francs et des empereurs qui leur succédèrent, de nombreux camps militaires et villes romains devinrent d'influents centres du pouvoir séculier et régulier. C'est ce qui explique p.ex. que, jusqu'en 1531, la plupart des rois allemands se soient fait couronner à Aix-la-Chapelle, résidence préférée de Charlemagne, et que Cologne ait été depuis l'an 800 environ, le siège d'un archevêché dont la circonscription englobait aussi sur la rive droite du Rhin, les évêchés de Munster et Paderborn. C'est au 14ème siècle que l'archevêque, dont la puissance territoriale était depuis longtemps déjà énorme, devint Prince électeur, se voyant par là même conférer le droit de participer au choix d'un nouveau roi. Du Moyen Age au 18ème siècle, la Rhénanie-du-Nord-Westphalie ne connut pas, à l'intérieur des frontières qui sont aujourd'hui les siennes, d'évolution ou de structures politiques communes. Dans le Rheinland, à côté de la Cologne électrice, dont les territoires s'étendaient sur la rive ouest du Rhin, se développèrent les duchés de Clèves, Geldern, Jülich et Berg. Les seigneurs les plus puissants de Westphalie étaient les évêques de Munster et Paderborn, ainsi que l'archevêque de Cologne dans son duché de Westphalie. C'est au Duc de la Marche que revenait la première place, parmi les seigneurs séculiers. Jusqu'au début du 16ème siècle, suite à des mariages et à des héritages, Clèves, Jülich, Berg et la Marche s'unirent pour former ensemble un état puissant par la taille et l'importance politique, sans toutefois réaliser une unité territoriale. Depuis le Moyen Age, on dénombrait en Rhénanie et en Westphalie plus de 250 maisons ducales et seigneuriales dont fort peu parvinrent à transformer leurs divers droits seigneuriaux en une souveraineté pleine et entière. Les villes d'Aix-la-Chapelle, Cologne et Dortmund, qui s'étaient soustraites à la domination de leurs seigneurs réguliers ou séculiers et avaient obtenu le statut de ville impériale, furent un facteur de puissance supplémentaire dans le jeu souvent compliqué des forces politiques.

Les doctrines réformatrices de Luther, Zwingli et Calvin furent accueillies de manières très diverses dans les états territoriaux de Rhénanie et de Westphalie. Bien entendu, les évêques opposèrent à la nouvelle doctrine une résistance des plus résolues; ils ne parvinrent toutefois pas à empêcher nombre de leurs ouailles de se convertir officiellement ou en secret à la foi évangélique. L'archevêque de Cologne Gebhard Truchseß von Waldburg lui même, passa en 1582 au protestantisme. D'étranges fleurs naquirent du mouvement de la Réforme dans l'évêché de Munster, où un petit groupe d'anabaptistes radicaux prit le pouvoir sur la ville et tenta d'ériger par la violence et la terreur, une Jérusalem céleste. Dans le cadre de la Contre-Réforme, les trois évêchés, à l'exception de certains petits territoires, revinrent au catholicisme, qui allaient connaître au 19ème siècle de graves conflits avec l'état prussien.

Dans les duchés et les comtés, le protestantisme, surtout dans sa version calviniste, parvint à s'implanter de manière beaucoup plus prononcée. L'extension de la nouvelle doctrine aux Pays-Bas espagnols et au duché voisin de Hesse y contribua pour beaucoup. La juxtaposition de territoires catholiques et évangéliques qui étaient le plus souvent, comme c'était p.ex. le cas de Jülich, Clèves, Berg et de la Marche, liés entre eux par des mariages et des héritages, fut bien souvent l'occasion de luttes politiques pour le pouvoir et de querelles. C'est ainsi p.ex. que la Guerre de Trente ans fut utilisée par les Wittelsbach catholiques et les Hohenzollern protestants pour faire valoir leurs droits d'héritage sur les territoires du Rhin inférieur. D'influents princes de la famille des Wittelsbach de Bavière et du Palatinat ne résidèrent pas seulement à Cologne, au cours des 17ème et 18ème siècles, mais également à Jülich et à Berg.

La Révolution française de 1789 représenta une profonde coupure dans l'Histoire de la Rhénanie-du-Nord-Westphalie. Les troupes napoléoniennes ne se bornèrent pas à apporter des idées politiques et des valeurs nouvelles sur les bords du Rhin; elles provoquèrent également de très importantes transformations territoriales. Les territoires de la rive gauche furent rattachés à la France et découpés en départements. Le Code Napoléon qui y entra en vigueur, comme en France, eut pour effet une uniformisation et une très nette libéralisation de l'ordre juridique existant et la nouvelle constitution des communes fit disparaître les différences juridiques entre les communes citadines et campagnardes. Les nobles propriétaires terriens ainsi lésés dans leurs droits, se virent attribuer par la Décision de la Députation du Reich de 1803, les territoires appartenant aux petits seigneurs de la rive droite du Rhin qui perdirent ainsi leur souveraineté et leur proximité immédiate du Reich. En plus de cette »médiatisation«, Napoléon ordonna la sécularisation de tous les territoires de l'église, c.à.d. l'expropriation sans dédommagement de tous les évêchés, couvents et cloîtres, une mesure révolutionnaire qui retira en grande partie à l'église catholique les bases matérielles de sa puissance politique.

Après sa victoire sur l'Autriche et la Prusse, Napoléon, devenu entre-temps Empereur, étendit également sa domination sur les territoires de la rive droite du Rhin et y fonda un Royaume de Westphalie qui s'étendait jusqu'à l'Elbe et qu'il transmit à son frère Jérome. Les autres territoires importants étaient les duchés de Berg et de Hesse qui, en tant que membres de l'Union Rhénane, étaient également soumis aux ordres de Napoléon.

Dès 1814, c'en était fini de la domination étrangère française en Allemagne et en Rhénanie-du-Nord-Westphalie. Après la cuisante défaite qu'il essuya lors de la Bataille des Nations près de Leipzig, Napoléon dut évacuer ses troupes de toutes les régions occupées et se retirer en France. A Vienne, les souverains de tous les grands états européens se réunirent en un Congrès qui devait discuter de la réorganisation territoriale de l'Europe et de la reconstitution du Reich allemand. C'est dans le cadre directeur d'une restauration politique générale que naquit, pour remplacer le vieux Reich, l'Alliance allemande dont faisaient partie 35 princes souverains et quatre villes impériales. Mais, ni en Rhénanie, ni en Westphalie, on ne pouvait parler d'un retour à la situation de 18ème siècle. Les modifications territoriales dues à la médiatisation et à la sécularisation ne furent pas reconnues, mais furent de très loin dépassées par de nouvelles interventions dans les situations de propriété existantes. L'ensemble du territoire situé sur la rive gauche du Rhin entre Wesel, Kreuznach et Sarrebruck, ainsi que les territoires de la rive droite s'étendant jusqu'à la Weser, furent attribués à la Prusse, en »dédommagement« d'autres pertes en territoires et dommages subis durant la période d'occupation française. Au lieu de posséder à l'ouest divers petits territoires, la Prusse en avait désormais un grand, d'un seul bloc, géographiquement séparé toutefois, jusqu'en 1866, de son territoire central. Le découpage de la région en une province rhénane avec Coblence comme siège de la présidence et en une province de Westphalie avec Munster comme siège de gouvernement, demeura inchangé pendant près d'un siècle. Après 1945, malgré quelques restrictions importantes qui lui furent apportées, ce modèle joua un certain rôle lors de la création du Land de Rhénanie-du-Nord-Westphalie.

La domination prussiene fut accueillie en Rhénanie et en Westphalie avec la plus grand réserve et le plus grand scepticisme, parfois même avec une franche hostilité. On ressentait, au cours des premières années tout au moins, une profonde méfiance à l'égard de l'administration et de l'armée prussiennes, dépêchées en grand nombre dans les provinces occidentales afin d'y créer un ordre nouveau et d'y prendre les mesures nécessaires à la sécurité. Les Prussiens ne se bornèrent pas à amener avec eux leur foi protestante, ce qui eut pour effet de provoquer chez les catholiques de réelles inquiétudes et des tensions; ils importèrent également une nouvelle conception de l'état, marquée par l'obéissance, l'accomplissement du devoir et l'abnégation. La joie de vivre rhénane précisément, ne pouvait que s'accommoder fort mal de ces sévères valeurs. Par ailleurs, la bourgeoisie possédante et cultivée voyait ses intérêts politiques et économiques menacés par l'appartenance à l'état prussien. Le gouvernement de Berlin répliqua en général par le calme et l'objectivité à cette attitude défensive et réservée de la population, ne renonçant pas pour autant à la confrontation ouverte, ni aux mesures répressives. La fondation de l'Université Frédéric-Guillaume à Bonn (1818) était déjà en soi un véritable affront envers Cologne la catholique, peu aimée, que son passé historico-culturel aurait pu légitimement faire prétendre à atteindre le rang de ville universitaire. La situation politique s'envenima encore du fait de la Querelle des Eglises de 1837, à Cologne, qui fit apparaître au grand jour, par l'intermédiaire de mariages mixtes, les divergences de conception existant entre l'église et l'état en matière d'éducation des enfants. L'archevêque de Cologne, Droste zu Vischering finit même, en raison de son entêtement, par être incarcéré et transféré à la forteresse de Minden.

Mais on ne peut ignorer non plus les mérites de l'état prussien en matière de développement et d'organisation structurelle des provinces de l'ouest. Les assemblées provinciales nouvellement instituées à Düsseldorf et à Munster, présidées la plupart du temps par des hommes de mérite, parvinrent, malgré certaines résistances, à réaliser l'unification et la modernisation de la politique économique, financière et scolaire. Le baron impérial v. Stein et son collaborateur et successeur, le baron Ludwig v. Vincke, tous deux Présidents de Westphalie, travaillèrent de manière remarquable, des décennies durant, au développement de cette région.

Au cours du 19ème siècle, les relations entre l'église et l'état continuèrent à être un problème à la fois crucial et difficile à résoudre, dont les échos se firent encore entendre après 1947, lors des débats passionnés qui animèrent le Landtag de Rhénanie-du-Nord-Westphalie à propos de la constitution et de l'école. Mais les attaques du gouvernement prussien n'étaient pas exclusivement dirigées contre l'église catholique, mais aussi, et de la même manière, contre l'église protestante qui, en raison de la conception synodale et presbytériale de la communauté qui avait jusqu'alors été la sienne, refusait au roi de Prusse en tant que Summus episcopus, toute autorité écclésiastique. Le compromis finalement trouvé, ce sont les »Règlements ecclésiastiques des communautés évangéliques de la Westphalie et de la Province du Rhin«, en date de 1835, qui garantissaient aux communautés et aux synodes des droits spéciaux essentiels. Ces droits sont aujourd'hui encore la marque des diverses églises que l'on trouve dans le Land de Rhénanie-du-Nord-Westphalie.

La querelle avec l'église catholique prit exérieurement fin avec la participation du roi de Prusse Frédéric Guillaume IV à la fête de la construction de la cathédrale de Cologne, en 1842, mais les vieux antagonismes en matière de politique vis-à-vis de l'église ressurgirent bientôt et menèrent à la fondation du parti catholique du centre, qui allait être l'objet d'une Kulturkampf mise en scène par Bismarck après la fondation du Reich. Au cours de cette »guerre culturelle«, les trois évêques furent révoqués et incarcérés, couvents et institutions sociales se virent fermés, des centaines de communautés perdirent pour un certain temps leurs curés. Ce n'est qu'au début des années soixante-dix que le Chancelier du Reich commença à faire des concessions et annula certaines des nombreuses lois édictées dans le cadre de cette Kulturkampf. L'autre grand thème du 19ème siècle est la révolution industrielle qui, en quelques décennies seulement, allait profondément bouleverser le paysage et la société de la Province du Rhin et de la Westphalie. Se servant de l'énergie provenant des incessantes découvertes de mines de charbon, ateliers et petites usines privées se transformèrent en ces énormes consortiums de l'industrie du fer et de l'acier bien connus du Rhin et de la Ruhr. Les concentrations économiques, l'extension ou la création de villes qu'elles entraînèrent, villes où affluèrent des masses de travailleurs en provenance de Silésie, de Prusse orientale et de Pologne, ne firent certes pas disparaître les frontières entre la Rhénanie et la Westphalie, mais eurent pour effet de rapprocher de manière sensible les zones frontalières. Les entrepreneurs s'habituèrent à parler d'une région industrielle »rhénano-westphalienne« dans laquelle vit bientôt le jour un »Syndicat ouvrier des mineurs de Rhénanie-Westphalie« et une »Association des mineurs de Rhénanie-Westphalie«. Et l'Ecole polytechnique des provinces prussiennes occidentales, fondée à Aix-la-Chapelle, se vit même attribuer le nom d'»Université Technique de Rhénanie-Westphalie«. Ces liens sémantiques et institutionnels ne peuvent dissimuler toutefois que, dans la conscience de leurs habitants, la Province du Rhin et la Province de Westphalie restèrent très nettement distinctes l'une de l'autre en tant qu'unités administratives prussiennes.

Comme d'autres tribus, les Rhénans (francs) et les Westphaliens développèrent au cours de leur Histoire, une conscience tribale et nationale se traduisant souvent par un vigoureux patriotisme local et régional. Mais ils ne manquèrent pas non plus d'hommes prévoyants qui, surtout en période d'agitation politique, surent considérer leur patrie, leur région, comme composante d'un tout, d'hommes dont la pensée et l'action politiques s'orientèrent aux tâches et aux objectifs d'un grand état national allemand. Au nombre de ces Rhénans et Westphaliens pensant en terme de nation, ne figurent pas seulement au 19ème siècle des représentants de la bourgeoisie libérale, mais aussi des personnalités importantes du catholicisme politique. Tant au Landtag prussien unifié de 1847, précurseur de la Révolution de 1848, qu'à l'Assemblée nationale prussienne et francfurtoire, siégèrent des députés de Rhénanie et de Westphalie fortement engagés en faveur du droit des citoyens à la liberté, d'une Constitution libérale et de la création d'un état national allemand. Plus sincèrement que le roi Frédéric Guillaume IV, ils étaient convaincus que la Prusse devait se fondre désormais dans l'Allgemagne.

Lorsqu'à l'issue de la Première Guerre Mondiale qu'elle avait perdue, l'Allemagne se vit contrainte de signer le Traité de Versailles, on vit naître, tout particulièrement dans la population de Rhénanie, une vague de colère et d'indignation. Cette protestation n'était pas uniquement dirigée contre l'intention déclarée de la France de repousser ses frontières de l'est jusqu'au Rhin, mais également contre la démilitarisation décidée de la Rhénanie et contre son occupation par des troupes françaises et belges. Ces dispositions ressenties comme humiliantes pesèrent de longues années sur les relations entre la Rhénanie et ses voisins de l'ouest.

Les choses empirèrent encore lors de l'occupation de la Ruhr en 1923, occupation par laquelle les Français voulaient imposer la livraison ponctuelle et complète des dommages de guerre. La résistance passive encouragée par le gouvernement du Reich eut pour effet de confronter des milliers de famille à une terrible misère sociale et de les exposer aux représailles des Français et des Belges. Mais elle fit naître d'autre part chez les ouvriers, un profond sentiment de solidarité et apparaître chez beaucoup un sentiment national dont jusqu'alors on n'avait jamais imaginé l'ampleur. La fin de la lutte, ordonnée en août 1923 par Stresemann, Chancelier de l'Empire, dut, malgré un certain nombre d'améliorations très nettes, faire naître en eux le sentiment que l'état les avait laissé tomber dans leur résistance légitime contre l'exploitation et l'arbitraire. Cette décision eut pour conséquence le développement notable des cercles séparatistes poussant à la séparation de la Rhénanie du Reich allemand et à la création d'une République rhénane indépendante. Même après la disparition des troupes étrangères de la Ruhr, puis ensuite des trois zones d'occupation de la Rhénanie, la situation politique et économique des deux provinces resta incertaine et tendue jusqu'à la fin de la République de Weimar. Il fallut attendre l'entrée des troupes allemandes en Rhénanie démilitarisée, ordonnée par Hitler en mars 1936, pour que soit rétablie la souveraineté pleine et entière du Reich dans cette région, mais à quel prix!

Démocratie décrétée et réalisée en Rhénanie-du-Nord-Westphalie

De 1933 à 1945, les provinces prussiennes connurent la même évolution politique que les autres territoires de l'Empire allemand: démantèlement de tous les partis et de toutes les organisations démocratiques, mise au pas de toutes les institutions par le »Parti ouvrier national-socialiste allemand«, le NSDAP, enregistrement et endoctrinement total de la personne, persécution et élimination des dissidents, vaste participation aux événements de ceux pensant à leur carrière, mais aussi critique et résistance ouvertes contre la tyrannie sans scrupules et irresponsable du national-socialisme. Les membres du synode de la foi de Barmen, en 1934, et l'évêque de Munster, Clemens August, Comte Galen, font partie de ces hommes qui s'élevèrent courageusement contre une politique foulant aux pieds la dignité et les droits de l'homme.

Centre de l'industrie lourde et de l'industrie de l'armement allemand, la Ruhr fut, au cours de la seconde Guerre Mondiale, fortement détruite par les innombrables attaques aériennes des alliés, mais des villes comme Cologne et Wuppertal subirent elles aussi de graves dommages. Viennent s'y ajouter les dévastations et les destructions dues, au printemps de 1945, à l'avance des troupes ennemies. Le 8 mai 1945, jour de la capitulation inconditionnelle de l'Allemagne, des centaines de milliers de personnes avaient perdu la vie ou tout au moins leurs biens, leur logement et leur travail. Il était impossible d'évaluer ne serait-ce que de manière approximative, le montant des biens économiques et culturels détruits ou endommagés.

Conformément aux dispositions déjà arrêtées pendant la guerre, les Américains laissèrent aux autorités militaires britanniques, dont la zone d'occupation s'étendait du Schleswig-Holstein à la Rhénanie-Palatinat, le territoire qu'ils occupaient dans la région du Rhin et de la Ruhr. Dès 1945 encore, le gouvernement britannique adopta la décision de principe de créer plusieurs Länder dans le territoire du nord-ouest qu'il administrait, ce qui signifiait, ou présupposait, la dissolution de fait de l'état de Prusse. Le nouveau Land de Rhénanie-du-Nord-Westphalie prévu, devait comprendre en gros les deux provinces prussiennes de l'ouest, avec toutefois une restriction d'importance, à savoir que les Français, auxquels on avait entre-temps reconnu le rang de quatrième puissance d'occupation, obtenaient la partie sud de l'ancienne Province du Rhin.

Des hommes politiques allemands joignirent leur voix à celles des politiciens étrangers émettant des réserves quant à la fusion de cette »province et demi« en un nouveau Land à gouvernement et administration allemands. Des partis politiques à nouveau autorisés ou nouvellement fondés peu après la fin de la guerre, c'est essentiellement le SPD (Parti socialiste) qui, sous la direction de Karl Schumacher, dirigea ses attaques contre la création d'un Land de Rhénanie-du-Nord-Westphalie, convaincu qu'il était qu'une telle décision politique préalable menacerait plus encore l'unité de l'Allemagne, déjà fort précaire. La protestation énergique des Français et des Russes était par contre motivée par la revendication d'un droit de disposition politique et économique sur la Ruhr. Le commandant en chef de la zone britannique, Sir W. Sholto Douglas avait sûrement à l'esprit le fait que la fondation du Land de Rhénanie-du-Nord-Westphalie était une sorte de conjuration du danger d'internationalisation de la Ruhr, lorsqu'il déclara le 2 octobre 1946: »La réunion des provinces de Rhénanie-du-Nord et de Westphalie était à mes yeux une mesure indispensable«.

Dès le 21 juin 1946, plus de trois ans donc avant la fondation de la République fédérale d'Allemagne et huit mois encore avant la dissolution formelle de la Prusse, le gouvernement britannique décida de créer un état allemand du nord-ouest appelé Rhénanie-du-Nord-Westphalie. C'est le 17 juillet, à Berlin, que la Commission de Contrôle des Alliés fit connaître cette décision et, par la célèbre ordonnance du 23 août 1946, le gouvernement militaire britannique chargea les autorités allemandes de créer toutes les conditions législatives et organisationnelles préalables, nécessaires à une telle fondation. Il allait de soi que le Land ne pouvait être créé que sur la base d'un solide ordre démocratique et qu'en conséquence, la coopération et la coresponsabilité de tous les partis démocratiques étaient requises. Mais d'autre part, il était également établi que les autorités militaires britanniques se réserveraient un droit d'intervention et d'approbation à propos de toutes les décisions politiques importantes. La Rhénanie-du-Nord-Westphalie continuait donc à être un Land militairement occupé, sous la responsabilité politique du gouvernement militaire britannique, en accord avec le Comité de Contrôle des quatre puissances victorieuses à Berlin.

La construction d'un état démocratique dans les limites étroites d'un contrôle d'occupation, à l'origine dirigiste et aux interventions fréquemment sévères, était la quadrature du cercle. Elle exigeait des politiciens allemands une dose extrême de patience et de compréhension à l'égard de la méfiance et des réserves émanant des autorités d'occupation britanniques, mais aussi, et cela ne pouvait être obtenu qu'au cours d'un travail politique de plusieurs années, la capacité à faire progressivement disparaître cette méfiance, grâce à une coopération digne de confiance, honnête, dans le but d'accroître petit à petit leur propre liberté d'action politique. De cette manière seulement, pouvait réussir l'expérience d'une telle démocratie décrétée par le vainqueur.

Des cinq partis qui, jusqu'au moment de la fondation de la Rhénanie-du-Nord-Westphalie, s'étaient établis, par l'intermédiaire de diverses fusions locales et régionales, seuls le Centre catholique, le SPD et le KPD (parti communiste) pouvaient avoir recours à des programmes et à des expériences acquises lors de leur travail passé, brutalement interrompu en 1933. La CDU (Union chrétienne démocrate) et le FDP (Parti de la libre démocratie) étaient par contre des partis de création nouvelle, tentant de compenser leur manque de profil historique par la flexibilité et l'actualité de leurs revendications. Sous la présidence de Konrad Adenauer, son président régional, puis plus tard fédéral, la CDU remporta, du fait de ses conceptions économiques et socio-politiques, de l'ouverture intentionnelle de ses rangs à l'électorat protestant, également, un succès d'une ampleur inattendue. Parti populaire chrétien, elle devint du jour au lendemain une sérieuse concurrente de la SPD, contre laquelle elle parvint presque toujours à s'imposer lors des élections législatives qui eurent lieu jusqu'en 1966. Le KPD, piloté par le SED de Berlin-est, perdit son influence parlementaire dès les élections législatives de 1954; le Centre fut représenté jusqu'en 1958 au Landtag de Düsseldorf. Par la suite, comme ce fut aussi le cas dans les autres Länder et au Bundestag allemand, le pouvoir politique fut exclusivement réparti entre la CDU, la SPD et le FDP, ce dernier, le plus petit des trois, ayant plus d'une fois joué un rôle décisif dans la formation et la chute de gouvernements.

La nouvelle démocratie débuta en Rhénanie-du-Nord-Westphalie par une mesure des plus antidémocratiques, à savoir la désignation du premier gouvernement et de la première assemblée du Land par le gouvernement militaire britannique. Les résultats des élections des dernières années de la République de Weimar servant de base, ne reflétaient en rien les rapports de force existant entre les partis après 1945. Le directeur d'une administration provinciale encore intacte, Rudolf Amelunxen, qui fut des années durant Président de la Westphalie, fut appelé à Düsseldorf pour y devenir Ministre Président, avec mission de former un Cabinet englobant tous les partis, ce qui échoua dans un premier temps du fait de l'attitude négative de Konrad Adenauer. Le Landtag ainsi désigné était paritairement constitué de 100 «Députés» de Rhénanie et de 100 Westphaliens, car on avait voulu tenir compte de la rivalité perceptible qui existait entre ces deux composantes de la région dans bien des domaines. Par contre, lors de la distribution des sièges, il ne fut pratiquement pas tenu compte du nombre des adhérents de chacun des partis.

Malgré quelques insuffisances juridiques et extérieures, la séance inaugurale du Parlement désigné, séance qui se déroula le 2 Octobre 1946 dans l'Opéra de Düsseldorf, marque un jour mémorable dans l'histoire de la Rhénanie-du-Nord-Westphalie. Dans sa brève allocution de bienvenue, Amelunxen parla à propos du renouveau démocratique en l'Allemagne, de «troisième tentative en vue d'ériger un Etat populaire sain et reposant sur l'équité et la vérités», et il ajouta, en forme d'exhortation: «Cette tentative est une dernière chance. De sa réussite ou de son échec dépendra l'avenir allemand». Il désigna comme caractéristiques dominantes du «peuple rhénano-westphalien», son puissant «attachement à Dieu et à la loyauté envers le monde». La confiance qu'il avait en la possibilité de construire un état démocratique en Rhénanie-du-Nord-Westphalie, pays des «cathédrales, des couvents et des puits de mine», Amelunxen la justifia en ces termes: «Les hommes des bords du Rhin et de la Ruhr, désormais unis en un Land de 12 millions d'habitants, ont toujours été amoureux de la liberté, cultivés, civilisés, des hommes qui, du fait de l'estime dans laquelle ils tiennent la dignité et la valeur de l'homme, ont toujours méprisé, haï comme la peste, toute entrave infondée de la liberté personnelle, le dressage à la prussienne, l'esprit militaire et la terreur». Les porte-paroles de tous les partis confirmèrent leur volonté déterminée de sortir le pays du chaos et de permettre aux hommes de vivre dans la paix, la liberté et la sécurité sociales. Mais on ne pouvait pas ignorer non plus ceux qui appelaient à la préservation de l'unité politique de l'Allemagne. Friedrich Middelhauve, alors président du FDP, parla du «Reich» en disant qu'il devait être le «but suprême» de tous les efforts politiques il tenta avec des paroles enthousiastes de gagner l'auditoire à ses objectifs visionnaires: «Nous voulons voir dans notre Land notre pays natal, l'aimer et l'organiser comme tel. Mais notre patrie est plus grande, est l'Allemagne... La Constitution de notre pays ne doit et ne peut être qu'une profession de foi en faveur du Reich».

En remaniant son Cabinet, le 5 décembre 1846, Amelunxen parvint à faire entrer la CDU au gouvernement, mais ce Cabinet rassemblant tous les partis n'avait toujours aucune légitimation parlementaire. Seul le Landtag élu le 20 avril 1947 put décider librement de la composition du gouvernement du Land de Rhénanie-du-Nord-Westphalie. Le gouvernement de la Grande Coalition, présidé par le Ministre Président Karl Arnold (CDU) et rassemblant des membres de la CDU, du SPD, du Centre et du KPD, se vit confronté à une multitude de problèmes brûlants et épineux. L'une de ses tâches les plus urgentes était l'approvisionnement de la population dont les effectifs avaient en un temps extrêmement court augmenté de plus d'un million et demi, du fait du flot ininterrompu d'immigrés en provenance des territoires polonais et soviétiques occupés. Dans les grandes villes détruites par les bombes, en particulier, régnait une pénurie catastrophique de logements et d'emplois, le réseau de communications était en grande partie hors d'usage, l'alimentation en énergie complètement insuffisante. Il s'y ajoutait la plus grande incertitude quant à l'ampleur du démantèlement des installations industrielles projeté par les puissances victorieuses, une incertitude des plus décisives pour l'économie du Land. Le Landtag entreprit, au travers d'une série de décisions importantes, de jeter les bases permettant une transformation démocratique de l'ordre économique et social, mais les premières lois déjà, relatives à une réforme agraire et à la socialisation des charbonnages, échouèrent du fait de l'opposition du gouvernement militaire britannique. Lorsque plusieurs conférences des ministres des affaires étrangères des puissances victorieuses, puis le blocus de Berlin, en 1948/49, firent apparaître clairement les divergences de vues insurmontables entre les alliés occidentaux et l'Union Soviétique, les Américains et les Britanniques envisagèrent la création d'un état allemand occidental qui serait intégré à l'alliance défensive de l'Atlantique Nord contre les Soviétiques. Les «Documents de Francfort» qui leur furent remis le 1er juillet 1948, assignaient comme mission aux Ministres Présidents des Länder, l'élaboration d'une Constitution et la formation d'un gouvernement allemand. Les élections au premier Bundestag (Assemblée Nationale) allemand purent se dérouler dès le 14 août 1949; un mois plus tard, Konrad Adenauer, premier Chancelier fédéral, était en mesure de faire sa déclaration gouvernementale.

La fondation de la République fédérale d'Allemagne donnait de nouvelles bases à l'évolution politique de la Rhénanie-du-Nord-Westphalie et de tous les autres Länder de la Fédération. Les travaux législatifs du Landtag devaient être mis en harmonie avec les dispositions de la Loi Fondamentale, d'importants domaines tels que la politique étrangère et la politique monétaire relevaient désormais de la seule compétence de la Fédération. Mais les conséquences de cette fondation allaient encore plus loin, pour le Land de Rhénanie-du-Nord-Westphalie. Les rapports de force politiques de Bonn n'étaient pas sans exercer une influence évidente sur les partis de gouvernement et d'opposition de Düsseldorf, de même que sur les élections législatives qui, jusqu'en 1970, se déroulèrent toujours un an environ après les élections au Bundestag. L'attirance exercée par Bonn sur les hommes politiques était extrêmement forte. Toute une série de politiciens régionaux d'envergure, pas tous des rangs de la CDU, allèrent s'installer à Bonn où ils se virent confier des fonctions plus importantes et où ils pouvaient promouvoir leur carrière politique. Enfin, Bonn, ville qui n'était située qu'à cinquante kilomètres environ de Düsseldorf, devint en tant que nouveau centre de pouvoir politique en Rhénanie-du-Nord-Westphalie, une concurrente sérieuse de la capitale du Land qui se battait pour sa réputation politique. Le gouvernement de Rhénanie-du-Nord-Westphalie se vit même, non seulement juridiquement, mais aussi «moralement», contraint de participer financièrement aux investissements énormes nécessaires pour faire de «sa» capitale fédérale un lieu fonctionnel et digne de de nom.

Lorsque la fondation d'un état ouest-allemand fut pratiquement acquise, le Landtag de Düsseldorf interrompit ses délibérations au sujet d'une Constitution du Land de Rhénanie-du-Nord-Westphalie, afin de pouvoir tenir compte des indications qui n'allaient pas manquer de venir de Bonn dans ce domaine. Ce n'est que le 6 juin 1950, quelques jours avant la fin de la première législature, que fut adoptée, grâce aux 110 voix de la CDU et du Centre, la Constitution du Land de Rhénanie-du-Nord-Westphalie, Land auquel appartenait depuis le mois de janvier 1947, le Land jusqu'alors indépendant de Lippe (-Detmold). On peut lire dans son préambule: «Responsables devant Dieu et les hommes, associés à tous les Allemands,... les hommes et les femmes de Rhénanie-du-Nord-Westphalie se sont donnés cette Constitution». L'aspect chrétien exprimé dans cette attitude fondamentale se reflèta essentiellement dans les dispositions relatives à l'éducation et à l'école, dispositions qui, dans les années soixante encore, furent à l'origine, tant au Parlement que dans la population, de violents débats entre partisans et adversaires de l'école chrétienne et furent finalement modifiées dans le cadre d'un compromis. L'ordre parlementaire et démocratique fondamental fut garanti dans la Constitution par une séparation conséquente des pouvoirs et la responsabilité du gouvernement envers le parlement; on introduisit de plus un droit de demande de référendum et de décision par plébiscite. Après 1950, la population de Rhénanie-du-Nord-Westphalie fit usage de ce droit à deux reprises. En 1974, à propos d'une restructuration territoriale envisagée, quelques années plus tard, pour s'opposer, dans ce second cas avec succès, à un projet d'école coopérative. La motion de censure constructive également ancrée dans la Constitution du Land, a été jusqu'à présent adoptée deux fois au parlement de Rhénanie-du-Nord-Westphalie, contre un gouvernement de coalition conduit par la CDU, ce qui eut pour effet, en 1956 et 1966, d'amener un changement de pouvoir à Düsseldorf, où le SPD se vit confier la gestion des affaires.

Ce pays, et en particulier la Ruhr, avec ses concentrations industrielles et une population en conséquence très dense, posa sans cesse d'énormes problèmes à tous les gouvernements. Le statut de la Ruhr datant de 1948 et l'Union Minière fondée en 1950, représentèrent une considérable amélioration des relations entre les puissances victorieuses et l'Allemagne, mais ne par vinrent pas à régler les problèmes économiques et sociaux des bords du Rhin et de la Ruhr. Dès les années cinquante, l'industrie minière connut des problèmes de débouchés qui eurent pour effet dans les années suivantes, la fermeture continue de mines et des licenciements massifs. Bientôt, de nombreux produits de l'industrie du fer et de l'acier connurent les mêmes difficultés d'écoulement, si bien que nombre d'usines métallurgiques durent réduire leur production, voire la stopper. Les plans de reconversion sociale élaborés dans de tels cas, ne parvinrent que partiellement à compenser les dommages économiques subis par les familles concernées. Néanmoins, la Ruhr ne connut pas les exodes massifs que l'on redoutait et il convient plutôt de parler d'un «décrochage mental» croissant, c.à.d. que les hommes se séparèrent peu à peu de leur pays natal dont le visage se modifiait de plus en plus. D'autre part, la Ruhr est devenue, au cours justement des trente dernières années, une florissante région culturelle, sans sa pareille dans toute la République fédérale et en Europe. Les gouvernements dirigés depuis 1966 par Heinz Kühn et Johannes Rau se sont engagés dès le début en faveur d'une énergique amélioration de l'infrastructure scientifique et culturelle de la Ruhr. De nos jours, cette région de la Rhénanie-du-Nord-Westphalie dispose d'un réseau serré d'établissements d'enseignement supérieur et d'universités, d'un nombre imposant d'excellents théâtres, ensembles musicaux, musées, collections d'art. La création ou les travaux d'embellissement de parcs naturels, d'installations sportives et de zones de loisirs ont fait croître également de manière décisive la valeur touristique de la Ruhr. «Le ciel bleu de la Ruhr» n'est pas qu'un appétissant slogan pour dépliants touristiques, mais bien désormais une réalité dont tout un chacun peut se convaincre.

Après s'être volontairement restreint, tant financièrement qu'en matière d'espace, le Landtag de Rhénanie-du-Nord-Westphalie décida en 1980 de remplacer l'ancienne Chambre prussienne de Düsseldorf, totalement insuffisante, par un Parlement moderne et fonctionnel. Les députés élus en 1985 purent emménager dans le «Landtag du Rhin», près de la tour de la télévision. L'impressionnant bâtiment rond dispose, en plus d'une salle d'assemblée plénière, des locaux dont les fractions avaient un urgent besoin, ainsi que de salles de commissions. De l'avis de Heinrich Große-Sender, le nouveau Landtag pourrait fort bien «devenir un important symbole d'identification des citoyens de la Rhénanie-du-Nord-Westphalie avec leur Land». Promouvoir cette capacité des êtres à s'identifier avec leur propre Land, demeure une mission gratifiante, également et en particulier dans l'optique de la réorganisation politique, économique et culturelle de l'Allemagne unifiée.

Der Obersee, überragt vom mächtigen Schildescher Viadukt, gilt als gute Adresse für alle, die geruhsame Spaziergänge lieben, sich an der Fütterung der Wasservögel erfreuen oder auf dem Eis Pirouetten üben und ihre Runden drehen wollen.

The Obersee, over which the mighty Schildescher viaduct towers, is considered a good address for all those who like quiet walks, enjoy feeding the water fowl, or want to go skating on the ice and practise their pirouettes or just do a quiet round of the lake.

Le Obersee, que domine l'imposant viaduc de Schildesche, est une bonne adresse pour tous ceux qui apprécient les promenades tranquilles, aiment nourrir les oiseaux aquatiques ou qui veulent faire des pirouettes et des tours sur la glace.

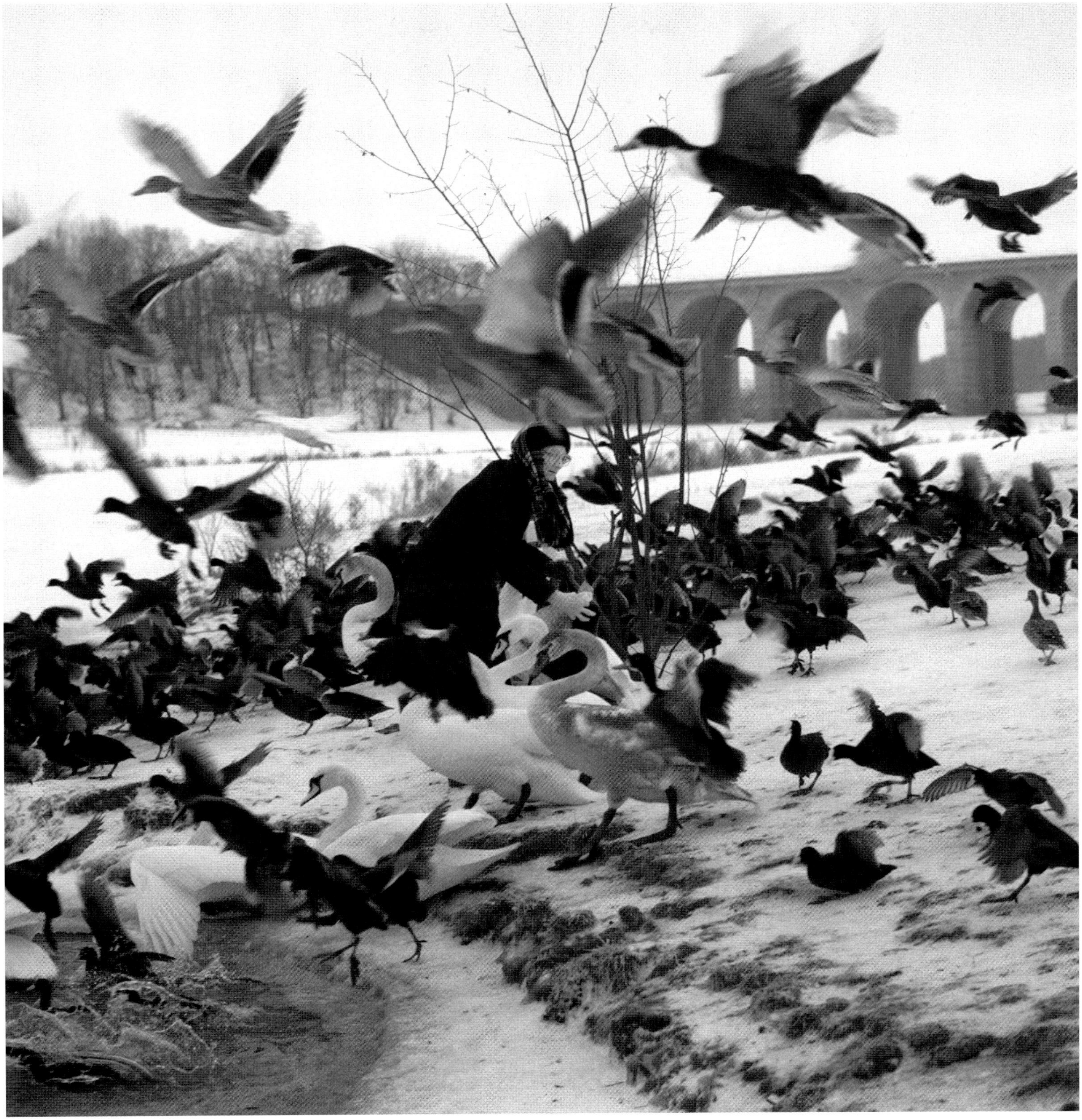

Rolf Buttler

Land und Leute zwischen Rhein und Weser

Das Land zwischen Rhein und Weser ist von überschaubarer Vielfalt. Sein geografischer Mittelpunkt liegt auf der Grenze zwischen Dortmund, Herdecke und Witten. Präzise: an der Straße »Auf dem Schnee«, nahe der A 45, die nach Frankfurt führt.
Über ihn hinweg streicht die Längsachse von der Eifel im Südwesten nach Ostwestfalen: 291 Kilometer lang. Vom Sauerland im Osten bis zum Niederrhein im Westen maß der Geograph 260 Kilometer. Die Topografie läßt keine Wünsche offen: Ebenen und weites Land, Hügel und Berge, Flüsse und Ströme. Um die industriellen und geschäftigen Agglomerationen im Westen legen sich von Süden nach Norden die Ruhezonen, wie der zunehmende Halbmond. Das Land ist rheinisch und westfälisch, bergisch-märkisch und lippisch. Es ist ungleich in seinen Teilen, und seine Traditionen sind verschieden. Dennoch: es ist e i n Land.
Die Leute im Land — es sind knapp 17 Millionen — sind Rheinländer und Westfalen, Sauerländer und Siegerländer, Märker und Lipper, Eifeler und Niederrheiner und - und - und. 3,6 Millionen Flüchtlinge und Vertriebene fanden nach dem Krieg hier eine neue Heimat. Und Spanier kamen. Und Jugoslawen. Und Italiener. Und Griechen. Und Türken. Und - und - und. Im Ruhrgebiet zeigt es sich am deutlichsten: Schon früh haben die Leute hier gelernt, sich an andere Verhältnisse anzupassen und Fremdes zu akzeptieren, ohne dabei die eigene Identität zu verlieren. Ein Wesenszug, den Historiker gern als ruhrgebiets-spezifisch beschreiben. Es ist ein Stück Tradition, die jener im Rheinland und in Westfalen an Bedeutung nicht nachsteht.
Der Bindestrich ist ein international gebräuchliches Satzzeichen. Es dient in der deutschen Sprache vornehmlich zur Erläuterung sonst undeutlicher Zusammensetzungen. Als die britische Besatzungsmacht im Frühsommer 1946 dieses Land gründete, brauchte sie zwei Bindestriche für »North-Rhine-Westphalia«. Die deutsche Übersetzung begnügt sich mit einem. Aber der hat einen Namen, Format und Gewicht. Der »Bindestrich« zwischen dem rheinischen und dem westfälischen Teil des Landes ist das Ruhrgebiet. Und die Geschichte lehrt, daß sich schon im 19. Jahrhundert eine rheinisch-westfälische Gemeinsamkeit zu entwickeln begann, die sich durch das Ruhrgebiet und mit ihm verfestigte. Technisch versierte Zeitgenossen könnten ihm mit Recht die Funktion einer Kupplung zuordnen, die verbindet.

Die Lufthansa Ju 52 ist Baujahr 1936. Sie ist innen laut, aber dafür langsam — und sie fliegt schön tief. Das sind Vorteile. So wird der Flug über das Ruhrgebiet mit Tempo 180 eher gemächlich. Die Hektik bleibt unter uns. Wir fliegen an einem jener späten Frühlingstage, die voller Sonne sind. Die Route führt von West nach Ost, gleichsam über den alten Hellweg, von Essen nach Dortmund, dann nach Norden über die Haard und zurück über Lippe und Emscher nach Duisburg.
Ich kenne, was ich von oben sehen werde, weiß, wie grün die Ruhrgebiets-Landschaft ist, und auch, daß eine Distanz von 600 Höhenmetern das Große reduziert, das Gedränge unten sich beinahe spielerisch verlieren läßt. Und ich sehe, was ich lange weiß, und ich bin dennoch fasziniert und denke wieder: Wie radikal das Ruhrgebiet sich wandelte, erkennt man schon, wenn man es nah erlebt, erfährt. Erst recht aus einer anderen Perspektive.
Es ist die Zeit, da der Raps blüht. Schier endlos scheinen leuchtend gelbe Tücher über grünes Land gebreitet. Dazwischen große Städte: Essen, Bochum, Dortmund — »unten« fließen sie, vielfach vernetzt, ineinander. Von »oben« — nur Inseln noch im Meer der Äcker, Felder und Wälder.
Wir drehen ab nach Westen, kreuzen die schmalen Bänder der Lippe, Emscher und der Kanäle und nehmen Kurs auf Duisburg. Nun reckt sich aus dem Dunst auf diesem Weg, was einst das Ruhrgebiet geprägt hat: Hochöfen, Fördertürme, Kokereien, die Region der schweren Industrie, die Emscherzone. Erinnerung an damals... Wie lange noch? Im Jahr 2000 soll sich die Vision der Planer in der »Internationalen Bauaus-

»Tante Ju« Europas berühmtestes Flugzeug ist 60 Jahre alt. Die »Junkers Ju 52«, eine dreimotorige Maschine, wurde von Ernst Zindel und Hugo Junkers gebaut und startete am 11. September 1930 zu ihrem Erstflug. Sie wurde in 4000 Exemplaren gebaut und erreichte eine Höchstgeschwindigkeit von 270 km/h und konnte 17 Passagiere befördern. Nach wechselvoller Geschichte fliegt sie noch heute.

Europe's best-known aircraft, the »Junkers Ju 52« fondly known as »Aunty Ju«, is 60 years old. The three-engined aircraft was built by Ernst Zindel and Hugo Junkers and took off on its maiden flight on 11 September 1930. 4000 aircraft of this type were built. It can fly at a maximum speed of 270 kilometres per hour and can accommodate 17 passengers. The plane can look back on a truly colourful history and still flies today.

«Tante Ju», l'avion le plus célèbre d'Europe, a 60 ans. Le «Junkers Ju 52», un trimoteur, fut construit par Ernst Zindel et Hugo Junkers; son premier vol eut lieu le 11 septembre 1930. Il fut construit en 4 000 exemplaires et atteignait une vitesse de pointe de 270 km/h; il pouvait transporter 17 passagers. Après une histoire mouvementée, il vole encore, de nos jours.

*Essen aus der Luft gesehen.
Sehr schön zu sehen sind die Verkehrsverbindungen der B 1 und des Ruhrschnellweges.*

Aerial view of Essen. The traffic connections established by the B1 and the Ruhrschnellweg are clearly identifiable.

*Vue aérienne d'Essen.
On voit particulièrement bien l'autoroute B 1 et la »Voie rapide de la Ruhr«.*

→ S. 60

Bergkamen Heil mit dem Verlauf der Lippe und den Lippewiesen.

Bergkamen Heil with the course of the Lippe and the river meadows.

Bergkamen Heil, la Lippe et ses prairies

→ S. 61

Das Münsterland hat viele Wasserburgen und Schlösser. Unser Foto zeigt das Wasserschloß Haus Assen.

There are numerous moated castles and palaces dotted throughout the Münsterland. The moated castle in the photograph is Haus Assen.

Le Munsterland possède de nombreux burgs entourés de douves et de châteaux. Sur cette photo, le Château »Haus Assen«.

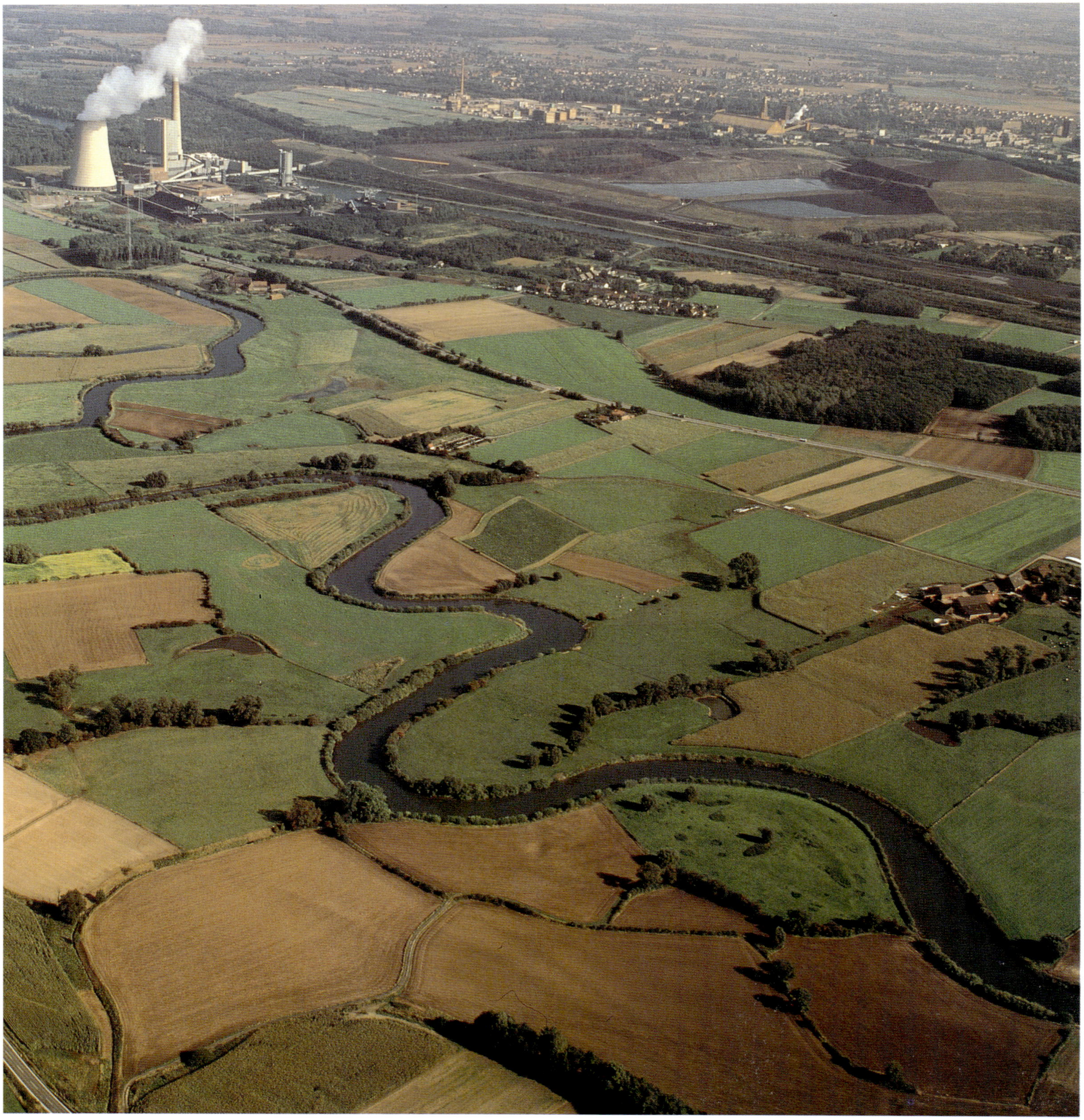

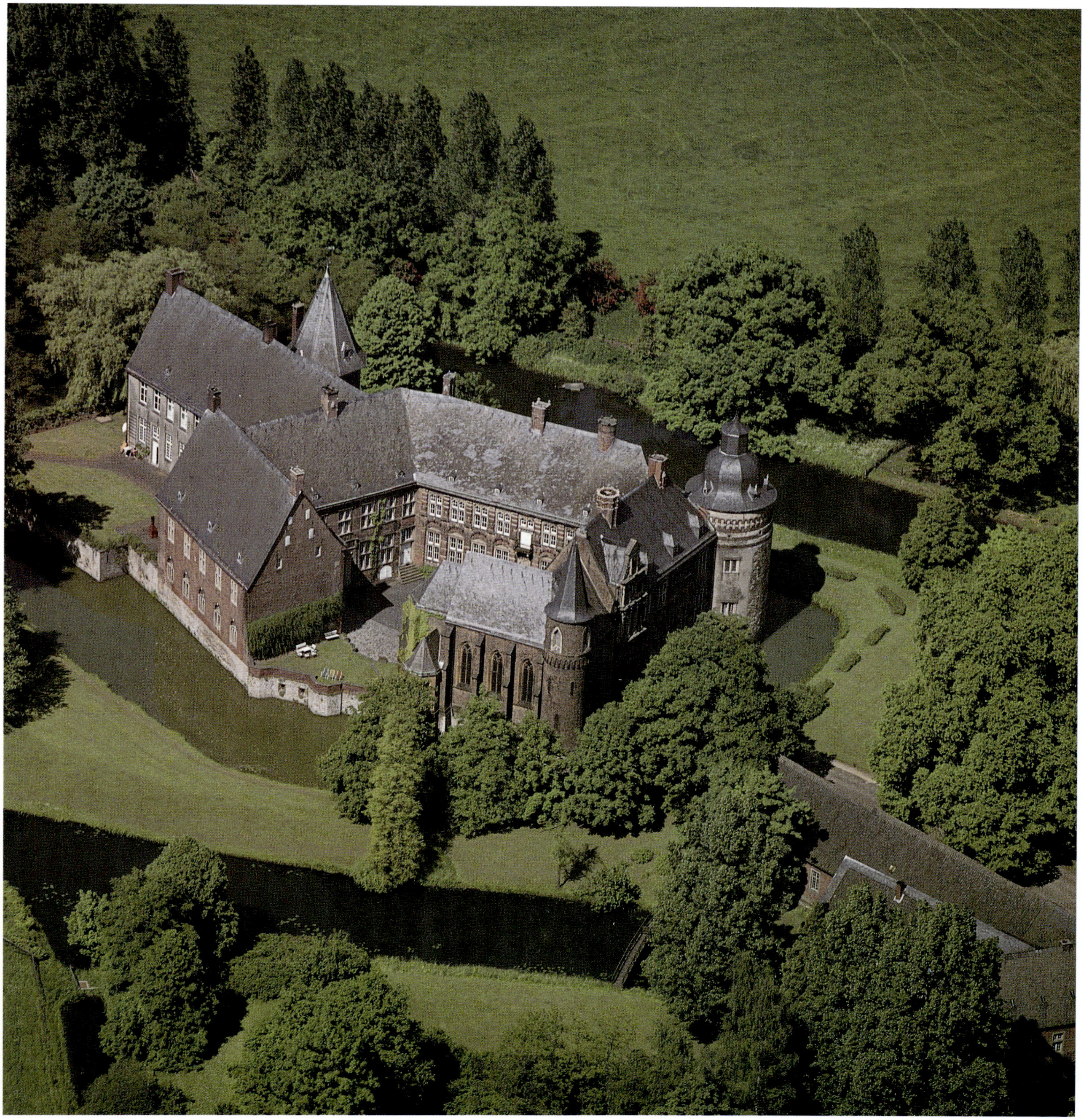

Im Südsauerland, zwischen den Städten Attendorn und Olpe, liegt der Biggesee, Westfalens größte Talsperre. Der in der Luftlinie über 10 km lange Stausee ist von besonderer landschaftlicher Schönheit, bietet viele Freizeitmöglichkeiten und versorgt das Ruhrgebiet sicher mit Wasser.

*The Biggesee, the largest reservoir in Westphalia is to be found in the southern Sauerland, between the towns of Attendorn and Olpe.
10 km long as the crow flies, the scenically set reservoir is not only popular among campers and recreational pleasure-seekers, but also ensures a reliable supply of water for the Ruhr area.*

C'est dans le sud du Sauerland, entre les villes d'Attendorn et Olpe, que se trouve le lac de Biggesee, le plus grand barrage de Westphalie. Le lac de barrage, long de 10 kilomètres, est particulièrement bien situé et offre de nombreuses possibilités de loisirs; c'est lui également qui assure l'alimentation de la Ruhr en eau.

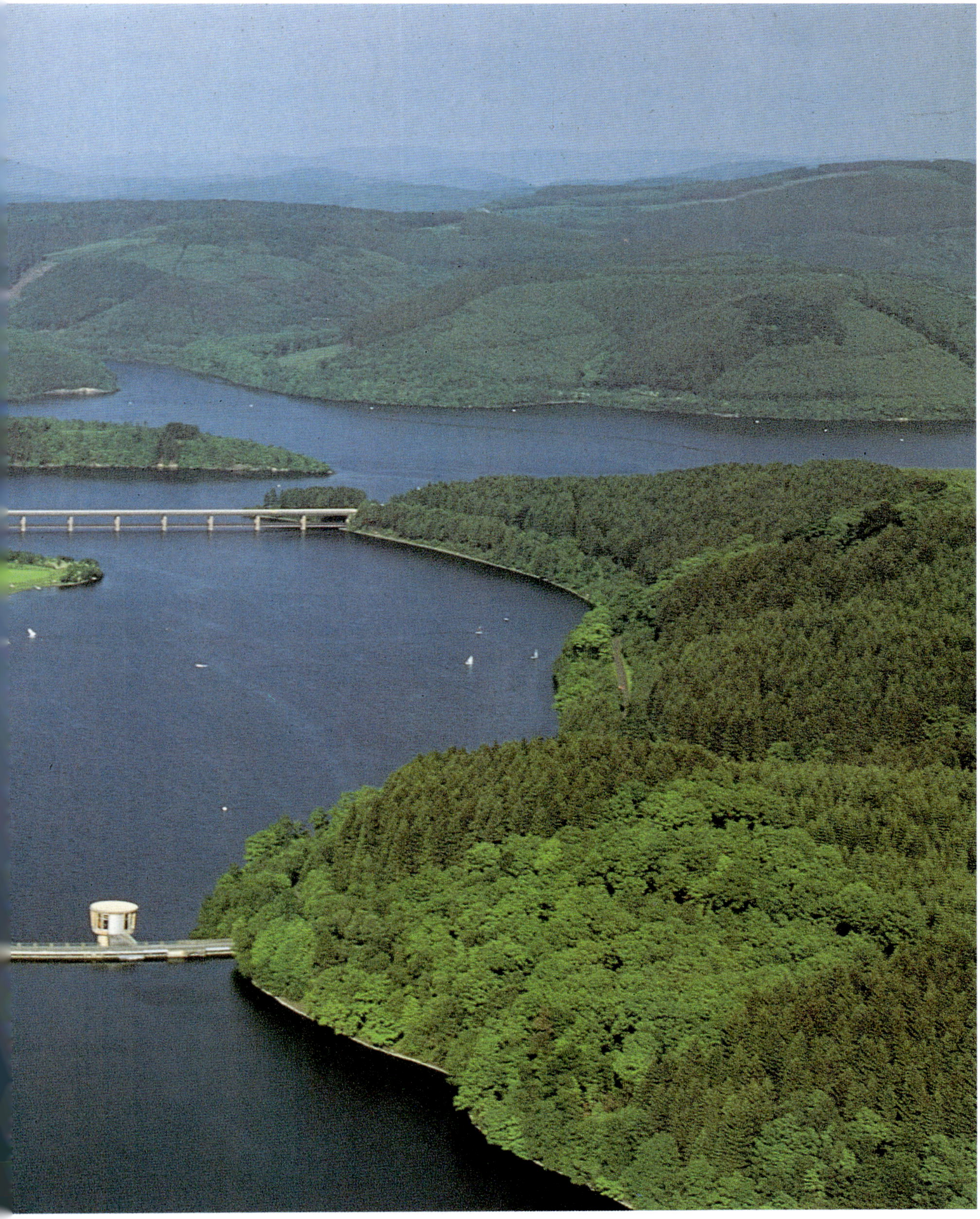

Der Süden von Nordrhein-Westfalen. Blick auf den Rhein und das Siebengebirge mit den letzten Weinbergen am Rhein.

The southern part of North Rhine/ Westphalia. View of the river Rhine and the Siebengebirge hills with the last vineyard along the Rhine.

Le sud de la Rhénanie-du-Nord-Westphalie. Vue sur le Rhin et le massif du Siebengebirge, avec les dernier vignobles des bords du Rhin.

Deutschlands größte Talsperre ist der Rurstausee in der Eifel, im Südwesten von Nordrhein-Westfalen.

The Rurstausee in the Eifel region in the southwest of North Rhine/Westphalia is the largest water reservoir in the whole country.

Le plus grand lac de barrage d'Allemagne, le barrage de la Rur dans l'Eifel, au sud-ouest de la Rhénanie-du-Nord-Westphalie.

→ S. 68

Durch seine verkehrsgünstige Lage an Ruhr und Rhein hat sich Duisburg zu einem regen Handelsplatz entwickelt. Die Erschließung der großen Kohlevorkommen führte 1716 zum Bau des Hafens, der sich zum größten Binnenhafen der Welt entwickelte.

Duisburg has developed into a thriving, bustling centre of trade thanks to its excellent traffic links and its central position on the rivers Rhine and Ruhr. The port was built in 1716 when the extensive coal reserves were developed. It has since grown and expanded until it is now the world's largest inland port.

Sa situation, au confluent du Rhin et de la Ruhr, a fait de Duisbourg une place commerciale des plus vivantes. C'est à l'exploitation des grands gisements de charbon que doit d'avoir été construit, en 1716, le port, devenu entre-temps le plus grand port fluvial du monde.

→ S. 69

Das Naturschutzgebiet der Bislicher Insel bei Zirten zeigt die Landschaft am Niederrhein im Westen Nordrhein-Westfalens. Fahrten übers Land und viele Wassersportmöglichkeiten lassen sich mit dem Besuch zahlreicher Kulturdenkmäler verbinden.

The nature conservation area of the Bislicher Insel near Zirten is typical of the landscape throughout the Niederrhein in the western part of North Rhine/Westphalia. Cross-country trips and various watersports activities can be combined with visits to numerous cultural monuments.

La parc naturel de l'île de Bislich, près de Zirten, est typique des paysages de Rhin inférieur dans l'ouest de la Rhénanie-du-Nord-Westphalie. Excursions et nombreuses possibilités de sports aquatiques; nombreux monuments méritant une visite.

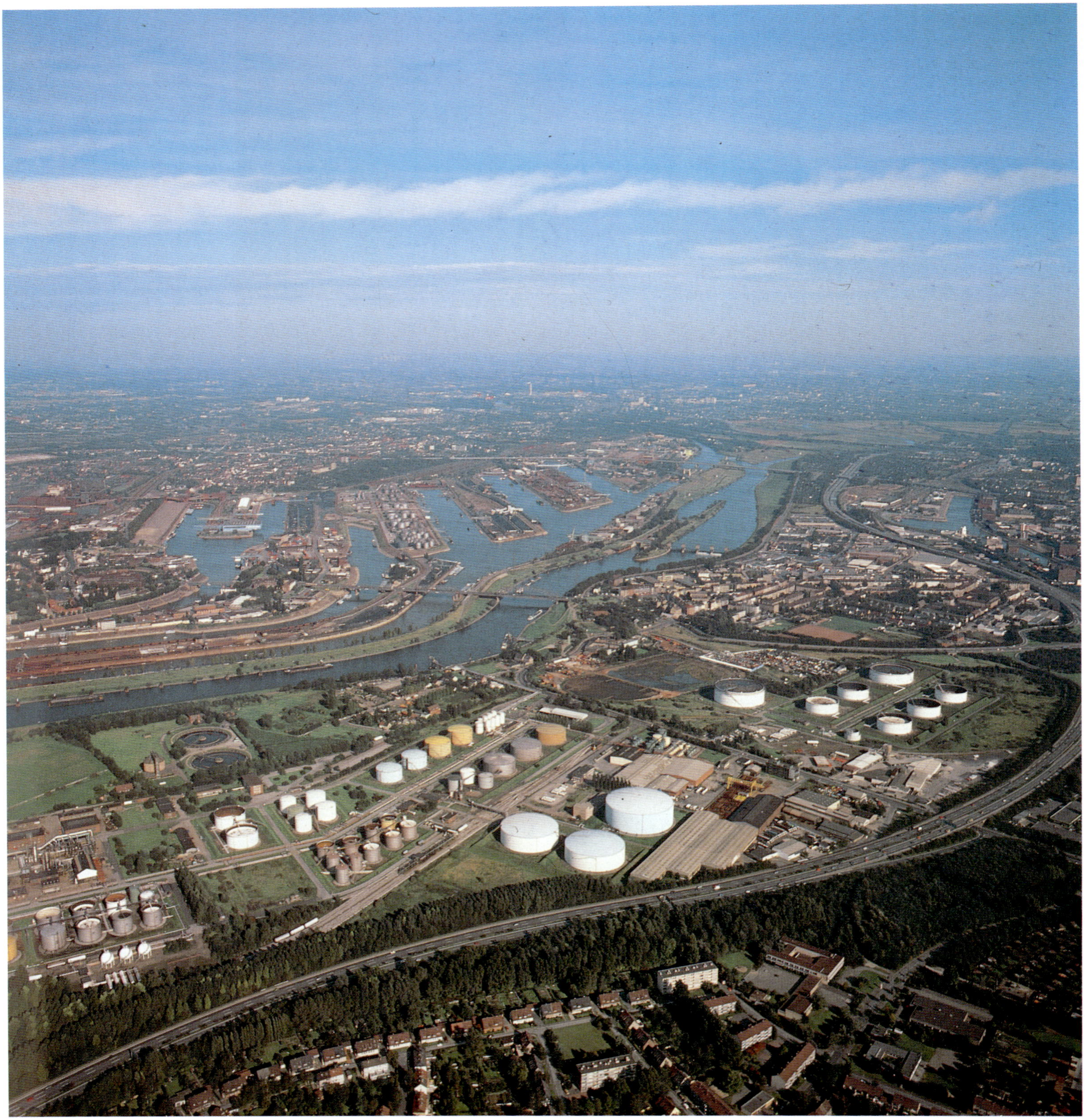

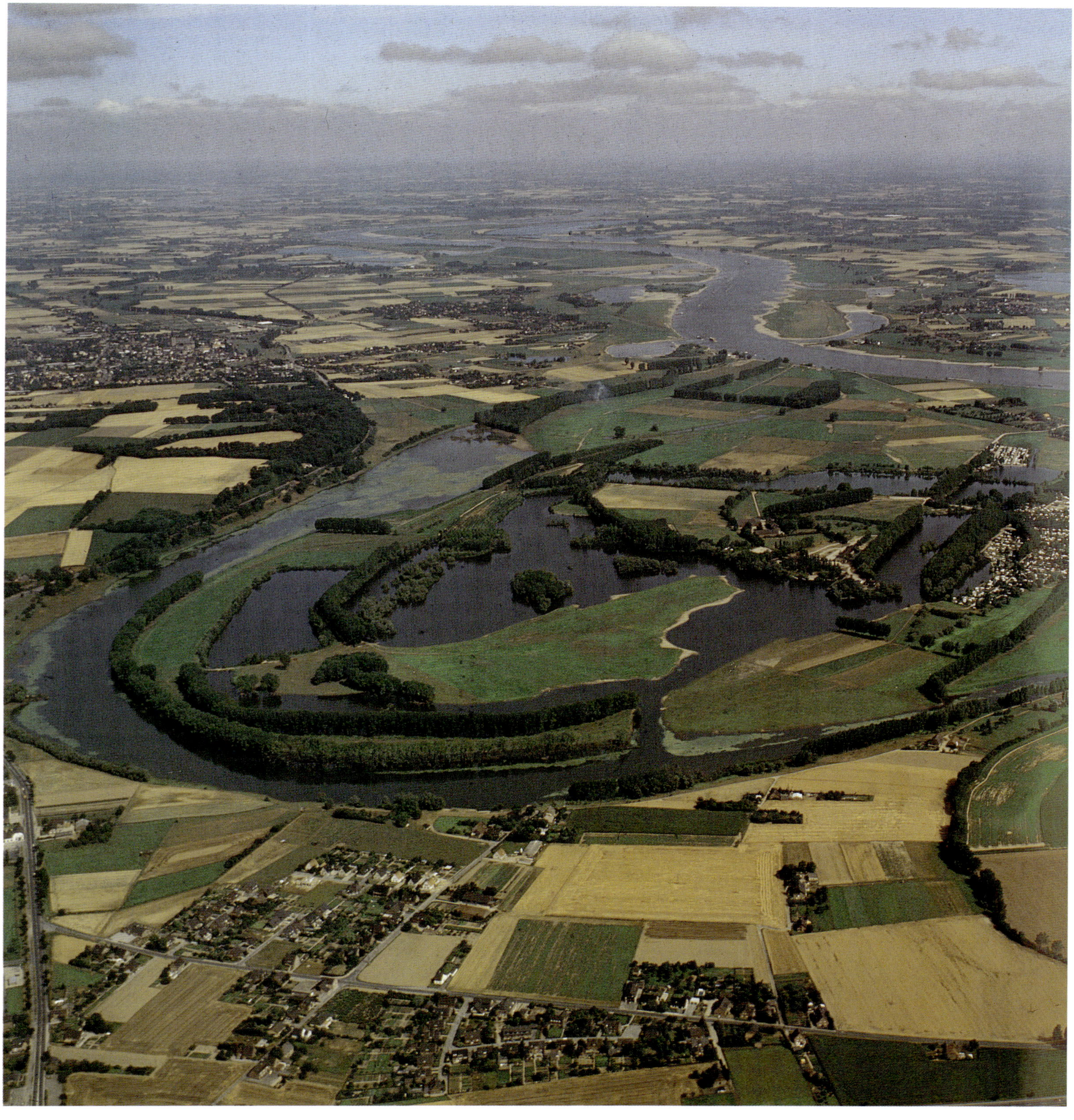

stellung« erfüllt und auch diese Landschaft ihr Gesicht verändert haben. Das Projekt trägt den Namen »Emscherpark«. Man nehme den Park wörtlich.
Baedekers Reisehandbücher haben einen guten Ruf. Sie sind korrekt, zeitlos und präzise bis ins Detail. Für sein »Reisehandbuch Ruhrgebiet« schrieb Karl Baedeker im Vorwort: »Aus mehreren Gründen scheint die Zeit gekommen, diese imposante Landschaft den altbekannten Reisegebieten an die Seite zu stellen. Das ‚Revier' hat im Hinblick auf seine hochentwickelte Wirtschaft und seine vielfältigen Handels- und Verkehrsverflechtungen in ganz Europa nicht seinesgleichen.
Auch ist noch viel zu wenig bekannt, daß es hier überraschend zahlreiche Sehenswürdigkeiten von hoher kultureller und historischer Bedeutung gibt. Schließlich verfügt die Gegend über reizvolle Erholungs- und Ausflugsplätze, die denen anderer Landschaften nicht nachstehen.«
Dieser Text stammt aus dem Jahr 1959. Er ist heute gültig, wie vor mehr als dreißig Jahren.

Unter den 687 Bahnhöfen in diesem Land trägt einer die Merkmale des Singulären. Dieser Bahnhof steht auf einer Insel, er hat keine Gleise und keinen Bahnsteig. Es ist ein Wasserbahnhof, d e r Wasserbahnhof in Mülheim an der Ruhr. Dort startet unsere Ruhr-Tour. Sie führt über den Fluß, der zwischen seiner Quelle im Sauerland bis zur Mündung in den Rhein 235 Kilometer lang und auf seinen letzten Kilometern seit über 200 Jahren schiffbar ist. 1850 war die Ruhr Europas Wasserstraße Nr. 1, passierten jährlich 7000 Schiffe den Mülheimer Wasserbahnhof und seine Schleuse. Heute ist er Standort und Startpunkt der Mülheimer weißen Ausflugs-Flotte. Und das Flair des ‚Bahnhofs' wirkt. In der Saison verkehren die Schiffe nach Fahrplan. Personen-Nahverkehr auf einer der reizvollsten Flußpartien Deutschlands.
Der Fluß prägt das Bild der Stadt. Auf 14 Kilometer Länge durchströmt er sie von Südost nach Nordwest, ziemlich genau durch ihre Mitte, am Rathaus vorbei. Er ist selbstverständlicher Bestandteil des Stadtbildes. ‚Einfach sympathisch' — so jedenfalls wirbt Mülheim an der Ruhr für sich. Nicht ohne Grund. Die Stadt im Grünen ist ein bevorzugter Wohnort im Ruhrgebiet.

Der Wasserbahnhof Mülheim ist Gaststätte und Wahrzeichen zugleich. Hier hält die »Weiße Flotte« der Ruhr, um die Besucher entlang der grünen Wiesen und Auen zu befördern.

The »river station« - the Wasserbahnhof - in Mülheim is both a restaurant and a landmark. The »White Fleet« of the Ruhr moors here to pick up passengers wishing to sail along the green meadows and alluvial plains.

La gare fluviale de Mülheim, à la fois restauration et emblème. C'est ici que relâche la «Flotte blanche» de la Ruhr, qui transporte ses passagers le long des vertres prairies.

Das Solbad Raffelberg ist ein anerkanntes Heilbad zur Behandlung von Rheuma, Ischias und Frauenleiden.

Raffelberg is an approved saltwater spa for patients suffering from rheumatism, sciatica and women's disorders.

Les eaux salines de Raffelberg sont connues pour aider au traitement des rhumatismes, des sciatiques et des affections de la femme.

Fachwerkhäuser und Petrikirche bestimmen das Bild in der Altstadt von Mülheim.

Half-timber construction houses and the church of St. Peter, the Petrikirche, are the characteristic features of Mülheim's old district.

Les maisons à colombage et l'église St. Pierre marquent le visage de la vieille ville de Mülheim.

Die Mintarder Brücke, Autobahnbrücke über die Ruhr und die Ruhrauen.

The Mintard motorway bridge spans the river Ruhr and its alluvial plains.

Le Pont de Mintard, un pont autoroutier franchissant la Ruhr et ses prairies.

Kloster Saarn.

Saarn monastery.

Le monastère de Saarn

Fußgängerzone Mülheim.

Pedestrian precinct in Mülheim.

La zone piétonnière de Mülheim.

Das Rhein-Ruhr-Zentrum ist Einkaufsmetropole unter dem Motto — »Alles unter einem Dach« —. In der Nacht zum 1. Mai auch Herberge des größten Rock-Festivals an Rhein und Ruhr.

The Rhein-Ruhr-Zentrum is a shopping centre where shoppers can find »everything under one roof«. It also hosts the largest rock festival in the region in the night leading up to the 1st of May.

Le Centre Rhin-Ruhr est une métropole d'achat dont la devise est la suivante: »Tout sous un seul toit«. Il accueille également, dans la nuit du 1er mai, le plus grand festival de Rock du Rhin et de la Ruhr.

Wir nähern uns Essen von Südwesten her — auf dem Wasserweg. Unterfahren Deutschlands längste Stahl-Straßenbrücke, die 1,8 Kilometer lang das weite Ruhrtal überspannt, Teil der A 52, die den Autofahrern aus dem östlichen Revier den kurzen Weg nach Düsseldorf eröffnet.

In Kettwig steigen wir — des Höhenunterschiedes wegen — um und fahren mit dem Essener Boot weiter Richtung Werden. Ein Wasserweg zwischen Wäldern und Wiesen. Biergärten links und rechts. Man fragt sich, wo man eigentlich ist. Im Neckar- oder Altmühltal? Auf und an der Ruhr! Schleusen in Essen-Werden. 20 Meter Höhenunterschied und die Mittelgebirgsschwelle, der ›Aufstieg‹ ins Rheinische Schiefergebirge, sind zu überwinden. Der Wasserdruck hebt unser Schiff auf die Wasserfläche des Baldeney-Sees: das ist die Ruhr, auf 9 Kilometern aufgestaut. An der »Haltestelle« Hügel verlassen wir das Schiff. Nach wenigen Schritten stehen wir am Fuße eines der beiden »Höhe«-Punkte, die Essen zu bieten hat. Er führt uns zur Villa Hügel, dem Symbol für den Mythos, der den Namen Krupp immer umwoben hat. Wohnsitz der Krupp's von 1873 bis 1945, dann Befehlsstelle der alliierten Kohlenkontrollbehörde. Seit Anfang der 50er ein Kulturzentrum von hohem Rang und eigener Faszination. Und die hat immer noch mit dem Namen Krupp zu tun.

Das zweite und alles Überragende in Essen, das ist sein Rathaus: das höchste in der Bundesrepublik mit 119,31 Metern. Die Mokanz über dieses Bauwerk ist

Romantische Silhouette an der Ruhr und bevorzugte Stadt im Grünen ist Essen-Kettwig.

Essen-Kettwig offers a romantic silhouette along the Ruhr and is a popular town set in open countryside.

Silhouette romantique sur les bords de la Ruhr, «ville à la campagne», c'est ainsi que se présente Essen-Kettwig.

→ S. 74 unten
Die Abteikirche Essen-Werden ist eines der ältesten Bauwerke in Essen. Sie wurde 796 von dem friesischen Missionar Luidger gegründet und später wurde das Benediktinerkloster zur Reichsabtei erhoben.

The abbey church in Essen-Werden is one of the oldest buildings in the city. The Benedictine monastery was founded by the Frisian missionary Luidger in AD 796 and later became an imperial abbey.

L'église abbatiale d'Essen-Werden est l'un des plus anciens monuments d'Essen. Elle fut fondée en 796 par le missionnaire frison, Luidger, et par la suite, le couvent de bénédictins fut élevé à la dignité d'abbaye impériale.

längst verflogen und dem verwunderten Respekt gewichen angesichts des jüngsten Theaterbaus in der Bundesrepublik. Nach einem Entwurf des finnischen Architekten Alvar Aalto aus dem Jahr 1959 (!) entstand ein 140 Millionen DM teures Opernhaus, das seit seiner Eröffnung am 22. September 1988 eigentlich (fast) immer ausverkauft ist.

Ins Fadenkreuz der Neugier gerät ein anderer Name: Folkwang. Er schmückt und verpflichtet das Museum mitten in der Stadt in gleicher Weise wie die Hochschule für Musik, Theater, Tanz in ihrem Domizil, der alten Benediktiner-Abtei im Ortsteil Werden. Die ehemalige Abteikirche St. Ludgerus lockt zum Vergleich mit dem Münster, einem der ältesten christlichen Bauwerke Deutschlands. Seit 1959 ist sie die Kirche des Ruhrbischofs, den der Papst mit dem Kardinalspurpur ehrte. Das Münster steht im Herzen der Stadt, in der Fußgänger-Zone, der ersten im Land. Bevor wir Essen verlassen, werfen wir noch einen Blick in die Schinkelstraße am Ostrand der City. Bürgerhäuser mit Gärten, nichts Spektakuläres. Aber hier hat Gustav Heinemann gelebt, einer der drei Bundespräsidenten, die aus Nordrhein-Westfalen in das höchste Amt der Republik gerufen wurden.

Haustürromantik in Essen-Kettwig.

A romantic doorway in Essen-Kettwig.

Une porte romantique à Essen-Kettwig

Villa Hügel, hoch über dem Baldeneysee ist als Zentrum der Kultur weit über die Grenzen Essen's hinaus bekannt. Sie beherbergte bedeutende Ausstellungen weltweiter Kunst und Kultur wie »Dresdener Gemälde Galerie«, »Götter und Pharaonen« sowie »St. Petersburg um 1800«. Träger dieser Ausstellungen ist die Kulturstiftung Ruhr, dessen Gründer Berthold Beitz, Vorsitzender der Alfried Krupp von Bohlen und Halbach-Stiftung ist.

Villa Hügel overlooking Lake Baldeney is a world-famous cultural centre. It has housed famous exhibitions of art and culture from around the world, such as the »Dresdner Gemälde Galerie«, the »Dresden Gallery of Paintings«, the exhibitions of »Gods and Pharaoes«, as well as »about 1800 St. Petersburg«. This exhibition was organized by the Kulturstiftung Ruhr, a cultural trust fund founded Berthold Beitz, the chairman of the Alfried Krupp von Bohlen und Halbach Trust.

Le centre culturel de la Villa Hügel, qui domine le lac de Baldeney, est connu bien au-delà des frontières d'Essen. Elle a accueilli de nombreuses expositions prestigieuses, telles que «La Galerie de Peintures de Dresde», «Dieux et Pharaons» et «St. Petersbourg à 1800». L'organisateur de ces expositions est la Fondation culturelle de la Ruhr, dont le fondateur est Berthold Beitz, Président du Conseil d'administration de la fondation Alfried Krupp von Bohlen und Halbach.

Das Essener Münster mit dem Rathaus im Hintergrund zeigt Tradition und moderne Städtebauweise, wie sie der Essener City eigen ist. Der beliebte »Ruhrbischof« Kardinal Hengsbach ist hier zu Hause.

Essen's cathedral with the city hall in the background, a combination of tradition and modern urban planning typical of the city. This is the home of the popular »Ruhr bishop« Cardinal Hengsbach.

La cathédrale d'Essen, avec la Mairie à l'arrière-plan: mélange d'architecture traditionnelle et moderne, une caractéristique du centre d'Essen. C'est ici que réside le bien-aimé »Evêque de la Ruhr«, le Cardinal Hengsbach.

Reliquienkästchen (8. Jahrhundert) aus dem Abteischatz Werden; es beherbergt die Gebeine des Luidger.

An 8th century reliquary with Luidger's mortal remains; it is one of the many treasures owned by the abbey in Essen-Werden.

Reliquaire (8ème siècle) du trésor abbatial de Werden, contenant les ossements de Luidger.

Fronleichnamsprozession in Essen-Bergeborbeck.

Procession of Corpus Christi in Essen-Bergeborbeck.

Procession de la Fête-Dieu à Essen-Bergeborbeck

Essens Weihnachtsmarkt und seine Lichterwochen legen zur Weihnachtszeit einen besonderen Zauber über die Stadt.

Christmas bazaar in Essen. An enchanted aura settles upon the city in the weeks leading up to Christmas when the stands are set up and the streets are aglow with Christmas lights.

Le marché de Noël et ses illuminations donnent à la ville un air magique.

Kulturdenkmal an der Ruhr — die alte Schleuse in Werden.

A cultural monument on the river Ruhr: the old lock in Werden.

Un monument culturel sur les bords de la Ruhr: les vieilles écluses de Werden.

→ S. 78

Luftaufnahme der Platzanlage des Golf Clubs Essen-Heidhausen, hoch über der Stadt, harmonisch eingegliedert in das Landschaftsschutzgebiet in der Stadtgrenze zu Velbert.

Aerial view of the golf course in Essen-Heidhausen. The green is set high above the city, harmonizing splendidly with the nature conservation area on the city limits where Velbert starts.

Vue aérienne du Club de Golf d'Essen-Heidhausen, qui domine la ville et est harmonieusement intégré au paysage, aux limites séparant la ville de la commune de Velbert.

Erholungsbereich Essen Gruga — das Tropenhaus und das Grugabad.

Essen Gruga: a recreational centre with Tropical Sanctuary and the Gruga Baths.

La zone de loisirs, dans la Gruga d'Essen — le pavillon tropical et la piscine de la Gruga

→ S. 79

Baldeneysee. Naherholungsgebiet mit vielen Freizeitmöglichkeiten.

Lake Baldeney. Recreation area with numerous leisure activities for the local people.

Le lac de Baldeney. Zone périurbaine de loisirs

77

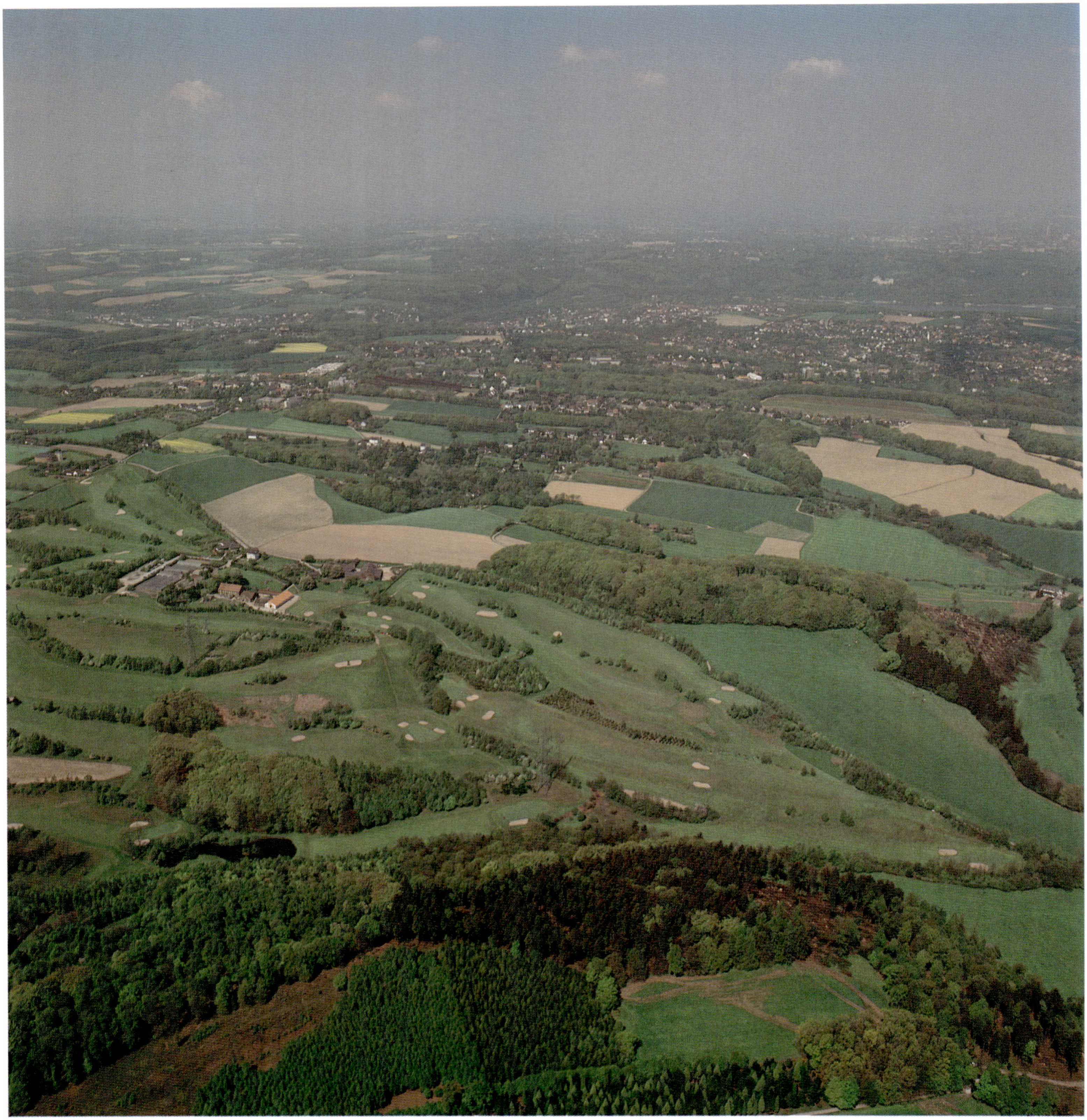

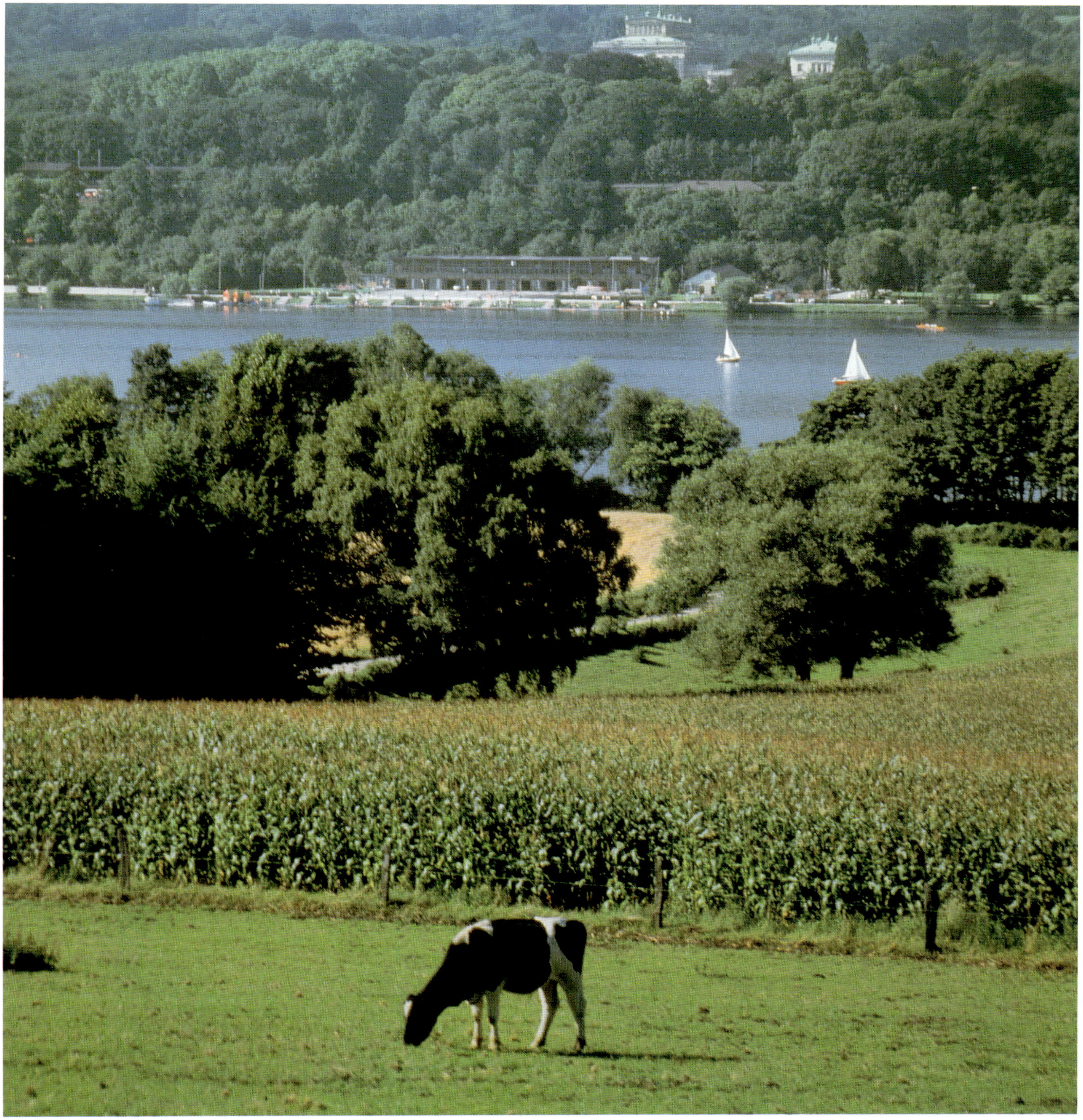

Zwischen Hattingen, Bochum und Witten bietet der Kemnader Stausee Ruhe und Erholung für die umliegenden Städte des Reviers.

The people who live in the nearby Ruhr towns and cities like to spend their leisure hours on or near the Kemnad reservoir between Hattingen, Bochum and Witten.

Entre Hattingen, Bochum et Witten, le lac de barrage de Kemnad est un lieu de repos et de détente pour les villes avoisinantes.

Heinemann war Nachfolger von Heinrich Lübke und der Vorgänger von Walter Scheel. Die Schinkelstraße birgt indes nicht nur Erinnerung: Hier wird das Bild von der Zukunft des Reviers nicht nur visionär ›gemalt‹, es wird mitgestaltet. Der ›Initiativkreis Ruhrgebiet der Deutschen Wirtschaft‹ hat hier sein Büro. Ein Paradebeispiel für das Zauberwort der Zukunft: ›public-private-partnership‹: partnerschaftliches Zusammenwirken von Wirtschaft, Wissenschaft, Gemeinden, Land und Bund. Über 50 Industrielle, Manager, Wirtschaftsbosse aus der ganzen Republik haben sich unter dem Motto versammelt: »Wir an der Ruhr — gemeinsam nach vorn.« Das ist ein bemerkenswertes, investives, finanzielles Engagement. Erklärtes Ziel ist, das Wachsen des neuen Ruhrgebietes zu forcieren, sein Bild in die Welt zu transportieren und die alten Klischees zu eliminieren. Die Akzente heißen: Investieren und Dokumentieren, was geschieht in Wirtschaft und Wissenschaft, Sport und Kultur. Das Angebot im Ruhrgebiet umfaßt heute schon mehr Musik- und Sprechbühnen als z. B. New York. Sechzehn professionelle Orchester. Hundertdreißig Museen. Das Ruhrgebiet scheut da keinen Vergleich. Das sollte man ›draußen‹ wissen. Im Sommer '90 finanzierte und präsentierte der ›Initiativkreis‹ schon das zweite »Klavierfestival Ruhr« mit 62 Konzerten in der ganzen Region. Künstlerischer Leiter dieses Unternehmens ist Jan Thürmer. Die Pianofortefabrik Ferd. Thürmer steht in Bochum, nahe dem traditionsreichen Bochumer Schauspielhaus.

Wir sind mit dem Auto nach Bochum gekommen. Unsere Trasse war die A 430, die alte Reichsstraße 1. Einst verband sie, 1000 Kilometer lang, Aachen mit Königsberg. Im Ruhrgebiet hieß sie ›Ruhrschnellweg‹, dann B 1. Der Volksmund sagt: ›Ruhrschleichweg‹. Nicht ohne Grund.

Wir haben auf unserer Fahrt die Ausfahrt ›Stahlhausen‹ passiert, die lebhaft daran erinnert, daß Bochum auch der Standort von Krupp-Stahl ist. Die Ausfahrt ›Ruhrstadion‹ hätte uns rasch in die Fußball-Arena geführt und zum ›Starlight-Expreß‹, dem Musical auf Rollschuhen. Auch dies ist — mit eigenem Theater — eine Investition ins Revier.

Wir wollen nach Bochum-Langendreer, in die Nachbarschaft der Ortsteile Laer und Querenburg. Sie sind interessante Schauplätze der jüngeren Revier-Geschichte. Hier bauen inzwischen 19 000 Menschen Autos — dort, wo Ende der 50er Jahre die ersten Zechen still- und die Grundsteine für die beiden Opel-Werke gelegt wurden. Dort, wo 1965 die Ruhr-Universiät gleichsam aus der grünen Wiese wuchs.

Die Ruhr-Universität in Bochum wurde 1965 als Experiment auf die grüne Wiese gebaut. Sie hat sich zur beliebtesten und bedeutendsten Universität im Ruhrgebiet entwickelt.

The Ruhr-Universität Bochum was built in 1965 as an experiment: the university set in the open countryside has become the most popular and the most important centre of excellence in the Ruhr area.

L'Université de la Ruhr, à Bochum, fut construite au milieu des champs, en 1965, et devait servir d'expérience. Elle est devenue l'Université la plus importante et la plus appréciée de la Ruhr.

Das Aquadrom — modernster Badespaß für Sommer und Winter mit südlicher Atmosphäre.

The Aquadrom — modern baths with fun for all in summer and winter set in a southern atmosphere.

L'aquadrom, le plaisir moderne de se baigner, en été et en hiver, dans une atmosphère tropicale.

Romantische Winkel und Gäßchen prägen das Bild der Altstadt von Hattingen an der Ruhr.

Romantic corners and alleys are typical features of the old part of Hattingen, one of the towns on the Ruhr.

La vieille ville d'Hattingen an der Ruhr est pleine de coins et de ruelles romantiques.

Sie war die erste im Ruhrgebiet. Inzwischen haben weitere zehn Hochschulen, die erste Fern- und die einzige Privat-Universität die einstige akademische Diaspora in ein begehrtes Studierzentrum ›vor Ort‹ verwandelt. Mit 130 000 Studenten. Im ganzen Land sind es 450 000. Vor 25 Jahren waren es ganze 10 000 an drei Universitäten.

Wir sind angekommen, in Bochum-Langendreer, Bahnhof. Warum, so ist mit Recht zu fragen, warum gerade hier? Nun, wir sind nahe dem Hellweg, der alten Heer- und Handelsstraße, über die einst Könige und Bettler zogen. Hier ist eine S-Bahn-Station des Verkehrsverbundes Rhein-Ruhr, die Route Nr. 300 der Bergisch-Märkischen Intercity-Strecke, und schließlich finden wir hier die B 235, die aus dem bergischen Wuppertal ins westfälische Münster führt. Dabei über- oder unterquert sie vier Autobahnen und wird auf ihrem Weg von drei Autobahnen flankiert. Welch ein Verkehrsgeflecht! Die B 235 ist eine der wenigen und deshalb wichtigen Bundesstraßen in Nord-Süd-Richtung. Und — hier hält der Bus Nr. 378. Er kommt aus Witten an der Ruhr und soll mich über Castrop-Rauxel in der Emscherzone, nach Recklinghausen, ins Vest bringen. Und dort habe ich den südlichen Zipfel des Münsterlandes vor mir.

Zeit für einen gleichsam sozio-graphischen Einschub. Wir sind beinahe nahtlos aus den ›rheinischen‹ Städten Mülheim und Essen ins ›westfälische‹ Bochum gelangt. Gibt's das noch im Ruhrgebiet, Rheinisches und Westfälisches? Immer noch und irgendwo, ja. Aber schon Wilhelm Brepohl, der Soziologie-Professor und Volkskundler aus Gelsenkirchen, schrieb 1967:

Menschen im Revier.

People in the region.

Les habitants de la région.

»Das Rheinisch-Westfälische ist nicht die Summe von rheinisch und westfälisch, sondern ein neues Gebilde höherer Ordnung.« Auch deshalb nehme ich den Bus nach Castrop: In öffentlichen Nah-Verkehrsmitteln entdecken sich die Menschen dieser Region ganz unverfälscht. Der Historiker Lutz Niethammer, ein Süddeutscher, der im Ruhrgebiet lebt, konstatierte »ein cooles, unaufgeregtes Selbstbewußtsein, eine unkomplizierte Freundlichkeit und nüchterne Ko-

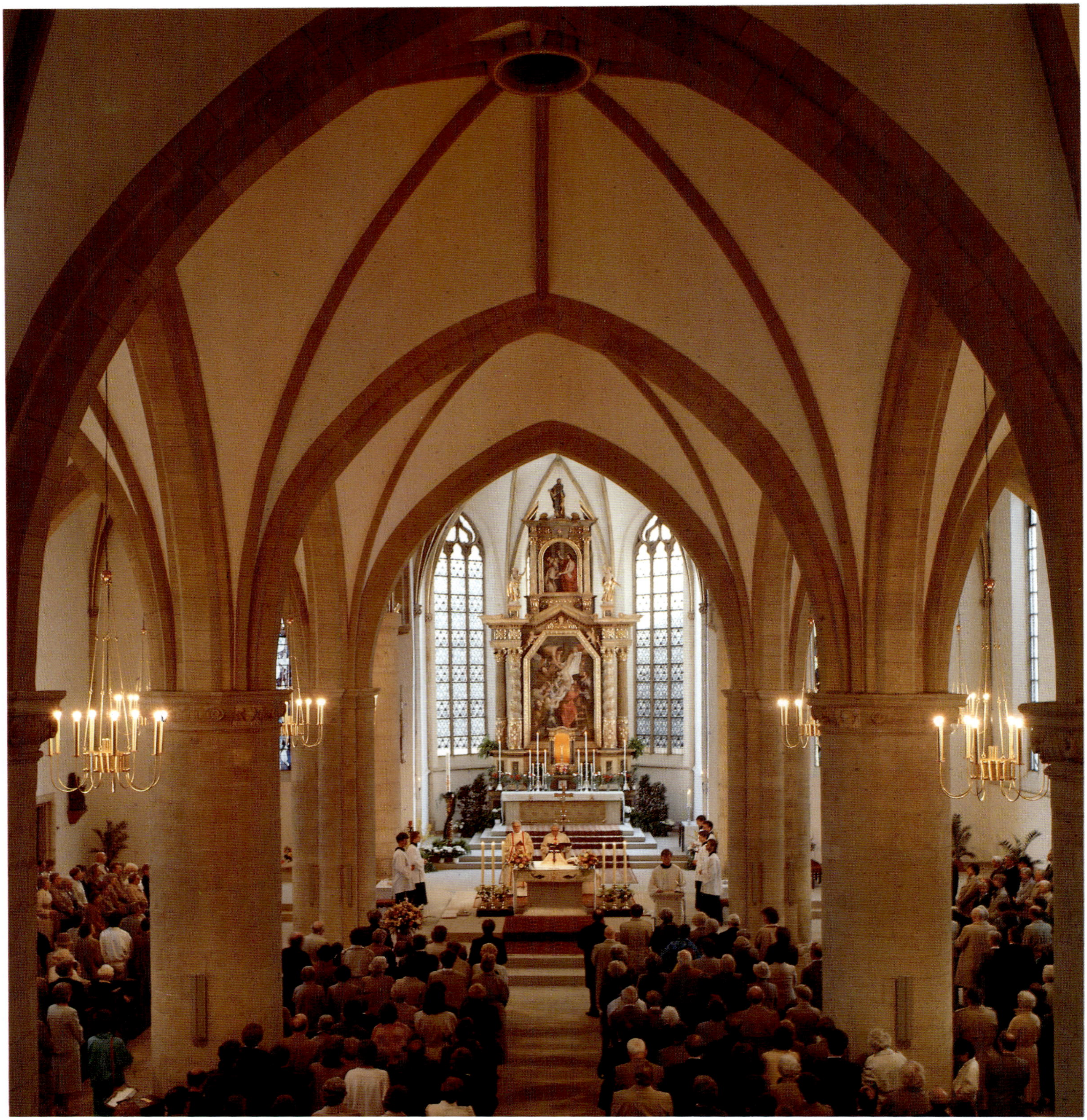

operationsbereitschaft auf Gegenseitigkeit«, die den Leuten in dieser Landschaft eigen seien. Der Professor Niethammer kann so falsch nicht liegen. In jeder sozial-wissenschaftlichen Durchforstung des Meinungsbildes, das Bürger in der Republik vom Ruhrgebiet haben, steht die Sympathie, die man diesem Menschenschlag hier entgegenbringt, an erster Stelle.

»Ich bin Westfale, und zwar ein Stockwestfale, nämlich ein Münsterländer.« So zu lesen in den »Bildern aus Westfalen«, erschienen im Jahr 1845, geschrieben von der Freiin Annette von Droste-Hülshoff. Daran kommt man — ob bildungsbeflissen oder nicht — wohl nicht vorbei. Auch wenn man Schloß Hülshoff, zwischen Havixbeck und Roxel, links liegen gelassen und das Rüschhaus in Nienberge, Geburtshaus und Alterssitz der Droste, verpaßt haben sollte. Das Fräulein Annette gilt vielen als bedeutendste deutsche Dichterin des 19. Jahrhunderts. Die Schärfe ihrer Naturbeobachtungen, ihre machtvolle Phantasie — Attribute, denen kein Widerspruch zuteil wird. In ihrer beinahe winzigen Handschrift, die ihrer liebevollen Kleinmalerei entsprach, schrieb sie vieles nieder, was ihre Augen schärfer und extrem anders sahen als ihre Mitmenschen.

Vom »seltsam schlummernden Land« schrieb die Droste über ihre Heimat. Damals... Nur damals? Es ist dies eine Landschaft wohl für die Feinnervigen, die Sensiblen, die auf das Atmen der Bäume hören, die die Stille suchen, den Herzschlag einer anderen Zeit. Gewiß, ja, das ist zu finden wie Kostbarkeiten, die sich nicht ohne weiteres entdecken. In den Ebenen, die weiträumig und gelassen dem Blick freien Raum geben. Über Wallhecken und in die schnurgeraden, schattigen Alleen. Freilich ohne Auto. Die Wege in ›Gottes eigenem Park‹ sind schmal, die ›grüne Weste Westfalens‹ erfährt man nur aus eigener Kraft und auf zwei Rädern.

Die Münsterländer nennen sie »Pättkes«. Das ist treffend und auch nicht annähernd so plastisch ins Hochdeutsche zu übertragen. Dennoch: Ein Pättken ist ein Pfädchen, ein kleiner Pfad und ein typisch münsterländisches Understatement. Pättkes haben — meist — eine feste Fahrbahn, wie Wirtschaftswege. Denn welcher Minister hätte es gewagt, im Grünen Plan für die Landwirtschaft in den späten Fünfzigern vornehmlich auf Sand zu bauen? Richtig ist, daß in jenen Jahren gute Wege zwischen Höfen und Feldern, Dörfern und Gemeinden entstanden sind. Man mag auch sagen: Das Radwege-Netz im Münsterland ist, anders als anderenorts, erhalten geblieben, und Neues ist hinzugekommen, zum Pättkes-Tour-Vergnügen zwischen Lippe und Ems. Und es ist keine Spur von Ironie, von ›frohen Stunden auf dem Fahrradsattel‹ gar zu schwärmen. Sie zu erleben, wird einem leichtgemacht. Die meisten Hotels verleihen Fahrräder und offerieren Pättkes-Touren, die einen Tag oder zwei Wochen lang sind. Auf eines freilich wäre zu achten: auf einen weichen Sattel. Sonst müßte man — nachher — stehen oder liegen, dieweil die Spötter sitzen können.

»Stockwestfale = Münsterländer«. So zu lesen bei der Droste. Frage: Was ist ein Stockwestfale? Dickschädelig, nüchtern, bodenständig, traditionsverbunden, schwerfällig und beharrlich? Das Fräulein von Droste differenziert noch anders. Sie sah die drei ›Hauptfarben‹ Westfalens im ›kühlen‹ Sauerländer, dem ›gottwohlgefälligen‹ Münsterländer und im Paderborner ›Wildling‹.

Gewiß, da ist heute Vorsicht geboten, wenngleich nicht zu leugnen ist, daß sich in Westfalen eine andere Mentalität findet als in den rheinischen Landen. Eigenart der Landschaft, stammesgeschichtliche wie gesellschaftliche Entwicklungen bleiben nie ohne Spuren.

Der Freiherr vom Stein, der auf Schloß Cappenberg seinen Lebensabend verbrachte, vom Stein fand (vor beiläufig 160 Jahren): »Wenn Sie einen Westfälinger

St. Peter — Mutterkirche für das ganze Vest. Der barocke Altar ist der Mittelpunkt des renovierten Kirchenschiffs.

St. Peter — mother church of the »Vest«. The baroque altar is the centre of the renovated nave.

St. Peter — église mère du «Vest». L'autel baroque est le centre de la nef remis à neuf.

Zwischen Höfen und Feldern, Dörfern und Gemeinden entstand das Radwegenetz Münsterland. Ein Pättkes-Tourvergnügen zwischen Lippe und Ems.

The network of cycle paths leads past farms and fields, villages and hamlets throughout the Münsterland. A »Pättkes« tour between the rivers Lippe and Ems.

Les pistes cyclables du Münsterland serpentent entre les fermes, les champs, les villages et les communes. Un «Pättkes» (chemin étroit); randonnées entre Lippe et Ems.

85

Das Haus Rüschhaus wurde erstmals im 14. Jahrhundert als Gräftenhof erwähnt. Auch J. C. Schlaun hat es vorübergehend bewohnt. 1826 kaufte es die Witwe von Droste-Hülshoff auf und zog mit ihren Kindern ein. Hier lebte und arbeitete Annette von Droste-Hülshoff.

The Rüschhaus was first mentioned as a manorial estate in the 14th century. J. C. Schlaun also lived here for a while. Widow von Droste-Hülshoff bought the house in 1826 and took up residence here with her children. Annette von Droste-Hülshoff lived and worked here.

La maison Rüschhaus apparaît pour la première fois dans des documents du 14ème siècle, sous le nom de Gräftenhaus. J.C. Schlaun y a lui aussi temporairement résidé. En 1826, elle fut achetée par la veuve von Droste-Hülshoff qui vint s'y installer avec ses enfants. C'est ici que vécut et travailla Annette von Droste-Hülshoff.

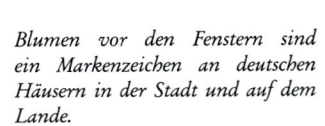

*Blumen vor den Fenstern sind ein Markenzeichen an deutschen Häusern in der Stadt und auf dem Lande.
In Herten in Westfalen finden wir diesen malerischen Winkel.*

Flowers on the window ledges are a characteristic feature of all German houses, both in large towns and in small villages. This picturesque photograph was taken in Herten in Westphalia.

Les fenêtres fleuries sont une caractéristique des maisons allemandes, à la ville comme à la campagne. C'est à Herten, en Westphalie, que nous avons trouvé ce coin pittoresque.

Das Wasserschloß Gemen — die »Perle« unter den Münsterländischen Wasserburgen — einst Sitz eines bekannten Adelsgeschlechtes, ist heute »Jugendburg«, eine Jugendbildungsstätte des Bistums Münster.

Gemen castle, the »pearl« among the moated castles of the Münsterland, was once the residence of a wellknown aristocratic family. Today, it is used by the bishopric of Münster as a training centre for young people.

Le Château de Gemen et ses douves, la «perle» des châteaux du Münsterland, autrefois résidence d'une famille noble connue, est aujourd'hui un «burg de jeunes», un des centres de formation de jeunes de l'Evêché de Münster.

Im Naturpark »Burloer Venn« findet der Mensch erholsame Stille. Im uralten Torfmoor haben seltene Pflanzen und Tiere noch eine Zuflucht!

Anyone can find peace and quiet in the nature reserve »Burloer Venn«. The ancient peat moor is one of the last refuges for rare plants and animals.

Le parc naturel de «Burloer Venn» est un oasis de silence. Plantes et animaux rares y ont trouvé un refuge.

Alte Wassermühle in Gemen.

Old watermill in Gemen

Vieux moulin à eau, à Gemen.

etwas fragen, so möchte er lieber morgen antworten als heute; fragen Sie den Rheinländer, da haben Sie die Frage noch nicht heraus, so antwortet er schon.«

Mein Freund Helmut, ausgestattet mit der Geduld des Gärtners und der strengen Phantasie des Architekten, und Preuße dazu, erzählt in diesem Zusammenhang, und um auf die Torheit allzu platter Einordnung zu verweisen, gern die Geschichte von den ›flinken‹ Rheinlädern und den ›langsamen‹ Westfalen, die über ein Projekt beraten, zu dem den flinken Rheinländern sofort eine Menge einfällt, Details und Perspektiven und Schwierigkeiten und Möglichkeiten, während die langsamen Westfalen bedächtig nicken und sonst nichts und alle wieder auseinandergehen, die Rheinländer und die Westfalen, um nach einiger Zeit wieder zusammenzusitzen, weil die flinken Rheinländer nun ein konkretes Programm haben mit allen Details und Perspektvien, das sie vortragen und überzeugend erläutern, wozu die langsamen Westfalen nur bedächtig nicken, um dann zu sagen: »So machen wir das schon seit vier Jahren...«

»Hellweg« heißt die asphaltierte Straße, und ihr Bordstein ist die Grenze, Staatsgrenze. Hüben Suderwick, ein Ortsteil von Bocholt, drüben Dinxperlo, Niederlande. Nahe dem westlichsten Punkt des Münsterlandes beginnt die Grenze, zieht sich 108 Kilometer hoch nach Norden, im Zick-Zack-Kurs über Wiesen und Felder, durch Haine und Wälder — wie Grenzen in Europa eben sind. Und überflüssig — wie man fand,

Das Bocholter Rathaus 1618 im Stil der niederländischen Backsteinrenaissance erbaut, zählt zu den wertvollsten Bauwerken aus jener Epoche. Auf dem Rathausplatz steht seit 1972 der von dem Bildhauer Friedrich Werthmann geschaffene Europabrunnen.

The town hall in Bocholt. Built in 1618 in Dutch brick Renaissance style, it is one of the most valuable remaining buildings from that epoch. The Europa fountain created by the sculptor Friedrich Werthmann in 1972 stands in the square outside the town hall.

La Mairie de Bocholt, construite en 1618, de style Renaissance hollandaise en briques, est l'un des plus précieux monuments de cette époque. C'est depuis 1972 que l'on peut admirer, sur la Place de la Mairie, la «Fontaine de l'Europe», oeuvre du sculpteur Friedrich Werthmann.

Mit höchster Wahrscheinlichkeit stellt die überlebensgroße Statue in der Großen Kapelle in Coesfeld Kaiser Konstantin dar.

The larger-than-life statue in the Large Chapel in Coesfeld probably represents the Emperor Constantine.

La très imposante statue de la Grande Chapelle de Coesfeld représente très vraisemblablement l'Empereur Constantin.

Das Glockengießerdenkmal in Gescher wurde 1980 zur Eröffnung des Glockenmuseums von dem Wittener Künstler Karl-Heinz Urban gegossen.

The bell-foundry monument in Gescher was cast by Karl-Heinz Urban, a Witten artist, when the bell museum was opened in 1980.

Le Glockengießerdenkmal (monument des fondeurs de cloches) de Gescher a été fondu en 1980 par Karl-Heinz Urban, un artiste de Witten, à l'occasion de l'inauguration du Musée des cloches.

vor zwei Jahrzehnten schon. Knapp neunzig deutsche und niederländische Gemeinden schlossen sich zur »Euregio« zusammen und praktizieren Politik der kleinen Schritte. Auf ebenso hartnäckige wie pfiffige Weise machten sie den Grenzzaun durchlässig. Inzwischen sind es mehr als zwei dutzend Wege über die grüne Grenze, von Nachbarschaft zu Nachbarschaft. Hüben und drüben.
Für die Fahrt vom Westmünsterland in die westfälische Kapitale steigen wir ab vom Rad und wählen, wie immer, für die Autofahrt nicht die mittelgroßen Magistralen. Wir fahren Landesstraßen, Landstraßen. Sie führen durchs Land und nicht an ihm vorbei. Wir wollen nach Gescher. Der Glocken wegen. Gescher und Glocken, das ist eins. Seit 1690 gießen die Petits und Edelbrocks Glocken, für die Heimat und für die Welt. Das Glocken-Museum birgt Zeugnisse sonder Zahl. Und auch dies: was Friedrich von Schiller 1800 als Sinngedicht in Verse goß ist auch eine exakte Beschreibung des Glockengusses. Geändert hat sich daran nichts — im Prinzip. Und Schiller ist immer gegenwärtig: »Fest gemauert in der Erden...«
Nach Gescher der Glocken wegen...
45 Stunden Zeit braucht man mindestens, ein Auto und einen Kundigen dazu. Denn in 45 Stunden, aufgeteilt in Vier- oder Acht-Stunden-Segmente, kann man, wenn man will, die 20 reizvollsten der über 100 Wasserburgen, Schlösser und Herrenhäuser besuchen, die das Münsterland herzeigt. Es lohnt sich indes, mehr Zeit zu investieren. Die ganze Vielfalt der jahrhundertealten einstigen Wehranlagen und Fliehburgen, der architektonischen Kostbarkeiten, die ebenso sehens- wie zum Teil merkwürdig sind, die repräsentativen Residenzen des westfälischen Adels erschließen sich erst dem geduldigen Interesse. Wer sich mit dem eher verwunderlichen, extraordinären

»Nach Warendorf der Häuser wegen«. Beinahe kategorisch diese Aufforderung. Der Häuser wegen ... in die Stadt des Pferdes! Wie das? Beides ist richtig, beides bietet sich in schönster Harmonie. Prächtig und wohlerhalten die Häuser und Fassaden, deren Entstehung bei manchen zurückreicht bis ins 15. Jahrhundert. Und dann die Pferde, natürlich. Alles, was Namen hat und Rang bei der deutschen Reiterei, ist hier versammelt. Edel und hochgezüchtet und so ganz anders als die Wildpferdmeute des Herzogs von Croy im Merfelder Bruch bei Dülmen.

Eigentlich ist dem nichts hinzuzufügen, was Generationen von Bewunderern gesagt, geschrieben und besungen haben: »Unter Deutschlands Schönen eine der Schönsten...« Von Münster ist die Rede, der ›Metropolis Westphaliae‹. Ohne Frage — Westfalens ›Hauptstadt‹. Und ebenso Westphalia in nuce. Zeit zum Resumee.

Zum Beispiel: Hier wie andernorts werden die landwirtschaftlichen Betriebe größer — oder hören auf zu bestehen. Was tun? Bezirksregierung und Fremdenverkehrsverband in Münster registrieren mit Sorgfalt, wie intensiv das Münsterland jetzt wieder neu entdeckt wird. Der Umsatz im Tourismus-Gewerbe hat die 1 Mrd. DM-Marke schon überschritten, die Zuwächse sind überproportional. Bemerkenswert modern: Westfalens ›grüne Weste‹ öffnet sich dem Golf-

Hauch der Vergangenheit begnügt, den reizt vermutlich Schloß Nordkirchen bei Lüdinghausen, das man gern das »westfälische Versailles« nennt. Freilich geht es heute weniger höfisch als vielmehr fiskalisch zu. Der Finanzminister läßt hier die hohe Kunst des Steuerwesens lehren. Und dann, Schloß Ahaus und seine seltsame Karriere: Fürstbischöfliche Residenz, Tabakfabrik, Amtsgericht und Berufsschule. Aber das Beispiel sollte nicht schrecken. Die reizvolle Fülle ist größer.

Die Statue der Maria, die mit erhobenem Kopf auf der Erdkugel steht, unter ihrem rechten Fuß die Mondsichel und unter ihrem linken Fuß die Schlange ist aus Sandstein und stammt aus dem 17. Jahrhundert.

The statue of Mary standing on the Earth, head held high, the crescent of the moon under her right foot and a snake under her left foot, was carved from sandstone in the 17th century.

Cette statue représentant la Vierge sur un globe terrestre; elle regarde vers le ciel, un croissant de lune sous le pied droit, un serpent sous le pied gauche; elle est en grès et date du 17ème siècle.

Der romanische Taufstein in St. Jakobi in Coesfeld ist reich verziert mit Drachen, Ranken und Löwen. Sie stehen als Symbol bedrohlicher und unüberwindbarer Kräfte.

The Romanesque font in St. Jakobi in Coesfeld is richly ornamented with dragons, garlands and lions. They symbolize threatening and insurmountable forces.

Les fonts baptismaux romans de l'église St. Jakobi, à Coesfeld, sont richement décorés de dragons, de plantes grimpantes et de lions, symbolisant les forces menaçantes et invincibles.

Fürstbischof Friedrich von Plettenberg baute das Schloß Nordkirchen um 1703 für seinen Neffen Ferdinand von Plettenberg. Bauherr war Gottfried Laurenz Pictorius. Das Schloß war architektonische Mitte eines Parks. Es liegt in einem großen Viereck aus Wassergräben. Heute ist es Sitz der Landesfinanzschule.

Nordkirchen palace was built by the prince bishop Friedrich von Plettenberg for his nephew Ferdinand von Plettenberg around 1703. It was erected by Gottfried Laurenz Pictorius. The palace formed the architectural centre of a park and lies in a large rectangular network of ditches. It is now a training centre for the Land's finance authorities.

C'est aux environs de 1703 que le Prince-Evêque Friedrich von Plettenberg fit ériger pour son neveu Ferdinand von Plettenberg le Château de Nordkirchen. Le monument était le centre architectural d'un parc. Il est situé au centre d'un carré fait de douves. Il abrite aujourd'hui l'Ecole des finances du Land.

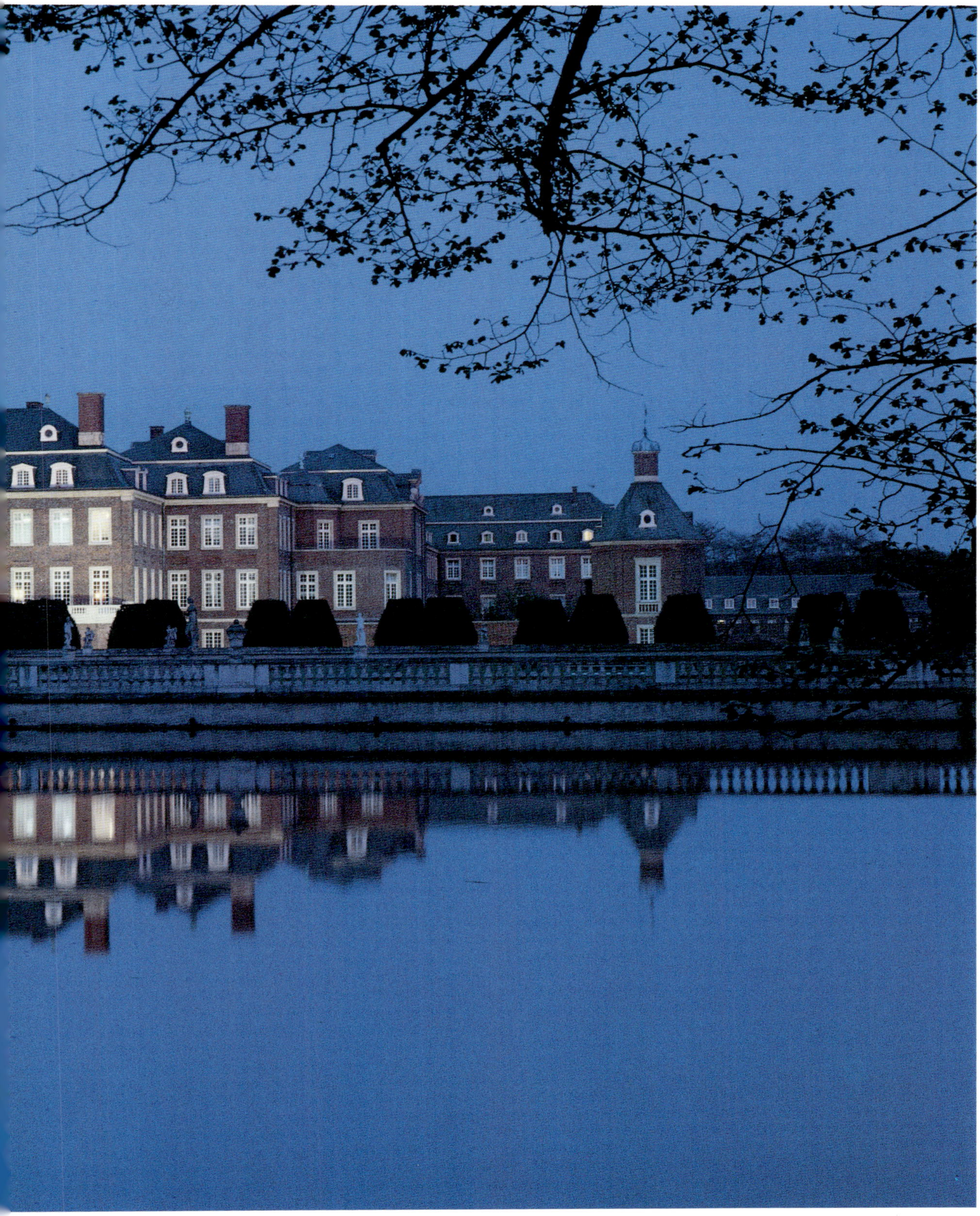

Die Wildpferde des Herzogs von Croy in Dülmen leben in freier Wildbahn und werden nur einmal im Jahr unter großer Anteilnahme der Bevölkerung zusammengetrieben.

The Duke of Croy's wild horses in Dülmen run free and are only herded together once a year with considerable assistance from the local people.

Les chevaux sauvages du Duc de Croy, à Dülmen, vivent en liberté et ne sont rassemblés qu'une fois par an, avec l'aide de la population.

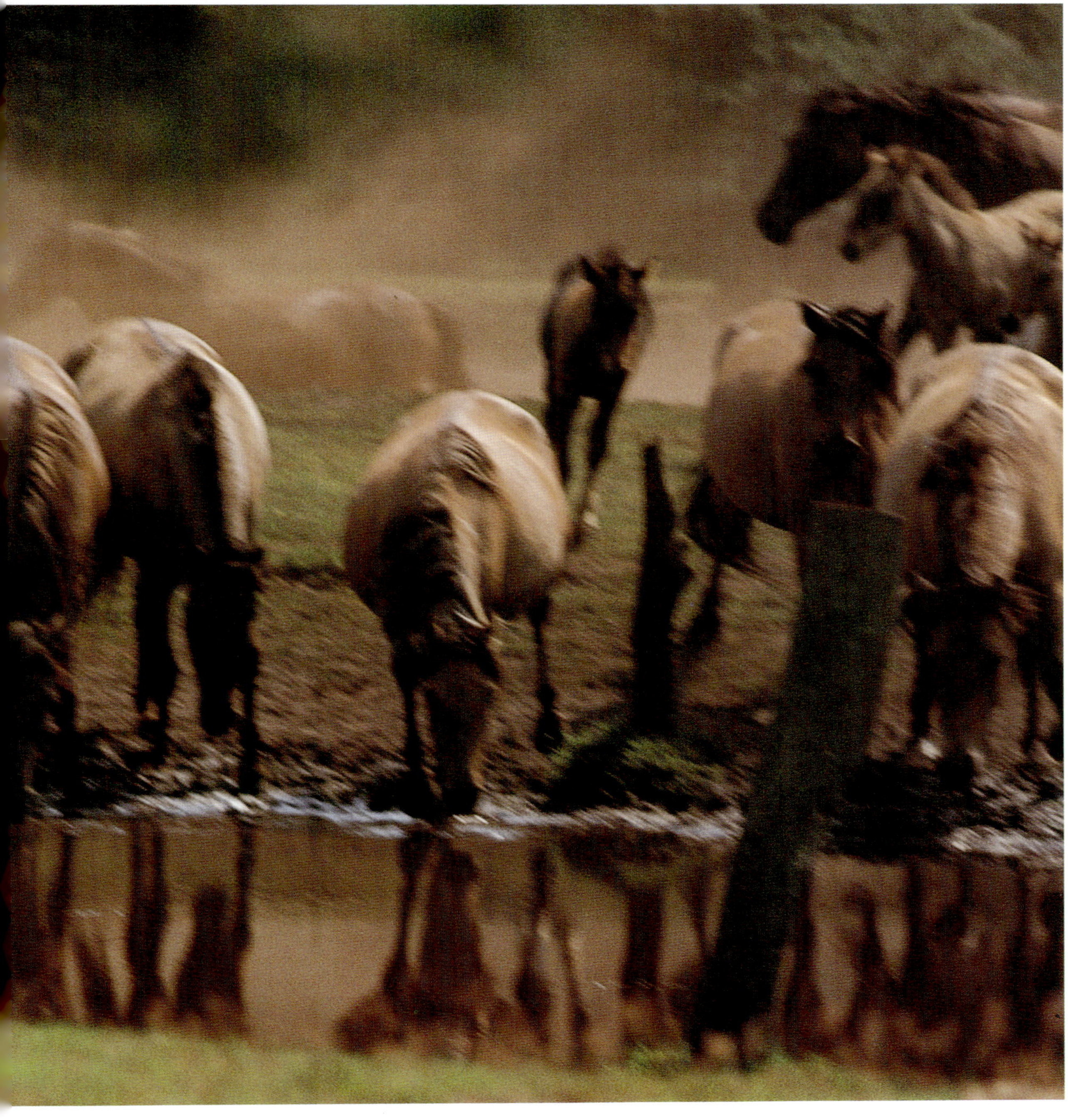

Der mächtige, bis ins 11. Jahrhundert zurückreichende Bau des Paulusdoms erhielt in der Zeit der Gotik und des Barock zahlreiche Um- und Anbauten, unter denen der reichgeschmückte Giebel des westlichen Querbaues und das darunterliegende Paradies von besonderer Bedeutung sind.

The imposing St. Paul's Cathedral its oldest sections dating back to the 11th century, was extensively renovated and expanded in the Gothic and Baroque periods. These modifications include the sumptuously decorated gable on the west transept and the porch beneath it.

L'impressionnant bâtiment de la cathédrale Saint-Paul dont les origines remontent jusqu'au XIème siècle, fut remanié et élargi à l'époque de gothique et du baroque. Le fronton richement décoré de l'abside ouest et le paradis sous-jacent sont de première importance.

→ S. 97 oben links
Hinter der prächtigen Fassade des Rathauses in Münster liegt der holzgetäfelte Friedenssaal, in dem die Verhandlungen zur Beendigung des Dreißigjährigen Krieges stattfanden.

Pass through the magnificent facade of the Münster town hall and you will enter the woodpanelled Peace Chamber, the site of the negotiations which ended the Thirty Years War.

Derrière la magnifique façade de l'hôtel de ville de Munster se trouve la «salle de la paix» aux boiseries (du XVIème siècle) dans laquelle se déroulèrent les pourparlers devant mettre fin à la guerre de Trente Ans.

Von den großen Adelshöfen in Münster blieb nach dem 2. Weltkrieg nur der vom westfälischen Barockbaumeister J. C. Schlaun geschaffene Erbdrostenhof erhalten.

The Erbdrostenhof, a work of the Westphalian Baroque architect J. C. Schlaun, was the only noble palace in Münster left intact by the devastation of the Second World War.

Le palais Erbdrostenhof, construit par l'architecte baroque westphalien J. C. Schlaun est le seul grand palais de nobles conservé après la seconde guerre mondiale.

An italienischen Barock erinnert die Clemenskirche in Münster, ebenfalls von J. C. Schlaun erbaut.

The Clemens Church in Münster was also built by J. C. Schlaun in a style reminiscent of Italian baroque architecture.

La Clemenskirche de Münster, due également à J. C. Schlaun, n'est pas sans rappeler le baroque italien.

unten links
Münsters prächtigste Bauwerke stammen fast alle von Johann Conrad Schlaun, dem großen westfälischen Barockbaumeister. Sein Hauptwerk ist das fürstbischöfliche Schloß, das er 1767 begann.

Almost all the most outstanding buildings in Münster are the work of Johann Conrad Schlaun, the most famous of Westphalia's baroque master-builders. The prince bishop's palace on which he started work in 1767 is his best-known masterpiece.

Les prestigieux monuments de Münster sont presque tous dus à Johann Conrad Schlaun, le plus célèbre architecte baroque de Westphalie. Son oeuvre maîtresse est le Palais archiépiscopal, dont il entreprit la construction en 1767.

Das älteste Haus in Münster ist heute ein gepflegtes Restaurant.

The oldest house in Münster is now an established and widely respected restaurant.

La plus ancienne maison de Münster abrite aujourd'hui un restaurant.

97

Uraltes Brauchtum steckt im Lambertusfest, das alljährlich am 17. September begangen wird. Mit Laternen aus Kohlköpfen, Rüben und Kürbissen tanzen die Kinder um große Strohpyramiden.

The festivities associated with the Lambertusfest are based on ancient tradition. Every year on 17 September, the children dance round huge pyramids of hay with lanterns made from cabbages, beets and pumpkins.

La Fête de St. Lambertus, commémorée chaque année le 17 septembre, s'appuie sur une tradition fort ancienne. Les enfants dansent autour de grandes pyramides de foin avec des lanternes fabriquées à l'aide de choux, de navets et de potirons.

→

Burg Vischering ist eine der zahlreichen malerischen Wasserburgen des Münsterlandes, die in früherer Zeit von bekannten Adeslfamilien bewohnt wurden.

Vischering Château is one of the Münsterland's many picturesque moated castles formerly occupied by well-known noble families.

Le château de Vischering est un des nombreux et pittoresques châteaux sur douves du pays de Münster, anciennes demeures de célèbres familles nobles.

Urige alte Kneipen in Münster — die »Cavete« und der »Kiepenkerl«

The 'Cavete' and the 'Kiepenkerl' are two ancient taverns in Münster.

Deux vieux cafés typiques de Münster, le 'Cavete' et le 'Kiepenkerl'.

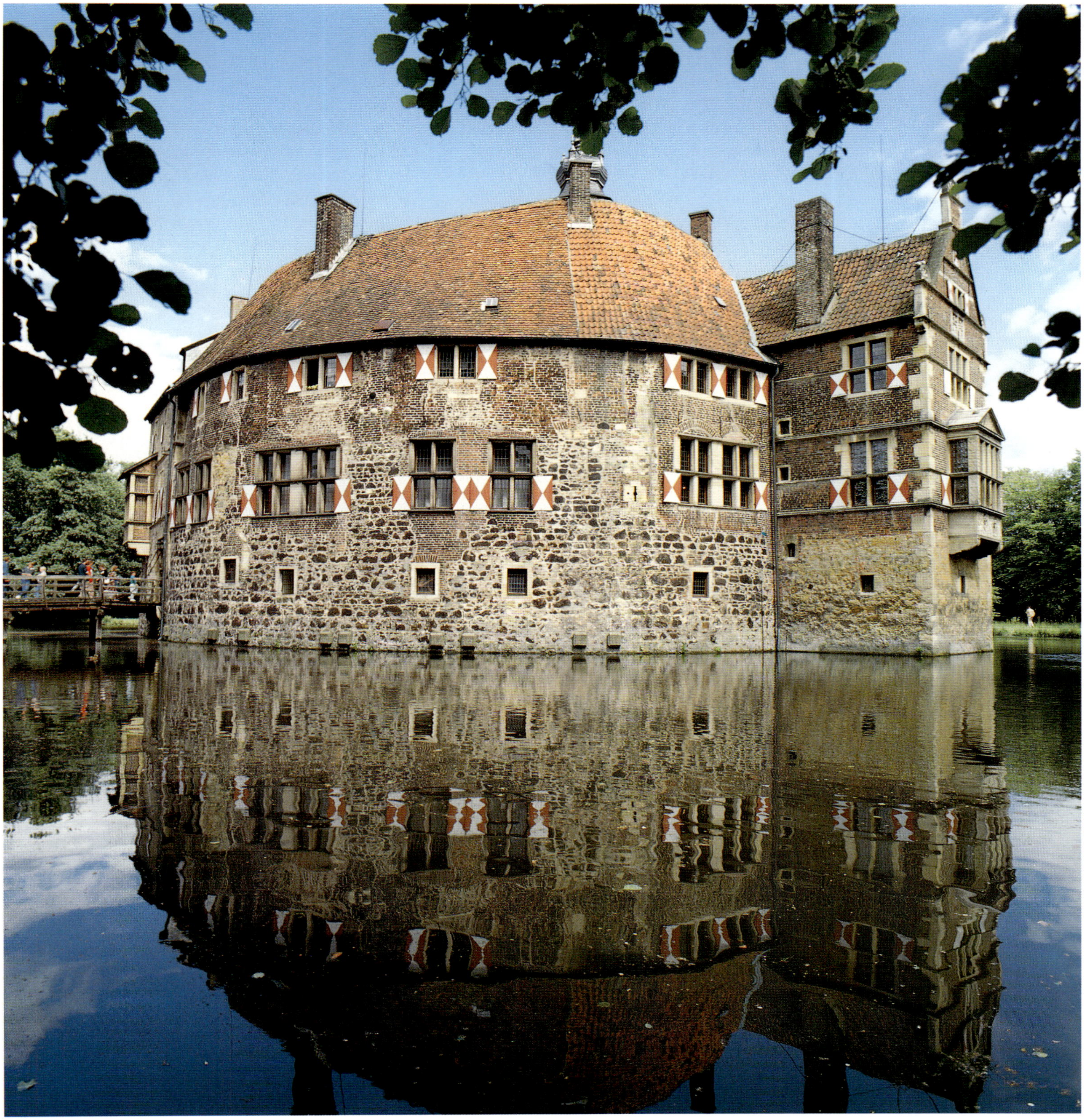

An der Westfälischen Pforte des Wiehengebirges auf dem Wittekindsberg oberhalb der Weser wurde kurz nach dem Tode Kaiser Wilhelm I zu seinen Ehren ein Denkmal errichtet, die Porta Westfalica.

The Porta Westfalica was erected on the hill known as Wittekindsberg high above the river Weser shortly after the emperor's death in memory of Emperor Wilhelm I and marks the gateway to Westphalia in the hills of the Wiehengebirge.

C'est peu après sa mort que, sur les hauteurs de la Weser, à la porte du massif du Wiehengebirge, un monument, la Porta Westfalica, fut érigé en l'honneur de l'Empereur Guillaume Ier.

Sport, wo er behutsam sich der Landschaft ein- und unterordnet. Wandel auf dem Lande! Wir haben in Kneipen gesessen, in denen Stille noch hörbar ist, bei Schinken und Korn, Töttchen oder Pfefferpotthast. Am Rande der Wege, über die vormals die Tödden zogen, mit ihren Leinenpacken über Land — die frühen Vorfahren der später bedeutenden Textilfabrikanten im Münsterland.

Doch wo einst die Tödden rasteten, reden sie heute über das Feinste vom Feinen, über high-tech, Umweltschutz und Diversifikation. Im Westen von Westfalen viel Neues: Wir haben gesehen, was Bestand hat seit Jahrhunderten, erfahren, was im Wandel ist seit kurzem. Und nun geht's weiter in den Norden und nach Süden. Westfalenland ist groß.

Von Preußisch-Ströhen und von Schlüsselburg nimmt die Geschichte nicht Notiz. Wir finden sie dort, wo der Bindestrich, den wir hierzulande brauchen, sich wiederholt: in Ostwestfalen-Lippe. Das ist die nördlichste Region des Landes. In Schlüsselburg verläßt die Weser unser Land, und hinter Preußisch-Ströhen hört es gleichsam auf. Niedersachsen beginnt. Ostwestfalen-Lippe — das ist Früh- und Vorgeschichte, und immer ist sie gegenwärtig. Die Schlacht im Teutoburger Wald, Hermanns-Denkmal und Externsteine. Und Wittekinds-Land läßt Widukind, den Sachsenherzog, nicht in Vergessenheit geraten. Denn schließlich hat er erst nach der dritten Schlacht dem Großen Karl den Sieg gegönnt und sich dann taufen lassen.

Ostwestfalen Bindestrich Lippe, so entstanden als Erfolg politischer Hartnäckigkeit. Das Fürstentum Lippe, seit dem Mittelalter allen »Eingemeindungs«-Fährnissen, selbst der Reichsgründung und dem Wiener Kongreß gewieft entgangen, sollte nach 1945 zu Niedersachsen. Aber ein Lipper zeigte den Briten die Zähne. Und Lippe kam — ein Unikum — gleichsam per Vertrag zu Nordrhein-Westfalen. Heinrich Drake hatte es geschafft, der erste Regierungs- und letzte Landespräsident, der »mit dem Herzen auch ein klein wenig in Niedersachsen« war, aber »mit dem Kopf doch für Nordrhein-Westfalen«. Und so trägt das Landeswappen neben Rhein-Symbol und Westfalen-Roß die Lippische Rose im Wappenschild.

Niedersachsen ist nah und ähnlich. Die westfälische Pforte — Porta Westfalica — ist offen für das Hinüber und Herüber. Die Wasserbau-Ingenieure nahmen das wörtlich. Sie führten bei Minden den Mittelland-Kanal über die Weser und bauten damit das größte Brückenbauwerk der Binnenschiffahrt in Europa. Der Weser-Wasserweg zu Berg ist eher lieblich, und Kaiser Wilhelms Denkmal auf der Höhe steht nun da und grüßt herab vom Wiehengebirge, der »grünen Krone von Westfalen«. Der Höhenzug des Teutoburger Waldes und des Eggegebirges offerieren Historie, die ganz tiefe Vergangenheit ist: den Hermann nicht nur und nicht die Extern-Steine. Da ist das Kloster Corvey bei Höxter, die älteste sächsische Benediktiner-Abtei, auf deren Friedhof Hoffmann von Fallersleben ruht. »Einigkeit und Recht und Freiheit...«

Der geologische Untergrund beschert der Region eine Kostbarkeit besonderer Art: Wasser. Es machte Ostwestfalen-Lippe mit seinen Bädern zum »Heilgar-

Der tausendjährige Mindener Dom zählt zu den schönsten gotischen Hallenkirchen in Nordrhein-Westfalen. Eine besondere Kostbarkeit ist das Mindener Kreuz von 1070.

The cathedral in Minden is one thousand years old and one of the most beautiful Gothic nave churches in North Rhine/Westphalia. The cross dated 1070 is one of the cathedral's most important treasures.

La Cathédrale millénaire de Minden est l'une des plus belles églises gothiques de Rhénanie-du-Nord-Westphalie. Particulièrement remarquable: la Croix de Minden, datant de 1070.

Am Wasserstraßenkreuz bei Minden werden die Schiffe von der Weser durch die Schachtschleuse in den zwölf Meter höheren Mittellandkanal gehoben.

In the Great Lock near Minden, where the waterways intersect, ships are transported from the Weser into the canal 12 metres higher in elevation.

Au carrefour des voies navigables près de Minden, un ingénieux système d'écluses permet de hausser les bateaux sur la Weser de 12 mètres jusqu'au Mittellandkanal.

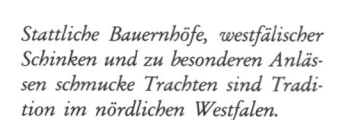

Stattliche Bauernhöfe, westfälischer Schinken und zu besonderen Anlässen schmucke Trachten sind Tradition im nördlichen Westfalen.

Sprawling farms, Westphalian ham and attractive folk costumes on special occasions are all traditional aspects of life in northern Westphalia.

Fermes majestueuses, jambon de Westphalie et, pour des occasions exceptionnelles, de très beaux costumes folkloriques, font partie des traditions du nord de la Westphalie.

ten« des Landes. Die Quellen sind nicht zu zählen, aber einige haben Namen: Alexander (von Humboldt), Jordan, Nessenberg, Gustav (Horstmann), Caspar-Heinrich, Kaiser Wilhelm und — natürlich — Wittekind. Eine Ausnahme macht der Born der Pader. Sie ist zwar nur vier Kilometer lang, aber über 200 Quellen speisen sie. Unterhalb des Paderborner Doms treten sie zutage. Das mag zur Erklärung genügen, warum, gleichsam unter den Augen des Erzbischofs, ein Brunnen sprudelt, der den Namen des Wasser-Gottes Neptun trägt. Was nicht bedeuten soll, daß alljährlich am 23. Juli bacchantisches Treiben die Stadt erschüttert, wenn Hunderttausende kommen, um St. Libori zu feiern, den Schutzpatron von Stadt und Diözese. Vier Tage kirchlich, fünf Tage weltlich. Dann fließt nicht nur Wasser in Paderborn.

Wo das Wasser fließt und der Wind wohl weht, bauten die Vorfahren Mühlen. Im östlichen Westfalen schafften sie weit über 100. Grund genug, eine »Mühlenstraße« zu markieren, die sich von Minden westwärts im Keis Minden-Lübbecke ausdehnt, dem mühlenreichsten Kreis des Landes. Da sind inzwischen 42 wieder restaurierte Mühlen, diese mächtigen Zeugen und technischen Kulturdenkmäler aus der 1000jährigen Geschichte der Müllerei, versammelt. Und ich habe gelernt, daß neben den Wind- und Wassermühlen in Oberbauerschaft eine der schönsten Roß-Mühlen steht. Ein achteckiger Fachwerkbau mit 40 Metern Umfang und einem Göpelwerk im Innern für sechs Pferde. Mit 6 PS vom Korn zum Brot.

Zugegeben: Mit Tempeln, die den Musen (in Griechenland) geweiht waren, haben die Museen zwischen Lübbecke und Lippstadt wenig zu tun. Sie sind Heimat- oder Landesmuseen. Aber deshalb weniger wichtig? Halten wir fest, daß ein solches Museum, »das mit seiner Zielsetzung und mit dem investierten Bürgersinn von einer Generation zur anderen für die Verwurzelung des Menschen, dort wo er lebt, entscheidend beiträgt«. (Bundespräsident Richard von Weizsäcker) Zu erwähnen, daß er dies bei der 150-Jahr-Feier des Lippischen Landes-Museums in Detmold sagte, ist Chronistenpflicht. Die generelle Gültigkeit reduziert es nicht.

Diese Städte in Ostwestfalen-Lippe! Sie nennen sich, so oder ähnlich, gerne eine »junge, alte Stadt«. Das meint, daß es den Durchblick braucht auf den Kern. Z. B. Bielefeld. Die Metropole in OWL, Oberzentrum jedenfalls, Wirtschaftszentrum auch. Reform-Universität, Wäsche-Kapitale, Fahrräder, Maschinen aller Art — und Oetker, Dr. August Oetker, der Apotheker. 1890 hat er das Backpulver erfunden, das Auftrieb gab. Für Kuchen und die Oetker's notabene. Herford und die Möbel, Gütersloh und die Medien. Bünde und die Zigarren. Paderborn und — das Morphium, das Friedrich Wilhelm Adam Sertürn, Apotheker auch er, 1803 entdeckte. Oder: Paderborn und die Computer. Auf die Zukunft ausgerichtet sind sie heute und werden nicht müde, davon zu reden und zu schreiben — und daran zu arbeiten. Modern sind sie — aber sie haben sich eines bewahrt: ihre Geschichte. Sie tritt ins Bild meist erst im Inneren des Zentrums. Der Kern bewahrt die Kraft, aus der das Heute lebt.

Mühlen sind im Kreis Minden-Lübbecke in größerer Dichte und Vielfalt als in anderen Landen zu sehen — man spricht von der westfälischen Mühlenstraße.

There are more mills and more different kinds of mill in the administrative county of Minden-Lübbecke than in any other part of the country. This area is in fact known as the Westphalian mill way.

La densité et la variété des moulins du district de Minden-Lübbecke est inégalée; on parle même à leur propos de «Route westphalienne des Moulins».

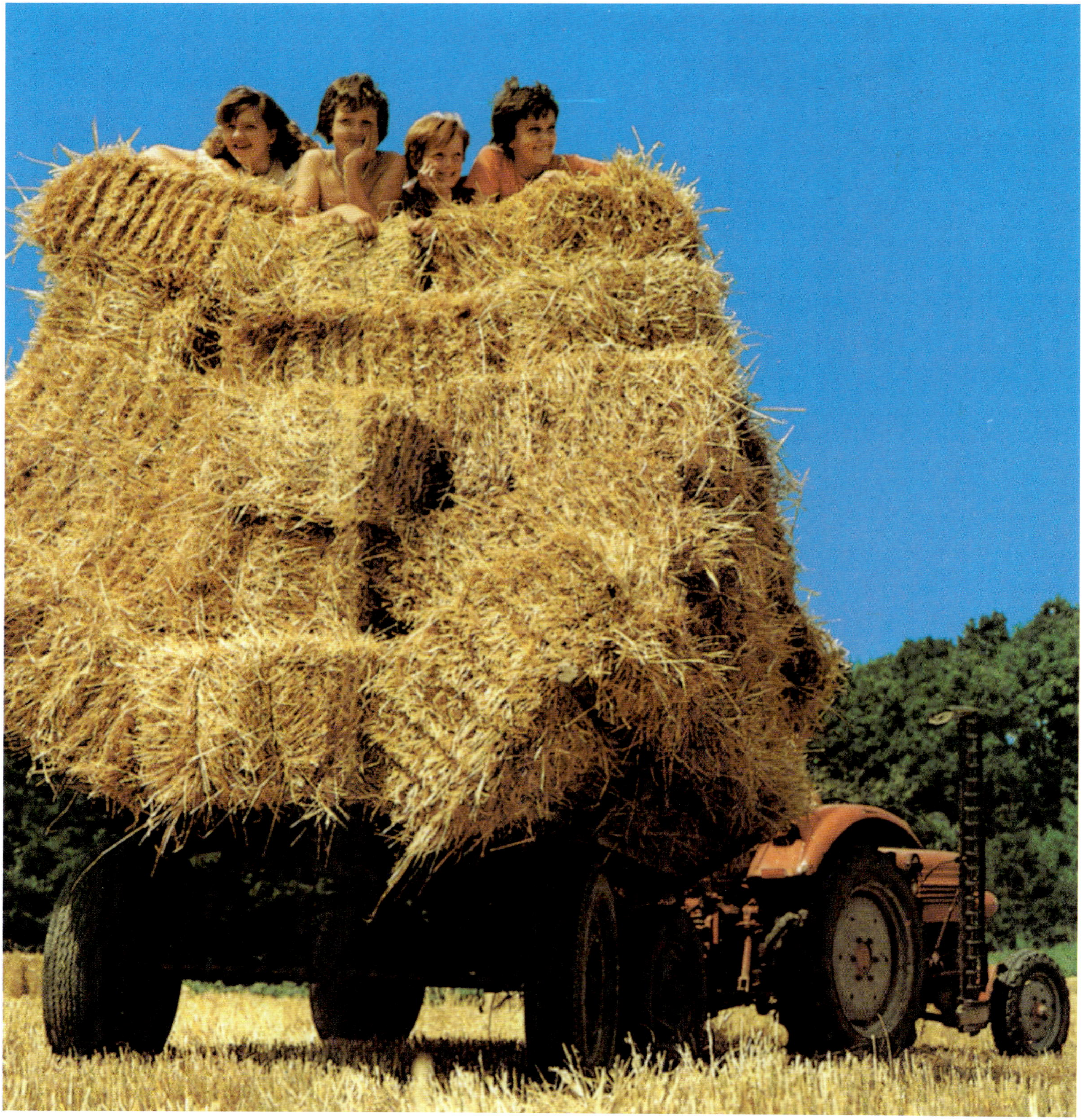

Bielefelds Wahrzeichen — die Sparrenburg — wurde in der 1. Hälfte des 13. Jahrhunderts erbaut. Sie war der Wohnsitz der Grafen von Ravensburg.

Bielefeld's landmark, Sparrenburg castle was built in the first half of the 13th century and was the home of the Counts of Ravensburg.

Le symbole de Bielefeld, le Sparrenburg, fut construit au cours de la 1ère moitié du 13ème siècle. Il a été la résidence des Comtes de Ravensburg.

Seit ewiger Zeit ein Spaß für jung und alt: Das Heimfahren des Heu's und das Vergnügen nach getaner Arbeit.

Bringing in the hay and having a good time after a day's work has always been a source of pleasure for young and old.

De tous temps un divertissement pour tous, jeunes et vieux: la rentrée des foins et la fête, une fois le travail accompli.

unten links
Das älteste Haus in Bielefeld ist das Wöhrmann'sche Haus.

Wöhrmann's House is the oldest in Bielefeld.

La Wöhrmann'sche Haus, la maison la plus ancienne de Bielefeld.

unten rechts
Geschnitzte Frömmigkeit und Blumen bieten jedem Eintretenden einen fröhlichen Gruß.

Piety carved in wood and surrounded by flowers offers a warm welcome to everyone who enters.

Objets pieux sculptés et fleurs accueillent gaiement le visiteur.

Dieser wertvolle Antwerpener Schnitzaltar befindet sich in der Altstädter Nikolaikirche von 1430 in Bielefeld.

This valuable carved Antwerp altar stands in the church of St. Nicholas built in 1430 in the old part of Bielefeld.

Ce précieux autel sculpté d'Anvers se trouve dans la Altstädter Nikolaikirche de Bielefeld, qui date de 1430.

→ S. 107 links oben
Verpflichtung und Zuversicht zugleich bedeutet das Wort, das auf der Eingangspforte zu Bethel in Bielefeld steht: »und daselbst werden die Elenden seines Volkes Zuversicht haben«.

The words above the entrance to Bethel in Bielefeld convey both a sense of duty and optimism: »und daselbst werden die Elenden seines Volkes Zuversicht haben« — »and the most wretched of his people will look forward with confidence«.

Devoir et confiance à la fois, voilà ce que signifie la devise inscrite sur la porte d'entré de Bethel, à Bielefeld: «et en ce lieu les misérables de son peuple reprendront confiance».

Botanischer Garten in Bielefeld.

The Botanical Gardens in Bielefeld.

Le jardin botanique de Bielefeld

Leineweberbrunnen in der Leineweberstadt Bielefeld.

The Linen Weavers' Fountain in the linen-weaving town of Bielefeld.

La Fontaine des Tisserands, à Bielefeld, la ville des tisserands.

Die Fußgängerzone von Bad Oeynhausen wird verschönt durch diesen reizenden Schweinebrunnen, an dem die Kurgäste ihr Vergnügen haben. Bad Oeynhausen liegt eingebettet in Wiesen und Felder.

This delightful fountain is popular among the spa guests strolling through the pedestrian precinct of Bad Oeynhausen. The health resort is surrounded by fields and meadows.

Ces charmantes «Fontaines aux cochons», qui réjouissent tant les curistes, ornent la zone piétonnière de Bad Oeynhausen, ville entourée de prairies et de champs.

107

Durch ein säulengetragenes Portal erreichen wir den Kuppelsaal im Badehaus von Bad Oeynhausen. Die ornamentgeschmückte Kassettendecke dieses Saales wurde nach dem Vorbild des Pantheon in Rom gebaut. Erbauer des Badehauses war C. F. Busse, ein Schüler von K. F. Schinkel.

A portal entrance flanked by pillars leads into the domed hall in the bath house of Bad Oeynhausen. The ornamented cassette ceiling in the hall was modelled on the Pantheon in Rom. The bath house was built by C.F. Busse, one of K.F. Schinkel's students.

C'est par un portail à colonnes que l'on parvient dans la salle à coupole du Pavillon des Bains de Bad Oeynhausen. Le plafond à cassettes décorées de cette salle a été construit sur le modèle du Panthéon de Rome. Ce Pavillon est l'oeuvre de C.F.Busse, un élève de K.F.Schinkel.

Im Frühjahr und Sommer entfaltet der Kurgarten von Bad Salzuflen seine herrliche Blütenpracht. Im großen Landschaftsgarten, vorbei an Tiergehegen und romantischen Bächen, sucht der Gast Ruhe und Erholung.

The park in Bad Salzuflen is a veritable sea of blossoms every spring and summer. The peaceful landscape garden with animal preserves and romantic streams is a place for relaxation and quietude.

Le Parc de Bad Salzuflen déploie toute sa magnificence au printemps et en été. Dans ces vastes jardins, où l'on peut voir aussi des animaux et où coulent de romantiques ruisseaux, le curiste trouve calme et repos.

Nach Vorlagen getreu wieder aufgebaut und saniert ist das Haus Backs in Bad Salzuflen, ein Beispiel vollendeter Weserrenaissance.

Backs House in Bad Salzuflen is a faithful reconstruction based on ancient documents and a perfect example of Renaissance architecture in the Weser area.

La Maison Backs, à Bad Salzuflen, exemple parfait d'architecture Renaissance, a été fidèlement reconstruite d'après des plans originaux.

Seit Jahrhunderten ist der Salzhof mit den herrlichen Giebeln der Weserrenaissance Mittelpunkt der Stadt Bad Salzuflen.

Salzhof with its Weser Renaissance gables has been the centre of attraction in Bad Salzuflen for centuries.

Depuis des siècles, le Salzhof et ses merveilleux pignons de style Renaissance typique des bords de la Weser, est le pôle d'attraction de Bad Salzuflen.

→ S. 111 unten
Eingebettet in Felder und Wiesen liegt die Stadt Lage im Lipperland. Urkundlich erstmals im Jahre 1277 erwähnt. Ein Feriendomizil für Familien mit Kindern.

The town of Lage in the Lipperland is surrounded by fields and meadows. First mentioned in official records dated 1277, it is now a holiday centre for families with children.

La ville de Lage, dans le Lipperland, est entourée de champs et de prairies. Il en est fait pour la première fois mention dans des documents de 1277. Un lieu de villégiature pour les familles avec des enfants.

Als Höhepunkt der Weserrenaissance gilt der Apothekenerker am Rathaus der alten Hansestadt Lemgo. Georg Croßmann, ein Lemgoer Bildhauer, hat ihn 1612 fertiggestellt. An den Säulen des Obergeschosses sind die fünf Sinne in Form von Frauengestalten dargestellt. Auf der Rathauslaube befindet sich der Fries der Sieben Freien Künste.

The apothecary's oriel in the town hall of the old hanseatic town Lemgo marks the culmination of the Weser Renaissance style. It was completed in 1612 by Georg Crossmann, a local sculptor. The five senses are represented by female figures forming the pillars of the upper story. The frieze with the seven liberal arts runs round the town hall arbour.

Bijou du style Renaissance des bords de la Weser, l'encorbellement de la «Pharmacie de la Mairie» de l'ancienne ville hanséatique de Lemgo. Il date de 1612 et est dû à Georg Croßmann, un sculpteur de Lemgo. Ornant les colonnes de l'étage supérieur, des figures féminies représentent les cinq sens. Sur les arcades de la Mairie, une frise représente les arts libéreaux.

Im Hexenbürgermeisterhaus in Lemgo wohnte ein tyrannischer Bürgermeister.

The Hexenbürgermeisterhaus in Lemgo was once the home of a tyrranical mayor.

Un maire tyrannique a résidé dans la Hexenbürgermeisterhaus (Mairie des sorcières) de Lemgo.

Der Künstler Karl Junker versah sein Haus in Lemgo innen und außen mit bedrückend skurrilen Schnitzereien.

The artist Karl Junker decorated the interior and exterior of his house in Lemgo with depressingly farcical carvings.

A Lemgo, l'artiste Karl Junker a orné l'intérieur et l'extérieur de sa maison de sculptures angoissantes et grotesques.

Der Vogel- und Blumenpark Heiligenkirchen beherbergt über 2000 seltene exotische und heimische Vögel in märchenhafter Farbenpracht.

The bird and flower sanctuary in Heiligenkirchen offers a refuge for more than 2000 rare exotic and domestic birds in an immense variety of colours.

Le parc ornitologique et floral d'Heiligenkirchen abrite plus de 2 000 oiseaux exotiques et indigènes aux fabuleuses couleurs.

Natur- und Kulturdenkmal evtl. auch Kultstätte ist die Sandsteinfelsengruppe Externsteine in Horn Bad Meinberg. Ein monumentales Kreuzabnahmerelief aus dem 12. Jahrhundert ist in den Felsen gehauen.

The Extern Stones in Horn Bad Meinberg are not only a natural and cultural monument; they may also have been a site of pagan rites. A transfer monumental relief of the Cross was carved into the sandstone rock in the 12th century.

Le groupe des rochers en grès de Horn Bad Meinberg, les Externsteine, sont un monument naturel et culturel, peut-être aussi un lieu de culte. Sculpté dans la roche, une monumentale «Descente de la Croix» du 12ème siècle.

Wandern im Teutoburger Herbstwald

Walking through the autumn leaves in the Teutoburg Forest.

Randonnée dans le Teutoburger Wald.

Das historische Rietberger Rathaus von 1805 mit der geschwungenen Treppe ist eines der schönsten Fachwerkhäuser in Westfalen.

With its rounded stairs, Rietberg's historical town hall built in 1805 is one of the most beautiful half-timber construction buildings in Westphalia.

L'historique Mairie de Rietberg, datant de 1805, est avec son escalier à arcades l'une des plus belles maisons à colombages de Westphalie.

← S. 113
Das Fürstliche Residenzschloß in Detmold, ein Renaissancebau aus dem 16. Jahrhundert mit älterem Burgturm. Hervorzuheben sind das »Königszimmer«, die barocken Gobelins, die Jagdwaffensammlung und die Porzellansammlung.

The princes' palace in Detmold was built in the Renaissance style in the 16th century and includes an older castle keep. Its most outstanding features are the »King's room«, the baroque wall hangings, the collection of hunting weapons and the porcelain collection.

La Résidence principière de Detmold, un bâtiment Renaissance datant du 16ème siècle, a un donjon plus ancien. A voir: la «Salle royale», les Gobelins baroques, la collection d'armes de chasse et le Cabinet des porcelaines.

Der Rietberger Emsweg in der Nähe der »Rietberger Schloßwälle« des 1803 abgebrochenen gräflichen Schlosses Eden. Rietberg ist die erste Stadt nach den Emsquellen.

The Emsweg near the »Rietberger Schlosswälle«, the fortifications surrounding the manorial palace of Eden demolished in 1803. Rietberg is the first town through which the river Ems flows after leaving its source.

L'Emsweg de Rietberg, tout près des «Rietberger Schloßwälle», remparts du Château comtal d'Eden, dont la construction fut interrompue en 1803. Rietberg est la ville la plus proche des sources de l'Ems.

Am Ende eines alten Prozessionsweges steht die Nepomuk-Kapelle in Rietberg mit dem Allianzwappen des Grafenpaares Franziska und Maximilian Ulrich von Kaumnitz. Neben der Kapelle steht die Statue des heiligen Johannes von Nepomuk.

The Nepomuk Chapel in Rietberg with the united coat of arms of Franziska and Maximilian Ulrich, Count and Countess of Kaumnitz, marks the end of an ancient procession way. The statue of St. John of Nepomuk stands beside the chapel.

Au bout d'un long chemin de procession, la Chapelle Nepomuk de Rietberg, ornée des armes du couple comtal Franziska et Maximilian Ulrich von Kaumnitz. Près de la Chapelle, la statue de Saint Jean de Nepomuk, saint patron de la Bohême.

Das Rathaus von Schwalenberg wurde 1579 in Fachwerkrenaissance errichtet, reich verziert mit Blumen, Vögeln, Tieren und Rosetten. Die Inschrift lautet: »Mensch bedenke was Du bedeutest, denn Gradheit und Recht dauern am längsten. Wirst Du als Schelm und Schinder Unrecht handeln, so mußt Du zum Schluß in die Hölle wandern.«

The town hall in Schwalenberg was built in 1579 as a half-timber construction in the Renaissance style and richly ornamented with flowers, birds, animals and rosettes. Its inscription reads: »Remember what you are, for honesty and justice live longest. You will go to hell if you treat others unjustly, oppress people or act like a rogue«.

La Mairie de Schwalenberg, est un bâtiment à colombages de style Renaissance, édifié en 1579 et richement décoré de fleurs, d'oiseaux, d'animaux et de rosaces. On peut lire sur sa façade l'inscription suivant: «Homme, réfléchis à ce que tu vaux, car la rectitude et le droit sont ce qui perdure le plus. Si tu agis en fripon et en exploiteur, tu finiras par aller en enfer».

Im Festzuge brachte man im Jahre 836 die Reliquien des hl. Liborius aus dem westfranzösischen Le Mans in das ostwestfälische Paderborn. Beide Kirchen beschlossen einen »Liebesbund ewiger Freundschaft«. Der heilige Liborius ist Schutzpatron der Stadt und des Bistums Paderborn. Die Reliquien werden in der Domkrypta aufbewahrt. Neun Tage ab dem 23. Juli dauert jedes Jahr das große Liborifest.

The holy relics of St. Liborius were brought from Le Mans in western France to Paderborn in eastern Westphalia in a festive procession in AD 836. The two churches swore a »bond of eternal friendship«. St. Liborius is the patron saint of the town and bishopric of Paderborn. His relics are preserved in the cathedral crypt. The Liborifest, the festival commemorating St. Liborius, starts on 23 July every year and continues for nine days.

En l'an 836, un cortège transporta les reliques de St. Liborius du Mans, dans l'ouest de la France, à Paderborn, en Westphalie orientale. Les deux églises conclurent un accord «d'amitié éternelle». Liborius est le saint patron de la ville et de l'évêché de Paderbon. Ses reliques sont conservées dans la crypte de la Cathédrale. Chaque année, la fête de St. Liborius dure neuf jours, à compter du 23 juillet.

So rundet sich das Bild: Die Westfalen, die »bedächtigen, die langsamen«, sie wollen gewonnen sein. Es dauert, bis sie sich dem Fremden öffnen. Und auch sonst, bemerkte der »Westfalen-Spiegel«, gehöre es »hier zu den merkwürdigsten Eigenschaften, kein Aufhebens zu machen, auch von den interessantesten Dingen nicht, am wenigsten von sich selbst«.

Erbaut nach den Plänen der Grabeskirche in Jerusalem wurde in den 1030er Jahren die Busdorfkirche von Paderborn, eine Wallfahrtskirche. Die romanischen Kreuzgänge im Nord- und Ostflügel sind erhalten geblieben.

The Busdorf church in Paderborn is a pilgrims' church built according to the plans of the Church of the Holy Sepulchre in Jerusalem between 1030 and 1040. The Romanesque cloisters in the northern and eastern wings still exist.

Construite sur les plans du Saint-Sépulcre de Jérusalem, l'église Busdorf de Paderborn devint une église de pélerinage, aux environs de l'ans 1030 et 1040. Les cloîtres romans des ailes nord et est ont été conservés.

Der einmotorige Flieger braucht 25 Minuten für die 70 Kilometer, die zwischen den Regionalflughäfen Paderborn-Lippstadt und Dortmund-Wickede liegen. Der Flug übers Land weitet den Blick. Unter uns die alte und die neue Magistrale: Hellweg und Autobahn. Die Börde, Kornfelder, beinahe endlos. Soest schiebt sich mit den Spitzen von St. Patroklus und St. Petri, von Wiesenkirche und der Hohne in den Horizont. Links der Haarstrang. Barriere zwischen den Landschaften. Die Norddeutsche Tiefebene mit der münsterschen Bucht, dem Lippetal und der Soester Börde läuft gleichsam aus. Jenseits beginnt das deutsche Mittelgebirge mit Arnsberger Wald und Sauerland. Auf dem Kamm der Haarweg, einer jener »westfälischen Urwege«, wie der Soester Dramatiker Erwin Sylvanus fand und als Beispiel dafür empfin-

Fürst Bischof Dietrich von Fürstenberg baute das Schloß Neuhaus im 16. Jahrhundert. Vier Jahrhunderte haben zu dieser hochherrschaftlichen Vierflügelanlage mit Ecktürmen und Wassergraben beigetragen. Ein Teil des Schlosses wird heute als Schulgebäude genutzt, und es dient Kunstausstellungen und Kammerorchestern als Herberge.

Neuhaus palace was built in the 16th century by .prince bishop Dietrich von Fürstenberg. The majestic four-wing palace with corner towers and moats is the work of four centuries. Part of the palace is now used as a school. It also hosts art exhibitions and chamber orchestras.

C'est le Prince-Evêque Dietrich von Fürstenberg qui, au 16ème siècle, fit construire le château de Neuhaus. Quatre siècles ont marqué de leur empreinte les quatre ailes, les tours d'angle et les douves de ce somptueux bâtiment. Une partie du château sert aujourd'hui d'école; il accueille par ailleurs des expositions et des orchestres de chambre.

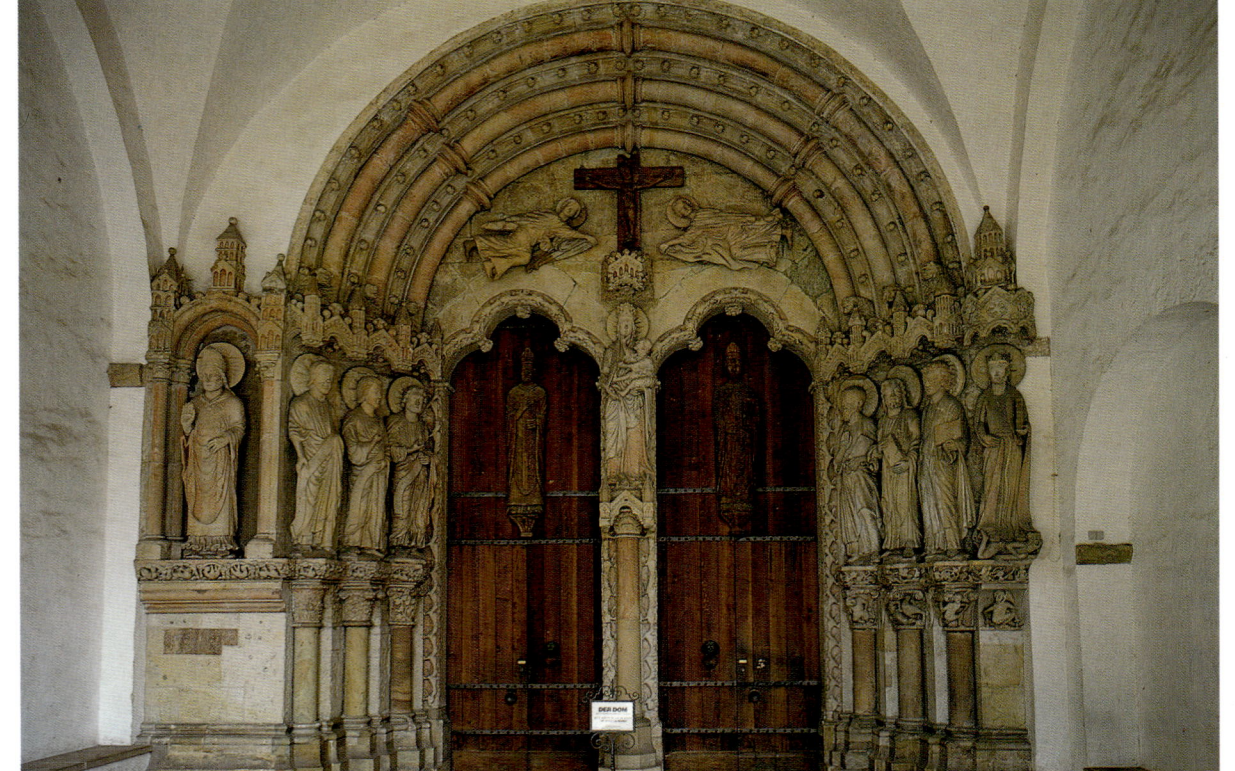

Die Pforte zum Paderborner Dom. Es ist ein Werk des 13. Jahrhunderts, seine Geschichte reicht zurück bis 777, als Karl der Große hier eine Pfalzkirche errichten ließ.

The main entrance to Paderborn cathedral. It was built in the 13th century, but its history dates back to AD 777 when Charles the Great built a palace church here.

La Porte de la Cathédrale de Paderborn, une oeuvre datant du 13ème siècle dont l'histoire remonte jusqu'à l'an 777, année où Charlemagne fit ériger une église impériale.

Fast 1000 Jahre alt ist die Wewelsburg in der Stadt Büren, die einzige Dreiecksburg Westdeutschlands. Sie ist heute Museumsburg.

The only triangular castle in Germany, the Wewelsburg in Büren, is almost 1000 years old. It is now a museum.

Le Wewelsburg, dans la ville de Büren, a près de 1000 ans; c'est le seul burg triangulaire d'Allemagne de l'ouest. Il est désormais un «burg-musée».

← S.119 oben
Die Halle im Ahornsportplatz ist Paderborns größte überdachte Sportanlage: 4 Ballspielfelder, 200-Meter-Laufbahn, 10 Squash-Courts, Leichtathletik-Sektoren und Kraftsporteinrichtungen.

The hall in the Ahorn sports centre in Paderborn is the town's largest enclosed sports facility: it includes 4 courts for ball games, a 200 metre athletics track, 10 squash courts, track-and-field athletic sectors and body-building facilities.

Le salle omnisports de l'Ahorn est la plus grande installation sportive couverte de Paderborn: elle abrite 4 terrains pour les jeux de balle, une piste pour le 200 m, 10 courts de squash, des zones d'athlétisme et des installations pour sports de force.

→ unten links
Um Dortmund herum gibt es viele reizvolle Wanderrouten.

Dortmund is surrounded by numerous attractive hiking routes.

Dortmund est entourée de très agréables chemins de randonnée.

Schloß Bodelschwingh bei Dortmund

Bodelschwingh palace near Dortmund

Le Château de Bodelschwingh, près de Dortmund

det, wie »landschaftliche Gegebenheiten noch auf vielfältige Weise mitbestimmend sind für das Leben des Tages«.

Zwischen Werl und Unna dehnen sich riesige Flächenbauten aus, unübersehbare Zeichen neuer Aktivitäten. Warenverteil-, Logistik- und Dienstleistungszentren komplettieren sich, nahe dem dominanten Autobahnkreuz bei Kamen, vor den Toren eines Wirtschaftsraumes mit über fünf Millionen Verbrauchern. Die Investitionen erreichen schon eine Viertel Million Mark.
Wir landen in Dortmund-Wickede, wie etwa hunderttausend Passagiere im letzten Jahr. Der östlichste Punkt der Revier-Ellipse ist erreicht.
An einem lauen Juniabend '85 sprach Dortmunds Oberbürgermeister Günter Samtlebe (SPD) den Satz: »Und dann werden Sie alle sagen: Da haben die Roten ins Schwarze getroffen.« Mit dieser trefflichen Bemerkung hat der erste Bürger der alten Hanse- und Stahlstadt nicht nur die erste, zunächst umstrittene Spielbank im Ruhrgebiet eröffnet, sondern auch recht behalten. Das Spielcasino Hohensyburg ist ein Magnet — und wirkte wie ein Impuls. Zeitgleich beinahe etablierte sich Dortmunds Technologie-Zentrum in unmittelbarer Nähe der Universität. Und was da auf der grünen Wiese entstand und vor allem w i e, das war die Initialzündung für den Aufbruch in die zweite Zukunft des Ruhrgebietes. Freilich, wenn man heute Bundesbürger fragt, was sie nach Dortmund lockt, dann präsentieren sie gleichsam eine »3-B-Antwort«: Bier, Borussia und Bundesgartenschau. Die Sport- und Fernseh-Show-Arena ›Westfalenhalle‹ und das Fußball-›Westfalenstadion‹ sind dabei die Attraktionen für die fünfeinhalb Millionen Gäste im Jahr. Und sie kommen nicht nur einmal. Nicht wenige von ihnen rollen auf drei Spuren vom nahen Süden an — über die A 44, die Sauerland-Autobahn.

Einkaufsbummel im Herzen Dortmunds — auf dem Westenhellweg.

Shopping along the Westenhellweg in the heart of Dortmund.

Shopping dans le centre de Dortmund, sur le Westenhellweg.

← S. 121 oben
Dortmund — Metropole Westfalens. Über 580 000 Einwohner leben in dieser Stadt.
In Dortmund wird geplant, geforscht und gestaltet für die Gegenwart und die Zukunft. Die City erhält ein neues Gesicht. Großzügige Plätze und Fußgängerzonen laden ein zum Bummeln und Verweilen. Das Rathaus soll als zentrale Anlaufstelle für alle zu einem »Bürgerhaus« werden. Politische, sportliche und kulturelle Großveranstaltungen beispielsweise in der Innenstadt prägen ebenfalls das Bild.

Dortmund — a Westphalian metropolis. More than 580,000 people live here. Dortmund is a centre of planning, research and design for today and tomorrow. The city is being remodelled. Expansive squares and pedestrian precincts invite people to stroll and linger a while. The town hall is to become a central »house of the people« open to everyone. Political, sporting and cultural events are also typical features, even in the city centre.

Dortmund, métropole de la Westphalie. Cette ville compte plus de 580 000 habitants. A Dortmund, on planifie, on se livre à des travaux d'investigation et d'organisation du présent et du futur. Le centre-ville change de visage. Vastes places et zones piétonnières invitent à la flânerie. La Mairie, pôle d'attraction pour tous, veut devenir la «Maison des citoyens». L'image de la ville est aussi marquée par les grandes manifestations politiques, sportives ou culturelles qui se déroulent dans le centre-ville.

Im südlichen Grüngürtel präsentiert sich die Spielbank Hohensyburg. 1985 eingeweiht, avancierte sie in den vergangenen Jahren zur erfolgreichsten Spielbank Europas. Von höchster Eleganz ist auch die Innenausstattung.

Hohensyburg casino is set in the green fields to the south of the city. It has become the most successful casino in Europe since it was opened in 1985. The interior decorations are also supremely elegant.

C'est dans la ceinture verte du sud que se trouve le Casino de Hohensyburg. Inauguré en 1985, il est devenu au cours des dernières années l'un des plus grands Casinos d'Europe. Sa décoration intérieure est, elle aussi, des plus élégantes.

Urige Kneipen in der Innenstadt laden zum Verweilen ein. Auch eine Atempause im Westfalenpark mit seinen 3200 Rosensorten und dem 212 m hohen Fernsehturm ist ein Erlebnis.

Traditional bars and taverns in the city centre invite passers-by to drop in for a drink and a rest. The Westfalenpark with its 3,200 different roses and a television tower rising 212 metres into the sky also offers a pleasant break.

Dans le centre-ville, comment résister à l'appel de cafés aussi typiques. Il est bien agréable aussi de passer quelques moments dans le Westfalenpark avec ses 3 200 variétés de roses et sa Tour de la Télévision.

Am 27. Mai 1990 wurde das Deutsche Turnfest mit internationaler Beteiligung und erstmaliger Einbeziehung der Teilnehmer aus der ehemaligen DDR in der Städtepartnerschaft Dortmund—Bochum im Dortmunder Westfalenstadion eröffnet. Die Abschlußfeier fand im Stadion von Bochum statt.

The German Gymnastics Festival opened in Dortmund's Westfalenstadion on 27 May 1990. The competition was attended by teams from around the world, including the former GDR for the first time ever. The closing ceremony was held in the stadium in Bochum, for the two towns Dortmund and Bochum formed a partnership.

C'est le 27 mai 1990 que, dans le cadre du jumelage Dortmund-Bochum, se déroula, dans le Stade de Westphalie, à Dortmund, la cérémonie d'ouverture de la Fête allemande de la Gymnastique, avec des participants de diverses nations et, pour la première fois, des gymnases de l'ancienne RDA. La cérémonie de clôture se déroula dans le Stade de Bochum.

Das Westfalenstadion in Dortmund

The Westfalenstadion in Dortmund.

Le Stade de Westphalie, à Dortmund.

124

Die Westfalenhallen — zentral gelegen an der B 1 — sind Mittelpunkt eines internationalen Veranstaltungs-, Ausstellungs-, Kongreß- und Sportzentrums. Dazu gehören acht Hallen, ein neues Messezentrum mit Restaurant, Kongreß- und Konferenzräume aller Größenordnungen, das Eisstadion, die Helmut-Körnig-Leichtathletik-Halle, das Parkhotel Westfalenhalle und das Restaurant Rosenterrassen.

Westfalenhallen: centrally located on the B1, the halls form the centre of an international cultural, exhibition, congress and sports complex made up of eight halls, a new trade fair centre with restaurant, congress and conference rooms of every size, an ice rink, the Helmut Körnig athletics hall, the Parkhotel Westfalenhalle and the restaurant Rosenterrassen.

Les «Westfalenhallen», tout près de la B 1, sont un centre international accueillant des manifestations, des expositions, des congrès et des compétitions sportives. Elles se composent de huit halls, d'un nouveau centre de congrès avec restaurant, salles de congrès et de conférence de toutes tailles, une patinoire couverte, un hall d'athlétisme, le hall Helmut Körnig, l'hôtel Westfalenhalle et le restaurant Rosenterrasse.

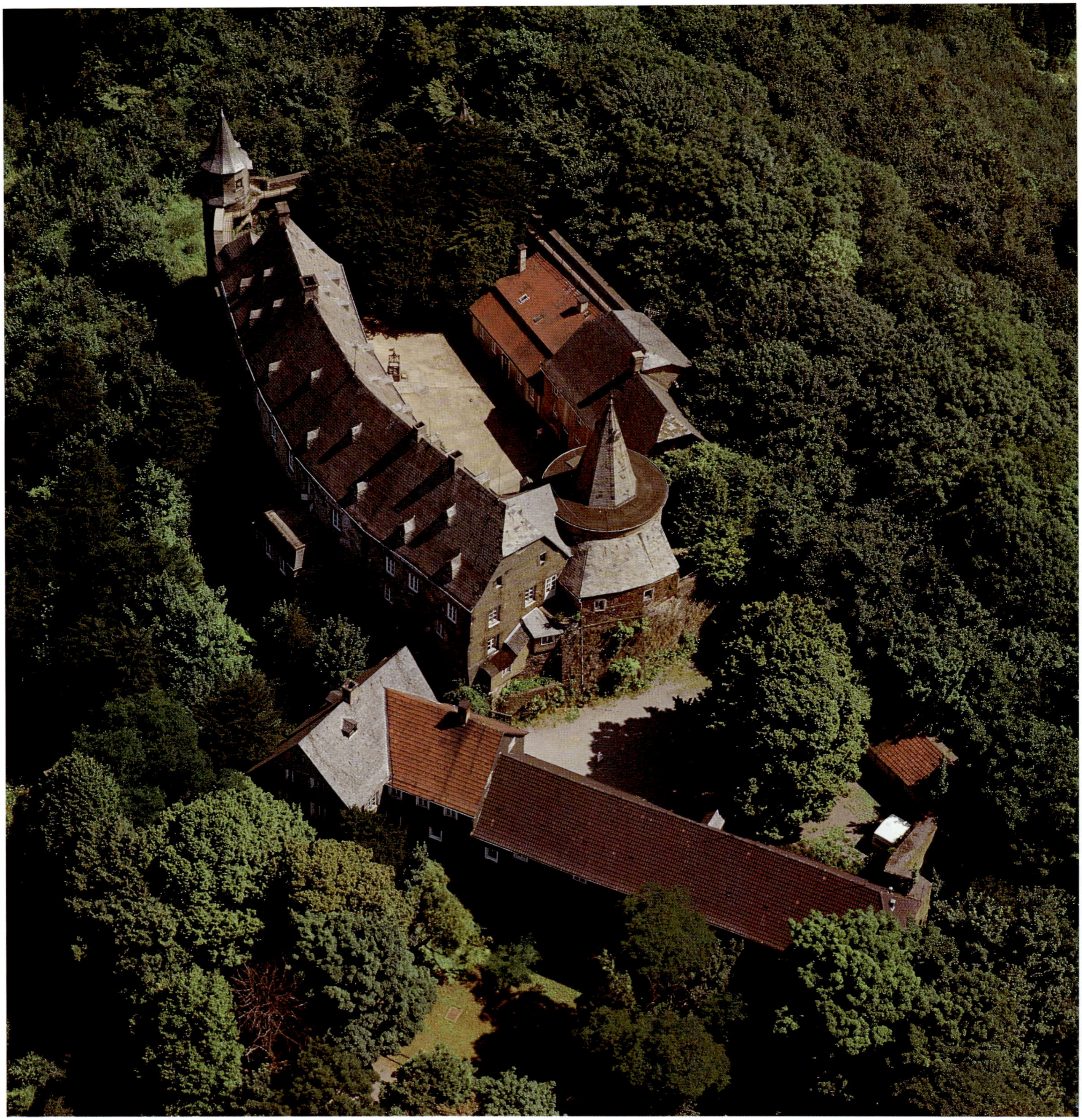

Landschaft um Hagen

Countryside around Hagen.

Paysage des environs de Hagen.

←

Schloß Hohenlimburg wurde als Burg schon 1242 erstmals erwähnt. Das Schloß, noch heute im Besitz des Fürsten zu Bentheim-Tecklenburg, liegt märchenhaft auf einer Anhöhe mitten in einem Wald. Es ist heute Museum für Stadt- und Frühgeschichte.

Hohenlimburg was first mentioned as a castle in 1242. It is still owned by the princes of Bentheim-Tecklenburg and was built on high ground surrounded by a fairytale forest. It is now a museum of municipal and ancient history.

En 1242, le château de Hohenlimburg, apparaît pour la première fois sous l'appellation de burg. Le château, qui appartient aujourd'hui encore au Prince de Bentheim-Tecklenburg, est merveilleusement situé sur une hauteur au milieu d'un bois. Il abrite aujourd'hui un musée consacré à l'histoire de la ville et à la protohistoire.

Westfalen, das weiß man, steckt voller Merkwürdigkeiten. Manche kennt man, manche ahnt man, und etliche muß man kennenlernen.

Zur dritten Kategorie gehört dies: Es gibt ein märkisches und ein kurkölnisches Sauerland. Die Märker wohnen im »Süderland«, in jenem Gebiet südlich der Ruhr, das von Dortmund über Hagen, dem »Tor zum Sauerland«, her erschlossen wird, eingerahmt vom Lennegebirge, der Bergischen Hochfläche und dem Ebbegebirge. Gebirge, Gebirge ... das Land der tausend Berge. Und wenn es Winter ist und wirklich Schnee fällt, dann ist das Sauerland Wintersportland. Aber weil, wenn überhaupt, der Winter nur ein Gastspiel gibt, gibt's Sommerfrische noch und noch.

1906 baute Karl Ernst Osthaus v. d. Velde den Hohenhof in Hagen als Wohnsitz für seine Familie. Er war als Kunstwerk im neuen Stil geplant. Den Eingang zieren Sandsteinreliefs von Hermann Haller.

Karl Ernst Osthaus von der Velde built Hohenhof in Hagen in 1906 as a home for his family. It was designed as a work of art in the new style, its entrance ornamented by sandstone reliefs by Hermann Haller.

C'est en 1906 que Karl Ernst Osthaus v.d.Velde fit construire la résidence de sa famille, le Hohenhof, à Hagen. Il voulait qu'elle soit une oeuvre d'art dans le style de l'époque. L'entrée est ornée de reliefs en pierre dus à Hermann Haller.

127

Ein Park auf Kohle, das ist der neue Maximilianpark in Hamm — eine Spiellandschaft für jung und alt. Noch vor wenigen Jahren war dieser Park eine verwilderte Industriebrache mit verfallenen Zechengebäuden, auf der sich im Laufe von 60 Jahren artenreiche Vegetation entwickelte. Bei der Umgestaltung des Gebäudes und Parkes wurde diese Flora erhalten. Architektenkünstler Horst Rellecke formte den westlichen Trakt der ehemaligen Kohlenwäsche in eine monumentale begehbare Plastik um. Der untere Teil der Kohlenwäsche wurde von Friedensreich Hundertwasser in ein Ökohaus umgestaltet.

The new Maximilianpark in Hamm: a park built on coal for old and young. There were derelict industrial ruins here only a few years ago, the dilapidated mine buildings overgrown with a whole variety of vegetation in the course of 60 years. The flora was preserved when the buildings and park were created. The architectural artist Horst Rellecke transformed the western part of the former coal-dressing shop into a monumental sculpture to be walked into and over. The lower part of the coal-dressing shop was converted into an eco-house by Friedensreich Hundertwasser.

Un parc sur du charbon, voilà ce qu'est le nouveau Maximilianpark de Hamm, un lieu de détente pour jeunes et vieux. Il y quelques années, ce parc était encore un terrain industriel à l'abandon, avec des bâtiments miniers en ruine et sur lequel s'était installée, au fil de 60 années, une végétation des plus variées. On a préservé cette flore, lors des travaux de restauration des bâtiments et du parc. C'est l'architecte-artiste Horst Rellecke qui a fait de la partie ouest une immense sculpture dans laquelle on peut se promener. La partie inférieure de la laverie de charbon a été transformée par Friedensreich Hundertwasser en une maison écologique.

Ein bekanntes Bild für die Autofahrer Richtung Norden: Ferien- und Wochenenddomizil am Datteln-Hamm Kanal.

A familiar sight for all drivers heading north: holiday and weekend homes on the Datteln-Hamm Canal.

Une image familière aux conducteurs se dirigeant vers le nord: résidences principales et secondaires sur les bords du canal Datteln-Hamm.

Die Stadt Soest, die an der alten Hansestraße am Hellweg liegt, wurde im Krieg zu 64 % zerstört und weitgehendst nach altem Stadtbild wieder aufgebaut. Das Stadtbild wird geprägt von Türmen und Fachwerk.

Two-thirds of Soest were destroyed in the war and then faithfully reconstructed to match the former townscape of the old town on the ancient hanseatic road along the Hellweg. Turrets and half-timber construction houses are characteristic of the town.

La ville de Soest, sur le Hellweg, l'ancienne route de la Hanse, fut détruite à 64 % durant la Guerre et amplement reconstruite d'après les anciens plans. Tours et maisons à colombages sont les caractéristiques marquantes de la ville.

Soest, das heimliche Herz Westfalens, gehört zu den eindrucksvollsten deutschen Städten des Mittelalters. Die Stadtsilhouette diente besten Meistern als Thema.

Soest, the secret heart of Westphalia, is one of the most impressive medieval towns in Germany. All the best masters used the townscape in their works.

Soest, le coeur secret de la Westphalie, est une des villes allemandes moyenâgeuses les plus impressionnantes. La silhouette de la ville a inspiré des maîtres très connus.

»Wir wollen Brücken sein«, so lautete das Motto des Internationalen Folklorefestivals auf dem Soester Marktplatz im Oktober 1990.

»We are bridges« was the motto of the International Folklore Festival held in Soest's market square in October 1990.

«Nous voulons être un pont»: la devise du Festival international de folklore qui s'est déroulé en octobre 1990 sur la Place du Marché, à Soest.

Landschaft im Märkischen Sauerland bei Iserlohn. Möglichkeiten zum Wandern, Kanufahren, Drachenfliegen und ein Bummel durch Iserlohn bieten sich zur Gestaltung der Freizeit an.

The countryside of the Sauerland around Iserlohn. There are plenty of opportunities here for hiking and canoeing, hang-gliding or just strolling through the town of Iserlohn.

Le Märkisches Sauerland, près d'Iserlohn. Loisirs au choix: randonnées pédestres, canoë, deltaplane ou flâneries dans Iserlohn.

Kenner sind der Meinung, daß das Schloß Herdringen bei Arnsberg der bedeutendste neugotische Schloßbau Westfalens ist. Er wurde 1853 fertiggestellt. Der im englischen Stil angelegte Schloßpark wurde vom Lenné-Schüler Max Friedrich von Weyhe entworfen.

Insiders consider Herdringen palace near Arnsberg to be the most important Neogothic palace building in Westphalia. It was completed in 1853 and set in an English landscape garden designed by Lenné's student Max Friedrich von Weyhe.

Les connaisseurs estiment que le Château de Herdringen, près d'Arnsberg est le château de style néogothique le plus important de Westphalie. C'est en 1853 que sa construction fut achevée. Les plans du parc, de style anglais, sont dus à Max Friedrich von Weyhe, élève de Lenné.

Um 1100 entstand, errichtet von den bisher in Werl ansässigen Grafen von Westfalen, auf der Höhe im Arnsberger Ruhrbogen, dem heutigen Schloßberg, eine feste Burg. Sie wurde neue Residenz des Geschlechtes, das sich nunmehr Grafen von Arnsberg nannte. Knappensaal und Ostturm sind inzwischen wieder erstanden.

The high ground in the river bend in Arnsberg is now known as the Schlossberg on account of the castle built here around 1100 by the Counts of Westphalia. They moved their official residence from Werl to the new castle and henceforth called themselves the Counts of Arnsberg. The Esquires' Hall and the eastern tower have been reconstructed.

C'est en 1100 que, sur les hauteurs des boucles de la Ruhr, à Arnsberg, fut érigé à l'initiative du Comte de Westphalie, qui résidait jusqu'alors à Werl, l'actuel château de Schloßberg, un burg solide. Il devint la nouvelle résidence de la famille et le Comte prit alors le nom de Comte d'Arnsberg. Entre-temps, la Salle des Ecuyers et la tour de l'est ont revu le jour.

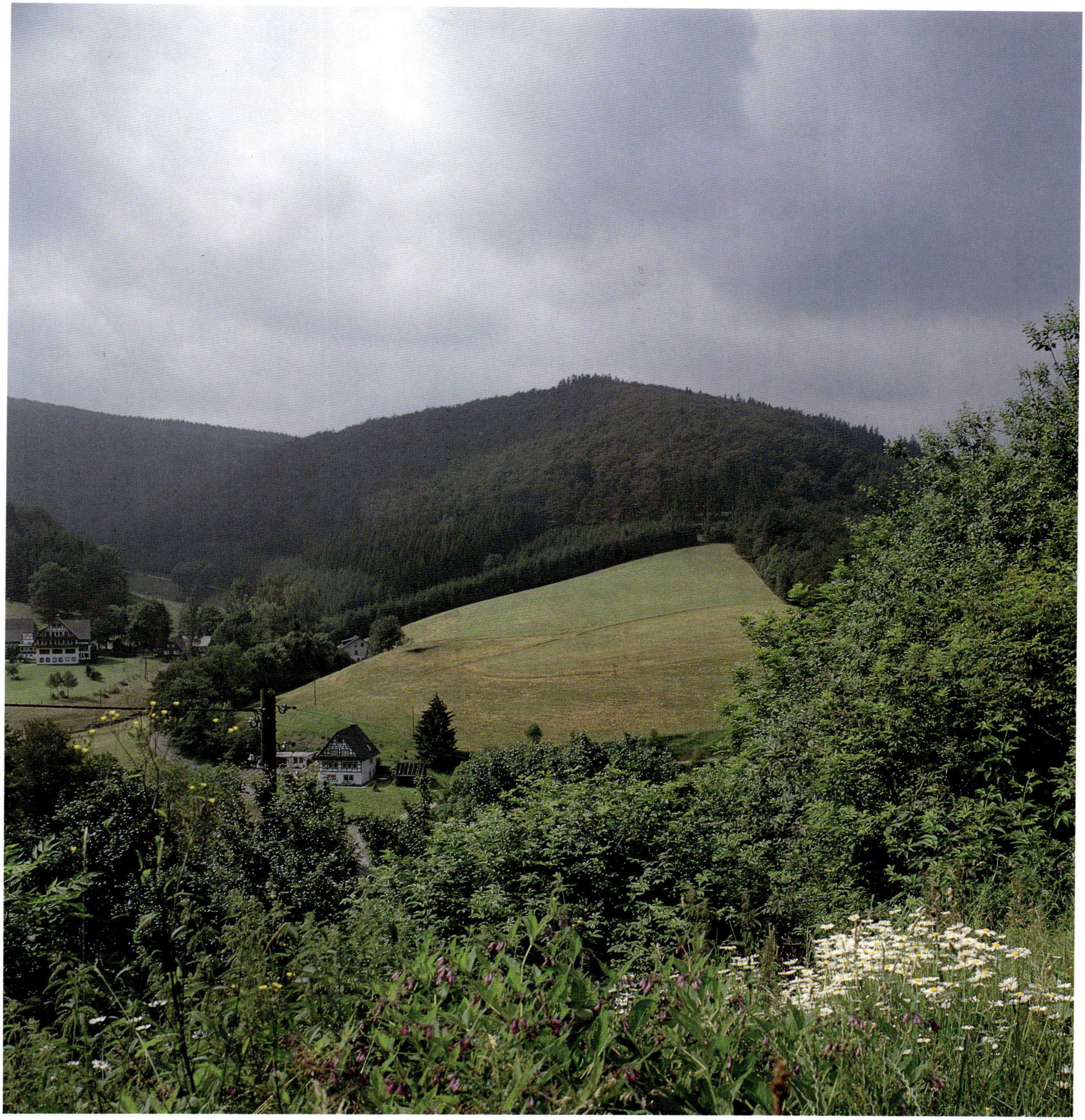

← S. 133
Landschaft im Hochsauerland

Countryside in the Hochsauerland

Le Haut-Sauerland

Die Sauerländer Gemütlichkeit ist sprichwörtlich. Herrliche rustikale Gasthöfe laden nach anstrengenden Wandertouren zum gemütlichen Schmaus. Auch Feste versteht der Sauerländer zu feiern — mit Pauken und Trompeten und erfolgreichen Schützen, wie hier auf dem Marktplatz von Brilon.

The people of the Sauerland are famous for their relaxed and friendly hospitality. Rustic inns invite hikers to stop for a relaxing and filling meal after a long day in the hills. And the people in this part of the country know how to celebrate: with drums and trumpets and pageantry, such as here in the market square in Brilon.

Le caractère accueillant du Sauerland est proverbial. De merveilleuses auberges rustiques invitent à se restaurer, après de fatigantes randonnées. Le Sauerländer s'y connaît aussi, en matière de fêtes; tambours, trompettes et tireurs d'élite, comme ici sur la Place du Marché, à Brilon.

Das Innere der evangelischen Barockkirche in Reichshof-Eckenhagen wurde im Spätbarock und Rokokostil nach bergischer Art so ausgestattet, daß Altar, Kanzel und Orgel übereinander aufgebaut wurden. Die Orgel, 1795 gebaut, ist mit 32 Registern die größte, noch vollkommen intakte Barockorgel im Nordrheingebiet.

The interior of the Protestant baroque church in Reichshof-Eckenhagen was designed in the late baroque and rococo style typical of the Bergisches Land: the altar, pulpit and organ are arranged one above the other. The organ was built in 1795, has 32 registers and is the largest completely intact baroque organ in the North Rhine area.

L'intérieur de l'église évangélique baroque de Reichshof-Eckenhagen, de style baroque tardif et rococo, est aménagé en fonction d'une tradition du Bergisches, qui veut que l'autel, la chaire et les orgues soient construits les uns au-dessus des autres. Les orgues, qui datent de 1795, sont avec leurs 32 registres, les plus grandes orgues baroques encore intactes de Rhénanie-du-Nord.

»Komm etwas erleben!« Ein Motto, das totales Vergnügen verspricht. Eine faszinierende Erlebniswelt in einer traumhaft schönen Landschaftskulisse hält Überraschungen für jung und alt bereit. Attraktionen wie Western Train, Wildwasserbahn, Wirbelwind und die Superrutschbahn lassen die Stunden im Fort Fun in Bestwig schnell verfliegen.

»Join in the adventure!« The motto promises fun and games for all. This fascinating world of adventure set amidst the most beautiful countryside is full of surprises for young and old. Hours pass in a flash in Fort Fun in Bestwig with attractions like the Western Train, Shooting the Rapids, the Whirlwind and the Superchute.

«Viens t'en payer une tranche!». Un appel riche de promesses. Dans un paysage de rêve, un univers fascinant et qui réserve mille surprise à tout un chacun, jeune ou vieux. Dans le «Fort Fun» de Bestwig, le train du Far-West, la descente du rapide, le tourbillon, le super toboggan, sont autant d'attractions qui font qu'on ne voit pas le temps passer.

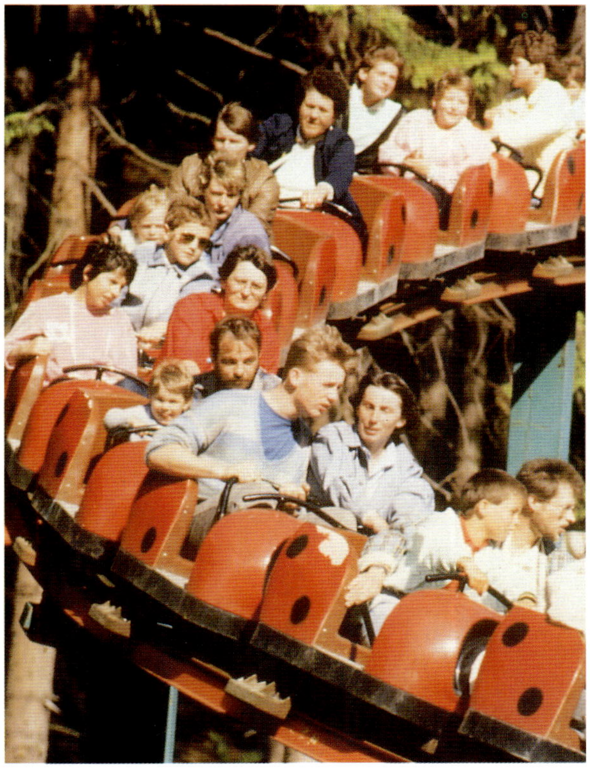

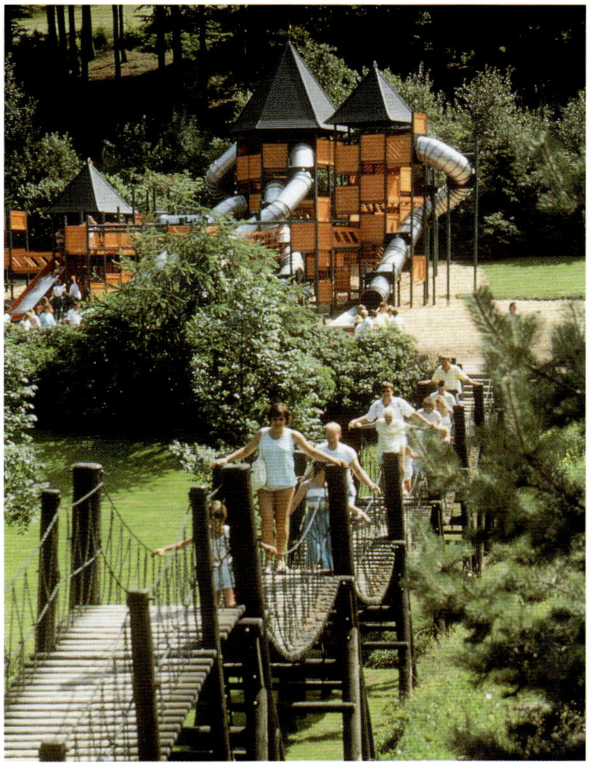

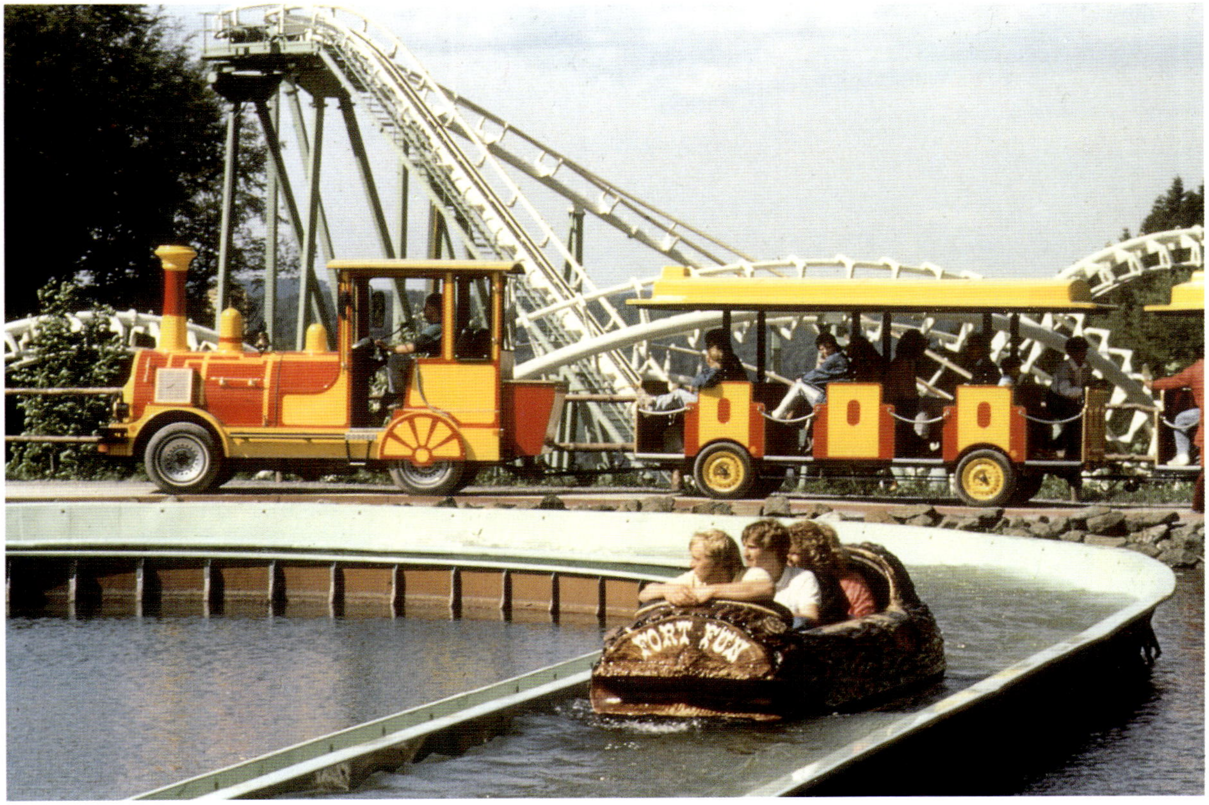
FORT FUN

Der Berg der 100 Geister — die Bruchhauser Steine im Hochsauerland nicht weit von Brilon in Bruchhausen gelten von jeher als geheimnisumwitterte Felsen. Sie gehören zu den beliebtesten Ausflugszielen Deutschlands. Bornstein — Ravenstein — Goldstein und Feldstein heißen die mächtigen Felstürme. Sie sind nicht nur Naturdenkmal — moderne wissenschaftliche Forschungen zeigen, daß es sich hier um eine geradezu einmalige Kultstätte handelt, um einen »heiligen Ort« aus der Zeit unserer Vorfahren — Jahrtausende alt. So sieht man in den Felsen riesige Skulpturen und Köpfe, die von Menschenhand gehauen wurden. Die Steine gehören zum Besitz des Freiherrn von Fürstenberg, der in einem romantischen Wasserschloß zu Füßen der Steine residiert.

The mountain with a hundred spirits: the Bruchhauser Stones in Bruchhausen near Brilon in the Hochsauerland have always been shrouded in mystery and secrecy. They are one of the most popular tourist attractions in the country. The mighty rock pillars all have names: Bornstein - Ravenstein - Goldstein - Feldstein. They not only form a natural monument, but modern scientific research has also shown that this was once a truly unique site of pagan rites, a »holy place« for our ancestors many thousands of years ago. Huge sculptures and heads have been carved into the rock face. The stones belong to the estate of the barons von Fürstenberg who live in a romantic manor house with moat at the foot of the stones.

La montagne «des 100 esprits», les Bruchhauser Steine, près de Brilon, dans le Haut-Sauerland, est depuis toujours entourée de mystère. Ces rochers sont un des buts d'excursion préférés d'Allemagne. Ces puissantes tours rocheuses ont pour noms Bornstein, Ravenstein, Goldstein et Feldstein. Elles sont plus qu'un monument naturel: des études scientifiques ont montré qu'il s'agit là d'un lieu de culte unique en son genre, d'un «lieu saint» plusieurs fois millénaires. On voit dans les rochers des sculptures et des têtes gigantesques, sculptées par la main de l'homme. Ces rochers font partie des terres du Baron de Fürstenberg qui réside à leurs pieds, dans un romantique château entouré de douves.

Der Panoramapark im Hochsauerland bei Kirchundem-Oberhundem bietet für jung und alt einen Tag lang Ausgelassenheit und Freude auf mancherlei Art und Weise.
Von der Talstation bis hinauf zum Eggenkopf-Gipfel fährt der lustige Panorama Express. Theater und Shows sorgen für Unterhaltung und Entspannung, im Pflanzengarten wachsen heimische Gewächse. Deutschlands längste Rollerbobbahn führt mit Superschwung über 1200 m abwärts.

The Panoramapark near Kirchhundem-Oberhundem in the Hochsauerland offers relaxation and fun in many forms sufficient to fill the whole day. The merry Panorama Express puffs its way up the hill from the valley to the summit of the Eggenkopf. Theatre and shows provide entertainment, while the botanical garden contains a variety of native plants. Germany's longest roller bob track runs downhill over a total length of 1,200 metres.

Le Parc Panoramique du Haut-Sauerland, près de Kirchhundem-Oberhundem a plus d'un tour dans son sac pour offrir à ses visiteurs, jeunes ou vieux, une journée pleine d'insouciance et de bonheur. L'amusant Panorama Express conduit de la vallée au sommet de l'Eggenkopf. Théâtres et shows sont là pour la distraction de tous; dans le jardin poussent des plantes du pays. La plus longue piste d'Allemagne de bobsleigh sur roues propulse à toute vitesse ses passagers 1200 mètres plus bas.

Winterberg ist Westdeutschlands höchstgelegene Stadt. Skipisten und Bobbahn haben den Ruf als Wintersportort begründet. Nur fünf Kilometer entfernt erhebt sich der Kahle Asten.

Winterberg is the highest town in Germany. Ski slopes and bobsleigh track have made the town a renowned centre for winter sports. The Kahle Asten, the highest mountain in the Sauerland region, is only five kilometres away from the town.

Winterberg est la ville la plus haute d'Allemagne de l'ouest. C'est à ses pistes de ski et de bobsleigh qu'elle doit de s'être fait une réputation en tant que de station de sports d'hiver. A cinq kilomètres de là se dresse le «Kahle Asten».

141

Die Heinrichshöhle, eine Tropfsteinhöhle von außergewöhnlicher Schönheit. In ihr befindet sich auch ein 2,35 m langes und über 150 000 Jahre altes Höhlenbärenskelett. Ein weithin bekanntes und beliebtes Ausflugsziel ist das romantische Felsenmeer in unmittelbarer Nähe der Heinrichshöhle.

The Heinrichshöhle is another stalactite cavern of unusual beauty. The skeleton of a cave bear measuring 2.35 metres in length and more than 150,000 years old was found here. The romantic sea of rocks near the Heinrichshöhle is a popular tourist attraction that is not just known to the locals.

La Heinrichshöhle, une grotte de stalactites d'une exceptionnelle beauté. On peut également y voir le squelette d'un ours des cavernes de 2,35 m, âgé de plus de 150 000 ans. Autre lieu d'excursion bien connu et très apprécié: la romantique mer de rochers, à proximité immédiate de la Heinrichshöhle.

Nach einem Sprengschuß in den ehemaligen Biggetaler Kalkwerken 1907 standen die Steinbrucharbeiter wie gebannt vor einem Wunder, sie hatten die Attahöhle freigelegt. Sie gilt heute als »Königin unter den deutschen Tropfsteinhöhlen« und ist Jahr für Jahr Anziehungspunkt für Hunderttausende Besucher aus aller Welt.

When quarry workers blasted away part of the former Biggetal chalk quarry in 1907, they revealed the stalactite cavern known as the Attahöhle. It is now considered to be the »queen of German stalactite caverns« attracting hundreds of thousands of visitors from around the world every year.

En 1907, à la suite d'une explosion dans les anciennes carrières de chaux de Biggetal, les ouvriers restèrent comme pétrifiés devant un prodige: ils venaient de mettre à jour la Attahöhle (grotte). Elle passe aujourd'hui pour être la «reine des grottes allemandes» et attire chaque année des centaines de milliers de visiteurs du monde entier.

Zum Beispiel Schmallenberg. Mit 83 Dörfern und Weilern die flächengrößte Gemeinde im ganzen Land. Drei Luftkurorte, ein Kneippkurort. 7500 Betten in 30 Hotels (die Hälfte — selbstverständlich — mit eigenem Hallenbad), 65 Gasthöfe, 360 Pensionen, 450 Ferienwohnungen, drei Hallen- und zwei Freibäder und ein Wellen-Hallenbad dazu. Schmallenberg ist typisch, ein Beispiel par excellence.

Das Sauerland ist kein Land der großen Städte. Berge zählen und Täler. Dörfer und Weiler. Wenn auch der Tändelei abhold, doch dieses gilt: Small is beautiful. Das war schon immer so. Das erzählt die Sage: Als Gott den ersten »Märker« erschaffen hatte, aus einer knorrigen Eiche, versteht sich, waren dessen erste Worte: »Leiwe Gott, und wo steiht mein Fabriksken?« Fabriksken — das ist, was wir sehr unvollkommen mit »Klein- und Mittelbetrieb« umschreiben. Die ›Fabriksken‹ sind das wirtschaftliche Rückgrat hier. Wie im ganzen Land, wo man über 450 000 ›Fabriksken‹ zählen und ihre Bedeutung nicht hoch genug gewichten kann.

Sauerland, Hochsauerland — 22 000 Kilometer lang sind die Wanderwege, ausgezeichnet und markiert mit Andreaskreuz und Raute an Baum und Zaun. Das ist eine Versicherung für den rechten Weg. Und der ›Versicherer‹ heißt SGV — Sauerländischer Gebirgs-Verein. Ihm auf seinem Wegenetz zu folgen, führt niemals in die Irre — bestenfalls in den Untergrund, in Westfalens Höhlen. Als sich vor mehr als 370 Millionen Jahren ein tropisch-warmes Meer bis hierher ausgebreitet hatte, entstanden jene Höhlen, Tropfstein-Höhlen. Mehr als 100 sind bisher entdeckt: Rück- und Einblicke ins Erd-Altertum. Die Attahöhle bei Attendorn, die Balver Höhle im Hönnetal und die Dechenhöhle im Tal der Lenne, und nicht nur sie, sind auf Besucher präpariert.

»Drei Ecken hat das Land«, sagt man in Siegen: eine hessische, eine rheinland-pfälzische und — eine westfälische. Das ›westfälische‹ verwundert, denn das andere macht die Landkarte deutlich. Was man nicht mehr sieht: das Siegerland, das ›Eisenland‹ und nach der Legende die Heimat von Wieland dem Schmied. Das Siegerland war hessisches Fürstentum, regiert vom Hause Nassau-Siegen; erst 1861 kam es zu Westfalen. Das ist Geschichte, wird aber nicht übersehen.

Ein Drahtzieher ist im Sauerland ein Drahtzieher, sonst nichts. Ein Lump, wer Böses dabei denkt. Seit dem 14. Jahrhundert brachte das schwierige, kunstvolle Handwerk Arbeit und Lohn. Heute nennt man die Nachfahren manchmal, aber nicht ungern, die »Schwaben Nordrhein-Westfalens«. Sie sind einfallsreich und pfiffig und stecken Deutschland und der Welt ein Licht auf. Nirgendwo sonst in der Republik werden mehr Leuchten konstruiert und produziert als im Raum um Sundern, Iserlohn und

Neheim-Hüsten, das postalisch Arnsberg 1 heißt. Feuerlöscher und Segelyachten, Strümpfe und gleichsam ›politisches‹ Gestühl entstehen hier. Wenn der Deutsche Bundestag im Plenum sitzt, dann haben seine Mitglieder auf sauerländischen Sesseln Platz genommen.

Noch einmal: Westfalenland ist groß. Münsterland und Lipperland, Sauerland und Siegerland, Ostwestfalen, Südwestfalen. Es ist reich an Geschichte und Geschichten. Eine ist über 600 Jahre alt, aber sie wirkt bis heute auf höchst wundersame Weise. In Arnsberg, wo seit dem Mittelalter stets regiert wurde, regiert wird, hatten einst Grafen, Kurfürsten und Landdrosten und hat heute der Regierungspräsident das Sagen. Nur Geld war häufig knapp. Und so übereignete, man kann auch sagen: verkaufte, der letzte Arnsberger Graf sein Land an das Erzbistum Köln. So entstand das kurkölnische Sauerland. Daran zu erinnern wird niemand müde, sofern er Karnevalsflüchtling aus dem Rheinland ist und nach Attendorn fährt — um dort kur-kölnisch Karneval zu feiern.

Die Stadt Siegen war Stammsitz des Hauses Nassau, dessen Vorfahren als Vögte der Erzbischöfe von Mainz nach Siegen kamen. Siegen liegt in reizvoller Berglandschaft. Unser Bild zeigt das untere Schloß mit der Nicolaikirche.

Siegen was once the official residence of the princes of Nassau. Their ancestors came to Siegen from Mainz as the archbishops' landvogts. The town is set in beautiful hill country. Our photograph shows the lower castle with the church of St. Nicholas.

La ville de Siegen a été ville de résidence de la Maison de Nassau; ses ancêtres vinrent s'installer à Siegen en tant qu'avoués des Archevêques de Mayence. Siegen est située dans un fort beau paysage montagneux. Ici, le Château et la Nicolaikirche.

Schöner kann Fachwerk nicht sein als in dem idyllischen alten Stadtkern von Freudenberg.

The idyllic old centre of Freudenberg is surely the most perfect example of half-timber construction houses.

Existe-t-il des colombages plus beaux que ceux des idylliques vieux quartiers de Freudenberg?

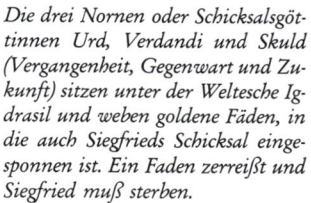

Die drei Nornen oder Schicksalsgöttinnen Urd, Verdandi und Skuld (Vergangenheit, Gegenwart und Zukunft) sitzen unter der Weltesche Igdrasil und weben goldene Fäden, in die auch Siegfrieds Schicksal eingesponnen ist. Ein Faden zerreißt und Siegfried muß sterben.

The three Norns or goddess of fate Urd, Verdandi and Skuld (Past, Present and Future) sit under the World Ash Igdrasil weaving golden threads. Siegfried's fate is also spun into these threads. One thread breaks and Siegfried is doomed to die.

Les trois Nornes, Urd, Verdandi et Skuld, (le passé, le présent, l'avenir) déesses du destin, sont assises sous Igradil, le frêne du monde et tissent des fils d'or dans lesquels est aussi inscrit le destin de Siegfried. Un des fils se rompt, et Siegfried doit mourir.

Genau besehen: Unser Rhein-Land, unsere Rhein-Tour beginnt am südlichen Rand von Bad Honnef. Die Landesgrenze mit Rheinland-Pfalz verläuft von Ost nach West und auf den Rhein zu, in der Mitte des Stroms drei Kilometer nach Norden und dann in einem scharfen Abschwung nach Süden. So bleiben Rolandseck und Rolandswerth ebenso linksrheinisch wie rheinland-pfälzisch. Ziemlich genau 53 Kilometer Luftlinie südwestlich liegt Dahlem, Antipode von Preußisch-Ströhen im Nordosten. Dahlem ist die südwestlichste Gemeinde auf der 291 Kilometer langen Längsachse des Landes. Wenden wir uns nach Nordwesten — wiederum 53 Kilometer, dann stoßen wir auf Aachen. Dazwischen liegt der »zauberhafte Eifelschatz«, die Eifel. Kleinodien präsentiert man selten auf dem Markt der Eitelkeiten. Sie werden behütet, geschützt. Der Eifel, einem »Kleinod von besonderem Rang«, widerfuhr dieses Schicksal.

146

Alljährlich im Sommer werden Burgen, Schlösser und Fassaden am Rhein festlich beleuchtet. Im sagenumwobenen Königswinter und im roten Schein der Fackeln wird die Nibelungensage wieder lebendig, in der Siegfried den Drachen bezwang, der einst in der Drachenhöhle gehaust hat. — Gerion Fafner, der in den Drachen verwandelte Riese, wie er den Nibelungenhort bewachte.

The castles, palaces and facades along the Rhine are illuminated every summer. In the red light of the torches, the legend of the Nibelungen is revived in Königswinter as Siegfried overcomes the dragon that once lived in the Drachenhöhle. The giant Gerion Fafner was transformed into a dragon and guarded the treasure of the Nibelungen.

Chaque année, en été, les burgs, les châteaux et les façades des bords du Rhin sont illuminés. A Königswinter, entouré de légendes, à la lueur rouge des torches, renaît la légende des Nibelung, qui raconte comment Siegfried vainquit le Dragon qui, autrefois, séjournait dans la Drachenhöhle (grotte du dragon), Gerion Fafner, le géant transformé en dragon, gardien du trésor des Nibelung.

Römische Wasserleitung in Rheinbach aus dem 2. Jahrhundert n. Chr.

Roman water pipe built in the 2nd century AD in Rheinbach.

Aqueduc romain datant du 2ème siècle ap.J.C., à Rheinbach.

Ein bäuerliches Kalkofenfest wie zu Großvaters Zeiten fand in der Gemeinde Blankenheim statt. Nach drei Tagen war der Brennvorgang abgeschlossen, über 30 Festmeter Holz wurden benötigt.

The farmers in the village of Blankenheim celebrated a limekiln festival as in their ancestors' days. The process took three days and consumed 30 cubic metres of wood.

La commune de Blankenheim a organisé une fête paysanne du four à chaux «à l'ancienne». La combustion a pris 3 jours, il a fallu plus de 30 mètres cubes de bois.

Die Burgruine Schloßthal bei Dollendorf ist ein Zeugnis aus der Zeit der Ritter von Dollendorf.

The ruins of Schlossthal castle near Dollendorf are remnants of the days of the knights of Dollendorf.

Les ruines du château de Schloßthal, près de Dollendorf, témoignage de l'époque des Chevaliers de Dollendorf.

Das einzigartige Wacholdernaturschutzgebiet Lampertstal ist 650 ha groß.

This unique juniper conservation area in Lampertstal covers an area of 650 hectares.

L'étrange réserve naturelle des genévriers de Lampertstal a une superficie de 650 hectares.

Alle zwei Jahre findet in Dollendorf ein Erntedankfest statt. Alte landwirtschaftliche Geräte demonstrieren das Leben auf dem Lande zu Beginn des 20. Jarhunderts. Auf dem Bild sehen wir eine alte Kartoffelsortiermaschine.

A Thanksgiving festival is held in Dollendorf every two years. Old farming implements demonstrate life on the land in the early 20th century. The machine in the photograph was used to sort potatoes.

Tous les deux ans à lieu à Dollendorf une fête d'action de grâces pour la récolte. D'anciennes machines agricoles documentent la vie rurale au début du 20ème siècle. Sur cette photo, une ancienne machine à trier les pommes de terre.

Geister und Gespenster treiben ihr Unwesen beim traditionellen Geisterzug am Hirtentor in Blankenheim.

Ghosts and spirits are everywhere at the traditional ghost procession through the Hirtentor in Blankenheim.

Devant la Hirtentor de Blankenheim, esprits et fantômes se déchaînent lors du traditionnel défilé des esprits.

Inzwischen hat sich eine Entwicklung vollzogen, die als außerordentlich gilt. In der einstigen Abgeschiedenheit ist ein Naherholungsgebiet für die Räume Aachen, Bonn und Köln entstanden, dessen Ursprünglichkeit bewahrt blieb.

Bad Münstereifel, dessen Altstadt vollständig unter Denkmalschutz steht, bietet mit seinen mittelalterlichen Bauten und der alles überragenden Burgruine ein besonders malerisches Bild.

Bad Münstereifel, where the entire old town centre is under a preservation order, is especially picturesque with its medieval buildings and the castle ruins looming above.

Bad Münstereifel dont la vieille ville est entièrement classée monument historique offre un tableau très pittoresque avec ses édifices moyenâgeux et le château en ruines qui surplombe tout.

Wer von Norden nach Iversheim fährt, passiert die 1969 und 1970 ausgegrabene römische Kalkbrennerei. Unter einem Schutzbau verborgen sind drei zum Teil wiederhergestellte Brennöfen einer Ofenbatterie von ursprünglich sechs Öfen.

The road entering Iversheim from the north passes the Roman limekiln excavated in 1969 and 1970. Three partially reconstructed kilns in a battery of originally six kilns are concealed under a protective construction.

Lorsqu'on se dirige du nord vers Iversheim, on passe devant une chaufournerie romaine, mise à jour en 1969 et 1970. Dissimulés sous une construction, trois des fours en partie restaurés d'une batterie qui, à l'origine, en comptait six.

Aachen, die alte Kaiserstadt, so liest man allerorten, Aachen, das sei »sprudelnde Vielfalt: source pétillante de diversité, sparkling variety, sprankelnde Veelvoud«. Sich drei- und viersprachig zu annoncieren, ist in Aachen keine Attitude, sondern Notwendigkeit. Die Wege nach Europa führen über Aachen. Kaiserdom und Rathaus repräsentieren 1100 Jahre Geschichte: Mittelpunkt des Reiches Karls des Großen, Krönungsstätte der deutschen Könige. Der Internationale Karlspreis weist seit 1950 in die Zukunft Europas. Er ehrt jene, die ihr den Weg bereiten.
Am Rande: Aachen ist auch Bad Aachen. Aber dieses schmückende, balneologische Attribut verkneift man sich. So bleibt Aachen, mit dem doppelten ›a‹ am Anfang (die ›Hauptstadt der Printen‹), an der Spitze der Agenda deutscher Städte. Ein Schmunzelstück nicht ohne Hintersinn. Wie der »Orden wider den tierischen Ernst«, den anzunehmen sich niemand ziert. So wie einst Könige in Aachen ins Bad stiegen, genießen es die Heutigen in der Menge.

Eine Stadt am Dreiländereck Deutschland — Holland — Belgien, eine Stadt mit liebenswürdiger Nostalgie, großartiger geschichtlicher Vergangenheit und Zentrum zukunftsweisender Technik — das alles ist Aachen. Im Schatten des gotischen Rathauses trifft sich jung und alt. Es ist gebaut auf das Fundament der Karolingischen Pfalz Karls des Großen. Eine Besichtigung des Krönungssaales lohnt sich. Die älteste Gaststätte Aachens ist der Postwagen. Liebenswerte Brunnen und Figuren verschönern Plätze und Fassaden der Stadt.

Aachen: a beautifully nostalgic city with an unrivalled past and a centre of tomorrow's technology located at the junction of three countries — Germany, Holland and Belgium. Everyone, old or young, meets under the Gothic town hall built on the foundations of Charles the Great's Carolingian palace. The coronation hall is worth a visit. The »Postwagen« is the oldest restaurant in Aachen. Fountains and figurines add flair to the city's squares and facades.

Une ville située au point de rencontre de trois pays, l'Allemagne, la Hollande et la Belgique, une ville pleine du charme de la nostalgie, une ville au prestigieux passé historique, devenue un centre des techniques avancées, Aix-la-Chapelle est tout cela à la fois. Tous, jeunes et vieux, aiment à se rencontrer à l'ombre de la Mairie gothique. Elle est construite sur les fondations du palais carolingien de Charlemagne. La Salle du couronnement vaut une visite. Le «Postwagen» est le plus ancien restaurant d'Aix-la-Chapelle. Les places et les façades de la ville sont ornées de fontaines et de statues charmantes.

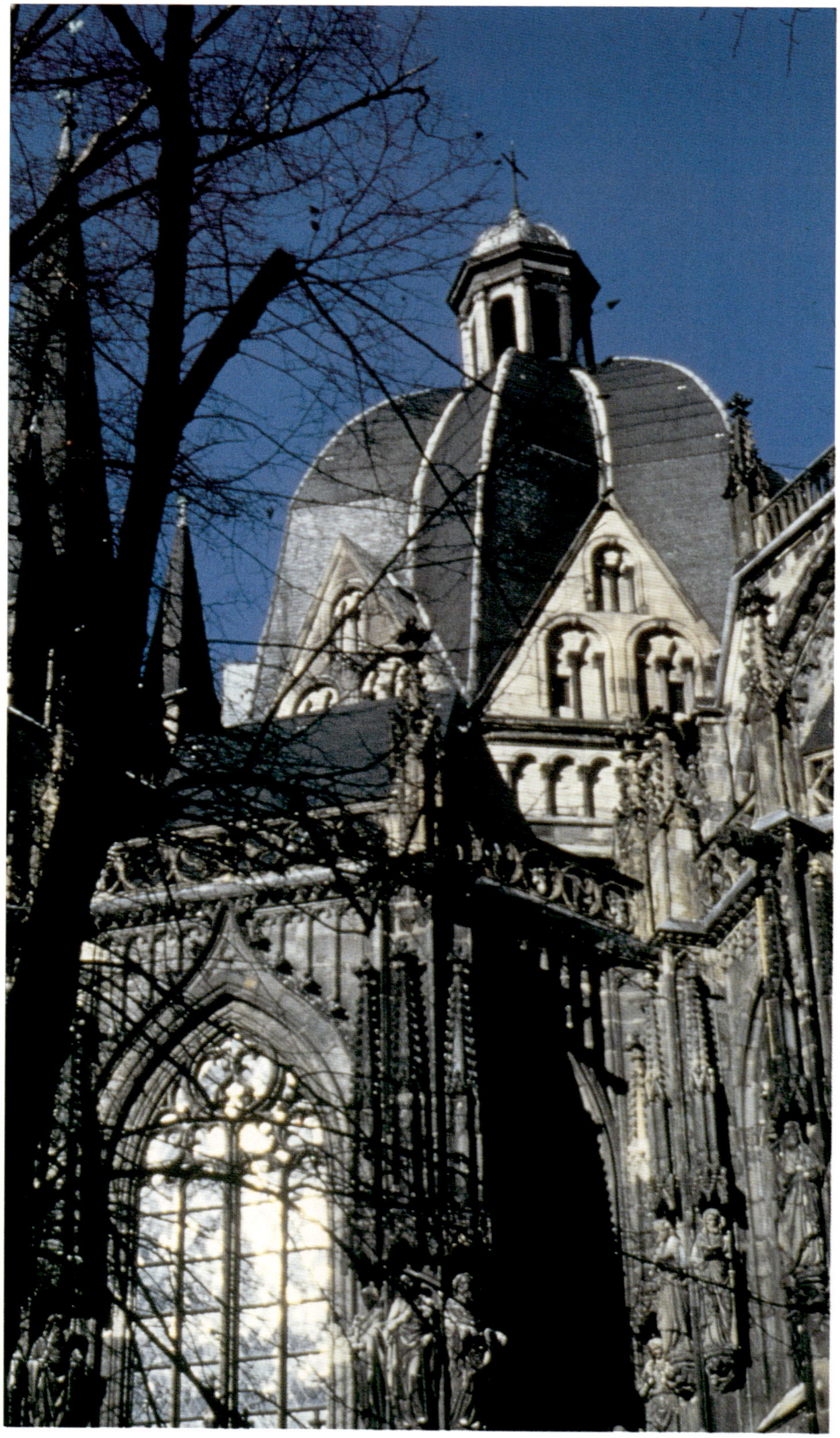
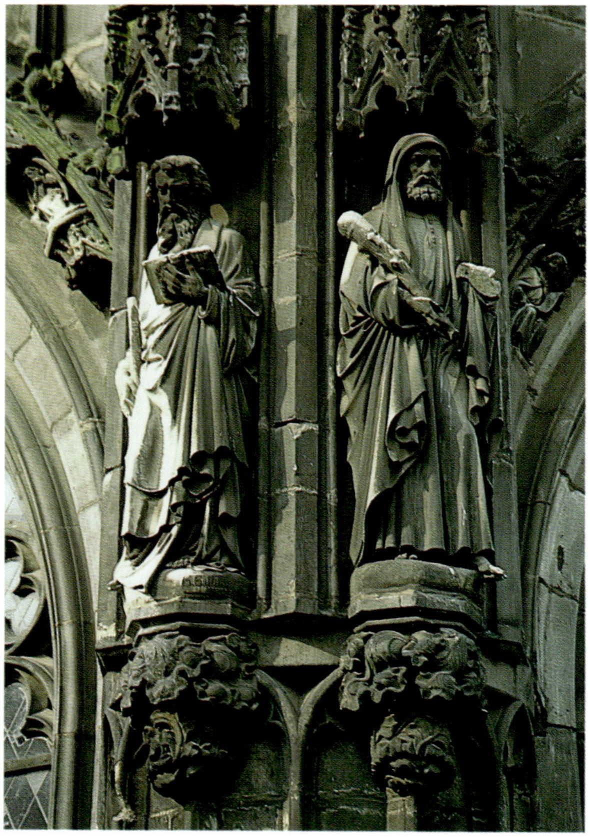
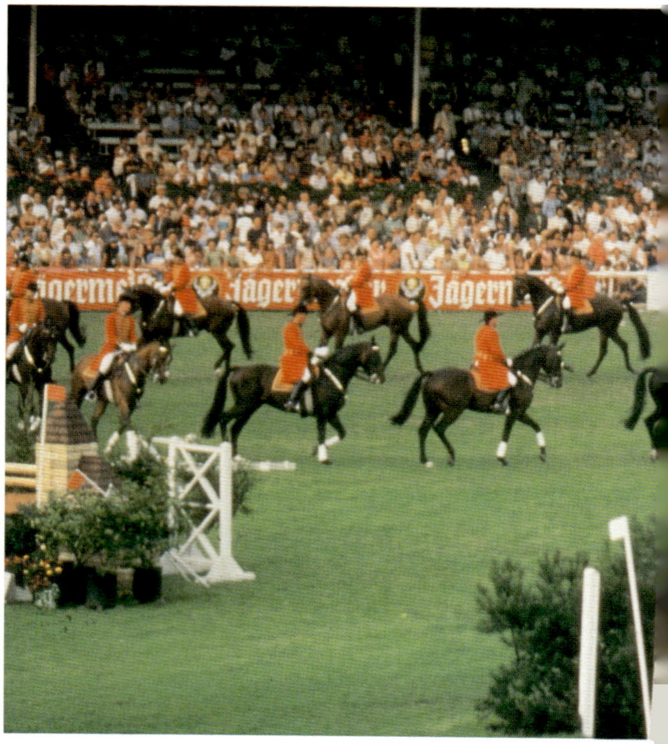

Im Zentrum von Aachen steht der Dom mit seinem karolingischen Mauerwerk. Ruhmreich ist der Domschatz in der sehenswerten Schatzkammer. Im Dom steht der marmorne Kaiserstuhl Karls des Großen, befinden sich Reliquiare und goldschimmernde Schreine sowie Kopien der Reichsinsignien.

The cathedral with its Carolingian masonry rises in the centre of the city. Its vaults contain world-famous treasures that are well worth seeing. Charles the Great's marble throne stands in the cathedral, together with reliquaries and golden shrines, as well as copies of the imperial crown jewels.

Dans le centre d'Aix-la-Chapelle, la Cathédrale et ses murs carolingiens. Son Trésor, qu'abrite une Trésorerie fort belle, est célèbre. Dans la Cathédrale, le trône en marbre de Charlemagne, des reliquaires et des écrins dorés, ainsi que des copies des insignes impériaux.

Als ein wahres Mekka für Pferdefreunde aus aller Welt gelten die Spitzenveranstaltungen des Reit-, Fahr- und Springsports. Ein wahres Volksfest rund um Roß und Reiter.

The riding and show-jumping competitions are a Mecca for horse-lovers from around the world, a real folk festival focussing on horses and riding.

Les concours équestres ont font de cette ville la Mecque des amateurs de sport hippique du monde entier. Une vraie fête populaire autour du cheval et du cavalier.

396 Städte und Gemeinden zählt das Land. Unter ihnen sind 29 Großstädte. Einige von ihnen gaben ihrem Namen noch eine gleichsam ›erhebende‹ Erläuterung. Sie wird nach einem Komma mit dem Artikel ›die‹ angehängt und lautet meist: »…die Metropole des….« Oder so ähnlich. Davon gibt es gut ein Dutzend — oder mehr. Hauptstädte ohne Zweifel finden wir im Lande des Jahres 1990 nur zwei: die Landeshauptstadt Düsseldorf und die (vorläufige) Bundeshauptstadt Bonn. Zwischen beiden liegt Köln. Mancher Kölner mochte das lange Zeit eher als einen Treppenwitz der Weltgeschichte empfinden. Heutzutage verliert sich das mehr und mehr in Gelassenheit.

Die Villa Hammerschmidt, das »Weiße Haus« am Rhein, wurde zwischen 1863 — 1865 von einem deutschen Kaufmann errichtet. Seit 1950 ist es Amts- und Wohnsitz des Bundespräsidenten.

Villa Hammerschmidt, the »White House« on the Rhine, was built by a German merchant between 1863 and 1865. It has served as the official residence of the Federal German President since 1950.

La Villa Hammerschmidt, «Maison Blanche» des bords du Rhin, a été construite entre 1863 et 1865 par un commerçant allemand. C'est ici que, depuis 1950, réside officiellement le Président fédéral.

Bonn im Frühsommer 1990. Keine Spur von heraufziehender ‚Saure-Gurken-Zeit'. Hauptstadt-Sorgen machen unruhig. »Bonn will erhalten, was es besitzt«. Diese Formulierung trägt das Datum 1989, als ‚Bonn 2000' feierte. Sie hatte im Blick, was Bonn von den ‚wuchernden Millionenstädten' unterscheidet: »den menschlichen Maßstab«. Nicht mehr, nicht weniger. Damals. In die Ungewißheit über die Zukunft platzt die Nachricht, daß die Ansichten über Bonns Bedeutung korrigiert werden müßten. Über Bonn in der Römerzeit. Denn da, wo heute regiert wird, stand einst nicht irgend etwas, sondern ein äußerst wohlhabendes Römerdorf mit prunkvoller Ausstattung. Geschichte? Nur Geschichte. Wenn die Heutigen der Repräsentation bedürfen, wählen sie Brühl. Schloß Augustusburg, Kurfürst Clemens August, Balthasar Neumann — Namen und Bilder, die das Fernsehen Jahr für Jahr auch in den letzten Winkel der Republik trägt. Die große Welt am Hofe — des Landes Nordrhein-Westfalen, dem heutigen Besitzer.

Schloß Augustusburg bei Brühl wurde 1725 — 1788 für den Kurfürsten Clemens August nach Plänen von Johann Conrad Schlaun und später Francois Cuvilliés auf den Resten der 1689 gesprengten erzbischöflichen Wasserburg der Kölner Kurfürsten erbaut. Es ist das bedeutendste Werk des Rokoko im Rheinland. Weltberühmt ist das Treppenhaus von Balthasar Neumann. Das Schloß ist heute Repräsentationssitz des Bundespräsidenten.

Augustusburg palace near Brühl was built for the prince elector Clemens August between 1725 and 1788. Designed by Johann Conrad Schlaun and later by Francois Cuvilliés, it was erected on the ruins of the moated archbishopric castle of the electors of Cologne which was demolished in 1689. It is the most important Rococo building in the Rhineland. The staircase designed by Balthasar Neumann is world-famous. The palace is now used by the Federal President for state visitors.

C'est entre 1725 et 1788 que, sur les vestiges du burg archiépiscopal des princes électeurs de Cologne, et d'après les plans de Johann Conrad Schlaun puis de Françcois Cuvillé, fut construit pour le prince électeur Clemens August le château d'Augustusburg. C'est l'oeuvre rococo la plus importante de Rhénanie. Célèbre dans le monde entier: l'escalier de Balthasar Neumann. Ce château est aujourd'hui la résidence de représentation du Président fédéral.

Blick über das Bundeskanzleramt und das Regierungsviertel mit dem »Langen Eugen«, dem Abgeordnetenhaus. Im Hintergrund das Siebengebirge.

View past the Federal Chancellery and government offices towards the parliament building known as the »Langer Eugen«. The hills of the Siebengebirge rise into the distance.

La résidence administrative du Chancelier fédéral et le quartier des ministères, avec le «grand Eugène», la Chambre des représentants. A l'arrière-plan, le massif du Siebengebirge.

Die alte Universität Bonn hat 40 000 Studenten, 1500 Wissenschaftler und acht Fakultäten. Studenten entspannen im Hofgarten.

The old university of Bonn can boast 40,000 students, 1,500 scientists and eight faculties. Students relaxing in the Hofgarten.

La vieille Université de Bonn compte 40 000 étudiants, 1 500 scientifiques et huit facultés. Moment de détente pour les étudiants, dans le Hofgarten.

Auf dem Alten Friedhof in Bonn finden wir Ruhestätten bekannter Persönlichkeiten. Unser Bild zeigt das Grabmal Robert Schumanns.

The old cemetery in Bonn is the last resting place of numerous famous people, such as Robert Schumann.

Dans le vieux cimetière de Bonn reposent de nombreuses personnalités. Ici, la tombe de Robert Schumann.

Der romanische Kreuzgang des Bonner Münsters Carsius und Florentius stammt aus dem 12. Jahrhundert. Die fünftürmige Kreuzbasilika gehört zu den bedeutendsten romanischen Kirchbauten des Rheinlandes.

The Romanesque cloisters of the Carsius and Florentius cathedral in Bonn were built in the 12th century. The cruciform basilica with its five spires is one of the most important Romanesque churches to have been built in the Rhineland.

Le cloître roman de la Cathédrale Carsius et Florentius, à Bonn, date du 12ème siècle. La basilique à cinq tours est l'un des plus importants monuments sacrés romans de Rhénanie.

In nur geringer Entfernung von der Bonner Hauptresidenz ließ sich Kurfürst Josef Clemens am südlichen Ende der Poppelsdorfer Allee das Lustschloß Clemensruh erbauen, an dem auch der berühmte Barockbaumeister Balthasar Neumann mitwirkte.

The Elector Josef Clemens had the Clemensruh summer residence built at the southern end of the Poppelsdorfer Allee, only a short distance away from the main residential palace in Bonn. The famous Baroque masterbuilder Balthasar Neumann was involved in its construction.

Le prince-électeur Josef Clemens se fit construire tout près de la résidence principale de Bonn au bout de l'Allée sud de Poppelsdorf, le château de plaisance Clemensruh. Le célèbre architecte baroque Balthasar Neumann participa à sa construction.

→ S. 145 rechts unten
In diesem eher bescheidenen Haus in der Bonngasse wurde im Jahre 1770 Ludwig van Beethoven, einer der genialsten deutschen Komponisten, geboren. Die wiederhergestellten und teilweise originalgetreu eingerichteten Räume enthalten Gegenstände seines persönlichen Lebens und wertvolle Zeugnisse seines künstlerischen Schaffens.

In 1770 Ludwig van Beethoven, one of the most brilliant German composers, was born in this rather modest house in the Bonngasse. The rooms, which were restored and in part furnished authentically, contain objects from his private life and valuable evidence of his artistic work.

C'est dans cette maison plutôt modeste de la Bonngasse que naquit en 1770 Ludwig van Beethoven, un des plus grands compositeurs allemands. Les géniaux pièces refaites et meublées en partie comme à l'origine, comprennent des objets de sa vie privée et de très précieux témoignages de son oeuvre artistique.

Das in anmutigem Rokokostil erbaute Bonner Rathaus trägt viel zu der intimen Atmosphäre auf dem immer belebten Marktplatz bei.

The town hall in Bonn, built in a graceful Rococo style, contributes a great deal to the homey atmosphere of the always bustling marketplace.

L'hôtel de ville de Bonn construit en style rococo élégant contribue pour beaucoup à l'atmosphère intime de la place du marché toujours très animée.

← S. 160
Prinz Karneval mit seinem Gefolge zu Besuch im Kanzleramt.

Prince Carnival and his entourage visiting the Chancellery.

Le prince Carnaval et sa suite rendent visite à la Chancellerie.

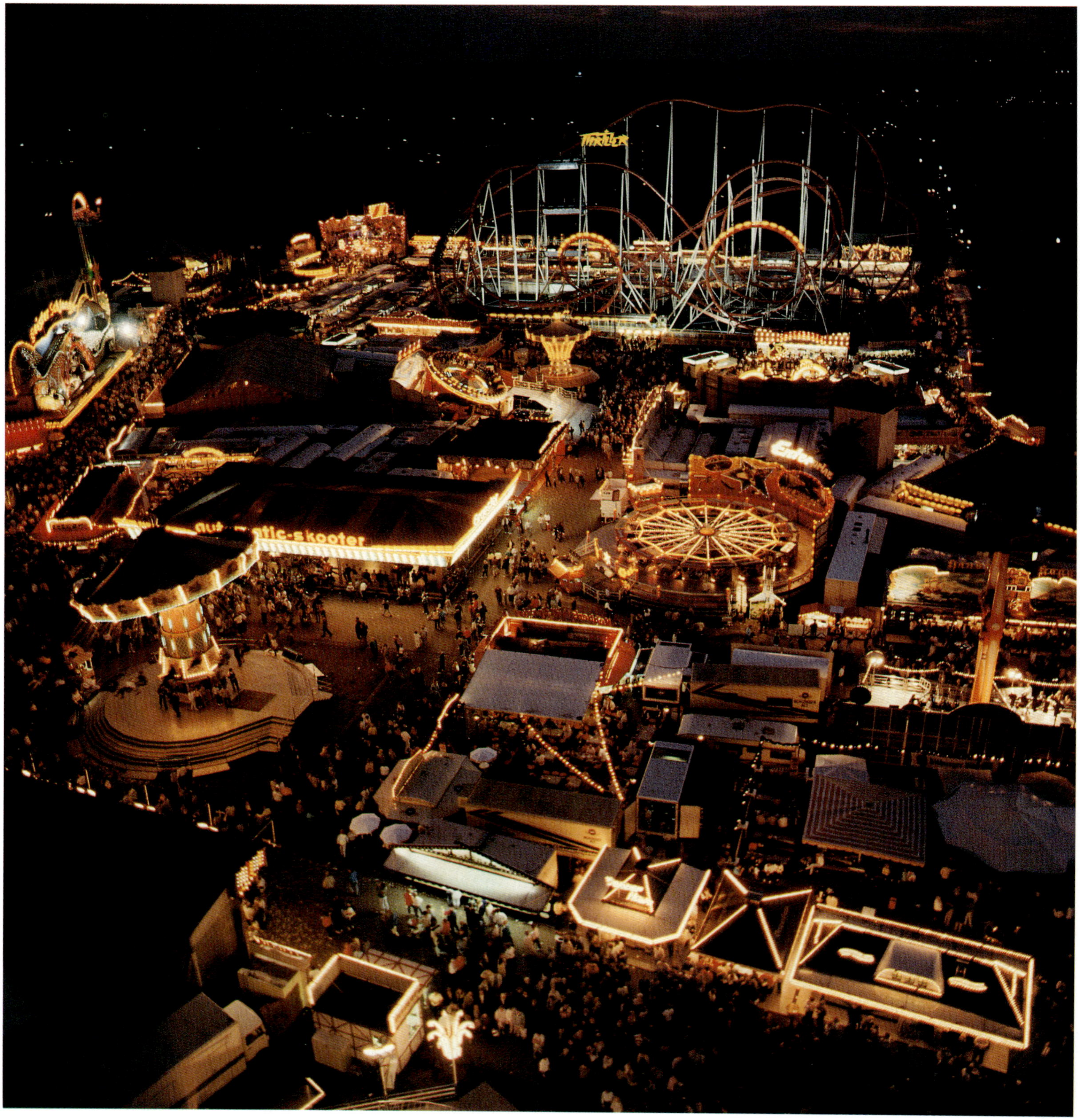

atic-skooter

Auf einer Fläche von mehr als 280 000 Quadratmetern bietet der Freizeitpark »Phantasialand« bei Brühl 27 Fahrattraktionen, phantastische Shows, fünf verschiedene Gastronomiebetriebe, Unterhaltung, Abwechslung und Abenteuer. Attraktionen sind Space Center, chinesischer Pavillon, Grand-Canyon-Bahn, Wikingerboote, Alt-Berliner-Dampf-Pferdekarussell, Super-Magic-Show, Super-Laser-Show ...

»Phantasialand« near Brühl is a pleasure park sprawling over more than 280,000 square metres with 27 rides, fantastic shows, five different restaurants, entertainment, variety and adventure. Its attractions include the Space Center, the Chinese Pavilion, the Grand Canyon Railway, Viking boats, an ancient Berlin steam-and-horse merry-go-round, the Super Magic Show, Super Laser Show, ...

Sur plus de 280 000 m², le parc d'attractions «Phantasialand», près de Brühl, propose 27 manèges, des shows fantastiques, 5 restaurants différents: distraction, diversion et aventures garanties! Au nombre des attractions, citons le centre spatial, le pavillon chinois, le train du Grand-Canyon, les embarcations Vikings, les vieux chevaux de bois berlinois, qui marchent à la vapeur, un super spectacle de magie, un super spectacle laser...

←

Bonn's Pützchensmarkt hat alte Tradition. Jedes Jahr im September findet der »Pluttenmarkt« statt, auf dem mit alten Kleidern gehandelt wird. Auch das Vergnügen kommt nicht zu kurz.

The Pützchenmarkt in Bonn is based on ancient tradition. The »Pluttenmarket« is held every September and specializes in old clothes, although refreshments and amusement are also provided.

Le «Pützchensmarkt» de Bonn repose sur une longue tradition. Ce marché aux 'vieilles frusques' a lieu chaque année en septembre et on s'y amuse bien.

163

Unter den deutschen Großstädten ist Köln die älteste. Schon in der Spätantike brachten die Römer das Christentum nach Köln. 785 gründete Karl der Große das Erzbistum Köln. Der Kölner Dom ist das meist besuchte Bauwerk Deutschlands. Er hatte eine Bauzeit von 632 Jahren, vollendet wurde er erst im Jahre 1880. Unser Bild zeigt die 3 Portale an der Westseite.

Cologne is the oldest major city in Germany. The Romans brought Christianity to Cologne in the late Antique period. Charles the Great created the archbishopric of Cologne in AD 785. More people visit the city's cathedral than any other building in the country. The cathedral was only completed in 1880 after a construction period of 632 years. The photograph shows the three portals on the west side.

Cologne est la plus ancienne des grandes villes allemandes. C'est dès la fin de l'Antiquité que les romains y importèrent le christianisme. En l'an 785, Charlemagne fonda l'Evêché de Cologne. La Cathédrale est le monument le plus visité d'Allemagne. Sa construction a duré 632 ans et ne fut achevée qu'en 1880. Ici, les trois portails ouest.

»So ist das mit Köln. Man kommt hin, man ist da.« Diese profunde Erkenntnis professioneller Köln-Werber verblüfft, zunächst. Und das soll sie wohl auch. Doch auf den zweiten Blick macht sie deutlich, warum es gelegentlich so schwer fällt, Klischees loszuwerden. »Man kommt hin.« Gewiß. Köln lag und liegt immer am Wege. Im Mittelalter bauten die Kölner die größte Stadtmauer nördlich der Alpen. Seit den 60er Jahren der Neuzeit umschließt ein Autobahnring die Stadt, sieben Autobahnkreuze verbinden sie auf beinahe amerikanische Weise. Und 1000 Züge halten im Hauptbahnhof Köln jeden Tag. Also: Man kommt hin. Und: »Man ist da, man ist zu Hause.« Warum? Zu Hause sein, daß heißt, nicht fremd zu sein. Und wem ist Köln schon fremd? Die himmelstrebende Gotik des Doms, kein zweites Mal auf der Welt, die Rheinfront mit dem hübschen Gesicht der Altstadt, die Weite des Strombogens, die Brücken, acht an der Zahl. Und: 2000 Jahre Geschichte, prächtig und präzise präsentiert, im Römisch-Germanischen Museum. Kultur: die neue Philharmonie, gleichsam unterirdisch, aber nicht versteckt. Beispiel für Stadt-Ansichten zwischen würdig und heiter. Dieser Kölner Dreiklang: der Dom, der Strom, der Karneval ... Das ist das Bild, das sich die Welt von Köln gemacht hat. Klischee? Aber ja! Doch das kennt man, deshalb »ist man da, ist man zu Hause.«

Das andere Köln, hinter dem Klischee, das ist das Wirtschafts- und Industrie-Zentrum Köln. Zunächst mit dem doppelten »M«: Messen und Medien. Die Messen mit mehr als einer Million Besucher jedes Jahr. Die Medien: Fünf Rundfunk- und Fernsehanstalten senden — aus Köln in die Welt. Und dann das große A B C: Autos — Banken — Chemie. Und vor den Toren Kölns im Westen das Braunkohlen-Revier, eines der buchstäblich größten Industrie-Projekte dieser Zeit. Bei seinem Vollzug wird in die Landschaft und in das Schicksal ihrer Menschen eingegriffen, wird die Landschaft verändert, aufgebrochen, ausgekohlt und wieder rekultiviert. Mit allen Konsequenzen. Und dann Chemie und Petrochemie. Mit ihren neuen, leuchtenden ›Wahrzeichen‹ liegt sie wie ein Gürtel um die alte Domstadt: von Wesseling im Süden bis Leverkusen im Norden. Das Alte wie das Neue, die Stadt wie ihr Umfeld — vernetzt durch das Geflecht der Autobahnen, verbunden durch den Strom.

Die Domplatte ist immer wieder ein magischer Sammelpunkt für Menschen. Alle Nationen sind hier anzutreffen. Treffpunkt für Jugendliche und halsbrecherische Skateboardfahrer, aber auch Platz für internationale Veranstaltungen wie hier zum Folkfestival 1990, einer Veranstaltung des WDR. Mit dabei war auch der südafrikanische Männerchor Ladysmith Black Mambazo.

The open square outside the cathedral known simply as the »Domplatte« attracts crowds like a magnet. People of all nations, old and young people and daredevil skateboarders are found here, together with international events like the 1990 Folk Festival organized by the WDR broadcasting company. The stars included the South African men's choir Ladysmith Black Mambazo.

L'esplanade de la Cathédrale est un pôle d'attraction magique. On y rencontre des représentants de toutes les nations. Rendez-vous des jeunes et des passionnés de planche à roulettes, elle accueille également des manifestations internationales; ici, le Festival Folk de 1990, organisé par le WDR. Egalement de la partie: le choeur masculin Ladysmith Black Mambazo d'Afrique du Sud.

Teil der mittelalterlichen Stadtbefestigung in Köln ist das Hahnentor.

The Hahnentor is part of Cologne's medieval city wall.

La Hahnentor faisait partie des remparts moyenâgeux de Cologne.

Blick vom Dom über das Wallraf-Richartz Museum, die Philharmonie und die Altstadt zur sogenannten »schäl Sick« — die Deutzer Seite.

View from the cathedral towards the Wallraf Richartz Museum, the Philharmonie concert hall and the old town with Deutz across the river.

Le Musée Wallraf Richartz, la Philharmonie et la vieille ville «schäl Sick», du côté de Deutz, vus de la Cathédrale.

Nachdem sie im Krieg zerstört wurde, steht die Reiterstatue des Friedrich Wilhelm II. wieder auf ihrem angestammten Platz, umgeben von Persönlichkeiten des preußischen öffentlichen Lebens wie Alexander von Humboldt und Kleist.

The equestrian statue of Friedrich Wilhelm II was damaged in the war but it has been carefully restored and now stands in its original location surrounded by Prussian personalities, such as Alexander von Humboldt and Kleist.

Détruite durant la Guerre, la statue équestre de Frédéric Guillaume II a retrouvé sa place; elle y est entourée de personnalités de la vie publique prussienne telles qu'Alexander von Humboldt et Kleist.

Köln ist auch Medienstadt. Das Vierscheibenhaus und das Gebäude an der Neven-Dumont-Straße sind Sitz des Westdeutschen Rundfunks. Rechts das berühmte Café Cremer.

Cologne is also a media city. The broadcasting company Westdeutscher Rundfunk (WDR) occupies what is known as the Vierscheibenhaus, the »house of four panes«, and the building on Neven-Dumont-Strasse. The famous Café Cremer is on the right.

Cologne est aussi la ville des medias. Le Westdeutscher Rundfunk (Office radiophonique de l'ouest de l'Allemagne) a son siège dans la Vierscheibenhaus et dans le bâtiment situé à l'angle de la Neven-Dumont-Straße. A droite, le célèbre Café Cremer.

Altstadt von Köln.

Cologne's old city.

La vieille ville de Cologne.

Das moderne Köln präsentiert sich mit neu gestalteten Zentren und Einkaufszonen. So wurden die »Ringe« um die Kölner Innenstadt streckenweise verlegt und Grünzonen in der Verbindung mit den Geschäftszonen geschaffen.
Ende 1988 wurde das neue Maritimhotel am Heumarkt, und direkt am Rhein gelegen, eingeweiht; gestaltet nach Plänen des international preisgekrönten Prof. Böhm. Die mächtige Glashalle, die »Galerie« ist Einkaufspassage, Wintergarten und Treffpunkt für Feinschmecker zugleich.

Modern Cologne with its redesigned centres and shopping areas. The ring roads around the city centre have been rerouted in part and green parks created in combination with the commercial areas.
The new Maritim hotel on the Heumarkt overlooking the Rhine was officially opened at the end of 1988. It was designed by the internationally renowned architect Professor Böhm. The vast glass hall known as the »Gallerie« is also a shopping mall, winter garden and rendezvous for gourmets.

La Cologne moderne a réorganisé ses centres commerciaux. Certaines parties des «Ring» qui ceinturent le centre-ville ont été déplacées, ce qui a permis de réunir espaces verts et zones commerciales. C'est à la fin de 1988 qu'a été inauguré sur le Heumarkt, sur les bords même du Rhin, le nouvel Hôtel Maritim, construits d'après les plans de l'architecte Böhm, lauréat de nombreux prix internationaux. L'imposant hall en verre, la «Galerie», est à la fois passage commercial, jardin d'hiver et rendez-vous des gourmets.

171

Der Dom zu Köln wäre keine mittelalterliche Kirche, wenn dieses kostbare Gehäuse nicht mit einer Fülle kostbarer Kunstschätze ausgestattet wäre. So enthält er z. B. so viele Glasflächen, daß man den Fußboden zweimal damit bedecken kann.

Cologne cathedral would not be a medieval church if it were not filled with a multitude of precious artefacts. Take for instance the glass surfaces: laid out flat, they would cover the floor of the cathedral twice over.

La Cathédrale de Cologne ne serait pas véritablement une église moyenâgeuse si elle ne débordait de précieux trésors. On peut y admirer entre autres des vitraux si nombreux qu'on pourrait en recouvrir deux fois le sol.

Ein Kunstwerk höchsten Ranges sind das Gero-Kreuz (um 975 n. Chr.), die älteste Großplastik des Abendlandes, und der Dreikönigsschrein, das überragende Werk der rhein-maasländischen Goldschmiedekunst, im Kölner Dom.

The Gero cross (around AD 975) is the oldest large sculpture in the west. It is an outstanding work of art, like the Shrine of the Three Magi in Cologne cathedral. The shrine is the single most perfect example of the goldsmith's art in the entire Rhine-Maas area.

On peut parler d'oeuvres magistrales à propos de la Gero-Kreuz (Croix datant des environs de l'an 975 ap.J.C.), la plus ancienne oeuvre plastique de grand format de l'Occident, et du Reliquaire des Rois-Mages, oeuvre maîtresse des orfèvres du Rhin et de la Meuse, chefs-d'oeuvre que l'on peut admirer dans la Cathédrale de Cologne

1926/27 schuf Ernst Barlach den »Schwebenden Engel« als Mahnmal für die Gefallenen des 1. Weltkrieges. Das Original hing im Dom zu Güstrow, wurde jedoch unter Hitler zerstört. 1953 konnte durch den Nachguß in der Antoniterkirche in der Kölner Schildergasse der Güstrower Engel wieder gegossen werden.

The »Flying Angel« was created in 1926/27 by Ernst Barlach in memory of those who died in the first world war. The original angel which was suspended from the roof of the cathedral in Güstrow was destroyed during the Hitler era. A replica of the Güstrow angel was cast in 1953, modelled on the angel in the Antonite church in Cologne's Schildergasse.

C'est en 1926/27 qu'Ernst Barlach réalisa son «Ange plânant», un monument à la mémoire des victimes de la 1ère Guerre Mondiale. L'original de cette statue était accroché dans la Cathédrale de Güstrow et fut détruit sous Hitler. Grâce à la copie qui se trouvait dans l'Antoniterkirche de la Schildergasse, à Cologne, il a été possible de réaliser une copie de l'Ange de Güstrow.

← *S. 172 unten*

St. Gereon — einer der bedeutendsten Bauten der Spätantike entstand Ende des 4. Jahrhunderts auf einem Gräberfeld außerhalb der römischen Stadtmauer von Köln. Unsere Bilder zeigen das Märtyrergrab in der Krypta und die Mondsichelmadonna, die aus der untergegangenen Kirche vor dem Chor des Domes St. Maria Gradus stammt.

St. Gereon is one of the most important late Antique buildings. It was built on a burial field outside Cologne's Roman wall at the end of the 4th century. The photographs show the Martyr's Grave in the crypt and the Crescent Madonna which was rescued from the lost church in front of the choir of the cathedral of St. Maria Gradus.

Ce monument, l'un des plus importants de l'Antiquité tardive, a été construit à la fin du 4ème siècle sur un cimetière situé à l'extérieur des murailles romaines de Cologne. On peut voir sur nos photos la Tombe du Martyre, dans la crypte, et la Madonne au Croissant de Lune provenant de l'église disparue qui se trouvait devant le choeur de la Cathédrale St. Maria Gradus

In eine verzauberte Welt findet sich der Besucher des Japanischen Gartens zur Blütezeit versetzt. Nixen und versteinerte Geishas, fernöstliche Blütenexotik und einladende Teehäuschen verführen zum Verweilen, nicht nur den Müßiggänger, sondern auch die pausierende Belegschaft der Bayer AG.

The Japanese Garden is transformed into a fairytale world when all the trees and shrubs are in blossom. Nymphs and stone geishas, exotic Asian flowers and attractive tea houses invite strollers to linger regardless of whether they are simply in search of pleasure or taking a break from work at Bayer AG.

Au moment de la floraison, le visiteur du Jardin japonais a l'impression de se promener dans un univers enchanté. Nixes et geishas pétrifiées, fleurs exotiques d'Extrême-Orient et pavillons de thé accueillants invitent au repos non seulement les flâneurs, mais aussi le personnel de la Bayer AG.

Von Köln stromabwärts ist der Rhein vor allem ein Transportweg. Die Rhein-Romantik trat bei Bonn zurück. Fortan begleitet ihn die Wasser-Wirtschaftsrealität bis ans Ende, wenn der Rhein zur niederländischen Waal wird und dem Meer zustrebt. Bis zur Grenze erreichen ihn elf Zuflüsse. Zwei davon sind Kanäle. Ein Zufluß ›entsorgt‹, der andere gab der Region den Namen: Ruhr-Gebiet. Aber nur einer errang literarischen Ruhm: ›Die Wupper‹, von Else Lasker-Schüler.

Dieser Fluß ist Achse und Nerv des Bergischen Landes, das von der Ruhr im Norden bis zur Sieg im Süden reicht, bis zum Rhein im Westen und Westfalen im Osten. Es ist Bergisch, Niederbergisch und Oberbergisch. Und es ist auch bergig.

Aber seinen Namen verdankt es den Grafen von Berg, den Herren über das einstige Herzogtum Ravensberg-Jülich-Berg. Schloß Burg und der Altenberger Dom sind Fixpunkte der bergischen Geschichte, gehütet in den Herzen traditionsbewußter Bergischer. Ihre Eigenständigkeit, manche sagen auch: ihr Eigensinn, ist verbrieft, der Anspruch auf persönliche Freiheit unverändert, die Vielfalt in den protestantischen Glaubensgemeinschaften ungeschmälert. Und nicht wenige Repräsentanten von Staat und Gesellschaft sind Töchter oder Söhne von Predigern aus dem Tal der Wupper.

Fruchtbarer Boden war immer rar im Bergischen und wohl deshalb Humus für Energie und Wagemut, die das Neue suchen und entdecken wollen. Namen markieren diese Kraft, die den engen Rahmen ihrer Heimat sprengte. Die Brüder Mannesmann und ihre nahtlosen Rohre, der Physiker Wilhelm Konrad Röntgen, nobelpreis-geehrter Entdecker der X-Strahlen, die fortan seinen Namen tragen, die Chemiker Friedrich Bayer und Carl Duisberg, der Fabrikant Friedrich Engels, der zusammen mit Karl Marx das Kommunistische Manifest schrieb, Wilhelm Dörpfeld, der Archäologe — und der Geheimrat Ferdinand Sauerbruch, der, was nicht auszuschließen ist, in seinem OP Solinger Operationsbesteck in den Chirurgen-Händen hielt.

Über die Schwebebahn Neues zu vermelden, hieße indes, Schloß und Schlüssel nach Velbert tragen.

← *und S. 175*
Das Glanzstück des Altenberger Doms, einer Zisterziensergründung aus dem 13. Jahrhundert, ist das berühmte Westfenster, das mit 8 x 18 m das größte Kirchenfenster Deutschlands ist.

The famous west window measuring 8 x 18 metres is the largest church window in Germany and the most famous attraction of Altenberg cathedral which was founded by Cistercian monks in the 13th century.

Le célèbre vitrail ouest, avec ses 8 mètres sur 18 le plus grand d'Allemagne, est le chef-d'oeuvre de la Cathédrale d'Altenberg, fondée par des Cisterciens au 13ème siècle.

In einer waldreichen bergischen Umgebung steht das Wasserschloß Badinghagen aus dem 17. Jahrhundert. Es ist noch heute in Privatbesitz und läßt sich deshalb nur von außen besichtigen. Doch die bergische Stadt Meinerzhagen mit ihren drei Talsperren, der Lister-, Fürwigge- und Genkeltalsperre, bietet jedem Ausflügler Abwechslung.

The 17th century moated palace of Badinghagen is set in hilly woodlands. It is still privately owned and can only be viewed from the outside. Even so, Meinerzhagen still offers plenty of attractions to the visitor with its reservoirs — the Listertalsperre, Fürwiggetalsperre and Genkeltalsperre.

C'est au milieu de montagnes boisées que se trouve le Château de Badinghagen, entouré de douves et datant du 17ème siècle. Aujourd'hui encore, c'est une propriété privée, aussi ne peut-on le visiter que de l'extérieur. Mais la ville de Meinerzhagen, dans le Bergisches, offre bien d'autres buts d'excursion, avec ses trois barrages, de la Lister, de la Fürwigge et de la Genkel.

Blick auf Schloß und Rathaus von Bensberg, einem Stadtteil von Bergisch-Gladbach. Hier gelang Prof. Böhm die Verbindung alte und moderne Bauweise zu kombinieren.

View of the palace and town hall of Bensberg, a suburb of Bergisch Gladbach. The complex was designed by Prof. Böhm in an excellent harmony of old and modern construction methods.

Le Château et la Mairie de Bensberg, quartier de Bergisch Gladbach. Le Prof. Böhm est parvenu ici à combiner l'ancien et le moderne.

Im Oberbergischen Kreis bei Gummersbach wurde die Agger zu einer 1,60 km² großen Talsperre gestaut. Sie dient der Wasserversorgung und Energieerzeugung.

The river Agger has been dammed up near Gummersbach to create a reservoir with a surface area of 1.60 square kilometres. The reservoir provides both drinking water and electric power.

Dans le district de l'Oberbergisches, près de Gummersbach, l'Agger a été retenue par un barrage d'1,60 km² utilisé pour l'alimentation en eau et la production d'énergie.

→ oben
Das Stammschloß der Bergischen Herrscher, der Grafen von Berg, Schloß Burg, thront mächtig auf einem Felsen 110 m über der Wupper im Bergischen Land.

Schloss Burg, the family residence of the area's ruling von Berg family, stands imposingly on a rock 110 metres above the river Wupper in the Bergisches Land.

Schloß Burg, la résidence de famille des Souverains du Bergisches, les Comtes de Berg, trône majestueusement sur un rocher, à 110 mètres au-dessus de la Wupper, dans le Bergisches Land.

Nach wie vor im Einsatz für Touristen und Romantiker ist die Oberbergische Postkutsche. Sie führt von Nümbrecht nach Wiehl.

The mail coach takes tourists and romantics through the Oberbergisches Land from Nümbrecht to Wiehl.

La diligence de l'Oberbergisches est encore utilisée par les touristes et les amoureux du romantisme. Elle permet de se rendre de Nümbrecht à Wiehl.

Im Jahre 1897 wurde mit der Einweihung der Müngstener Brücke die Bahnverbindung zwischen Solingen und Remscheid eröffnet. Sie ist mit 107 m über der Wupper Deutschlands höchste Eisenbahnbrücke.

The railway link between Solingen and Remscheid was finally completed when Müngstener Bridge was officially opened in 1897. It is the highest railway bridge in Germany, 107 metres above the river Wupper.

C'est en 1897 qu'avec l'inauguration du Müngstener Brücke (pont) fut ouverte la ligne de chemin de fer reliant Solingen à Remscheid. Franchissant la Wupper à une hauteur de 107 mètres, c'est le pont de chemin de fer le plus haut d'Allemagne.

Ein opulenter Sattmacherschmaus ist die »Bergische Kaffeetafel«, begleitet wird sie von »Kottenbotter« und »Bergischem Korn«.

The »Bergische Kaffeetafel« is an opulent feast of cakes, waffles, bread, locally made butter — »Kottenbotter« — and local schnaps — »Bergischer Korn«.

Pour venir à bout des appétits les plus féroces, rien de tel qu'un «Goûter du Bergisches», accompagné de «Kottenbotter» (beurre) et d'«Eau-de-vie de grain du Bergisches».

Zu jedem alten bergischen Haus gehörte eine alte, stabile, reich verzierte, blitzsaubere Haustür.

A richly ornamented, brightly shining sturdy old door is simply part of every old house in the Bergisches Land.

Dans le Bergisches, toute maison digne de ce nom se doit d'avoir une vieille porte d'entrée bien solide, richement décorée et étincelante de propreté.

→ unten
In den Naherholungsgebieten Wuppertals, wie hier im Gelpetal, finden wir echte bergische Atmosphäre.

The recreation areas around Wuppertal, such as here in the Gelpe valley, are typical of the Bergisches Land.

Tout près de Wuppertal, comme ici dans la vallée de la Gelpe, on trouve des atmosphères vraiment typiques du Bergisches Land.

Reichverzierter alter bergischer Briefkasten im idyllischen Stadtteil Beyenburg. Auch ein schwarzer Schwan ist hier zu Hause.

Richly ornamented old letterbox in the idyllic town of Beyenburg. A black swan also lives here.

Vieille boîte à lettres richement décorée du Bergisches, dans l'idyllique quartier de Beyenburg. Un cygne noir y séjourne également.

In typischen Formen und Farben des bergischen Spätbarocks ließ der Barmer Textilunternehmer Johann Caspar Engels 1775 ein Wohnhaus errichten. Es wurde 1970 zum 150. Geburtstag des Mitbegründers des wissenschaftlichen Sozialismus Friedrich Engels (1820—1895) von der Stadt Wuppertal der Öffentlichkeit übergeben. Es ist heute Museum und beherbergt eine international beachtete Ausstellung über das Leben und Werk des großen Sohnes der Stadt. Das Haus ist ein Nachbau des Geburtshauses von Friedrich Engels, das 100 m weiter stand und 1943 beim Bombenangriff zerstört wurde.

Johann Caspar Engels, a textile manufacturer from Barmen, built this house in the shape and colours typical of the late Baroque style found here. It was opened to the public by the town of Wuppertal in 1970 to commemorate the 150th birthday of Friedrich Engels (1820-1895), the co-founder of scientific socialism. It is now a museum and home of an internationally renowned exhibition on the life and work of the town's most famous son. The building is a replica of the house in which Friedrich Engels was born. The original house stood 100 metres further down the road and was destroyed by bombs in 1943.

L'entrepreneur Johann Caspar Engels, fabricant de matières textiles, fit construire en 1775 une maison d'habitation aux formes et aux couleurs typiques du baroque tardif du Bergisches. En 1970, à l'occasion du 150ème anniversaire du cofondateur du socialisme scientifique, Friedrich Engels (1820-1895), la ville de Wuppertal l'a offerte à la communauté. Elle abrite aujourd'hui un Musée et une exposition consacrée à la vie et à l'oeuvre du célèbre enfant de la ville, exposition internationalement appréciée. La maison est une reconstitution de la maison natale de Friedrich Engels, située à 100 mètres de là et détruite au cours du bombardement de 1943.

Zu einem wahren Volksfest hat sich der inzwischen weit über die Grenzen Wuppertals bekannte Flohmarkt in Vohwinkel entwickelt. Ungehindert fährt die zuverlässige Schwebebahn ihre Strecke.

The Flea Market in Vohwinkel has become a folk festival famous far beyond the city limits. The suspension railway continues along its route, unhindered by the crowds thronging the roads.

Le marché aux puces de Vohwinkel, connu bien au-delà de Wuppertal, est devenu une vraie fête populaire. Sans se préoccuper des visiteurs qui envahissent la chaussée, la Schwebebahn poursuit son petit bonhomme de chemin.

Bilder aus Wuppertal — »Tuffi« ist das legendenumwobene, beliebteste Tier im Wuppertaler Zoo, sprang er doch beim Transport mit der Schwebebahn einfach hinab in die Wupper.
Der Beyenburger Stausee ist Naherholungsgebiet und Zentrum kirchlicher und volkstümlicher Feste.

Images of Wuppertal: »Tuffi« is the legendary and most popular animal in Wuppertal zoo. When taken for a ride in the suspension railway, the elephant simply did a nose dive into the river Wupper.
The Beyenburg reservoir is a recreation area for the local people and a centre of church and folk festivals.

Images de Wuppertal: «Tuffi» est l'animal le plus fabuleux et le plus aimé du zoo de Wuppertal. Figurez-vous qu'il a sauté de la Schwebebahn dans la Wupper, pendant son transport!
Le lac de retenue de Beyenburg, lieu de repos et de distraction, est aussi un centre de fêtes religieuses et populaires.

Ein Staffellauf begann am 5. Oktober 1990 in Kosice in der Tschechoslowakei und endete am 13. Oktober 1990 in Wuppertal.

A relay started in Kosice, Czechoslovakia, on 5 October 1990 and ended in Wuppertal on 13 October 1990.

Une course de relais a débuté le 5 octobre 1990 à Kosice, en Tchéchoslovaquie et s'est achevée le 13 octobre 1990, à Wuppertal.

Ein Kleinod aus dem 16. Jahrhundert ist der geschnitzte Flügelaltar in der Jakobuskirche in Breckerfeld.

The carved tripartite altar in the church of St. John in Breckerfeld is a unique example of 16th century art.

Le triptyque sculpté de la Jakobuskirche de Breckerfeld est un véritable bijou du 16ème siècle.

Finkenberger Mühle in Breckerfeld

Finkenberg Mill in Breckerfeld

Le Moulin de Finkenberg, à Breckerfeld

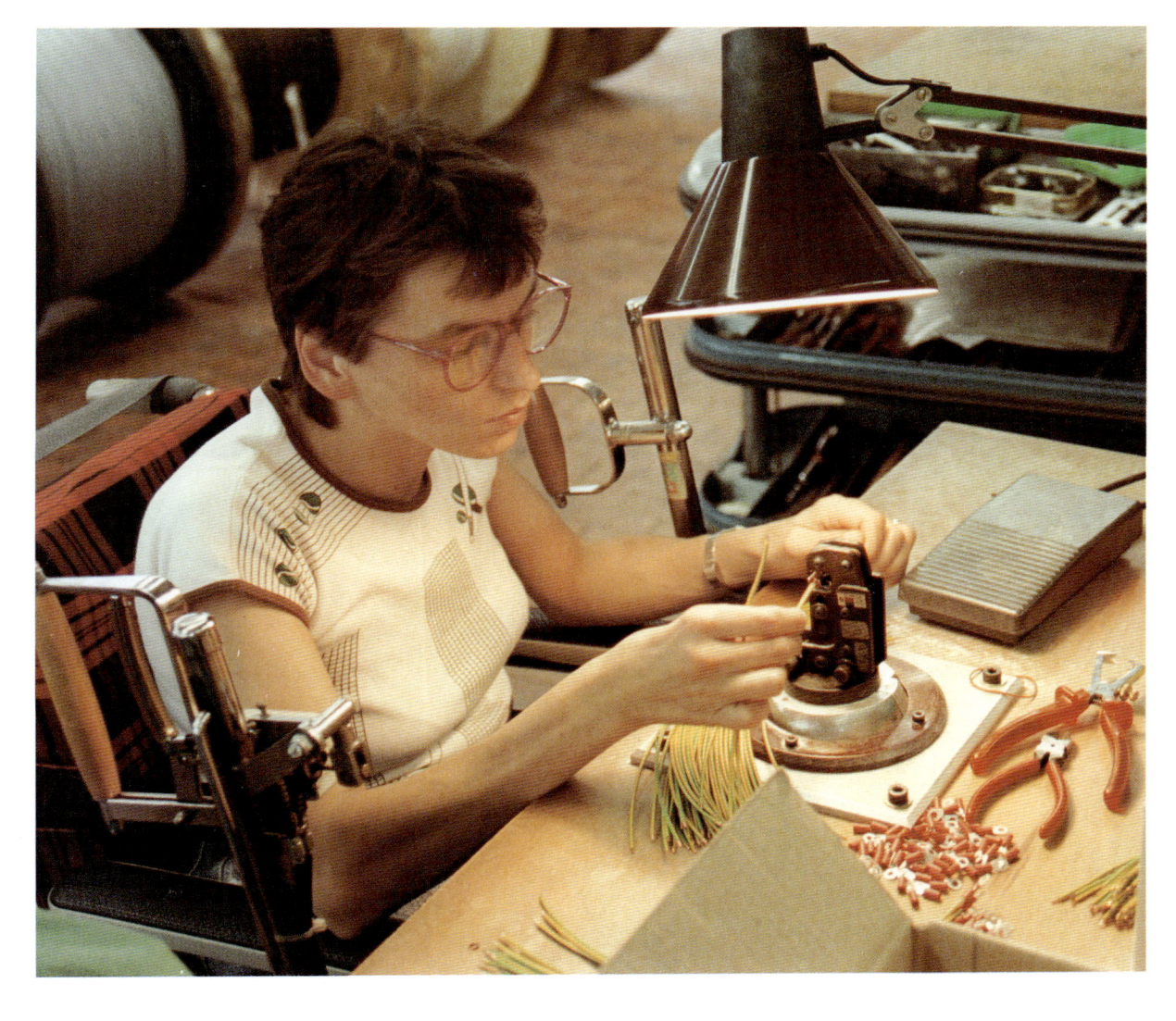

Eine Evangelische Stiftung privaten Rechts sind die Orthopädischen Anstalten in Wetter-Volmarstein. Hier ist Ausbildungsplatz und Wohnheim für ca. 1000 zu Betreuende, in der Mehrzahl Behinderte, die hier ihre Grundschulbildung oder ihre Erstausbildung im Berufsbildungswerk erfahren. Eine Werkstatt für Behinderte beschäftigt diejenigen, die aufgrund ihrer Behinderung keine Ausbildung antreten können. Angegliedert ist auch die Arbeit an älteren Menschen sowie eine leistungsstarke orthopädische Klinik.

The Orthopaedic Institution in Wetter-Volmarstein is a Protestant foundation in private law. It is a training centre and home of residence for around 1,000 mostly handicapped people. The centre provides primary education and vocational training for its residents. A workshop for the disabled provides employment for those who are prevented from obtaining an apprenticeship on account of their disability. The Institution also provides care for senior citizens and includes an orthopaedic clinic.

Les Etablissements orthopédiques de Wetter-Volmarstein sont une fondation évangélique de droit privé. Institut de formation, ils abritent environ 1000 apprenants, pour la plupart des handicapés qui achèvent ici leur scolarité ou reçoivent une formation professionnelle initiale. Un atelier pour handicapés occupe les jeunes qui ne peuvent, en raison de leur handicap, recevoir aucune formation. Rattachés à ces établissements, un service consacré aux personnes âgées et une clinique orthopédique des plus performantes.

Wie ein »Fels des Glaubens« überragt die neue Wallfahrtskirche in Neviges den Stadtteil von Velbert. Der Dom wurde nach den Plänen von Prof. Böhm gebaut und ist bis heute mit angegliedertem Kloster Sitz des Franziskanerordens.

The new pilgrims' church in Neviges rises above the Velbert suburb like a »rock of faith«. The cathedral was designed by Professor Böhm and includes a Franciscan monastery.

Tel un «roc de la foi», l'église de pélerinage à Neviges domine le quartier de Velbert. La Cathédrale a été construite d'après les plans du prof. Böhm et est aujourd'hui, avec l'abbaye qui lui est rattachée, le siège de l'ordre des Franciscains.

Reizvolle Winterlandschaft im Niederbergischen Land.

Delightful winter landscape in the Niederbergisches Land.

Merveilleux paysage de neige dans le Niederbergisches Land.

Blick über das Niederbergische Land. Die Natur steht in Verbindung mit der Technik. Der »Neue« Sender Langenberg ist seit April 1990 in Betrieb. Er ist 300 Meter hoch und sendet mit einer Leistung von 100 Kilowatt das ARD-Programm Fernsehen und die vier Hörfunkprogramme des WDR.

View across the Niederbergisches Land. Nature and technology go hand-in-hand. The »new« transmission station in Langenberg went into service in April 1990. It is 300 metres high and transmits the television programmes on the first channel ARD, as well as the WDR's four radio channels with an output of 100 kilowatt.

Vue du Niederbergisches Land. Nature et technique. Le «nouvel» émetteur de Langenberg fonctionne depuis avril 1990. Il mesure 300 mètres de hauteur et retransmet avec une puissance de 100 kilowatt les programmes de la 1ère chaîne de télévision, l'ARD, ainsi que quatre programmes radio du WDR (Office radiophonique de l'ouest de l'Allemagne).

Die bekannte Velberter Tanzsportformation gewann 1989 den Nationscup in Essen. Schon einige Male konnte die Truppe den Weltmeister-, Europameister- und Deutschen Meistertitel erringen.

Velbert's famous formation dancers won the Nations Cup in Essen in 1989. The team has won a number of world, European and German championships.

En 1989, le célèbre Groupe sportif de danse de Velbert a remporté la Nationscup, à Essen. Ce groupe a déjà été à plusieurs reprises Champion du Monde, d'Europe et d'Allemagne.

Über die Entwicklung von Schlössern, Schlüsseln und Beschlägen von der Frühgeschichte bis zur Gegenwart gibt das Deutsche Schloß- und Beschlägemuseum Aufschluß. Die Exponate aus fünf Jahrtausenden kommen aus europäischen, asiatischen und afrikanischen Ländern.

The German Museum of Locks and Fittings is a mine of information on the development of locks, keys, and fittings from ancient history up to the present day. The exhibits spanning five millenia come from Europe, Asia and Africa.

Le Musée allemand de la Serrurerie et des Ferrures raconte l'histoire des serrures, des clés et des ferrures, de la protohistoire à nos jours. Les pièces exposées se répartissent sur cinq millénaires et proviennent de pays d'Europe, d'Asie et d'Afrique.

Blick auf die Landeshauptstadt Düsseldorf zwischen der Oberkasseler- und der Rheinkniebrücke. Hier schlägt das Herz der Stadt. Eine Landschaft aus Brauhäusern, Boutiquen, Hofgarten, dem »Spee'schen Graben«, der Kö und Kögalerie, Theatern, Museen, Altstadtgassen, Bankhäusern... Links die Basilika St. Lambertus. Sie ist Zeugnis aus der Epoche Anfang des 16. Jahrhunderts. Düsseldorf war Hauptstadt der Herzogtümer Jülich, Kleve und Berg. Der Schloßturm ist Überrest des alten Residenzschlosses. Hier hat das Schiffahrtsmuseum eine ideale Unterkunft gefunden.

View of the Land capital Düsseldorf between two of the bridges spanning the Rhine, the Oberkasseler Brücke and the Rheinkniebrücke. This is where the city's heart beats. Breweries, boutiques, parks, the »Spee'scher Graben«, the Königsallee or »Kö« with its gallery, theatres, museums, alleys through the old part of town, banks,... The basilica of St. Lambert rises on the left, a vestige of the early 16th century. Düsseldorf was also the capital of the duchies of Jülich, Kleve and Berg. The tower is all that remains of the old residential palace and now houses the shipping museum.

Vue de Düsseldorf, capitale du Land, entre les ponts d'Oberkassel et du Rheinknie. C'est ici que bat le coeur de la ville. Un paysage fait de brasseries, de boutiques, du Hofgarten (parc), du «Spee'scher Graben» (canal), de la«Kö» et de la Kögalerie, de théâtres, de musées, des ruelles de la vieille ville, de banques... A gauche, la basilique St.Lambert, vestige du 16ème siècle. Düsseldorf a été la capitale des duchés de Jülich, Clèves et Berg. La Schloßturm (tour du château) est tout ce qui reste de l'ancien Palais résidentiel. Le Musée de la navigation y a trouvé un domicile idéal.

Zurück an den Rhein, Start zur Rhein-Tour II. Ziel ist Düsseldorf ›am Rhein‹. Darauf legt man Wert, und zwar aus gutem Grund. Es sind — hat man ausgemessen — 42 Kilometer Rhein, der Düsseldorf umfließt. Erster Blickpunkt: Benrath, Schloß Benrath, Rokoko, 2. Hälfte des 18. Jahrhunderts. Doch erst seit der Eingemeindung 1929 gehört es zu den Düsseldorfer Preziosen. Diese Daten sind Kennziffern. Sie sagen und sie zeigen, daß Düsseldorf unter den Großstädten am Rhein eine der jüngsten ist. Nicht einmal halb so alt wie Köln oder Bonn oder gar Neuss, auf der anderen Seite, das römisch gegründete, dessen Quirinus-Münster als der wohl eigenwilligste und bedeutendste Kirchenbau des 13. Jahrhunderts gilt. Aber Düsseldorf ist Landeshauptstadt, 1946 von den Besatzungs-Briten dazu bestimmt. Indes gab's eine ›Hauptstadt-Probe‹ schon 400 Jahre früher, als die Herren von Berg die Herzogtümer Jülich-Kleve-Berg von hier aus und von Kleve regierten. Aber Düsseldorf ist nicht nur Landes-Hauptstadt, sondern ›wirtschaftsstark, international, rheinisch-lebensfroh‹, lautet das Angebot. Ich entscheide mich für ›international‹. Der Grund liegt auf der Hand: Mehr als 3000 ausländische Unternehmen haben sich hier etabliert, allein aus Japan gut 300. Hier ist Japans Stützpunkt in und für Europa. Und dann auch dieses: 170 Kneipen, Discos, Treffs und Restaurants, wenn nicht aus aller Herren, so doch aus 15 Ländern. Die längste Theke der Welt ist 1000 Meter lang, 500 Meter breit. Sie versöhnt Klassen und Nationen: die Altstadt, die gastliche Meile. Die prächtigste Meile (präziser: gleichfalls 1000 Meter) liegt gleich nebenan, die Königsallee. Die Kö, das ist das Schaufenster der Stadt. Auch ihr Mittelpunkt? Jedenfalls ein Spiegel, in den man gerne blickt, ein wenig eitel, selbstbewußt. Die Promenade der Seh-Leute und Selbstdarsteller. Große Welt und Demimonde mit ausgeprägtem Sinn für die Reize des Luxus. Und überdies — der längste Laufsteg im Modezentrum Düsseldorf.

Weltstadt-Flair. Dazu gehören Kunst und Kultur. Gründgens, Beuys, Kom(m)ödchen. Repräsentativ für das Spektrum der Kunstszene Düsseldorf. Auch heute. Zurück zum Rhein, durch die Altstadt, vorbei am ›Ürige‹ — nein, nicht vorbei, denn daran kommt man nicht vorbei.

→ S. 192
Mittelpunkt der Stadt ist die Königsallee. Hier zeigt man sich, bummelt und bewundert die feinsten und teuersten Dinge der Welt. Vom New Yorker Architekten Trump gebaut und vom Feinsten — die Kögalerie.

The Königsallee is the central point in the city. This is where people come to be seen, to stroll and admire all the world's finest and most expensive objects. Built by the New York architect Trump, the Kö-Galerie is the ultimate in refinement.

La Königsallee est le «coeur» de la ville. On aime à s'y montrer, à flâner, tout en admirant les choses les plus belles et les plus chères du monde. Oeuvre de l'architecte américain Trump, fin du fin: La Kögalerie.

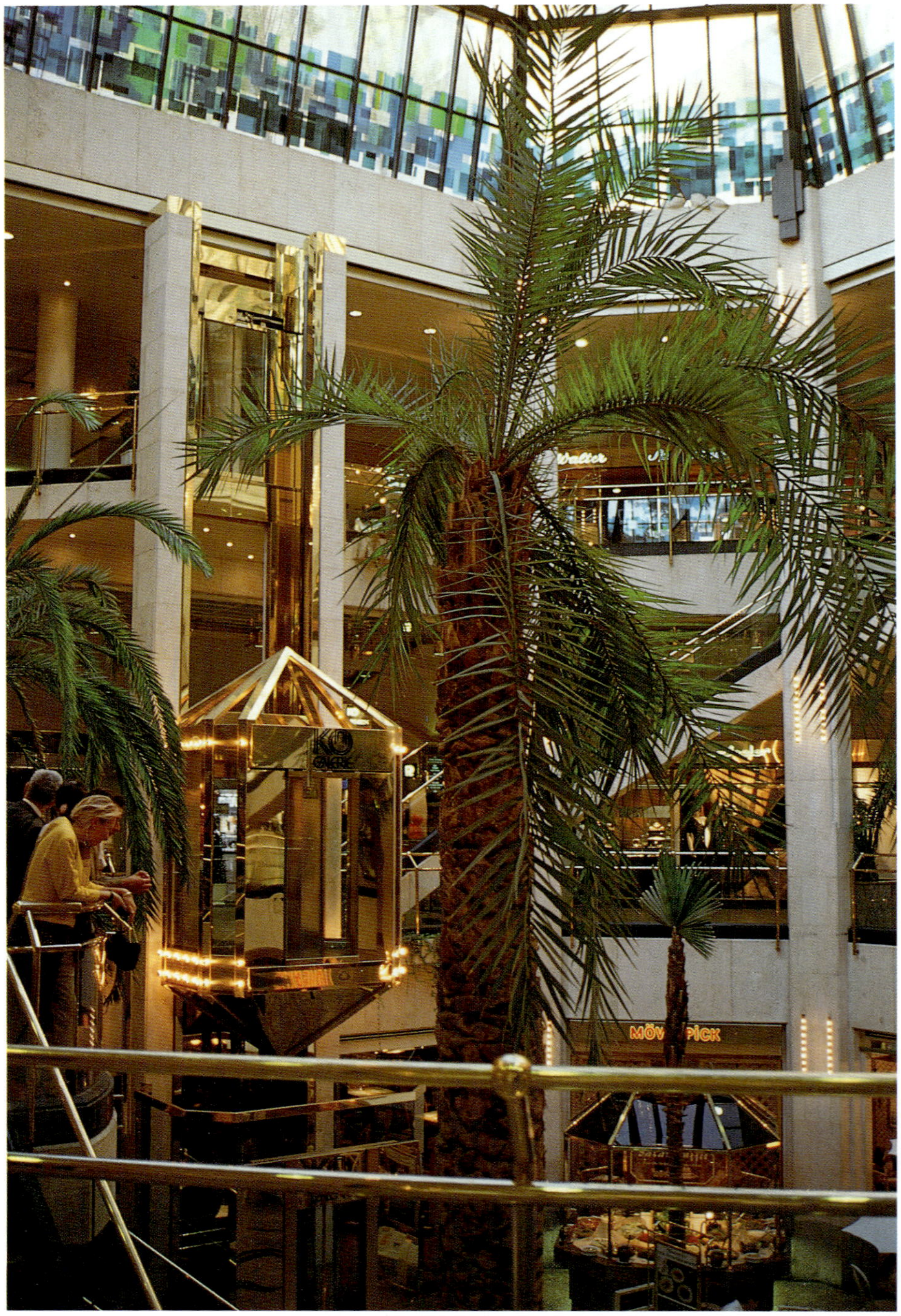

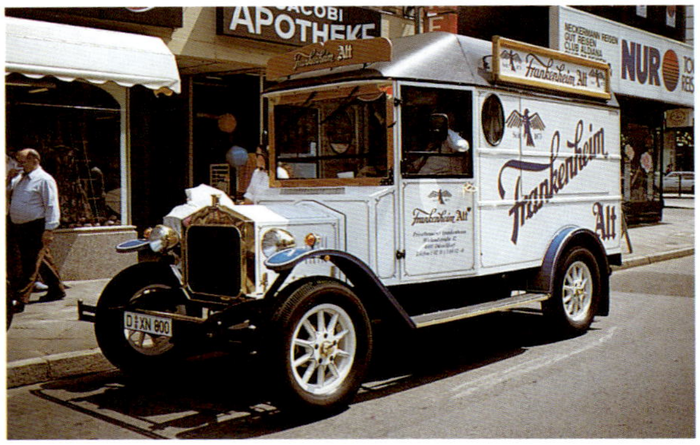
APOTHEKE
Frankenheim
Alt
NUR

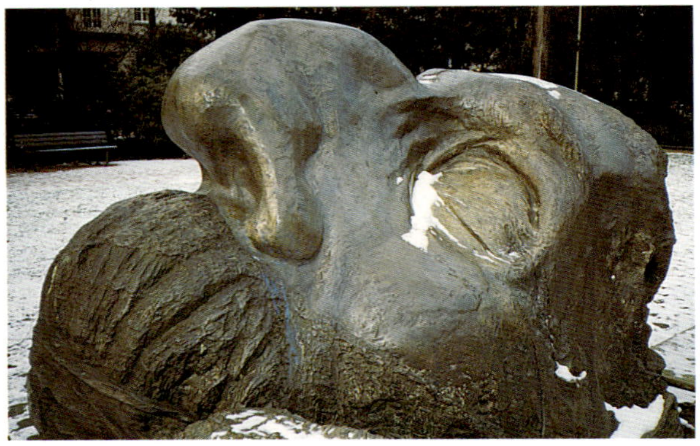

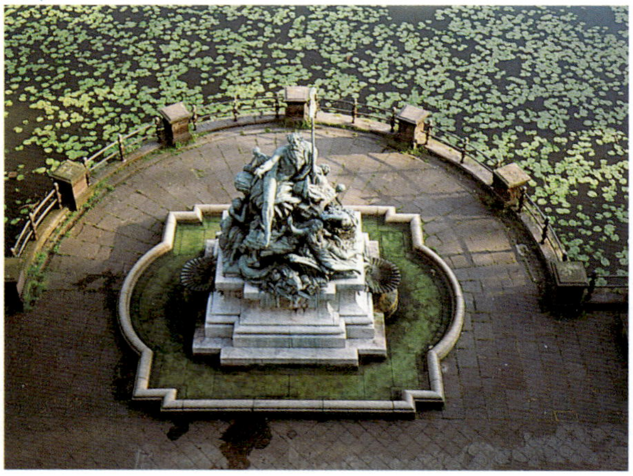

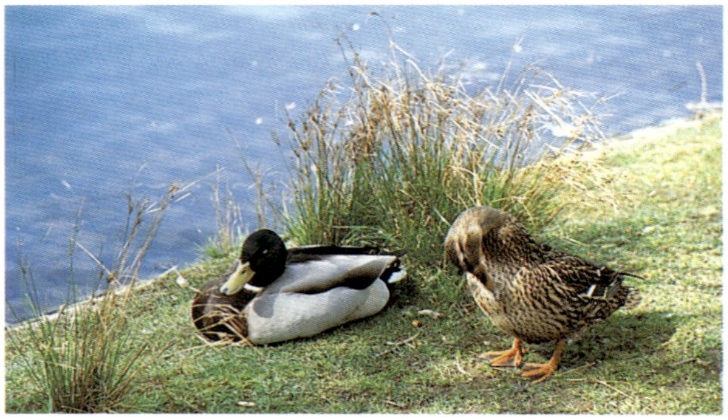

Vor dem Düsseldorfer Rathaus in der Altstadt steht Grupellos Reiterstatue des »Jan Wellem« (1670–1716).

Grupello's equestrian statue of Jan Wellem (1670–1716) stands outside Düsseldorf's city hall in the old part of the town.

Devant la Mairie de Düsseldorf, dans la vieille ville, la statue équestre de «Jan Wellem» (1670–1716), due à Grupello.

Hans Müller-Schlösser schrieb seinen »Schneider Wibbel« in der Altstadt, und Heinrich Heine wuchs hier auf.

The old part of Düsseldorf: this is where Hans Müller-Schlösser wrote »Tailor Wibbel« and where Heinrich Heine grew up.

C'est dans la vieille ville que Hans Müller-Schlösser écrivit son «Schneider Wibbel» (le tailleur Wibbel) et que grandit Henri Heine.

Die »längste Theke der Welt« — ein Quadratkilometer und rund 200 Gaststätten, und die Theken sind voll! Musiker, Gaukler und Pflastermaler, Zauberer, Bummler, Politiker und Geschäftsleute prägen das Straßenbild.

»The longest bar in the world«: one square kilometer with around 200 inns and taverns, all packed with thirsty visitors! Musicians, conjurers and pavement artists, jugglers, strollers, politicians and business people throng the streets.

«Le plus grand zinc du monde»: un kilomètre carré et environ 200 cafés, tous pleins à craquer! Musiciens, artistes et peintres des rues, magiciens, originaux, hommes politiques et hommes d'affaires, tous marquent la rue de leur empreinte.

Das Carsch-Haus in Düsseldorf wurde in der Zeit von 1913 – 1915 im neoklassizistischen Stil von einer Frankfurter Händlerfamilie namens Carsch gebaut, als vornehme Adresse für Herren- und Knabenkleidung. Im Krieg beschädigt, diente es später sozialen Einrichtungen der Stadt Düsseldorf. Durch den Bau der U-Bahn wurden 4800 Steine abgetragen, sorgfältig numeriert, restauriert und vier Jahre später — 1983 — wurde die neue Fassade 23 m vom alten Standort entfernt wieder aufgebaut.
Es ist heute ein Warenhaus nach modernsten Gesichtspunkten. Internationale Designermode ist ebenso selbstverständlich wie ein Besuch in der anspruchsvollen »Delikatessa« im Basement.

The Carsch-Haus in Düsseldorf was built between 1913 and 1915 in the Neoclassical style by a merchant family from Frankfurt called Carsch who wanted it to be a genteel establishment for men's and boys' wear. The building was damaged during the war and was subsequently used by the city's social services. When the underground railway was built, 4,800 stones were removed, carefully numbered, restored and the new facade rebuilt four years later, in 1983, 23 metres away from the original site.
Today's Carsch-Haus is a modern department store. International designer fashions are just as natural as a visit to the excellent »Delikatessa« in the basement.

La Carsch-Haus de Düsseldorf, de style néo-classique, a été construite entre 1913 et 1915 par une famille de commerçants francfurtois du nom de Carsch et devint une adresse prestigieuse pour les vêtements d'hommes et de garçonnets. Endommagée durant la guerre, elle abrita par la suite diverses institutions sociales de la ville de Düsseldorf. Lors de la construction du métro, 4800 pierres furent déplacées, soigneusement numérotées, restaurées et, 4 ans plus tard, en 1983, sa nouvelle façade fut construite à 23 mètres de son ancien emplacement. La Carsch-Haus abrite aujourd'hui un grand magasin conçu en fonction de critères des plus modernes. On peut y admirer la mode internationale ou y faire une excursion gastronomique, aux rayons de la «Delikatessa», au sous-sol.

In der zweiten Hälfte des 18. Jahrhunderts wurde das Schloß Benrath als intimes Lustschloß des Kurfürsten Carl Theodor von dem Baumeister Nicolas de Pigage errichtet. Ein weiträumiger Park umgibt das Schloß.

The elector Carl Theodor's intimate summer residence the palace Benrath was built by the master-builder Nicolas de Pigage in the second half of the 18th century. The palace is surrounded by a large park.

C'est dans la seconde moitié du 18ème siècle que fut érigé le château de plaisance du Prince électeur Carl Theodor le château Benrath, d'après les plans de l'architecte Nicolas de Pigage. Un vaste parc entoure le château.

Das Dreischeibenhaus ist Hauptverwaltung der Thyssen AG. Es steht unmittelbar neben dem Schauspielhaus und dem Hofgarten.

The tall slim building known as the »house of three panes« — the »Dreischeibenhaus« — is the administrative centre of Thyssen AG. It stands right beside Düsseldorf's theatre, the Schauspielhaus, and the Hofgarten park.

La Dreischeibenhaus est le siège central de la Thyssen AG. Elle est située juste à côté du Schauspielhaus (théâtre) et du Hofgarten (parc).

195

Ungewohntes Karnevalstreiben im Mai 1990. Bei hochsommerlichen Temperaturen wurde der Karnevalszug aus dem Februar, dem der Sturm »Vivian« den Garaus machte, zur großen Begeisterung der Bevölkerung nachgeholt.

Unusual carnival scenes in May 1990. Cancelled because of »Vivian«, the gale that raged in February, the carnival procession was simply held in the heat of May, much to the delight of the local population.

Une ambiance carnavalesque des plus inhabituelles, en mai 1990. C'est par des températures estivales, qu'à la grande joie de tous, eut finalement lieu le défilé dont, en février, l'ouragan «Vivian» avait privé les düsseldorfois.

Die größte Kirmes am Rhein findet alljährlich im Juli auf den Düsseldorfer Rheinwiesen statt.

The largest fair on the Rhine is held on the Rheinwiesen, the fields lining the river in Düsseldorf every July.

La plus grande fête foraine des bords du Rhin se tient chaque année à Düsseldorf sur les prairies des bords du Rhin.

Zur 500-Jahr-Feier der Post wurde in der Düsseldorfer Innenstadt zwei Tage lang ein großes Volksfest gefeiert.

A huge two-day festival was celebrated in Düsseldorf's city centre to commemorate the 500th anniversary of the German postal service.

Une grande fête populaire a commémoré deux jours durant le 500ème anniversaire de la Poste.

Der Centre Court in Düsseldorf ist Austragungsort internationaler Tennismeisterschaften.

The Centre Court in Düsseldorf has hosted innumerable international tennis championships.

Le Centre Court de Düsseldorf accueille des championnats internationaux de tennis.

197

Die im 14. Jahrhundert vom Kölner Erzbischof gegründete Zollstadt Zons bietet noch heute das geschlossene Bild einer mittelalterlichen Festung.

Zons was built in the 14th century as a customs post by the archbishop of Cologne. The picture of a medieval fortified town is still preserved even today.

La ville douanière de Zons, construite au 14ème siècle par l'archevêque de Cologne, a gardé jusqu'à nos jours tous les caractères d'une forteresse moyenâgeuse.

Der südwestliche Befestigungsturm wurde in der Neuzeit in eine Mühle umgebaut, die zum Beginn unseres Jahrhunderts noch in Betrieb war.

The tower in the fortifications on the southwestern side was converted into a mill which remained in operation until the beginning of this century.

Aux temps modernes, la tour sud-ouest des remparts a été transformée en un moulin qui fonctionna jusqu'au début de notre siècle.

Einmal im Jahr hat die Stadt Neuss ihr großes Fest, das Bürger-Schützenfest am letzten Wochenende im August. 3000 Mann, 900 Musiker und 60 Pferde marschieren auf und bilden einen Zug durch die Innenstadt.

On the last weekend in August, the city of Neuss is transformed into a huge sea of pageantry as its citizens and riflemen celebrate their traditional annual festival. 3,000 participants, 900 musicians and 60 horses lined up for a procession through the city centre.

Une fois par an, la ville de Neuss fait la fête; le concours de tir des citoyens se déroule durant le dernier week-end d'août. 3000 hommes, 900 musiciens et 60 chevaux défilent à travers la vieille ville.

Der Neusser Hafen ist bedeutender Überseebinnenhafen. Ein Segeljachthafen lädt zu einer Vergnügungstour auf dem Rhein, vorbei am alten Aalschogger und herrlichen Rheinauen.

The port in Neuss is a major inland port for ocean shipping. The yachting marina is the starting point for pleasure cruises up and down the Rhine, past the old eel shocker and the magnificent alluvial meadows.

Le port de Neuss est un port intérieur important. Un port de plaisance invite à se promener sur le Rhin, en passant devant le vieux Aalschogger et les splendides prairies des bords du Rhin.

Der Ilvericher Broich in Meerbusch Ilverich an der Altrheinschlinge ist Naturschutzgebiet. Hier öffnet sich eine herrliche Niederrheinische Landschaft.

The area in the old Rhine loop in Meerbusch-Ilverich known as the »Ilvericher Broich« is a nature reserve opening into the superb countryside of the lower Rhine.

L'Ilvericher Broich, sur la boucle du Vieux Rhin, à Meerbusch Ilverich, est une zone protégée. Un fort beau paysage typique du Rhin inférieur s'offre ici aux regards.

Durch Pappelalleen zu Fuß oder mit dem Auto gelangt der Feinschmecker zum herrlich gelegenen »Haus Niederrhein«.

Gourmets can reach the scenically located restaurant »Haus Niederrhein« by car or on foot along avenues lined with poplars.

C'est à pied, en suivant une allée de peupliers, ou en voiture, que le gourmet pourra se rendre à la «Haus Niederrhein», superbement bien située.

Auf dem (Wasser-) Weg nach Duisburg. Nachdenken über den Niederrhein. Was ist das? Eine Landschaft zwischen dem Köln-Aachener Raum im Süden, der niederländischen Grenze im Westen und Norden, dem Bergischen Land, Ruhrgebiet und Münsterland im Osten. Keine Provinz, keine ›Region‹, kein Distrikt, nichts, was sich politisch, im Sinne von Verwaltung, greifen läßt. Da hat er Ähnlichkeiten mit dem Ruhrgebiet. Also eine Landschaft. Je weiter nach Nordwesten, desto weiter: Ebene, Ferne, Himmel, beinahe ohne Horizont. Weiden und Augenweiden. Im Süden und Südwesten: Krefeld und Mönchen-Gladbach. Samt und Seide. Die Zeit der großen Seidenbarone ist Geschichte. Das textile Gewerbe ist Gegenwart. Ich blicke auf meine Krawatte. Sie kommt aus Krefeld, gehört zu den 80 % der deutschen Krawatten-Produktion, die hier entstehen. Und Edelstahl. Mönchen-Gladbach, die größte Stadt am linken Niederrhein, Wirtschaftszentrum zwischen Rhein und Maas. Blumen aus Straelen und Spargel aus Walbeck. Niederrhein, linker Niederrhein. Zur Rechten kommt Duisburg ins Bild.

links
Schloß Rheydt

The palace in Rheydt

Le Château de Rheydt

rechts
Schloß Greifenhorst

Greifenhorst palace

Le Château de Greifenhorst

Aus dem 12. Jahrhundert stammt die Burg Linn in Krefeld. Alljährlich zu Pfingsten findet rund um die Burg der historische Flachsmarkt statt. Altes Handwerk und Gewerbe, wie der Flachsspinner, der Drechsler, der Kerzenmacher usw., werden vorgestellt.

Castle Linn in Krefeld was built in the 12th century. The historical Flax Market is held every year on Whit weekend, presenting ancient crafts and trades, such as flax spinning, wood turning, candlemaking, etc.

C'est du 12ème siècle que date le Burg Linn, à Krefeld. Chaque année, à la Pentecôte, a lieu autour du burg l'historique «Marché du lin». On peut y découvrir les artisanats et les métiers d'autrefois, celui de fileur de lin, p.ex., ou de tourneur, ou de fondeur de bougies etc..

Der »Schluff« Krefelds historische Eisenbahn, schnaufte von Kaisers bis Adenauers Zeiten durch Krefeld und den Kreis. Nun ist er wieder da und zuckelt an Wochenenden und Feiertagen von Krefeld bis zum Hülserberg.

The »Schluff«, Krefeld's historical steam engine puffed its way through Krefeld and the surrounding district from the emperor's days to Adenauer's days. It has now been restored and puffs leisurely back and forth between Krefeld and Hülserberg every weekend and on public holidays throughout the summer.

Le «Schluff», le train historique de Krefeld, a ahané à travers Krefeld et son district, de l'époque impériale jusqu'à celle d'Adenauer. Il est à nouveau là et brinquebale les weekends et jours fériés de Krefeld au Hülserberg.

Einen Brunnen besonderer Art finden wir auf dem Marktplatz von Straelen. Aus stilisierten Rosenranken und Blumengebinden quillt und schäumt das Wasser. Auf dem Brunnenrand stehen vier Figuren mit in Gelenken beweglichen Köpfen, Armen und Beinen. Der Schöpfer ist Bonifatius Stirnberg. Die Figuren haben alle einen Bezug zur Stadt.

The fountain in the market square in Straelen is rather special. The water bubbles and froths through stylized roses and bunches of flowers. Four figures with articulated heads, arms and legs stand round the end of the fountain which was created by Bonifatius Stirnberg. The figures are all in some way related to the town.

On trouve sur la place du marché de Straelen une fontaine d'un genre bien particulier. L'eau s'écoule et bouillonne d'un chapelet et de couronnes de fleurs stylisés. Sur la margelle, des personnages aux têtes, bras et jambes articulés. Ils sont dus à Bonifatius Stirnberg. Les personnages ont tous un lien avec la ville.

Die Landschaft bei Straelen ist geprägt von der Landwirtschaft und der Blumenzucht. Weite Felder bieten oft ein farbenprächtiges Bild. Zur Spargelzeit lohnt sich eine Einkehr in den ländlichen Restaurants ganz besonders.

Farming and flower-growing are the dominant characteristics of the countryside around Straelen. The vast fields are frequently a huge display of colour. It is worth stopping at one of the rural restaurants during the asparagus season.

La région de Straelen est marquée par l'agriculture et l'horticulture. De vastes champs forment d'immenses taches de couleur. A l'époque des asperges, il est tout particulièrement recommandé de visiter les auberges de campagne des environs.

Landschaft an der Niers bei Goch.

Niers countryside near Goch.

La Niers, prés de Goch.

*Auf dem Kapellenplatz in Kevelaer, zu dem noch heute alle Hauptstraßen der Stadt führen, steht die Gnadenkapelle. Ein durchreisender Kaufmann ließ sie bauen, als er dreimal den Satz vernahm: »An dieser Stelle sollst Du mir ein Kapellchen bauen.« In den Bildstock stellte man das heutige Gnadenbild.
An dieser Stätte verweilen heute Hunderttausende zum Gebet.*

All the main roads in Kevelaer lead to Chapel Square, the Kapellenplatz, where the Chapel of Mercy was built by a travelling merchant upon hearing the words »Thou shalt build me a chapel here« for the third time. The present picture of the miracle-working saint was placed in the shrine where hundreds of thousands of people stop to pray.

C'est sur la place de la chapelle, à Kevelaer, là où, aujourd'hui encore, aboutissent toutes les rues principales de la ville, que se trouve la Chapelle miraculeuse. Un marchand traversant la ville la fit construire, après avoir entendu à trois reprises prononcer cette phrase: «Construis-moi une chapelle à cet endroit». L'actuelle image miraculeuse est placée sur le calvaire. C'est par milliers que les pélerins viennent y prier.

Die St.-Nicolai-Kirche in Kalkar ist eine dreischiffige gotische Hallenkirche mit einem Turm, deren Bau 1409 begonnen wurde. In keinem anderen Gotteshaus im Rheinland findet man einen solchen Reichtum an Schnitzaltären, Gemälden und Skulpturen. Als Beispiel dieses außergewöhnlichen Kirchenschatzes wollen wir den Hochaltar (1488/1508) zeigen, der von Jan Joest mit großartigen figürlichen Schnitzereien auf Tafelbildern versehen wurde.

The church of St. Nicolai in Kalkar is a Gothic church with three naves of equal height. Work on the spire started in 1409. No other House of God anywhere in the Rhineland contains so many beautiful carved altars, paintings and sculptures. The high altar (1488/1508) is an excellent example of the church's unusual treasure: it was built by Jan Joest and decorated with beautiful carved figures and panel paintings.

L'église St. Nicolai, à Kalkar, est une église gothique à trois nefs avec une tour; c'est en 1409 qu'en fut entreprise la construction. Aucune autre église de Rhénanie ne renferme autant de richesses, d'autels scuplités, de peintures et de sculptures. Un exemple de ce trésor extraordinaire: le Maître-autel (1488/1508) orné par Jan Joest de personnages remarquablement sculptés et de panneaux peints.

DRUSUS

Kolk am Drususbecken in Kleve. Wer hier wandernd oder radelnd das ländliche Kleve erschließt, freut sich über Pferde, Kühe, Schafe, Schweine und Federvieh.

Deep pools at the Drusus fountain in Kleve. Horses, cows, sheep, pigs and poultry confront hikers and cyclists throughout the region around Kleve.

Le grand bassin de Drusus, à Clèves. En se promenant dans les environs de Clèves, à pied ou à bicyclette, on rencontre partout chevaux, vaches, moutons, cochons et volailles.

←

Nur 80 Meter ist der Eltenberg hoch, doch in der flachen Niederrheinischen Landschaft eine beachtliche Erhebung. Hier steht der Drususbrunnen, der älteste, am höchsten gelegene und am tiefsten reichende Brunnen am Niederrhein. Die Innenwände sind mit bunten römischen Krieger-Gestalten bemalt. Einer Legende zur Folge hat der römische Feldherr Drusus vor 2000 Jahren diesen Brunnen graben lassen. (Erwiesen sind 1000 Jahre.)

The hillock known as the Eltenberg is only 80 metres high, but that is quite something in the flat plains of the lower Rhine. The oldest, highest and deepest well on the lower Rhine is located here: the Drususbrunnen. Its inner walls are painted with colourful Roman warriors. According to legend, the Roman legionary Drusus ordered that this well be dug 2000 years ago. (It has been proved to be at least 1000 years old.)

L'Eltenberg n'a que 80 mètres de hauteur, une altitude remarquable toutefois pour ce plat pays du Rhin inférieur. C'est ici que se trouve la Fontaine de Drusus, la plus ancienne, la plus haute et la plus profonde fontaine du Rhin inférieur. Ses parois intérieures sont ornées de silhouettes colorées de guerriers romains. Si l'on en croit la légende, c'est le capitaine romain Drusus qui l'aurait fait creuser, il y a de cela 2000 ans (on est sûr en tout cas qu'elle a au moins 1000 ans).

Blick auf Emmerich mit dem grazilen gotischen Turm von St. Adelgundis und dem schweren wuchtigen Turm von St. Martin.

View of Emmerich with the graceful Gothic spire of St. Adelgundis and the mighty spire of St. Martin.

Emmerich, la fragile tour gothique de St. Adelgundis et celle, lourde et massive, de St. Martin.

← S. 209 unten
Auf steilem Kliff (Kleef-Kleve) baute man um 900 n. Chr. erstmals eine Burg — die Schwanenburg. Hier zog der Sage nach Lohengrin mit seinem Schwan über den Kermisdahl.

The first castle — the Schwanenburg — was built on a steep cliff (= Kleef = Kleve) around AD 900. According to legend, this is where Lohengrin crossed the Kermisdahl with his swan.

C'est sur un piton escarpé (= Kliff, Kleef = Clèves), qu'aux environ de l'an 900 ap.J.C., fut construit un premier burg, le Schwanenburg. La légende raconte que Lohengrin et son cygne voguèrent ici sur le Kermisdahl.

Die Jupitergigantensäule im Archäologischen Park in Xanten ist eine Nachbildung aus einem Fund aus Hausen an der Zaber. Das Original befindet sich im Württembergischen Landesmuseum Stuttgart.

The giant pillar of Jupiter in the Archaeological Park in Xanten is a reconstruction of the original found in Hausen an der Zaber. The original is now on display in the Württemberg state museum in Stuttgart.

La gigantesque statue de Jupiter, dans le parc archéologique de Xanten, est une copie de l'original découvert à Hausen an der Zaber, original qui se trouve dans le Musée du Wurtemberg, à Stuttgart.

← *unten rechts*
Halbfigur des Heiligen Viktor aus dem Hochaltar des Domes in Xanten (von H. Douvermann).

Torso of St. Victor (by H. Douvermann) from the high altar of the cathedral in Xanten.

Buste de Saint Victor provenant du maître-autel de la cathédrale de Xanten, oeuvre de H. Douvermann.

Der noch im Aufbau befindliche Archäologische Park in Xanten bietet mit seinen zahlreichen Rekonstruktionen einen guten Einblick in die Anlagen eines römischen Kastells. Zu den jüngsten Ausstellungsobjekten gehören diese korinthischen Säulen.

The Archeological Park in Xanten, which is still in its infancy, contains numerous reconstructions which provide a good insight into the layout of a Roman fortress. These Corinthian pillars are among the most recent objects to be exhibited.

Le parc archéologique de Xanten en cours de travaux permet grâce aux nobreuses reconstructions de prendre connaissance des aménagements d'une citadelle romaine. Ces colonnes corinthiennes sont les dernières acquisitions exposées.

Xanten erhielt seinen Namen von den Heiligen, die als Märtyrer starben und deren Gebeine man unter dem Chor des Domes St. Victor entdeckte. Neben dem Heiligen Victor, dem Schutzpatron der Stadt, spielt auch der Sagenheld Siegfried eine Rolle, der in Xanten geboren sein soll.

The city of Xanten was named after the saints who died as martyrs and whose remains were found under the choir of St. Victor Cathedral. In addition to St. Victor, the patron saint of the city, the legendary hero Siegfried, who is said to have been born in Xanten, is also an important figure.

Xanten reçut son nom des saints qui moururent en martyrs et dont les ossements furent trouvés sous le choeur de la cathédrale Saint-Victor. A côté de Saint Victor, le patron de la ville, le héros mythique Siegfried joue aussi un rôle puisqu'on le dit être né à Xanten.

Diese historische, grün gestrichene, mit Holz ummantelte und mit einem Schindeldach versehene Pumpe steht in Schermbeck am Niederrhein.

This historical pump, painted green, encased in wood and covered with a shingle roof, stands in Schermbeck on the lower Rhine.

Cette pompe historique, peinte en vert, revêtue de bois et d'un toit en bardeaux, peut être admirée à Schermbeck, dans le Rhin inférieur.

Wieder errichtet nach der Zerstörung durch den 2. Weltkrieg wurde die alte Stadtpumpe auf dem langgestreckten Marktplatz von Rees.

The old municipal pump which was destroyed in the second world war has been reconstructed and now stands on the long market place in Rees.

L'ancienne pompe municipale qui se trouve sur la place toute en longueur du marché de Rees, a été remise en place après les destructions de la Seconde Guerre Mondiale.

213

→
Das »Sanssouci am Niederrhein« — so präsentiert sich das Kloster Kamp bei Kamp-Lintfort nach der Wiederherstellung der barocken Gartenanlage nach fünfjähriger Bauzeit, finanziert durch Bundes- und Landeshilfen. Abt Franziskus Daniels von Grevenbroich ließ sie ursprünglich 1733 — 1749 errichten. Kamp ist das älteste Zisterzienserkloster Deutschlands (1123). Wertvolle Handschriften sind noch heute im Klostermuseum zu sehen.

Kamp monastery near Kamp-Lintfort has been christened the »Sanssouci of the lower Rhine«. It took five years to reconstruct the Baroque gardens with financial support from the Federal and Land authorities. The gardens were originally created by Abbot Franciscus Daniels of Grevenbroich in 1733-1749. Kamp is the oldest Cistercian monastery in Germany (1123). Precious manuscripts are still on display in the monastery's museum.

Le «Sanssouci du Rhin inférieur», c'est ainsi que s'appelle lui-même le couvent de Kamp à Kamp-Lintfort, maintenant qu'est achevée, après cinquante années de travaux financés par le gouvernement fédéral et la région, la restauration de ses jardins baroques. A l'origine, c'est entre 1733 et 1749 que l'abbé Franziskus Daniels von Grevenbroich les fit installer. Kamp est le plus ancien couvent cisterciens d'Allemagne (1123). Aujourd'hui encore, on peut admirer de précieux manuscrits dans son musée.

Erholsame Stille — das ist die Landschaft am Altrhein.

Peace and quiet pervade the atmosphere around the old Rhine.

Une silence bienfaisant, voilà ce qui caractérise les paysages du Vieux Rhin.

Wieder am Rhein. Stromkilometer 845,1, rechtsrheinisch. Noch 12,6 Kilometer bis zur Grenze, westlich von Hüthum, dann verläßt der Strom das Land.
Hier bei 845,1 entdeckt der Besucher — wenn er sucht — Singuläres am Niederrhein: die Insel im Rhein. Beiläufig 300 ha groß. Inselgasthof, sechs landwirtschaftliche Betriebe, 13 Familien. Und die Brücke über den Altrheinarm, der die Insel umschließt: Grietherort.
Auf der anderen Seite Grieht, stromauf das Monstrum des Atomzeitalters: der schnelle Brüter in Kalkar, stromab Emmerich bei Elten-Berg.

Von der meistbefahrenen europäischen Wasserstraße in den größten Binnenhafen der Welt einzulaufen, erfordert hohe Aufmerksamkeit. Ein System von 19 Hafenbecken und 14 weiteren Industriehäfen im Stadtgebiet brauchen genaue Ortskenntnis und Fahrdisziplin. Über den Innenhafen kommen wir direkt vors Rathaus. Steiger Schwanentor. Aussteigen. Burgplatz. Mercator-Brunnen, zu Ehren des Gerhard Kremer, der sich Mercator nannte und vor 400 Jahren durch die von ihm entwickelte Projektion die Grundlagen für die winkelgetreuen Seekarten schuf. Lehmbruck-Museum. Erinnerung an die beiden großen Söhne dieser Stadt. Duisburg und das Wasser. Hier mündet die Ruhr in den Rhein, verknüpft der Rhein-Herne-Kanal das westdeutsche Kanalnetz mit dem Strom, dem Weg zum Meer. Ein Knotenpunkt erster Güte — nicht nur auf dem Wasser. Fünf Autobahnen durchziehen das Stadtgebiet, vier Kreuze verknüpfen sie. Eines hat einen Namen, der über Grenzen drang: der Spaghetti-Knoten Kaiserberg. Aber Duisburg ist nicht nur Knotenpunkt zwischen Ruhr und Rhein, sondern zugleich auch westlicher Pfeiler des Reviers. Und der nördliche Punkt der Rheinschiene. Duisburg, »die schwierigste Großstadt Deutschlands«, wie der Düsseldorfer Regierungspräsident 1978 befand? Duisburg ist das Zentrum der Eisen- und Stahl-Industrie. Wenn es zittert, bebt die Stadt..! Zur Zeit ist Aufwind. Aber Duisburg ist wohl auch die mutigste Stadt. Im Sommer '89 stellte sie es unter Beweis. Statt nach Brasilien kamen fast 3000 Studierende aus 90 Ländern der Welt nach Duisburg, zur 15. Universiade. Aus dem Stand, unterstützt vom Land und Initiativkreis Ruhrgebiet, die Vorbereitung dieses Sportfestes. Weil Sport kein Fremdwort ist in diesem Land. Mit fast 19 000 Sportvereinen, 36 000 Sportstätten und vier Millionen, die sich darauf und darin tummeln.

Der Duisburger Hafen ist der größte Binnenhafen der Welt und bedeutendster Knotenpunkt der Binnenschiffahrt. Die öffentlichen Ruhrorter Häfen bilden mit 19 Hafenbecken und 213 ha Wasserfläche, 43 km Uferlänge, 26 km Hafenstraßen und 140 km Gleisanlagen das Kernstück der Hafenanlagen. Diese liegen im Mündungsbereich der Ruhr in den Rhein. Auch gewinnt der Duisburger Hafen immer mehr Bedeutung als Überseehafen. Von entscheidender Bedeutung sind die hochmodernen Containeranlagen und die Roll-on-Roll-off-Anlage. Im Ruhrorter Hafenbecken liegt das Museumsschiff Oskar Huber.

Duisburg harbour is the largest inland harbour in the world and the most important junction for inland shipping. The public harbour facilities in Ruhrort include 19 harbour basins, a water area of 213 hectares, 43 km of shoreline, 26 km of harbour roads and 140 km of railway tracks. This is the centre of the entire port area and is located at the mouth of the Ruhr, as it flows into the Rhine. Duisburg harbour is also becoming an increasingly important port for ocean shipping. The ultramodern container facilities and the roll-on-roll-off facility are indispensable. The museum ship Oskar Huber is moored in the Ruhrort harbour basin.

Le port de Duisbourg est le plus grand port intérieur du monde et le plus important noeud de communication pour la navigation fluviale. Les ports publics de Ruhrort constituent avec leurs 19 bassins, un plan d'eau de 213 hectares, 43 km de berges, 26 km de routes portuaires et 140 km de voies ferrées, le coeur des installations portuaires. Celles-ci se trouvent dans la zone de confluence de la Ruhr et du Rhin. Le port de Duisbourg voit également croître son importance en tant que port d'outre-mer. Les installations hyper modernes de manutention des conteneurs, ainsi que les installations roll-on/roll-off, ont une importance déterminante. C'est dans le bassin de Ruhrort qu'est amarré le bateau-musée Oskar Huber.

Blick auf Duisburg mit dem Rathaus, der Salvatorkirche und der Schwanentorbrücke.

View of Duisburg with the town hall, church of the Redeemer and the Schwanentor bridge.

Vue de Duisbourg avec la Mairie, l'église Salvator et le pont du Schwanentor.

→ *oben links*
Die älteste Eisenbahnbrücke am Rhein.

The oldest railway bridge across the Rhine.

Le plus vieux pont de chemin de fer des bords du Rhin.

Das älteste erhaltene Wohnhaus Duisburgs ist das Dreigiebelhaus, 1536 erstmals urkundlich erwähnt. Heute Künstlerzentrum, nimmt das Atelier jeweils vier Stipendiaten für ein Jahr auf.

The three-gabled house, first documented in 1536, is the oldest surviving residential building in Duisburg. It is now an art centre, the studio annually taking in four stipendiaries for one year.

La Dreigiebelhaus, la plus ancienne maison d'habitation de Duisbourg encore conservée; on la trouve mentionnée pour la première fois dans des documents de 1536. Transformée aujourd'hui en Maison des artistes, elle accueille dans son atelier 4 artistes pour une durée d'un an.

Neben vorhandenen Resten aus dem 12./13. Jahrhundert, den ursprünglichen Abmessungen nachgebildet, Höhe etwa 10 Meter, ist die Stadtmauer von Duisburg.

The 10 metre high wall encircling Duisburg is a reconstruction of the original incorporating the surviving 12th and 13th century remains.

A côté de vestiges des 12ème et 13ème siècles, les murailles de Duisbourg, reproduites d'après leurs dimensions originales, sont hautes d'environ 10 mètres.

Ein Zentrum für aktive Freizeit, Erholung, Gesundheit und Wohlbefinden — 380 000 m² Wasser, Wiesen und Wald — das ist der Revierpark Mattlerbusch.

Mattlerbusch park: a centre for leisure activities, recreation, health and well-being: 380,000 m² of water, woods and meadows.

Le Parc Mattlerbusch, un centre de loisirs actifs, de détente, de santé et de bien-être: 380 000 m² de plan d'eau, de prairies et de forêts.

Die Sporthochburg Duisburg hat einen weltweiten Ruf. Sie ist Sitz bedeutender Bundes- und Landesverbände. Mittelpunkt ist der Sportplatz Wedau mit der Eissporthalle, der Regattabahn, dem Schwimmstadion, einer Wasserskianlage sowie der Sportschule des Fußballverbandes Niederrhein. Platz genug für internationale Wettkämpfe wie die Universiade.

Duisburg is a world-famous centre of sporting excellence. All the most important national and Land associations have their headquarters here. Everything centers around the Wedau sports complex with an ice skating ring, regatta course, swimming stadium, water skiing course and the sports college of the Lower Rhine Football Association. There is plenty of room here for international competitions like the Universiade.

Duisbourg, haut-lieu du sport, jouit d'une réputation internationale. Elle est le siège d'importantes fédérations nationales et régionales. Le cœur de la Duisbourg sportive est le Parc de Wedau avec sa patinoire couverte, son parcours de régates, sa piscine, ses installations pour le ski nautique et l'école des sports de la fédération de football du Rhin inférieur. Tout ce qui faut pour accueillir des compétitions internationales telles que l'Universiade.

Das gibt es nur im Duisburger Zoo — Dressur mit weißen Walen. Von fast einer Million Menschen wird der Zoo mit 4000 Tieren in 600 verschiedenen Arten jährlich besucht. Anlagen voller Exotik findet der Besucher im Chinesischen Garten.

A unique event found only in Duisburg zoo: dressage with white whales. Almost one million people visit the zoo with its 4,000 animals of 600 different species every year. The Chinese Garden is full of exotic plants and animals.

Introuvable ailleurs qu'au Zoo de Duisbourg: le dressage des baleines blanches. Chaque année, près d'1 million de visiteurs franchissent les portes du Zoo qui abrite 4000 animaux de 600 variétés différentes. Le Jardin chinois transporte le visiteur dans un monde exotique.

Knappe 15 Kilometer vom Duisburger Hafen bis zur Frankfurter Straße in Dinslaken. Der Rhein ist nahe — und ein Fluß, der in ihn mündet. Kein Lied besingt ihn. Er steht in schlechtem Geruch. Kein Wunder, denn 1,7 Milliarden Liter Abfallwasser muß er Tag für Tag bewältigen. Der Fluß im Korsett aus Stahl und Beton heißt Emscher. Er quert die Kernzone des Ruhrgebietes, die von Bergkamen im Osten bis Duisburg reicht. Hier soll sich innerhalb eines Jahrzehntes eine Vision erfüllen, die eine Landschaft veredeln wird. Die Vison: Die am dichtesten besiedelte Zone des Ruhrgebietes ist 803 Quadratkilometer groß — die Emscher-Zone. Im Jahr 2000 wird sie ökonomisch, ökologisch und sozial erneuert sein. Das Bild der Landschaft im Zentrum des Ruhrgebietes hat sich dann verändert. Gestaltete, durch ein Rad- und Wanderwegsystem vernetzte Landschafts-Parks entlang von Emscher und Rhein-Herne-Kanal leisten den Wiederaufbau von Landschaft. Das Emschersystem mit seinen Zuläufen ist ökologisch verbessert, renaturiert. Der Rhein-Herne-Kanal hat durch den Rückzug der Montan-Industrie seine Funktion als Haupttransporteur von Kohle und Erz verloren. Menschen, Tiere und Pflanzen haben seine Ufer längst zurückerobert. Da wächst eine neue Freizeit- und Erlebniszone. Ein Fern-Wanderweg von Duisburg bis Bergkamen schlängelt sich durchs landschaftliche Umfeld des Kanals. Vorbei an Zeche Zollverein in Essen-Katernberg. Sie ist ein Industrie-Denkmal von europäischem Rang, einmalig auf dem Kontinent. Einer jener Zeitzeugen und Kulturträger der Geschichte dieser Region. Weiter nach Gelsenkirchen, zum World Trade Center Park; zum alten Industriehafen »Friedrich der Große« in Herne. Der ist eine ›Marina‹ geworden, mit Yacht- und Sportboothafen, Hotel und Wohnungen und Freizeit-Park. ›Wiederaufbau von Landschaft‹ meint indes nicht bloß Freizeit. Es heißt auch: Arbeiten im Park. Man zählt 50 solcher Parks für Service, Wissenschaft und Gewerbe. Visionen.

Und die Wirklichkeit? Im Mai '88 hat die Landes-Regierung das Projekt beschlossen, im Dezember wurde die »Internationale Bauausstellung Emscherpark GmbH« gegründet. 400 Architekten, Unternehmer, Landschaftsplaner, Initiativen, Bürgergruppen und die 17 Städte und Kreise in der Emscherzone haben seitdem konkrete Projektvorschläge bei der IBA-Planungsgesellschaft in Gelsenkirchen eingereicht.

→ Mitte links
Die St.-Antony-Hütte, erstes schwerindustrielles Unternehmen im Ruhrgebiet, wurde 1758 in Betrieb genommen und ist heute MAN-GHH-Werksarchiv.

St.-Antony-Hütte, the first heavy industrial enterprise in the Ruhr area, was opened in 1758. Today, it houses the MAN-GHH company archives.

Les Aciéries St. Antony, première entreprise d'industrie lourde de la Ruhr, fut mise en service en 1758 et abrite aujourd'hui les archives de l'entreprise MAN-GHH.

Zeche Zollverein.

The Zollverein mine.

La mine Zollverein.

Burg Vondern in Oberhausen, vermutlich im 14. Jahrhundert als Wasserburg gebaut und schon im 16. Jahrhundert umfassend renoviert, gilt als bedeutendes gotisches Bauwerk in Nordrhein-Westfalen und als ein Zeugnis westfälischer Burgenbaukunst.

Vondern castle in Oberhausen. Originally built as a moated castle in the 14th century, it was first extensively modernized in the 16th century. It is now an important example of Gothic architecture in North Rhine/Westphalia and evidence of the architectural skills of Westphalian castle-builders.

Le Burg Vondern, à Oberhausen, vraisemblablement édifié au 14ème siècle et entouré de douves, restauré dès la fin du 16ème siècle, passe pour être l'un des plus importants monuments gothiques de Rhénanie-du-Nord-Westphalie; un témoignage de l'art westphalien de la construction de burgs.

Der ehemalige Südmarkt-Bunker gilt bundesweit als einmaliges Projekt. Zwei Hochbunker wurden um- und überbaut. So entstanden 55 altengerechte Wohnungen.

The former Südmarkt shelter is unique in the country: two above-ground shelters were converted and enclosed to create 55 flats for senior citizens.

L'ancien bunker du marché sud a dans toute l'Allemagne la réputation d'être un projet unique en son genre. Les deux bunkers ont été transformés pour devenir 55 appartements pour personnes âgées.

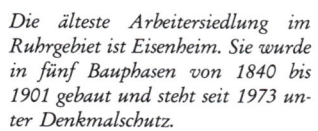

Die älteste Arbeitersiedlung im Ruhrgebiet ist Eisenheim. Sie wurde in fünf Bauphasen von 1840 bis 1901 gebaut und steht seit 1973 unter Denkmalschutz.

Eisenheim is the oldest working class district in the Ruhr area. It was built in five stages between 1840 and 1901 and was declared a national monument in 1973.

La plus ancienne colonie ouvrière de la Ruhr est celle d'Eisenheim. Elle a été construite en cinq phases, de 1840 à 1901 et est classée «monument historique» depuis 1973.

Ruhe und Erholung für jung und alt bieten die Revierparks Vonderort, Nienhausen und Gysenberg. Mit ihren zahlreichen Freizeitangeboten sind sie ein attraktives Naherholungsziel. Ein umfangreiches Programm hat in den vergangenen zehn Jahren die grünen Oasen im Ruhrgebiet geschaffen.

The Vonderort, Nienhausen and Gysenberg parks provide peace and quiet for everyone, as well as attractive recreational facilities for the local people. These green oases in the Ruhr area were created as part of a comprehensive programme realized in the last ten years.

Les parcs de Vonderort, Nienhausen et Gysenberg offrent à tous, jeunes et vieux, calme et détente. Les activités qu'ils proposent en font une véritable zone périurbaine de loisirs. C'est à un programme d'aménagement de dix ans que l'on doit cet oasis de verdure au coeur de la Ruhr.

225

Mit der Eröffnung des Rhein-Herne-Kanals im Jahre 1914 wurde auch der Stadthafen Gelsenkirchen seiner Bestimmung übergeben. Er hat sich im Laufe der Jahre zu einem wichtigen Wirtschaftsfaktor der Stadt entwickelt und zählt heute zu den großen Kanalhäfen Deutschlands.

Gelsenkirchen's harbour facilities were opened together with the opening of the Rhine-Herne-Canal in 1914. Over the years, the harbour has become a major factor promoting the town's industry and economy and is now one of the largest canal ports in the country.

L'ouverture du canal Rhin-Herne, en 1914, a marqué également l'inauguration du port de Gelsenkirchen. Ce dernier est devenu au fil des ans un facteur économique important pour la ville et compte aujourd'hui parmi les plus grands ports intérieurs d'Allemagne.

Die Trabrennbahn am Revierpark Nienhausen.

The trotting course in Nienhausen park.

Le Champ de course du Parc de Nienhausen.

Im Norden angrenzende weitläufige Grünanlagen von Schloß Berge gaben dem Parkstadion in Gelsenkirchen den Namen. In diesem Stadion werden viele Sportwettbewerbe von internationalem Rang ausgetragen.

Gelsenkirchen's Parkstadion owes its name to the extensive park gardens of Berge castle bordering the stadium on the northern side. Numerous international sports competitions have been held here.

C'est aux espaces verts qui le jouxtaient au nord que le «Parkstadion» (stade) de Gelsenkirchen doit son nom. Ce stade accueille nombre de compétitions sportives internationales de haut niveau.

Die Künstlersiedlung Halfmannshof in Gelsenkirchen.

Halfmannshof, a community of artists in Gelsenkirchen.

Halfmannshof, le quartier des artistes, à Gelsenkirchen.

Das Barock-Schloß Berge — westfälische Wasserburg im Grüngürtel von Gelsenkirchen-Buer.

Berge castle: a moated Baroque castle in the Westphalian style set in the parklands of Gelsenkirchen-Buer.

Le château baroque de Berge, un château westphalien entouré de douves, dans la ceinture verte de Gelsenkirchen-Buer.

Nachdem an der Kanalstufe Henrichenburg des Dortmund-Ems-Kanals, die einen Höhenunterschied von 13,50 m zu überwinden hat, eine neue Schleuse gebaut wurde, ist das altgediente Schiffshebewerk nach 63 Jahren Tätigkeit stillgelegt worden. Es ist heute Industrie-Denkmal und markanter Zeuge der industriellen Entwicklung in Westfalen.

After 63 years of service, the old ship hoist was pensioned off when the new lock was built to overcome the difference of 13.50 metres in the level of the Dortmund-Ems-Canal at Henrichenburg. The hoist is now an industrial monument and a striking witness to industrial development in Westphalia.

Une fois terminée la construction d'un nouveau palier, le «Henrichenburg», sur le canal Dortmund-Ems, palier ayant à franchir une différence de niveau de 13,50 m, on a pu, après 63 ans de bons et loyaux services, réformer le vieil élévateur. Monument de l'ère industrielle, il témoigne aujourd'hui du développement industriel de la Westphalie.

Jene, die realisiert werden sollen, werden aus den Haushalten der Gemeinden und des Landes finanziert; an die 3 Mrd. DM werden ›mobilisiert‹, je zur Hälfte aus öffentlichen und privaten Töpfen. 1984 schrieb der (schon zitierte) Historiker Lutz Niethammer: »Der blaue Himmel über der Ruhr ist nur dann ein Gewinn, wenn an der Emscher noch gearbeitet werden kann.« Ich will hinzufügen: Nicht nur gearbeitet, sondern auch gelebt, und ich denke, man ist auf dem Weg. Jetzt.

Nachdenken über die Tour durch die Rheinlande und Westfalen. Was auffiel: Noch keine 50 Jahre alt, dieses Nordrhein-Westfalen, aber voller Geschichte. Kaum eine Gemeinde, die sie nicht präsentierte. Gewiß, Geschichte liefert weder Rezepte für das Handeln in der Gegenwart noch für das Planen der Zukunft. Hilfreich ist sie indes, wo sie sich nicht nur im referierenden Rückblick erschöpft, sondern einen Schatz von Erfahrung offeriert. Beispiel Ruhrgebiet. Geschichte wird nicht mehr verdrängt. Man steht gleichsam hoch erhobenen Hauptes in ihr. Hier ist jetzt der Sitz, das Zentrum der Erfahrung, bedeutendstes Labor eines gesellschaftlichen und ökonomischen Wandels, Werkstatt für Umgestaltungen im Industriezeitalter.

Einwurf: Ich las von der »Notwendigkeit, das industrielle Potential des Niederrheins zu aktivieren«, von der Aufgabe, die wirtschaftliche Basis im Münsterland, im Sauerland und in der Eifel zu stabilisieren. Waches Bewußtsein ist vonnöten, wenn dem Aufbau von Industrie nicht der Wiederaufbau von Landschaft folgen muß.

Vorwärts drängende Technik und kalkulierende Rationalität sind alltägliche Realität. Wenngleich primär, sind sie nicht Selbstzweck. Der Sinn für selbstbestimmten Freiraum ist geweckt. Kunst und Kultur sind mehr als nur ästhetische Kategorien. Dem entspricht die kulturelle Vielfalt des Landes. Es gehört zu den fünf dichtesten Kulturlandschaften der Welt. Auch das ist ein Stück seiner Identität.

Der ›Herzschlag‹ des Landes ist rhythmisch, ruhig in diesem Sommer. Er scheint austariert.

The land and the people between Rhine and Weser

The Land stretching between the rivers Rhine and Weser is characterized by great diversity, yet it is not immeasurable. The geographic centre lies at the junction between Dortmund, Herdecke and Witten, more precisely on the road named »Auf dem Schnee« near the A 45 motorway to Frankfurt.
From the Eifel hills in the southwest to Ostwestfalen in the east, the Land stretches 291 kilometres in length. From the Sauerland in the east to the Niederrhein in the west, it measures 260 kilometres across. The topography includes everything anyone could possibly desire: plains and open country, undulating foothills and steeper escarpments. Rivers large and small. From south to north, the quieter areas merge round the busy industrial conglomerations in the west like a waxing moon. The Land includes regions like the Rhineland and Westphalia, the Bergisch-Märkisches and Lippisches. Its various parts and traditions are very different, yet it is *one* Land.

Roughly 17 million people live here — Rhinelanders and Westphalians, the people of the Sauerland and the Siegerland, the Märkisches and Lippisches land, the people from the hilly Eifel region and the flat expanse of the Niederrhein, as well as many, many more. 3.6 million refugees and displaced persons settled here after the war. Then came the Spaniards and the Yugoslavians, the Italians and the Greeks, the Turks and many more.
The Ruhr area is perhaps the best example of how the people here very quickly learned to adjust to new circumstances and accept hitherto unknown customs without losing their own identity in the process. It is a trait that the historians tend to describe as »specific to the Ruhr area«. And it is a tradition second to none in the Rhineland and Westphalia.
The hyphen is a symbol used in every language around the world. In German, it is mainly used to explain and clarify contexts that would otherwise remain unclear. When the Britsh occupying forces created the Land in early summer 1946, they used no less than two hyphens for »North Rhine/Westphalia«. One proved enough for the Land's German name, the modern English version having lost both. Yet it could be said that the Ruhr area constitutes the »hyphen« linking the Rhenish and Westphalian parts of the Land. Historically speaking, a Rhenisch-Westphalian community spirit first developed in the 19th century, establishing itself through and with the Ruhr area. Technically skilled contemporaries could quite rightly ascribe a coupling or linking function to it.

The Lufthansa Ju 52 was built in 1936. It is a noisy machine, even on the inside, and slow to boot, but it keeps a nice low altitude. And that is quite an advantage. Flying over the Ruhr area at 180 km/h is a leisurely affair leaving the hectic of everyday life far below us.
It was one of those sunny days in late spring when we flew across the Ruhr area, from west to east, following the ancient Hellweg from Essen to Dortmund and then headed north across the Haard and back to Duisburg, crossing the rivers Lippe and Emscher.
The Land below me is a familiar friend. I know how green the pastures in the Ruhr area can be and also that everything shrinks when viewed from a height of 600 metres, the hectic crowding on the ground appearing almost playful. And I have really always known what I can see from the sky, yet it fascinates me and I cannot help but wonder how radically the Ruhr area has changed. Although the realization also dawns when in the midst of a crowd, it positively forces itself upon the mind when looking down from a different perspective.
It is the time when rape fields are in full blossom, stretching across the countryside like luminous yellow sheets interspersed with all the big cities: Essen, Bochum, Dortmund. They seem to merge into one another when seen from the ground, but seen from

the air they are mere islands dotted amidst a sea of fields, woods and meadows.

We turn off to the west, crossing the narrow ribbons representing the rivers Lippe and Emscher and the canals, heading for Duisburg. In the haze before us we see the former landmarks of the Ruhr area: furnaces, pitheads, coking plants. The home of heavy industry, the Emscher zone. Memories of days gone bye ... how much longer will they survive? The planners' vision as presented in the »International Construction Exhibition« should become reality by the year 2000 and change the face of this countryside. The project has been entitled »Emscherpark« and the word park should be taken literally.

Baedekers' guides are renowned throughout the world. They are correct, timeless and accurate down to the last detail. In the foreword of his »Traveller's guide to the Ruhr area«, Karl Baedeker wrote that »there are many reasons for claiming that it is time to set this imposing landscape alongside the familiar tourist settings. With regard to its advanced economy and multitude of trade and traffic connections, the Ruhr mining area or »Revier« is unrivalled anywhere in Europe.

Far too few people realize that there are a surprisingly large nuber of culturally and historically important sights worth seeing here, and there are numerous attractive recreation and tourist areas which can fully keep up with those in other regions.«

These words were written in 1959, yet they are just as true today as they were over 30 years ago.

Of all the ... stations in the Land, there is one that is truly singular, for it stands on an island without rails and without platforms. It is a water station, *the* water station or Wasserbahnhof in Mülheim an der Ruhr, and the starting point for our journey through the Ruhr area. Our journey takes us along a river that is 235 kilometres long, from its source in the Sauerland to the point where it flows into the Rhine and the last few kilometres have been navigable for more than 200 years. In 1850, the Ruhr river was the number 1 waterway in Europe, 7,000 ships passing the water station in Mülheim and its system of locks every year. Today, it is the home and starting point of the city's fleet of white pleasure cruisers. The station's flair is still an attraction, the boats sailing on schedule during the season: local public transport in one of the most scenic river settings in Germany.

The river dominates the townscape, flowing through the city from southeast to northwest, more or less dead centre, passing the City Hall on its 14 km course. It is naturally an integral part of the townscape. According to the city's advertisements, it is »simply lovable« and rightly too, for the green city is a preferred residential centre in the Ruhr area.

We are approaching Essen from the southwest — by boat, passing under the longest steel road bridge in Germany: 1.8 km long, it spans the wide Ruhr valley as part of the A 52 motorway offering motorists from the eastern Ruhr area a shortcut to Düsseldorf. Because of the difference in height, we disembark in Kettwig and change over to the local boat to continue the journey to Werden. The river takes us past woods and meadows, with beer gardens on both sides. Where are we? Have we perchance landed in the Neckar valley or Altmühltal in south Germany? Wrong! It is the Ruhr valley. Locks in Essen-Werden: a difference of 20 metres has to be mastered as we cross the threshold of the central foothills and »climb« into the slate hills of the Rhineland. The pressure of the water lifts our boat up to the surface of Lake Baldeney, a reservoir created by damming up 9 km of the Ruhr river. We leave the boat at the »Hügel« stop. It is only a few steps to the foot of one of the two »high points« in Essen: the path leads to the Villa Hügel symbolizing the mythical aura that has always surrounded the name Krupp. The Krupp family resided here from 1873 to 1945; then it became the command centre of the Allied coal control authority. Since the early fifties, it has been a fascinating cultural centre of high repute and that fascination is still associated with the name Krupp.

The second high point in Essen and the one that dominates the entire city is its City Hall. With a height of 119.31 metres, it is the highest in the Federal Republic of Germany. The smiles surrounding this edifice have long since been dispelled and given way to respectful admiration in view of the nation's newest theatre. An opera house based on a design by the Finnish architect Alvar Aalto produced in 1959 (!) which cost DM 140 million to build and which has (almost) always been sold out ever since it opened on 22 September 1988.

Our attention and curiosity focuses on another name: Folkwang. The name adorns and obliges the museum in the heart of the city, just as it adorns and obliges the college of music, theatre and dance in its walls, a former Benedictine monastery in the district of Werden. The former monastery church St. Ludgerus invites comparison with the cathedral, one of the oldest Christian buildings in the country. Ever since 1959, it has been the church of the Ruhr bishop on whom the Pope bestowed the Cardinal's colours. The cathedral stands in the centre of the city, in the middle of the pedestrian precinct, the first of its kind in the Land. Before we leave Essen, we must take a quick look at the Schinkelstrasse on the east side of the city. Patrician houses with gardens, nothing spectacular, but it was the home of Gustav Heinemann, one of the three Federal Presidents from North Rhine/Westphalia to hold the highest office in the country. Heinemann succeeded Heinrich Lübke and was followed by Walter Scheel: three men from Westphalia, the Rhineland and the Ruhr area. But the Schinkelstrasse not only awakes memories: the future of the Ruhr area is not simply »painted« here in visionary manner, it is being actively moulded. The »Initiativkreis Ruhrgebiet der Deutschen Wirtschaft« (industrial interest group for economic development of the Ruhr area) has its office here. It is a prime example of tomorrow's magic word: public-private partnership. Cooperation between industry, academia, the municipalities, the Land and the Federal authorities. More than 50 industrialists, managers and economic bosses from around the country have united under the motto »We in the Ruhr area are stepping out together«. It is a remarkable financial investment with the declared aim of promoting the growth of a new Ruhr area, transporting its image around the world and eliminating all the old clichees. The emphasis now is on investment and documenting events in industry and science, sports and culture. The Ruhr area already has more musical and drama stages than New York, for instance. It has 16 professional orchestras and 130 museums. It can compare favourably with other regions and that is something »outsiders« should be aware of. The »Initiativkreis« financed and presented the second »Ruhr Piano Festival« in summer 1990, with 62 concerts throughout the region. The festival's artistic director is Jan Thürmer whose piano works, the Pianofortefabrik Ferd.

Thürmer, stands in Bochum near the town's traditional theatre, its Schauspielhaus.'

We have come to Bochum by car, following the A 430 motorway, the former Reich highway No. 1 which once linked Aachen in the west with Königsberg, 1,000 km away in the east. The section running through the Ruhr area was dubbed the »Ruhrschnellweg« — the Ruhr express way — and then acquired the official designation B 1. The locals aptly call it the »Ruhrschleichweg« because it is so congested that motorists often advance at snail's pace.

Our road took us past the exit »Stahlhausen« a vivid reminder that Bochum is also the home of Krupp steel. The exit »Ruhrstadion« would have taken us straight to the football stadium and »Starlight Express«, the rollerskating musical. It too is an investment in the Ruhr area, with its own theatre.

We are heading for Bochum-Langendreer, near the suburban districts of Laer and Querenburg, interesting sites of the Ruhr area's more recent histroy. 19,000 people now build cars where the first mines were shut down at the end of the fifties and the foundation stones were laid for the two Opel factories; where the Ruhr-Universität-Bochum, the first university in the Ruhr area, was built amid green fields in 1965. Ten other universities and colleges, as well as the first home-study university and the only private university have in the meantime turned the former academic diaspora into a much sought-after local centre of learning. There are a 130,000 students here as compared with 450,000 for the Land as a whole. 25 years ago, there were only 10,000 students at only three universities.

Here we are at the station in Bochum-Langendreer. Why here of all places, you may rightly ask? Because we are near the Hellweg, the former military and trade road that kings and beggars once followed. The commuter trains in the Rhine-Ruhr public transport network stop here; it lies on route No. 300 for intercity trains; and it is near the B 235 leading from Wuppertal in the Bergisches Land to Münster in Westphalia. It passes over or under four motorways and runs parallel to three motorways at times. What a criss-crossing of roads and railways! The B 235 ist one of the few trunk roads running north-south and that is what makes it important. Besides: the No. 378 bus stops here on its way from Witten on the river

Ruhr. It will take me through Castrop-Rauxel, to the Emscher zone and Recklinghausen, the Vest, at the southern tip of the Münsterland.

Time for a sociographic interlude. Our road has taken us almost effortlessly from the »Rhenish« towns of Mühlheim and Essen to the »Westphalian« town of Bochum. Does the distinction between Rhenish and Westphalian really still exist in the Ruhr area? It does, somewhere. Yet even in 1957, Wilhelm Brepohl, professor of sociology and folklorist in Gelsenkirchen, wrote that »Rhenish-Westphalian ist not the sum of Rhenish and Westphalian; it is a completely new structure of a higher order.« That is another reason for travelling to Castrop by bus, for the local people are at their most natural when travelling by public transport. The historian Lutz Niethammer, a native of southern Germany who lives in the Ruhr area, confirmed that these people display the »cool, quiet self-confidence, straightforward friendliness and objective mutual cooperativeness« characteristic of the people in this region. There must be at least a grain of truth in Professor Niethammer's judgement. Every social investigation of the nation's opinions on the Ruhr area emphasizes the sympathy and friendliness shown towards the Ruhr people.

»I am a Westphalian through and through, born and bred in the Münsterland.« The words are taken from the book »Bilder aus Westfalen« (images of Westphalia) published in 1845 and written by Baroness Annette von Droste-Hülshoff. Whether or not you are educationally minded, there is probably no way round her, even if you ignore Hülshoff castle between Havixbeck and Roxel, as well as the Rüschhaus in Nienberge in which the Baroness was born and lived until she died. Many people consider her to be the most important German poet of the 19th century. The acuity of her Nature observations and her powerful imagination are attributes that brook no contradiction. Everything that her eyes saw more sharply and extremely than the people around her was faithfully recorded in her minute handwriting reflecting her loving attention to detail.

Baroness Droste described her region as a »strangely sleepy land« in those days. And now? It probably appeals to anyone with finely tuned nerves, to sensitive people who can hear the trees breathe, who are out in search of quietude and the pulse of a bygone age. That can certainly be found, like precious gems that would otherwise remain hidden in the plains over which our view can range at leisure and without obstruction. Over hedgerows and down the long shady tree-lined avenues. Without a car, of course. The lanes through »God's park« are narrow and »Westphalia's green pastures« can only be discovered on two wheels driven by muscle power.

The local people aptly call them »Pättkes«, an almost untranslatable understatement for lanes that are more than narrow. Most of these »little lanes« are tarred, like the access roads between farms. After all, which Minister would have dared to build on sand in the Green Plan for agriculture at the end of the fifties? Good roads and lanes were certainly built to link up the farms und fields, the villages and communes in those days. You could also say that the network of cycle paths has survived in the Münsterland, in contrast to other regions, while new features have been added to enhance the enjoyment of travelling down these narrow lanes between the rivers Lippe and Ems. There is nothing ironic about enjoying »glorious hours on the saddle of a bicycle«. It is not difficult to savour these delights. Bicycles can be hired from most of the hotels in the area and many also arrange »Pättkes tours« varying between one day and two weeks in length. There is just one thing that must not be overlooked: the saddle must be soft, otherwise you will (afterwards) only be able to stand or lie down while the mocking crowds sit around.

»Westphalian through and through = native of the Münsterland« according to Annette von Droste-Hülshoff. How do you describe a »Westphalian through and through«? Thick-skulled, sobre, down-to-earth with a sense of tradition, slow-witted and insistent? Baroness Droste differentiated the Westphalians still further: she saw the region's three primary colours as being the »coolness« of the Sauerland, the »God-fearing« native of the Münsterland and the »wildness« of the people in and around Paderborn. Caution is called for today, although it is an undeniable fact that the mentality of Westphalians is nothing like that of the Rhinelanders. It is a peculiarity of the region; ethnic and social developments never pass without trace.

Baron vom Stein, who spent his old age in Cappenberg Castle, found (160 years ago in passing) that »if you ask a Westphalian something, he would rather reply tomorrow than today, but if you ask a Rhinelander, he will reply before you get to the end of the question«. My friend Helmut has the patience of a gardener and the stern imagination of an architect, as well as being a Prussian. To illustrate the foolishness of being too general, he likes to tell the story of the »quick-witted« Rhinelanders and the »slow« Westphalians as they discuss a project: the quick-witted Rhinelanders immediately come up with a whole wealth of ideas, details and perspectives, difficulties and possibilities, while the slow Westphalians simply nod thoughtfully without uttering a word. Then they part company, the Rhinelanders and the Westphalians, but meet again some time later. The quick-witted Rhinelanders have worked out a specific program full of details and perspectives in the meantime and present these at the meeting while the slow Westphalians nod thoughtfully and finally point out »that's what we've been doing for the last four years...«

»Hellweg« ist the name of the tarred road and its kerbstone marks the border between two countries: on one side there is Suderwick, a suburb of Bocholt, on the other there is Dinxperlo in Holland. The border starts near the westernmost point in the Münsterland and runs north for 108 kilometres, zigzagging across fields and meadows, copses and woods, the way borders do in Europe. It is a superfluous border, as the people realized twenty years ago. Almost 90 German and Dutch municipalities joined together to set up the »Euregio« and pursue a practical policy of small steps. With that stubborn but subtle approach, they managed to cut huge holes in the border fence. There are now more than two dozen paths leading over the green border, from one neighbourhood to the other, on both sides of the fence.

We leave our bikes and return to the car for the journey from the western Münsterland to the Westphalian capitals. As usual, we take the country roads and regional highways instead of the motorways, for they lead through the country instead of bypassing it. Our destination is Gescher, a town famous for its bells. Gescher and bells are synonymous. The Petits and the Edelbrocks have been pouring bells since 1690, bells for the region and for the whole world. The exhibits in the bell museum are innumerable. And the words which Friedrich von Schiller cast in verse in 1800 are also a precise description of how bells are produced, then as now: »Soundly bricked up in the earth...« Gescher and bells: Schiller is everywhere.

You need at least 45 hours broken up into chunks of 4 or 8 hours each, a car and someone who knows the area in order to discover the 20 most attractive moated castles, country residences and manor houses out of more than one hundred dotted about the Münsterland. It would really be worthwhile to invest even more time, for time and patience are needed to discover the whole diversity of the ancient defences and keeps built centuries ago, the architectural peculiarities that are not only worth seeing but also quite remarkable and the representative residences of the Westphalian nobility. Nordkirchen Castle near Lüdinghausen, commonly known as the »Versailles of Westphalia«, is probably the best choice for all those content with a more amazed and extraordinary whiff of the past. Life is more fiscal and less courtly today, for the Finance Minister has turned the castle into a school for tax inspectors.

And then there is Ahaus Castle with its curious history: it started as the residence of a princely bishop, then became a tobacco factory before being used by the judiciary as a Local Court and now it is a vocational school. However, don't let the example put you off, for the wealth of attractions is much greater.

»To Warendorf to see the houses«: there is almost something categorical about the statement. To see the houses ... in an equine town! How do these two mix? Quite easily and in superb harmony. The majestic houses and facades are well preserved, although some date back to the 15th century. And then there are the horses, of course. The German equestrian nobility is represented here without exception. Noble and thoroughly purebred and so totally different from the wild horses kept by the Earl of Croy in the Merfelder Bruch near Dülmen.

There is not much that can be added to the words spoken, written and sung by generations of admirers: »One of the most beautiful among Germany's pearls...« The pearl in this case is Münster, the »metropolis Westphaliae« and without a doubt Westphalia's »capital«, as well as Westphalia in a nutshell. Time to recap.

For instance: here as in other regions, the farms either grow larger or close down altogether. So what can be done to stop the trend? The regional administration and the tourist authority in Münster have noted with some anxiety just how intensively the Münsterland is being rediscovered. Sales revenues by the tourist industry have already climbed above DM 1 billion with disproportionately high growth rates. One of the remarkable modern features is how Westphalia's »green pastures« are welcoming golfers who carefully and unobtrusively take their place in the countryside. Things are changing in the rural community! We have passed the time in pubs in which the silence is audible, savouring our ham and spirits or such regional delicacies as »Töttchen« (veal stew) and »Pfefferpotthast« (spicy beef stew). Pubs along the roads that the travelling merchants once followed, carrying their linen bundles throughout the land, the forefathers of the great textile mill owners who later settled in the western Münsterland.

There where the travelling merchants once rested, people now talk about all the finest things, about high tech, pollution control and diversification. Things are certainly not all quiet on the western front in Westphalia: we have seen what has survived for centuries and what has recently come to pass. We will continue our journey now, for Westphalia extends a long way to the north and to the south.

History has bypassed Preussisch-Ströhen and Schlüsselburg, but we can catch up with it in Ostwestfalen-Lippe, the most northerly region of the Land. The river Weser leaves North Rhine/Westphalia in Schlüsselburg and the Land comes to an end in Preussisch-Ströhen. This is where Lower Saxony starts. Ostwestfalen-Lippe is the incarnation of prehistoric times and antiquity and the signs are everywhere. There is the battle fought in the forests of the Teutoburger Wald, Hermann's monument in memory of Armin, leader of the Cherusci, and the Extern Stones. Wittekinds-Land is a permanent reminder of the Saxon lord Widukind who made Charles the Great fight three battles before conceding defeat and letting himself be baptized.

Ostwestfalen-Lippe was born out of stubborn political tenacity. After skillfully evading all incorporation attempts since the Middle Ages, including the foundation of the German Reich and the Congress of Vienna, the princedom of Lippe would have become part of Lower Saxony after 1945 had not one man put up a fight. So it was that Lippe was bestowed upon North Rhine/Westphalia by treaty. Heinrich Drake had prevailed; the first administrative president and the last Land president, his »heart was torn just a teeny bit to Lower Saxony«, but »his head was turned firmly towards North Rhine/Westphalia«. That is why the Land's coat-of arms includes not only the symbol of the Rhine and the horse of Westphalia, but also the rose of Lippe.

Lower Saxony is not far away and similar. The Westphalian gateway Porta Westfalica is open to traffic on both sides. The hydraulic engineers took the idea literally and led the Mittelland canal across the river Weser near Minden, building the largest bridge construction for shipping on inland waterways anywhere in Europe. The Weser waterway is more leisurely and Emperor William's monument looks down from the hills of the Wiehengebirge, »Westphalia's green crown«. The forest heights of the Teutoburger Wald and the hills of the Ebbegebirge are full of history and the long-distant past, not just Hermann and not the Extern Stones. Then there is Corvey Monastery near Höxter, the oldest Saxon Benedictine monastery where Hoffmann von Fallersleben is buried. »Unity, the rule of law and freedom...«

The geology of the region gives it something very special and precious: water, turning Ostwestfalen-Lippe and its health resorts into the »medicinal gardens« of the entire Land. The springs are innumerable although some of them have names: Alexander (von Humboldt), Jordan, Nessenberg, Gustav (Horstmann), Caspar-Heinrich, Kaiser Wilhelm, and, of course, Wittekind. The river Born which gave the town of Paderborn its name is an exception: although it is only four kilometres long, it is fed by more than 200 springs and emerges from the ground below the cathedral in Paderborn. That probably explains why a fountain named after the water god Neptune gurgles merrily below the eyes of the archbishop. It does not mean that the town succumbs to bacchanalian jollity on 23 July every year when hundreds and thousands of people come to celebrate the anniversary of St. Libori, the patron saint of the town and diocese. The four-day religious celebration is followed by five days of worldly revelry during which water is not the only liquid to flow in streams in Paderborn.

Wherever water flows and the wind blows, our forefathers built mills. There are well over a hundred scattered throughout eastern Westphalia, reason enough to trace a »mill road« running westward from Minden in the administrative county of Minden-Lübbecke. There are more mills here than anywhere else in the Land. 42 of the mills have been restored in the meantime, monuments bearing witness to the miller's engineering throughout its 1000 year history. And I learned that, in addition to windmills and watermills, there is also a beautiful horse-driven mill in Oberbauerschaft. An octagonal half-timber structure with a circumference of 40 metres and a gin for six horses inside. 6 HP to turn the grain into bread.

The museums between Lübbecke and Lippstadt admittedly have little to do with the temples dedicated to the museums (in Greece), for they are local or regional history museums, but does that make them any the less important? It must be remembered that »thanks to its objective and the civic sense invested in it from one generation to the next, such a museum play a decisive part in giving a person roots in the area in which he lives« (Federal President Richard von Weizsäcker). It is the chronicler's duty to point out that these words were spoken during the 150th anniversary celebrations for the Lippisches Landes-Museum in Detmold, but that does not detract from their general validity in any way.

These towns in Ostwestfalen-Lippe! They have a tendency to call themselves »young old towns« or something similar. In other words, the eye must pierce through the wrapping to the very core. Take Bielefeld, for instance, the metropolis of Ostwestfalen-Lippe. Certainly a town of central importance and an economic centre. Reformed university, laundry capitals, bicycles, machines of every kind — and Oetker, Dr. August Oetker, the pharmacist who invented baking powder in 1890 helping both cakes and of course the Oetker family to rise. Or Herford with its furniture, Gütersloh and the media, Bünde and cigars or Paderborn and morphine, discovered in 1803 by another pharmacist, Friedrich Wilhelm Adam Sertürn. Or Paderborn and computers. They are all geared to the future and never tire of talking and writing about it, as well as working towards it. They are all modern, but they have all retained one thing: their history. It is usually only revealed in the innermost centre preserving the strength on which modern life thrives.

And so we come full circle: the »thoughtful and slow« Westphalians need to be wooed. It takes time for them to accept strangers. As the newspaper »Westfalen-Spiegel« noted, it is »one of the most remarkable facts here that no-one ever makes a to-do of anything, no matter how interesting it might be, and least of all of themselves.«
The single-engine plane takes 25 minutes to cover the 70 kilometres between the regional airports of Paderborn-Lippstadt and Dortmund-Wickede. The flight across the country reveals a larger horizon. Below us, the old and new highways: the Hellweg and the motorway. The seemingly never-ending fertile plains and the corn fields. Soest appears on the horizon with the spires of St. Patroklus and St. Peter, the Wiesenkirche and Hohne churches. The border between two landscapes follows on the left as the North German plain, with the Münster Bight, the Lippe valley and the fertile Soest plain come to an end, the central German foothills with the Arnsberg forests and the Sauerland starting on the other side. The Haarweg traces its way along the heights, one of the »ancient Westphalian roads«, according to the dramatist Erwin Sylvanus of Soest, who took it as an example of how »the features of the land can still have a decisive influence on everyday life«.

Huge flat buildings sprawl between Werl and Unna, unmistakable signs of new activities. Distribution centres, logistic centres and service centres comple-

ment one another near the dominant motorway junction in Kamen, outside the gates of an economic centre with more than five million consumers. The investments have already climbed to a quarter of a million Marks.
Like roughly a hundred thousand other passengers last year, we have arrived in Dortmund-Wickede, the most easterly point in the ellipse described by the Ruhr area.

It was a hot evening in June 1985 when Günter Samtlebe (SPD), Lord Mayer of Dortmund, spoke the words: »And then you will all say that the reds have bet on black and won.« The occasion was the opening of the first, initially disputed, casino in the Ruhr area. And the First Man of the old Hanseatic and steel town was proved right. The Hohensyburg casino attracts visitors like a magnet and is at the same time a source of stimulation. Dortmund's Technology Centre was established in the immediate vicinity of the university at almost the same time. It was this centre set in green fields, and above all the manner in which it was established, that launched the start into the Ruhr area's second future. The standard answer to the question why would you visit Dortmund is still beer, Borussia (football team) and Bundesgartenschau (national botanical exhibition). The »Westfalenhalle« is a sports and television show arena which, together with the football stadium »Westfalen-Stadion«, attracts more than five-and-a-half million visitors every year. And they don't just come once. Many of them come roaring up the A 45, the Sauerland motorway, filling three lanes as they head north.

It is a well-known fact that Westphalia abounds in curiosities. Some are familiar, some are expected and others have to be discovered.
This one belongs in the third category. The Sauerland is made up of two parts: one belongs historically to the Brandenburg March, the other to the Electorate of Cologne. The first part is known as the »Süderland«, the area south of the Ruhr, extending from Dortmund through Hagen and the »gateway to the Sauerland«, framed by the hills of the Lennegebirge, the upland plain of the Bergisches Land and the hills of the Ebbegebirge. It is a hilly region and when the winter comes and snow falls, the Sauerland becomes winter sports land. And since winter only puts in a brief appearance, if any at all, there is at least an abundance of summer freshness.

Take Schmallenberg for instance: this community of 83 villages and hamlets covers the largest area of any municipality in the Land. Three climatic health resorts and one hydrotherapy resort. 7,500 beds in 30 hotels (half of which naturally have their own indoor swimming pool), 65 guesthouses, 360 bed-and-breakfasts, 450 holiday apartments, three indoor swimming pools and two outdoor pools, as well as one pool with wave movement. Schmallenberg is a typical and outstanding example.
The Sauerland is not a region of big cities. The hills are important, along with their valleys, the villages and hamlets, for small is beautiful.
That has always been so. Legend has it that when God created the first »Märker« (person living in that part of the Sauerland belonging to the Brandenburg March) out of a knotty old oak, of course, his first words were: »Dear God, where's my little factory?« The »little factory« is a very poor equivalent for the »Fabriksken« that form the economic backbone of the entire region. There are more than 450,000 such »little factories« and their importance is almost inconceivable.

Sauerland, Hochsauerland: the low-lying areas and the hilly upland areas. There more than 22,000 kilometres of footpaths for hikers, all signposted and marked with the cross of St. Andrew and diamond symbols on trees and fences. No-one can lose their way, thanks to the work of the SGV, the Sauerländischer Gebirgs-Verein, the regional hikers and mountaineers association. Anyone who follows the marked paths will never be led astray, although they may be led underground, into Westphalia's caverns. The stalactite caverns were formed when a tropically warm ocean spread throughout the region more than 370 million years ago. Over 100 such caverns have already been discovered, taking us back in time, to the Earth's formative years. The Attahöhle near Attendorn, the Balver Höhle in the Hönne valley and the Dechenhöhle in the Lenne valley are just some of the caverns that are now open to visitors.

The people in Siegen say that the Land has three corners, namely where it meets Hesse, the Rhineland-Palatinate — and Westphalia. The latter comes as a surprise, while the other two are evident from the map. What is not evident is that the Siegerland, the »land of iron« and the home of Wieland the blacksmith (according to legend), was originally part of the Hessian princedom and ruled by the House of Nassau-Siegen. It only became part of Westphalia in 1861. That is history, but it is not forgotten.

A wiredrawer in the Sauerland is precisely that and nothing else. Woe to anyone who thought otherwise. This difficult craft has been a source of work and income since the 14th century. Their descendants are now sometimes called the »Swabians of North Rhine/Westphalia«, but it is not meant unkindly (the Swabians are renowned for their hard-working, thrifty way of life). These people are full of new ideas and clever, lighting the way for Germany and the world. Nowhere else in the country are so many lamps designed and produced as in the area around Sundern, Iserlohn and Neheim-Hüsten, also known as Arnsberg 1. Fire extinguishers and sailing yachts, stockings and »political« seats are produced here. When the German Bundestag assembles in the parliament hall, the delegates take their place on armchairs produced in the Sauerland.

Let me say it again: Westphalia is large. Münsterland and Lipperland, Sauerland and Siegerland, Ostwestfalen and Südwestfalen. It is a region rich in history and stories. One is more than 600 years old but it is still strangely attractive. Arnsberg has been the regional centre of government since the Middle Ages and still is. The men in power were once Counts, Electors and bailiffs; now it is the administrative president. Money is the only thing that was frequently in short supply. That is why the last Count of Arnsberg transferred or perhaps sold his land to the archbishopric of Cologne, transferring part of the Sauerland to the Electorate of Cologne. No-one tires of recalling that fact, particularly if he is a refugee from the Rhenish carnival and has headed for Attendorn to celebrate carnival there.

To be precise: our Rhine-land, our Rhine tour, starts at the southern edge of Bad Honnef. The border between North Rhine/Westphalia and the Rhineland-Palatinate runs from east to west, then north through the middle of the river for three kilometres before describing a sharp bend and heading south. Rolandseck and Rolandswerth thus remain on the left bank and in the Rhineland-Palatinate. Dahlem, the antipode to Preussisch-Ströhen in the northeast, lies pretty exactly 53 kilometres to the southwest as the crow flies. It is the most southwesterly municipality on the Land's 291 km longitudinal axis. If we then head another 53 kilometres northwest, we come upon Aachen at the other end of the »Eifel treasure«, the wonderful countryside of the Eifel region. Gems are rarely found on the market for precious items: they are normally hidden away and treasured in silence. Precisely that was also the fate of the Eifel region, a »gem of particular importance«. In the meantime, however, it has undergone a truly remarkable development. The formerly remote, isolated region has become a recreational centre for the people working and living in Aachen, Bonn and Cologne, but without losing any of its original nature.

The old imperial capital Aachen is frequently described as »sparkling variety: sprudelnde Vielfalt, source pétillante de diversité, sprankelnde Veelvoud«. Such announcements in three or four languages are not a show of conceit in Aachen: they are a necessity, for the road to Europe leads through Aachen. The imperial cathedral and the city hall represent 1100 years of history: the centre of Charles the Great's empire and the city in which the German kings were crowned. Ever since 1950, the Internationaler Karlspreis has shown the way to Europe's future: it is awarded to those who help to pave the way. By the way: Aachen is also known as Bad Aachen, but the balneological attribute is normally ignored. And that is why Aachen, the city with the two a's at the beginning and the town famous for its spicy cookies — the »Printen« — continues to head the list of German cities. A tale triggering a smile of amusement that is not without deeper significance. Like the »Orden wider den tierischen Ernst«, an award that is always accepted willingly. Modern heads of state plunge into the crowds in Aachen today as kings once plunged into the city's baths.

There are 396 town and municipalities in the Land, including 29 cities. Some of them have added an explanatory prefix with the singular title »the...«, such as »the metropolis« or whatever. There are around a dozen or so such cities. But there are only two capitals in the Land in 1990: the Land capital Düsseldorf and the national capital Bonn (at least for the time being). Cologne lies halfway between the two. Not a few of the Cologne people found that a poor joke of world history, but their attitude is now becoming more and more relaxed.

Bonn in early summer 1990. Not a trace of any impending »depression«. The capital's worries have made it restless. »Bonn will preserve what it has.« The words were uttered in 1989 as Bonn celebrated its 2000th anniversary and they really meant the »human dimension« distinguishing the city from others with a population of one million or more. That was all that the words symbolized. At that time. But then in the midst of the uncertainty about the future, there came the news that Bonn's significance would have to be reconsidered. Its significance in Roman times: for the city where government now conducts its business was once a wealthy Roman village with luxurious houses and furnishings. But that is all history. When our heads of state require representative luxury today, they turn to Brühl and the palace of Schloss Augustusburg designed by Balthasar Neumann for the Elector Clemens August. Names and images broadcast into every home in the country year after year by the television companies. The big wide world at court, the court of North Rhine/Westphalia, its present-day owner.

»That's the thing about Cologne: you arrive and you're there.« This profound statement by the city's professional promoters is perhaps astounding, at least at first glance. But that is also their intention. A second glance, however, shows why it is sometimes so difficult to shake off clichees. »You arrive«. Sure. Cologne has always been right in the middle of the road to everywhere. In the Middle Ages, the people of the city built the largest fortifications anywhere north of the Alps, but ever since the sixties the city has been encircled by a motorway ring and seven motorway junctions provide access in all directions. It could almost be America. And a thousand trains stop at Cologne station every day. So you arrive. And then »you're there, you're at home«. Why? Being at home means not feeling a stranger. And who feels a stranger in Cologne? The twin Gothic spires striving heaven-wards, its unique cathedral, the Rhine promenade with the attractive houses in the old part of the city, the expanse of the river, the eight bridges and 2000 years of history: marvellous and presented with utmost precision, in the Römisch-Germanisches Museum, the museum of Roman and German history. Culture: the new Philharmonic Opera House, underground but not concealed. An example of city views that is somewhere between honourable and merry. The Cologne trio: its cathedral, its river and its carnival... That is how the world sees Cologne. A clichee. Naturally. But a familiar one and that is why »you're there, you're at home«. The other Cologne, the one hidden behind the clichee, is an economic and industrial centre. Take, for instance, its trade fairs and its media. More than a million people come to the trade fairs every year. And as for the media: there are five radio and television companies broadcasting their programmes worldwide — from Cologne. Or the Big Three: automotive engineering, banking, chemical engineering. Outside the city gates, in the west, the opencast mining district, literally one of the largest industrial projects of the present day. It is a project changing the face of the countryside and the lives of the people who live(d) there. The landscape is torn apart, the people displaced, the coal extracted and the land recultivated. With all the concomitant consequences. Or the chemical and petrochemical industries, their »flaring« hallmarks encircling the ancient cathedral city from Wesseling in the south to Leverkusen in the north. And the whole complex, old and new, the city and its environs, everything is interlinked by a mesh of motorways and the river.

Downstream from Cologne, the Rhine primarily becomes a means of transport. The river's romance ended somewhere near Bonn, the everyday reality of shipping economics determining its course from here to the end where the Rhine becomes the Dutch river Waal and flows into the North Sea. Eleven tributaries, including two canals, flow into the river before the Rhine reaches the border. One tributary is a sewer and anothere gave the region its name: the

Ruhr. But only one acquired literary fame: »The Wupper« by Else Lasker-Schüler. The river Wupper is the central axis and main artery of the Bergisches Land extending from the river Ruhr in the north to the river Sieg in the south, from the river Rhine in the West to Westfalen in the east. It is an upland region made up of three constituent parts: the Bergisches, the upper or Ober-Bergisches and the lower or Nieder-Bergisches. And although the German word Berg means hill or mountain, the region owes its name to the Counts von Berg, the masters of the former Duchy of Ravensberg-Jülich-Berg. Schloss Burg, the castle high above the Wupper, and the monastery cathedral in Altenberg are fixed points in regional history, well preserved in the hearts of the local people. Their independence — some would even say their wilfulness — has been recorded in historical documents, their claim to personal liberty remains unchanged and the diversity of the Protestant religious communities remains undiminished. Not a few of the leading men and women in our state and society are the sons and daughters of preachers from the valley of the Wupper.

Fertile soil has always been something rare in the Bergisches Land and that is why probably why it fed the energy and courage to set out and discover new horizons. It is a force symbolized by names that became famous far beyond the region's borders. The Mannesmann brothers with their seamless pipes, the physicist and Nobel prize winner Wilhelm Konrad Röntgen who discovered the X-rays which henceforth bore his name, the chemists Friedrich Bayer and Carl Duisberg, the factory owner Friedrich Engels who wrote the Communist Manifesto together with Karl Marx, the archaeologist Wilhelm Dörpfeld and the privy councillor Ferdinand Sauerbruch who quite probably used surgical instruments made in Solingen in his operating theatre. Reporting on anything new about the suspension railway would be like carrying coal to Newcastle or lock and key to Velbert.

Back to the Rhine and the start of our second Rhine tour. This time, our destination is Düsseldorf »on the Rhine«. The locals attach great importance to the suffix and not without good reason. Surveyors have ascertained that the river flows through and round the city over 42 kilometres of its length. The first thing to catch our eye is Benrath with its palace, Schloss Benrath, built in rococo style in the second half of the 18th century. It only became one of Düsseldorf's gems after the municipal reform of 1929. The figures are characteristic, showing that Düsseldorf is one of the youngest cities on the Rhine. Its age is less than half that of Cologne or Bonn or even Neuss, the town founded by the Romans on the other side of the river. The cathedral of St. Quirinus in Neuss is probably one of the most unusual and important ecclesiastical buildings of the 13th century. But Düsseldorf is the capital of the Land as decreed by the British occupying forces in 1946. Something like a »dress rehearsal« was held roughly 400 years earlier, when the masters of Berg ruled the Duchies of Jülich-Kleve-Berg from here and from Kleve. However, Düsseldorf is not just the capital city, it is also »a strong economic centre, international, with the Rhenish joy of living«. I have picked on »international« and the claim is perhaps justified: more than 3,000 foreign companies have established offices here, including over 300 Japanese companies. This is Japan's base in and for Europe. And what abouth the 170 bars, discos, rendezvous and restaurants from 15 countries. The »longest bar in the world« is 1,000 metres long and 500 metres wide; it reconciles people of every social class and every nationality: the city's old district, the hospitable friendly mile. Right next door there is the city's most splendid mile (or more accurately also 1,000 metres): the Königsallee, the Kö, the window on the city. Perhaps its central point? It is certainly a mirror in which people like to look, a little vain and self-confident. It is the street for all those who want to see and be seen. Big wide world and demimonde with a distinct taste for the pleasures of luxury. And the longest catwalk in the fashion centre. The flair of a world metropolis, with art and culture. Gründgens, Beuys, Kom(m)ödchen, names standing for the range of artistic and cultural events offered in Düsseldorf. Even today. Back to the Rhine, through the old part of the town, past the »Ürige«. No, not past it, for the »Ürige« brewery and beerhouse is unique, like the people who frequent it.

Continuing down the river towards Duisburg, thinking about the Niederrhein. What is it? An area bordered by the metropolitan area of Cologne and Aachen in the south, Holland in the west and north, the Bergisches Land, Ruhr area and Münsterland in the east. It is neither a province nor a »region« nor a district, nothing tangible in a political or administrative sense. There are parallels with the Ruhr area in that respect. It is just a landscape. And the further northwest you go, the flatter the land becomes. Flat plains as far as the eye can see, a sky virtually without a horizon. And willows. Everywhere. In the south and southwest: Krefeld and Mönchengladbach. Velvet and silk. The great silk barons belong to the past, but the textile trade belongs to the present. I look down at my tie: it was made in Krefeld, one of the ties making up the 80% of German ties manufactured in this town. And special steel. Mönchengladbach, the largest town in the Niederrhein on the left bank of the river, an economic centre between the rivers Rhine and Maas. Flowers from Straelen and asparagus from Walbeck. That is the Niederrhein on the left-hand side of the river. On its right lies Duisburg.

Great care is essential when entering the world's largest inland harbour from the most heavily frequented inland waterway in Europe. A precise knowledge of the area and great discipline are required in order to navigate through a system of 19 docks and 14 other industrial docks in the city area. From the inner harbour we can proceed directly to the city hall. Steiger Schwanentor, the city gate. Disembark. Burgplatz. Mercator Fountain in honour of Gerhard Kremer, the man who called himself Mercator and developed a projection on which the accurate navigational charts have been based for the last 400 years. Lehmbruck Museum. Memories of the city's two great sons. Duisburg and water: this is where the river Ruhr flows into the Rhine, where the Rhine-Herne canal links the West German canal network with the river and the sea. A vital crossroads — and not just for shipping. Five motorways crisscross the city, connected by four motorway junctions. One is known far beyond the region, the spaghetti junction Duisburg-Kaiserberg.

But Duisburg is more than just a crossroads between Ruhr and Rhine: it is also the western pillar of the mining district and the most northerly point on the Rhine axis. The »most difficult city in Germany«, as the administrative president in Düsseldorf described it in 1978. Duisburg is the centre of the iron and steel industry. Every tremor in the industry causes the whole city to shake... Things are looking up at the moment. But then Duisburg is probably also the most courageous city, as it proved in the summer of 1989. Instead of going to Brazil, almost 3,000 students from 90 countries came to Duisburg for the 15th Universiade, a sports festival organized on the spur of the moment with the support of the Land authorities and the Initiativkreis Ruhrgebiet, the industrial interest group for economic development of the Ruhr area. Sport is by no means a foreign word in this Land, considering there are almost 19,000 sports clubs, 36,000 sports centres (stadia, gymnasia, etc.) and four million active sportsmen and women.

The Frankfurter Strasse in Dinslaken is only just 15 kilometres away from Duisburg harbour. The Rhine is not far away. And there is another river which flows into it. No hymns of praise are sung about thinks stinking river which has to handle 1.7 billion litres of wastewater every day. Encased in a bed of steel and concrete, the river Emscher flows through the heart of the Ruhr area, from Bergkamen in the east to Duisburg. A vision of a new and better landscape is to be realized here within a decade. The vision: the Emscher zone is the most densely populated part of the Ruhr area and measures 803 square kilometres in size. It is to be economically, ecologically and socially rejuvenated by the year 2000. The countryside in the heart of the Ruhr area will have changed by then, as landscaped parks linked by a network of cycle paths and footpaths spring up along the river Emscher and the Rhine-Herne canal. The Emscher system with its tributaries will be ecologically improved and renaturated. With the withdrawal of the coal, iron and steel industry, the Rhine-Herne canal will cease to be the main route for transporting coal and ore, its banks recaptured by people, animals and plants. A new leisure and adventure zone is being built up. A long-distance footpath from Duisburg to Bergkamen weaves its way through the scenic fields bordering the canal, past the Zollverein mine in Essen-Katernberg. The mine is an industrial monument of European importance, unrivalled anywhere on the continent. It is one of the witnesses and cultural pillars of the region's history. On to Gelsenkirchen and the World Trade Centre Park; to the old industrial dock »Frederick the Great« in Herne. It has become a marina, the home of yachts and speedboats, with hotels and flats, a recreational park. »Reconstructing a landscape« is more than just providing recreational facilities. It also means working in the park. There are 50 such parks for services, sciences and industry. Visions. And what about reality? The Land government gave the project its go-ahead in May 1988 and the »Internationale Bauausstellung Emscherpark GmbH«, the international Emscher park construction exhibition, was founded in December. Since then, 400 architects, companies, landscape gardeners, interest groups, citizens action groups and the 17 towns and counties in the Emscher zone have submitted specific project proposals to the IBA planning company in Gelsenkirchen. Those projects which are to be realized are financed from public funds, by the municipalities and the Land. Around DM 3 billion will be »mobilized«, public funds and private investors each providing roughly half the total sum. In 1984, the historian Lutz Niethammer wrote that »the blue sky above the Ruhr area is only a benefit while it is still possible to work on the river Emscher«. As well as working, I would add »and to live« and I think we are on the way to achieving that. Now.

Back to the Rhine, 845.1 kilometres from its source, on the right bank, 12.6 kilometres from the border: the river leaves the Land and the country to the west of Hüthum.
This is where the visitor will find something singular about the Niederrhein — if he is looking for such a thing: an island in the Rhine. Measuring almost 300 hectares in size, with an island hotel, six farms and 13 families. And a bridge across the old Rhine arm encircling the island: Grietherort.
On the other siede, there is Grieth with the fastbreeder in Kalkar, a monstrosity of the nuclear age, further upstream and Emmerich with Elten-Berg further downstream.

Time to reflect on a tour of the Rhineland and Westphalia. The most striking feature is that in spite of its youth (less than 50 years old), North Rhine/Westphalia is a land full of history. There is hardly a municipality without some kind of history. And although history cannot provide any ready-made solutions for action to be taken today, nor for tomorrow's plans, it can be helpful when it offers a stock of experience to draw on and does not limit itself to a summarizing retrospective. Take the Ruhr area, for example: history is not suppressed, the people stand with head held high, their feet firmly in the present. It is now the centre of experience, a vital laboratory of social and economic change, a workshop for changes in the industrial age.
I once read about the »need to activate the industrial potential of the Niederrhein«, the need to stabilize the economic basis in the Müsterland, Sauerland and Eifel region. We must keep our eyes open and our attention tuned if industrial development is not to be followed by a reconstruction of the landscape.

The driving force of technology and calculating rationality are everyday realities. They may be primary forces, but they are not an end in themselves. People have a greater awareness and appreciation for leisure and recreation that they determine themselves. Art and culture are more than simply aesthetic categories and the Land's cultural diversity is correspondingly large. It is one of the five most densely populated cultural regions in the world. Another characteristic point.

The Land's heartbeat is rhythmical and quiet this summer. It seems well balanced.

Choses et gens, entre Rhin et Weser

Ce Land qui s'étend entre le Rhin et la Weser, est d'une diversité saisissable. Son centre géographique se situe sur la ligne de partage entre Dortmund, Herdecke et Witten. Pour être plus précis, il se trouve très exactement sur la route «Auf dem Schnee» (sur la neige), près de l'autoroute A 45, qui mène à Francfort.

L'axe longitudinal du Land va de l'Eifel, au sudouest, jusqu'à la Westphalie orientale, soit 291 kilomètres. Le géographe compte 260 kilomètres entre le Sauerland, à l'est et le Rhin inférieur, à l'ouest. Du point de vue topographique, chacun y trouvera ce que son cœur désire: plaines, grands espaces, collines et montagnes. Des rivières et des fleuves. C'est du sud au nord que, comme une demi-lune en son croissant, les zones paisibles s'étendent autour des agglomérations industrielles débordantes d'activité. Le Land est à la fois rhénan et westphalien, bergisch-märkisch et lippisch. Ses diverses composantes sont inégales et ses traditions diverses. Et pourtant, c'est là un Land.

La population du Land — tout juste 17 millions — est constituée de Rhénans, de Westphaliens, de Sauerländer et de Siegerländer, de Märker et de Lipper, d'Eifeler et de Niederrheiner, etc, etc. Après la guerre, 3,6 millions de réfugiés et de personnes déplacées ont trouvé ici une nouvelle patrie. Puis vinrent les Espagnols. Et les Yougoslaves. Et les Grecs. Et les Turcs, etc, etc. C'est dans la Ruhr qu'on le voit le mieux: les gens, ici, ont appris très tôt à s'adapter à d'autres conditions de vie, à accepter ce qui était étranger, sans pour autant perdre toutefois leur identité. Un trait de caractère que l'historien se plaît à décrire comme étant spécifique de la Ruhr. C'est là une tradition qui ne le cède en rien à celle de Rhénanie et de Westphalie.

Le trait d'union est un signe de ponctuation international. Dans la langue allemande, il sert essentiellement à expliquer des mots composés dont le sens resterait autrement mystérieux. Lorsqu'au début de l'été de 1946, les Britanniques, puissance occupante, fondèrent ce Land, ils eurent besoin de deux traits d'union pour «North-Rhine-Westphalia». Un seul suffit, pour la traduction allemande. Mais ce trait d'union là porte un nom, a de l'envergure et du poids. Le «trait d'union» entre les parties rhénane et westphalienne du Land, c'est la Ruhr. Et l'histoire nous apprend qu'au 19ème siècle déjà, une communauté rhénano-westphalienne commença à se développer, soudée par la Ruhr. Les techniciens pourraient à juste titre faire d'elle une sorte d'embrayage, dont la fonction est bien d'établir une communication.

Le Ju 52 de la Lufthansa date de 1936. A l'intérieur, on s'entend à peine parler mais, par contre, il vole tout doucement... et bien bas. Deux avantages. Notre survol de la Ruhr, à 180 km à l'heure, va donc être plutôt lent. Laissons derrière nous toute fébrilité. Notre vol se déroule au cours de l'une de ces journées du printemps finissant inondées de soleil. Notre itinéraire va d'ouest en est, comme l'ancien Hellweg, conduit d'Essen à Dortmund, puis bifurque vers le nord en passant au-dessus de la Haard, pour revenir à Duisbourg, via Lippe et Emscher.

Je connais tout ce que je vais voir d'en-haut, je sais combien les paysages de la Ruhr sont verts et à quel point les choses paraissent petites, vue d'une altitude de 600 mètres, et aussi comme il est difficile de distinguer l'agitation qui règne en bas. Je vois donc ce que je connais depuis longtemps, mais n'en suis pas moins fasciné et pense à nouveau qu'on se rend certes facilement compte des changements radicaux connus par la Ruhr, lorsqu'on la découvre de près, qu'on y vit. Vu sous cet angle, cela est encore plus frappant.

C'est l'époque de la floraison des champs de colza. On dirait qu'à l'infini, des foulards d'un jaune éclatant ont été déposés sur le vert du paysage. Entre eux, de grandes villes: Essen, Bochum, Dortmund —

«en bas», leurs imbrications diverses les font se mélanger. Vues «d'en haut», elles ne sont plus que des îles, dans l'océan des champs, des prairies et des bois. Nous tournons vers l'ouest, franchissons les minces rubans formés par la Lippe, l'Emscher et les canaux, pour mettre le cap sur Duisbourg. Le long de ce chemin, surgit alors de la brume ce qui, autrefois, donnait son empreinte à la Ruhr: les hauts-fourneaux, les chevalements de mine, les cokeries, les témoins de l'industrie lourde, la zone d'Emscher. Souvenirs d'autrefois... Pour combien de temps, encore? En l'an 2000, la vision concrétisée par les planificateurs dans «l'Exposition internationale d'architecture», devra être devenue réalité et ce paysage aura, lui aussi, changé de visage. Le projet porte le nom de «Parc d'Emscher». Le mot «parc» sera pris à la lettre.

Les guides de voyage de Baedecker ont bonne réputation. Ils sont corrects, intemporels et précis jusque dans le moindre détail. Karl Baedecker écrit dans la préface de son «Guide de la Ruhr»: «pour de multiples raisons, le temps semble être venu d'adjoindre cette imposante contrée aux régions touristiques connues depuis longtemps. Son économie poussée, ses diverses interconnexions commerciales et son réseau de communication sont sans pareils en Europe.
On ne sait pas non plus assez à quel point sont étonnamment nombreuses les curiosités de grande importance culturelle et historique. Enfin, la région dispose de charmants lieux de repos et d'excurison qui ne le cèdent en rien à ceux d'autres régions».
Ce texte date de 1959. Il est aujourd'hui tout aussi valable qu'il y a trente ans.

Parmi les gares de ce Land, il en est une marquée du sceau de la singularité. Elle se trouve en effet sur une île, ne possède ni voies, ni quais. Il s'agit d'une gare fluviale, de la gare fluviale de Mülheim an der Ruhr. C'est à partir d'ici que nous allons entreprendre notre excursion sur la Ruhr. Nous allons voguer sur les eaux de ce fleuve, dont le cours, entre sa source dans le Sauerland, et le Rhin dans lequel il se jette, est long de 235 kilomètres, les derniers d'entre eux étant navigables depuis plus de 200 ans. En 1850, la Ruhr était la voie fluviale européenne numéro 1 et 7 000 navires transitaient chaque année par la gare fluviale de Mülheim et par son écluse. Cette gare est aujourd'hui le port d'attache des bateaux-mouches blancs de Mülheim. Et il se dégage de cette 'gare' une atmosphère bien particulière. En saison, les bateaux y circulent de manière régulière, constituant, sur l'un des cours d'eau les plus charmants d'Allemagne, un service de transports publics.
Le fleuve donne son empreinte à la ville. Sur 14 kilomètres, il la traverse du sud-est au nord-ouest, passant pratiquement en son centre, devant la Mairie. Il est partie tout à fait intégrante de la physionomie de la ville. 'Tout simplement sympa!', c'est en tout cas le slogan que Mülheim an der Ruhr a choisi pour se présenter. Non sans raison. Cette 'ville à la campagne' est un lieu de résidence privilégié de la Ruhr.

C'est par le sud-ouest que nous nous approchons d'Essen, par la voie des eaux. Nous passons sous le pont routier métallique le plus long d'Allemagne, qui enjambe la large vallée de la Ruhr sur 1 kilomètre 800 et sur lequel passe l'autoroute A 52, plus court chemin vers Düsseldorf pour les automobilistes des secteurs est.
A Kettwig, les différents niveaux d'eau nous obligent à changer de moyen de transport et à poursuivre notre route vers Werden sur un bateau d'Essen. Une voie navigable qui serpente entre bois et prairies. A gauche et à droite, des brasseries en plein air. On se demande où l'on est vraiment. Dans la vallée du Neckar, dans l'Altmühltal? Non! Nous sommes sur la Ruhr, et ce sont bien ses rivages! Les écluses d'Essen-Werden. Il va nous falloir franchir une différence de niveau de 20 mètres, passer le seuil du Mittelgebirge, 'monter' dans le Schiefergebirge rhénan. La pression de l'eau élève notre bateau jusqu'au niveau du lac de Baldeney: la Ruhr, retenue sur une distance de 9 kilomètres. A la station «Hügel», nous débarquons. Quelques pas et nous voilà au pied de l'un des deux «sommets» d'Essen. Un chemin nous conduit à la Villa Hügel, symbole du mythe dont fut de tous temps entouré le nom de Krupp. Résidence des Krupp de 1873 à 1945, puis poste de commandement des autorités alliées de contrôle du charbon, la Villa est devenue, depuis le début des années 50, un centre culturel prestigieux dont la fascination a toujours quelque chose à voir avec le nom de Krupp.
Le second de ces sommets, celui qui dépasse tout, à Essen, c'est la Mairie: avec ses 119,31 mètres, la plus haute de République fédérale. Il y a longtemps déjà que les moqueries que provoquait ce monument ont

cédé la place au respect qu'inspire le plus jeune des théâtres construits en République fédérale. D'après un projet de l'architecte finlandais Alva Aalto et datant de 1959 (!), a vu le jour un Opéra de 160 millions de DM qui, depuis son inauguration, le 22 septembre 1988, est (pratiquement) toujours plein.

Un autre nom est, lui aussi, objet de curiosité: celui de Folkwang. Il pare et oblige le Musée, au cœur de la ville, tout comme l'Ecole Supérieure de Musique, d'Art dramatique et de Danse dans son domicile, et la vieille abbaye bénédictine dans le district de Werden. L'ancienne église abbatiale de St. Ludgerus appelle la comparaison avec la Cathédrale, l'un des plus anciens monuments chrétiens d'Allemagne. Elle est depuis 1959 le siège de l'évêque de la Ruhr, que le Pape a honoré de la pourpre cardinalice. La Cathédrale est située au coeur de la ville, dans la zone piétonnière, la première du Land. Avant de quitter Essen, jetons encore un regard dans la Schinkelstrasse, à la limite est de la City. Des maisons bourgeoises entourées de jardins. Rien de spectaculaire. Mais Gustav Heinemann, l'un des trois Présidents de la République fédérale à avoir été appelé de Rhénanie-du-Nord-Westphalie aux plus hautes fonctions, a habité ici. Heinemann a succédé à Heinrich Lübcke et précédé Walter Scheel. Trois hommes de Westphalie, de Rhénanie et de la Ruhr.

Mais la Schinkelstrasse ne renferme pas que des souvenirs. On ne se borne pas ici à «peindre» de manière visionnaire l'avenir du district, on participe à son élaboration. C'est ici que le 'cercle Ruhr d'initiatives en faveur de l'économie allemande' a son bureau. Un exemple parfait de cette formule magique de l'avenir: 'public-private-partnership', c.à.d. une coopération de l'économie, des sciences, des communes, du Land et de la Fédération. Plus de 50 industriels, managers, patrons du secteur économique issus de toute la République fédérale, se sont réunis et donné pour slogan: «Nous autres, des bords de la Ruhr, unis pour aller de l'avant». C'est là un engagement remarquable et impliquant des investissements financiers. Leur but déclaré est d'intensifier la croissance de la nouvelle Ruhr, de la faire connaître dans le monde et de faire disparaître les vieux clichés. L'accent est mis sur l'investissement et la documentation, ce qui est le cas pour l'économie et les sciences, le sport et la culture. La Ruhr compte aujourd'hui déjà plus de salles de concerts et de théâtres que New York, par exemple, possède seize orchestres professionnels, cent trente musées. Dans ce domaine, la Ruhr ne craint pas la comparaison. Et il faut que ca se sache «à l'extérieur». Le 'Cercle d'Initiatives' a financé et présenté au cours de l'été de 1990, le second «Festival de piano de la Ruhr», déjà, qui a proposé 62 concerts dans l'ensemble de la région. C'est Jan Thürmer qui assure la direction artistique de cette entreprise. La fabrique de piano-forte Ferd. Thürmer est située à Bochum, près du Théâtre municipal, au riche passé.

C'est en voiture que nous sommes arrivés à Bochum. Nous avons suivi la A 430, l'ancienne Reichsstrasse 1. Ses 1 000 kilomètres reliaient autrefois Aix-la-Chapelle à Königsberg. Dans la Ruhr, elle s'appelait la «Voie rapide de la Ruhr», avant de devenir la B 1. Mais les gens d'ici l'appellent la «Voie lente de la Ruhr». Et non sans raisons!

Nous sommes passés, lors de notre voyage, devant la sortie 'Stahlhausen', qui rappelle de manière fort claire que Bochum est aussi le lieu d'implantation de l'acier Krupp. La sortie 'Ruhrstadion' nous aurait rapidement conduit au stade de football et au 'Starlight-Express', la comédie musicale sur patins à roulettes. Un investissement pour la région, là aussi, puisqu'on lui a construit un théâtre sur mesures.

Nous voulons maintenant nous rendre à Bochum-Langendreer, à proximité des districts de Laer et Querenburg. Ce sont là des lieux intéressants, témoins de l'histoire récente de la région. 19 000 personnes s'y consacrent actuellement à la construction automobile, là où, à la fin des années 50, les premières houillères furent fermées et posées les premières pierres des usines Opel. Là où, en 1965, l'Université de la Ruhr a comme poussé au milieu des vertes prairies. C'était la première de la Ruhr. Entre-temps, quatorze autres établissements d'enseignement supérieurs, la première université par correspondance et la seule université privée, ont transformé l'ancienne diaspora académique en un centre d'études 'in situ' très recherché et comptant 130 000 étudiants. On en dénombre 450 000 dans l'ensemble du Land. Il y a 25 ans, ils étaient 10 000, répartis entre trois universités.

Nous voici arrivés à la gare de Bochum-Langendreer. Pourquoi, se demandera-t-on à juste titre, pourquoi ici, précisément? Eh bien, c'est que nous sommes ici tout près du Hellweg, l'ancienne voie militaire et commerciale, qui vit passer autrefois rois et mendiants. C'est une station du métro express régional du réseau Rhin-Ruhr; cette gare est également sur la ligne No. 300 de l'Intercity du Bergisches-Märkisches et enfin, nous y rencontrons la B 235 menant de Wuppertal, dans le Bergisches Land, à Münster, en Westphalie. Sur ce trajet, elle franchit, ou est elle-même franchie par quatre autoroutes, trois d'entre elles la flanquant. Quel entrelacs de voies de communications! La B 235 est l'une des rares Nationales à aller du nord au sud, d'où son importance. Et puis, ici s'arrête aussi le bus No. 378. Il vient de Witten, sur la Ruhr et va me conduire, via Castrop-Rauxel, dans la zone d'Emscher, à Recklinghausen, dans le Vest. Arrivé là, j'aurai devant moi l'extrémité sud du Münsterland.

Le moment est venu d'intercaler ici quelques remarques quasi «socio-graphiques». Nous sommes passés pratiquement sans transition des villes 'rhénanes' de Mühlheim et Essen, au Bochum 'westphalien'. Y-a-t'il vraiment encore, dans la Ruhr, une distinction entre le rhénan et le westphalien? Oui, encore, dans une certaine mesure. Mais Wilhelm Brepohl, professeur de sociologie et folkloriste de Gelsenkirchen, écrivait déjà en 1957: »La Rhénanie-Westphalie n'est pas la somme du rhénan et du westphalien, mais un nouveau sur-ensemble». C'est aussi pour cela que je prends le bus pour Castrop: dans les transports en commun, on peut voir sans fards les authentiques habitants de cette région. L'historien Lutz Niethammer, un allemand du sud vivant dans la Ruhr, a constaté que les gens de cette région se distinguaient par «un sentiment très cool et paisible de leur propre valeur, une gentillesse simple et une disposition positive à coopérer et reposant sur la réciprocité». Le professeur Niethammer ne peut pas se tromper du tout au tout. Lorsque l'on dépouille toutes les études sociologiques consacrées à l'image que se font de la Ruhr les citoyens allemands, on trouve en premier lieu la sympathie dont jouit dans le pays cette population.

»Je suis westphalien, westphalien à 100%, même, à savoir, Münsterländer». On peut lire cette phrase dans les «Images de Westphalie», ouvrage paru en 1845 et dû à la baronesse Annette von Droste-Hülshoff. Pas moyen de l'éviter, que l'on soit cultivé ou non. Même si l'on laissé de côté le château de Hülshoff, entre Havixbeck et Roxel, et manqué la Rüschhaus, à Nienberge, maison natale et lieu de retraite de la Droste. Mademoiselle Annette est pour beaucoup la poétesse allemande la plus importante du 19ème siècle, ses minutieuses observations de la nature, sa puissante force d'imagination ne souffrant pas la moindre réplique. De sa minuscule écriture, qui correspondait bien à ses charmantes miniatures, elle a dépeint bien des choses qu'elle voyait plus subtilement que ses contemporains, et d'une manière radicalement différente.

A propos de sa patrie, la Droste parle d'un «pays étrangement sommeillant». Autrefois... Autrefois, seulement? Cette région convient certes bien aux êtres sensibles, à ceux qui aiment à écouter la respiration des arbres, à ceux qui recherchent le calme, les pulsations d'une autre époque. Oui, tout cela, on peut l'y trouver, comme des objets précieux introuvables au premier regard. Dans les plaines vastes et paisibles, où le regard peut s'étendre à infini. Par-dessus les bosquets et le long des allées ombragées, tracées au cordeau. Sans auto, certes. Les chemins du 'parc privé de Dieu' sont étroits et ce n'est qu' en s'investissant physiquement, sur deux roues, que l'on parviendra à découvrir 'le petit-gilet vert de la Ruhr'.

Les Münsterländer les appellent des «Pättkes». Un mot tout à fait approprié et qu'il est totalement impossible de traduire de manière aussi plastique en haut-allemand. Essayons tout de même: un «Pättken» est un petit sentier, un chemin étroit, une litote typiquement münsterlandienne. Les Pättkes ont, le plus souvent, un tablier solide, comme les chemins ruraux. Quel est en effet le ministre qui aurait osé, dans le cadre du «Plan Vert» pour l'agriculture datant de la fin des années cinquante, bâtir surtout sur du sable? Mais ce qui est vrai, c'est qu'en ces années-là, ont été tracés de bons chemins, reliant entre eux fermes et champs, villages et communes. On pourrait dire aussi que, dans le Münsterland, à l'inverse de ce qui s'est passé ailleurs, le réseau existant des pistes cyclables a été conservé et s'est vu amplifier, de sorte qu'il est possible d'effectuer, entre Lippe et Ems, de fort agréables excursions sur les «Pättkes». Et ceux qui s'exclament en parlant des 'heures joyeuses passées sur une selle', le font sans la moindre ironie. Connaître de telles joies est des plus faciles. La plupart des hôtels louent des bicyclettes et proposent des «excursions Pättkes» d'un jour on de deux semaines. Dans cette dernière hypothèse, veillez toutefois à ce que votre selle ne soit pas trop dure! Sinon, il vous faudra, après, rester debout ou allongé, tandis que les moqueurs, eux, pourront s'asseoir!

«Westphalien à 100% = Münsterländer». C'est ce qu'on peut lire chez la Droste. Question: qu'est-ce qu'être westphalien à 100%? Etre entêté, prosaïque, attaché au terroir, aux traditions, être lourdaud et persévérant? Mademoiselle Droste opère un autre genre de distinction. Les 'trois couleurs principales' de la Westphalie, elle les trouve dans le 'froid' Sauerländer, le Münsterländer 'qui s'en remet au bon vouloir de Dieu' et le 'sauvageon' de Paderborn.
Certes, la prudence est aujourd'hui de mise, même s'il est indéniable que la mentalité westphalienne est différente de celle des pays rhénans. Les particularités topographiques, les évolutions phylogéniques aussi bien que sociales, ne sont pas sans laisser de traces. Le baron von Stein, qui termina ses jours dans le château de Cappenberg, a remarqué (il y a, disons-le en passant, 160 ans): «Lorsque vous demandez quelque chose à un westphalien, il préfèrerait pouvoir vous répondre demain plutôt qu'aujourd'hui; posez une question à un rhénan, et le voilà qui vous répond avant même que vous ayiez fini de poser votre question». Mon ami Helmut, paré de la patience du jardinier et de la rigoureuse imagination de l'architecte, prussien de surcroît, aime à raconter à ce propos, pour renvoyer à la bêtise de telles classifications par trop banales, l'histoire des 'prestes' rhénans et des westphaliens 'lents' en train de discuter un projet inspirant immédiatement aux rhénans des tas de réflexions, sur des points de détail, ses perspectives et ses difficultés, tandis que les westphaliens ne font que hocher lentement la tête, pleins de circonspection; rhénans et westphaliens se séparent, pour se réunir à nouveau peu de temps après, les prestes rhénans ayant maintenant un plan concret, avec tous les détails, les perspectives, plan qu'ils présentent et expliquent de manière convaincante, ce qui n'a pour effet que de provoquer les hochements de tête circonspects des lents westphaliens qui finissent par dire: «C'est ce que nous faisons déjà depuis quatre ans...».

»Hellweg», tel est le nom de la route asphaltée dont la bordure sert de frontière, de frontière d'Etat. De ce côté, Suderwick, un quartier de Bocholt, de l'autre, Dinxperlo, Pays-Bas. C'est à proximité immédiate du point le plus occidental du Münsterland que commence la frontière, qui s'étend ensuite vers le nord sur 108 kilomètres, en zigzaguant à travers champs et prairies, bosquets et bois, comme les frontières d'Europe ont l'habitude de le faire. Des frontières, qu'il y a deux décennies déjà, on a trouvé inutiles. Quatre-vingt-dix communes allemandes et hollandaises environ, s'allièrent pour former l'»Euregio» et pratiquer une politique des petits pas. Leur persévérance et leur ruse parvinrent à rendre perméable la zone frontalière. On dénombre entre-temps plus de deux douzaines de chemins franchissant la frontière et reliant entre elles ces régions voisines. D'un côté et de l'autre.

Pour nous rendre du Münsterland occidental à la capitale westphalienne, nous descendons de bicyclette et comme toujours, n'allons pas choisir pour notre trajet en voiture, les axes principaux. Nous empruntons les routes du Land, les routes départementales. Elles, elles traversent le pays, ne se bornant pas à l'effleurer. Nous voulons nous rendre à Gescher. A cause des cloches. Gescher et les cloches, une seule et même chose. Depuis 1690, les Petit et les Edelbrock fondent des cloches, pour leur pays et pour le monde entier. Le Musée des cloches renferme d'innombrables témoignages. Celui-ci, également: ce qu'en l'an 1800 Friedrich Schiller fondit en un épigramme en vers, est aussi la description exacte de la fonte des cloches. Rien n'a changé, en principe. Et Schiller est toujours présent: «Fermement emmurée dans la terre...» A Gescher, à cause des cloches...

Il faut disposer d'un minimum de 45 heures, d'une auto et de quelqu'un connaissant bien la région. Car, en 45 heures, découpées en segments de 4 à 8 heures, on peut en effet, si on le désire, visiter 20 des plus charmants burgs entourés de douves, châteaux et manoirs parmi la centaine que propose le Münsterland. Il vaut cependant la peine d'y consacrer plus de temps. La grande diversité des anciennes forteresses, vieilles de plusieurs siècles, celle des trésors architecturaux, aussi remarquables que curieux parfois, les splendides demeures de l'aristocratie westphalienne, on ne peut les découvrir qu'avec un intérêt patient. Celui à qui suffit le souffle plutôt étrange, extraordinaire du passé, sera sans doute charmé par le château de Nordkirchen, près de Lüdinghausen, que l'on se complaît à appeler le «Versailles westphalien». Certes, les rites courtois l'ont cédé, de nos jours, à ceux du monde de l'argent, le Ministre des Finances faisant enseigner ici le noble art de la fiscalité.

Puis aussi le château d'Ahaus et son étrange carrière: résidence d'un Prince-Evêque, fabrique de tabac, Tribunal d'instance et Ecole professionnelle. Mais que cette longue liste n'effraye pas le visiteur. Celle de ses charmes est plus longue encore.

»A Warendorf, à cause des maisons». Cette injonction a quelque chose de catégorique. A cause des maisons... dans la ville des chevaux! Comment cela? Ces deux assertions sont justes, l'ensemble se présente de la manière la plus harmonieuse qui soit. Les maisons et les façades, dont l'origine remonte parfois au 15ème siècle, sont splendides et fort bien conservées. Et puis les chevaux, bien entendu. Tout ce qui, dans le secteur de la monte allemande porte un nom, est rassemblé ici. Noblesse, élevage supérieur, rien à voir avec la horde des chevaux sauvages du Duc de Croy, dans le Merfelder Bruch, près de Dülmen.

En réalité, il n'y a rien à ajouter à ce que des générations entières d'admirateurs ont dit, écrit et chanté: L'une des plus belles, au nombre des beautés allemandes...». C'est de Münster qu'il est question, la 'Metropolis Westfaliae'. Aucun doute n'est permis, c'est bien la 'capitale' de la Westphalie. Et tout autant la Westphalie «in nuce». Voici venu le temps de faire un résumé.

Par exemple: ici comme ailleurs, les exploitations agricoles grandissent, ou disparaissent. Que faire? L'administration régionale et l'Office du tourisme de Münster notent avec le plus grand soin, à quel point on redécouvre actuellement le Münsterland. Le chiffre d'affaires du tourisme a déjà dépassé le milliard de DM, le taux de croissance est surproportionné. Remarquablement moderne: le 'petit-gilet vert' westphalien s'ouvre au golf, qui s'intègre et se subordonne en douceur au paysage. Mutation des campagnes! Nous nous sommes arrêtés dans des cafés où l'on peut encore entendre le silence, tout en mangeant du jambon et en buvant de l'alcool de grain, en se délectant de «Töttchen» ou de «Pfefferpotthast» (spécialités culinaires à base de veau ou de boeuf). Au bord des chemins sur lesquels les «Tödden», commerçants ambulants et ancêtres des futurs grands fabricants de textile du Münsterland occidental, parcouraient autrefois le pays, avec leurs sacs de lin.

Mais là où, autrefois, les «Trödden» faisaient halte, on parle aujourd'hui du fin du fin, de High-Tech, de protection de l'environnement et de diversification. A l'ouest de la Westphalie, bien du nouveau: nous avons vu ce qui perdure depuis des siècles, appris ce qui, depuis peu est en pleine phase de mutation. Et maintenant, nous allons poursuivre notre voyage vers le nord et le sud. C'est grand, la Westphalie.

L'histoire n'a pas retenu les noms de Preußisch-Ströhen et de Schlüsselburg. Nous les rencontrons là où se répète le trait d'union dont nous avons besoin, dans ce pays: dans la Westphalie orientale-Lippe. C'est la région la plus au nord du pays. C'est à Schlüsselburg que la Weser quitte notre Land, qui s'achève derrière Preußisch-Ströhen. Vient alors la Basse-Saxe. La Westphalie orientale-Lippe est synonyme de pré- et de protohistoire, et l'histoire est bien présente partout. La bataille du Teutoburger Wald, le Hermanns-Denkmal (Monument d'Arminius) et les Externsteine (pierres sacrées païennes). Et le pays de Wittekind permet à Widukind, Duc saxon, de ne pas tomber dans l'oubli. Car, après tout, ce n'est qu'au bout de la troisième bataille, qu'il a laissé la victoire à Charlemagne et s'est fait baptiser.

La Lippe, trait d'union de la Westphalie, doit à un succès politique en matière de persévérance de l'être devenu. La Principauté de Lippe, à laquelle sa débrouillardise avait permis d'échapper à toutes les «mainmises», même lors de la fondation du Reich et du Congrès de Vienne, devait, après 1945, passer à la Basse-Saxe. Mais un Lippien montra les dents aux Britanniques. Et la Lippe fut attribuée par contrat, chose unique dans les annales, à la Rhénanie-du-Nord-Westphalie. Un succès remporté par Heinrich Drake, le premier Président de gouvernement et le dernier Président du Land à être «un petit peu aussi en Basse-Saxe par le cœur», mais «dans la tête, pour la Rhénanie-du-Nord-Westphalie». Et c'est ainsi que les armes du Land portent, à côté du Rhin symbolisé et du cheval westphalien, la rose de Lippe.

La Basse-Saxe est proche et semblable. La porte westphalienne, la Porta Westfalica, est ouverte dans les deux sens. Les hydrauliciens l'ont pris au pied de la lettre. A Minden, ils ont fait passer le canal du Mittelland au-dessus de la Weser, créant ainsi le plus grand pont canal d'Europe. Le parcours qui, sur la Weser, mène à Berg est charmant et l'on peut voir l'Empereur Guillaume saluer du haut de son monument, situé sur les hauteurs du Wiehengebirge, «la couronne verte de la Westphalie». La chaîne des massifs du Teutoburger Wald et du Eggegebirge rappellent une histoire profondément ancrée dans le passé: pas seulement par le Monument d'Arminius, pas seulement par les Externsteine. Il y a aussi la monastère de Corvey, près d'Höxter, la plus ancienne abbaye bénédictine saxonne, dans le cimetière de laquelle repose Hoffmann von Fallersleben. «Unité, droit et liberté...»

La géologie du sous-sol fait à la région cadeau d'un trésor d'un genre particulier: l'eau. Elle a fait de la Westphalie orientale-Lippe le «jardin thermal» du Land. Les sources y sont innombrables, mais certaines d'entre elles portent de grands noms: Alexander (von Humboldt), Jordan, Nessenberg, Gustav (Horstmann), Caspar-Heinrich, Empereur Guillaume et, bien entendu, Wittekind. La «Born der Pader» (source de la Pader) fait exception à la règle. Certes, elle n'a que quatre kilomètres de longueur, mais elle est alimentée par plus de 200 sources. Elle se manifeste sous la Cathédrale de Paderborn. Que l'on veuille bien voir là une explication suffisante au fait que, sous les yeux de l'archevêque, pratiquement, jaillisse une source portant le nom du dieu de l'eau, Neptune. Ce qui ne veut pas dire pour autant que chaque année, le 23 juillet, la ville devienne la proie des bacchantes en folie, lorsque par centaines de milliers, les pélerins accourent pour célébrer la fête de St. Libori, saint patron de la ville et du diocèse. Quatre jours consacrés au spirituel, cinq au temporel. Il ne coule pas que de l'eau, ces jours-là, à Paderborn...

Là où coulait l'eau et où le vent soufflait si bien, les anciens bâtirent des moulins. Ils en érigèrent plus d'une centaine, en Westphalie orientale. Raison suffisante pour fonder une «route des moulins» qui, vers l'ouest, s'étend de Minden jusqu'à l'arrondissement de Minden-Lübbecke, le district du pays le plus riche en moulins. Entre-temps, on a restauré 42 de ces monuments techniques, imposants témoins de l'histoire millénaire de la minoterie. Et j'ai appris aussi qu'aux côtés des moulins à vent et à eau, existait également ici le plus beau des moulins actionné par des chevaux. Une construction octogonale à colombages, de 40 mètres d'envergure, abritant à l'intérieur un manège pour 6 chevaux. Du grain au pain, avec 6 CV.

Admettons-le: les musées situés entre Lübbecke et Lippstadt n'ont pas grand'chose à voir avec les temples et les musées (de Grèce) consacrés aux Muses. Ce sont essentiellement des musées régionaux. Et cela amoindrirait leur importance? Retenons, avec le Président Richard von Weizsäcker, que de tels musées «de par leurs objectifs et l'investissement en esprit civique qu'ils représentent, de génération en génération, contribuent de manière décisive à enraciner l'homme là où il habite». Il est du devoir du chroniqueur de préciser que ces paroles furent prononcées à l'occasion des commémorations du 150ème anniversaire du Musée de la Lippe à Detmold. Cela n'en réduit en rien la pertinence.

Ah, ces villes de Westphalie orientale-Lippe! Elles aiment à s'appeler elles-mêmes de «jeunes vieilles villes». Cela veut dire qu'il faut les connaître jusqu'en leur coeur. Prenons Bielefeld. La métropole de la Westphalie orientale-Lippe, ou tout au moins son plus grand centre. Centre économique, également. Université réformée, capitale de la lingerie, cycles, machines en tous genres — et Oetker, le Dr. August Oetker, l'apothicaire qui, en 1890, inventa la levure chimique, qui ne fit pas monter que les pâtes. Herford et ses meubles, Gütersloh et ses média. Bünde et ses cigares. Paderborn et... la morphine, découverte en 1803 par Friedrich Wilhelm Adam, apothicaire, lui aussi. Ou encore: Paderborn et les ordinateurs. De nos jours, elles se tournent vers l'avenir et ne se lassent pas d'en parler, ni d'écrire à ce sujet, ni d'y travailler. Modernes, elles le sont, mais elles ont aussi su préserver une chose, leur histoire. Elle ne se manifeste en général que dans leurs centres. Le noyau conserve une vigueur dont se nourrit le présent.

Et c'est ainsi que l'image se complète: les westphaliens «circonspects et lents», veulent qu'on les conquièrent. Il leur faut du temps, pour s'ouvrir à ce qui est étranger. Et, comme l'a remarqué le «Miroir de Westphalie», «l'une des plus remarquables caractéristiques d'ici, c'est de ne pas faire de battage à tout propos, pas même au sujet des choses intéressantes et, moins encore, à propos de soi-même».

Il faut à notre monomoteur 25 minutes pour franchir les 70 kilomètres séparant l'aéroport régional de Paderborn-Lippstatt de celui de Dortmund-Wickede. Survoler le pays élargit les perspectives. Au-dessous de nous, l'ancienne et la nouvelle «Magistrale»: le Hellweg et l'autoroute. Pratiquement à perte de vue, la «Börde», des champs de blé. A l'horizon pointe Soest, avec les tours de St. Patrocle et de St. Pierre, de la Wiesenkirche et de la Hohne. A gauche, le ruban que forme la Haar. Barrière entre les régions. On dirait que se mélangent la plaine basse d'Allemagne du Nord, la baie de Münster, la vallée de la Lippe et la région fertile, la «Börde», de Soest. De l'autre côté, ce sont les contreforts du massif du Mittelgebirge, avec la forêt d'Arnsberg et le Sauerland. Sur la crête, le Haarweg, chemin de la Haar, l'un de ces «chemins westphaliens des origines», comme le pense l'auteur dramatique Soestois Erwin Sylvanus, qui y voyait un exemple de la manière dont «certaines configurations du terrain déterminent encore de diverses facons la vie de nos jours».

Entre Werl et Unna, s'étirent d'immenses bâtiments, témoins incontestables d'activités nouvelles. Centres de distribution de marchandises, de logistique et de services se complètent, à proximité de l'énorme croisement d'autoroutes de la Kamener Kreuz, près de Kamen, aux portes d'un espace économique comptant plus de 5 millions de consommateurs. Les investissements ont déjà atteint le quart de million de DM. Nous atterrissons à Dortmund-Wickede, tout comme, l'an passé, l'ont fait environ 100 000 passagers. Nous avons atteint le point le plus oriental de l'ellipse que forme la région.

Par une douce soirée de juin 1985, le Maire de Dortmund, Günter Samtlebe (SPD, parti socialiste) prononça cette phrase: «Et alors, ils diront tous: les rouges ont tapé dans le mille.» En prononçant ces paroles, le premier citoyen de l'ancienne ville hanséatique, également ancienne ville de l'acier, ne se bornait pas seulement à inaugurer le premier Casino de la Ruhr, une entreprise fort critiquée, dans un premier temps, mais il avait aussi raison. Le Casino de Hohensyburg est un véritable aimant, mais il est aussi à l'origine de bien des impulsions. C'est pratiquement au même moment, qu'à proximité immédiate de l'Université, naquit le Centre Technologique de Dortmund. Et ce qui a poussé sur cette verte prairie, la manière surtout dont cela est sorti de terre, a servi d'allumage initial pour le voyage qu'a entrepris la Ruhr vers un second futur. Certes, lorsqu'on demande aujourd'hui aux citoyens de République fédérale, ce qui les attire, dans Dortmund, ils citent ces trois facteurs: la bière, le club de football «Borussia Dortmund» et les floralies fédérales. Les attractions de la ville, ce sont la «Westfalenhalle» (grande salle de spectacles polyvalente) et le «Westfalen-Stadion» (stade), les arènes du sport et des grands shows télévisés, qui accueillent chaque année 5 millions et demi de spectateurs. Et plus d'un d'entre eux ne se borne pas à y venir une seule fois par an. Nombreux sont ceux arrivant du sud sur trois files, par l'autoroute A 44, l'autoroute du Sauerland.

La Westphalie, on le sait, est bourrée de curiosités. On en connaît certaines, on en pressent d'autres, d'autres encore, il faut absolument les découvrir.
Ce qui suit, fait partie de la troisième catégorie: il existe un Sauerland «märkisch» et un Sauerland «de l'électorat de Cologne». Les «Märker» habitent dans le «Süderland», cette zone située au sud de la Ruhr et que l'on découvre au départ de Dortmund, en passant par Hagen, la «Porte du Sauerland», une zone encadrée par le massif du Lennegebirge, par le haut plateau du Bergisches et le massif de l'Ebbegebirge. Massif sur massif, le pays des mille montagnes. Et lorsque l'hiver est là et qu'il neige vraiment, alors le Sauerland devient une région de sports d'hiver. Mais lorsque l'hiver, pour peu qu'il se manifeste, se contente de faire une simple apparition, alors les villégiatures ne manquent pas.

Schmallenberg, par exemple. Avec 83 villages et hameaux, la commune la plus étendue de tout le Land. Trois stations climatiques, une station de cures selon les méthodes Kneipp. 7 500 lits, répartis sur 30 hôtels (la moitié d'entre eux disposant, bien entendu, d'une piscine privée), 65 auberges, 360 pensions, 450 appartements de vacances à louer, trois piscines couvertes, deux en plein-air, plus une piscine à vagues. Et Schmallenberg est tout à fait typique, l'exemple par excellence.

Le Sauerland n'est pas une région de grandes villes. Ce qui compte, ce sont les montagnes et les vallées. Les villages et les hameaux. Même s'ils ne conviennent pas vraiment au batifolage: «small is beautiful».
Il en a toujours été ainsi. La légende le rapporte: après que Dieu eut, d'un chêne noueux, bien entendu, créé le premier «Märker», les premières paroles de ce dernier furent: «Cher Dieu, et où est ma petite fabrique?». La «petite fabrique», c'est ce que, de manière très incomplète, nous décrivons sous l'appellation d'»entreprise de petite et moyenne importance». Ici, les «petites fabriques» sont la colonne vertébrale de la région. Comme dans tout le Land, où l'on compte plus de 450 000 «petites fabriques» auxquelles on ne saurait jamais attacher trop d'importance.

Le Sauerland, le Haut Sauerland, 22 000 kilomètres de chemins de randonnées, des chemins excellents et balisés de croix de St. André et de losanges fixés sur les arbres et les barrières. L'assurance d'être sur le bon chemin. Et l'assureur's'appelle le SGV — Sauerländischer Gebirgs-Verein — le Comité des montagnes du Sauerland. Si on suit son réseau de chemins, on est sûr de ne jamais se perdre, on se retrouvera tout au plus dans les profondeurs, dans les grottes de Westphalie. C'est alors que, lorsqu'il y a plus de 370 millions d'années, une mer chaude tropicale s'étendait jusqu'ici, que se sont formées ces grottes, des grottes de stalactites. On en a découvert plus d'une centaine, jusqu'à présent: découverte, aperçus de l'antiquité de la terre. Les grottes de l'Atta, près d'Attendorn, celles de Balver, dans la vallée de la Hönne, celles de Dechen, dans la vallée de la Lenne, et bien d'autres encore, sont prêtes à recevoir les visiteurs.

«Le Land a trois coins», dit-on à Siegen: un coin hessois, un coin palatino-rhénan et un coin westphalien. Le 'westphalien' étonne, la carte du Land faisant apparaître les autres de manière évidente. Ce que l'on ne voit plus: le Siegerland, le 'Pays du fer', dont la légende fait la patrie de Wieland le Forgeron; le Siegerland était une Principauté de Hesse, sur laquelle régnait la Maison de Nassau-Siegen. Ce n'est qu'en 1681 qu'elle revint à la Westphalie. C'est de l'histoire, mais on ne peut pas ne pas le remarquer.

Dans le Sauerland, un «tireur de ficelles» est un tréfileur, et rien de plus. Foin de tout mauvais esprit! Depuis le 14ème siècle, ce métier difficile, qui demande beaucoup d'art, a fourni ici du travail, permis de gagner sa vie. De nos jours, on se plaît à appeler leurs descendants les «Souabes de Rhénanie-du-Nord-Westphalie». Ils sont pleins d'idées et rusés et «éclairent» l'Allemagne et le monde. Nulle part ailleurs, en République fédérale, on ne produit plus de lampes que dans la région comprise entre Sundern, Iserlohn et Neheim-Hüsten, dont le code postal est Arnsberg 1. Voient ici le jour des extincteurs, des voiliers et des sièges pour ainsi dire 'politiques'. Lorsque le Bundestag est réuni en séance plénière, ses membres sont assis dans des fauteuils en provenance du Sauerland.

Répétons-le: c'est grand, la Westphalie. C'est à la fois le Münsterland, le Lipperland, le Sauerland et le Siegerland, la Westphalie orientale et la Westphalie du sud. C'est un pays riche d'Histoire et d'histoires. L'une d'entre elles date de plus de 600 ans, mais elle laisse jusqu'à aujourd'hui à l'auditeur une impression étrange. A Arnsberg où, depuis le Moyen Age, on a toujours gouverné, où l'on gouverne encore, ce sont autrefois les Comtes, les Prices électeurs et les conseillers de district qui avaient voix au chapitre; aujourd'hui ce sont les présidents régionaux. Seulement, le plus souvent, l'argent manquait. Et c'est pour cela que le dernier Comte d'Arnsberg transmit, mais l'on peut dire aussi, vendit son pays à l'archevêché de Cologne. Et c'est ainsi que le Sauerland 'de l'électorat de Cologne' vit le jour. On ne se lasse pas d'y repenser, pour peu qu'on fuie le carnaval rhénan pour aller à Attendorf fêter le carnaval de 'l'électorat de Cologne'.

Pour être tout à fait précis, notre pays rhénan, notre promenade rhénane, commencent à l'extrémité sud de Bad Honnef. Notre frontière avec la Rhénanie-Palatinat court d'est en ouest vers le Rhin, parcourt son milieu sur trois kilomètres vers le nord, avant de faire un grand bond vers le sud. Rolandseck et Rolandswerth restent donc sur la rive gauche, en Rhénanie-Palatinat. A très exactement 53 kilomètres à vol d'oiseau, vers le sud-ouest, se trouve Dahlem, aux antipodes de Preußisch-Ströhnen, situé au nord-est. Dahlem est la commune située à l'extrême sud-ouest de l'axe longitudinal du Land, long de 291 kilomètres. Tournons-nous vers le nord-ouest et, á 53 kilomètres á noveau, nous trouvons Aix-la-Chapelle. Entre les deux, le «trésor merveilleux de l'Eifel», l'Eifel. Au marché des vanités, on ne fait que rarement étalage des vrais bijoux. On les garde jalousement, on les protège. C'est là le sort qui a été réservé à l'Eifel, «bijou particulièrement précieux». Entre-temps, l'Eifel a connu une évolution jugée exceptionnelle. Sans perdre pour autant son originalité, cette région autrefois isolée est devenue une villégiature pour les habitants des districts d'Aix-la-Chapelle, Bonn et Cologne.

Aix-la-Chapelle, ancienne ville impériale, comme on le lit partout, Aix-la-Chapelle serait synonyme de «sprudelnde Vielfalt, source pétillante de diversité, sparkling variety sprankelnde Veelvoud». Annoncer qu'elle est trilingue, quadrilingue, ce n'est pas faire de la pose, de la part d'Aix-la-Chapelle, c'est une nécessité. Les chemins de l'Europe passent par Aix-la-Chapelle. Sa Cathédrale impériale et sa Mairie représentent 1100 ans d'histoire: centre de l'Empire de Charlemagne, ville de sacre des rois allemands. Le «Karlpreis», un prix international, indique depuis 1950 le futur de l'Europe. Il distingue ceux qui lui préparent la voie.
Précisons en passant qu'Aix-la-Chapelle, c'est aussi Aix-la-Chapelle-les-Bains, Bad Aachen. Mais on préfère se passer de cet attribut décoratif et balnéaire. Et Aachen (la capitale des «Printen», pâtisserie locale), reste avec ses deux «a» en tête du répertoire alphabétique des villes allemandes. Avec un sourire béat qui n'est pas sans arrière-pensées. Tout aussi peu que l'»Ordre contre le sérieux», que personne ne dédaigne se voir décerner. Autrefois, les rois se baignaient à Bad Aachen; aujourd'hui, nos contemporains aiment à y prendre des bains de foule.

Le Land compte 369 villes et communes. On y dénombre 29 grandes villes. Certaines d'entre elles ont accolé à leur nom un qualificatif 'rehaussant', adjoint au nom, après une virgule, par 'la', ce qui donne le plus souvent «...la métropole de...», ou quelque chose d'approchant. On en trouve une bonne douzaine, ou plus même. Seules deux capitales sont incontestées, dans le Land de 1990: Düsseldorf, la capitale administrative du Land et (pour le moment encore), Bonn, capitale fédérale. Entre elles deux, Cologne. Pendant bien longtemps, plus d'un Colonais voyait dans cette situation une mauvaise plaisanterie de l'histoire. De nos jours, ce sentiment se perd de plus en plus.

Bonn, au début de l'été de 1990. Pas le moindre signe précurseur de «période de vaches maigres». Les problèmes existentiels de la capitale inquiètent. «Bonn veut conserver ce qu'elle possède». Une formule qui date de 1989, alors que 'Bonn 2000' était en liesse. Elle avait à l'esprit ce qui la distingue des «villes tentaculaires de plusieurs millions d'habitants»: «la dimension humaine». Ni plus, ni moins. Ça, c'était autrefois. Au milieu de l'incertitude qui plane sur l'avenir, une nouvelle éclate, ou plutôt se distille goutte à goutte: il va falloir repenser l'importance de Bonn. De Bonn à l'époque romaine. Car en ces lieux où s'exerce aujourd'hui le pouvoir, n'était pas installé n'importe quel village, mais un riche et superbe village romain. Et tout cela n'appartiendrait qu'à l'Histoire? Uniquement à l'Histoire. Pour représenter, aujourd'hui, on choisit Brühl. Le Château d'Augustusburg, le Prince électeur Clemens August, Balthasar Neumann — autant de noms, autant d'images que la télévision retransmet année après année jusque dans les coins les plus reculés de la République. Le grand monde à la Cour du Land de Rhénanie-du-Nord-Westphalie, l'actuel propriétaire.

«Cologne, c'est comme cà. On y vient, on y est». Cette constatation profondément philosophique des professionnels de la publicité de Cologne, a au premier abord quelque chose d'assez étonnant. Et c'est d'ailleurs l'effet recherché. Toutefois, à bien y réfléchir, elle montre à quel point il est parfois difficile de se débarrasser de clichés. «On y vient». Certes. Cologne a toujours été, est toujours au bord du chemin. Les Colonais édifièrent certes au Moyen Age les plus imposantes fortifications existant au nord des Alpes. Mais depuis les années 60 de l'ère moderne, c'est un périphérique qui encercle la ville, sept échangeurs d'autoroutes reliant entre eux ses divers tronçons, presque à l'américaine. Et 1000 trains font halte chaque jour dans la gare de Cologne.Donc, on y vient. Et puis «On est là, on est chez soi». Pourquoi? Etre chez soi, cela veut dire ne pas se sentir étranger. Et qui se sent encore étranger, à Cologne? L'élancement gothique de la Cathédrale vers les cieux, unique au monde, les bords du Rhin et le visage gracieux des quartiers historiques, l'ample courbe du fleuve, les ponts, huit au total. Et 2000 ans d'Histoire, présentés d'une manière merveilleuse et précise, dans le Musée Romain Germanique. Culture: la nouvelle Philharmonie, pour ainsi dire souterraine mais non cachée. Exemple d'un urbanisme balançant entre majesté et gaieté. Cologne, un tryptique formé de la Cathédrale, du fleuve, du Carnaval... Voilà l'image que le monde se faisait de la ville. Un cliché? Mais oui, bien sûr! Mais tout cela, on le connaît, et c'est pour cela qu'«on est là, qu'on se sent chez soi». L'autre Cologne, celle qui se trouve derrière le cliché, c'est Cologne, centre industriel et commercial. La Cologne des Foires et des média. Ses Foires qui rassemblent plus d'un million de visiteurs chaque année. Les média: cinq stations de radio et de télévision émettent à partir de Cologne dans le monde entier. Et puis le grand A B C: autos, banques, chimie. Et aussi, aux portes de Cologne, à l'ouest, le domaine de la lignite, l'un des projets industriels véritablement les plus gigantesques de notre époque. On va, pour sa mise en place, intervenir dans l'ordonnancement du paysage et dans le destin des êtres; le paysage va changer, le sol être éventré, vidé de son charbon, puis recultivé. Avec toutes les conséquences que cela entraîne. Il y aussi la chimie et la pétrochimie. Avec leurs nouveaux 'emblèmes' lumineux, elles forment comme une ceinture autour de la vieille ville et de sa Cathédrale: de Wesseling au sud jusqu'à Leverkusen au Nord. L'ancien et le nouveau, la ville et son environnement, imbriqués dans un réseau d'autoroutes, reliés par le fleuve.

En aval de Cologne, le Rhin devient essentiellement une voie de transport. Le Rhin romantique tire sa révérence au niveau de Bonn. A partir d'ici, le monde des réalités de l'économie fluviale va l'accompagner jusqu'à son aboutissement, jusqu'au moment où le Rhin devient le Waal hollandais et aspire à la mer. Onze affluents le rejoignent, jusqu'à la frontière. Deux d'entre eux sont des canaux. Un affluent élimine les déchets, un autre a donné son nom à la région: la Ruhr. Mais seul l'un d'entre eux a accédé à la gloire littéraire: «La Wupper», d'Else Lasker-Schüler. Ce fleuve est l'axe et le nerf du Bergisches Land, qui s'étend de la Ruhr, au nord, jusqu'à la Sieg, au sud, du Rhin, à l'ouest, jusqu'à la Westphalie, à l'est. Cette région est «bergisch», «niederbergisch» et «oberbergisch». Et aussi, montagneuse. Mais c'est au Comte de Berg qu'elle doit son nom, au Seigneur de l'ancien duché de Ravensberg-Jülich-Berg. Le Château de Burg et la Cathédrale d'Altenberg sont autant de points de repère de l'Histoire du Bergisches que gardent dans leurs coeurs les habitants de la région amoureux des traditions. Leur indépendance, certains disent aussi leur entêtement, est connue depuis longtemps, leur exigence de liberté individuelle inchangée, la variété des communautés protestantes toujours aussi grande. Et plus d'un représentant de l'état ou de la société est fils ou fille d'un prédicateur de la vallée de la Wupper. Les sols fertiles ont toujours été rares dans le Bergisches, aussi est-ce sans doute pour cette raison qu'ils ont servis d'humus à l'énergie et à l'audace, avides de nouveauté. Cette force s'illustre dans des noms qui ont dépassé les frontières de leur patrie. Les frères Mannesmann et leurs tubes sans soudure, le physicien Wilhelm Konrad Röntgen, prix Nobel, qui découvrit les rayons X portant désormais son nom, les chimistes Friedrich Bayer et Carl Duisberg, le fabricant Friedrich Engels qui écrivit avec Karl Marx le manifeste du communisme, Wilhelm Dörpfeld, Ferdinand Sauerbruch, archéologue et conseiller privé dont on peut fort bien imaginer que, dans sa salle d'opérations, il tint entre ses mains de chirurgien des instruments en provenance de Solingen. Parler de l'actualité de la Schwebebahn (train suspendu dans la vallée de la Wupper), revient actuellement à parler de Velbert.

Retour au Rhin, en route pour notre seconde promenade rhénane. Notre but, Düsseldorf «sur le Rhin». On tient à ce complément, et cela, pour de bonnes raisons. Comme on l'a calculé, le Rhin coule autour de Düsseldorf sur 42 kilomètres. Premier centre d'intérêt: Benrath, le Château de Benrath, rococo, seconde moitié du 18ème siècle. Mais ce n'est que depuis 1929, date de son incorporation à la communauté urbaine, qu'il peut être compté au nombre des trésors de Düsseldorf. Ces dates sont des distinctifs. Elles disent et montrent que Düsseldorf est l'une des plus jeunes métropoles des bords du Rhin. Même pas à moitié aussi vieille que Cologne ou Bonn, ou même Neuss, sur l'autre rive, une ville fondée par les Romains et dont la cathédrale de Quirinus passe pour être l'édifice le plus particulier et le plus important du 13ème siècle. Mais c'est Düsseldorf qui est la capitale du Land, depuis que les Britanniques en décidèrent ainsi, en 1946. La ville s'était déjà essayée à ce rôle de capitale, 400 ans plus tôt, alors que les Seigneurs de Berg gouvernaient d'ici et de Clèves les duchés de Jülich-Clèves-Berg. Mais Düsseldorf ne se borne pas à être la capitale du Land; on a aussi le choix entre... »ses performances économiques, son internationalisme, sa gaieté rhénane«. J'opte pour 'l'internationalisme'. La raison en est évidente: plus de 3000 entreprises étrangères, dont au moins 300 rien que pour le Japon, sont venues s'installer ici. C'est ici que le Japon a établi sa base en Europe et pour l'Europe. Et puis, n'oublions pas non plus les 170 cafés, discothèques, bistrots et restaurants représentant 15 pays différents. Le plus grand »zinc« du monde est long de 1000 mètres, large de 500. Il réconcilie entre elles classes et nations: la Altstadt, le centre historique, un mille consacré à la restauration. Mais le mille ou, pour être plus précis, les mille mètres les plus prestigieux, se trouvent tout à côté: la Königsallee, l'allée royale. La »Kö«, c'est la vitrine de la ville. Son coeur? Quoi qu'il en soit, un miroir dans lequel on aime à se regarder, un miroir un peu futile, sûr du charme qu'il exerce. Promenade pour ceux qui aiment voir et être vus. Grand monde et demi-monde, amoureux des charmes qu'exerce de luxe. Et puis aussi le plus long défilé de mannequin de Düsseldorf, centre de la mode. Une atmosphère internationale. Avec bien sûr aussi, art et culture. Gründgens, Beuys, la Kom(m)ödchen (cabaret-théâtre). Grands représentants des arts à Düsseldorf. De nos jours aussi. Retour au Rhin, à travers le centre historique, en passant devant l'»uerige« (café); non, pas seulement en passant devant. On ne peut faire autrement qu'y entrer.

Allons à Duisbourg, par la voie des eaux. On se prend à songer au Niederrhein, au Rhin inférieur. Qu'est-ce que c'est exactement que cela? Une contrée comprise entre Cologne et Aix-la-Chapelle au sud, la frontière hollandaise à l'ouest et au nord, le Bergisches Land, la Ruhr et le Münsterland à l'est. Ce n'est pas une province, pas même une 'région' ou un district, rien de politique au sens administratif. Il ressemble en cela à la Ruhr. Une contrée, donc. Plus on progresse vers le nord-ouest, plus tout devient vaste: la plaine, le lointain, le ciel presque sans horizon. Des prairies, un régal pour les yeux. Au sud et au sudouest: Krefeld et Mönchen-Gladbach. Velours et soie. L'époque des grands barons de la soie appartient à l'Histoire. Le commerce du textile, lui, appartient au présent. Je regarde ma cravate. Elle vient de Krefeld, fait partie des 80% de la production allemande de cravates voyant ici le jour. Et l'inoxydable. Mönchen-Gladbach, la plus grande ville sur la rive gauche du Rhin inférieur, un centre économique entre le Rhin et la Meuse. Les fleurs de Straelen et les asperges de Walbeck. Rhin inférieur, rive gauche. Sur notre droite, Duisbourg apparaît.

Quitter la voie fluviale la plus utilisée d'Europe pour entrer dans le plus grand port fluvial du monde, exige la plus grande prudence. Pour ne pas se perdre dans les quelques 19 bassins du port et 14 autres ports industriels répartis sur le territoire de la ville, il faut une excellente connaissance des lieux et de la navigation. Le port intérieur nous mène directement devant la Mairie. Porion Schwanentor. Descente. Burgplatz (place du château). Fontaine de Mercator, en l'honneur de Gerhard Kremer, qui prit le nom de Mercator et qui permit il y a 400 ans, grâce à un type de projection mis au point par lui-même, d'établir des cartes marines exactes. Musée Lehmbruck. Rappel des deux grands enfants de cette ville. Duisbourg et l'eau. C'est ici que la Ruhr se jette dans le Rhin, que le canal Rhin-Herne relie le réseau occidental des canaux au fleuve, au chemin qui mène à la mer. Un noeud de communication de tout premier rang, et pas seulement sur les eaux. Cinq autoroutes traversent le territoire communal, quatre échangeurs les relient entre elles. L'un d'eux porte un nom qui a dépassé les frontières régional: »les spaghetti de Kaiserberg«. Mais Duisbourg n'est past seulement une plaque tournante entre la Ruhr et le Rhin, mais parallèlement aussi, le pilier occidental de la région. Et le point le plus septentrional de la voie rhénane. Duisbourg, »la grande ville la plus difficile d'Allemagne«, comme le dit en 1978 le chef du gouvernement de Düsseldorf? Duisbourg est le centre de l'industrie du fer et de l'acier. Quand cette dernière frissonne, la ville tremble... En ce moment, les vents sont ascendants. Mais Diusbourg est aussi sûrement la plus courageuse des villes. Elle l'a prouvé, au cours de l'été de 1989. Au lieu de se rendre au Brésil, près de 3000 étudiants en provenance de 90 pays sont venus à Duisbourg participer à la 15ème Unversiade. Assistée par le Land et le Comité d'initiatives »Ruhr«, Duisbourg a organisé du jour au lendemain cette fête du sport. Il faut dire que, dans ce Land, le mot 'sport' n'est pas un simple mot, comme le prouvent les quelques 19 000 associations sportives, 36 000 stades et quatre millions d'adeptes qui s'y adonnent avec ardeur.

15 kilomètres à peine séparent le port de Duisbourg de la Frankfurter Straße de Dinslaken. Le Rhin est proche, de même qu'un fleuve qui vient s'y jeter. On ne le chante jamais. Il n'est pas vraiment en «odeur» de sainteté. Rien d'étonnant puisqu'il lui faut quotidiennement assimiler 1,7 milliard de litres d'eaux usagées. Ce fleuve, dans son corset d'acier et de béton, s'appelle l'Emscher. Il traverse le coeur de la Ruhr, qui s'étend de Bergkamen à l'est, jusqu'à Duisbourg. C'est ici que doit être réalisée en une décennie, une vision qui ennoblira le paysage. La vision: la zone qui, dans la Ruhr a la plus forte densité, mesure 803 kilomètres carrés et s'appelle la zone d'Emscher. En l'an 2000, elle aura été renouvelée, tant du point de vue économique, qu'écologique et social. Le paysage du centre de la Ruhr aura alors changé de visage. Des parcs naturels situés sur les bords de l'Emscher et du canal Rhin-Herne, reliés entre eux par des pistes cyclables et des sentiers de randonnée, participeront à la reconstruction du paysage. Le 'système Emscher' et ses affluents auront été améliorés du point de vue écologique, seront redevenus naturels. Le recul de l'industrie minière aura fait perdre au canal Rhin-Herne sa fonction de principale voie de transport du charbon et du minerai de fer. Depuis longtemps, hommes, animaux et plantes auront alors reconquis ses rives. On y verra naître une nouvelle zone de loisirs. Un sentier de grande randonnée, menant de Duisbourg à Bergkamen, serpentera aux abords du canal. Il passera devant la mine Zollverein, à Essen-Katernberg, un monument industriel d'importance européenne, unique en son genre sur notre continent. L'un des témoins de l'Histoire et de la culture de cette région. Poursuivons notre route jusqu'à Gelsenkirchen et à son World Trade Center Park; jusqu'au vieux port industriel «Frédéric le Grand», à Herne. Il s'est transformé en une véritable 'Marina', avec un port de plaisance et de sport, des hôtels, des appartements et un parc de loisirs. Reconstruire le paysage, cela veut dire aussi 'travailler dans un parc'. On en comptera une cinquantaine, consacrés aux services, à la science et au commerce. Visions. Et la réalité? Le gouvernement régional a adopté ce projet en mai 88; en décembre de la même année a été fondée l'«Exposition internationale d'architecture de l'Emscherpark GmbH». 400 architectes, entrepreneurs, ingénieurs paysagistes, comité d'initiatives, groupes de citoyens et les 17 villes et districts de la zone d'Emscher, ont présenté depuis lors des projets concrets à la société IBA, à Gelsenkirchen. Ceux d'entre eux qui seront réalisés, seront financés par les budgets des communes et du Land; 3 milliards environ vont être 'mobilisés', provenant pour moitié des escarcelles publiques et privées. Lutz Niethammer, historien (déjà cité), écrivit en 1984: «Le ciel bleu de la Ruhr ne sera une véritable réussite que si l'on peut encore travailler sur les bords de l'Emscher.» J'ai envie d'ajouter: pas seulement travailler, mais vivre, aussi, et je pense qu'on est sur la bonne voie. Maintenant.

Nous revoici sur le Rhin. Kilomètre 845,1, rive droite. Encore 12,6 kilomètres jusqu'à la frontière, à l'ouest de Hüthum, et le fleuve quittera le Land. Ici, au kilomètre 845,1 le visiteur, pour peu qu'il les recherche, découvrira des singularités du Rhin inférieur: l'île du Rhin. Une île, peut-être, mais une île de 300 hectares. Une auberge, six exploitations agricoles, 13 familles. Et un pont franchissant le bras due Vieux Rhin qui encercle l'île: Grietherort. De l'autre côté, en aval, Grieth, monstre du siècle de l'atome: le surrégénérateur à neutrons rapides, à Kalkar, en amont, Emmerich, avec Elten-Berg.

Méditation sur le tour que nous venons d'effectuer au travers des pays de Rhénanie et de Westphalie. Ce qui nous a frappé: elle n'a même pas encore 50 ans d'âge, cette Rhénanie-du-Nord-Westphalie, mais elle débords d'Histoire. Rares sont les communes qu'elle n'a pas présentées. Certes, l'Histoire ne fournit pas de recettes permettant d'agir dans le présent ou de planifier le futur. Mais elle est tout de même utile, lorsqu'elle ne s'épuise pas à regarder en arrière, mais nous offre son trésor d'expérience. Exemple, la Ruhr. L'Histoire n'est plus refoulée; bien plus, on se tient en son cœur, la tête haute. C'est ici désormais qu'est le siège, le centre de l'expérience, un important laboratoire dans lequel est en train de s'effectuer une mutation sociale et économique, un atelier de transformation de l'ère industrielle.

Objection: j'ai lu quelque part un texte où il était question de la «nécessité d'activer le potentiel industriel du Rhin inférieur», de la volonté de stabiliser la base économique du Münsterland, du Sauerland et de l'Eifel. Il faudra être des plus attentifs, si la reconstruction du paysage devait ne pas succéder au développement de l'industrie.

La réalité de tous les jours, c'est une technique qui veut sans cesse aller plus loin et un rationalisme calculateur. Pour essentiels qu'ils soient, ils ne sont pas une fin en soi. On s'est découvert un sens pour des espaces de liberté dont nous voulons décider nous-mêmes de l'assignation. L'art et la culture sont plus que des catégories esthétiques. La diversité culturelle du Land le confirme bien. Ce Land est l'une des zones civilisées les plus denses du monde. Et c'est là aussi une composante de son identité.

Le rythme cardiaque du Land est bon, calme cet été. Il semble être parfaitement équilibré.

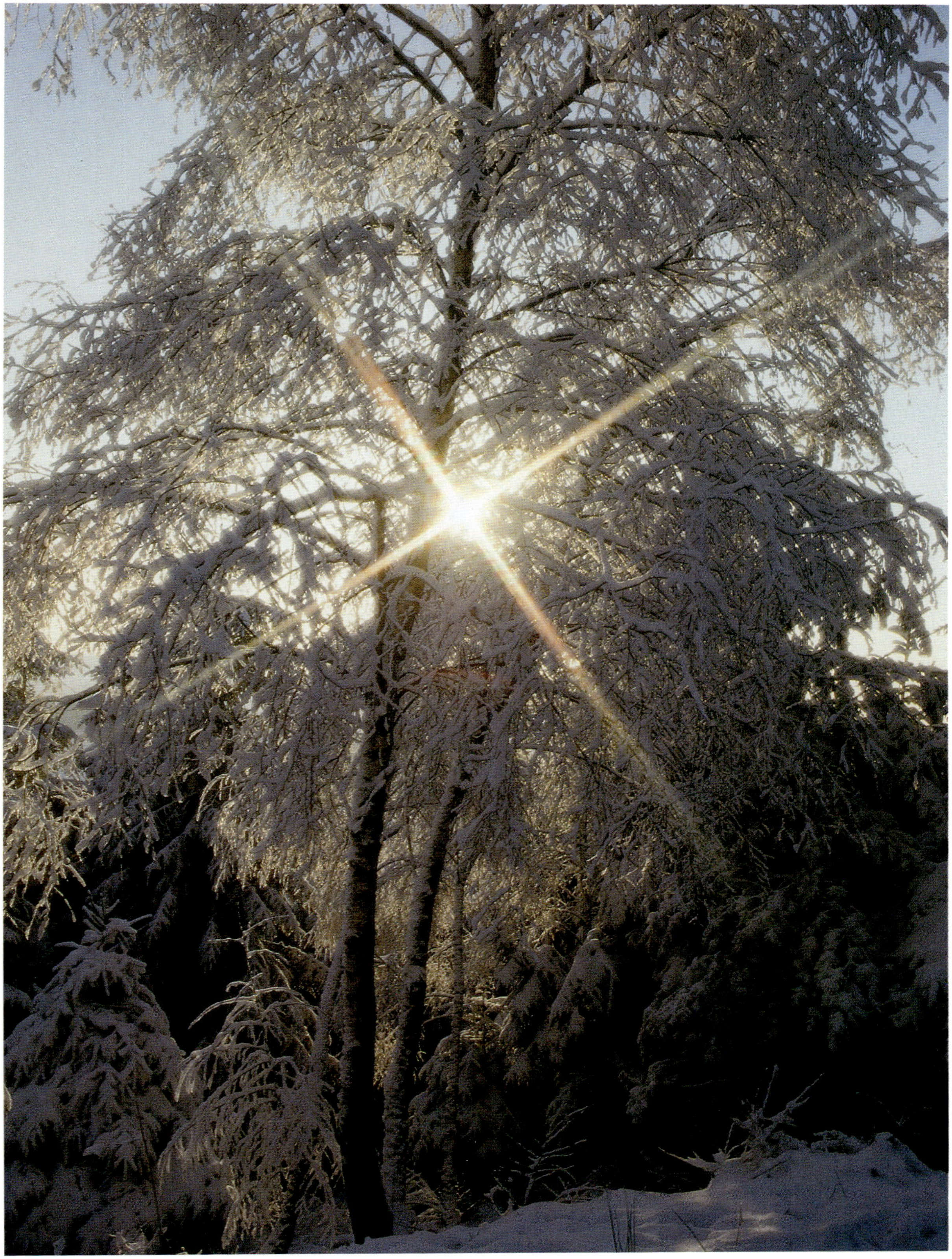

Johannes K. Glauber

Vielfältige Kulturlandschaft an Rhein und Ruhr

Prunkvolle Märchenschlösser, so wie sie die Wittelsbacher im Süden der Republik erbauten, gibt es hierzulande nicht. In dieser Gegend Deutschlands herrschten auch nie Fürstengeschlechter, die sich zur eigenen Belustigung Hoftheater zulegten, aus denen sich dann später — in demokratischer Zeit — wie etwa in München oder Hannover, Stuttgart oder Dresden Staatstheater entwickeln konnten. Kultur in Nordrhein-Westfalen — das ist die unverwechselbare, von selbstbewußten Bürgern und klugen Mäzenen geschaffene Mischung von Altem und Neuem, von Vergangenheit, Gegenwart und Zukunft. Daß diese harmonische Verbindung von Kunst und Leben auch gelingen kann, liegt unstreitig an der Mentalität der Menschen: Am Rheinländer, der sich auf sprichwörtliche Weise den Sonnenseiten des Lebens verpflichtet fühlt, und am bedächtigen, in sich ruhenden, seit urdenklichen Zeiten ansässigen Westfalen. Dabei ist das Land zwischen Aachen und Bielefeld, Emmerich und Siegen eine der ältesten Kulturlandschaften Mitteleuropas. Schuld daran haben nicht zuletzt die alten Römer.

Und so war auch hier aller Anfang römisch. Reden wir eingangs also ruhig von den kultur- und machtbesessenen Invasoren aus dem Süden und schlagen wir gleich kühn die Brücke über schier zwei Jahrtausende hinweg in die heutige Zeit. Am besten gelingt dies in Köln, in der alten ‚Colonia Agrippina'. In einem der schönsten und modernsten Museumsbauten Europas, dem Römisch-Germanischen Museum, sind viele Kostbarkeiten aus Kölns Frühzeit zusammengetragen. Das Grabdenkmal des Poblicius zum Beispiel oder das Dionysos-Mosaik mit seinen über 30 Bildfeldern aus dem 3. Jahrhundert n. Chr. Es gibt ferner einen Römerturm, eine römische Stadtmauer und die Reste eines ehemaligen römischen Stadthalterpalastes, es gibt Sammlungen mit christlicher oder ostasiatischer Kunst — und es gibt das Museum Ludwig, jenen grandiosen, mit der Philharmonie verbundenen Kulturpalast. Der Aachener Schokoladenfabrikant Ludwig, von dem hier noch häufiger die Rede sein wird, stellte dem Haus umfangreiche Leihgaben zur Verfügung: amerikanische Pop-Art, russische Kunst der zwanziger Jahre, die klassische Moderne. Der Musenfreund findet in Köln freilich noch viel mehr: Ein international hochgeachtetes Opernhaus, das städtische Schauspiel, eine bunte Mischung von Privattheatern — und den Westdeutschen Rundfunk samt Kölner Rundfunk-Sinfonieorchester, den WDR-Chor und eine Reihe dem WDR verbundener Ensembles wie die ‚Cappella coloniensis'. Wie anregend und befruchtend sich die Kulturarbeit des WDR in den letzten Jahrzehnten auswirkte, zeigt sich am ‚Cappella'-Beispiel. Schon zu Beginn der sechziger Jahre unternahm dieses Kammerorchester höchst erfolgreich den Versuch, barocke und frühklassische Musik stilgerecht aufzuführen. Die Barock-Flut, so wie sie heute über uns hinweggeht, ist von der ‚Cappella coloniensis' in gewisser Weise also mit ausgelöst worden.

Dem WDR ist eines der ersten Studios für elektronische Musik innerhalb Europas zu danken. Arbeitslabor für Karlheinz Stockhausen, der, besonders in den 50er und 60er Jahren, darin so manches Meisterwerk schuf. Überhaupt hat der WDR ungeheuer viel für die Neue Musik getan. Und für die ältere natürlich auch. Chor und Sinfonieorchester geben in aller Welt regelmäßig Konzerte. Seit für diese Auftritte die Philharmonie zur Verfügung steht, bereiten ‚Heimspiele' besonderes Vergnügen.

Stichwort Philharmonie: Ein supermoderner, akustisch inzwischen tadelloser, 2 200 Sitzplätze umfassender Konzertsaal, der mit dem Museum Ludwig/Wallraf-Richartz-Museum ein architektonisches Gesamtkunstwerk bildet. Die Philharmonie ist Heimstatt auch des Gürzenich-Orchesters. 340 Veranstaltungen gehen pro Saison über die Bühne. Mehr als in den Philharmonien Münchens oder Berlins. Köln — das ist aber auch ein Stadtkunstwerk an sich.

Aufführung der 9. Sinfonie von Gustav Mahler beim Rheinischen Musikfest 1987. Es spielte das Kölner Rundfunk-Sinfonie-Orchester unter Leitung von Gary Bertini in der neuen Philharmonie in Köln.

Gustav Mahler's 9th symphony was performed by the Cologne Radio Symphony Orchestra conducted by Gary Bertini in Cologne's new philharmonic concert hall, the Philharmonie, as part of the Rhenish Music Festival 1987.

La 9ème symphonie de Mahler, lors du Festival musical rhénan de 1987. L'Orchestre symphonique de la Radio de Cologne, sous la direction de Gary Bertini, dans la nouvelle Philharmonie de Cologne.

Die Fenster der beiden oberen Geschosse in St. Gereon in Köln entstanden nach Entwürfen von Georg Meistermann. Sie gelten als sein Meisterwerk. Das Motto für alle 28 Fenster: »Der Sieg Christi in seinen Heiligen, die Einheit von Himmlischem und Irdischem Jerusalem.«

The windows in the two upper storeys of St. Gereon in Cologne are based on designs by Georg Meistermann and are considered to be his best works. All 28 windows have as their motto: »Christ's victory in his saints, the unity of celestial and earthly Jerusalem«.

Les fenêtres des deux étages supérieurs de St. Géréon, à Cologne, créées d'après des esquisses de Georg Meistermann. Elles passent pour être son oeuvre maîtresse. Thème des 28 fenêtres: «La victoire du Christ dans ses Saints, l'unification de la Jerusalem céleste et terrestre».

rechts
Im Schnütgen-Museum in Köln finden wir kirchliche Kunst vom frühen Mittelalter bis zum Barock, Elfenbeinschnitzereien, Goldschmiedearbeiten, Holz- und Steinskulpturen, Glasgemälde und Textilien.

The Schnütgen Museum in Cologne presents religious art from the early Middle Ages to the Baroque period, including ivory carvings, goldsmiths' works, sculptures in wood and stone, glass paintings and textiles.

Le Musée Schnütgen de Cologne abrite des oeuvres d'art sacré des débuts du Moyen Age au Baroque, des ivoires sculptés, des pièces d'orfèvrerie, des sculptures en bois et en pierre, des peintures sur verre et des textiles.

links
Das Museum für angewandte Kunst in Köln zeigt Kunsthandwerk vom Mittelalter bis zur Gegenwart; Design des 20. Jahrhunderts.

The Museum of Applied Arts in Cologne presents everything from medieval craftsmanship to modern 20th century design.

Le Musée des Arts appliqués de Cologne présente des oeuvres d'arts manuels du Moyen Age à nos jours; design du 20ème siècle.

Malerei von 1300 bis 1900, Skulpturen von 1800 bis 1900 und Graphische Sammlungen beherbergt das Wallraf-Richartz-Museum in Köln.

Paintings dated from 1300 to 1900, sculptures from the period 1800-1900 and graphic collections are all to be found in the Wallraf-Richartz-Museum in Cologne.

Le Musée Wallraf-Richartz, à Cologne, abrite des peintures de 1300 à 1900, des sculptures de 1800 à 1900, ainsi qu'une collection de dessins.

261

Der gewaltige gotische Dom, mit dessen Bau schon im 13. Jahrhundert begonnen wurde, die romanischen Kirchen und natürlich St. Gereon, ein achteckiger gotischer Bau, gekrönt durch die Glasfensterkunst Georg Meistermanns.

Nun aber flugs zurück zu den alten Römern. Auch Aachen haben sie gegründet. Obwohl dort ein anderer viel tiefere Spuren und entschieden kostbarere Dinge hinterlassen hat: Karl der Große. Seine Aachener Pfalzkirche, erbaut um 800, war Krönungsstätte für 32 deutsche Kaiser und Könige. Reichskrone, Reichsapfel, Karl des Großen Thron, seine später gestiftete Büste und natürlich der um 1200 entstandene Karlsschrein, der die Gebeine des Herrschers enthält und dessen Äußeres auf kunstvolle Weise aus dem Leben des Kaisers erzählt — der Aachener Dom birgt einen der reichsten Schätze Europas in sich.

Doch auch das Neue hat in Aachen seine Chance: So will Peter Ludwig, kunstbeflissener Fabrikant und Sohn der Stadt, der Allgemeinheit eine private Stiftung vermachen: In einer umgebauten Schuhfabrik soll ein Museum der ‚Weltkunst' eingerichtet werden. Keine Stadt ohne Museum, versteht sich. Also gibt es deren viele im Lande. Bielefeld und Münster, Detmold und Bonn, Dortmund und Kleve — es nützt nichts, wir müssen uns hier auf wenige beschränken. Da ist, als größtes Museum, die Kunstsammlung Nordrhein-Westfalen in Düsseldorf. Alles, was in der Klassischen Moderne Rang und Namen hat, ist hier glänzend vertreten. Da ist das von Hans Hollein gebaute Museum am Abteiberg in Mönchengladbach, da ist das Rheinische Landesmuseum Bonn mit seiner beispielhaften Sammlung Rheinischer Expressionisten. Der Kunstfreund weiß, daß er auch im gänzlich neugestalteten Von-der-Heydt-Museum in Wuppertal Höhepunkte findet (‚Brücke', ‚Blauer Reiter' sowie eine hinreißende Modersohn-Becker-Sammlung). Und dann natürlich das Lehmbruck-Museum in Duisburg, das speziell der modernen Plastik gewidmet ist. Neben Lehmbruck-Werken findet sich hier allerlei von Archipenko, Arp, Barlach, Brancusi, Giacometti, Lipchitz oder Mataré — um nur eine Auswahl zu nennen.

Einen großen Museumskomplex besitzt auch Essen. Im Neubau an der Goethestraße befindet sich neben den Beständen des natur- und kunstgeschichtlich ausgerichteten Ruhrlandmuseums auch die bedeutende Folkwang-Sammlung mit europäischer Malerei und Plastik des 19. und 20. Jahrhunderts.

Düsseldorfs neuerbaute Kunsthalle für die Kunstsammlung Nordrhein-Westfalens ist eine kühne Konstruktion aus Glas, Stahl und Granit.

Düsseldorf's new art gallery, built to display the North Rhine/Westphalian art collection, boldly combines glass, steel, and granite.

La galerie d'art de Düsseldorf récemment reconstruite pour abriter les collections d'art de l'état de Rhénanie-du-Nord-Westphalie, est une construction ultramoderne en verre, acier et granite.

Ausgestellt in der Kunsthalle Düsseldorf — Max Beckmann »Brücke in Frankfurt«.

Max Beckmann's »Bridge in Frankfurt« is on display in the Kunsthalle in Düsseldorf.

Exposé dans la Kunsthalle de Düsseldorf: le «Pont à Francfort», de Max Beckmann.

Das von Hans Hollein gebaute Museum am Abteiberg in Mönchengladbach wurde 1985 mit dem »Pritzker Award«, dem weltweit bedeutendsten Architekturpreis, ausgezeichnet. Es beherbergt Werke zeitgenössischer Künstler wie Andy Warhol und Joseph Beuys.

The Museum am Abteiberg — the »museum on the monastery hill« — which Hans Hollein built in Mönchengladbach won the international »Pritzker Award« for architecture in 1985. The museum presents works by contemporary artists, such as Andy Warhol and Joseph Beuys.

Le «Museum am Abteiberg» construit par Hans Hollein à Mönchengladbach, s'est vu décerner en 1985 le «Pritzker Award», le prix d'architecture le plus prestigieux du monde. Ce musée abrite des oeuvres d'artistes contemporains tels qu'Andy Warhol et Joseph Beuys.

Die sogenannte Zero-Gruppe mit Günther Uecker, Heinz Mack und Otto Piene, der ‚Junge Westen' mit Emil Schumacher, Heinrich Siepmann und vielen anderen — sie alle haben in Museen und Galerien nachdrückliche Spuren hinterlassen. Ebenso Joseph Beuys, der so lange umstrittene, inzwischen freilich hochgeschätzte und -gehandelte Objektkünstler und Aktionist. Im niederrheinischen Schloß Moyland, zwischen Kleve und Kalkar gelegen, erhält seine Kunst jetzt ein stattliches Domizil. Das Museum Schloß Moyland wird künftig die Beuys-Sammlung der Gebrüder van der Grinten sowie ein umfangreiches Beuys-Archiv aufnehmen.

Für die zeitgenössische Kunst setzt sich auch eine Reihe namhafter Galerien ein, so Heimeshoff in Essen, Utermann in Dortmund, die Galerie ‚m' in Bochum, Alfred Schmela in Düsseldorf oder die Galerie Gmurzynska in Köln.

Im April 1981 gründete die Stadt Krefeld das Deutsche Textilmuseum in Krefeld-Linn. Weit über 20 000 Exponate besitzt das Museum. Laufend finden Wechselausstellungen statt, so ab November 1990 die »Löwenteppiche aus Iran«. Unser Bild zeigt die Ausstellung »Schöne Rheinländerin — 40 Jahre Mode im Rheinland«.

The German Textile Museum with well over 20,000 exhibits was founded by the town of Krefeld in Krefeld-Linn in April 1981. Temporary exhibitions are organized constantly, including for instance the exhibition of »Iranian lion carpets« which opened in November 1990. The photograph shows the exhibition of »Well-dressed women of the Rhineland — 40 years of fashion in the Rhineland«.

C'est en avril 1981 que la ville de Krefeld a créé le «Musée allemand du Textile», à Krefeld-Linn. Ce musée compte plus de 20 000 pièces d'exposition. On y organise en permanence des expositions temporaires, comme celle par exemple des «Tapis léonins d'Iran», en novembre 1990. Sur notre photo, l'exposition «Belle Rhénane — 40 ans de mode en Rhénanie».

Römische Küche im Clemens-Sels-Museum in Neuss.

Roman kitchen in the Clemens-Sels-Museum in Neuss.

Cuisine romaine, Musée Clemens-Sels de Neuss.

Clemens-Sels-Museum Neuss.
Eward Brune-Jones 1833—1898
The King's Wedding, 1870
Gouache auf Pergament mit Gold gehöht.

Clemens-Sels-Museum, Neuss.
Eward Brune-Jones, 1833—1898
The King's Wedding, 1870
Gouache on parchment overlaid with gold.

Musée Clemens-Sels, Neuss.
Eward Brune-Jones, 1833—1898
The King's Wedding, 1870
Gouache sur parchemin, rehaussée d'or.

Aus einem reichen fränkischen Fürstengrab in Krefeld-Gellep stammt dieser Spangenhelm aus vergoldeter Bronze aus dem ersten Drittel des 6. Jahrhunderts.

This early 6th century gold-plated bronze helmet with clasp was found in the grave of a rich Frankish prince in Krefeld-Gellep.

Ce casque de bronze doré du premier tiers du 6ème siècle, provient d'une riche sépulture franque de Krefeld-Gellep.

Grabmal aus dem Rheinischen Landesmuseum in Bonn.

Tombstone in the Rheinisches Landesmuseum in Bonn.

Tombeau — Rheinisches Landesmuseum, Bonn.

Das neugestaltete Von-der-Heydt-Museum in Wuppertal mit einem Bild von Edvard Munch »Mädchen mit rotem Hut«.

The redesigned Von-der-Heydt Museum in Wuppertal with Edvard Munch's painting »Girl with a red hat«.

Le nouveau Musée Von-der-Heydt, à Wuppertal; Edvard Munch «Petite fille au chapeau rouge».

Eine seltene, erlesene Sammlung alter Uhren zeigt das Wuppertaler Uhrenmuseum.

Wuppertal's clock museum presents a rare collection of selected old chronometers.

Le Musée de l'Horlogerie de Wuppertal présente une collection rare et choisie de vieilles montres.

Das Wilhelm-Lehmbruck-Museum in Duisburg, 1964 vollendet, nimmt sich der modernen Kunst an. Es besitzt eine Sammlung von Werken Wilhelm Lehmbrucks, der 1881 in Duisburg-Meiderich geboren wurde. Seine »Kniende« (1911), zentrales Werk der expressionistischen Plastik, steht vor dem Museum.

The Wilhelm-Lehmbruck-Museum in Duisburg was completed in 1964 and is devoted to modern art. The museum has a collection of works by Wilhelm Lehmbruck who was born in Duisburg-Meiderich in 1881. His sculpture of the »Kneeling Woman« (1911) outside the museum is a central work of expressionist art.

Le Musée Wilhelm-Lehmbruck, à Duisbourg, dont la construction fut achevée en 1964, est spécialisé dans l'Art moderne. Il possède une collection d'oeuvres de Wilhelm Lehmbrück, qui naquit à Duisbourg en 1881. Sa «Femme agenouillée» (1911), oeuvre maîtresse de la sculpture expressioniste, se trouve devant le musée.

Das Museum der Deutshcen Binnenschiffahrt in Duisburg-Ruhrort.

The Museum of Inland Shipping in Germany in Duisburg-Ruhrort.

Le Musée de la Navigation Fluiviale à Duisburg Ruhrort.

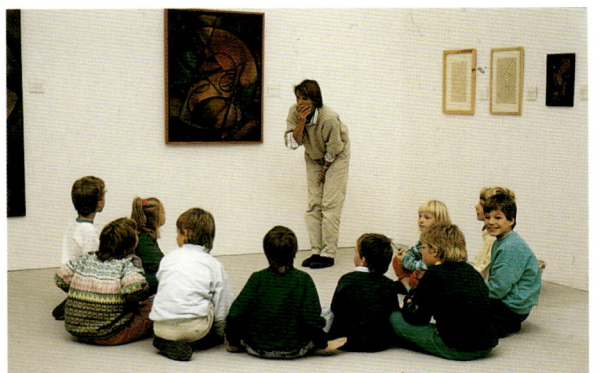

»Winter am Niederrhein« von Walter Saur 1970 – Öl auf Leinwand. Entnommen der Kassette zur Diebels-Kunst-Ausstellung »Blickpunkt Niederrhein«.

»Winter in the lower Rhine region« by Walter Saur, 1970, oil on canvas, is part of the cassette for the Diebels art exhibition »Focus on the Lower Rhine«.

«L'Hiver dans le Rhin inférieur», de Walter Saur (1970), huile sur toile. Extrait de la cassette publiée en accompagnement à l'exposition de Diebels «Regards sur le Rhin inférieur».

← oben rechts
Otto Pankok (1893—1966) war vielseitiger Künstler am Niederrhein. Seine Arbeiten umfassen Kohlezeichnungen, Plastiken, Holzschnitte, Radierungen, Lithografien, Steinätzungen und Monotypien. Unser Bild zeigt das Kriegsmahnmal in der Dorfkirche Brünen, ein Zweitguß befindet sich im Otto-Pankok-Museum in Drevenack bei Hünxe.

Otto Pankok (1893-1966) was a versatile artist from the lower Rhine region. His works include charcoal drawings, sculptures, wood carvings, etchings, lithographs, stone etchings and monotypes. The photograph shows the war memorial in Brünen village church; a replica of the memorial is on display in the Otto-Pankok-Museum in Drevenack near Hünxe.

Otto Pankok (1893—1966) était un artiste doué pour des techniques d'art diverses: son oevre contient des dessins au fusain, sculptures, gravures sur bois, eaux-fortes, lithographies, gravures à l'eau-forte et des monotypies. La photo représente le monument de guerre dans l'eglise du village de Brünen. Une réplique est exposée dans le Otto-Pankok-Museum à Drevenack, près de Hünxe.

Das Schloß Moyland am Niederrhein wird in Zukunft Beuys-Museum sein.

Moyland castle on the lower Rhine is to become a museum devoted to Joseph Beuys.

Le Château de Moyland, dans le Rhin inférieur, sera désormais un Musée Beuys.

← S. 269 unten
So manche Kunststudenten finden einen bereitwilligen Spender bei gekonnter Straßenmalerei.

Good pavement art readily attracts admirers and donations.

Plus d'un étudiant doué a trouvé un mécène en peignant ses oeuvres sur les trottoirs!

Deutsches Plakatmuseum in Essen. Es beherbergt 100 000 Exponate.

The German Poster Museum in Essen contains 100,000 exhibits.

Musée allemand de l'affiche, à Essen. Il n'abrite pas moins de 100 000 pièces.

Die Dauerausstellung im Ruhrlandmuseum in Essen »Vom Ruhrland zum Ruhrgebiet« demonstriert die Geologie, Industrie und Sozialgeschichte einer Landschaft konzentriert von 1880—1920.

»From Ruhr land to Ruhr area« is a permanent exhibition in Essen's Ruhrlandmuseum. It gives a concentrated overview of the geology, industry and social history of the region between 1880 and 1920.

L'exposition permanente «Du pays de la Ruhr au Ruhrgebiet», organisée par le Musée de la Ruhr, à Essen, se concentre sur la géologie, l'industrie et l'histoire sociale d'une région, entre 1880 et 1920.

Grundbestand des Folkwang-Museums ist die Sammlung, die Karl Ernst Osthaus 1902 in Hagen als Folkwang-Museum der Öffentlichkeit zugänglich machte. Sie wurde nach seinem Tode 1921 an die Stadt Essen verkauft.

The collection presented to the public by Karl Ernst Osthaus as the Folkwang museum in Hagen in 1902 makes up the central part of the Folkwang-Museum. The collection was sold to the city of Essen when Osthaus died in 1921.

Les collections que Karl Ernst Osthaus rendit accessibles au public, en 1902, à Hagen, dans un musée appelé «Musée Folkwang», constituent le fond de ce célèbre musée. En 1921, après sa mort, elles furent vendues à la ville d'Essen.

Wechselnde Kunstausstellungen der Kulturstiftung Ruhr, Essen, in der Villa Hügel in Essen sind von hohem Rang. »St. Petersburg um 1800« lautete die Ausstellung von Juni bis November 1990. Sie zeigte Kunstschätze aus der Erimitage Leningrad. Das Gemälde von E. F. Krendowski stellt den Thronsaal der Kaiserin Maria Fjodorowna im Winterpalast um 1831 dar.

The temporary exhibitions organized by the Kulturstiftung Ruhr, a cultural trust fund in Essen, in the city's Villa Hügel are of truly international stature. The exhibition presented from June to November 1990 was devoted to »St. Petersburg around 1800« and included art treasures from the Hermitage in Leningrad. The painting by E. F. Krendowski shows the throne room of the Empress Maria Fjodorowna in the winter palace around 1831.

Les expositions temporaires présentées dans la Villa Hügel, à Essen, par la Fondation culturelle de la Ruhr, sont toujours de très haut niveau. «Saint Petersbourg dans les années 1800», tel est le nom de l'exposition présentée de juin à novembre 1990, et dans laquelle on pouvait admirer des trésors du Musée de L'Ermitage de Leningrad. Ce tableau de E. F. Krendowski représente la salle du trône de l'Impératrice Maria Fjodorowna dans le Palais d'Hiver, aux environs de 1831.

Altarkreuz, Evangelium, Asteriskus, Patene und Kelle aus der Feldkirche des Zaren Alexander I., 20er Jahre des 19. Jahrh.

Altar cross, gospel, asterisk, paten and scoop from Zsar Alexander the First's field church in the 1820s.

Croix, évangile, asteriscus, patène et ciboire de la chapelle de campagne du Tsar Alexandre Ier, datant des années 20 du 19ème siècle.

In der Städt. Galerie Oberhausen befindet sich das Gemälde von Carl Barth »Zerstörte Rheinbrücken« 1946 — Öl auf Leinwand.

Carl Barth's painting »Damaged Rhine bridges«, 1946, oil on canvas, is on display in the Municipal Gallery in Oberhausen.

C'est dans la Galerie municipale d'Oberhausen que l'on peut admirer cette oeuvre de Carl Barth «Ponts du Rhin détruits» (1946), huile sur toile.

Essens »Goldene Madonna« ist mit tausend Jahren die älteste Marienfigur des Abendlandes.

The »Golden Madonna« in Essen is one thousand years old and thus the oldest image of the Virgin Mary in the occident.

La «Madone d'Or» d'Essen est, avec ses 1000 ans d'existence, la plus ancienne représentation de la Vierge en Occident.

Adlerpult in der Reinoldikirche in Dortmund.

»Eagle lectern« in Reinoldi church in Dortmund.

Le «Pupitre à l'aigle» de la Reinoldikirche de Dortmund.

Als die wichtigste Sammlung ostkirchlicher Kunst in der westlichen Welt bezeichnen Fachleute das Ikonenmuseum in Recklinghausen.

Experts consider the icon museum in Recklinghausen to contain the most important collection of the eastern religious art in the west.

Les spécialistes voient dans le Musée des Icones de Recklinghausen, la plus importante collection d'art sacré de l'Eglise d'orient du monde occidental.

Ausschnitt aus dem Altar in der Dortmunder Marienkirche, gemalt um 1420 von Conrad von Soest.

Detail from the altar in Dortmund's Marienkirche, painted by Conrad von Soest around 1420.

Détail de l'autel de la Marienkirche à Dortmund, peint aux environs de 1420 par Conrad von Soest.

»Das Westfälische Abendmahl« von Conrad von Soest zeigt ein köstlich derbes Abendmahl mit Schweinskopf, Schinken und Bier an einem westfälischen Gasthaustisch. Es befindet sich über dem Nordportal der Kirche St. Maria zur Wiese in Soest.

»The Last Westphalian Supper« by Conrad von Soest shows an exquisitely substantial Last Supper of pig's head, ham and beer served in a Westphalian Inn. The painting hangs above the northern portal of the church of St. Maria zur Wiese in Soest.

«La Cène westphalienne», de Conrad von Soest, représente une Cène amusante et vigoureuse avec hure, jambon et bière, autour d'une table d'auberge westphalienne. Elle se trouve au-dessus du portail nord de l'église St.Maria zur Wiese, à Soest.

Industriemuseum Dortmund

Museum of industrial history in Dortmund

Le Musée de l'Industrie, à Dortmund

→

Das Deutsche Bergbau-Museum in Bochum dokumentiert die Montan-Geschichte von prähistorischen Anfängen bis zur Gegenwart. Viele Modelle kann der Besucher selbst in Betrieb setzen. Hier schiebt ein Bergmann die Lore in den Förderkorb.

The German Mining Museum in Bochum presents the history of mining, iron and steel making from the prehistoric origins to the present day. Many of the models can be started up by the visitors. The photograph shows a miner pushing the dumper into the cage.

Le Musée allemand de la Mine, à Bochum, documente l'histoire minière, de ses débuts préhistoriques jusqu'à nos jours. Le visiteur peut faire fonctionner lui-même de nombreuses maquettes. Ici, un mineur pousse un lorry dans la cage d'extraction.

Auf dem Gelände eines stillgelegten Betriebswerkes hat die Deutsche Gesellschaft für Eisenbahngeschichte e.V. ausrangierte Dampfrösser, Diesel- und E-Loks gesammelt und fachmännisch restauriert.

The German Society of Railway History has collected and expertly restored a number of disused steam, diesel and electric locomotives on a former marshalling yard.

Sur un terrain d'usine désaffecté, la Société allemande de l'histoire du chemin de fer e.V. a rassemblé et restauré de main de maître, des locomotives à vapeur, diesel et électriques réformées.

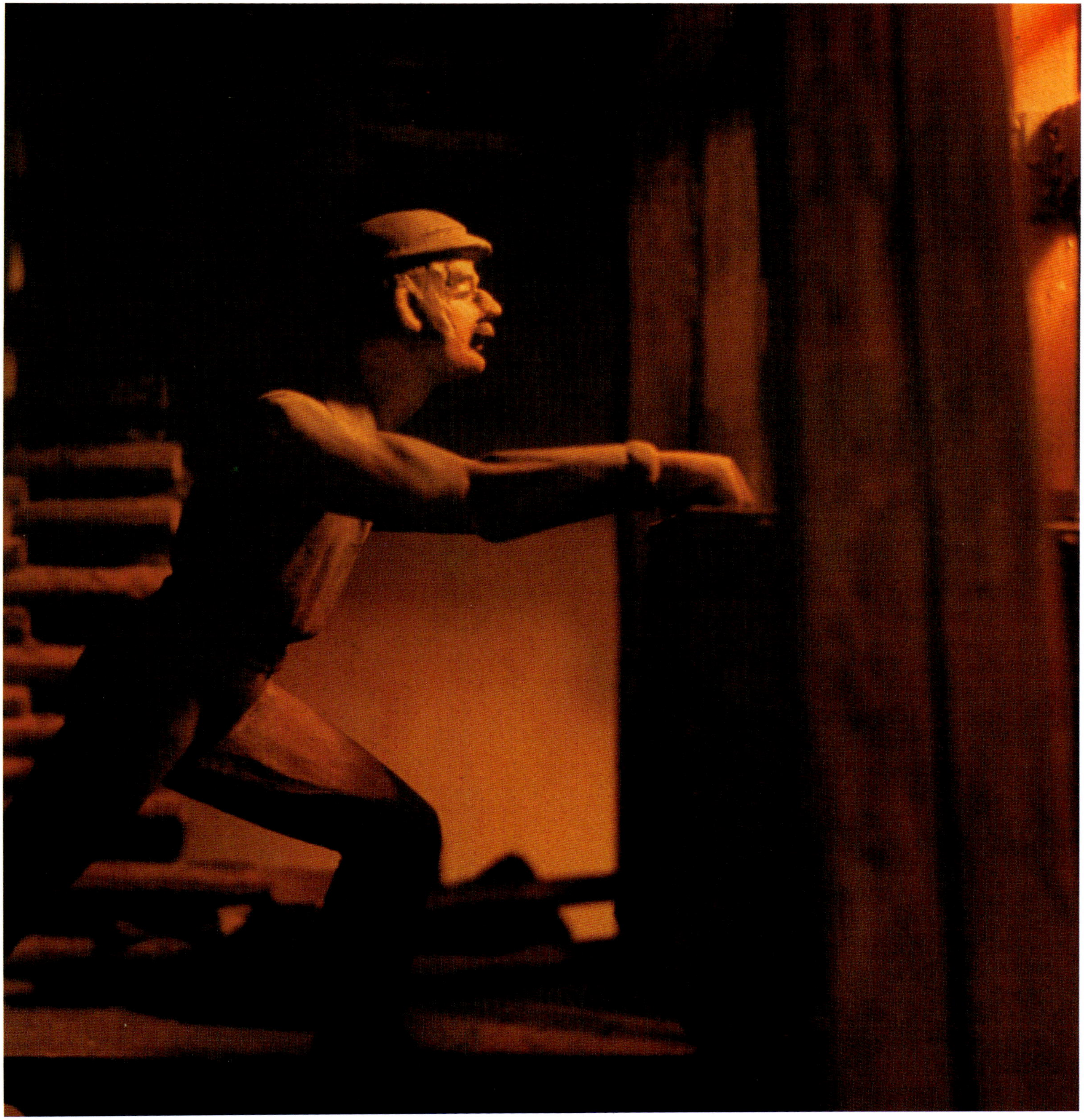

Stehender Bogenschütze aus gebrannter Tonerde aus der Terrakotta-Armee des 1. Kaisers der Chinesischen Dynastie. Ausgegraben 1977, Höhe 178 cm, vorübergehende Ausstellung in Dortmund.

Standing earthenware archer from the terracotta army of the first emperor of the Chinese dynasty. Excavated in 1977, the archer is 178 cm tall and part of a temporary exhibition in Dortmund.

Archer à pied en terre cuite, provenant de l'armée en Terracotta du Premier Empereur de la Dynastie chinoise. Mis à jour en 1977, hauteur 178 cm, exposition temporaire à Dortmund.

Das Deutsche Puppeninstitut in Bochum mit seiner Veranstaltung FINEDA = Figurentheater der Nation.

The German doll institute in Bochum with FINEDA, the theatre of national figures.

L'Institut allemand de la Poupée, à Bochum, et son exposition FINEDA = Théâtre de marionnettes des Nations.

Das Deutsche Kochbuch-Museum im Dortmunder Westfalenpark.

The German cookery-book museum in the Dortmunder Westfalenpark.

Le Deutsches Kochbuch Museum (musée de livres de cuisine) à l'intérieur du Westfalenpark, à Dortmund.

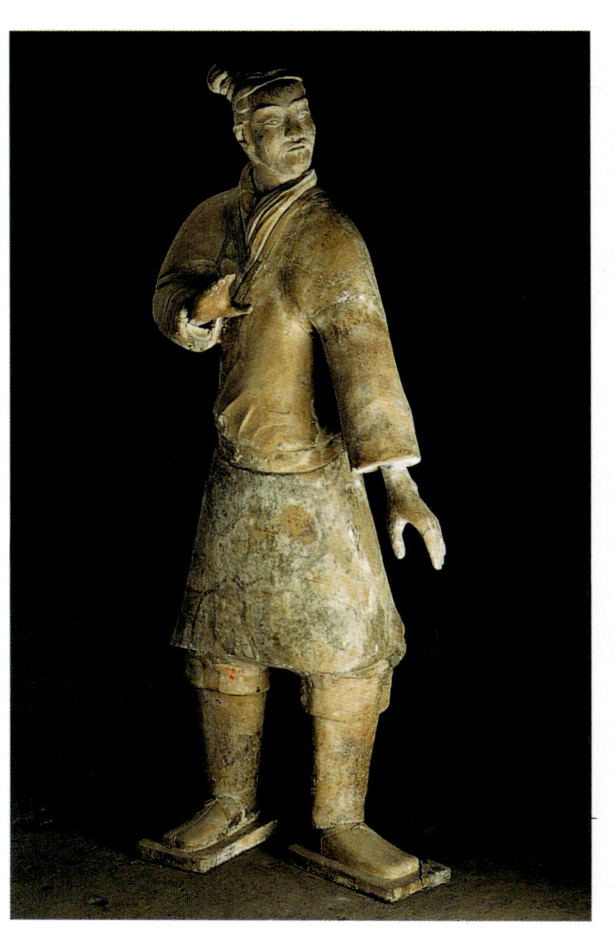

In der Kunstsammlung der Ruhr-Universität Bochum begegnen wir antiker Jovialität in moderner nüchterner Uni-Realität.

The art collection in the Ruhr University Bochum presents antique joviality set amidst the sobriety of modern university life.

Dans la Kunstsammlung de l'Université de la Ruhr, à Bochum, la jovialité antique dans une sobre réalité universitaire.

→ *S. 280 oben links*
Alte Drogerie aus dem Städtischen Museum in Herne.

An old dispensary in the municipal museum in Herne.

Ancienne herboristerie, Musée municipal de Herne.

Das Puppenmuseum in Reichshof-Eckenhagen.

The doll museum in Reichshof-Eckenhagen.

Le Musée de la Poupée, à Reichshof-Eckenhagen.

Der Nachtigallstollen in Witten — Museum und Treffpunkt für Musik und Theater.

The Nachtigallstollen — the nightinggale's gallery — in Witten is a museum as well as a rendezvous for theatre and music.

Le «Nachtigallstollen», à Witten, musée et lieu de rencontre pour la musique et le théâtre.

Im Freilichtmuseum in Hagen wird traditionsreiches bergisches Leben und Handwerk nachvollzogen.

Traditional life and trades in the Bergisches Land are relived in the open-air-museum in Hagen.

A la découverte de la vie et de l'artisanat traditionnels du Bergisches Land, dans le musée en plein air de Hagen.

Prachtvoller Bauernschrank aus Bischofshagen von 1862 im Heimathaus in Löhne.

A magnificent peasant cupboard made in Bischofshagen in 1862 on display in the local history museum in Löhne.

Splendide armoire paysanne (1862) de Bischofshagen, dans la Maison régionale de Löhne.

Bäuerliches Leben mit alten Geräten präsentiert das Rheinische Freilichtmuseum in Kommern.

The open-air museum in Kommern presents rural life with all the old farming implements.

Le Musée rhénan de plein air, à Kommern, documente la vie paysanne en présentant de vieux appareils.

Die Galerie Gmurzynska in Köln veranstaltet immer wieder Ausstellungen glanzvoller Schlüsselwerke, wie z.B. Arbeiten von Fernand Léger.

The Gmurzynska gallery in Cologne organizes numerous exhibitions of outstanding works, such as those of Fernand Léger.

La Galerie Gmurzynska, à Cologne, présente souvent des oeuvres clés, comme ces travaux de Fernand Léger, par exemple.

Eine Plastik mit dem Kopf von Dietrich Bonhoeffer von A. Hrdlicka 1977 im Skulpturengarten vor dem Rathaus von Marl.

A sculpture produced by A. Hrdlicka in 1977 with the bust of Dietrich Bonhoeffer stands in the Sculpture Garden outside Marl town hall.

Une sculpture de A. Hrdlicka, représentant la tête de Dietrich Bonhoeffer (1977), dans le Parc des Sculptures installé devant la Mairie de Marl.

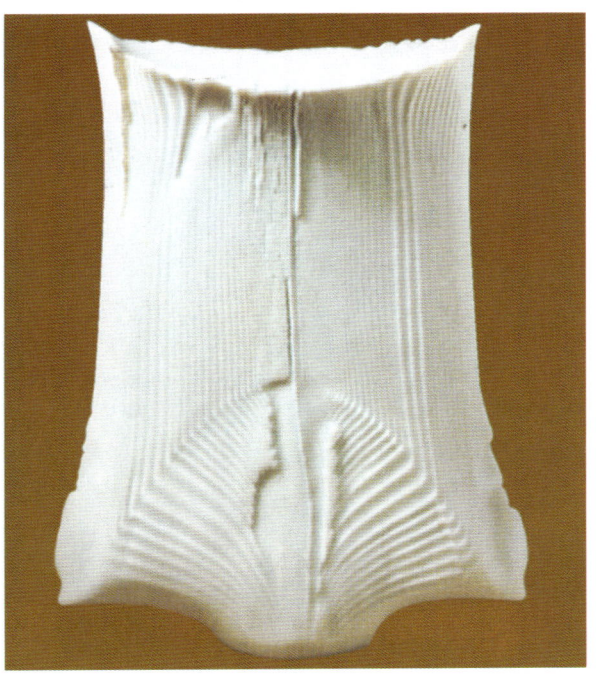

Das Keramion in Frechen hat sich zu einem der Schwerpunkte der zeitgenössischen keramischen Kunst in Westeuropa entwickelt. Das Arbeiten in Ton hat in Frechen lange Tradition, bis zurück ins 16. Jahrhundert. Die Stadt war Mittelpunkt des salzglasierten rheinischen Steinzeugs. Das Keramion, 1971 entstanden, beherbergt die Sammlung Cremer. Den Schwerpunkt der Sammlung bildet die Keramik des deutschsprachigen Raumes, doch sind auch fast alle Länder Europas vertreten. Das Spektrum reicht von der klassischen Gefäßkeramik bis zur keramischen Plastik. In zwei Jahrzehnten wurden die Werke einiger hundert Künstler aus dem In- und Ausland in mehr als 50 Sonderausstellungen dargestellt.

The Keramion in Frechen has become a centre for contemporary ceramic art in Western Europe. Clay has traditionally been used as a material in Frechen ever since the 16th century. The town was once the centre for salt-glazed earthenware from the Rhineland. The Cremer collection is the most important in the Keramion which was opened in 1971. The collection is devoted to ceramics from all German-speaking countries, but also includes items from virtually every country in Europe. The spectrum ranges from classical ceramic vessels to ceramic sculptures. The works of several hundred German and foreign artists were presented in more than 50 special exhibitions spanning a period of two decades.

Le «Keramion» de Frechen est devenu un des lieux les plus importants d'Europe pour la céramique contemporaine. Le travail de l'argile s'appuie ici sur une longue tradition remontant jusqu'au 16ème siècle. La ville a été le centre du grès rhénan vernis au sel. Le «Keramion», fondé en 1971, abrite la Collection Cremer. Elle est essentiellement consacrée à la céramique des pays de langue allemande, mais pratiquement tous les pays d'Europe y sont représentés. Son spectre s'étend des vases de céramique classiques aux sculptures en céramique. En deux décennies, une bonne cinquantaine d'expositions ont fait connaître les oeuvres de plusieurs centaines d'artistes nationaux et étrangers.

← *S. 282 unten rechts
Raumplastik VII von 1961 — Norbert Kricke — im Städtischen Museum Morsbroich in Leverkusen.*

Three-dimensional sculpture VII produced by Norbert Kricke in 1961 in Morsbroich municipal museum in Leverkusen.

Sculpture spatiale VII (1961), de Norbert Kricke, Musée municipal de Morsbroich, à Leverkusen.

Die Kunsthalle Bielefeld mit einer Skulptur von Henry Moore.

Bielefeld's Kunsthalle with a sculpture by Henry Moore.

La Kunsthalle de Bielefeld, avec une sculpture de Henry Moore.

Kunst kann man hierzulande natürlich auch studieren. Und zwar an den Akademien in Münster und Düsseldorf. In der Landeshauptstadt unterrichten so hochkarätige Künstler wie Gerhard Richter, Norbert Kricke oder Günther Uecker.

Studieren kann man in Nordrhein-Westfalen auch das Fach Musik in all seinen Variationen. Vier große Musikhochschulen stehen mit ihren Außeninstituten zur Verfügung. Schon 1946, ein Jahr nach Ende des Zweiten Weltkriegs, wurde die Nordwestdeutsche Musikakademie Detmold gegründet. Ihr erster Direktor, Wilhelm Maler, verhalf dem jungen Institut schnell zu internationaler Reputation. Zu Detmold, zur Staatlichen Hochschule für Musik Westfalen-Lippe, gehören heute die Institute in Dortmund und Münster. Die Kölner Hochschule (mit Grenzland-Institut Aachen sowie der Zweigstelle Wuppertal) zählt zu den größten Europas. Daß die Essener Folkwang-Hochschule für Musik, Theater und Tanz (mit einer Außenstelle in Duisburg) einige Besonderheiten aufweist, verrät schon der Name. Neben den musikalischen Disziplinen wird dort auch die darstellende Kunst gelehrt: Im Bereich Schauspiel ist u. a. Essens Theaterintendant Hansgünther Heyme tätig, im Bereich Musiktheater der Generalintendant der Deutschen Oper am Rhein, Kurt Horres. Und die weltberühmte Tanzabteilung, die ebenso wie das Folkwang-Ballett einst von dem legendären Ausdruckstänzer Kurt Jooss gegründet wurde, wird heute von der Wuppertaler Tanz-Theater-Chefin Pina Bausch geleitet. Diese Ausbildungsstätte, an der Pina Bausch früher auch studierte, gilt noch immer als Garant höchster Qualität. Auch Reinhild Hoffmann, Leiterin des Bochumer Tanztheaters, und Susanne Linke haben hier ihre entscheidende Prägung erfahren. Selbst in London oder New York werden Kritiker nicht müde, Nordrhein-Westfalen als Zentrum und Essen als ‚Nest' der neuen deutschen Tanzkunst zu bezeichnen.

Stichwort Pina Bausch: Ihrer Kreativität, ihrer enormen künstlerischen Fähigkeit zur Innovation verdankt das von ihr geleitete Wuppertaler Tanztheater seine Weltgeltung. Bis in den fernen Osten finden sich inzwischen Spuren der spezifischen Ästhetik und der Methode der Pina Bausch, sich der Gegenwart und des heutigen Lebens auf der Tanzbühne zu versichern.

Zum Selbstverständnis einer Stadt gehören, sofern sie groß genug ist, auch das eigene Musikleben und die Oper. Allein 23 Symphonieorchester existieren im Lande, die meisten von ihnen haben gleichzeitig Operndienste zu versehen. Ein Orchester, die seit 1959 in Marl ansässige Philharmonia Hungarica, verdient besondere Beachtung. 1956, nach dem Volksaufstand, haben die Musiker ihre ungarische Heimat verlassen und sich zunächst in Baden bei Wien angesiedelt. Von Marl aus starteten sie dann zu internationalen Konzerterfolgen. Philharmonia Hungarica — dieser Name erhielt in der Musikwelt bald einen besonderen Klang. Noch heute steht die ‚Hungarica'-Einspielung sämtlicher Haydn-Symphonien unter dem inzwischen verstorbenen Ehrendirigenten Antal Dorati in der Schallplattengeschichte einzig da.

Nicht unerwähnt bleiben darf die qualitätvolle Bestückung der Städte mit namhaften Chören (u. a. dem Düsseldorfer Musikverein, dessen Tradition bis zu Robert Schumann und Felix Mendelssohn-Bartholdy zurückreicht). Und es gibt auch immer

Nordrhein-Westfalen gilt als Zentrum des Tanztheaters. Pina Bausch — ihren enormen künstlerischen Fähigkeiten verdankt das Wuppertaler Tanztheater seinen Weltruf.

North Rhine/Westphalia is a centre of dance. Wuppertal's theatre of dance owes its world renown to the enormous artistic skills of Pina Bausch.

La Rhénanie-du-Nord-Westphalie passe pour être le centre du Tanztheater. C'est à Pina Bausch et à ses énormes capacités artistiques que le Tanztheater de Wuppertal doit sa réputation internationale.

Nach dem ungarischen Volksaufstand 1956 fanden sich die Musiker der Philharmonia Hungarica zusammen und starteten von Marl aus zu internationalen Konzerterfolgen. Ihre besondere Liebe galt den Haydn-Symphonien. Ehrendirigent war der inzwischen verstorbene Antal Dorati.

The musicians in the Philharmonia Hungarica joined together after the popular uprising of 1956 and launched into a series of successful international concerts from Marl. Their particular preference was for Haydn's symphonies. Antal Dorati was the orchestra's honorary conductor up to his death.

Après la révolte populaire hongroise de 1956, les musiciens de la Philharmonia Hungarica se retrouvèrent et entreprirent à partir de Marl toute une série de concerts à l'étranger. Les symphonies de Haydn sont tout particulièrement chères à leur coeur. Antal Dorati, entre-temps décédé, a été leur chef honoraire.

Deutsche Oper am Rhein — Cooperation zwischen Düsseldorf und Duisburg.

German opera on the Rhine — Deutsche Oper am Rhein — a cooperative project between Düsseldorf and Duisburg.

Le Deutsche Oper am Rhein, une coopération entre Düsseldorf et Duisbourg.

Tonhalle Düsseldorf

Düsseldorf's concert hall, the Tonhalle

Düsseldorf, la Tonhalle

wieder Musikfestivals. Beispielsweise die alle zwei Jahre stattfindenden Bergisch-Schlesischen Musiktage in Bergisch Gladbach, die Festwochen-Konzerte im wunderbaren Schloß Brühl oder das renommierte internationale Musikfest, das die Stadt Bonn alle drei Jahre ihrem großen Sohn Ludwig van Beethoven ausrichtet. Nicht zu vergessen das Düsseldorfer Schumann-Fest oder die traditionsreichen Rheinischen Musikfeste. Sie hatten ihre Glanzzeit um die Jahrhundertwende. Richard Strauss, Max Reger, Gustav Mahler — Größen reisten damals an, um ihre Werke vor einem aufgeschlossenen Publikum aus der Taufe zu heben. Doch nicht nur im Rheinischen wird flächenweit gesungen und gespielt. Inzwischen gibt's auch die Einrichtung des Westfälischen Musikfestes. Die Herner Tage für alte Musik (jeweils verbunden mit einer Ausstellung kunsthandwerklicher Musikinstrumente) sowie das mutige Avantgarde-Festival der Wittener Tage für neue Kammermusik gehören ebenso ins landesweite ‚Klang-Bild' wie die Jazztage

Ein genialer Wurf — ein Kunstwerk an sich — ist das neue Opernhaus in Essen. Es wurde von dem Architekten Alvar Aalto konzipiert.

The new opera house in Essen is a masterpiece, a stroke of genius in itself, designed by the Finish architect Alvar Aalto.

Le nouvel Opéra d'Essen est une réussite géniale, une oeuvre d'art en soi. Il a été conçu par l'architecte Alvar Aalto.

in Leverkusen, das stets an Pfingsten stattfindende Internationale New Jazz Festival Moers oder Mönchengladbachs ‚Ensemblia/Ensembletta', jene Reihe, die im jährlichen Wechsel sich der neuen Musik, dem neuen Theater und dem neuen Tanz verpflichtet fühlt.

Sollte man nicht auch Gütersloh erwähnen? Die ostwestfälische Stadt, selbst ohne eigenes Ensemble, widmet alljährlich ein umfangreiches Musik-Wochenende einem der Großen ganz persönlich: Ligeti, Stockhausen, Wolfgang Rihm, natürlich auch Hans Werner Henze, dem berühmten Sohn der Stadt.

In bunter Vielfalt präsentieren sich auch die 15 Musiktheater des Landes. Insbesondere die Bielefelder Opernleute haben die eingetretenen Pfade längst verlassen. Unverzagt suchen sie nach neuen, vergessenen Werken. Und die Klassiker bürsten sie — ihr Hausregisseur John Dew macht's allzeit möglich — heftig gegen den Strich. Von der Kölner Oper war schon die Rede; Bonn, bislang der großen Sänger-Oper verpflichtet, sucht inzwischen nach neuen Wegen (und einem neuen Intendanten). Und die Essener dürfen sich besonders glücklich schätzen: Nach jahrzehntelangem Hin und Her ist 1988 endlich das neue Opernhaus eröffnet worden. Ein genialer Wurf, ein Kunstwerk an sich ist dieses Haus, das einst der finnische Architekt Alvar Aalto konzipierte! Kein Wunder, daß dieses Ambiente auch die Kunst heftig beflügelte. Ausverkaufte Häuser, wochenlange Wartezeiten auf die begehrten Eintrittskarten — das hätten sich die Essener vor Jahren nie und nimmer träumen lassen.

Nach Repertoire, Personal und künstlerischem Ergebnis zählt die Deutsche Oper am Rhein zu den großen Theatern Deutschlands. Ein Glücksfall kommunaler Zusammenarbeit, daß sich die Städte Düsseldorf und Duisburg in einer Theaterehe verbunden haben. Nach Grischa Barfuss, einem äußerst verdienstvollen Opernintendanten alter Schule, versucht Kurt Horres derzeit mit beträchtlich wachsendem Erfolg, dem Doppelinstitut neue, frische Strahlkraft zu verleihen. Vor Jahren schon haben sich auch Mönchengladbach und Krefeld in Sachen Oper zusammengetan. Auch hier erweist sich die Bündelung der Kräfte als äußerst sinnvoll.

Einmalig ist die Idee in Wuppertal gewesen, die Immanuelskirche in Wuppertal-Barmen zum Konzerthaus zu bestimmen. Die Kantorei Barmen Gemarke war es, die diese Kirche am Leben erhielt. Sie war Gründungs- und Heimatort der Kantorei. Der Aktionskreis der Unternehmer für Kultur Wuppertal verhalf zur Anschaffung der Harfe.

The idea to make the church of St. Immanuel in Wuppertal-Barmen a concert hall was truly unique. The church owes its survival to the Barmen district choir which was founded here and used the church for its practices and performances. The harp was bought with the assistance of the Action Group Business Supports Culture in Wuppertal.

Wuppertal a eu une idée des plus originales en décidant de faire de l'Immanuelkirche de Wuppertal-Barmen une salle de concerts. C'est le Choeur de Barmen Gemarke qui a sauvé la vie de cette église, en y voyant le jour et en en faisant son siège. L'Association culturelle des entrepreneurs de Wuppertal a facilité l'acquisition de la harpe.

Reden wir vom Sprechtheater. Aber wo soll man da anfangen? Einen Mittelpunkt, wie ihn zu Peymanns Zeiten wohl Bochum bildete, hat die ‚dichteste Theaterlandschaft der Welt' nicht mehr. Glanz und Ausstrahlung vermitteln nur noch einzelne Produktionen. Dennoch: Die nordrhein-westfälischen Bühnen liegen im Vergleich mit der bundesdeutschen Szene immer noch auf hervorragenden Plätzen.
Zum Beispiel Roberto Ciullis Mülheimer ‚Theater an der Ruhr', eine Truppe, die keine Produktionszwänge kennt und sich eine Organisationsform gegeben hat, die der Kunst neue Möglichkeiten schafft. Ciulli und sein Dramaturg Schäfer nutzen solche Freiräume konsequent und setzen auf ein Theater, das in seiner Bildmächtigkeit im deutschen Sprachraum wohl einzig dasteht.
Das Düsseldorfer Schauspielhaus, in den 50er Jahren von Gustaf Gründgens, später u. a. von Karl Heinz Stroux und heute von Volker Canaris geleitet, gilt als größtes bundesdeutsches Sprechtheater. 15 Neuinszenierungen stehen 1990/91 an, darunter einige beträchtliche Brocken. Und so ist es wie in Bochum bei

Das Landestheater in Detmold.

The Land theatre in Detmold.

Detmold, le Landestheater.

Frank Patrick Steckel auch: viel Licht, aber auch beträchtliche Schatten. Doch beide Intendanten halten ihre Häuser in Atem und natürlich im Gespräch.
Als Geheimtip erwies sich in den letzten Jahren das von Peter Eschberg geleitete Schauspiel in Bonn. Klaus Pierwoß in Köln, der sein Amt jetzt an Günter Krämer abgab, war vom Asbest-Pech verfolgt, konnte kaum spielen und sein Theater nicht profilieren. Essen wartet auf die Fertigstellung des gründerzeitlichen Grillo-Theaters in ein variables Raum-Theater. Dann besitzt die Ruhrstadt erstmals in ihrer Geschichte ein eigenständiges Schauspielhaus, in das Hansgünther Heyme seine ganze Schubkraft einbringen will.
Die Schauspielhäuser in Detmold, Bielefeld, Münster, Wuppertal, Dortmund, Aachen und Krefeld/Mönchengladbach, allesamt integrale Bestandteile von Dreispartentheatern, haben ebenso ihre treue Anhängerschaft wie die zahlreichen ‚Landestheater', die am Rande des Existenzminimums oft viel Mut bezeugen und sich nur durch zahlreiche Gastspiele über Wasser halten können.
In allen Teilen des Landes gibt es zudem private Bühnen, die voller Können und Selbstvertrauen um die Gunst des Publikums werben. Eine von ihnen, das Wolfgang-Borchert-Theater in Münster, wird, zumal

»Unser Theater« so nennen die Münsteraner Studenten liebevoll das private Wolfgang-Borchert-Theater.

Münster's students fondly refer to it as »our theatre«: the privately owned Wolfgang-Borchert-Theater.

«Notre théâtre», c'est ainsi que les étudiants de Münster appellent affectueusement le théâtre privé Wolfgang Borchert.

von den Münsteraner Studenten, liebevoll ‚unser anderes Theater' genannt. Die direkte, persönlich ansprechende Spielweise dieser Bühne, ihr Mut, auf unkonventionelle Weise aktuelle Stücke zu präsentieren, haben den Ruf der Institution weit über Münster hinaus gefestigt. Hier ist es Zeit, an die alljährlich stattfindenden Ruhrfestspiele Recklinghausen zu erinnern, deren künstlerische Leitung jetzt Essens Schauspielchef Hansgünther Heyme übernommen hat. Die legendäre Gründung — Hamburger Theater

Recklinghausen ist die Stadt der Ruhrfestspiele, die für das kulturelle Leben im Revier zu einem Begriff geworden sind.

Recklinghausen is the site of the Ruhr Festival, a focal point of the region's cultural life.

Recklinghausen est la ville des festivals de la Ruhr, manifestations traditionnelles de la vie culturelle de la region des mines.

reisten im Notwinter 1946/47 ins Ruhrgebiet und tauschten ‚Kunst gegen Kohle' — hat dem Initiator Otto Burrmeister die ‚sozialkulturelle Begründung' dieser Festspiele geliefert. Viel hat sich inzwischen geändert. Jetzt liegt es an Heyme, Kunst und Arbeit auf neue Weise zusammenzubringen.

Und es ist Zeit, an die ‚Mülheimer Theatertage' zu denken. Bei diesem immer noch einzigen deutschsprachigen Dramatikerwettbewerb werden alljährlich im Mai die besten Stücke des Vorjahres mit Inszenierungen zusammengeholt und dem Publikum sowie einer Jury präsentiert.

Ebenfalls im Mai finden seit Jahren auch die ‚Duisburger Akzente' statt. Unter einem aktuellen Generalthema — das letzte hieß ‚Unser Haus Europa' — werden hier anhand von Theateraufführungen, Lesungen, Ausstellungen und musikalischen Aufführungen neue Inhalte und Perspektiven von Kultur und Gesellschaft aufgezeigt. Gleich nebenan, in Oberhausen, gibt es alljährlich die ‚Westdeutschen Kurzfilmtage'. Dieses rührige Festival stellt den internationalen Kurzfilm oft in Form von sozialen Dokumentationen zur Diskussion.

Auch eine Reihe anderer Aktivitäten bestimmt den Rang des Kulturlandes Nordrhein-Westfalen: Das alle zwei Jahre stattfindende Internationale Tanzfestival mit Schwerpunkt Leverkusen, die rühmenswerten Musikbeiträge, die in Form eines Schostakowitsch-, Charles-Ives- oder Prokofieff-Festivals aus Duisburg herüberklingen, oder auch die so eminent wichtige Arbeit der in Gütersloh und Wuppertal ansässigen Kultursekretariate, deren Aufgabe es ist, herausragende Ansätze, künstlerische Wagnisse und Innovationen gezielt zu fördern. Und es gibt auch hochkarätiges Kabarett in diesem Lande: das Kom(m)ödchen in Düsseldorf. Gleich nach dem Krieg, als neue Möglichkeiten aus den Ruinen blühten, haben Kay und Lore Lorentz damit angefangen. Mit Biß, Witz, Satire und deren tieferer Bedeutung hat sich diese Kleinkunstbühne längst in die Reihen der ganz Großen des Genres hineingespielt.

Der Niedergang des Bergbaus, das Zurückfahren der Schwerindustrie — das hat, so ironisch es klingen mag, im Ruhrgebiet neue Plätze für neue kulturelle Ansätze geschaffen. So in der Zeche Karl in Essen. Dort tummeln sich heute Puppenspieler und Rock-Musiker, Pantomimen und Objektkünstler, Theaterleute und Maler. Und in den fünf Flottmann-Hallen

Alljährlich im Mai finden die »Duisburger Akzente«, ein umfangreiches Kulturprogramm, statt.

»Duisburger Akzente« is a comprehensive programme of cultural events organized every May.

Tous les ans, en mai, se tiennent les «Duisburger Akzente», un vaste ensemble de manifestations culturelles.

Stillgelegte Zechen haben neue kulturelle Schauplätze geschaffen, wie die Zeche Karl in Essen.

Disused mines have created new sites for culture: the Zeche Karl in Essen is one such example.

Certaines mines désaffectées, ici la Mine Karl, à Essen, se sont transformées en nouveaux lieux culturels.

Auch Leverkusen ist Kulturstadt. Im bayereigenen Erholungshaus finden regelmäßige kulturelle Veranstaltungen statt.

Leverkusen is also a town of culture. Cultural events are a regular happening in the recreation centre owned by Bayer AG.

Leverkusen est, elle aussi, une ville de culture. Dans la maison de repos de Bayer AG sont régulièrement organisées des manifestations culturelles.

»ULK« — Unterbarmer Laienspielkreis.

»ULK» — group of amateur actors in Unterbarmen.

«ULK» — un groupe d'acteurs laïques à Unterbarmen.

in Herne, die als komplexer, fünfschiffiger Baukörper in Form des späten Jugendstils konzipiert sind, ist inzwischen eine Freizeit- und Erholungsanlage untergebracht. Hier spielt Willi Thomczyks ‚Theater im Kohlenpott', hier gibt es Tanz, Kabarett sowie experimentelle Musik jeglicher Couleur.

Auch für eine Reihe anderer historischer Industriebetriebe hat eine neue Zukunft begonnen. Das alte Schiffshebewerk Henrichenburg, die Zeche Nachtigall in Witten, die ehemalige Glashütte Gernheim im Kreis Minden-Lübbecke und viele andere, lange Zeit dem Abbruch preisgegebene Gebäude werden heute als Industriemuseen weitergeführt. Ein ganz liebenswürdiges Objekt hätten wir fast vergessen: Die ‚Oscar Huber', den letzten Radschlepper, der den Rhein befuhr und heute als schwimmendes Schiffahrtsmuseum an der ‚Steiger Schifferbörse' in Duisburg-Ruhrort zur Freude von jung und alt seine Tage verbringt.

Wichtig auch die Literaturbüros (Gladbeck, Düsseldorf, Unna), die wesentlich dazu beitragen, die Strukturen literarischen Lebens einer spezifischen Region wiederzubeleben oder auch weiterzuführen.

293

Indianer auf dem Kriegspfad überfallen eine Postkutsche. Aktionsszenen wie diese — live und in freier Natur — haben die Karl-May-Festspiele in Elspe weit über die Grenzen Deutschlands hinaus bekannt gemacht.

Indians on the war path hold up a mail coach. Live outdoor action scenes like these have made the Karl May Festival in Elspe famous far beyond the German border.

Des indiens sur le sentier de la guerre attaquent une diligence. Ce sont des scènes semblables, live et en plein air, qui ont fait connaître le Festival Karl May d'Elspe bien au-delà des frontières de l'Allemagne.

In dem Amphitheater der ausgegrabenen Römerstadt »Colonia Ulpia Traiana« wird seit Jahren Operette gespielt.

Operettas have regularly been performed for many years in the amphitheatre of the excavated Roman town of Colonia Ulpia Traiana.

Depuis des années, on représente des opérettes dans l'amphithéâtre de la cité romaine «Colonia Ulpia Traiana», mise à jour par des archéologues.

Wichtig fürs Land auch das Filmbüro NRW mit Sitz in Mülheim/Ruhr. ‚Dem Land seine Bilder geben', das ist die Aufgabe dieser seit zehn Jahren bestehenden Einrichtung. Und so hat das Büro Filme gefördert, die in den bestehenden Strukturen ohne Chance geblieben wären.

Das Westfälische Freilichtmuseum bei Detmold mit seinen alten Bauernhäusern, das Bergbaumuseum in Bochum, das Dorfmuseum in Hagen, die zahlreichen Freilichtbühnen mit Karl-May-Spielen oder Ritterstücken — sie alle können nur pauschal genannt werden. Ein besonders aparter Rahmen für solche Luft-Kunst befindet sich in Xanten: Dort, in der Arena der ausgegrabenen Römerstadt ‚Colonia Ulpia Traiana', wird seit Jahren Operette gespielt. Zuletzt war's Franz Lehàrs ‚Lustige Witwe'.

Bevor wir uns noch einmal dem Alten zuwenden, soll an einige Spezialmuseen erinnert werden: Zum Beispiel an das Deutsche Plakatmuseum in Essen mit seinen 100 000 Exponaten. Einrichtungen dieser Art gibt es sonst nur noch in Paris und in Schloß Wilanow bei Warschau. Brauerei- und Kochbuchmuseum in Dortmund, das Sagen- und Märchenmuseum in Bad Oeynhausen, das Rheinmuseum in Emmerich, das Tabakmuseum in Bünde — es gibt fast nichts, was hierzulande nicht gesammelt, dokumentiert und stolz präsentiert würde!

Doch nun schleunigst zurück in die Historie. Da gibt es in der Essener Villa Hügel regelmäßig Ausstellungen, die Hunderttausende anziehen. ‚Prag um 1600', ‚Dresdner Barock' oder ‚St. Petersburg um 1800' waren die letzten von der Kulturstiftung Ruhr initiierten Großveranstaltungen. Daß all jene Kostbarkeiten, mit denen sich die Mächtigen einst prunkvoll umgaben, im ehemaligen Wohnsitz der Familie Krupp ein würdiges Ambiente finden, versteht sich am Rande.

Essens wunderbare ‚Goldene Madonna', mit tausend Jahren die älteste abendländische Marienfigur überhaupt, haben wir bei unserem kulturellen Streifzug durch Nordrhein-Westfalen noch immer nicht besucht. Auch nicht das Barock-Schloß Brühl mit Balthasar Neumanns berühmter Treppe, auch nicht die alte Zollfestung Zons bei Dormagen, auch nicht die Wasserschlösser wie Burg Vischering oder Nordkirchen im Münsterland oder gar die herrlichen Glasmalereien, darunter das ‚Westfälische Abendmahl', in St. Maria zur Wiese im westfälischen Soest. Paderborn mit seiner Kaiserpfalz und dem Diözesanmuseum, Schloß Cappenberg mit seinen Kunstpräsentationen, das Ikonenmuseum Recklinghausen mit seiner einzigartigen Sammlung ostkirchlicher und koptischer Kunst — diese und viele andere Dinge sind wahrlich eine Reise wert.

Im rheinischen Teil des Landes haben wir begonnen, im westfälischen, in Münster, wollen wir schließen. Die Wiedertäuferkäfige von 1536 an der Südseite des Turmes von St. Lamberti sind sicherlich höchst interessant. Geborgen und wohlbehütet fühlt man sich jedoch, wenn man im ‚Paradies', im Vorhof des alten Domes steht, Aug' in Aug' mit den Aposteln und Heiligen, die seit dem 13. Jahrhundert die Geschicke der alten Stadt und ihrer Bürger festen Blicks begleiten.

Traditionell mit gutem Programm und gutem Zuspruch — die Waldbühne in Hamm-Heessen.

The woodland theatre in Hamm-Heessen traditionally offers a good programme and attracts a good crowd.

La «Waldbühne» (théâtre de plein air) de Hamm-Heessen propose traditionnellement de bons programmes et est très fréquentée.

Musiktheater im Revier, Großes Haus »Amerika, Amerika«, Melodien von Leroy Anderson und Erik Coates. Das Kölner Rundfunkorchester unter Leitung von Pinchas Steinberg, beim Westfälischen Musikfest.

Musicals in the Ruhr area, »America, America« with melodies by Leroy Anderson and Erik Coates. The Cologne Radio Orchestra conducted by Pinchas Steinberg at the Westphalian Festival of Music.

Théâtre musical dans la grande salle du bassin de la Ruhr: «America, America», mélodies de Leroy Anderson et Erik Coates. L'Orchestre radiophonique de Cologne, sous la direction de Pinchas Steinberg, pendant le Festival de Westfalie.

Beim Rheinischen Musikfest in Aachen haben selbst die Kleinsten eine Chance ihr Können zu beweisen.

Even the tiny tots can show off their skills at the Rhenish Festival of Music in Aachen.

Même les tout petits ont la possibilité de faire montre de leur talent, lors du Festival rhénan de Musique, à Aix-la-Chapelle.

19. Internationales Jazz-Festival in Moers 1990

19th International Jazz Festival in Moers, 1990.

19ème Festival International de Jazz de Moers, en 1990.

»Banjos und Balalaikas«, so heißt der Titel der neuen Holiday on Ice-Produktion im Westfalenstadion in Dortmund.

»Banjos and Balalaikas« is the title of the new Holiday on Ice production performed in Dortmund's Westfalenstadion.

«Banjos et Balalaïkas» tel est le titre de la nouvelle revue présentée par Holiday on Ice dans le Stade de Westfalie à Dortmund.

Geniale Kunst auf Rollschuhen mit mitreißender Musik von Andrew Lloyd Webber und verblüffender Bühnentechnik: Die Geschichte einer dramatischen Nacht »Starlight Express in Bochum.«

Artistic skill on roller skates accompanied by Andrew Lloyd Webber's superb music and magnificent show effects: the story of a dramatic night »Starlight Express in Bochum.«

Patineurs à roulettes géniaux, musique endiablée d'Andrew Lloyd Webber, technique de scène époustouflante, tout cela pour raconter l'histoire d'une nuit dramatique: «Starlight Express», à Bochum».

Zu Hause in Köln ist der Circus Roncalli, der mit seinem außergewöhnlichen modernen Zirkusprogramm ein erfolgreicher Zirkus in Deutschland ist.

Cologne is the home of the Circus Roncalli, its unusual and modern programme making it one of the most successful circus troupes in the country.

C'est à Cologne qu'est domicilié le Cirque Roncalli qui connaît en Allemagne un grand succès grâce à un programme exceptionnellement moderne.

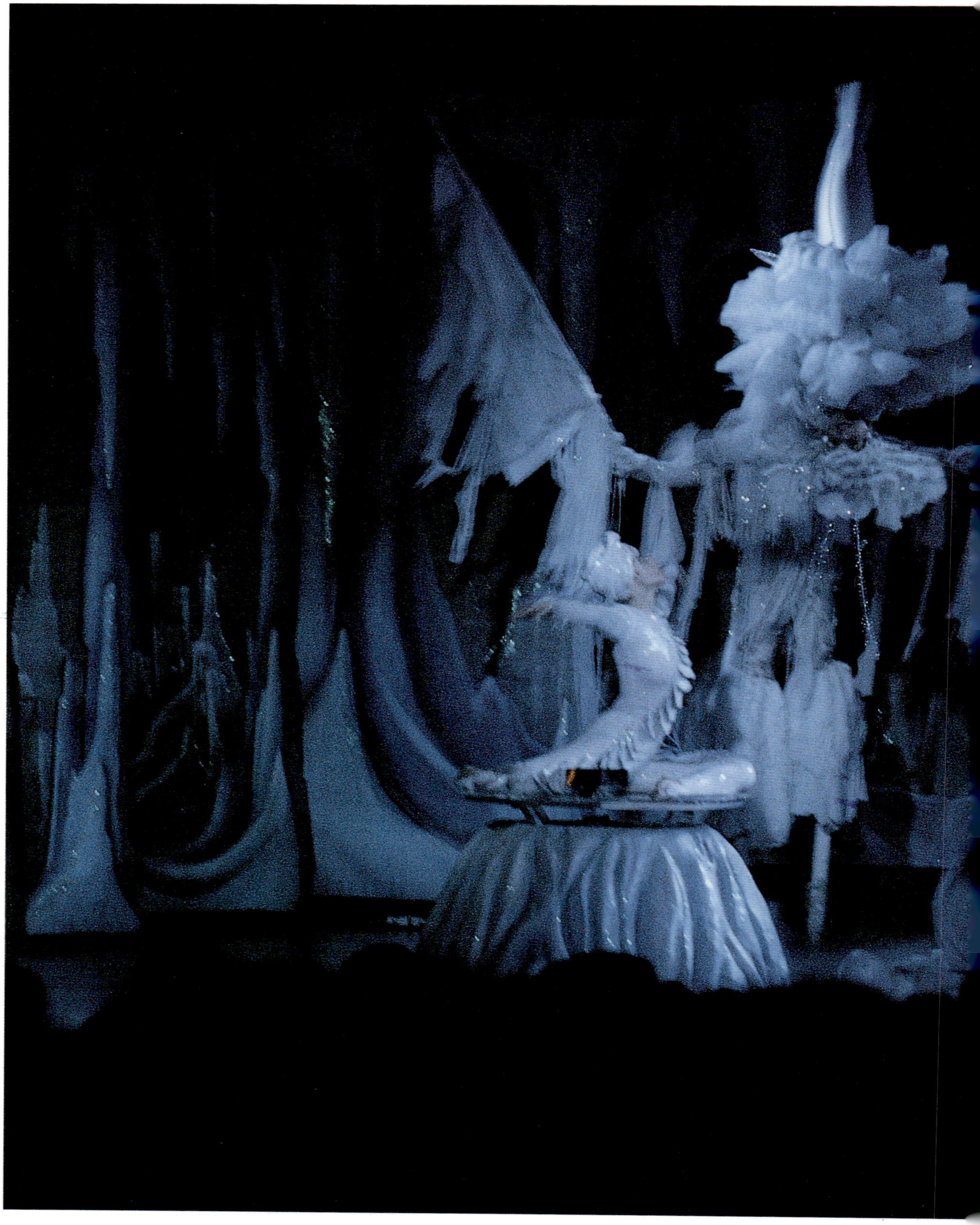

Auch ihre Heimat ist Köln. — Zwei Stunden Erlebnis in einer Traumwelt jenseits der Grenzen der Wirklichkeit bedeutet das Traumtheater Salome. Klassisches Ballett, Tanz, Magie, Schauspiel, Mimik, Schattentheater, vollendete Akrobatik in kunstvoller Kulisse und prachtvollen Kostümen werden in der wohl ältesten Form des Theaters sichtbar durch die Erzählung eines weisen Mannes.

Cologne is their home too: the dream theatre Salome, two hours of adventure in a dream world beyond reality. Classical ballet, dance, magic, drama, pantomime, shadow plays, perfect acrobatics set against artistic backdrops and magnificent costumes are revealed by the wise man's story in what is probably the oldest type of theatre.

Sa patrie est également Cologne. Le «Traumtheater Salome» vous propose de passer deux heures dans un univers de rêve, au-delà des frontières de la réalité. Ballet classique, danse, magie, théâtre, mime, théâtre d'ombres, acrobates, décors artistiques, splendides costumes, voilà tout ce que le récit du Sage fait découvrir au travers de cette forme théâtrale, à coup sûr l'une des plus vieilles du monde.

Cultural variety along the Rhine and Ruhr

There are no magnificent fairytale palaces around here similar to those built by the House of Wittelsbach in the south of Germany. Nor was this part of the country ever ruled by princely houses with their own court theatre for their own private amusement and out of which a state theatre later developed in more demoratic times, such as in Munich or Hannover, Stuttgart or Dresden. Culture in North Rhine/Westphalia is an unmistakable mixture of old and new, past, present and future, created by self-confident citizens and intelligent patrons. This harmonic blend of art and life has indisputably succeeded as a result of the mentality of the people: the Rhinelanders proverbially drawn to the sunny side of life and the contemplative, quiet Westphalians who have lived here since time immemorial. The land between Aachen and Bielefeld, Emmerich and Siegen is one of the oldest cultural areas in Central Europe. And the ancient Romans share not a little of the responsibility for that fact.

Everything here started with the Romans. We can thus calmly start with the southern invaders and their obsession for culture and power before boldly leaping over almost two thousand years to arrive at the present day. This is most easily achieved in Cologne, the ancient city of Colonia Agrippina. Many of the treasures dating back to Cologne's earliest history are now on view in one of the most attractive and modern museums in Europe, the Römisch-Germanisches or Romano-Germanic Museum. The exhibits include, for instance, the tombstone in memory of Poblicius and the Dionysian mosaic with more than 30 pictorial fields produced in the 3rd century AD. Cologne also has a Roman tower — the »Römerturm« — and a Roman city wall, as well as the remains of a former Roman commandant's palace. The city's museums contain collections of Christian and Far Eastern art and they include the Museum Ludwig, a grandiose palace of culture associated with Cologne's philharmonic concert house, the »Philharmonie«. The museum was built by the chocolatemaker Ludwig from Aachen, a man whose name will crop up more than once here. Many of the museum's extensive collections of American pop art, Russian art of the twenties and classical modern art by Picasso and others are on loan from its patron. Cologne naturally has a great deal more to offer all who are interested in the arts: its opera house is internationally reputed and the city can also boast a municipal theatre, as well as a colourful mixture of private theatres. And it is the home of the broadcasting corporation Westdeutscher Rundfunk complete with the Cologne Radio Symphony Orchestra, the WDR Choir and a number of ensembles affiliated with the WDR, such as the »Cappella coloniensis«. The »Cappella« is an excellent example of the stimulating and fruitful effect of the WDR's cultural work in the last few decades. In the early sixties, this chamber orchestra made a highly successful attempt to give stylistically correct renditions of baroque and early classical music. »Cappella coloniensis« thus bears a certain responsibility for the flood of baroque music prevailing today.

The WDR was also the driving force behind one of the first studios for electronic music in Europe, providing a laboratory for Karlheinz Stockhausen, the man who created not a few electronic masterpieces, particularly in the 50s and 60s. In fact, the WDR has done a great deal for New Music in general. And naturally also for older music. Its choir and symphony orchestra regularly give concerts throughout the world and of course in Cologne. »Home matches« have become a particular pleasure since the Philharmonie has been available for these concerts.

The Philharmonie is a super-modern, acoustically now perfect concert hall with seating for 2,200 people forming an architectural whole with the Museum Ludwig/Wallraf-Richartz-Museum. It is the home of the Gürzenich Orchestra and the scene of 340 performances per season. That is more than the philharmonic concert halls in Berlin or Munich can claim. Cologne is a work of art in itself. Its immense Gothic cathedral dating back as far as the 13th century, its Romanesque churches and of course St. Gereon, an octagonal Gothic church with stained glass windows by Georg Meistermann.

Back to the Romans, who also founded Aachen, although another man left much deeper marks and distinctly more precious relics in the city: Charlemagne or Charles the Great. The palace church which he built in Aachen around 800 AD became the coronation centre for 32 German kings and emperors. Aachen's cathedral houses some of Europe's greatest treasures, including the imperial crown, the imperial orb, Charles the Great's throne, the bust donated later and of course his shrine, built around 1200 AD and containing the monarch's mortal remains, the artwork around its exterior depicting episodes in the life of Charles the Great.

But Aachen also encourages everything new. Peter Ludwig, the factory-owner with a passion for art born and bred in the city, aims to set up a private trust for the general public. A museum of »world art« is to be set up in a converted shoe factory.

It goes without saying that every town has its own museum. There are consequently not a few spread throughout the Land, in Bielefeld and Münster, Detmold and Bonn, Dortmund and Kleve, to mention but a few. The largest museum houses the North Rhine/Westphalian collection of art in Düsseldorf. All the biggest names in classical modern art are represented here. Then there is the Museum am Abteiberg — the »museum on the monastery hill« — which Hans Hollein built in Mönchengladbach, or the Rheinisches Landesmuseum in Bonn with its outstanding collection of Rhenish expressionist art. Artlovers also know that they will find several priceless jewels (»The bridge«, »The blue rider« and a superb collection of works by Modersohn-Becker) in the completely redesigned Von-der-Heydt-Museum in Wuppertal. Not to mention the Lehmbruck-Museum in Duisburg dedicated to modern sculpture. In addition to works by Lehmbruck, it also includes a selection by Archipenko, Arp, Barlach, Brancusi, Giacometti, Lipchitz and Mataré, as well as many others.

Essen also has a large museum complex. The new building on the Goethestrasse houses not only the natural history and art history collections of the Ruhrlandmuseum, but also the major Folkwang collection with European paintings and sculptures of the 19th and 20th centuries.

The »Zero Group« around Günther Uecker, Heinz Mack and Otto Piene, the »Young West« with Emil Schumacher, Heinrich Siepmann and many others have all left distinct traces in the museums and galleries of the Land. The same is also true of Joseph Beuys, the artist and activist who was once so hotly disputed but is now naturally highly esteemed and whose works go for top prices. His art will now find a new home in Moyland castle set on the lower Rhine between Kleve and Kalkar. The Museum Schloss Moyland will house the van der Grinten brothers' Beuys collection and a comprehensive Beuys archive in future.

Contemporary art is promoted by a number of renowned galleries, such as Heimeshoff in Essen, Utermann in Dortmund, the Galerie »m« in Bochum, Alfred Schmela in Düsseldorf and the Galerie Gmurzynska in Cologne.

Art is also something that can be studied at the Academies in Münster and Düsseldorf. The students attending the Academy in the Land's capital city are taught by such renowned artists as Gerhard Richter, Norbert Kricke and Günther Uecker.

Music in all its forms is another subject that can be studied throughout North Rhine/Westphalia. There are four major colleges of music with external institutes. The first, the Northwest German Academy of Music in Detmold, was founded in 1946, only one year after the end of the second world war. Its first director Wilhelm Maler ensured that the fledgling institute rapidly acquired an international reputation. The institutes in Dortmund and Münster are now part of the State School of Music for Westphalia-Lippe in Detmold. The College of Music in Cologne (including the border institute in Aachen and the branch in Wuppertal) is one of the largest in Europe. The name alone indicates that there are a few peculiarities associated with Essen's Folkwang College of Music, Theatre and Dance (with a branch in Duisburg). Both musical disciplines and performing arts can be studied here: Essen's theatre director Hansgünther Heyme is responsible for the performing arts, while the director general of the Deutsche Oper am Rhein Kurt Horres is responsible for the musical drama sector. The world-famous dance department founded by the legendary expressive dancer Kurt Jooss, together with the Folkwang Ballett, is now managed by Pina Bausch, head of Wuppertal's theatre of dance. This school, at which Pina Bausch was also once a student, is still considered to be the guarantee for top quality. Reinhild Hoffmann, director of Bochum's theatre of dance, and Susanne Linke also spent their formative years here. Even in London and New York, critics never weary of referring to North Rhine/Westphalia as the centre and Essen as the »heart« of new German dance.

Speaking of Pina Bausch: Wuppertal's theatre of dance acquired its world fame through her creativity and her enormous artistic ability to innovate. Traces of Pina Bausch's specific aesthetics are now even found in the Far East, along with her method of presenting the present and modern life on the dancing stage.

Provided that a town is sufficiently large, its understanding of itself and its role also includes its own musical life and opera. There are no less than 23 symphony orchestras in the Land and most of them also have to provide the music for operas. The Philharmonia Hungarica resident in Marl since 1959 is one orchestra worthy of particular note. The musicians left their native Hungary after the uprising of 1956 and first settled in Baden near Vienna, but then set off from Marl for a series of successful international concerts. Before long, the name Philharmonia Hungarica had acquired a special place in the world of music. Its rendition of all the Haydn symphonies conducted by the orchestra's now deceased honorary conductor Antal Dorati is still unrivalled on record.

The high quality of the renowned choirs in North Rhine/Westphalia's towns and cities is another point not to be overlooked. They include, for example, Düsseldorf's Musikverein which traces its roots back to Robert Schumann and Felix Mendelssohn-Bartholdy. Music festivals are a recurrent phenomenon in North Rhine/Westphalia. Take for instance the Bergisch-Silesian Music Festival held in Bergisch Gladbach every two years or the concerts given in Brühl's magnificent palace during the festival week or the renowned international music festival organized by the city of Bonn in honour of its great son Ludwig van Beethoven every three years. Or Düsseldorf's Schumann festival and the traditional Rhenish musical festivals which flourished particularly around the turn of the century, when Europe's greatest composers, including Richard Strauss, Max Reger and Gustav Mahler, came to launch their works in front of a receptive audience. Vocal and instrumental music is not restricted to the Rhineland, however. There is also a Westphalian music festival, as well as the Herne festival of ancient music (associated with an exhibition of musical instruments) and the courageous avant-garde festival of new chamber music in Witten. These festivals are part of the Land's acoustic image in the same way as the jazz festival in Leverkusen, the International New Jazz Festival held in Moers every Whit weekend or Mönchengladbach's »Ensemblia/Ensembletta«, a series alternateley devoted to new music, new theatre and new dance.

Is Gütersloh not worth a mention too? Although the town in eastern Westphalia does not have an ensemble of its own, it devotes a comprehensive weekend of music to one of the giants every year, be it Ligeti, Stockhausen or Wolfgang Rihm and of course Hans Werner Henze, the town's most famous son.

The 15 musical theatres in the Land are a motley bunch. The opera people in Bielefeld have long since left the well-trodden path and set out in search of new forgotten works. The classical works are presented in a totally new light with the help of their local director John Dew. Cologne's opera has already been mentioned. Formerly dedicated to the great vocal operas, Bonn is now striking out in new directions (and looking for a new director). The people of Essen may consider themselves particularly fortunate: after decades of shilly-shallying, the new opera house was finally opened in 1988. The building itself is a stroke of genius, a work of art originally designed by the Finish architect Alvar Aalto. It is hardly surprising that this setting also put wings on its art at times. Performances sold out after weeks of waiting for the much soughtafter tickets — that is something the people of Essen could hardly have dreamt of only a few years ago.

The Deutsche Oper am Rhein is one of the largest theatres in the country when it comes to repertoire, personnel and artistic achievement. The dramatic union between the cities of Düsseldorf and Duisburg leading to the creation of this opera house proved to be a stroke of municipal good luck. Grischa Barfuss, the opera's exceedingly worthy former director of the old school, has been succeeded by Kurt Horres who is currently seeking to transport fresh energy into this institution and is proving increasingly successful in the process. The towns of Mönchengladbach and Krefeld also put their skills and talents in operatic matters together several years ago, leading to another outstandingly successful example of cooperation in this sector.

Then there is the spoken theatre, but the problem here is where to start. The »most densely populated dramatic landscape in the world« not longer has a dramatic centre comparable to Bochum during Peymann's era. Only a few productions still radiate any shining aura. Even so, however, North Rhine/Westphalia's theatres still rank among the best in the country.

Take for instance Robert Ciulli's »Theater an der Ruhr« in Mülheim: the troupe has no production constraints and an organizational form creating new opportunities for dramatic art. Ciulli and his playwright Schäfer consistently use all the freedom available to them, creating a theatre whose powerful imagery is probably unique anywhere in the German-speaking world.

Düsseldorf's Schauspielhaus is now the largest institution presenting spoken drama in the country. Directed by Gustaf Gründgens in the fifties, followed by Karl Heinz Stroux and others, its current director is Volker Canaris. 15 new productions are to be performed in the 1990/91 season, including a few important or difficult works. The same also applies for Frank Patrick Steckel's theatre in Bochum: a great deal of light offset by considerable shadows. Yet both directors keep their theatres alive and in the public mind.

The Schauspiel directed by Peter Eschberg in Bonn has proved to be something of a private tip in recent years. Klaus Pierwoss in Cologne has now handed over to Günter Krämer after years of suffering from the asbestos association which prevented him from staging performances and bringing his theatre into the public eye. Essen is awaiting the completion of its traditional Grillo theatre which is being converted into a variable open-plan theatre. For the first time in its history, this city on the Ruhr will then have its own theatre, hopefully inspired by the full force of Hansgünther Heyme's creative skill.

The theatres in Detmold, Bielefeld, Münster, Wuppertal, Dortmund, Aachen and Krefeld/Mönchengladbach are all integrated into tripartite institutions and have their own devotees, just like the numerous »Land theatres« leading a precarious borderline existence which only manage to stay afloat with great courage and numerous guest performances.

There are also private theatres dotted throughout the Land, full of dramatic ability and self-confidence, seeking public favour. One is the Wolfgang-Borchert-Theater in Münster which is fondly known as »our other theatre«, at least by Münster's student population. The theatre's direct and personally appealing dramatic style and its courage in staging unconventional productions of topical works have made it famous far beyond the town of Münster itself.

The annual theatre festival in Recklinghausen — the Ruhrfestspiele — are something that must also be mentioned at this point. Essen's theatre director Hansgünther Heyme has taken over the festival's artistic management. The festival was initiated as a »sociocultural« event by Otto Burrmeister following the legendary visit by Hamburg's theatres to the Ruhr area in the devastating winter of 1946/47, providing »art in return for coal«. A great deal has changed in the meantime and Heyme must now find a new setting in which to combine art and work.

The »Mülheimer Theatertage« are a competition for dramatists which is still unrivalled in the German-speaking world. Every May, the best plays and productions of the preceding year are staged here for the general public and a jury.

The »Duisburger Akzente« are also staged in May. Theatre productions, readings, exhibitions and music performances devoted to a topical general theme (the last was »Our European house«) yield new ideas and perspectives on culture and society. The »Westdeutsche Kurzfilmtage« are a festival of short films which is similarly held every year in May in the neighbouring town of Oberhausen. The festival presents international short films for discussion, often in the form of social documentation.

North Rhine/Westphalia's standing as a cultural centre is also determined by a whole series of other activities, such as the international festival of dance centered around Leverkusen every two years, the notable musical contributions provided by Duisburg in the form of a festival devoted to Shostakovitch, Charles Ives or Prokoviev. Or the eminently important work of the cultural secretariats in Gütersloh and Wuppertal whose object is specifically to promote all outstandig concepts, artistic enterprises and innovations.

The Land is also endowed with some really high-quality cabaret: the Kom(m)ödchen in Düsseldorf launched by Kay and Lore Lorentz right after the war as new opportunities flourished among the ruins. Brimming with witty bite, satire and deeper meanings, this small theatre has long since become established among the Big Names of its genre.

Although it may sound ironical, the decline of the mining industry and the reduction in heavy industry has created new space for new cultural concepts in the Ruhr area. Take for instance the Zeche Karl in Essen: the former pithead is now the home of puppeteers and rock musicians, pantomimes and artists, theatre people and painters. The five Flottmann Halls in Herne which were designed as a complex structure with five naves in the late Nouveau Art style now house a leisure and recreation centre, as well as providing a home for Willi Thomczyk's »Theater im Kohlenpott« and a stage of dance, cabaret and experimental music of every type.

A new future has similarly dawned for a number of other historical industries. The ancient ship hoist Henrichenburg, the Nachtigall mine in Witten, the former Gernheim glassworks in Minden-Lübbecke and many other buildings which were once aermarked for demolition can now look forward to a better future as industrial museums. Finally, there is »Oscar Huber«, the last wheel tractor on the Rhine and now a floating shipping museum moored alongside the »Steiger Schifferbörse« in Duisburg-Ruhrort, much to the public's delight, be they young or old.

The literary offices (in Gladbeck, Düsseldorf and Unna) are another important feature for the Land, for they play a considerable part in reviving or continuing the structures of literary life in specific regions. The same applies for the NRW film office founded in Mülheim/Ruhr ten years ago with the objective of »giving the Land its pictures«. The office has consequently promoted films which would have been without a chance in the established structures. The Westphalian open-air museum with its old farmhouses near Detmold or the mining museum in Bochum, the village museum in Hagen and the numerous open-air theatres staging the works of the popular author Karl May or chivalric plays and tournaments can only be mentioned in passing. Xanten offers a particularly distinctive setting for such open-air art: for several years, the arena of the excavated Roman town of Colonia Ulpia Traiana has provided the stage for operettas, the last being Franz Lehàr's »Merry Widow«.

Let us quickly recall a few special museums before we return to the ancients. For instance, the German poster museum in Essen with 100,000 exhibits. There are only two other museums of this type in Europe, namely in Paris and in Wilanow Castle near Warsaw. Or the brewerey and cooking museum in Dortmund, the museum of legends and fairy tales in Bad Oeynhausen, the Rhine museum in Emmerich and the tobacco museum in Bünde. There is virtually nothing hereabouts that has not been collected, documented and proudly presented to the public!

Back to history: Essen's Villa Hügel is the scene of regular exhibitions drawing hundreds and thousands of visitors. »Prague in 1600«, »Dresden's baroque period« and »St. Petersburg in 1800« were the most recent of the major exhibitions organized by the Kulturstiftung Ruhr, a cultural trust fund. It goes without saying that the former home of the Krupp family provides a worthy setting for all the precious items that once gave the world's rulers their glamour.

We have still not visited Essen's marvellous one-thousand-year old »Golden Madonna«, the oldest Madonna in the west, during our cultural trip through North Rhine/Westphalia. Nor the baroque palace in Brühl with Balthasar Neumann's famous staircase or the ancient customs citadel in Zons near Dormagen or the Land's moated castles, such as Burg Vischering or Nordkirchen in the Münsterland. Not to mention the marvellous glass paintings, including the »Westphalian Last Supper« in the church of St. Maria zur Wiese in the Westphalian town of Soest. Paderborn with its imperial palace and the diocesan museum, Cappenberg palace with its art presentations, the icon museum in Recklinghausen and its unique collection of eastern religious and coptic art. Alle these things and many more are well worth seeing.

Our cultural roundtrip of North Rhine/Westphalia has taken us from the Rhineland to Westphalia, ending in Münster where the Anabaptist cages erected in 1536 are a most interesting feature along the south side of the spire of St. Lamberti. The courtyard of the ancient cathedral is called »Paradies« and paradise is where the visitor feels he has landed, standing eye in eye with the apostles and the saints who have firmly watched over the fortunes of the town and its burghers since the 13th century.

La diversité culturelle des bords du Rhin et de la Ruhr

Point ici de ces châteaux de contes de fées comme en construisirent les Wittelsbach dans le sud de la République. Jamais non plus ne régnèrent dans cette région d'Allemagne de familles principières faisant édifier pour leur propre plaisir des Théâtres de Cour pouvant par la suite, comme ce fut le cas à Munich et Hanovre, Stuttgart et Dresde, se voir transformer en Théâtres Nationaux. La culture, en Rhénanie-du-Nord-Westphalie, c'est un mélange assez unique d'ancien et de nouveau, de passé, de présent et de futur, un mélange dû à des citoyens conscients de leur valeur et à des mécènes avisés. C'est sans le moindre doute à la mentalité des êtres que cette alliance harmonieuse d'art et de vie doit de pouvoir réussir: à la mentalité du Rhénan, qui a une aptitude proverbiale à se sentir du bon côté de la vie, et à celle du Westphalien réfléchi, calme, établi depuis des temps immémoriaux. De plus, ce pays situé entre Aix-la-Chapelle et Bielefeld, Emmerich et Siegen, est l'une des régions civilisées les plus anciennes de l'Europe centrale. Les Romains n'y sont pas pour rien.

Donc, au commencement étaient ici, aussi, les Romains. Aussi, n'hésitons pas à parler au début de cette étude de ces envahisseurs du sud, avides de culture et de puissance, et ne craignons pas non plus de jeter un pont par dessus deux millénaires pour arriver à notre époque. C'est à Cologne qu'on y arrive le mieux, dans la vieille «Colonia Agrippina». On a rassemblé dans l'un des plus beaux et des plus modernes musées d'Europe, le Musée Romain-Germanique, d'innombrables trésors témoignant des origines de Cologne. Le monument funéraire de Poblicius par exemple, ou la Mosaïque de Dionysos qui compte plus de 30 cassettes décorées et date du 3ème siècle ap. J.C. On trouve par ailleurs à Cologne une Tour romaine, des fortifications romaines et les ruines d'un ancien palais de Statthalter, on y trouve des collections d'art chrétien et extrême-oriental, et puis le Musée Ludwig, ce grandiose palais de la culture, relié à la Philharmonie. Ludwig, fabricant de chocolat d'Aix-la-Chapelle, dont le nom reviendra ici plus d'une fois, a mis à la disposition de cette maison un nombre incalculable d'oeuvres: du pop-art américain, de l'art russe des années vingt, de l'art moderne, de Picasso par exemple.

L'amateur de musées trouvera bien d'autres choses encore, à Cologne: un Opéra de renom international, le Schauspielhaus (théâtre municipal), un joyeux mélange de théâtres privés, et puis le Westdeutscher Rundfunk (WDR-Office de Radio-diffusion de l'Ouest de l'Allemagne) et son orchestre symphonique, ses choeurs, de même que toute une série d'ensembles rattachés au WDR, comme par exemple la «Capella coloniensis». L'exemple de la «Capella» montre fort bien à quel point le travail culturel effectué par le WDR au cours des dernières décennies a porté des fruits. Cet orchestre de chambre a entrepris avec succès, dès le début des années soixante, de faire entendre dans le style qui était le leur, des musiques du Baroque et du Classicisme précoce. Le flot baroque qui nous emporte aujourd'hui, doit en quelque sorte la vie à la «Capella coloniensis», entre autres.

C'est aussi au WDR que l'on doit d'avoir eu l'un des premiers studios de musique électronique d'Europe. Un laboratoire où travailla Karlheinz Stockhausen et où il créa bon nombre des ses oeuvres, en particulier au cours des années 50 et 60. Le WDR a, en règle générale, énormément fait pour la Nouvelle Musique.

Et bien entendu pour la plus ancienne également. Ses choeurs et son orchestre symphonique donnent régulièrement des concerts dans le monde entier et, partant, à Cologne également. Depuis qu'ils disposent de la Philharmonie pour leurs prestations, ils aiment tout particulièrement ces concerts «à domicile».

La Philharmonie: une salle de concert super moderne, à l'acoustique entretemps parfaite, qui peut accueillir 2 200 spectateurs et qui forme une oeuvre d'art architectonique totale avec le Musée Ludwig/Wallraf Richartz. La Philharmonie abrite également l'Orchestre du Gürzenich. Chaque saison, on peut y assister à 340 manifestations. Un chiffre supérieur à celui des Philharmonies de Berlin ou Munich.

Mais Cologne en soi est aussi une oeuvre d'art. L'imposante Cathédrale gothique dont la construction fut entreprise dès le 13ème siècle, les églises romanes et, bien entendu, St. Géréon, une construction gothique octogonale que couronnent les vitraux remarquables de Georg Meistermann. Mais revenons bien vite à nos Romains. Ce sont eux également qui ont fondé Aix-la-Chapelle. Mais un autre y laissé des traces bien plus profondes et indéniablement plus précieuses: Charlemagne. Son Eglise Palatine, construite aux environs de l'an 800, a vu sacrer 32 empereurs et rois. Couronne impériale, Pomme impériale, trône de Charlemagne, son buste, offert par la suite et, bien entendu, le Reliquaire de Charlemagne, datant des environs de l'an 1200, qui renferme les ossements du souverain et dont l'extérieur conte de manière fort artistique le vie de l'Empereur: la Cathédrale d'Aix-la-Chapelle renferme en son sein l'un des plus riches trésors d'Europe. Mais Aix-la-Chapelle n'aime pas que l'ancien: aussi, Peter Ludwig, fabricant passionné d'art et fils de la ville, a-t-il l'intention de léguer à ses habitants une collection privée; dans une fabrique de chaussures réaménagée, un musée de «l'art du monde» va voir la jour.

On ne saurait imaginer une ville sans musée. Aussi en trouve-t-on beaucoup, dans ce Land. Bielefeld et Munster, Detmold et Bonn, Dortmund et Clèves... mais arrêtons-nous là: nous ne pourrons de toutes façons pas les citer tous. Le plus grand d'entre eux, c'est celui qui abrite les Collections d'art de Rhénanie-du-Nord-Westphalie, à Düsseldorf. Tous les grands noms de l'art moderne y sont remarquablement représentés. Et puis il y a aussi le Musée «am Abteiberg», construit à Mönchengladbach par Hans Hollein, et le Landesmuseum (musée régional) de Bonn avec ses remarquables collections d'expressionistes rhénans. L'ami des arts sait aussi que des sommets («Brücke», «Blauer Reiter» de même qu'une enthousiasmante collection Modersohn-Becker) l'attendent au Musée Von-der-Heydt, réouvert il y a peu à Wuppertal. Et puis, bien entendu, le Musée Lehmbruck, à Duisbourg, plus spécialement consacré à la sculpture moderne. A côté d'oeuvres de Lehmbruck, on peut y admirer bon nombre d'oeuvres d'Archipenko, Arp, Barlach, Brancusi, Giacometti, Lichpitz ou Mataré, pour ne nommer que quelques-uns des artistes représentés. Essen possède également un grand complexe de musées. Dans le Neubau (Nouveau Bâtiment), Goethestraße on trouve, à côté des collections du Musée de la Ruhr, plutôt consacrées à l'histoire naturelle et à l'histoire de l'art, l'importante collection Folkwang composée de peintures et de sculptures européennes des 19ème et 20ème siècles.

Le groupe appelé «Groupe Zéro», avec Günther Uecker, Heinz Mack et Otto Piene, le «Junger Westen» (l'ouest jeune) avec Emil Schumacher, Heinrich Siepmann et bien d'autres, tous ces mouvements ont laissé d'importantes traces dans les musées et les galeries. Tout comme Josef Beuys, si longtemps contesté, mais désormais l'un des «happenistes» incontestablement les plus estimés et les plus chers dans le domaine de l'art-objet. Son art va trouver bientôt un digne domicile dans le château de Moyland, situé dans la région du Rhin inférieur, entre Clèves et Kalkar. Le Château-Musée de Moyland va prochainement accueillir les collections Beuys des frères van der Grinten, ainsi que d'importantes archives Beuys.

Toute une série de galeries renommées s'engagent également en faveur de l'art contemporain: les galeries Heimeshoff à Essen, Utermann à Dortmund, la galerie «m» à Bochum, Alfred Schmela à Düsseldorf, ou la galerie Gmurzynska à Cologne.

Bien entendu, l'art, on peut également l'étudier, ici. Aux Beaux-Arts de Munster et de Düsseldorf. La capitale régionale peut s'enorgueillir de la présence de professeurs d'extrême valeur comme Gerhard Richter, Norbert Kricke ou Günther Uecker.

On peut également étudier la musique dans toutes ses variations, en Rhénanie-du-Nord-Westphalie. On y a le choix entre quatre grands Conservatoires et leurs nombreux instituts. C'est en 1946, un an après la fin de la Seconde Guerre Mondiale, que fut fondé à Detmold le Conservatoire de l'Allemagne du nord. Son premier direkteur, Wilhelm Maler, fit rapidement acquérir au jeune institut une réputation internationale. Les instituts de Dortmund et de Munster sont aujourd'hui rattachés à Detmold, à l'Ecole Supérieure de Musique de Westphalie-Lippe. L'Ecole Supérieure de Cologne (avec son Institut Grenzland d'Aix-la-Chapelle et son annexe de Wuppertal) est l'une des plus grande d'Europe. Déjà le nom de l'Ecole Supérieure de Musique, d'Art dramatique et de Danse Folkwang (avec une annexe à Duisbourg) révèle à lui seul que l'école a quelque chose de spécial. A côté des disciplines musicales, on y enseigne également les arts de la représentation: dans le secteur de l'art dramatique, on trouve entre autres l'Intendant du Théâtre d'Essen, Hansgünther Heyme, dans celui du théâtre musical, Kurt Horres, Intendant Général du Deutsche Oper am Rhein (opéra de Düsseldorf). Et le département «danse», célèbre dans le monde entier, fondé, tout comme le Ballet Folkwang par le légendaire Kurt Joos, est dirigé de nos jours par Pina Bausch, directrice du Tanztheater de Wuppertal. Cette école, où autrefois Pina Bausch fut elle-même étudiante, est toujours synonyme de qualité extrême. Reinhild Hoffmann, directrice du Tanztheater de Bochum, et Susanne Lincke ont reçu ici une marque décisive. Que ce soit à Londres ou à New York, les critiques ne se lassent pas de qualifier la Rhénanie-du-Nord de 'centre' et Essen de «patrie» de l'art chorégraphique. Nous venons de parler de Pinau Bausch: c'est à sa créativité, à ses énormes capacités d'innovation artistiques que le Tanztheater qu'elle a fondé à Wuppertal doit sa réputation mondiale. On trouve actuellement jusqu'en Extrême-Orient des traces de la méthode esthétique de Pina Bausch, qui consiste à s'approprier sur la scène le présent et la vie moderne. Pour peu qu'elle soit assez importante, une ville se doit aussi d'avoir une vie musicale propre et un opéra. Notre Land ne compte pas moins de 23 orchestres symphoniques, la plupart d'entre eux consacrant aussi une partie de leurs activités à l'opéra. Un orchestre établi à Marl depuis 1959, la Philharmonia Hungarica, mérite qu'on lui prête un intérêt tout particulier. En 1956, après le soulèvement populaire, ses musiciens ont quitté leur patrie, la Hongrie, pour s'installer dans un premier temps à Baden, près de Vienne. Ils commencèrent, une fois installé à Marl, à organiser avec grand succès des tournées internationales.

Philharmonia Hungarica, ce nom eut bientôt dans le monde musical, un retentissement particulier. Son interprétation de l'intégrale des Symphonies de Haydn, sous la direction du défunt Antal Dorati, est restée sans égale dans l'histoire de la discographie.
Il ne faut pas oublier non plus de mentionner les Choeurs renommés dont peuvent s'enorgueillir plusieurs villes (entre autres, le Musikverein de Düsseldorf, dont la tradition remonte jusqu'à Robert Schumann et Félix Mendelssohn). Et puis, citons aussi les nombreux Festivals de musique. Les Journées Musicales de Bergisch-Gladbach, par exemple, tous les deux ans, les Semaines festivalières du merveilleux château de Brühl, ou le célèbre Festival musical organisé tous les trois ans par la ville de Bonn en l'honneur de son célèbre enfant Ludwig van Beethoven. Sans oublier le Festival Schumann de Düsseldorf, ou le célèbre Festival de musique rhénan, riche de traditions. Il connut sa plus grande gloire à la fin du siècle dernier. Richard Strauss, Max Reger, Gustav Mahler, tous ces grands hommes se déplacèrent, à l'époque, afin de créer leurs oeuvres devant un public des plus réceptifs. Mais on ne se borne pas à chanter et à faire de la musique uniquement dans le pays rhénan. Il existe désormais aussi un Festival musical westphalien. Les Journée d'Herne, consacrées à la musique ancienne (et toujours accompagnées d'une exposition artisanale d'instruments anciens), de même que le très courageux Festival d'avant-garde à Witten, plusieurs journées consacrées à la nouvelle Musique de Chambre, font tout autant partie du paysage musical du Land que les Journées du Jazz, à Leverkusen, Le New Jazz Festival que Moers propose chaque année à la Pentecôte, ou «L'Ensemblia/Ensembletta» de Mönchengladbach, une série de manifestations consacrées chaque année en alternance à la nouvelle musique, au nouveau théâtre et à la nouvelle danse.
Ne conviendrait-il pas aussi de citer Gütersloh? Cette ville de Westphalie orientale, qui ne possède pas d'ensemble propre, consacre très personnellement chaque année un week-end à un des grands: Ligeti, Stockhausen, Wolfang Rihm, et bien entendu aussi, Hans Werner Henze, le célèbre enfant de la ville.
Les 15 théâtres musicaux du Land se présentent, eux aussi, dans la plus grande diversité. Les responsables de l'Opéra de Bielefeld, en particulier, ont depuis longtemps abandonné les sentiers battus. Ils recherchent sans trembler des oeuvres nouvelles ou des oeu-

vres oubliées. Et ils prennent résolument les classiques à rebrousse-poil; avec leur metteur en scène maison, John Dew, tout est toujours possible. Il a déjà été question de l'Opéra de Cologne; Bonn, qui se consacrait jusqu'à présent aux grandes oeuvres du chant, est entre-temps parti à la recherche de nouvelles voies (et d'un nouvel Intendant). Et les habitants d'Essen peuvent être tout particulièrement heureux: après des tergiversations qui durèrent des décennies, leur nouvel Opéra a enfin été inaugrué en 1988. Cette maison est une création géniale, une oeuvre d'art en soi, conçue autrefois par l'architecte finlandais Alvar Aalto. Comment s'étonner, dans un tel cadre, de voir l'art s'envoler! Une maison toujours pleine, des semaines d'attente avant d'obtenir les billets convoités, les Essenois n'auraient jamais imaginé une chose pareille, il y a quelques années.

Son répertoire, son personnel et les résultats atteints, font du Deutsche Oper am Rhein (Opéra de Düsseldorf) l'un des plus grands théâtres d'Allemagne. Un coup de chance que cette coopération qui a fait s'unir pour un mariage théâtral, les municipalités de Düsseldorf et de Duisbourg. Après Grischa Barfuss, Intendant des plus méritants de la vieille école, Kurt Horres essaie actuellement, avec un succès sans cesse croissant, de donner un nouvel éclat à cette double maison. Il y a plusieurs années que Krefeld et Mönchengladbach ont contracté le même type d'union en matière d'opéra. Là aussi, cette union des forces s'est révélée être des plus judicieuses.

Parlons maintenant du théâtre. Mais par où commencer? Le région ayant la plus forte densité théâtrale au monde n'a plus un centre incontesté tel que Bochum du temps de Peymann. Seules des productions isolées donnent de l'éclat à ce paysage. Malgré cela, les scènes de Rhénanie-du-Nord-Westphalie occupent une fort bonne place, comparées aux autres scènes de l'Allemagne fédérale.

Le «Theater an der Ruhr» de Robert Ciulli, à Mülheim, par exemple, qui ne connaît aucune contrainte en matière de production et s'est donné une structure ouvrant à l'art de nouveaux horizons. Ciulli et son dramaturge Schäfer utilisent une telle latitude aussi conséquemment que possible et misent sur un théâtre qui par la puisance des images qu'il crée est certainement unique en son genre dans les pays de langue allemande. Le Schauspielhaus de Düsseldorf, dirigé dans les années 50 par Gustav Gründgens, puis par Karl Heinz Stroux et de nos jours par Volker Canaris, à la réputation d'être le plus grand theéâtre d'Allemagne fédérale. La saison 1990/91 proposera 15 nouvelles mises en scène, dont quelques gros morceaux. Et il en va de même à Bochum, chez Patrick Steckel: beaucoup de lumière mais aussi d'importantes zone d'ombre. Mais les deux Intendants tiennent leur maison en haleine et font bien entendu parler d'elles.

Le Théâtre de Bonn, dirigé par Peter Eschberg, s'est révélé au cours de dernière années, être le bon tuyau que se repassaient entre eux les connaisseurs. Klaus Pierwoß qui, à Cologne, vient de transmettre ses fonctions à Günter Krämer, a été au cours dernières années poursuivi par la malédiction de l'amiante, n'a pu que rarement jouer, ce qui l'a empêché de donner du profil à son théâtre. Essen attend que s'achèvent les travaux qui vont faire du théâtre Grillo, qui date des années d'après 1870, un espace théâtral variable. Cette ville de la Ruhr aura alors, pour la première fois de son histoire, son propre théâtre auquel Hansgünther Heyme saura, espérons-le, insuffler toute sa force.

Les théâtres de Detmold, Bielefeld, Munster, Wuppertal, Dortmund, Aix-la-Chapelle, Krefeld/Mönchengladbach, tous des théâtres à triple vocation, ont un public tout aussi fidèle que les nombreux «Landestheater» (Théâtres regionaux), qui ne disposent souvent que du strict néccesaire et font souvent preuve de courage, ne survivant que grâce à de nombreuses tournées.

Il y a par ailleurs, partout dans le Land, des scènes privées qui s'efforcent par leur savoir-faire et une grande confiance en elles mêmes, de s'attirer les faveurs du public. L'une d'elle, le théâtre Wolfgang Borchert, à Munster, est appelée, tout au moins par les étudiants de cette ville «notre autre théâtre». Le jeu direct et personnel de cette scène, le courage qu'il lui faut pour présenter des pièces actuelles d'une manière non conventionnelle, ont assis la réputation de l'institution bien au-delà des frontières de Munster. Il est temps maintenant de rappeler le Festival de la Ruhr, à Recklinghausen, dont la direction a été reprise par le directeur du théâtre d'Essen, Hansgünther Heyme. Sa fondation légendaire (les théâtres de Hambourg vinrent durant le terrible hiver 1946/47 dans la Ruhr pour y échanger «de l'art contre du charbon») a fourni à son initiateur Otto Burmeister, la 'légitimation socio-culturelle' de ce Festival. Bien des choses ont changé, depuis lors. C'est à Heyme qu'il revient désormais du réunir sous un même chapeau art et travail.

Il est temps aussi de penser aux «Journées théâtrales» de Mülheim. Chaque année, au mois de mai, les meilleures pièces de l'année écoulée sont présentées dans leur mise en scène, au public et à un jury, au cours de ce concours d'auteurs dramatiques, toujours unique en son genre dans les pays de langue allemande.

C'est en mai également que se tiennent depuis des années les «Duisburger Akzente». Dans le cadre d'un thème général (le dernier s'intitulait «L'Europe, notre maison») on y présente, au travers de pièces de théâtre, de lectures, d'expositions et de manifestations musicales, les nouveaux aspects, les nouvelles perspectives de la culture et de la société. Juste à côté, à Oberhausen, se déroulent, également en mai, les «Journées ouest-allemandes du court-métrage». Ce Festival très actif présente le plus souvent à la discussion le court-métrage international sous forme de documentation sociale.

Mais le niveau du Land culturel qu'est la Rhénanie-du-Nord-Westphalie est également déterminé par toute une série d'autres manifestations: tous les deux ans, le Festival international de la danse, dont le centre est Leverkusen, les contributions musicales dignes d'éloge en provenance de Duisbourg, telles que les Festivals Schostakowitsch, Charles Ives ou Prokofieff, et puis aussi le travail essentiel fourni par les Secrétariats culturels installés à Gütersloh et Wuppertal, dont le rôle est de soutenir de manière ciblée les débuts prometteurs ou les innovations et les entreprises culturelles hardies. On trouve également d'excellents théâtres de chansonniers, dans ce Land: la Kom(m)ödchen à Düsseldorf. Les pionniers en furent Kay et Lore Lorenz qui commencèrent leur travail, juste après la guerre, lorsque de nouvelles possibilités fleurirent des ruines. Avec son mordant, son humour, son esprit satirique et leur signification sous-jacente, ce petit théâtre s'est assuré depuis longtemps une place dans la famille des très grands du genre.

La décadence de l'industrie minière, le recul de l'industrie lourde ont, pour aussi ironique qu'il puisse paraître de le dire, créé dans la Ruhr de nouveaux espaces pour de nouvelles entreprises culturelles. Dans la mine Karl, à Essen, par exemple. Elle est aujourd'hui envahie de marionnettistes et de musiciens de rock, de mimes et de créateurs d'art-objet, d'acteurs et de peintres. Et les cinq halls Flottmann de Herne, conçus comme un bâtiment à cinq nefs de style jugendstil tardif, abritent désormais un centre de loisirs et de détente. C'est ici que le «Théâtre du Pot à Charbon» (nom parfois donné à la Ruhr) de Willi Thomczyk donne ses représentations; on peut y assister à des spectacles de danse, de chansonniers et de musique expérimentale dans toutes les variétés possibles.

Toute une série d'anciennes installations industrielles historiques ont elles aussi commencé une nouvelle existence. L'ancien élévateur de bateaux de Heinrichburg, la mine Nachtigall de Witten, les anciennes verreries de Gernheim, dans le district de Minden-Lübbecke et bien d'autres bâtiments longtemps destinés à la démolition, subsistent aujourd'hui en tant que musées industriels. Nous aurions presque oublié d'évoquer un objet particulièrement charmant: l'«Oscar Huber», le dernier remorqueur à roues à avoir circulé sur le Rhin et qui, pour le plus grand plaisir des jeunes et des moins jeunes, coule aujourd'hui des jours paisibles à la «Steiger Schifferbörse» de Duisbourg-Ruhrort en tant que musée de la navigation.

Importants pour le Land également, les Bureaux littéraires (Gladbeck, Düsseldorf, Unna) dont le rôle est essentiel pour faire revivre ou persister les structures de la vie littéraires d'une région spécifique. Important pour le Land également, le Bureau du film de RNW dont le siège se trouve à Mülheim/Ruhr. «Donner ses images au Land», telle est la tâche que s'est fixée cette institution vieille déjà de dix ans. C'est ainsi que ce Bureau a apporté sons soutien à des films qui n'auraient eu aucune chance de voir le jour dans les structures existantes.

Le Musée Westphalien en plein air, à Detmold, avec ses vieilles demeures paysannes, le Musée de la Mine à Bochum, le Musée-Village à Hagen, les nombreuses scènes en plein-air qui présentent des pièces de Karl May ou des pièces de chevallerie, on ne peut les nommer qu'en bloc. L'art en plein-air dispose à Xanten d'un cadre particulièrement intéressant: depuis des années, on présente des opérettes dans les arènes de l'ancienne cité romaine «Colonia Ulpia Traiana», qui brûla en totalité. La dernière présentée était «La Veuve joyeuse» de Franz Lehàr.

Avant de nous tourner une nouvelle fois vers l'ancien, rappelons quelques musées spécialisés: le Musée de l'Affiche d'Essen, par exemple, et ses 1000 pièces. On ne trouve d'institutions semblables qu'à Paris et dans le Château Wilanow, près de Varsovie. Les Musées de la Brasserie et de l'Art culinaire de Dortmund, le Musée des Contes et Légendes de Bad Oeynhausen, le Musée du Rhin d'Emmerich, le Musée du Tabac de Bünde, pratiquement tout dans ce Land fait l'objet de collections que l'on est fier de présenter!

Mais revenons bien vite à l'Histoire! La Villa Hügel, à Essen, présente régulièrement des expositions qui attirent des centaines de milliers de visiteurs. «Pragues aux environs de 1600», «Le baroque de Dresde» ou «St. Petersbourg aux environs de 1800», tels furent les grandes manifestations dues à l'initiative de la Fondation culturelle de la Ruhr. Il va de soi de présenter dans l'ancienne résidence de la famille Krupp, toutes ces splendeurs dont s'entouraient autrefois les puissants.

Notre périple culturel à travers la Rhénanie-du-Nord-Westphalie ne nous a pas encore amené auprès de la merveilleuse 'Madone d'or d'Essen', vieille de 1000 ans et par là même la plus ancienne représentation occidentale de la Vierge. Nous n'avons non plus visité ni le splendide château baroque de Brühl et son célèbre escalier dû à Balthasar Neumann, ni, dans le Munsterland, les petits Burgs de Vischering ou Nordkirchen, entourés d'eau, ni les splendides peintures sur verre, dont «La Cène westphalienne», à St. Maria zur Wiese, à Soest, en Westphalie. Paderborn, son Château impérial et son Musée diocésain, le Château de Cappenberg et ses présentations d'art, le Musée des Icônes de Recklinghausen et ses uniques collections d'art copte et de l'église d'orient, tous ces lieux et bien d'autres méritent une visite.

Nous avons commencé notre périple dans la partie rhénane du Land; c'est dans sa partie westphalienne, à Munster, que nous voulons l'achever. Las cachots des anabaptistes de 1536, sur le côté sud de la Tour de St. Lamberti sont certainement très intéressants. Mais c'est du paradis que l'on se sent tout près, lorsqu'on se trouve dans le «Paradis», sur le parvis de la vieille Cathédrale, «les yeux dans les yeux» avec les apôtres et les saints dont le regard fixe accompagne depuis le 13ème siècle l'Histoire de la vieille ville et de ses habitants.

Schüler der Tanzabteilung der Folkwang-Schule in Essen.

Students of the dancing division at the Folkwang-Schule in Essen.

Élèves de la division de danse à la Folkwang-Schule d'Essen.

Aufführung im neuen Aalto-Theater in Essen.

Performance in the new Aalto Theatre in Essen.

Représentation dans le nouveau Théâtre Aalto à Essen.

Bert Frings

Ein starkes Stück Zukunft — Wissenschaft und Forschung in Nordrhein-Westfalen

»Forschung — das ist der neue Rohstoff des Landes!« (Johannes Rau)

Das Machtwort kam aus Berlin. »Keine Kasernen, keine Universitäten, niemals — Soldaten und Studenten gehören nicht ins Ruhrgebiet!« So hatte es Kaiser Wilhelm I. »allerhöchstselbst« angeordnet. Der Ukas hatte Methode. Auch für Wilhelm II., den Nachfolger auf dem deutschen Thron. Für die Knochenarbeit in den Zechen und Hütten waren ohnehin mehr starke Muskeln statt Hirn und eher die harte Gangart von Maloche statt freiem Geist und Preußens Gloria im Paradeschritt gefragt. Es mußte halt reichen, daß die Residenzen Bonn und Köln, Aachen und Münster ihre traditionsreichen »Alma mater« hatten. Basta.
So gab es denn, seit die alte Universität Duisburg anno 1818 geschlossen worden war, keine Hochschulgründung mehr im Revier, verkümmerte die zur »Stahlschmiede der Nation« auswachsende Region zwischen Rhein, Ruhr und Lippe zur akademischen Diaspora, zum Niemandsland von Forschung und Lehre.
Zukunftsvisionen waren offenkundig nicht die Stärke der preußischen Majestäten. Doch die gekrönten Herren sollten sich mit ihrem »niemals« gewaltig irren. Denn inzwischen verfügt das Land Nordrhein-Westfalen über die dichteste Hochschul- und Forschungslandschaft ganz Europas, hat mit

    49 Universitäten und Hochschulen,
    14 Technologiezentren,
    22 Technologie-Transferstellen,
    11 Max-Planck-Forschungsinstituten,
    5 Instituten der »Fraunhofer Gesellschaft«,
    3 Großforschungseinrichtungen,
    29 weiteren, öffentlich geförderten und ungezählten hochkarätigen Forschungszentren und -instituten der Industrie sowie operativen Herzzentren,
    35 Sonderforschungsbereichen der Deutschen Forschungsgemeinschaft (DFG)

eine flächendeckende wissenschaftliche Infrastruktur, wie sie auf dem Kontinent zwischen Atlantik und Ural, Nordkap und Sizilien einmalig ist.

»Forschungsland Nordrhein-Westfalen« — ein Anspruch, mancherorts noch heute in konkurrierenden Bundes-Landen milde belächelt, der längst eine meßbare Realität ist. Auf dem Wege dorthin war, außer vielen Stolpersteinen aus zunächst bremsenden, dann berstenden Betonköpfen, zudem die Last des bedrückenden NRW-Images vom »Kohlenpott« und »Ruß-Land« fortzuräumen. Das war und ist, bis heute, harte Arbeit. Doch nicht Resignation, sondern »NRW vorn!« war die Parole auf dem langen Marsch zu neuen Ufern. »Ein Atom ist leichter zu spalten als ein Vorurteil« — das hatte schließlich schon Albert Einstein klar erkannt.
Seit NRW Anfang der 60er Jahre zum Aufbruch blies, um sich auf die akademischen Socken zu machen, vollzog sich verblüffend konzertiert und konzentriert die zum Siegel des Strukturwandels geprägte »Erneuerung durch Wissenschaft«. Im lange, zu lange monostrukturierten Land von Kohle und Stahl, Schlägel und Eisen war nun halt m e h r gefragt als der organisierte Leerlauf von Kaisers Gnaden. Alle packten mit an. Eine neue Ressource wurde entdeckt — der »Rohstoff Forschung«.
Die Entwicklung der Hochschul- und Forschungslandschaft vollzog sich fortan in einem geradezu atemberaubenden Tempo. In nur 20 Jahren veränderte das Land sein Gesicht — und mithin sein graues Image. Die Chronologie der Hochschulneugründungen belegt eindrucksvoll, wie die Prinzipien von deren Öffnung nach »außen« und Regionalisierung nach »innen« zielbewußt in die Tat umgesetzt wurden: Noch bis in die 60er Jahre gab es in Nordrhein-Westfalen nur die vier Traditions-Universitäten Aachen, Bonn, Köln und Münster. Heute sind es mit den Neugründungen in Bochum (1965), Dortmund (1962), Düsseldorf (1965), Bielefeld (1967), Duisburg, Essen, Siegen, Paderborn und Wuppertal (1972) vierzehn wissenschaftliche Hochschulen, einschließlich der 1974 als »bildungspolitisches Experiment« ge-

Eine markante Architektur, rote Backsteinverblendungen, Innenhöfe, Grünanlagen und alter Baumbestand verleihen der Universität am Waldrand in Duisburg äußere Attraktivität.

The University on the edge of the woods in Duisburg owes its attractive appearance to the striking architecture, red brickwork facades, inner courtyards, gardens and numerous stout old trees.

Son architecture marquante, ses revêtements en briques rouges, ses cours intérieurs, ses espaces verts et ses arbres centenaires, confèrent à l'Université de Duisbourg, en bordure de forêt, un charme bien particulier.

gründeten ersten Fernuniversität der Bundesrepublik Deutschland in Hagen. Welch ein Schritt nach vorn: Allein 1971 entstanden elf Fachhochschulen. Der Ausbau des Hochschulsystems war ein politischer, finanzieller und personeller Kraftakt ohnegleichen. Heute ist der Wissenschaftshaushalt NRW, mit rund sechs Milliarden DM jährlich, der zweitgrößte Etattitel überhaupt in der Landeskasse.

Studierten damals, in den anfangs noch »braven 60ern«, nur wenige 10 000 Abiturienten in Nordrhein-Westfalen, so sind es heute mehr als 460 000, darunter, immerhin, über 130 000 Studenten im einst »unakademischen« Ruhrgebiet. Wo auch immer ein junger Mensch in Nordrhein-Westfalen aufwächst, der Weg zur nächsten Hochschule ist »fast nebenan«.

Das Studienangebot ist reichlich und breit gefächert. Allein die NRW-Gesamthochschulen, in denen mit dem Stichwort »Chancengleichheit« die Demokratisierung des Bildungswesens auch für begabte »Seiteneinsteiger« verwirklicht wurde, bieten heute insgesamt 75 (!) integrierte Studiengänge an. Fast jedes Fach kann mit jedem anderen kombiniert werden, so daß der/die Student(in) in diesem Lande genau das studieren kann, was er/sie will. Etwa Germanistik mit Elektronik, Sinologie mit Volkswirtschaft, Jura mit Informatik? Kein Problem. In NRW ist's möglich.

Ebenso wenig hat Nordrhein-Westfalen damit ein Problem, sich auf internationalem Parkett sicher und selbstbewußt als qualitativ hochgerüstetes High-

Die Fern-Universität Hagen besitzt eine eigene Post. Sie ist dem großen Versand angegliedert und versorgt alle 14 Tage 45 000 Studenten mit Studienmaterial.

The Fern Universität Hagen is an open university for home study. It naturally has its own post office for the large dispatch department which sends new study material to the 45,000 students every fortnight.

L'Université par correspondance de Hagen a sa propre poste. Elle est rattachée au réseau des grandes distributions et fait parvenir tous les 14 jours à 45000 étudiants, les documents dont ils ont besoin pour leurs études.

→

Das Landesinstitut für Arabische, Chinesische und Japanische Sprache Nordrhein-Westfalen in Bochum möchte mit besonders intensiven Bedingungen die Kursteilnehmer in kurzer Zeit mit Grundkenntnissen für die Sicherheit im Ausland ausrüsten.

The North Rhine/Westphalian Institute for Arabic, Chinese and Japanese in Bochum uses particularly intensive training conditions to equip its students with a safe basic knowledge for travel abroad within a very short period of time.

Par ses méthodes de travail intensives, l'Institut pour l'étude de l'arabe, du chinois et du japonais de Rhénanie-du-Nord-Westphalie, à Bochum, vise à donner en un temps record à ses apprenants, les connaissance de base permettant de se déplacer à l'étranger sans problèmes.

Tech-Land und weltweit renommierte Basis für innovatives Know-how zu »verkaufen«. Die Philosophie vom »Forschungsland NRW« ist halt keine plumppolitische Werbeklamotte, sondern durch Leistung belegt, längst anerkanntes Markenzeichen: Mehr als 25 000 Wissenschaftler arbeiten zwischen Rhein und Weser in der Forschung und Entwicklung von wegweisenden Hochtechnologien, die ein starkes Stück Zukunft sind. Die Nähe von Wissenschaft und Praxis zahlt sich aus.

Denn: Schon lange sind die modernen Hochschulen Nordrhein-Westfalens keine elitären »Elfenbeintürme« mehr, in denen weltfremde Gelehrte »unter den Talaren den Mief von tausend Jahren« hüten. Nach allen Seiten offen für gesellschaftliche und wirtschaftliche Fragen, mit klaren Perspektiven, Programmen und Projekten, entwickeln die NRW-Wissenschaftler von heute Strategien für morgen zur ökonomischen und ökologischen Erneuerung nicht nur einer alten Industrieregion.

Vor allem in den 80er Jahren, der Zeit der Stagnation, bewährte sich das NRW-Konzept des zügigen Ausbaues der Hochschullandschaft zu einer dichten, eng vernetzten wissenschaftlichen Infrastruktur. Die Konzentration von Hochschulen und Forschungsstätten sowie die Vielfalt der Fachkompetenzen auf unterschiedlichen Gebieten »sicherten nicht nur eine lebendige Kulturszene«, so Wissenschaftsministerin Anke Brunn, »sondern ermöglichten auch technologischen Fortschritt und interdisziplinäre Kooperation«.

Ein Signal für neue Impulse und die Fortentwicklung der Hochschul-Forschung war die »Landesinitiative Zukunftstechnologien«, die Ministerpräsident Johannes Rau im Oktober 1984 an der »Wiege der Ruhrindustrie« in Oberhausen verkündete. Ziel dieser Initiative war der Ausbau der Schlüsseltechnologien, um die Basis für die Umstrukturierung der jahrzehntelang einseitig von Kohle und Stahl abhängigen Industrie zu schaffen. Schwerpunkte im Programm: Bio- und Gentechnik, Meß- und Regeltechnik, Mikroelektronik und Informatik, Halbleiter- und Supraleitertechnologie, »künstliche Intelligenz« und Expertensysteme, Umwelttechnik und angewandte Elektrochemie, Roboterentwicklung und -anwendung, Oberflächenanalytik und Geräteanwendung, Laser-Technologie und zivile Weltraumforschung.

Fortan wurde nicht mehr gekleckert, sondern geklotzt: Das Land NRW investierte 160 Millionen DM Startkapital in den durch die Landesinitiative Zukunftstechnologien zu entwickelnden »Rohstoff Forschung«, förderte zudem von 1985 bis 1988 mit 1,6 Milliarden DM (!) überregional bedeutende außeruniversitäre Forschungseinrichtungen, gründete in Düsseldorf das »Wissenschaftszentrum Nordrhein-Westfalen« — und erzeugte damit genau das, was im Lande dringender denn je für den Strukturwandel nötig war: Aufbruchstimmung.

Spitzenforschung aus Nordrhein-Westfalen — sie kann sich sehen lassen, und sie wird gesehen. NRW läßt bitten, zeigt, was es ist, was es kann, was es hat: Ein Land mit Pioniergeist, offen für neue Ideen, dem Fortschritt verpflichtet, eben ein großes, stolzes und leistungsstarkes Bundesland im Herzen Europas.

Wissenschaft zum Anfassen, für jedermann erlebbar, auch das ist »made in NRW«: Einem Wanderzirkus gleich, ziehen Professoren, Dozenten und Studenten alljährlich zu Märkten und Messen, um das »Forschungsland Nordrhein-Westfalen« mit seinem Impulsgeber »Erneuerung durch Wissenschaft« in Sonderausstellungen zu präsentieren. Auf Industriemessen, wie beispielsweise in Hannover und Leipzig, aber auch im Herzen des Regierungsviertels der Bundeshauptstadt Bonn, demonstrieren jeweils 40 und mehr NRW-Hochschulen sowie renommierte Forschungsinstitute an durchweg 120 Exponaten die bundesweit erreichte Spitzenstellung in Top-Technologien.

Qualität ist Trumpf. Nicht nur die Partner in Europa, alle Welt soll es wissen, was NRW zu bieten hat: Sogar auf der Weltausstellung »Expo '92« in Sevilla wird Nordrhein-Westfalen in einer repräsentativen Ausstellung zeigen, was es aus dem »Rohstoff Forschung« macht.

Wer sich im Lande Nordrhein-Westfalen umsieht, kann nur noch staunen, was es an weltweit anerkannten und mit High-Tech-Giganten wie den USA und Japan durchaus konkurrenzfähigen Höchstleistungen in Spitzenforschung und Spitzentechnik gibt.

»Ni Hao Ma?« — »Wie geht es Ihnen?« Der freundlichen Frage nach dem persönlichen Befinden in reinstem Chinesisch folgt auf arabisch ein gewinnendes »Ahlan Wa-Sahlan« — »Herzlich willkommen!« Nein, der so nett empfangene Gast ist nicht auf einem internationalen Flughafen in irgendeine fern- oder nahöstliche Globetrotter-Gruppe geraten.

Um zu zeigen, daß die Universitäten an Rhein, Ruhr und Lippe neben modernsten Zukunftstechnologien auch nützliche Ideen aus der Welt der Geisteswissenschaften fortentwickeln, präsentieren Sprachwissenschaftler des Bochumer Landesinstituts für arabische, chinesische und japanische Sprache gerne ihr »Mini-Sprachlabor«. Die exklusive Rarität, computergestützt, läßt sich vortrefflich zur Intensiv-Sprachschulung international operierender Kaufleute und Techniker einsetzen. Know-how für den Geschäftsalltag — »made in NRW«.

Suchen Sie aktuelle Informationen über neue Methoden der Qualitätskontrolle von Verbundwerkstoffen? Oder über gewandelte Marketing-Strategien für die Möbelindustrie oder im Transportwesen im Hinblick auf den grenzenlosen EG-Binnenmarkt? Oder über Software-Pakete für den Einsatz in der betrieb-

← S. 317

Die Fraunhofer-Gesellschaft betreibt angewandte Forschung und Entwicklung auf einer Vielzahl von natur- und ingenieurwissenschaftlichen Gebieten, wie z. B. die Einführung neuer Technologien in die industrielle Praxis. Zu den innovativen Fertigungstechnologien zählt das hier gezeigte Oberflächenveredeln, bei dem ein hochbeanspruchtes Bauteil partiell mit einem CO_2-Laserstrahl gehärtet wird.

The Fraunhofer Institutes engage in applied research and development in numerous areas of natural and engineering science including, for example, the introduction of new technologies in everyday industrial operations. The surface treatment process shown here is one such innovative production technique: a heavy duty component is partially hardened with the aid of a CO_2 laser beam.

La Société Fraunhofer se consacre à la recherche appliquée et à l'étude dans une multitude de secteurs des sciences naturelles et des sciences de l'ingénieur tel que l'introduction de technologie nouvelles dans la pratique industrielle. Au nombre de ces nouvelles technologies employées dans les processus de fabrication, le traitement améliorant des surfaces, montré ici, au cours duquel un élément soumis à des contraintes extrêmes se voit partiellement trempé par un rayon laser CO_2.

Von der Bergbauforschung entwickelt wurde die schlagwettergeschützte Fernseheinrichtung für die Beobachtung von Bohrlöchern bis 600 m Teufe und von Schächten bis 1 400 m Teufe.

Mining researchers developed the explosion-proof closed-circuit television equipment for monitoring drilling holes down to a depth of 600 metres and shafts down to 1400 metres.

C'est la recherche minière qui a mis au point le système de télévision antigrisouteux pour l'observation des forures d'une profondeur maximum de 600 m et des puits de mine d'une profondeur maximum de 1400 m.

lichen Aus- und Weiterbildung? Kein Problem. INFOR verschafft schnell und zuverlässig einen umfassenden Überblick über den derzeitigen Stand der Technik und über Möglichkeiten der Zusammenarbeit bei innovativen Entwicklungsprojekten.

INFOR, von der Dortmunder Uni-Transferstelle »vermarktet«, ist eine moderne Datenbank im flächendeckenden NRW-Informationsnetz, in der (fast) alle Lehrstühle, Institute, Fachgebiete und Laboratorien der Universitäten, Fachhochschulen, Großforschungseinrichtungen und forschende Unternehmen nahezu lückenlos erfaßt sind. Darüber hinaus werden alle NRW-Hochschulen an ein NRW-Datenbank- und Informationssystem namens »AE + R« (»Advanced Education and Research«) angeschlossen, das europaweit ausländischen Interessenten und Studenten über fortgeschrittene Lehrangebote und Forschungsarbeiten »per Knopfdruck« erschöpfend Auskunft gibt. Wissenschaft und Praxis auf einen Blick — »made in NRW«.

Im Volksmund heißen die Geodäten schlicht Landvermesser, im Bergbau hätten wir es mit Markscheidern zu tun. Die Wissenschaft der Geodäten ist die Geodäsie, also die Landvermessung. Ohne sie wäre ein modernes, geordnetes Leben nicht möglich. Europaweit sind Geodäten aus Nordrhein-Westfalen — ebenso wie die hochkarätigen Wissenschaftler und Technologen in der Essener Bergbauforschung — gefragte Leute.

So auch auf der englisch-französischen Euro-Baustelle für den Kanaltunnel, der das europäische Festland mit der britischen Insel »unterseeisch« verbinden soll. Die Experten aus dem Ruhrgebiet entwickelten dafür ein elektronisches Autoleitsystem und stellten dabei fest, daß die von der See her bekannten Gezeiten auch im Binnenland die Kirchtürme »bewegen«. Eine wissenschaftliche Erkenntnis, die der »normale« Kirchgänger zwar nicht merkt, für die millionstelmillimetergenaue Landvermessung jedoch von größter Bedeutung ist. Praxisnahe Forschung — »made in NRW«.

Und die ist auch in südlichen Landen sehr gefragt. Mit einer stabilisierenden Hebetechnik aus dem Ruhrgebiet können Technologen der »Deutschen Montan Technologie« (DMT) aus Essen/Bochum den in bedrohliche Sturzlage geratenen »Schiefen Turm von Pisa« wieder ins Lot bringen.

Die Besonderheit der Stabilisierungstechnik liegt darin, daß der empfindliche Baugrund entlastet und der Turm lediglich auf der zur Erde neigenden Seite angehoben wird. Dabei bleibt die berühmte Schieflage des Pisa-Turms bruchsicher erhalten. Ein System aus NRW, mit dessen Hilfe im von Bergschäden geplagten Ruhrgebiet neben abgesackten Kirchen, Schornsteinen und Krankenhäusern schon ganze Siedlungen wieder ins Lot gebracht worden sind. Know-how für schwierige Fälle - »made in NRW«.

Wenn es um Spitzenforschung und Spitzentechnologien geht, sind die NRW-Universitäten und -Hochschulen Ideen-Schmieden von höchstem Rang und bester Qualität:

So entwickelten Bochumer Astronomen ein Superteleskop, das es wahrlich »in sich« hat. Anstelle von schwerem Stahl werden leichte Kohlefaserkunststoffe als neuer Werkstoff eingesetzt. Der Himmelsspäher, mit einem Spiegel-Durchmesser von zwölf Metern (!) und mit einem neuartigen Bewegungs- und Steuerungssystem »verstellbarer Beine« ausgestattet, ist um Hunderte Tonnen leichter und dennoch stabiler als alle herkömmlichen Teleskope.

Ebenfalls aus Bochum kommt eine High-Tech-Rarität, die neue Erkenntnisse in der internationalen Astronomie möglich macht: Das GAUSS-Projekt, eine hochempfindliche Weltraumkamera, die auf der nächsten deutschen »D 2«-Mission im amerikanischen NASA-Space-Shuttle gestochen scharfe Fotos von der Milchstraße »schießen« wird.

Im Weltraum sind auch Wuppertaler Wissenschaftler engagiert. Die findigen Physiker machten sich die neue Technologie der Supraleiter zunutze und entwickelten eine miniaturisierte, H-förmige supraleitende Antenne für die Weltraumfahrt, die extrem kurze elektromagnetische Wellen empfängt und mit sechs Millimeter kleiner, jedoch in ihrer Leistung zwanzigmal stärker als jede andere konventionelle Antenne ist. Wuppertaler Weltraumphysiker entwickelten auch »Crista«, ein Raumprojekt zur Erforschung der Dynamik der Atmosphäre samt »Ozonloch«. Die NASA ist an den NRW-Projekten bereits sehr interessiert.

Als erste Adresse der Weltraumfahrt im wohlbestellten Haus des »Forschungslandes NRW« gilt vor allem die Deutsche Forschungsanstalt für Luft- und Raumfahrt (DLR), die ihren Sitz in Köln-Porz hat. Hier wird nicht nur weltweit anerkannte Luft- und

Entwicklungsmodell der Space-Gauss, an dem alle weltraumrelevanten Tests durchgeführt werden. Die Erforschung der Milchstraße ist das Hauptarbeitsgebiet des Astronomischen Instituts der Ruhr-Universität Bochum. Aufnahmen bei Erprobungsflügen in Texas zeigten einige Einzelheiten der Milchstraße, die bisher unbekannt waren und so das Programm für den eigentlichen Spacelabflug entscheidend mitbestimmten.

Development model of the Space Gauss in which all the relevant tests are carried out for space conditions. The Institute of Astronomy at the Ruhr University Bochum is dedicated to investigating the Milky Way. Photographs taken during test flights in Texas revealed a number of hitherto unknown details about the Milky Way which thus came to have a decisive influence on Spacelab's actual flight.

Spécimen de l'oculaire spatial de Gauss sur lequel sont effectués tous les tests significatifs de l'espace. L'Institut astronomique de l'Université de la Ruhr, à Bochum, se consacre essentiellement à l'étude approfondie de la Voie Lactée. Des prises de vue, effectuées lors de vols d'essai au Texas, font découvrir certaines particularités de la Voie Lactée inconnues jusqu'alors et participent de la sorte de manière décisive à l'élaboration du programme de l'expédition du Spacelab.

D-2 Astronauten-Kandidaten im Spacelab-Simulator der Deutschen Forschungsanstalt für Luft- und Raumfahrt (DLR) in Köln-Porz.

Potential D-2 astronauts in the Spacelab simulator at the German Aerospace Research Institute (DLR) in Cologne-Porz.

Candidats astronautes D 2 dans le simulateur Spacelab de l'Institut allemand de recherche aéronautique et aérospatiale (DLR), à Cologne-Porz.

Raumfahrttechnologie der Spitzenklasse »flügge« gemacht, hier steht auch der größte Transschall-Windkanal Europas »ETW«, in dem das Design von Flugsystemen der Zukunft entwickelt wird. Und auch das ist die DLR in Köln: Ausbildungszentrum für die deutschen »D 2«-Astronauten und alle europäischen ESA-Raumfahrer, die auf internationalen Missionen nach den Sternen greifen.

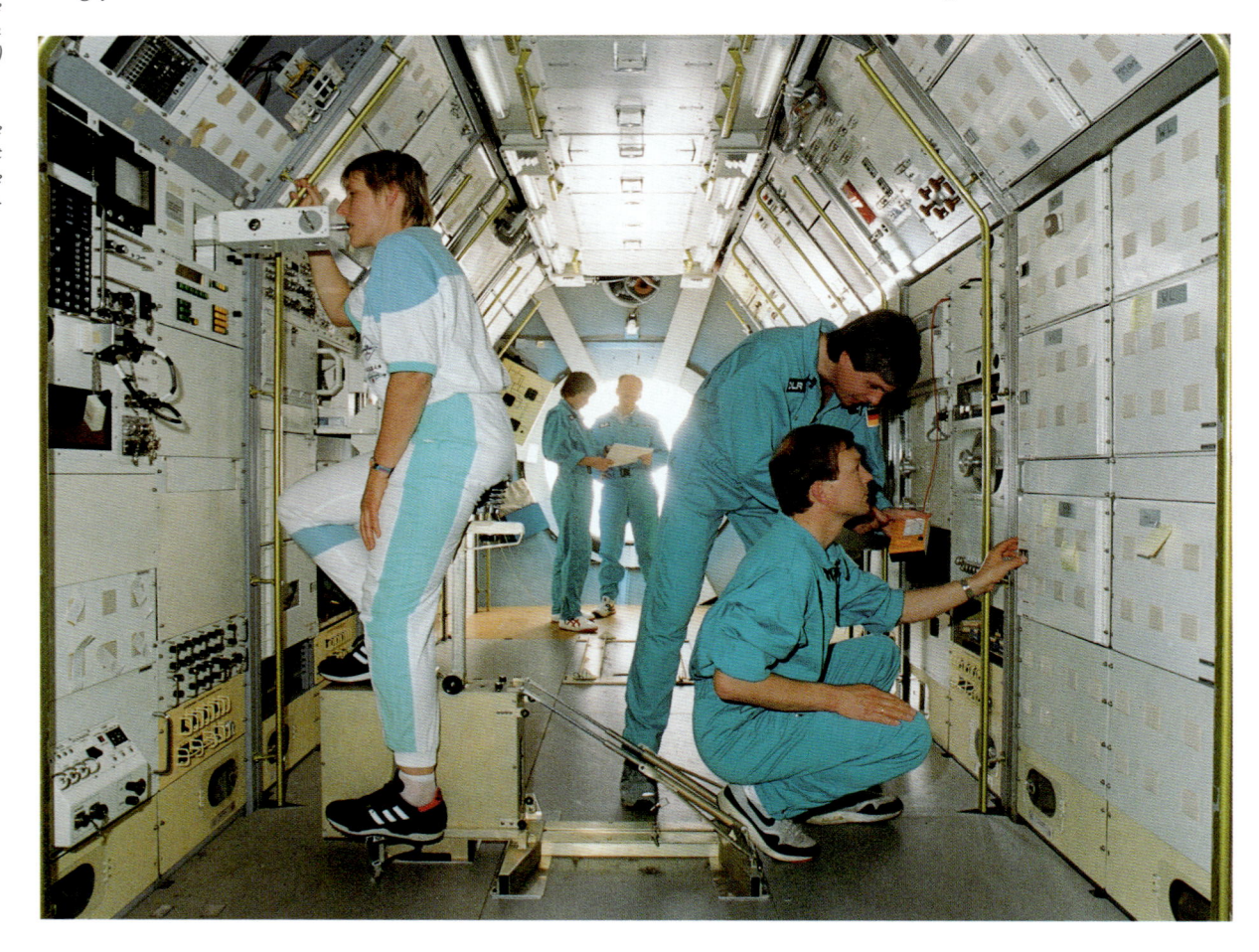

ETW-Modell — der größte Transschall-Windkanal Europas.

ETW model: the largest transsonic wind canal in Europe.

Maquette de l'ETW, la plus grande soufflerie transsonique d'Europe.

Doch näher sind irdische Probleme, die es zu lösen gilt: Essener Botaniker schufen »denkende Pflanzen«, die, unter Folien regionaltypischen Schadstoffen ausgesetzt, Luftverschmutzungen erkennen und somit die Luftqualität verbessern helfen.

Verpackungsprobleme nimmt ein neues Verfahren der Universität Dortmund ins Computer-Visier: Um eine teure Vase transportsicher zu verpacken, braucht man künftig nicht mehr über Daumen und Augenmaß die Dichte der druck-, stoß- und preßsicheren styropor-gestützten Papphülle auszuloten — und dann geht letztlich doch noch alles in Bruch. Nein, der Dortmunder »Härtetest für Verpackungen am Bildschirm« errechnet per Computer haargenau, welche Würfe und Stöße das Paket abfangen muß, damit die kostbare Vase auch auf einer Rüttelfahrt im Lkw heil am Zielort ankommt.

Die Universität Münster entwickelte ein elektronisches Meßsystem für den umweltschonenden Einsatz von Pflanzenschutzmitteln. Zudem ein neues elektronisches Meßverfahren zur direkten Bestimmung von Antigenen und Antikörpern in medizinisch und umwelttechnisch relevanten Stoffen mit Hilfe eines Immunsensors.

An der Duisburger Universität gelang Elektronikern eine »Erfindung«, die die gesamte Datentechnik revolutionieren könnte: der »Opto-Bus«. Dieses sensationelle Verfahren ermöglicht rechnerinterne Datenübertragung per Lichtimpulse auf Glasspiegeln und macht dadurch das nahezu irreparable Drahtgewirr auf metallenen Leiterplatten überflüssig. Aus Duisburg kommt auch das neue »Fahrgast-Zweirumpfschiff«, das, einem Katamaran gleich, in extrem flachen Binnengewässern fast ohne Wellengang ufer-schonend fährt.

Zunehmend kritische Verbraucher und Gesetze erfordern neue Lösungen in der Qualitätsüberwachung und Klassifizierung von Fleischteilen. Der »Ultra-Meater« aus der RWTH/Universität Aachen ist eine Weltneuheit auf diesem Gebiet: Mit einem Ultraschall-Scanner wird die Fleischqualität von Schweinehälften bestimmt — von der Speck- bis zur Muskeldicke. Ob das Kotelett in der Pfanne zu einem grauen, in Wasser schwimmenden Klumpen wird, auch darüber kann der »Ultra-Meater« Auskunft geben.

»Made in NRW« — das ist eine »Hit-Liste« der Hochtechnologie: So ein hochverstärktes EKG zur Dia-

Forschungsprojekt von Prof. Dr. Guderian an der Universität Gesamthochschule Essen über die Wirkungen von Luftverunreinigungen auf Pflanzen in Essen-Schuir.

Prof. Dr. Guderian's team at the Amalgamated University in Essen is investigating the effects of atmospheric pollution on plants in Essen-Schuir.

Projet de recherche du Prof. Dr. Guderian, à L'Université d'Essen, à Essen-Schuir: l'influence de la pollution atmosphérique sur les plantes.

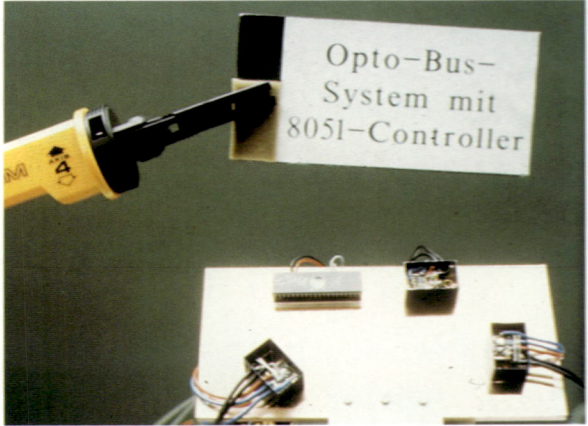

Der Fachverband Nachrichtentechnik an der Universität Duisburg entwickelte das Opto-Bus-System, eine optische Lichtleiterplatte, die verschiedene Bauelemente eines Mikrorechners oder einer Rechenanlage koppelt.

The Opto-Bus system was developed by the Telecommunications Department of Duisburg University. The optical circuit board links the various components of a microcomputer or computer system.

Le département «Technique des communications» de l'Université de Duisbourg a mis au point le système Opto-Bus, une plaque de transmission par fibres optiques accouplant diverses composantes d'un microordinateur ou d'un ordinateur.

Das Fahrgastzweirumpfschiff wurde in der Universität Duisburg konstruiert.

The »twin-hull passenger vessel«, resembling a catamaran, was constructed at the University of Duisburg.

Le «double coque passager» a été construit à l'Université de Duisbourg.

Großrechner im Forschungszentrum Jülich

Mainframes in the Jülich research centre

Super ordinateur dans le Centre de recherche de Jülich

Neueste Entwicklung auf dem Hochgeschwindigkeitssektor spurgebundener Verkehrssysteme: der IC Express. Auf neuen Trassen wird er in der Endphase bis zu 250 km/h schnell sein. Krupp Maschinentechnik war als Federführer eines Konsortiums an der Entwicklung der Triebköpfe maßgeblich beteiligt.

The IC Express, newest invention on the high speed sector of the railway transport system. Upon new tracks, this train will reach a speed of approximately 250 km/h at its final stage. It was Krupp Maschinentechnik who, being in charge of a syndicate, played a major part in the construction of the driving mechanisms.

L'invention la plus moderne dans le domaine des transports sur rails à grande vitesse: L'IC Express qui, sur des tracés nouveaux, atteindra une vitesse maximale de 250 km/h pendant la phase finale. Tenant la responsabilité en un consortium, c'est la Krupp Maschinentechnik qui jouait le rôle déterminant dans la construction des mécanismes propulsifs.

Der CSB-Ultra-Meater basiert auf der Technik des Ultraschall-Scannings, einer hygienischen und objektiven Arbeitsmethode zur Ermittlung von Diagnosedaten.

The CSB-Ultra-Meater uses ultrasonic scanning technology as an objective and hygienic means of obtaining diagnostic data.

L'Ultra-Meater CSB s'appuie sur la technique du scanning par ultrasons, une méthode de travail hygiénique et objective permettant l'obtention de données diagnostic.

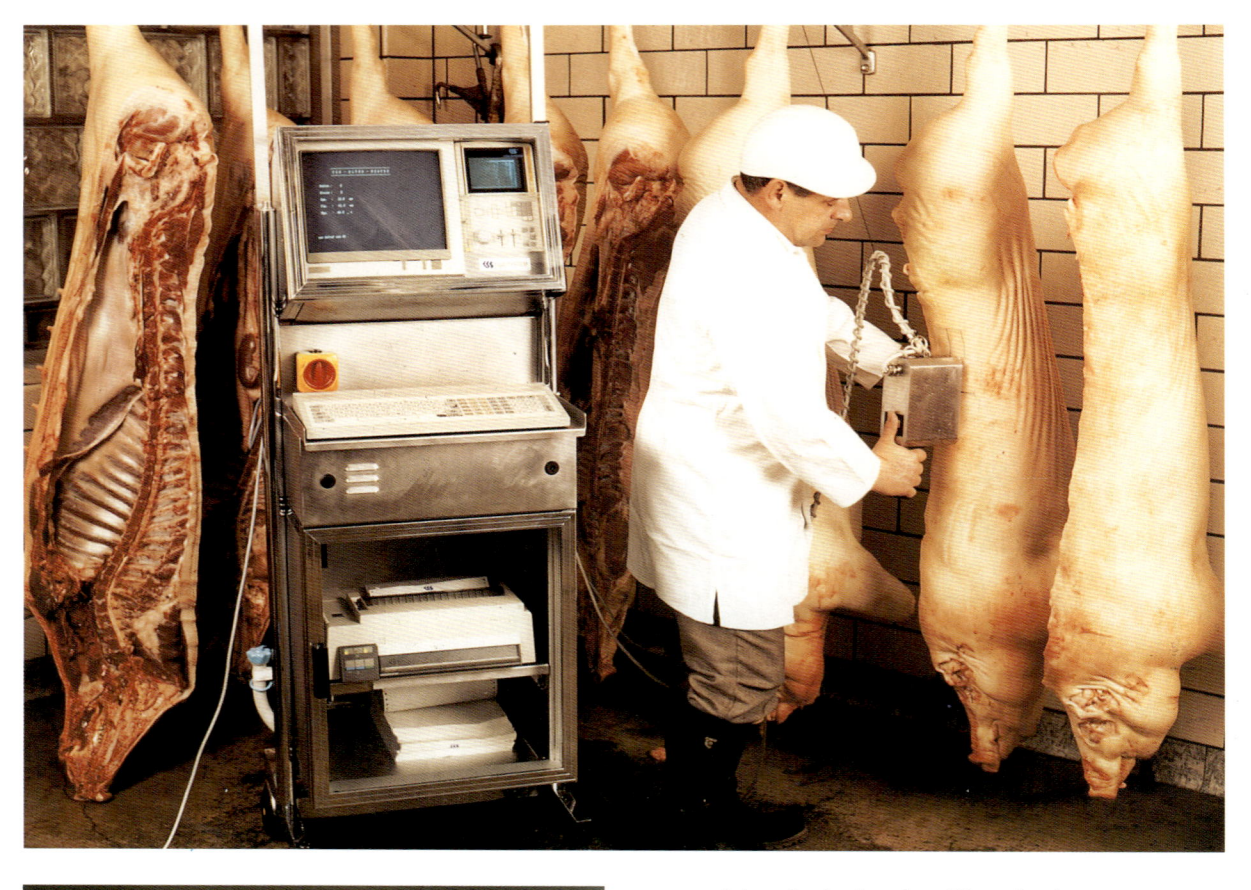

Röntgendetektor für risikolose und exakte Gefäßdiagnostik, entwickelt an der Universität Siegen.

The X-ray detector for safe and exact vascular diagnostics was developed at the University of Siegen.

Détecteur à rayons X permettant un examen sans risque et très exact des artères, mis au point par l'Université de Siegen.

gnose lebensbedrohender Herzrhythmusstörungen aus Köln; ein neuer Röntgendetektor für risikolose und exakte Gefäßdiagnostik in Momentaufnahmen aus Siegen; wegweisende Roboter-Technologie von Weltniveau mit sehenden, sprechenden, fühlenden und greifenden »Maschinen-Menschen« aus Dortmund.
Ein Sonnen-Kraftwerk, das per solarthermischen Energiespeicher auch nachts Strom liefert, hat das Mülheimer Max-Planck-Institut entwickelt. Platinenbohrautomaten mit optischer Mustererkennung »erfanden« Technologen in Bielefeld. Bonner Wissenschaftler glänzen mit einer Digital-Technologie für die Berechnung des Herbizid-Einsatzes von Unkraut- und Schädlingsbekämpfungsmitteln im Getreidebau. Zukunftsweisende Mikro-Chip-Forschung aus Duisburg und Bochum hat Weltruf. Sensationell sind die Mikrobenforschung mit schadstoff-fressenden Kleinlebewesen und die Systemforschung mit licht-schnellen Superrechnern im weltweit renommierten Forschungszentrum Jülich (KFA).

Forschungsbereich Strahlenchemie aus einem Laserlabor des Max-Planck-Instituts für Strahlenchemie in Mülheim an der Ruhr.

Radiation chemistry is one of the research areas of the laser laboratory at the Max Planck Institute for Radiation Chemistry in Mülheim on the Ruhr.

Secteur de recherche «Radiochimie» d'un laboratoire laser de l'Institut Max Planck pour la radiochimie, à Mülheim an der Ruhr.

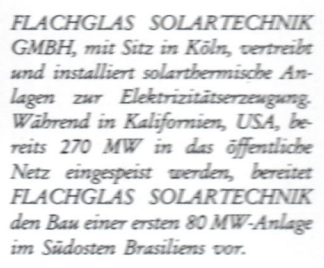

FLACHGLAS SOLARTECHNIK GMBH, mit Sitz in Köln, vertreibt und installiert solarthermische Anlagen zur Elektrizitätserzeugung. Während in Kalifornien, USA, bereits 270 MW in das öffentliche Netz eingespeist werden, bereitet FLACHGLAS SOLARTECHNIK den Bau einer ersten 80 MW-Anlage im Südosten Brasiliens vor.

FLACHGLAS SOLARTECHNIK GMBH, with its seat in Cologne, distributes and installs solar-thermic units for the production of electricity. Whereas 270 MW have already been fed into the public mains supply in California, USA, FLACHGLAS SOLARTECHNIK is preparing the construction of its first 80 MW unit in the south-east of Brazil.

La FLACHGLAS SOLARTECHNIK GMBH, dont le siège est à Cologne, commercialise et installe des installations thermiques solaires pour la production d'électricité. Alors qu'aux USA, en Californie, 270 MW alimentent déjà le réseau public, la FLACHGLAS SOLARTECHNIK prépare la construction d'une installation de 80 MW dans le sud-est du Brésil.

Hochverstärktes EKG zur Diagnose lebensbedrohender Herzrhythmusstörungen in der Universitäts-Klinik Köln.

High-resolution ECG for diagnosing potentially lethal cardiac arrythmias in the hospital of Cologne' university.

Electro-cardiogramme à grand gain permettant de diagnostiquer des troubles du rythme cardiaque extrêment dangereux en la clinique de la université à Cologne.

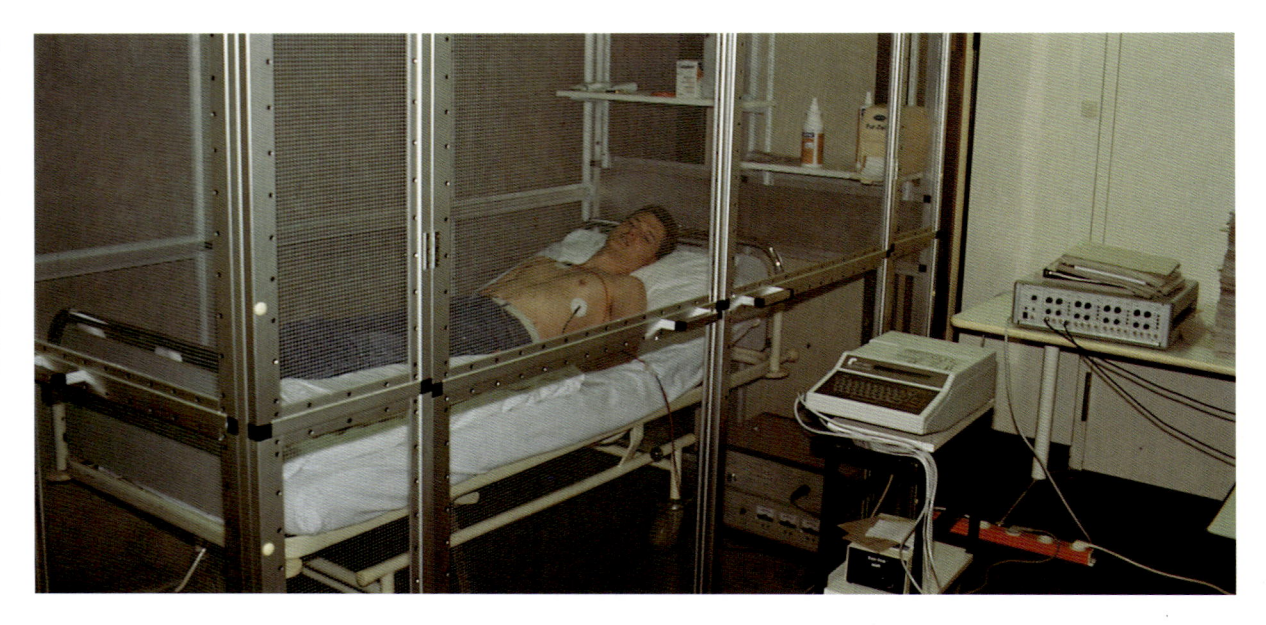

Membranen in künstlichen Nieren sind lebensrettend. Seit 30 Jahren stellt das Wuppertaler Akzo Werk Dialyse Membranen her und ist damit der älteste und bedeutendste Membranhersteller der Welt.

Membranes in artificial kidneys are life-savers. The Akzo factory in Wuppertal has been producing dialysis membranes for 30 years now and is thus the oldest and most important producer of membranes in the world.

Les membranes entrant dans la composition des reins artificiels sont des produits de nécessité vitale. Les usines Akzo de Wuppertal fabriquent depuis 30 ans des membranes de dialyse; Akzo est ainsi le plus ancien et le plus important fabricant de membranes du monde.

Zukunftsforschung in Nordrhein-Westfalen — das ist auch und vor allem die dem Menschen und der Umwelt dienende Gentechnologie. Sowohl bei den weltberühmten »Gen-Päpsten« in Köln als auch in den Labors der NRW-Pharmaindustrie hat der »achte Schöpfungstag« bereits begonnen. Gen-Forscher der Bayer-AG sind mit dem Blutgerinnungs-»Faktor VIII« der Bluter-Krankheit, mit gentechnischen Methoden dem Schnupfen und den Aids-Viren auf der Spur, forschen intensiv nach den Ursachen von Krebs und Erbkrankheiten, entwickeln Gen-Techniken zum Tier- und Pflanzenschutz. Und in den Fermentern der Aachener Grünenthal-Chemie reift schon der Stoff »Saruplase«, der Herzinfarkten und Thrombosen blitzschnell und gezielt zu Leibe rückt. Fazit: Zukunftsweisende Wissenschaft und Forschung, so vielseitig wie das Land selbst, ist in Nordrhein-Westfalen inzwischen so fest verankert und gut beheimatet, daß dero Kaiserliche Majestäten nur noch staunen würden. Ein Streifzug durch die universitären, institutionellen und industriellen Hochburgen des Forschungslandes Nr. 1 ist ein faszinierendes »Abenteuer Wissenschaft« - und zeigt, was in ihm steckt: Ein starkes Stück Zukunft - made in NRW.

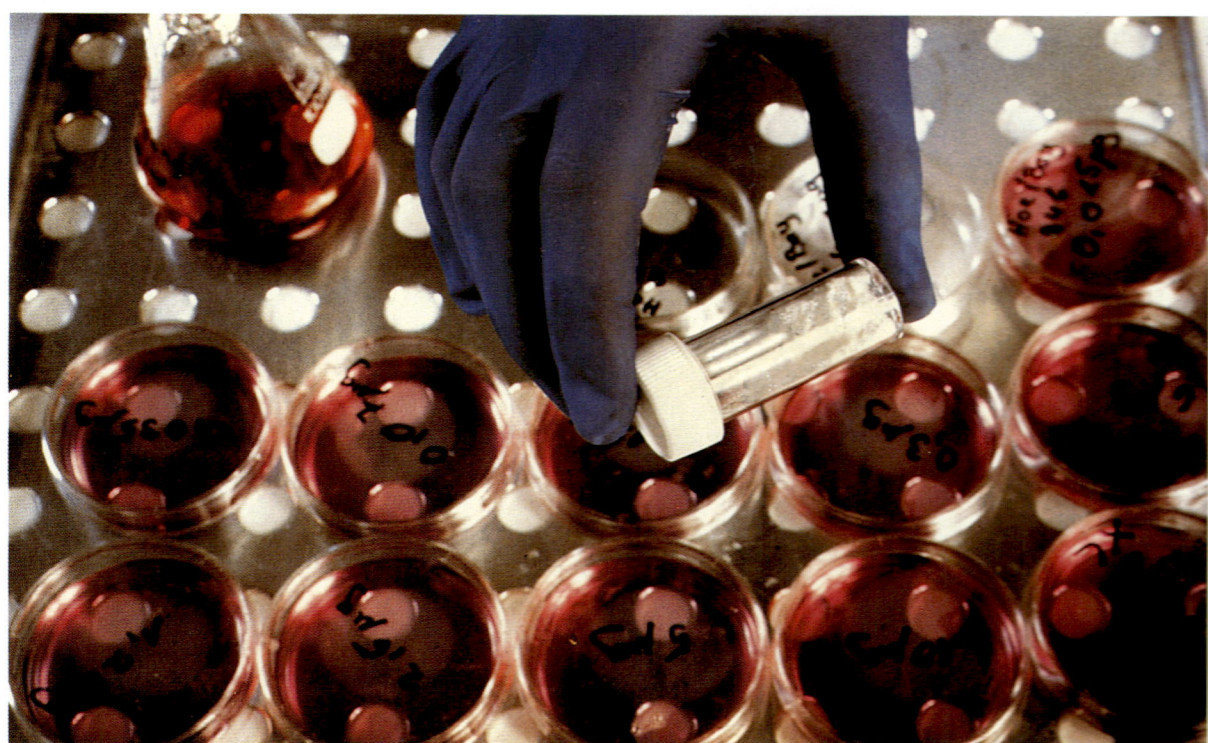

Die Genforscher bei BAYER
»Die Gentechnologie ist eine Schlüsseltechnologie für die Entwicklung der modernen Industriewirtschaft. Ausschlaggebend für ihre innovative Bedeutung sind vor allem die Möglichkeiten im Bereich der Gesundheit. Nur mit Hilfe der Gentechnik können die Ursachen vieler lebensbedrohlicher Krankheiten aufgeklärt und Medikamente zu ihrer Bekämpfung eingesetzt werden. Aber auch für die Lösung der globalen Ernährungsprobleme spielt die Gentechnik eine Rolle, denn sie erlaubt es, Eigenschaften von Kulturpflanzen gezielter und schneller zu verbessern.«

Genetic research at BAYER
»Genetic engineering is a key technology for the development of modern industry. Its innovative importance is decisively and primarily dependent on its potential in the health sector. Genetic engineering is essential if we are to find the causes of many life-threatening diseases and develop drugs to combat them. It is also of importance in solving the global food problems, for the characteristics of cultivars can be improved more specifically and more rapidly with the help of genetic engineering.«

La recherche génétique chez BAYER
«La technologie génétique est une technologie clé pour l'évolution de l'économie industrielle moderne. Les possibilités qu'elle ouvre dans le secteur de la santé sont déterminantes pour son importance innovatrice. Seule la technique génétique permet de reconnaître les causes de nombreuses maladies mortelles et d'utiliser les médicament permettant de lutter contre elles. Mais la technique génétique joue aussi un rôle important dans la recherche d'une solution à tous les problèmes de l'alimentation, car elle permet d'améliorer de manière plus ciblée et plus rapide, certaines caractéristiques des plantes de culture».

Science and research in North Rhine/Westphalia:
A strong future

»Research is our Land's new natural resource!« (Johannes Rau)

The word came from Berlin: »No barracks, no universities, never! Soldiers and students have no business being in the Ruhr area!« Emperor Wilhelm I had personally decreed that this was how things were to be. There was method behind the decree, even for his successor to the German throne, Wilhelm II. Strong muscles were more appropriate than brainpower for the hard work to be done in the mines and steelworks; hard labour was called for, rather than the free spirit and Prussia's glory out on the parade ground. The residential towns of Bonn, Cologne, Aachen and Münster had their traditional »Alma mater« and that would simply have to do, thank you very much.

So it was that no new unversity had been founded in the Ruhr area since Duisburg's old university was closed down in 1818, the »nation's forge« between the rivers Rhine, Ruhr and Lippe degenerating into an academic diaspora, a no-man's land devoid of research and academia.

Visions of the future were quite obviously not one of the great strengths of their Prussian majesties. But the crowned heads of state were to be proved utterly wrong in saying never. North Rhine/Westphalia now has the densest network of further education establishments and research institutions in the whole of Europe:

- 49 universities and colleges
- 14 technology centres
- 22 technology transfer centres
- 11 Max Planck research institutes
- 5 institutes of the »Fraunhofer Gesellschaft«
- 3 major research institutions
- 29 other state-supported research centres and institutes and innumerable high-quality industrial research centres and institutes
- 12 operative heart centres and
- 35 special research areas of the German Research Association (DFG)

The result is a closely knit scientific infrastructure not found anywhere else on the continent, from the Atlantic to the Urals, from the Norther Cape to Sicily.

»North Rhine/Westphalia — a Land of research«: the claim still rouses one or two smiles in some of the other German Länder putting forward the same claim, but it has long since become a tangible reality. In addition to the obstacles posed by blockheads who first dug in their heels and then let loose the reins, North Rhine/Westphalia first had to shake off its image of being the Land of coal and soot. It has not been an easy task and it is not yet over. Instead of resignation, it was a cry of »North Rhine/Westphalia to the fore!« as the Land set out on its long march to new frontiers. Even Albert Einstein had realized that »it is easier to split an atom than to shatter prejudices«.

Ever since North Rhine/Westphalia pulled up its academic socks in the early sixties and set off on its long march, the Land has experienced an astonishingly concerted and concentrated process of »revitalization through science« characteristic of the structural change here. More was demanded now than organized idling at the emperor's bidding in this Land which had for a long time — too long — concentrated one-sidedly on coal and steel, hammers and chisels. Everyone rolled up their sleeves and a new natural resource was found: research.

Developments in the university and research sectors continued at breath-taking pace. In the space of only 20 years, the Land took on a new face and shed its grey image. The chronology of new colleges and universities opened impressively shows the determination with which the principles of opening them outwards and regionalizing them inwards have been realized. Until the sixties, the only universities in North Rhine/Westphalia were the four traditional establishments in Aachen, Bonn, Cologne and Münster. There are now fourteen scientific universities in Bochum (1965), Dortmund (1962), Düsseldorf (1965),

Bielefeld (1967), Duisburg, Essen, Siegen, Paderborn and Wuppertal (1972), the country's first »open university« in Hagen which was established as an »educational experiment« in 1974, and of course the four traditional establishments. What a step forwards: eleven technical colleges were opened in 1971 alone. This expansion of the further education system represented a political, financial and human tour de force that has never been seen before. With an annual budget of around DM 6 billion, education and science now makes up the second-largest item in North Rhine/Westphalia's Land budget.

The number of students in North Rhine/Westphalia has risen from a few tens of thousands in the »decent sixties« to more than 460,000 today, including more than 130,000 in the formerly »unacademic« Ruhr area. No matter where young people grow up in North Rhine/Westphalia today, the nearest university or college is more or less »round the corner«.

The range of courses offered is large and varied. The Land's amalgamated universities, which brought democracy to the education system and opened the door to talented »late starters« with the slogan »equal opportunities for all«, offer no less than 75 (!) integrated courses. Virtually every subject can be combined with virtually everything else, allowing students in this Land to study precisely whatever they like. How about combining German literature and electronics? Or sinology and economics? Or law and computer sciences? No problem. Everything is possible in North Rhine/Westphalia.

North Rhine/Westphalia consequently has no difficulty whatsoever presenting itself with confidence and self-assurance as a qualitatively well equipped high-tech Land and internationally renowned basis for innovative know-how. The concept of »North Rhine/Westphalia — a Land of research« is not simply a crude political advertising gimmick: it is a proven fact and long-standing hallmark. More than 25,000 scientists between the rivers Rhine and Weser are engaged in research and development of tomorrow's sophisticated technologies, part of a strong future. The proximity between theory and practice pays.

North Rhine/Westphalia's modern universities have long since ceased to be elitist »ivory towers« in which learned scholars carefully nurse the traditions of the last thousand years under their robes, utterly remote from the world. Open to social and economic questions from all sides, with clear perspectives, programs and projects, North Rhine/Westphalia's modern scientists are developing tomorrow's strategies for the economic and ecological revitalization of what is more than simply an old industrial region.

The Land's concept of rapidly expanding the number of further education establishments into a closely meshed scientific infrastructure proved to be particularly appropriate in the stagnation of the eighties. The concentration of universities and research institutions and the diversity of skills in a multitude of fields »not only guaranteed a living culture«, according to Anke Brunn, the Land's Minister of Education, »but also permitted technological progress and interdisciplinary cooperation.«

New impulses and the signal for further development of university research came with the »Land Initiative on Future Technologies« announced by North Rhine/Westphalia's Prime Minister Johannes Rau in October 1984 at the »birthplace of the Ruhr industry« in Oberhausen. The Initiative's objective was to build up the key technologies and thus create a foundation for the restructurization of an industry which had for decades been dependent on coal and steel. The program concentrates on biotechnology and genetic engineering, instrumentation and control technology, microelectronics and computer sciences, semiconductor and superconductor technology, artificial intelligence and expert systems, pollution control technology and applied electrochemical engineering, development and application of robotics, surface analysis and use of equipment, laser technology and civilian space research.

Money began to flow in rivers instead of trickling in streams. The Land invested DM 160 million in research as the natural resource to be developed by the Land Initiative on Future Technologies; between 1985 and 1988, it appropriated DM 1.6 billion (!) for promoting non-university research facilities of supraregional significance; founded the »North Rhine/Westphalian Science Centre« in Düsseldorf and thus produced the one thing that the Land needed more urgently than anything else in order to complete the structural change: the feeling of finally setting out for new frontiers, »going where no man has gone before«. Top-class research from North Rhine/Westphalia: it is not something to be ashamed of and welcomed everywhere. North Rhine/Westphalia opens its doors to the world, presenting its achievements and its skills: a pioneering Land open to new ideas, comitted to progress. A great, proud and proficient state in the heart of Europe.

Science to touch, something everyone can experience: that too is »made in North Rhine/Westphalia«. Like a travelling circus, professors, lecturers and students attend trade fairs and exhibitions all the year round, presenting »North Rhine/Westphalia — a Land of research« and its pacemaker »revitalization through science« in special exhibitions. More than 40 of the Land's universities, colleges and renowned research institutions present 120 exhibits demonstrating North Rhine/Westphalia's leading position in top technologies at industrial fairs, such as in Hanover or Leipzig, as well as in the centre of government in the Federal capital Bonn.

Quality is trumps. In addition to our European partners, the whole world should know what North Rhine/Westphalia has to offer: at the World Exhibition in Seville »Expo '92«, North Rhine/Westphalia will present a representative selection of the use to which it has put its »natural resource: research«.

Take a look around in North Rhine/Westphalia and you will be astounded by the high-tech achievements in research and engineering, the standard of which is appreciated around the world and can easily compete with such high-tech giants as the USA and Japan.

»Ni Hao Ma?« — How are you?« The friendly enquiry in perfect Chinese as to your personal well-being is followed by the hearty Arabic »Ahlan Wa-Shalan« — »Welcome!« Wrong, the visitor to whom this pleasant welcome has been extended has not landed at an international airport with a globetrotting group from either the Far East or the Middle East.

The linguists from the Land institute for Arabic, Chinese and Japanese in Bochum like to present their »mini language laboratory« in order to demonstrate that the universities on the Rhine, Ruhr and Lippe develop useful ideas from the world of the arts, as well as state-of-the-art technologies for tomorrow's world. This exclusive computer-aided rarity is eminently suitable for use in intensive language training courses for international businesspeople and engineers. Know-how for everyday business — »made in North Rhine/Westphalia«.

Are you looking for the latest information on new methods of quality control for composite materials? Or changed marketing strategies for the furniture industry or transportation as the borders are eliminated in the single European market? Or software packages for in-house basic and advanced training? No problem. INFOR will give you a quick and reliable overview of the current state of technology and the possibilities for cooperation in innovative development projects.

INFOR was marketed by Dortmund university's transfer centre and is a modern database in North Rhine/Westphalia's regional information network covering (almost) all the faculties, institutes, departments and laboratories in the universities, colleges, major research institutions and research industry of the Land. All the universities in the Land are additionally linked up with a database and information system designated »AE + R« (Advanced Education and Research) providing foreign students and interested people throughout Europe with exhaustive information on advanced education and research opportunities »at the push of a button«. Theory and practice at a glance — »made in North Rhine/Westphalia«.

Geodesists are commonly referred to simply as »surveyors« and in the mines they would be called »measurers«. The geodesist's science is known as geodesy or the surveying of land. Orderly modern life would be impossible without them. Like the other top-class scientists and technologists from the Essen Mining Research Institute, geodesists from North Rhine/Westphalia are much sought after throughout Europe.

They are to be found, for instance, on the Anglo-French Euro-site for the Channel Tunnel linking the European continent with the British Isles below the seabed. The experts from the Ruhr area have developed an electronic vehicle control system for the project and found that the ocean tides also »move« inland church spires. This scientific fact may pass unnoticed by »normal« churchgoers, but it is of vital importance to the geodesists surveying the land with an accuracy of a millionth of a millimetre. Practical research — »made in North Rhine/Westphalia«.

It is also in great demand in southern countries. Technologists from the »Deutsche Montan Technologie« (DMT) institute in Essen/Bochum use a stabilizing hoisting technique from the Ruhr area to right the Leaning Tower of Pisa which was in danger of toppling over altogether.

The special trick behind this stabilizing technique is that the foundation soil is relieved and the tower only raised slightly on the one side leaning towards the ground. In this way, the Leaning Tower of Pisa can retain its famous inclinded position but without any further risk of collapsing. This system developed in North Rhine/Westphalia has righted innunnerable churches, smokestacks and hospitals, as well as housing estates in the Ruhr area where mining has caused extensive damage above ground. Know-how for difficult cases — »made in North Rhine/Westphalia«.

North Rhine/Westphalia's universities and colleges are sources of new ideas of the very best type and quality whenever top research and high technology are involved:

The astronomers in Bochum, for example, have developed an unbeatable supertelescope. Lightweight carbon fibres are used as the new material instead of heavy steel. With a reflector measuring twelve metres (!) in diameter and a new system of movement and control, »adjustable legs«, the new telescope is several hundred tons lighter and yet more robust than all conventional telescopes.

Another high-tech rarity yielding new insights in international astronomy was also developed in Bochum: the GAUSS project, a high-sensitivity space camera which will take extremely sharply focused photographs of the Milky Way when it is launched in NASA's Spaceshuttle as part of the next German »D 2« mission.

Scientists from Wuppertal are also busy studying outer space. The physicists have used the new superconductor technology to develop a miniature H-shaped superconducting antenna for space travel. This antenna can receive extremely short-length electromagnetic waves; measuring only six millimetres in size, it is not only smaller than any other antenna, but also twenty times more powerful. Space scientists from Wuppertal also developed »Crista«, a space project to investigate the dynamics of the atmosphere and the »ozone gap«. NASA is already very interested in the projects from North Rhine/Westphalia.

The German Aerospace Research Institute (DLR) in Cologne-Porz is the leading address for all matters concerning space travel in the well-appointed house known as »North Rhine/Westphalia — a Land of research«. This is not only the centre where the first-class aerospace technology famous throughout the world »gains its wings«; it is also the home of Europe's largest transsonic wind tunnel »ETW« in which the design of tomorrow's flight systems is developed. Cologne's DLR is also the training centre for the German »D 2« astronauts and European ESA astronauts heading for the stars on international missions.

There are also other problems worth solving closer to Earth: botanists in Essen have developed »intelligent plants« which are exposed to regionally typical pollutants under plastic sheeting so that they can identify atmospheric pollution and help to improve the quality of the air.

Dortmund university has developed a new computer process for tackling packaging problems. When transporting an expensive vase in future, it will no longer be necessary to estimate the thickness of the pressure, impact and compression-proof polystyrene-lined cardboard shell by rule of thumb, only to find everything shattered after all. The computer running the »hardness test for packagings on the monitor« developed by the researchers in Dortmund can calculate exactly which knocks and bumps the packaging must absorb so that the precious vase survives being shaken about on the back of a lorry and arrives at its destination safe and sound.

Münster university has developed an electronic measuring system for the ecologically safe use of crop protection agents, as well as a new electronic measuring system for directly assaying antigens and antibodies in medically and ecologically relevant substances with the aid of an immunosensor.

Electronic engineers at Duisburg university have come up with an invention which could revolutionize information technology entirely: the »opto-bus«. This sensational process makes it possible to transmit data within the computer by means of light pulses reflected by glass mirrors, rendering the irreparable confusion of wires on metal circuit boards totally superfluous. The new »twin-hull passenger vessel« resembling a catamaran was also developed in Duisburg for travelling over extremely shallow inland waterways without leaving any wake and without damaging the shores and banks.

Increasingly critical consumers and stringent legislation make it necessary to find new ways of monitoring the quality of meat and classifying the cuts of meat. The »Ultra-Meater« developed by the RWTH/University of Aachen is a world-first in this field: the quality of a side of pork is determined by an ultrasonic scanner, from the thickness of the fat to the thickness of the muscle. The »Ultra-Meater« can even tell whether the chop will degenerate into a watery grey lump in the pan.

»Made in North Rhine/Westphalia« is like a list of high-tech hits: such as a high-resolution ECG developed in Cologne for diagnosing potentially lethal cardiac arrythmias; or a new X-ray detector developed in Siegen for safe and precise vascular diagnostics using still photography; or innovative robot technology of world standards developed in Dortmund with seeing, speaking, feeling and gripping »man-machines«.

A solar power station has been developed by the Max Planck Institute in Mülheim which can even supply electricity overnight from its accumulator of solar heat energy. Technologists in Bielefeld »invented« automatic board drills with optical pattern recognition. Scientists in Bonn distinguished themselves with the development of a digital technology for calculating the use of herbicides to combat weeds and pests in crop growing. The innovative micro-chip research conducted in Duisburg and Bochum is renowned throughout the world. The internationally reputed Nuclear Research Centre (KFA) in Jülich is engaged in sensational microbial research involving pollutant-consuming microbes, as well as systematic research into supercomputers operating at the speed of light. Research for the future in North Rhine/Westphalia also and above all includes genetic engineering to the benefit of man and the environment. The »eighth day of creation« has already dawned for both the »genetic popes« in Cologne and the laboratories of the Land's pharmaceutical industry. Geneticists at Bayer AG are investigating haemophilia with the aid of blood coagulation »factor VIII«, using genetic means to overcome common colds and are in hot pursuit of the AIDS virus; intensive research is being conducted to identify the causes of cancer and hereditary diseases; genetic techniques are being developed to protect animals and plants. »Saruplase« is already maturing in the fermenters of the Grünenthal laboratories in Aachen where scientists have come up with a substance which can combat myocardial infarctions and thrombosis specifically and within fractions of a second.

In other words, the science and research found in North Rhine/Westphalia are as diverse as the Land itself. They are now so well established and »normal« here that their imperial majesties would be truly astounded. A stroll through the universities, institutions and industrial centres of the nation's No. 1 research Land turns out to be a fascinating science adventure — and shows what it is capable of achieving: a strong future — made in North Rhine/Westphalia.

Les sciences et la recherche en Rhénanie-du-Nord-Westphalie:

Un grand avenir

«La recherche, voilà la nouvelle matière première du Land!» (Johannes Rau)

C'est de Berlin que vint l'injonction. «Ni casernes, ni universités, jamais! Les soldats et les étudiants n'ont rien à faire dans la Ruhr!». C'est ce que l'Empereur Guillaume Ier avait «très personnellement» décidé. Cet oukase devint un système. Appliqué aussi par Guillaume II, son successeur sur le trône allemand. Le rude labeur des mines et des forges préférait en effet le muscle à la cervelle et la dure démarche de Maloche à la liberté d'esprit et au pas de parade de la gloire prussienne. Il devait suffire que les résidences de Bon et Cologne, Aix-la-Chapelle et Münster aient chacune leur «Alma mater» riches de tradition. Un point c'est tout!

Il n'y eut donc plus, après la fermeture en 1808 de la vieille université de Duisbourg, de fondation d'établissement d'enseignement supérieur dans la région, cette région qui, en train de devenir entre le Rhin, la Ruhr et la Lippe, la «forge de la nation», connaissait parallèlement une diaspora académique, s'étiolait jusqu'à n'être plus qu'une sorte de no man's land de la recherche et de l'enseignement.

Prévoir l'avenir n'était de toute évidence pas la force des majestés prussiennes. Avec leur «jamais», les têtes couronnées n'en allaient pas moins se tromper radicalement. Car, entre-temps, le Land de Rhénanie-du-Nord-Westphalie est devenu la région la plus dense d'Europe par le nombre des établissements d'enseignement supérieur et de recherche, disposant avec ses

- 49 universités et établissements d'enseignement supérieur
- 14 centres technologiques
- 22 centres de transfert de technologie
- 11 instituts de recherche Max Planck
- 5 instituts de la «Société Fraunhofer»
- 3 institutions de recherche avancée
- 29 autres centres et instituts de recherche encouragés par des fonds publics et un nombre incalculable d'autres centres de haut niveau et dépendant de l'industrie, ainsi que
- 35 secteurs spéciaux de recherche de l'Union allemande de la recherche (DFG — Deutsche Forschungsgemeinschaft (DFG),

d'une infrastructure scientifique des plus complètes et unique en son genre sur le continent compris entre l'Atlantique et l'Oural, le Cap Nord et la Sicile.

«La Rhénanie-du-Nord-Westphalie, Land de la recherche», une prétention qui, de nos jours encore, fait légèrement sourire dans les Länder concurrents, une prétention qui, il y a longtemps déjà, est devenue une réalité palpable. Avant d'en arriver là, il fallut, en plus des nombreuses pierres d'achoppement que constituèrent les «têtes de béton» de ceux qui, avant de se briser, freinèrent dans un premier temps le cours des choses, débarrasser aussi la Rhénanie-du-Nord-Westphalie du fardeau de sa mauvaise image de marque, qui la faisait appeler le ‹pot à charbon›, voire le ‹pays de la suie›. Une tâche ardue, en son temps, et qui l'est restée. Mais foin de résignation! Le slogan de cette longue marche vers de nouveaux rivages fut: «Rhénanie-du-Nord-Westphalie, en avant!» «Un atome est plus facile à fissionner qu'un préjugé». Une constatation faite, en son temps déjà, par Albert Einstein.

Depuis qu'au début des années 60, la RNW décida de se lancer à la conquête d'un territoire académique, le «renouveau par la science» s'effectua, sous le sceau de la restructuration, avec une concertation et une concentration stupéfiantes. Dans ce Land du charbon et de l'acier, aux structures longtemps, trop longtemps monolithiques, les masses et le fer étaient désormais plus demandés que la marche à vide organisée «de par la grâce de l'Empereur. Tous se mirent au travail. On découvrit une nouvelle ressource, la «matière première» recherche.

A partir d'alors, le paysage académique et celui de la recherche connurent une évolution foudroyante. En 20 ans, Le land changea de visage, modifiant par là même aussi sa grise image de marque. La chronologie de la fondation des universités montre de manière impressionnante, à quel point les principes de leur ouverture vers «l'extérieur» et de leur régionalisation vers «l'intérieur» se virent traduits en actes, et ceci en pleine conscience du but à atteindre: jusqu'au début des années 60, il n'y avait encore en Rhénanie-du-Nord-Westphalie que les quatre universités traditionnelles d'Aix-la-Chapelle, Bonn, Cologne et Münster; avec les créations de Bochum (1965), Dortmund (1962), Düsseldorf (1965), Bielefeld (1967), Duisbourg, Essen, Siegen, Paderborn et Wuppertal (1972), le Land possède aujourd'hui quatorze universités scientifiques, y compris, à Hagen, la première université par correspondance de République fédérale, une «expérience culturelle». Quel pas en avant! En la seule année de 1971, onze écoles supérieures spécialisées virent le jour. La construction de ce système universitaire est l'expression d'un immense acte de force politique, financier et personnel unique en son genre. De nos jours, avec 6 milliards de DM par an, le budget de l'éducation et des sciences de RNW est le second du Land.

Si, au début des «paisibles années 60», seuls quelques 10 000 bacheliers étudiaient en Rhénanie-du-Nord-Westphalie, on en dénombre aujourd'hui plus de 460 000 dont 130 000 quand même dans la Ruhr, autrefois si «inacadémique». Quel que soit l'endroit de Rhénanie-du-Nord-Westphalie où grandit actuellement un jeune, le chemin le menant à l'université est «presque à côté». Le choix des études possibles est vaste et très largement diversifié. A elles seules, les universités globales de RNW, qui ont su, à travers «l'égalité des chances» pour ceux aussi qui, doués, ont pris des chemins détournés, réaliser la démocratisation de l'enseignement, à elles seules, donc, elles offrent en tout aujourd'hui 75 (!) filières d'études intégrées. Chaque matière peut pratiquement être combinée à n'importe quelle autre, de sorte que tout étudiant/e, dans ce Land, peut étudier exactement ce qu'il/elle veut. Il serait par exemple possible de combiner allemand et électronique, sinologie et sciences économiques, droit et informatique? Aucun problème. En RNW, tout est possible!

Sereine et consciente de sa valeur, la Rhénanie-du-Nord-Westphalie connaît tout aussi peu de problèmes pour se «vendre» à l'échelon international, en tant que Land High-Tech hyper-équipé et base d'innovation de renom mondial ent matière de savoir-faire innovateur. C'est que la philosophie de la «RNW, Land de la recherche», n'a rien à voir avec une publicité lourdement politique et de mauvais goût; bien plus, performances à l'appui, elle a une image de marque reconnue depuis longtemps: plus de 25 000 scientifiques travaillent entre Rhin et Weser dans les secteurs de la recherche et de l'étude des technologies de pointe de l'avenir, un grand avenir. La proximité de la recherche et de la pratique est payante.

Car il y a longtemps déjà que les modernes universités de Rhénanie-du-Nord-Westphalie ne sont plus des «tours d'ivoire» réservées à une élite, et dans lesquelles des savants à des lieues de la réalité, gardent «sous leurs toges, l'air vicié d'un millénaire». Ouverts de tous côtés aux questions sociales et économiques, riches de perspectives, de programmes et de projets clairs, les scientifiques d'aujourd'hui mettent au point dans ce Land, les stratégies qui, demain, ne serviront pas à la seule rénovation économique et écologique d'une vieille région industrielle.

C'est surtout au cours des années 80, une période de stagnation, que l'idée née en RNW de transformer rapidement le paysage universitaire en une infrastructure scientifique dense et aux imbrications étroites, a fait ses preuves. La concentration élevée des universités et des centres de recherche, de même que la grande variété des spécialistes compétents dans les domaines les plus divers, «n'ont pas été seulement la garantie d'une activité culturelle pleine de vie», pour reprendre le Ministre de l'Education et des Sciences, Anke Brunn, «mais ont également rendu possibles progrès technologique et coopération interdisciplinaire».

«L'initiative en faveur des technologies du futur», annoncée en octobre 1984 à Oberhausen, «berceau de la Ruhr industrielle», par le Ministre Président Johannes Rau, a donné le signal de nouvelles impulsions et de la poursuite de l'évolution de la recherche universitaire. Le but de cette initiative était de développer des technologies clés, afin de créer la base permettant la restructuration d'une industrie monolithique qui, des décennies durant, avait uniquement dépendu du charbon et de l'acier. Centres de gravité du programme: la biotechnique et la technique génétique, les techniques de mesurage et de réglage, la micro-électronique et l'informatique, la technologie des semi- et des supra-conducteurs, «l'intelligence artificielle» et les systèmes d'expertise, les techniques de l'environnement et l'électrochimie appliquée, la

mise au point et l'utilisation de machines-robots, l'analyse des surfaces et l'utilisation des matériels, la technologie du laser et la recherche spatiale civile.
Cette fois, on ouvrit les vannes en grand. Le Land de Rhénanie-du-Nord-Westphalie investit un capital de départ de 160 millions de DM dans la «matière première ‹recherche› » qui devait être développée par l'«Initiative ‹Technologies du futur› », apporta par ailleurs, de 1985 à 1988, un soutien de 1,6 milliard de DM(!) à des institutions de recherche supra-régionales de haut niveau, fonda à Düsseldorf le «Centre scientifique de Rhénanie-du-Nord-Westphalie», donnant ce faisant au pays exactement ce dont il avait plus que jamais besoin pour sa mutation structurelle: le signal du départ.
La recherche avancée de Rhénanie-du-Nord-Westphalie peut se montrer, et elle le fait. Le Land invite, montre ce qu'il est: un Land à l'esprit de pionnier, ouvert aux idées nouvelles, qui a passé un contrat avec le progrès, un Land de République fédérale à la fois grand, fier et performant, au coeur de l'Europe.
Une science palpable, dont tout un chacun peut faire l'expérience, cela aussi c'est du «made in RNW»: tels les artistes d'un cirque ambulant, professeurs, enseignants et étudiants vont chaque année de marchés en foires, afin de présenter au travers d'une exposition, la «Rhénanie-du-Nord-Westphalie, Land de la recherche» et l'impulsion à laquelle elle doit de l'être devenu, la «rénovation par la science». Au cours de foires industrielles comme celles de Hanovre et Leipzig, par exemple, mais également au coeur du quartier des ministères de Bonn, la capitale fédérale, plus d'une quarantaine d'établissements d'enseignement supérieur de RNW et d'instituts de recherche de renom permettent de voir, au travers de 120 pièces d'exposition environ, la position de leader atteinte en Allemagne par la RNW en matière de technologies avancées.
L'atout, c'est la qualité. Il ne suffit pas que nos partenaires européens le sachent: le monde entier doit apprendre ce que la RNW a à offrir. La Rhénanie-du-Nord-Westphalie montrera même à l'Exposition Universelle de Séville, en 1992, au travers d'une exposition des plus représentatives, ce qu'elle fait de la «matière première ‹Recherche› ».
Le visiteur de la Rhenanie-du-Westphalie ne pourra que s'étonner devant le nombre d'institutions de renom mondial aux performances de pointe des secteurs de la recherche et de la technique avancées, des institutions tout à fait capables de concurrencer les géants américains et japonais de la High-Tech.
«Ni Hao Ma?» — «Comment allez-vous?». A cette aimable question en plus pur chinois, succède en arabe un «Ahlan Wa-Sahlan» avenant — «Soyez les bienvenus!». Non, l'hôte si gentiment accueilli ne se trouve pas dans un aéroport international, au milieu de quelque groupe de globe-trotters moyen-ou extrême-orientaux.
Afin de démontrer que les universités du Rhin, de la Ruhr et de la Lippe, développent aussi, à côté des technologies du futur, les idées les plus utiles issues de secteur des sciences humaines, des linguistes de l'Institut des langues arabe, chinoise et japonaise de Bochum aiment à présenter leur «mini laboratoire de langues». Cette petite merveille, assistée par ordinateur, est des plus efficaces pour l'apprentissage intensif aux langues, d'hommes d'affaires et de techniciens travaillant à l'échelon international. Un know-how «made in RNW», au service des affaires au quotidien.
Cherchez-vous à vous informer sur l'état actuel des nouvelles méthodes de contrôle de la qualité des matériaux composites? Ou des nouveautés en matière de stratégies de marketing pour l'industrie du meuble ou celle des transports, dans la perspective du grand marché unique européen? Ou sur ce qui se fait dans le secteur des ensembles de logiciels utilisables par les entreprises pour leurs actions de formation initiale et continue? Aucun problème. INFOR vous donnera rapidement une vue d'ensemble exhaustive de l'état actuel de la technique et des possibilités de coopération offertes, dans le cas de projets d'études innovateurs.
INFOR, «commercialisé» par le Centre de transfert de technologie de Dortmund, est une banque de données moderne du vaste réseau de communication de RNW, dans laquelle sont saisis de manière (pratiquement) exhaustive, les chaires, les instituts, les matières d'étude et les laboratoires des universités, écoles supérieures spécialisées, grands organismes de recherche et entreprises s'y consacrant. De plus, toutes les universités de RNW sont rattachées à une banque de données et à un système informatique de RNW du nom de «AE + R» («Advanced Education and Research»), informant de manière exhaustive, par simple pression sur une touche, tous les étrangers

qui, en Europe, s'intéressent aux possibilités d'études et aux travaux de recherche. Science et pratique d'un même coup d'oeil — «made in RNW».

Dans le langage populaire, les géodésiens sont tout simplement appelés des arpenteurs, dans les mines, des géomètres souterrains. La science des géodésiens est la géodésie, l'arpentage des terrains donc. Sans elle, pas de vie moderne et ordonnée. Dans toute l'Europe, les géodésiens de Rhénanie-du-Nord-Westphalie sont, tout comme les scientifiques et les technologues de la recherche minière d'Essen, des gens très recherchés.

Sur la chantier franco-britannique de construction du canal sous la Manche, par exemple, qui doit relier «sous les eaux», le continent européen aux îles britanniques. Les experts de la Ruhr ont mis au point pour cette occasion, un système électronique de guidage autonome et constaté alors que les marées, dont l'influence sur la mer est bien connue, faisaient aussi «bouger» les clochers sur la terre ferme. Une découverte scientifique que le commun des mortels ne remarque certes pas, mais qui n'en a pas moins une importance capitale pour l'arpentage au millionième de millimètre. Une recherche proche de la pratique — «made in RNW».

Et très recherchée dans les pays du sud, également. Grâce à une technique de relevage équilibré en provenance de la Ruhr, les technologues de la «Technologie minière allemande» (DMT — Deutsche Montan Technologie) d'Essen/Bochum vont pouvoir remettre d'aplomb la Tour de Pise, dont l'inclinaison est devenue des plus précaires.

La particularité de cette technique de stabilisation réside dans le fait qu'on soulage le sous-sol sensible et que seul le côté penchant de la Tour est relevé. Cette technique permettra également de conserver à la Tour de Pise sa célèbre inclinaison. Un système en provenance de RNW, qui a déjà servi à remettre en état, dans la Ruhr tourmentée par les mines, à côté d'églises, de cheminées et d'hôpitaux menacés d'effondrement, des quartiers entiers. Un savoir-faire pour les cas difficiles, «made in RNW».

Lorsqu'il s'agit d'avoir des idées en matière de recherche et de technologies avancées, les universités et établissements d'enseignement supérieur de RNW sont de véritables forges de haut niveau et d'une qualité extrême.

C'est ainsi par exemple, que des astronomes de Bochum ont mis au point un super télescope réellement fantastique. Au lieu d'employer de l'acier, métal très lourd, ils ont utilisé un nouveau matériau, une matière plastique en fibres de carbone. Cet observateur céleste, doté d'un miroir de 12 mètres (!) de diamètre et d'un tout nouveau système de mouvement et de commande à «jambes réglables», pèse 100 tonnes de moins que les téléscopes traditionnels, tout en étant plus stable.

C'est également de Bochum qu'est issue une merveille de la High-Tech qui va permettre à l'astronomie internationale de faire de nouvelles découvertes: le projet GAUSS, une caméra spatiale hyper-sensible, qui prendra de la voie lactée, lors de la prochaine mission allemande «D 2» à bord de la navette américaine de la NASA, des photos d'une netteté extraordinaire.

Des scientifiques de Wuppertal sont également engagés dans l'espace. Ces ingénieux physiciens ont utilisé les innovations de la nouvelle technologie des supraconducteurs et mis au point pour l'espace, une antenne miniaturisée supra-conductrice, en forme de H, qui recevra des ondes électromagnétiques extrêmement courtes, six millimètres plus petite que toute autre antenne conventionnelle, tout en étant 20 fois plus puissante. Les physiciens de l'espace de Wuppertal ont également mis au point «Crista», un projet spatial de recherche de la dynamique de l'atmosphère, y compris du «trou de l'ozone». La NASA est déjà fort intéressée par le projet de RNW.

L'institut allemand de recherches aéronautiques et astronautiques (DLR — Deutsche Forschungsanstalt für Luft- und Raumfahrt), dont le siège se trouve à Köln-Porz, est, en matière d'astronautique, une adresse particulièrement prestigieuse, dans l'édifice bien équipé de la «RNW, Land de la recherche». On ne s'y borne pas à faire «voler de leurs propres ailes» des technologies aéronautiques et astronautiques avancées internationalement reconnues; c'est là également que l'on trouve la plus grande soufflerie transsonique d'Europe, l'«ETW», qui sert à mettre au point le design des systèmes de vol du futur. Mais le DLR, à Cologne, c'est aussi le centre d'entraînement des astronautes «D 2» et de tous les astronautes ESA européens qui, au cours de missions internationales, cherchent à saisir les étoiles.

Mais les problèmes plus terre-à-terre attendant une sulution ne manquent pas, eux non plus: des botanistes d'Essen ont créé des «plantes pensantes» qui, soumises sous des feuilles de plastique à des substances nocives typiques de régions déterminées, dépistent les pollutions atmosphériques, permettant ainsi d'améliorer la qualité de l'air.

L'université de Dortmund s'attaque avec l'ordinateur à un problème d'emballage: afin d'emballer un précieux vase sans qu'il subisse de dommages en cours de transport, on n'aura bientôt plus besoin d'évaluer à vue de nez la densité de l'enveloppe en carton renforcée de polystyrène nécessaire pour le protéger des coups et de l'écrasement, le tout finissant quand même en miettes. Non. Le «test-écran de dureté des emballages» mis au point à Dortmund, calcule par ordinateur, au poil près, les chutes et les coups que le paquet peut supporter pour que le précieux vase parvienne intact à sa destination, même à l'issue d'un voyage mouvementé en camion.

L'université de Münster a mis au point un système électronique de mesurage qui permet d'utiliser les produits destinés à la protection des plantes tout en préservant l'environnement. Mais aussi un nouveau système électronique de mesurage permettant le dénombrement direct des antigènes et des anticorps dans des substances relevant de la médecine et des techniques de protection de l'environnement, à l'aide d'un palpeur d'immunité.

Les électroniciens de l'université de Duisbourg ont «inventé» quelque chose qui pourrait révolutionner l'ensemble de la technique informatique: l'«optobus». Ce procédé sensationnel permet, à l'intérieur de l'ordinateur, la transmission de données par impulsions lumineuses sur des miroirs de verre, ce qui rend superflu l'écheveau de fils pratiquement irréparables que l'on trouve sur les plaquettes métalliques. C'est aussi à Duisbourg qu'a vu le jour le «double coque passager» qui, comme un catamaran, peut circuler dans des fonds extrêmement peu profonds, sans pratiquement produire de vagues, garantissant ainsi la protection des berges.

Le sens critique croissant des consommateurs, la législation aussi, exigent que l'on trouve de nouvelles solutions pour le contrôle de la qualité et la classification des pièces de viande. L'«Ultra-Meater» de la RWTG/Université d'Aix-la-Chapelle, est une nouveauté mondiale dans ce domaine: un scanner à ultrasons permet de déterminer la qualité de la viande des porcs découpés en deux, du lard à l'épaisseur des muscles. L'«Ultra-Meater» est également à même de dire si la cotelette que vous avez achetée se transformera dans votre poêle à frire, en un magma grisâtre, nageant dans l'eau.

«Made in RNW», c'est toute une liste de «hits» de la technologie avancée: par exemple, en provenance de Cologne, un électro-cardiogramme à grand gain permettant de diagnostiquer des troubles du rythme cardiaque extrêmement dangereux; venant de Siegen, un nouveau détecteur radiographique permettant d'établir sans risque, sous forme d'instantanés, un diagnostic exact de l'état des vaisseaux sanguins; une robotologie de niveau mondial, à Dortmund, avec des «hommes-robots» qui voient, parlent, sentent et saisissent des objets. L'Institut Max Planck de Mülheim a mis au point une centrale électrique solaire qui, par l'intermédiaire d'accumulateurs thermiques d'énergie solaire, peuvent fournir du courant, même la nuit. Des technologues de Bielefeld ont «inventé» des perceuses automatiques à disque, à reconnaissance optique du patron. Les scientifiques de Bonn se distinguent par une technologie digitale pour l'évaluation des quantités d'herbicide à utiliser afin de lutter contre les mauvaises herbes et les parasites dans les cultures céréalières. La recherche effectuée à Duisbourg et Bochum dans le secteur des micro-chips est connue dans le monde entier. La recherche microbienne effectuée dans le centre de recherche de Jülich (KFA) à l'aide de micro-organismes «gloutons», dévorant les substances nocives, de même que les études industrielles par super-ordinateurs travaillant à la vitesse de la lumière, tout cela est tout simplement sensationnel.

La recherche de l'avenir, en Rhénanie-du-Nord-Westphalie, c'est aussi et avant tout la technologie génétique au service de l'homme et de l'environnement. Tant chez les «papes de la génétique» mondialement connus de Cologne, que dans les laboratoires de l'industrie pharmaceutique de RNW, la «Création» en est déjà à son huitième jour. Avec le «Facteur VIII» de la coagulation sanguine, les généticiens de la Bayer AG sont en train de traquer l'hémophilie, avec des méthodes génétiques, le rhume et les virus du SIDA; ils recherchent intensivement les origines du cancer et des maladies héréditaires, mettent au point des techniques génétiques destinées à la protection de la faune et de la flore. Et dans les ferments de la Grünenthal-Chemie d'Aix-la-Chapelle, se déve-

oben rechts
»Hallo Ü-Wagen«. Carmen Thomas mit der »Violetta« unterwegs.

»Hallo Ü-Wagen« is an early morning radio programme with Carmen Thomas out-and-about with »Violetta«.

«Hallo Ü-Wagen», Carmen Thomas en déplacement avec «Violetta».

loppe déjà la «Saruplase», qui s'attaque à la vitesse de l'éclair et de manière ciblée, aux infarctus et aux tromboses.

Bilan: cette science et cette recherche du futur, aussi variés que le Land lui-même, sont entre-temps si bien ancrées, si bien établies en Rhénanie-du-Nord-Westphalie que sa Majesté Impériale serait bien étonnée, si elle revenait se promener par ici. Le passage en revue des hauts-lieux universitaires, institutionnels et industriels du «Land de la recherche No. 1», est une «aventure scientifique» fascinante qui montre bien qu'elle est véritablement le garant d'un grand avenir, «made in RNW».

Bochumer Astronauten entwickelten ein Superteleskop, bei dem statt schwerem Stahl leichte Kohlefaserkunststoffe als neuer Werkstoff eingesetzt wurden. Der Himmelsspäher ist um hundert Tonnen leichter und dennoch stabiler als alle herkömmlichen Teleskope.

The astronomers in Bochum developed a super-telescope made of light carbon fibres as a new material instead of heavy steel. The stargazer weights a hundred tons less but is still more robust than any conventional telescope.

Des astronautes de Bochum ont mis au point un super téléscope pour la construction duquel ils ont employé, au lieu d'un acier très lourd, une nouvelle matière plastique à base de fibres de carbone. Cet observateur céleste pèse ainsi 100 tonnes de moins que les téléscopes traditionnels, tout en étant plus stabile qu'eux.

← *links*
Hochentwickelte Technologie macht die Auszählung und Übermittlung eines Wahlergebnisses in kürzester Zeit möglich. Unser Bild zeigt die Übertragungstechnik bei der Landtagswahl 1990.

The votes cast in an election can be counted and transmitted very quickly with the help of highly sophisticated technology. Our photograph shows the transmission technology used for the elections to the Land parliament in 1990.

Une technologie de pointe permet de compter les voies et de donner en un temps record les résultats d'une consultation électorale. Notre photo montre la technique de transmission utilisée lors des élections législatives de RNW en 1990.

← *unten rechts*
Technologie-Zentrum Dortmund

The Technology Centre in Dortmund.

Le Centre Technologique de Dortmund

339

Der Turm steht über allem

Wir telefonieren, wir verkehren über Telex, Teletex, Telefax, Btx miteinander, tauschen Daten und Bilder aus. Wir hören Radio, sehen fern. Ein gut ausgebautes Kommunikationsnetz bedeutet für jeden einzelnen von uns ein Stück Lebensqualität.

Die Deutsche Bundespost TELEKOM ist Trägerin. Sie stellt die Leitungen zur Verfügung, sorgt für Sender und Antennen und nicht zuletzt für guten Empfang. Das ist ihr gesetzlicher Auftrag.
Die Übertragung durch Fernmeldekabel war bis in die 50er Jahre vorherrschend. Seither haben die Mikrowellen in der gesamten Nachrichtentechnik zunehmend an Bedeutung gewonnen. Sie werden über Richtfunkstrecken geführt — von einem Punkt zum anderen, drahtlos und stark gebündelt. Auch größere Entfernungen können durch Unterteilung der Gesamtstrecke in viele Einzelstrecken überbrückt werden. Die Bundesrepublik hat heute das dichteste Richtfunknetz der Welt. Es gibt inzwischen weit über 2000 Richtfunk-Türme, die über allem stehen. Mit Richtfunkanlagen lassen sich Telefongespräche, Fernschreiben, Fernkopien, Pressebilder, Daten, Hörfunk- und Fernsehsendungen übertragen — analog oder digital. Dabei werden zwischen 24 und mehr als 20 000 Kanälen gebündelt und auf Frequenzen zwischen 1,9 und 18,6 GHz abgestrahlt und empfangen. Richtfunkverbindungen können schneller auf- und abgebaut werden als Kabelverbindungen. Zudem läßt sich die Übertragungskapazität bestehender Linien auf wirtschaftliche Weise Schritt für Schritt erweitern.

The tower overwhelms everything else

We telephone, we communicate via telex, teletex, telefax, videotext, we exchange data and images. We listen to the radio, we watch television. An extensive communication network means a piece of quality of life for every single one of us.
The German Federal Post Office TELEKOM is the bearer. It makes the lines available, organizes transmitters and antennas and, not least, good reception. This is their commission according to law.
Transmission by telecommunication cable was predominant up to the 50s. Since then, micro-waves have increased in importance in the entire field of communications. They are guided along radio links — from one point to another, without wires and in trunk groups. Large distances can also be covered by sub-division of the total distance into smaller hops. Today, the Federal Republic of Germany has the densest radio network in the world. In the mean-

time, there are more than 2,000 radio delay towers, which overhelm everything else.

Telephone conversations, telex, telefax, press pictures, data, radio and television programmes can be transmitted with radio delay systems — analog or digital. Between 24 and more than 20,000 channels are formed to a trunk group and are transmitted and received between 1.9 and 18.6 GHz. Radio delay connections, can be put up and dismantled more quickly than cable connections in addition, the transmission capacity of existing lines can be extended economically step by step.

Des relais hertziens qui dominent le paysage aux alentours

Nous téléphonons et communiquons par l'intermédiaire du télex, du télétexte, de la télécopie et du vidéotexte, nous échangeons des images et des données. Pour chacun d'entre nous, un réseau de télécommunications bien équipé contribue désormais à assurer cette qualité de la vie qui nous est chère. C'est la société DEUTSCHE BUNDESPOST TELEKOM qui est chargée d'opérer et de gérer le réseau. C'est elle qui met les lignes à la disposition des utilisateurs, qui est responsable de la construction et de l'entretien des émetteurs et des antennes et — ce qui n'est pas le moins important — de la bonne qualité des communications. Telle est la mission qui lui a été confiée par la loi.

Jusqu'au milieu des années 50, c'était le câble qui était principalement utilisé dans le domaine des télécommunications. Depuis cette époque, la technologie des micro-ondes a pris une place de plus en plus prépondérante en matière de technique des communications. Ces micro-ondes sont transmises par l'intermédiaire de faisceaux hertziens, c'est-à-dire qu'elles sont envoyées sans fil, d'un poit à un autre et de manière très serrée en forme de faisceau. Il est possible de couvrir de gandes distances en répartissant des relais sur toute leur longueur. La République Fédérale d'Allemagne dispose aujourd'hui du réseau hertzien le plus dense du monde. Il existe actuellement plus de 2 000 relais hertziens, dont la silhouette domine tout aux alentours. Les installations hertziennes permettent la transmission de communications téléphoniques, de télécopies, de photos de presse, de données, de programmes radio ou de programmes de télévision — et ce de manière aussi bien analogique que numérique. La technique consiste à former des faisceaux pouvant regrouper entre 24 et 20.000 canaux, émis et reçus sur des fréquences situées entre 1,9 et 18,6 GHz. Les liaisons hertziennes sont d'une installation plus facile que les liaisons par câble. Le débit des lignes déjà existantes peut de plus être augmenté sans que des investissements trop élevés ne soient nécessaires.

Das Universalfernmeldenetz der Deutschen Bundespost TELEKOM der Zukunft

Das bei weitem größte und dichteste Fernmeldenetz ist das Telefonnetz. In seiner heutigen noch überwiegend elektromechanischen analogen Technik kann es für andere Dienste, wie Telefax, Datenübertragung oder Bildschirmtext, nur mit Hilfe separater Zusatzgeräte mitbenutzt werden. Daneben gibt es ein Spezialnetz, das gemeinsam vom Telex- und Teletex-Dienst sowie von verschiedenen Datenübermittlungsdiensten genutzt wird.

Die bereits begonnene Digitalisierung des Telefonnetzes bietet die Möglichkeit, es zu einem Universalnetz für alle Kommunikationsformen weiter zu ent-

Eine von acht Nutzungsmöglichkeiten: ISDN-Teletex-Station mit Schnittstelle PC/ISDN und Typenraddrucker.

One of eight possible applications: ISDN teletex station with PC/ISDN interface and daisywheel printer.

Une utilisation possible parmi huit: station ISDN-Télétexte avec interface PC/ISDN et imprimante à roue d'impression.

wickeln und die Leistungsfähigkeit vorhandener Leitung zu vervielfachen.

Das neue, vollständig digitale Netz heißt in der Fachsprache ISDN (Integrated Services Digital Network = Dienste-integrierendes digitales Fernmeldenetz). Im ISDN wird eine Vielfalt von Diensten über ein Netz und einen Teilnehmeranschluß angeboten, und zwar für alle Kommunikationsformen: Sprache, Text, Daten und Bild. Bis zu acht Endgeräte können mit einer Rufnummer und von einem Anschluß versorgt werden. Dabei ist es möglich, gleichzeitig zu telefonieren und z. B. eine Fernkopie zu übermitteln. Das ISDN bietet einen international genormten Teilnehmeranschluß mit dem Konzept der universellen Kommunikationssteckdose. Im ISDN gibt es nur noch einheitliche Steckdosen für die unterschiedlichsten Endgeräte.

The universal telecommunications network of the German Federal Post-Office — TELEKOM — in the future.

Far and away the largest and densest telecommunications network is the telephone network. In its current technology, which is still mainly electromagnetic and analog, other services such as telefax, data transmission or the videotext system can only use it which the help of seperate additional equipment. Alongside this, there is a special network, which is used jointly by the telex and teletex service and also by various data transfer services.

Digitization of the telephone network, which has already begun, offers the possibility of further developing it into a universal network for all forms of communication and of increasing the performance of existing circuits.

The new, completely digital network is called ISDN (Integrated Services Digital Network). A number of services is offered via a network and a customer connection for all forms of communication: spoken language, text, data and images. Up to 8 terminals can be supplied with one number and from one connection. It is possible, for example, to telephone and to transmit a telefax at the same time. ISDN offers an internationally standardized customer connection with the concept of the universal communication plug. In ISDN, all one has is uniform plugs for the various terminals.

Le réseau universal de télécommunications de la DEUTSCHE BUNDESPOST TELEKOM tel qu'il sera dans le futur

Le réseau de télécommunications de loin le plus étendu et le plus dense est celui du téléphone. Comme ses équipements sont encore actuellement dans leur plus grande partie de type électromécanique analogique, des appareils auxiliaires externes sont nécessaires pour pouvoir assurer les autres services comme le télex, le transfert de données ou le vidéotexte. Les services qui viennent d'être mentionnés utilisent également en commun un autre réseau spécial.

Grâce à l'introduction progressive d'équipements numériques, introduction qui a déjà commencé, il va être désormais possible de transformer le réseau existant en un réseau universel permettant d'intégrer toutes les formes de communication et d'accroître considérablement le débit des lignes déjà installées.

Ce nouveau réseau entièrement numérique est appelé dans le langage technique «ISDN» (Integrated Services Digital Network, en français: «RNIS», Réseau numérique à intégration de services). Par l'intermédiaire de ses lignes et d'un simple branchement, le système RNIS propose à chacun de ses abonnés une multitude de services se rapportant à toutes les formes de communication: la parole, le texte, la transmission de données, l'image. Un seul numéro et un seul branchement suffisent pour faire fonctionner jusqu'à huit appareils périphériques. Il est ainsi possible de communiquer simultanément par téléphone et par télécopie, par exemple. Avec sa price universelle, le RNIS propose aux abonnés un module d'accès au réseau répondant à des normes internationales. Il n'existe donc qu'un seul type de prises permettant de faire fonctionner les appareils périphériques les plus différents.

Radioteleskop in Effelsberg — Bad Münstereifel.

Radio telescope in Effelsberg — Bad Münstereifel.

Radiotéléscope de l'Effelsberg — Bad Münstereifel

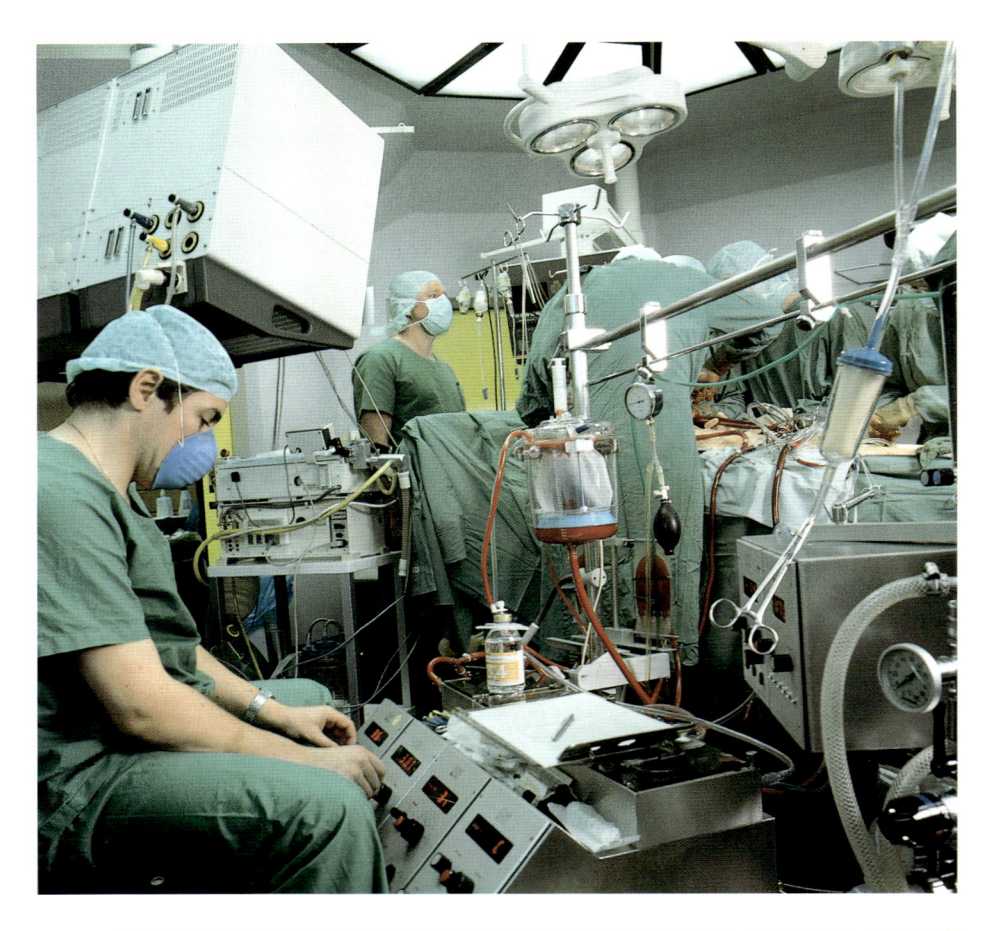

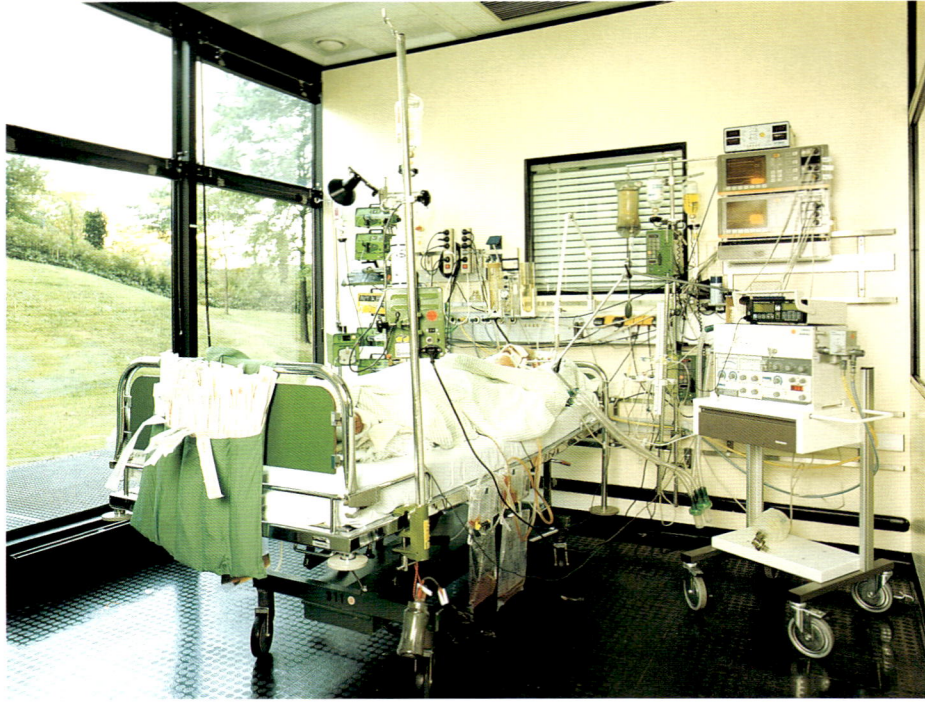

Hochleistungsmedizin in NRW Herzzentren bewahren Leben

Im Herzzentrum Nordrhein-Westfalen in Bad Oeynhausen konnte im Juli 1990 ein Jubiläum der besonderen Art gefeiert werden: die 100. Herz-Verpflanzung. Wenige Monate zuvor, im Februar 1990, meldete die Spezialklinik die 10 000. Operation am offenen Herzen. Obwohl erst fünf Jahre »in Betrieb«, hat sich Bad Oeynhausen zum größten Herzzentrum Europas entwickelt. Über 60 Herzchirurgen operieren täglich bis zu 14 Herz-Patienten an vier Tischen, rund um die Uhr, sogar an Wochenenden. Jährlich bringen die Spezialisten es inzwischen auf bis zu 3000 Operationen am offenen Herzen. Eine mit der Herzchirurgie verbundene Kinderkardiologie als integrierte Schwerpunkt-Einheit rundet die »hochgerüstete« klinische Kapazität ab.

Hochleistungsmedizin »made in NRW«, das ist ein politisches Programm der Landesregierung. Das macht so schnell kein anderes Bundesland »unserem« Nordrhein-Westfalen nach: Zwölf hochspezialisierte Herzzentren sind im ganzen Lande nahezu flächendeckend »installiert«: in Aachen, Bad Oeynhausen, Bonn, Düsseldorf, Dortmund (2), Duisburg, Essen, Köln, Krefeld, Münster und Sankt Augustin. Hunderte Herzchirurgen, die den Vergleich mit dem berühmten amerikanischen »Herz-Papst« Prof. Michael DeBakey nicht mehr zu scheuen brauchen, operieren wie ihr Vorbild kranke Herzen »am laufenden Band«.

Die Leistung der hochkarätigen NRW-Herzchirurgie ist beachtlich: Mit 700 Eingriffen pro eine Million Einwohner bringen es die Experten jetzt schon auf jährlich 12 000 Operationen am offenen Herzen. Die Tendenz ist steigend: Bald schon sollen es 15 000 sein. Der Erfolg bestätigt, daß solche kostspieligen Milliarden-Investitionen, wie sie nun mal die Einrichtung der hochtechnisierten Herzzentren erfordern, lohnen: Während auf der Bundes-Warteliste noch weit über 9000 Herz-Patienten, oft bis zu einem halben oder gar einem Jahr, auf eine Operation warten müssen, stehen in NRW »nur noch« knapp 3000 Herzkranke etwa zwei bis drei Monate auf der Landes-Warteliste.

Hochleistungsmedizin »made in NRW« — das ist schon ein starkes Stück Können und Know-how.

High-performance medicine in NRW
Heart centres save lives

A very special jubilee was celebrated in North Rhine/Westphalia's heart centre in Bad Oeynhausen in July 1990: the 100th heart transplant. Only a few months earlier, in February 1990, the specialist clinic had reported the 10,000th open-heart operation. Bad Oeynhausen has become the largest heart centre in Europe since it opened five years ago. More than 60 heart specialists operate on 14 heart patients per day at four operating tables, round the clock, including weekends. Up to 3,000 open-heart operations are performed here every year. The highly sophisticated clinic also includes a paediatric cardiology department associated with the cardiac surgery unit as an integrated speciality unit.

High-performance medicine «made in North Rhine/Westphalia» is part of a political program by the Land government. No other Land in Germany can come anywhere near North Rhine/Westphalia's achievements: twelve highly specialized heart centres have been installed throughout the Land in Aachen, Bad Oeynhausen, Bonn, Düsseldorf, Dortmund (2), Duisburg, Essen, Cologne, Krefeld, Münster and Sankt Augustin. Hundreds of cardiac surgeons of the same standard as the famous American surgeon Professor Michael DeBakey operate on sick hearts »non-stop«.

The Land's outstanding cardiac surgeons have achieved a great deal: with 700 operations per one million inhabitants, the experts already carry out 12,000 open-heart operations per year and the trend is upwards. The number is expected to reach 15,000 before long. This success is confirmation that the billions have been well invested: while there are still well over 9,000 heart patients on the national waiting lists waiting up to six months or even a year for their operations, there are »only« just 3,000 heart patients on North Rhine/Westphalia's waiting list and they only have to wait two or three months.

High-performance medicine »made in North Rhine/Westphalia«: a whole lot of skill and know-how.

Médecine de pointe en RNW
Des centres de cardiologie qui préservent la vie

Le centre de cardiologie de Bad Oeynhausen a pu commémorer en juillet 1990, un jubilée d'un genre très particulier: sa 100ème transplantation cardiaque. Quelques mois auparavant, en février 1990, cette clinique spécialisée annonçait sa 10 000ème opération à coeur ouvert. Bien que ne fonctionnant que depuis cinq ans, Bad Oeynhausen est devenu le centre de cardiologie le plus important d'Europe. Dans quatre salles d'opération, plus de 60 chirurgiens opèrent chaque jour, 24 heures sur 24, et même le week-end, jusqu'à 14 malades cardiaques. Ces spécialistes font jusqu'à 3 000 opérations à coeur ouvert chaque année. L'extraordinaire équipement clinique de cette institution est complété par une unité intégrée de cardiologie infantile, liée à la chirurgie cardiaque et formant un véritable centre de gravité.

La médecine de pointe «made in RNW», c'est aussi un programme du gouvernement régional. Pas facile, pour les autres Lands fédéraux, de faire aussi bien que «notre» Rhénanie-du-Nord-Westphalie: douze centres de cardiologie hyper-spécialisés couvrent pratiquement toute la région. On les trouve à Aix-la-Chapelle, Bad Oeynhausen, Bonn, Düsseldorf, Dortmund (2), Duisbourg, Essen, Cologne, Krefeld, Munster et St. Augustin. Des centaines de chirurgiens cardiologistes, qui n'ont plus la moindre raison de redouter la comparaison avec le célèbre «pape» américain de la cardiologie, le Prof. Michael DeBakey, opèrent ‹à la chaîne›, comme leur modèle, des centaines de coeurs malades.

Les performances de la chirurgie cardiaque de haut niveau en RNW sont remarquables: à raison de 700 interventions par million d'habitants, ces experts réalisent déjà à l'heure actuelle 12 000 opérations à coeur ouvert chaque année. La courbe est ascendante: ils en effectueront bientôt 15 000. Leur succès montre bien qu'il n'a pas été vain d'investir les milliards exigés par l'installation de tels centres de cardiologie aux technologies de pointe: alors qu'au niveau fédéral, bien plus de 9 000 malades inscrits sur une liste d'attente, doivent encore patienter six mois, voire un an, avant de pouvoir être opérés, on ne dénombre «plus» en RNW sur cette liste que 3 000 malades cardiaques à peine, pour lesquels l'attente ne dépasse pas deux à trois mois.

La médecine de pointe «made in RNW», une sacrée somme de connaissances et de savoir-faire!

←
Hochspezialisierte Fachärzte bei einer Operation am offenen Herzen im Herzzentrum des Klinikum Aachen.

Highly specialized doctors perform open-heart surgery in the heart institute of Aachen hospital.

Médecins hautement spécialisés, effectuant une opération à coeur ouvert dans le Centre de chirurgie cardiaque d'Aix-la-Chapelle.

Günter Isfort

Ökologie und Ökonomie in einem Industrieland kein Gegensatz mehr

»Wo der Mensch die Gesetze der Natur verletzt, gefährdet er sich selbst.« Für den Bundespräsidenten Dr. Richard von Weizsäcker ist die Umweltfrage zur Überlebensfrage geworden. »Nur wenn wir die Natur um ihrer selbst willen achten, wird sie uns erlauben zu überleben.«

Der Mensch sei heute nicht deshalb gefährdet, weil ihm die Natur mit ihrem urkräftigen Maß gegenübertrete, sondern weil er selbst Gefahr laufe, sein Maß zu verlieren.

Dabei, so sagt der Bundespräsident, stehe ein jeder in der Verantwortung für die Bewahrung der Schöpfung und für die Zukunft des Lebens auf unserem Planeten.

Zur Sicherung unserer natürlichen Lebensgrundlagen ist die Natur mit ihrem Kreislaufprinzip Lehrmeisterin beim Gebrauch von Naturgütern: Verbrauch führt dabei in die Sackgasse!

»Soviel Natur wie möglich — soviel Technik wie nötig« — ein Prinzip, das zur Maxime des Denkens und Handelns bei vielen für den Umweltschutz in unserem Lande Verantwortlichen geworden zu sein scheint.

Ökologie und Ökonomie werden nicht mehr als Gegensatz empfunden.

Deutlich wird dies durch die verstärkte Einbeziehung der Umwelt als dritten Faktor neben Arbeit und Kapital.

Umwelt ist als dritter Produktionsfaktor nicht mehr zum Nulltarif zu haben. Zu lange wurden die erreichten wirtschaftlichen und sozialen Vorteile mit Belastungen von Natur und Umwelt erkauft.

Geliehene Schätze

Oberstes Prinzip bei Produzenten und Verbrauchern muß der verantwortungsvolle Umgang mit den uns von der Natur geliehenen Schätzen sein. Die Naturgesetzlichkeiten im Bereich von Wasser — Boden — Luft bedürfen mehr denn je der ganzheitlichen Betrachtung.

Ökologie und Ökonomie in einem Industrieland wie Nordrhein-Westfalen in Einklang zu bringen, wird zu Recht als eine Kulturleistung verstanden. Kultur im wohlverstandenen Sinne des Wortes, Natur und ihr Umgang damit — eine Herausforderung oder — wie der Bundespräsident sagt — eine Überlebensfrage. Technik war Grundlage für die Entwicklung der heutigen Industriegesellschaft. Technik war der Motor für den bisher stetigen Fortschritt, für den Wohlstand. Allerdings: Technik und technischer Fortschritt dürfen nicht bei der Erfüllung wirtschaftlicher Ziele stehen bleiben.

Pate für neue Entwicklung

Um die Zukunft, um die Überlebensbedingungen zu sichern, muß zukunftsorientierte Technik zur Versöhnung von Natur und Technik beitragen.

Dort, wo die Technik vor allem die industrielle Entfaltung begünstigte, steht sie heute Pate für die Ökologisierung der Industrielandschaft — für eine Nutzung der Technik, die ökologischen und ökonomischen Handlungsprinzipien folgt: in Nordrhein-Westfalen, in dem Land zwischen Rhein und Weser, und vor allem in der Region, die durch die Ruhr einen weltweiten Begriff für einen industriell geprägten Ballungsraum bekam.

Das Ruhrgebiet als Wiege für wirtschaftlichen Aufschwung am Ende des vorigen Jahrhunderts war Anlaufpunkt vor allem für Menschen aus dem Osten, die Arbeit und Brot an der Ruhr fanden. Was hier mit dem Abbau von Kohle und dem Schmieden hochwertiger Stahle erdacht und erarbeitet wurde, war weit über das Ruhrgebiet hinaus für viele von Nutzen.

Signale aus dem Revier

Der wirtschaftliche Aufschwung nach zwei Weltkriegen kam nicht von ungefähr aus dem Ruhrgebiet.

Und als die Umwelt als Folgeerscheinung Krankheitssymptome zeigte, ging auch von hier das Signal für die Heilung aus. Der Begriff »Umweltschutz« tauchte Anfang der 60er Jahre erstmals auf, als die »blaue Luft über dem Revier« als ein neues Ziel im Gesundheitsschutz beschrieben wurde.

Für die Sanierung des Wassers gab es 1966 mit Verschmutzungen des Rheins und einem massenhaften Fischsterben ein erstes Aufwachen.

Nicht Bürgerinitiativen, sondern die am Gewässerschutz interessierten Wasserwerke am Rhein schlugen Alarm für Verbesserungen. Die Arbeitsgemeinschaft der Wasserwerke am Rhein bildete sich, eine Organisation, die im Zusammenwirken mit der Industrie, mit Behörden und Kommunen heute eine wesentliche Verbesserung der Rhein-Wassergüte reklamieren kann.

Der »Boden« als schutzwürdiges Element in der umweltpolitischen Gesamtschau kam hinzu in der Folge des Zechensterbens an der Ruhr. Neue Gewerbeansiedlungen zur Bewältigung der Strukturkrise nicht nur bei der Kohle, sondern auch beim Stahl lenkten die Problematik auf ein neues Krisenwort, was mit »Altlastensanierung« forthin umschrieben wurde.

Umweltschutz in allen Bereichen von Wasser, Boden und Luft wurde fortan mit verstärktem Bewußtsein für diese Problematik zum Inbegriff nationaler und internationaler Politik. Bürgerinitiativen, die sich zu Beginn der 70er Jahre bildeten, verstärkten diesen Druck: »Grün« entstand als neuer Begriff und wurde zur Bewegung, zu neuen Mehrheitsbildungen in nicht wenigen Parlamenten.

Neue Prioritäten

Umweltschutz — auch ein Thema, das durch die Medien Politik, Wirtschaft und Verbraucher mehr und mehr sensibilisierte. Neue Prioritäten wurden gesetzt in Richtung »Ökologisierung der Industriegesellschaft«. Nordrhein-Westfalen, das deutsche Zentrum der Grundstoffindustrie und der Energiewirtschaft, hat sich in den letzten Jahren zunehmend zum führenden Wirtschaftsplatz für Umwelttechnik entwickelt.

Die Ergebnisse breiter Umweltforschung mündeten ein in ökologisch und ökonomisch verbesserte Produktverfahren. Der Kampf an der Quelle der Umweltbelastungen setzte ein. Die für den Naturkreislauf gefährlichen Stoffe werden am Ort ihrer Entstehung weitgehend zurückgehalten. Noch sind nicht alle Entsorgungsmöglichkeiten völlig ausgereift. Das Verursacherprinzip, die Erkenntnis, daß jeder für

Die Deutsche Montan Technologie bei der Messung der Tiefenanlage des Grundwasserspiegels.

Deutsche Montan Technologie measuring the depth of the groundwater level.

La «Deutsche Montan Technologie» (technologie minière allemande) mesure ici à quelle profondeur se trouve la surface de la nappe souterraine.

Das Institut für Umwelttechnologie und Umweltanalytik e. V. befaßt sich schwerpunktmäßig mit angewandter Grundlagenforschung. Zu den sehr vielfältigen technologischen und analytischen Fragen im Zusammenhang mit der Vermeidung, Verminderung und Verwertung von Abgas, Abwasser, Abwärme und Abfall.

The Institute for Environmental Technology and Analysis primarily concentrates on applied basic research. Its highly diverse tasks include technological and analytical investigations associated with the avoidance, minimization and recycling of exhaust gases, wastewater, process heat and refuse.

L'Institut für Umwelttechnologie und Umweltanalytik e. V. (Institut des technologies et de l'analyse de l'environnement) s'occupe essentiellement de recherche fondamentale appliquée. Il s'intéresse aux problèmes technologiques et analytiques très variés en relation avec la possibilité d'éviter, de réduire et de retraiter les gaz d'échappement, les eaux usées, la chaleur perdue et les déchets.

den von ihm verursachten Umweltschaden die Verantwortung zu tragen hat, verstärkte die Vorsorge. Neue Verfahren zur vorbeugenden Vermeidung und zum Abbau von Umweltbelastungen wurden eingesetzt: Vorsorge ist billiger als Umweltreparatur — eine Einsicht, spät, aber vielleicht nicht zu spät, eine Hoffnung, im Bewußtsein für die Erhaltung der natürlichen Lebensgrundlagen vielleicht doch die drohende Umweltkatastrophe abwenden zu können.

Zentrum für Umwelttechnik

Der Einsatz moderner Umwelttechnik für die ökologische und ökonomische Erneuerung der Industriegesellschaft muß begleitet werden von einem veränderten Umweltbewußtsein sowohl bei den Produzenten als auch den Verbrauchern. Jeder Bürger steht in der Pflicht, in seinem Bereich — zu Hause, am Arbeitsplatz und in der Freizeit — seinen Teil zur Umwelterhaltung beizutragen.
In Nordrhein-Westfalen gibt es heute schon rund 1000 überregional bedeutsame Betriebe, die umweltschutzbezogene Güter und Dienstleistungen anbieten. Von diesen sind rund 700 in der vom Zentrum in NRW für Innovation und Technik (ZENIT) in Mülheim geführten Datei »Umwelttechnik in Nordrhein-Westfalen« erfaßt.

Bereits jetzt sind über 70 000 Arbeitnehmer im Bereich der Erzeugung umweltorientierter Güter und Dienstleistungen beschäftigt. Zusammen mit den indirekten Beschäftigungseffekten dürfte nach Schätzung im NRW-Umweltministerium in Düsseldorf die Zahl bei 100 000 liegen.
Mit 3,56 Milliarden DM wurde von den Unternehmen des produzierenden Gewerbes 1987 nahezu die Hälfte aller für Umweltschutzmaßnahmen investierten Mittel in Nordrhein-Westfalen eingesetzt. Ein Beweis dafür, wie dynamisch sich der Markt Umwelttechnik in NRW entwickelt hat. Jeder dritte Betrieb im Bereich Umwelttechnik ist erst seit 1981 auf dem Umweltschutzmarkt tätig.

Umweltschutz rechnet sich

Die große Nachfrage nach leistungsfähigen, umweltentlastenden Verfahren und Produkten signalisiert nicht nur den ökologischen Bedarf, sondern auch wirtschaftliches Interesse. Umweltschutz ist einerseits ein Kostenfaktor, andererseits sind auch gute Chancen gegeben für Kosteneinsparungen und neue Absatzmöglichkeiten. Das gestiegene Umweltbewußtsein macht sich auch verstärkt bei den Verbrauchern bemerkbar durch wachsende Nachfrage nach umweltfreundlichen Produkten. Die Zahl der mit dem blauen Umweltengel ausgezeichneten Produkte hat sich in den letzten fünf Jahren versechsfacht.

Initiativkreis Ruhrgebiet

Welchen Wert der Umweltschutz bei der Wirtschaft hat, dokumentiert auch die neue Bewegung, der Initiativkreis Ruhrgebiet. »Wir an der Ruhr — gemeinsam nach vorn« — unter diesem Slogan vereinigten sich innerhalb eines Jahres 50 führende deutsche Unternehmer. Mit ihrem Eintritt in den Initiativkreis verpflichteten sie sich, ihr Engagement durch eine zusätzliche zukunftsweisende Investition im Ballungszentrum an der Ruhr sichtbar zu machen. 4,6 Milliarden DM sind auf diese Weise bereits festgelegt.

Eine vorrangige Aufgabe ist dabei die Verbesserung der Umweltsituation. Die Wirtschaftskapitäne dokumentieren mit ihrem Engagement gewissermaßen auch die gemeinsame Grundhaltung zum Umweltschutz. Sie verstehen dabei Umweltschutz nicht nur als ökonomische Voraussetzung für die Existenzsicherung der wirtschaftlichen und gesellschaftlichen Zukunft. Sie sehen darin auch einen hoch moral-ethischen Anspruch: Umweltschutz wird als »Chefsache« betrachtet und ist gleichberechtigt neben den anderen Unternehmenszielen. Vielfältig sind die Umweltaktivitäten, bestehende Umweltbelastungen schnell und wirkungsvoll zu reduzieren, das Entstehen neuer Schäden so weit wie möglich zu vermeiden.

Ziel der verbesserten Umwelttechnik ist es, Produktionsprozesse umweltverträglich umzurüsten, den Verbrauch von Rohstoffen, Energie und Flächen zu verringern, das Entsorgungsvolumen durch Wiederverwertung, längere Lebensdauer von Produkten und geringeren Verpackungsaufwand zu reduzieren.

Geringere Luftbelastung

Welche globale Bedeutung heute die Luftreinhaltung erhalten hat, ist mit dem Begriff »Ozonloch« umschrieben. Daß Luftbelastungen kein lokales oder auch nur regionales Problem sind, zeigte auch schon Anfang 1985 die Smogsituation im Ruhrgebiet: Ergebnis der auch durch »Import« hoch schadstoffbelasteten Luft aus den Industriegebieten der DDR und der CSFR. Die Katastrophe von Tschernobyl im Jahre 1986 erweiterte die Dimension.

Im Bereich der Bodensanierung arbeitet die OECOTEC, eine Tochter der KLÖCKNER u. Co AG, mit einer neuen Technologie, dem mobilen Hochdruck-Bodenwaschverfahren. Gewaschen wird mit reinem Wasser ohne chemische Zusätze, Wasserstrahlen mit einem Druck von 350 bar schießen kegelförmig in einem Brennpunkt zusammen. Hier wird die angesaugte Bodenmasse mit einer Aufprallgeschwindigkeit bis zu 900 km/h getroffen, die Schadstoffe abgesprengt und dann in mehreren Prozeßstufen separiert.

OECOTEC, a subsidiary of KLÖCKNER & Co. AG, uses the new technology of mobile high-pressure washing to treat contaminated soil. Pure water without chemical additives is used for the process, the jets of water being compressed into a thin beam at a pressure of 350 bar. The entrained soil meets the water at an impact velocity of up to 900 km/h, blasting off the pollutants so that they can be separated out in subsequent process stages.

L'OECOTEC, une filiale de la KLÖCKNER u. Co AG, travaille dans le secteur de la décontamination des sols en utilisant une technologie nouvelle, le processus mobile de lavage à haute pression des sols. Le sol est lavé à l'eau pure, sans la moindre adjonction de substances chimiques; des jets d'une pression de 350bar convergent vers un foyer. Leur impact sur la terre aspirée peut atteindre une vitesse de 900 km/h; les substances nocives explosent littéralement, avant d'être séparées au cours d'un processus comportant de nombreuses phases.

Mit Stratosphärenballons werden Luftproben in Höhen bis zu etwa 40 km gesammelt. Diese Arbeiten des Forschungszentrums Jülich dienen der Gewinnung von Erkenntnissen über Schadstoffe in der Atmosphäre.

Stratosphere balloons collect air samples at altitudes up to 40 km. The work of the Jülich research centre provides information of atmospheric pollutants.

Des ballons rassemblent des échantillons d'air dans la stratosphère, à des altitudes pouvant atteindre 40 km. Ces travaux du Centre de recherche de Jülich servent à l'analyse nocives dans l'atmosphère.

Diese Sinterabgasentschwefelung der THYSSEN STAHL AG ist eine der ersten Rauchgasentschwefelungen in der Bundesrepublik überhaupt und seit zehn Jahren die einzige für Sinteranlagen außerhalb Ostasiens geblieben.

This sinter gas desulphurization plant at THYSSEN STAHL AG is one of the first flue gas desulphurization plants to have been installed in the Federal Republic of Germany and has remained the only one for sintering plants other than in the Far East for the last ten years.

Cette installation de désulfuration par frittage des gaz d'échappement de la THYSSEN STAHL AG est l'une des toutes premières stations de désulfuration des gaz d'échappement de la République fédérale et est restée depuis dix ans la seule pour les installations d'agglomération par frittage hors de l'Asie orientale.

Welche schädlichen Wirkungen Luftverunreinigungen auf den Naturhaushalt und die belebte Umwelt haben, wird seit den 60er Jahren systematisch erforscht. Diese Erkenntnisse wurden zuerst im Ruhrgebiet gewonnen. Folgerichtig setzten hier auch die ersten Maßnahmen zur Luftreinhaltung an. Dies erfolgte vor allem im Bereich der auf der Basis von Steinkohle und Braunkohle arbeitenden Kraftwerke zur Energieversorgung. Durch Einbau von Entschwefelungs- und Entstickungsanlagen wurden die vom Gesetzgeber geschaffenen Auflagen mit der Großfeuerungsanlagenverordnung »Technische Anleitung Luft« erfüllt. Voraussetzungen dafür waren milliardenschwere Investitionen.

Die Schwerpunkte zur Erzielung schneller Luftverbesserungen lagen in Unternehmen mit großen Emissionsquellen: in Bereichen der Eisen- und Stahlindustrie, der Kohlenwertstoffindustrie und der Energieerzeugung. Dafür stehen bekannte Unternehmen wie Hoesch, Krupp, Mannesmann, die Ruhrkohle, RWE, Steag, Thyssen, Veba und VEW. Unternehmen, die dafür die notwendigen Verfahren entwickelten, sind u. a. die Deutsche Babcock, Lentjes und Hölter, aber auch Tochterunternehmen der großen ehemaligen Montankonzerne wie Thyssen Engineering oder Mannesmann Anlagenbau. Vergessen werden dürfen dabei nicht die vielen mittelständischen Unternehmen, die sich in den letzten Jahren auf dem Umweltmarkt bildeten und wesentlich mit ihrem Know-how zum Umweltschutzengagement beitragen.

GDK: Zukunftskraftwerk

Staubreduzierung und dazu notwendige Filteranlagen waren der Anfang einer einzigartigen Umwelt-Technologieentwicklung. Der hohe Standard führt heute schon zu Planungen für ein Zukunftskraftwerk: GDK steht für »Gas-Dampfturbinen-Kraftwerk mit integrierter Kohleteilvergasung und Dickstromfeuerung«, eine Kraftwerkstechnik, die von den VEW in Dortmund entwickelt wird. Bis zur ersten Hälfte des nächsten Jahrzehnts soll dieser Kohlekraftwerktyp realisiert werden, der ohne zusätzliche Entschwefelungs- und Entstickungsanlage die strengen Umweltauflagen des Gesetzgebers erfüllt. Das VEW-Kraftwerk Werne als Zwischenschritt auf diesem Zukunftsweg ist die bisher weltweit einzige und zugleich größte Kohle-Kombi-Anlage, bei der die Gasturbine mit Erdgas bedient wird und bereits eine Brennstoffersparnis von bis zu 15 Prozent erzielt. Im übrigen entlastet der Prozeß in gleichem Umfang — bis zu 15 Prozent — die Umwelt von Schadstoffen.

Technologisch hervorzuheben sind auch Anlagen wie die Sinterabgasentschwefelung der Thyssen AG, die erste und einzige Anlage außerhalb Ostasiens seit zehn Jahren, der ebenfalls bei Thyssen entwickelte Hochofen mit Gießhallenentstaubung, die erste Anlage in der Bundesrepublik Deutschland.

Wegweisend war der im Mannesmann-Werk Hukkingen in den 60er Jahren arbeitende erste Elektrofilter der Welt für einen Aufblaskonverter.

Von der Öffentlichkeit wenig bemerkt, hat auch die Mineralölwirtschaft ihr Kraftstoffverteilungssystem so umgerüstet, daß das emissionsarme Betanken der Kraftfahrzeuge an den Tankstellen möglich ist. Die gesundheitsschädlichen Kohlenwasserstoff-Emissionen wurden erheblich reduziert.

Für die Instandsetzung bestehender Kanalrohr-Systeme und auch für den Einsatz in neue Kanalrohrnetze hat die FLACHGLAS CONSULT GmbH, Gelsenkirchen, spezielle Rohrauskleidungen aus Glas entwickelt, die sich neben besonders hoher Resistenz gegenüber chemikalischen Einwirkungen durch hohe Wirtschaftlichkeit auszeichnen. Der Einsatz dieser Rohre schafft höchstmögliche Sicherheit, vor allem im Hinblick auf stetig steigende Anforderungen im Grundwasserschutz.

FLACHGLAS CONSULT GmbH have developed special glass linings for pipes. These linings are used both for repairing existing conduit systems and in new canal systems. Their characteristics include particularly high resistance to chemicals and very good cost-efficiency. The use of such glass-lined pipes ensures maximum safety, particularly in view of the increasingly more stringent requirements imposed to protect the groundwater.

Pour la remise en état des systèmes de canalisation existants, ainsi que pour les nouveaux réseaux, la FLACHGLAS CONSULT GmbH a mis au point des revêtements de canalisation spéciaux en verre qui, en plus de leur extrême résistance aux substances chimiques, se distinguent par une très grande rentabilité. Ces tuyaux sont une grande garantie de sécurité, en particulier au regard des exigences sans cesse croissantes en matière de protection de l'eau.

Floatglas-Verfahren

Auch in der Glasproduktion sind deutliche Emissionsminderungen erreicht worden. Die Flachglas AG hat beispielsweise mit Millionenaufwand im Werk Gladbeck in zweierlei Weise die Emissionen vor allem von SO_2 reduziert: einmal durch Umstellung der Befeuerung der Glasschmelzwannen (Floatglas-Verfahren) auf Erdgas und dann durch Installierung von zwei Abgasreinigungsanlagen, die im Zeitraum 1991/92 in Betrieb gehen sollen.

Wiederverwertung von Rohstoffen

Lange bevor das Wort »Recycling« aus Amerika importiert wurde, hat sich in der Montanindustrie eine »Reststoffwirtschaft« entwickelt. Rohstoffintensität und räumliche Enge des Ballungsgebietes an Rhein und Ruhr zwangen sehr bald dazu, für die anfallenden Reststoffe Verwertungsmöglichkeiten zu finden. Die Entwicklung von Stoffkreisläufen wurde intensiviert. Viele Unternehmen arbeiten daran, ihre Produktion möglichst abfallarm und ihre Produkte recyclingfreundlich zu gestalten. Insbesondere die Eisen- und Stahlindustrie sowie die angegliederte Schrottwirtschaft haben das Recycling schon nahezu perfektioniert. Hier liegen die Quoten für Schlacke, Hüttensand, Schrott und andere Kreislaufstoffe im Schnitt zwischen 80 und 90 Prozent.

Bei der Wiederverwertung von Altpapier und Flaschen sind die heute allerorts an fast jeder Ecke aufgestellten Container Beweis, daß der Bürger bei der Abfallbeseitigung seinen Beitrag leisten will. Nun geht es darum, die großen Berge von Verpackungsmaterial in den Griff zu bekommen. Die dazu notwendigen Verordnungen werden besonders die Nahrungsmittelindustrie und den Handel in die Verantwortung nehmen. Auch hier gibt es erste erfreuliche Ansätze: So werden bei der Verpackung von Milchprodukten Joghurtbecher schon wiederverwendbar produziert. Auf den PVC-Einsatz wird weitgehend verzichtet. Die großen Handelskonzerne wie Karstadt und Aldi achten beim Einkauf bewußt auf umweltschonende Produkte und drängen Produktion und Marketing der Hersteller, Verbesserungen vorzunehmen. Jeder Schritt auf dem Wege zur Reduzierung des Abfalls zählt, sei es die Reduzierung bei der Abgabe von Tragetaschen oder die Einführung offener Verkaufskartons zur Einsparung von Deckeln.

Auch die Computerhersteller ziehen beim Recycling bereits weitgehend mit — durch Überarbeitung/Wiedereinsatz von Gebrauchtgeräten, durch Gewinnung verwendbarer Bestandteile und Bauteile wie Stecker, Kabel, Leiterplatten und Bildröhren.

Mit durchdachten Reststoffaufbereitungs- bzw. Recyclingverfahren lassen sich auch viele Probleme in der Druckindustrie lösen.

Endlos viele Beispiele könnten noch angeführt werden, wie in allen Bereichen der Industrie versucht wird, Rohstoffe einzusparen, Reststoffe wiederzuverwerten.

Wasserversorgung im Einklang mit der Natur

Wasser war die Voraussetzung für die Industrialisierung an Rhein und Ruhr. Zwangsläufig siedelten sich zahlreiche Großkonzerne vor allem im Bereich der Chemie am Rhein an.

Die Entfaltung der Region zwischen Ruhr, Emscher und Lippe zum größten industriellen Ballungsraum Europas war nur möglich durch eine ausreichende

Modernes Laborgebäude für biotechnologische Forschung zur Untersuchung mikrobiologischer Vorgänge im Bereich Abwasserreinigung und Herstellung.

Modern laboratory premises for biotechnological research into microbiological processes for wastewater treatment and production.

Laboratoire moderne de recherche biotechnologique pour l'analyse des processus microbiologiques dans les secteurs «épuration des eaux usées» et «fabrication».

Wasserbereitstellung von der Ruhr und der Stever her. Bei nicht ausreichenden Grundwasservorkommen ist die Wasserversorgung des Ruhrgebietes für rund fünf Millionen Menschen, Gewerbe und Industrie seit über 100 Jahren gesichert durch die Anreicherung des Grundwassers mit Oberflächenwasser. Die Wassergewinnung erfolgt im Einklang mit der Natur: Durch die Infiltration von Oberflächenwasser bleibt der Grundwasserspiegel konstant.

Das Verfahren der Grundwasseranreicherung machen sich weitgehend alle Wasserwerke an der Ruhr zunutze: die Stadtwerke Hamm, Dortmund, Bochum, Witten, Essen, Duisburg und vor allem der größte Wasserversorger, die Gelsenwasser AG, Gelsenkirchen.

Gelsenwasser als Regionalunternehmen steht seit 100 Jahren in der Aufgabe, für rund 2,5 Millionen Menschen, Gewerbe und Industrie Wasser bereitzustellen. Dies erfolgt in der Partnerschaft mit 45 Kommunen und 30 benachbarten Stadtwerken sowie in der Partnerschaft mit Industriebetrieben. Bei einem jährlichen Absatz von rund 300 Millionen Kubikmeter Wasser geht rund die Hälfte an die Industrie. Zwei Drittel dieser Gesamtmenge von 150 Millionen Kubikmeter sind Trinkwasser, ein Drittel Betriebswasser.

Landschafts- und Gewässerschutz haben für die Wasserwirtschaft im Ruhrgebiet herausragende Bedeutung. Seit Jahren schon richten Gelsenwasser und auch die benachbarten Wasserwerke an der Ruhr ihr Augenmerk auf die ökologischen Potentiale, die in den weitläufigen Wassergewinnungsanlagen schlummern. So wurden im Ruhrtal und in der Region Haltern eine ganze Reihe von Maßnahmen zur Verbesserung des Arten- und Biotopschutzes durchgeführt. Entwicklungs- und Pflegemaßnahmen der Landschaft fördern die natürliche Entwicklung der Pflanzen- und Tierwelt und schaffen neue Lebensräume. Diese sogenannten Sekundär-Biotope sollen nun miteinander vernetzt werden — ein Beitrag zur verbesserten ökologischen Struktur im Ruhrgebiet.

Talsperren und Kläranlagen

Durch ihre Mitgliedschaft im Ruhrverband, in der Emschergenossenschaft und im Lippeverband sind

Wassertürme an der Stadtgrenze Recklinghausen/Herten: Historische Denkmäler aus den Anfängen der Wasserversorgung im Ruhrgebiet.

Water towers between Recklinghausen and Herten: historical monuments from the early days of piped water in the Ruhr area.

Châteaux d'eau aux portes de Recklinghausen/Herten: monuments historiques datant des premiers pas de l'alimentation en eau de la Ruhr.

Die Halterner Sande mit den Gelsenwasser eigenen Talsperren Haltern und Hullern sind Basis für die Trinkwasser-Gewinnung für rund 1 Millionen Menschen, Gewerbe und Industrie in der Emscherzone und im Münsterland.

The Haltern Sands with the Haltern and Hullern reservoirs provide drinking water for around 1 million people, trade and industry in the Emscher zone and the Münsterland.

La Halterner Sande, avec les barrages de Haltern et de Hullern, qui retiennent les eaux de la Gelsen, sont les composantes à la base de l'alimentation en eau potable d'1 million de personnes, de l'industrie et du commerce, dans la zone d'Emscher et le Münsterland.

Das Ruhrtal ist optimal geeignet für die Wassergewinnung: 20 Wasserwerke zwischen Hamm und Duisburg nutzen das Oberflächenwasser und das Uferfiltrat für die Aufbereitung zu Trinkwasser.

The Ruhr valley is an ideal catchment area: 20 waterworks between Hamm and Duisburg use the surface water and the bank-filtered water to produce drinking water for local use.

La vallée de la Ruhr convient à merveille à l'exploitation de l'eau: entre Hamm et Duisbourg, 20 usines hydrauliques utilisent les eaux de surface et les filtrats des rives pour la préparation de l'eau potable.

Paradies für Wasservögel: Eisvögel (unten rechts) in stillen Buchten, Grau-Reiher (oben links), Fischreiher (oben rechts) und Kormorane (unten links) in Kolonien in den Wassergewinnungsgebieten an der Ruhr und Haltern.

A paradise for water birds: kingfishers in quiet inlets (bottom right), grey herons (top left), common herons (top right) and cormoran colonies (bottom left) in the catchment areas around Haltern and the Ruhr.

Un paradis pour les oiseaux aquatiques: martinspêcheurs (en bas à droite) dans des baies calmes, héron gris (en haut à gauche), héron cendré (en haut à droite) et cormorans (en bas à gauche) vivent en colonies dans les zones d'exploitation de l'eau sur les bords de la Ruhr et près de Haltern.

Renaturierung der Emscher

Nachdem der Bergbau weitgehend das Emschergebiet in Richtung Norden verlassen hat, wachsen die Ansprüche an die Gestaltung der Landschaft. Auch der Stärkung des ökologischen Potentials der Emscher-Landschaft kommt nun große Bedeutung zu.

Um den wirtschaftlichen, ökologischen und städtebaulichen Strukturwandel in der Emscher-Zone zu beschleunigen, will die NRW-Landesregierung im Emscherbruch zwischen Dortmund und Duisburg die Internationale Bauausstellung (IBA) ausrichten. Bestandteil einer solchen Erneuerung der Stadt-Landschaft soll auch die Umwandlung des bisherigen Emscher-Systems sein. Die Umgestaltung der Bachläufe im Emschergebiet greift tief in die gesamte Wasserwirtschaft bis in die städtische Kanalisation ein. Die Abwasserströme müssen getrennt geführt und behandelt werden. Die Bachläufe müssen umgestaltet, Platz für die Bachauen geschaffen und Wasser für das Bachbett herangeführt werden.

Zu den Fragen, wie eine dezentrale Abwasserreinigung beschaffen sein muß, um eine ausreichende Gewässergüte zu erzielen, laufen zur Zeit Untersuchungen, mit denen zwei Gutachter beauftragt sind. Vor allem geht es dabei auch um die Kosten. Schätzungen gehen in die Milliarden — ein enormer Aufwand für Gemeinden und Gewerbebetriebe im Emschergebiet, der ohne staatliche Zuschüsse nicht zu realisieren ist. Bisher war die Abwasserableitung im weitgehend offenen System und die zentrale Abwasserreinigung sehr kostengünstig.

Naturnahe Wassergewinnung.

Natural waterworks.

Une exploitation naturelle de l'eau.

die Industrie und die Revierkommunen schon seit 100 Jahren in der Wasserwirtschaft engagiert.

Für die jederzeit ausreichende Wasserführung der Ruhr wurden 14 Talsperren gebaut. 116 Kläranlagen stehen für die Reinhaltung der Flüsse im Ruhreinzugsgebiet. Um die Ruhr wegen ihrer Bedeutung für die Trinkwassergewinnung weitgehend vor Abwassereinleitungen zu schonen, wurde die Emscher zum »Abwasserkanal«. Bevor die Abwässer bei Duisburg in den Rhein gelangen, werden sie in der von der Emschergenossenschaft unterhaltenen größten Kläranlage Europas biologisch gereinigt.

Zum Schutz der Nordsee

Ein großes Problem des Gewässerschutzes stellt die Verringerung der Stickstoffgehalte von Abwässern im Blick auf den Schutz der Nordsee dar.

Auf über 100 Milliarden DM wurde das Volumen zur Sanierung der Kanalnetze und der Umrüstung der Kläranlagen bundesweit geschätzt. Der Abbau der Belastung des Abwassers mit Phosphor und Stickstoff betrifft vor allem den kommunalen Bereich.

Auch die Industrie muß ihren Anteil an den eingeleiteten Schad- und Nährstoffen verringern, Produktionsprozesse umstellen, Abwasserbehandlungsanlagen errichten oder verbessern und neue Umwelttechnologien einsetzen.

Wichtiger Bestandteil der Erneuerung des bisherigen Emschersystems ist die Umgestaltung von Bächen und Bachauen. Der frühere Schmutzwasserlauf Dellwiger Bach in Dortmund nach Abtrennung des Schmutzwassers und nach naturnaher Umgestaltung.

An important integral part of the renovation of the former Emscher system is the rearrangement of streams and meadows. The picture shows the Dellwiger Bach in Dortmund, which used to be a course of dirty water, following separation of the dirty water and rearrangement similar to nature.

Composante importante de la réorganisation du système Emscher: la modification des ruisseaux et de leurs prairies. L'ancien canal d'écoulement des eaux usées, le Dellwiger Bach de Dortmund, après la séparation des eaux sales et après sa transformation en un ruisseau naturel.

Der Bioturm ist das Kernstück einer vollbiologischen Kläranlage. Mit BAYER-know-how entwickelt, wird diese technisch noch junge Methode der Abwasserreinigung heute weltweit eingesetzt. Diese Klär-Methode ist im Prinzip der natürlichen Selbstreinigung von Flüssen und Seen nachgebaut: Das Abwasser wird mit Sauerstoff angereichert und von bestimmten im Wasser lebenden Mikroorganismen werden dann die organischen Schmutzstoffe in harmlose Kohlensäure und neue Bakterienmassen umgewandelt. Vier 30 Meter hohe Türme mit 26 Meter Durchmesser fassen je 13 600 Kubikmeter Abwasser.

The bio-tower is the centrepiece of a fully biological clarification plant. It was developed with BAYER know-how and is used all over the world for waste water purification, although it is still a technically young method. This clarification method is principally an imitation of the natural self-cleansing of rivers and seas: the waste water is enriched with oxygen, and the organic impurities are then changed into harmless carbonic acid and new bacteria masses by the microorganisms living in the water. Four towers, 30 metres high and 26 metres in diameter, each contain 13,600 cubic metres of waste water.

La tour biologique est le coeur des nouvelles installations d'épuration entièrement biologique. Mise au point due au know-how de BAYER, cette méthode de clarification des eaux usées, techniquement jeune encore, est aujourd'hui utilisée dans le monde entier. Cette méthode repose sur l'imitation du principe d'auto-épuration des fleuves et des lacs: les eaux usées sont enrichies en oxygène et les boues sont alors transformées en gaz carbonique et en nouvelles bactéries inoffensifs par les microorganismes vivant dans l'eau. Quatre tours hautes de 30 mètres et d'un diamètre de 26 mètres contiennent chacune 13 600 mètres cubes d'eaux usées.

Ebenso gefordert ist die Landwirtschaft, mit einer umweltgerechten Bewirtschaftung des Bodens die Gewässerbelastungen abzubauen.

Turm-Biologie

Während es für die Beseitigung organischer Substanzen schon lange bekannte und in der Praxis erprobte Verfahren gibt, ist der Abbau von Stickstoffverbindungen durch die Kombination verschiedener biologischer Stufen in Hochbauweise eine relativ junge Technik. In Nordrhein-Westfalen wird diese als Turm-Biologie bekannte Technik u. a. bei der Klärung der Abwässer von Bayer Leverkusen eingesetzt. Dazu sind in geschlossenen Tanks mehr als zehn Milliarden Bakterien für die Reinigung aktiv. Über speziell entwickelte Düsen wird ihnen Luftsauerstoff zugeführt. So nehmen die Bakterien die Schmutzstoffe als Nahrung auf.

Neben großtechnisch eingesetzten Abwasserbehandlungsanlagen stellen auch naturnahe Verfahren, z. B. Pflanzenkläranlagen oder Abwasserteiche, für ein begrenztes Einsatzgebiet eine Alternative dar.

Klärschlamm-Verwertung

Besondere Bedeutung kommt auch der Entsorgung der gewaltigen Mengen an Klärschlamm aus den Kläranlagen zu. Durch Entwässerung und Trocknung in einem von der Deutschen Babcock entwickelten Verfahren ist eine drastische Volumenreduzierung erzielbar. Der feste Rückstand ist gut weiter verwendbar. Für die Stadt Hamburg baut die Firma sechs Anlagen mit einer Kapazität von 5 000 Tonnen pro Tag.

Altlastensanierung

In Nordrhein-Westfalen sind nach Angaben aus dem Umweltministerium Düsseldorf derzeit über 12 000 Altablagerungen und Altstandorte bekannt. Die Sanierung dieser Flächen stellt für das Land, die Kommunen, den Bund und die gewerbliche Wirtschaft eine große Herausforderung dar. Neben bautechnischen Erschließungsmaßnahmen kommen u. a. thermische, extrahierende, biologische sowie hydraulische Behandlungsverfahren in Betracht. Auch dazu wurden von verschiedenen westdeutschen Unternehmen neue Technologien entwickelt.

Natur- und Landschaftsschutz

Für ein Industrieland wie Nordrhein-Westfalen hat der Natur- und Landschaftsschutz einen hohen Stellenwert. Erklärtes Ziel der Landesregierung ist es, drei Prozent der Landesfläche unter Naturschutz zu stellen. Die schützenswerten Bereiche sowohl in den ländlichen Regionen wie auch im städtischen Ballungsraum sollen gesichert werden. Dabei geht es darum, ihre ökologische Stabilität Schritt für Schritt zurückzugewinnen.
Der Landschaftsplan bildet dabei eine Grundlage für alle Maßnahmen des Naturschutzes, der Landschaftspflege und der Landschaftsentwicklung.

Der Haider Bergsee im rekultivierten Tagebaugebiet der RHEINBRAUN AG im Wald-Seen-Gebiet Brühl-Liblar. Insgesamt 45 Seen und Teiche dieses Gebietes sind inzwischen unter Naturschutz gestellt und bilden somit die Grundlage für eine artenreiche Tier- und Pflanzenwelt. In diesem Erholungsgebiet erinnert nichts mehr an den früheren Tagebau.

The Haider Bergsee in the recultivated mining area of RHEINBRAUN AG in the forest and lake area of Brühl-Liblar. A total of 45 lakes and ponds in this area have in the meantime been placed under nature protection and thus form the basis for a world of flora and fauna rich in species. In this recreation area, nothing reminds the observer of the former coal-mining existence.

Le lac de montagne de Haide dans la zone d'exploitation à ciel ouvert recultivée de la RHEINBRAUN AG, dans la région des lacs de montagne de Brühl-Liblar. Ce sont au total 45 lacs et étangs de cette région qui ont été déclarés site protégé; ils servent désormais de terrain nourricier à une flore et une faune variées. Plus rien ici ne rappelle l'ancienne exploitation à ciel ouvert.

Neue Äcker, Wiesen und Waldgebiete im ehemaligen Braunkohlegebiet. Nach etwa 7-jähriger Zwischenbewirtschaftung durch Rheinbraun-Landwirte wurden auf den neuen Böden gute Ernteergebnisse erzielt.

New fields, meadows and forest areas in the former brown coal area. After about 7 years of intermediate care by Rheinbraun farmers, good harvest results have now been achieved with the new soil.

Prairies, champs et bois nouveaux dans l'ancienne région houillère. A l'issue d'une période intermédiaire d'exploitation par les paysans de la Rheinbraun, période qui a duré sept ans, le nouveau sol a donné de bonnes récoltes.

Rekultivierung von Abbaugebieten

Lange Zeit fand der Natur- und Landschaftsschutz bei der Landinanspruchnahme für den Braunkohletagebau im rheinischen Revier zwischen Köln, Aachen und Düsseldorf ebenso wie für Siedlung, Straßenbau oder Flurbereinigung kaum Beachtung. Auch bei der Wiedernutzbarmachung der durch den Braunkohleabbau in Anspruch genommenen Flächen ging es zunächst um die Bepflanzung der Hänge und Böschungen zum Schutz gegen Erosion. Danach stand die Rekultivierung über Jahrzehnte ganz im Zeichen der Anlage land- und forstwirtschaftlicher Flächen. Inzwischen hat der durch wissenschaftliche Untersuchungen nachgewiesene und in »Roten Listen« veröffentlichte Rückgang vieler Tier- und Pflanzenarten zu einem Umdenken geführt.

In den neu geschaffenen Wald-Seen-Gebieten gibt es inzwischen wieder eine ökologische Vielfalt. Zahlreiche kleine und große Wasserflächen, feuchte Gräben, Trockenstandorte und die unterschiedlichen Waldformationen aus drei Rekultivierungsperioden bilden hier die Grundlage für eine artenreiche Tier- und Pflanzenwelt. Aus mehrjährigen Bestandskartierungen von Ornithologen ergibt sich, daß im Rekultivierungsgebiet inzwischen 92 Vogelarten brüten und weitere 70 Vogelarten regelmäßig überwintern oder bei ihrem Durchzug rasten.

Die Vorräte an Braunkohle in der Bundesrepublik Deutschland betragen rund 56 Milliarden Tonnen, von denen etwas 55 Milliarden Tonnen im rheinischen Revier zwischen Köln, Aachen und Düsseldorf liegen. Davon sind große Mengen wirtschaftlich gewinnbar.

Die Rheinbraun AG, die jährlich rund 100 Millionen Tonnen Braunkohle fördert, bemüht sich im Verein mit Landschaftsgestaltern, die mit dem Abbau verbundenen Eingriffe in die Natur mit opitmalen Rekultivierungsmaßnahmen weitgehend zu heilen.

Grüne Halde

Von der Braunkohle zur Steinkohle: Bei der Kohleförderung fallen gewaltige Mengen an Abraum an. Seit Jahrzehnten sind im Ruhrgebiet Bergehalden entstanden. Seit Jahren ist auch hier der Bergbau bemüht, mit Kultivierungsmaßnahmen grüne Hügel entstehen zu lassen. Vielfach ist dies schon gelungen mit dem Erfolg, daß diese Hügel in die Naherholung einbezogen werden.

Umweltschutz im Ruhrgebiet zwischen Ökonomie und Ökologie. Aus dem Gegeneinander von einst wurde inzwischen ein Miteinander.

Im Revier sind zahlreiche Beispiele einer gelungenen Umstrukturierung ehemaliger Bergbauflächen zu finden. Das Spektrum reicht von landschaftlicher Gestaltung, insbesondere der Begrünung der ehemaligen Kohlehalden und der Anlage von Feuchtbiotopen, bis hin zu wohn- und gewerblichen Ansiedlungen sowie zur kulturellen Nutzung. So findet man auf dem ehemaligen Bahngelände der Kokerei Emscher-Lippe einen zwei Meter tiefen Teich, in dem sich heute Karpfen und Forellen tummeln.

In the area, there are numerous examples of successful restructuring of former mining areas. The spectrum extends from agricultural arrangement, especially planting green plants on the former coaltips and the creation of wetland biotopes, right down to residential and industrial settlements and areas for cultural use. For example, there is a two metre deep pond on the former railway site of the Emscher-Lippe coking plant, in which carp and trout are to be found.

On trouve dans la Ruhr de nombreux exemples de restructurations réussies d'anciennes zones d'exploitation minière. Leur palette va de la réorganisation agricole, en particulier du reboisement des anciens terrils et de la création de biotopes humides, jusqu'à la construction de zones d'habitation et de zones commerciales, ou à l'utilisation de certains lieux à des fins culturelles. Un exemple: sur le site de l'ancienne gare de la cokerie de l'Emscher-Lippe se trouve un étang de deux mètres de profondeur où s'ébattent aujourd'hui carpes et truites.

Ecological and economic interests are no longer mutually exclusive

»Jeopardizing the environment also means jeopardizing our own existence.« For the Federal President Dr. Richard von Weizsäcker, the battle to save our environment has become a matter of survival. »Nature will only allow us to survive if we respect Nature for its own sake.«

The modern danger for man does not arise from Nature's primeval forces, but because man is in danger of losing control of his own forces.

Yet according to the German President, every one of us is responsible for preserving Creation and the future of life on our planet.

We should follow Nature's example and adopt its circulation principle in the use of natural assets: that is the only way to preserve the natural foundation of our existence, for consumption leads up a blind alley!«

As much Nature as possible - as much technology as necessary.« Many of those responsible for protecting the environment in our country seem to have adopted this motto for all their ideas and actions.

Ecological and economic interests are no longer considered mutually exclusive. This is particularly clear from the fact that the environment is increasingly being treated as a third factor along with labour and capital.

The environment can no longer be taken for granted in the production process. Our economic and social advantages have for too long been acquired at the expense of Nature and the environment.

Borrowed treasures

The responsible use of Nature's borrowed treasures must become the guiding principle behind the actions of all producers and consumers. More than at any time in the past, the laws of Nature must be considered within their entirety wherever water, the atmosphere and the soil are concerned.

Harmonizing ecological and economic interests in an industrial region such as North Rhine/Westphalia is quite rightly considered to be a cultural achievement. Culture in the true sense of the word, referring to Nature and its use, represents a challenge or - as the Federal President put it - a matter of survival.

Our modern industrial society is based on technology as the driving force for the steady progress made to date and our present affluence. At the same time, however, technology and technological progress must not be allowed to come to a standstill as economic objectives are realized.

Promoter of new developments

Future-oriented technology is required to guarantee our future and the conditions for survival. Technology must be made compatible with Nature. Wherever technology has benefited the development of industry in particular, it now promotes a return to a more ecologically oriented industrial landscape. Its use is based on ecological and economic principles of action in North Rhine/Westphalia, the Land between the rivers Rhine and Weser, and above all in the region that has become world-famous as the prime example of an industrial conglomeration.

The economic boom at the end of the last century started out from the Ruhr area. People came here, especially from the east, looking for work and bread and they found it in the Ruhr area. Innumerable people far beyond the Ruhr area have benefited from the coal that was mined here, the high-quality steel that was forged here and all the ideas that were developed here.

Signals from the Ruhr

It was no accident that the economic boom after two world wars should also emanate from the Ruhr area. And the first signals to repair the environmental damage suffered in consequence similarly came from the Ruhr. The term »environmental protection« was first applied in the early sixties when »blue skies over the Ruhr area« were set as the new objective for preserving people's health.

Public awareness of the need to reduce water pollution was first aroused in 1966 when the Rhine was so severely polluted that all the fish died.

The alarm was raised by the waterworks along the river Rhine, not by citizens action groups. They demanded improvements to protect the quality of the water and formed the Association of Rhine Waterworks. In cooperation with industry, the towns and the authorities, this organization was able to achieve a considerable improvement in the quality of the river water.

The ground was the next natural element to be deemed worthy of protection as the mines in the Ruhr area began to close down. New industrial estates to overcome the crisis in both the mining and steel industries diverted attention to a new problem which was henceforth circumscribed as »the need to eliminate pollution from the past«.

From that day onwards, environmental protection became an integral part of national and international policy, as the public has become more aware of the problem and the need to protect water, ground, and air became more evident. The pressure was intensified by citizens action groups, such as those formed in the early seventies. The new word was »green« and became a new movement with new majorities in not a few parliaments.

New priorities

The media were responsible for making politicians, industry and consumers more aware of the need for environmental protection. New priorities were established with the aim of creating a more »ecologically oriented industrial society«.

The centre of basic industry and power generation in Germany, North Rhine/Westphalia has become the leading industrial centre for environmental technology in the last few years.

The results of widespread environmental research led to more ecological and more economical production processes. The struggle to combat pollution at the source had begun. Those substances which endangered Nature and its cycles were largely eliminated at their point of origin. The possibilities for disposing of these substances have still not been exhausted. The preventive measures were supported by the principle of polluter pays and the realization that everyone is responsible for the environmental damage they cause. New methods were applied to avoid and correct environmental charges before damage was caused, for prevention is cheaper than repair. Although the realization dawned late in the day, it was hopefully not too late to avert the imminent environmental catastrophe and preserve the natural foundations of life.

Centre of environmental technology. The use of modern environmental technology to achieve an ecological and economic renewal of the industrial society must be accompanied by a new environmental awareness among both producers and consumers. Every citizen is responsible for helping to preserve the environment in his personal sphere, be it at home, at work or in his leisure activities.

Ecologically relevant goods and services are already marketed by around 1,000 companies of supra-regional significance in North Rhine/Westphalia. Around 700 of these companies are listed in the »North Rhine/Westphalian environmental technology« file maintained by the Centre for Innovation and Technology in North Rhine/Westphalia (ZENIT) in Mülheim.

More than 70,000 people are already employed in the production of ecologically relevant goods and services. The North Rhine/Westphalian Environment Ministry in Düsseldorf estimates the figure to be closer to 100,000 including those indirectly employed in this sector.

In 1987, North Rhine/Westphalia's manufacturing companies invested DM 3.56 billion, or almost half the total expenditure, on measures to protect the environment. That is just one indicator of how dynamically the market for environmental technology has grown in North Rhine/Westphalia. One third of the companies active in the environmental sector joined the environmental technology market after 1981.

It pays to protect the environment

The high demand for efficient, ecologically safe methods and products shows that there is not only an environmental need, but also an economic interest in this field. Although environmental protection is a cost factor, it also offers excellent opportunities to cut costs and opens up new potential markets.

The greater environmental awareness is also reflected in the growing consumer demand for ecologically safe products. The number of products bearing the blue ecology angel has increased six-fold in the last five years.

The Ruhr Area Initiative

The Ruhr Area Initiative is a new movement reflecting the importance and priority accorded to environmental protection in industry. In the course of one year, 50 leading German industrialists combined under the slogan »People of the Ruhr area — stepping forward together«. Upon joining the group, the members undertake to make their commitment plain for all to see by additionally investing in the Ruhr conglomerations. Investments totalling DM 4.6 billion have already been earmarked in this way.

One of the most pressing tasks is to improve the environmental situation. To a certain extent, the commitment by industry's leaders is also reflected in their common attitude to protecting the environment. For them, environmental protection is not simply an economic prerequisite guaranteeing the future of industry and society. It also includes a high moral and ethical aspect, for environmental protection is something deserving the attention of »the boss« and just as important as the company's other objectives.

A whole variety of activities have been launched to reduce the existing environmental burdens quickly and effectively and to prevent further damage wherever possible.

The aim of improving environmental technology is to make the production processes ecologically safe, reduce the consumption of raw materials, energy, and land areas, to reduce the volume of waste requiring disposal by recycling materials, extending the product service life and reducing the amount of packaging used.

Less air pollution

The »ozone hole« is indicative of the global importance of preventing atmospheric pollution. The smog situation in the Ruhr area in early 1985 proved that atmospheric pollution is more than a local or regional problem, for it was also due to polluted air »imported« from the industrial centres in East Germany and Czechoslovakia. The atmospheric dimension became still greater with the Tchernobyl catastrophe in 1986.

The noxious effect of atmospheric pollution on Nature and the living environment has been systematically investigated since the sixties. The first results were obtained in the Ruhr area and it was only logical that the first measures to combat air pollution should be taken here. The first areas affected were the power generating plants burning native bituminous coal and lignite. Desulphurization and denitrification plants were installed to comply with the statutory restrictions imposed by the Large Firing Installations Directive and »Technical Instructions for the Maintenance of Clean Air«. Billions had to be invested for this purpose.

The measures to improve the quality of the air rapidly concentrated above all on those industries which emitted high pollutant loads: the iron and steel industry, the coal by-products industry, and the power generating industry, including such famous names as Hoesch, Krupp, Mannesmann, Ruhrkohle, RWE, Steag, Thyssen, Veba, and VEW.

The requisite processes were developed by companies like Deutsche Babcock, Lentjes and Hölter, as well as by subsidiaries of the former iron and steel corporations, such as Thyssen Engineering or Mannesmann Anlagenbau. Their work was complemented by that of innumerable small and medium-sized companies which have established themselves in the ecology market in the last few years, their know-how contributing greatly to the commitment to protect the environment.

GDK: tomorrow's power plant

A unique development in environmental technology started with a project to reduce dust loads and development of the appropriate filter systems. The high standards have already led to plans for tomorrow's power plant: GDK stands for »gas steam turbine power plant with integrated partial gasification of coal and slurry firing system«. The technology is being developed by VEW in Dortmund. This type of coal-fired power plant is to be realized by the middle of the next decade and will satisfy the stringent ecological requirements imposed by the legislator without necessitating additional desulphurization and denitrification systems. VEW's Werne power plant is a first step on the road to tomorrow's power plant; it is also the largest and only combined coal-and-gas-fired power plant in the world. The gas turbine is fired with natural gas and has already cut fuel consumption by up to 15%.

The pollutant load emitted into the environment is simultaneously reduced by the same amount, i. e. 15%. Other technologically interesting systems worth mentioning include the sinter flue gas desulphurization plant installed at Thyssen AG. It is the first and only such plant to have been installed outside the Far East for ten years. The blast furnace with casting house dedusting plant was also developed by Thyssen and is the first such plant in the Federal Republic of Germany.

The world's first electrostatic filter for a top-blowing converter installed in Mannesmann's Huckingen plant in the sixties was another development of significance for the future.

In a step that passed largely unnoticed by the general public, the oil industry has also converted its fuel distribution system so that drivers can fill up their vehicles at the filling station without producing extensive emissions. The unhealthy hydrocarbon emissions have been significantly reduced.

Float glass method

Emission levels have also been greatly reduced in the glass-making industry. Flachglas AG, for example, have invested millions in their Gladbeck plant to reduce the emission of SO2, in particular. This reduction is achieved in two ways: firstly by converting the glass melters (float glass method) to natural gas and secondly by installing two exhaust purification systems which are to be taken into service in 1991/92.

Recycling raw materials

The iron and steel industry developed a »waste management sector« long before the word »recycling« was imported from America. The raw material intensity and the proximity of the industrial conglomerations on the Rhine and Ruhr soon made it essential to find means of reusing the scraps accumulated. The work to develop material cycles was intesified. Many companies strive to design their production process so as to create as little waste as possible and their products so that they can be recycled. The iron and steel industry and the associated scrap metal industry have developed the recycling process almost to the point of perfection. Between 80% and 90% of the slag, granulated blast-furnace slag, scrap metal, and other cycle materials are now recycled on average.

Containers for wastepaper and empty bottles have been set up on virtually every street corner and are proof of the individual citizen's determination to contribute towards overcoming the mountains of waste packaging materials. The statutory regulations required in this context will place most of the responsibility on the food processing industry and the retail trade.

First steps have already been taken: reusable yoghurt tubs are used for packaging dairy products. The use of PVC has largely been discontinued. The leading trading companies, such as Karstadt and Aldi, deliberately set out to purchase only ecologically safe products and urge manufacturers to improve their production and marketing. Every step towards reducing the amount of waste produced is important, be it that fewer plastic bags are issued or the introduction of open sales boxes without lids.

Even the computer manufacturers are joining in the recycling drive: they are taking back used equipment to be overhauled and reused, or extracting reusable parts and components, such as plugs, leads, circuit boards and picture tubes.

Sophisticated recycling processes for by-products can also solve many of the problems encountered in the printing industry.

We could list innumerable examples of attempts to reduce the consumption of raw materials and to reuse by-products and scraps in every branch of industry.

Water supply in harmony with Nature

Water was the essential prerequisite for industrial development along the Rhine and Ruhr. The Rhine inevitably attracted numerous major companies, especially in the chemical industry.

The region between the rivers Ruhr, Emscher, and Lippe was only able to become the largest industrial conglomeration in Europe because there was a plentiful supply of water from the Ruhr and Stever. Since there is not sufficient groundwater available, it has been replenished with surface water to guarantee a reliable supply of water for around 5 million people, as well as trade and industry in the Ruhr area for more than 100 years. The water is obtained in harmony with Nature, the infiltration of surface water maintaining the groundwater at a constant level.

Almost all the waterworks along the Ruhr have used the method of groundwater replenishment, particularly in Hamm, Dortmund, Bochum, Witten, Essen, Duisburg, and above all Gelsenkirchen, whose public utility Gelsenwasser AG is the largest supplier of water in the region.

Gelsenwasser is a regional utility which has provided water for 2.5 million people and trade and industry for over 100 years. Partnerships have been set up with 45 municipalities and 30 neighbouring utilities, as well as industrial companies in order to achieve this purpose. Industry takes roughly one half of the 300 million cubic metres of water sold annually. Of these 150 million cubic metres, two thirds are drinking water, the other one third being industrial water. Protection of the countryside, rivers and lakes is a task of outstanding importance to the water management industry in the Ruhr area. Gelsenwasser and the neighbouring waterworks along the Ruhr have for many years devoted their attention to the ecological potential slumbering in the extensive water catchment areas.

A number of measures have been taken in the Ruhr valley and in the Haltern area to safeguard species and natural habitats. Measures to develop and care for the countryside also promote the natural development of flora and fauna, as well as creating new habitats. Known as secondary biotopes, these new habitats are to be interconnected with the aim of improving the ecological structure of the Ruhr area.

Reservoirs and sewage treatment plants

As members of the Ruhr Association, the Emscher Cooperative and the Lippe Association, industry and the municipalities of the Ruhr area have been committed to water management for over 100 years.

14 reservoirs have been built to ensure that the Ruhr always has sufficient water. 116 sewage treatment plants ensure that the rivers in the Ruhr catchment area remain clean and unpolluted. Because the Ruhr is an important source of drinking water, the Emscher was turned into a »sewage canal« in order to prevent wastewater from being discharged into the Ruhr. Before it flows into the Rhine in Duisburg, the wastewater is biologically treated in a sewage treatment plant operated by the Emscher Cooperative, the largest such plant in Europe. Renaturation of the EmscherNow that the mining industry has largely left the Emscher zone and moved northwards, more stringent demands are being voiced with regard to restoration of the landscape. More importance is being attached to improving the ecological potential of the Emscher landscape. The North Rhine/Westphalian government has also decided to hold the International Building Exhibition (IBA) in the Emscherbruch area between Dortmund and Duisburg in order to accelerate the process of economic, ecological and structural urban change.

This renewal of the urban landscape includes the transformation of the former Emscher system. Streams are to be recultivated in a measure affecting the entire system of water management and even the sewerage systems in the towns. The wastewater must be separated off and treated, the streams must be restored, space created for the fields lining their banks and water provided for the stream bed.

Two experts have been commissioned to study the possibilities available for decentralizing the wastewater treatment system in such a way as to obtain water of sufficiently good quality. The costs involved will be one of the most important factors under review. They are estimated at several billion, an enormous investment for the municipalities and trades in the Emscher area and one which will probably be impossible without state subsidies. The past system of routing the wastewater through largely open channels with central purification facilities was an extremely low-cost solution.

Protection for the North Sea

One of the main problems still outstanding concerns the need to reduce the nitrogen load in the wastewater in order to protect the North Sea.

It has been estimated that more than DM 100 billion will be required in order to modernize the canal networks and convert the sewage treatment plants nationwide. The municipalities are the ones most strongly affected by the problem of reducing the phosphorus and nitrogen load in the wastewater.
However, industry must also reduce its share of the pollutants and nutrients discharged with the wastewater. Production processes must be converted, wastewater treatment systems installed or improved and new environmental technologies used.
Farmers are called upon to till their land in an ecologically safer manner and reduce the pollutant and nutrient loads discharged into the groundwater, rivers and lakes.

Tower biology

Methods of eliminating organic substances have been tried and tested for a long time, but the elimination of nitrogen compounds using a combination of different biological stages in the tower process is a relatively new development.
This development is known as tower biology and used by Bayer Leverkusen to treat its wastewater. More than 10 billion bacteria actively purify the wastewater in enclosed tanks. Atmospheric oxygen is introduced through nozzles developed specially for this purpose. The bacteria consume the pollutants as their food.
More natural processes, such as plant-based treatment systems or wastewater ponds, represent an alternative to the industrial wastewater treatment plants, albeit only for a limited range of applications.

Recycling sewage sludge

Another major problem is what to do with the huge volumes of sewage sludge produced by the treatment plants. Deutsche Babcock have developed a special process for dewatering and drying the sludge in order drastically to reduce its volume. The solid residue can be used for a variety of purposes. The company is building six plants with a capacity of 5,000 tons per day for the city of Hamburg.

Elimination of pollution from the past.

According to the Environment Ministry in Düsseldorf, there are currently more than 12,000 known waste sites and deposits in North Rhine/Westphalia. The Land, municipalities, central government and industry are faced with the major challenge of cleaning up this pollution from the past. In addition to structural development measures, thermal, extractive, biological and hydraulic treatment processes can be used for this purpose and a number of West German companies have already developed appropriate new technologies.

Conservation of Nature and the countryside

The conservation of Nature and the countryside is an important objective for an industrial region like North Rhine/Westphalia. It is the Land government's stated aim to turn 3% of the total land area into conservation areas. The areas worthy of conservation are spread throughout both rural regions and the urban conglomerations. The primary objective is gradually to recover the ecological stability of these areas.
All nature conservation, care and development measures are based on the land utilization plan.

Recultivation of mining areas

The conservation of Nature and the countryside was for a long time ignored as land was claimed for open-cast mining in the Rhenish mining district between Cologne, Aachen and Düsseldorf, as well as for housing, roads and the re-allocation of arable land. When the areas ravaged by open-cast mining operations were subsequently recultivated, the trees and shrubs were primarily planted in order to prevent the slopes and embankments from eroding. For decades, the recultivation efforts were dominated by the creation of land for agriculture and forestry. Attitudes are changing now as scientific studies show that more and more animal and plant species have to be included in the lists of endangered species.
Ecological diversity has now been restored in the newly created woodland lake areas. Numerous large and small lakes, water-filled ditches, dry sites and a

variety of wood formations established during three recultivation periods form the basis for a highly varied animal and plant world. After carefully monitoring the bird populations for several years, ornithologists now report that 92 species breed in the recultivation area and that another 70 species regularly spend the winter there or stop on their way north or south.

Lignite reserves in the Federal Republic of Germany total around 56 billion tons, including around 55 billion tons in the Rhenish mining district between Cologne, Aachen and Düsseldorf. A large percentage of the total can be mined economically.

Rheinbraun AG extract around 100 million tons of lignite annually. Together with landscape designers, the company is developing optimum recultivation measures in order to overcome the scars inflicted upon Nature by the open-cast mining operations.

Green hills

From lignite to bituminous coal: coal mining generates immense volumes of overburden. Mountains of overburden have built up throughout the Ruhr area in the course of the decades, but here too the mining industry is taking steps to recultivate the landscape and create green hills. This has already proved successful in many cases, the hills forming part of the recreation areas for the local population. Environmental protection in line with ecological and economic interests in the Ruhr area. Confrontation has given way to cooperation.

Ecologie et économie dans un pays industrialisé: la fin d'une contradiction

«Lorsque l'homme viole les lois de la nature, il se menace lui-même». Pour le Président fédéral, Richard von Weizsäcker, les problèmes de l'environnement sont devenus une question de survie. «Ce n'est que si nous respectons la nature pour elle même qu'elle nous permettra de survivre».

Ce n'est pas parce que la nature opposerait à l'homme sa démesure originelle que ce dernier serait menacé, mais bien parce qu'il court lui-même le risque de perdre toute mesure«.

Alors, ajoute le Président fédéral, que chacun d'entre nous est responsable de la préservation de la Création et de l'avenir de la vie sur notre planète.

Pour ce qui est de la sauvegarde des fondements naturels de notre existence, la nature et ses cycles nous donnent une leçon en matière d'utilisation des ressources naturelles: la consommation mène dans une impasse!

«Autant de nature que possible, juste ce qu'il faut de technique»: un principe qui semble dominer les pensées et l'action de bien des responsables de l'environnement dans notre Land.

Ecologie et économie ne sont plus ressenties comme deux termes contradictoires.

Le fait que l'on fasse de plus en plus du milieu ambiant un facteur associé à celui du travail et du capital le montre de manière évidente.

Finie l'éopoque où l'on pouvait utiliser gratuitement l'environnement, troisième facteur de production. Les avantages économiques et sociaux acquis, l'ont été trop longtemps au prix de la pollution de la nature et du milieu ambiant.

Des trésors «prêtés»

Il faut que producteurs et consommateurs érigent en principe suprême de leur activité, une utilisation responsable des trésors que nous prête la nature. Plus que jamais, les lois de la nature en matière d'eau, de sol et d'air, doivent être considérées dans leur totalité.

On considère à juste titre comme une mission culturelle la volonté de concilier écologie et économie dans un Land industriel comme la Rhénanie-du-Nord-West-

phalie. Culture au vrai sens du terme, la nature et nos rapports avec elle, un défi ou, comme le dit le Président fédéral, une question de survie.
C'est la technique qui a servi de base au développement de la société industrielle de nos jours. C'est la technique qui a servi de moteur au progrès, à la prospérité. Mais la technique, le progrès technique ne doivent pas se limiter à la réalisation d'objectifs économiques.

Parrainer de nouvelles évolutions

Pour préserver le futur, assurer nos conditions de survie, une technique orientée vers l'avenir doit apporter sa contribution à l'oeuvre de réconciliation de la technique et de la nature.
Là où la technique a essentiellement favorisé le déploiement industriel, elle parraine aujourd'hui la transformation écologique des régions industrielles, une utilisation de la technique suivant des principes d'action écologiques et économiques: en Rhénanie-du-Nord-Westphalie, dans la région comprise entre la Ruhr et la Weser, et surtout dans cette région devenue par la Ruhr pour le monde entier, synonyme de zone de concentration industrielle.
A la fin du siècle dernier, la Ruhr, berceau de l'essor économique, a essentiellement attiré des hommes en provenance de l'est et qui trouvèrent sur les bords de la Ruhr, du travail et du pain. Ce qui fut imaginé et réalisé grâce à l'extraction du charbon et la production d'aciers de haute qualité, a rendu service à beaucoup de monde, bien au-delà des frontières de la Ruhr.

Des signes en provenance du bassin houiller

Ce n'est pas un hasard si, après deux guerres mondiales, l'essor économique a pris son origine dans la Ruhr. Et lorsque le milieu ambiant montra des signes de maladie, c'est d'ici également que vinrent les premiers signes de la guérison. C'est au début des années 60 que l'on parla pour la première fois de «protection de l'environnement», à l'époque où l'on fit du «ciel bleu sur le bassin houiller» le nouvel objectif en matière de protection de la santé.
Les pollutions du Rhin et la mort de quantités énormes de poissons firent prendre pour la première fois conscience, en 1966, de la nécessité d'assainir l'eau.

Ce ne sont pas des initiatives de citoyens, mais les services de distribution de l'eau des bords du Rhin, intéressés par la protection des eaux, qui tirèrent le signal d'alarme. C'est alors que le groupe de travail des services de distribution de l'eau des bords du Rhin vit le jour, une organisation qui, en coopération avec l'industrie, les autorités et les communes, peut se réclamer aujourd'hui d'avoir été à l'origine d'une amélioration déterminante de la qualité de l'eau du Rhin. La disparition des puits de mine dans la Ruhr fit considérer le «sol» comme un élément digne de protection dans la vision écologico-politique globale. L'implantation de nouvelles activités commerciales, industrielles et artisanales, dans le but de maîtriser la crise structurelle, non seulement dans le secteur du charbon, mais aussi dans celui de l'acier, mit l'accent sur une nouvelle notion que l'on allait à partir d'alors désigner du nom d'«élimination des matériaux anciens». Pour ces problèmes, la protection de l'environnement de tous les secteurs de l'eau de la terre et de l'air devint alors de manière accrue internationale. Les groupes d'initiatives formés par des citoyens au début des années 70, accrurent la pression: une nouvelle notion «les verts» vit le jour et se développa jusqu'à devenir un mouvement qui allait participer dans plus d'un parlement à la formation de majorités nouvelles.

Des priorités nouvelles

La protection de l'environnement, un sujet qui, au travers des média, allait de plus en plus sensibiliser les milieux politiques, économiques et des consommateurs. Des priorités nouvelles furent fixées, visant à une «transformation écologique de la société industrielle».
La Rhénanie-du-Nord-Westphalie, centre allemand de l'industrie des matières premières et du secteur économique de l'énergie, est de plus en plus devenue, au cours des dernières années, une implantation de pointe en matière de technologies de l'environnement.
Les importantes recherches effectuées dans le secteur du milieu ambiant ont eut pour conséquence une amélioration écologique et économique des processus industriels. La lutte commença à la source même des nuisances mettant en péril le milieu ambiant. On retient en grande partie sur le lieu de leur production

les substances dangereuses pour les cycles naturels. Toutes les possibilités d'évacuation ne sont pas encore pleinement développées. Le principe du «responsable», la prise de conscience du fait que chacun doit assumer la responsabilité des dommages qu'il a causés à l'environnement, a fait se renforcer les mesures préventives. On a fait appel à de nouvelles méthodes de prévention permettant d'éviter les nuisances ou de les faire disparaître: prévenir coûte moins cher que réparer, une prise de conscience tardive, mais peut-être pas trop tardive, un espoir, celui d'être peut-être encore en mesure d'éviter la catastrophe écologique qui menace la préservation des fondements naturels de notre vie.

Centre des technologies de l'environnement

L'utilisation de technologies de pointe dans le secteur de la protection de l'environnement, en vue d'un renouvellement écologique et économique de la société industrielle, doit s'accompagner d'une modification de la conscience écologique, tant chez les producteurs que chez les consommateurs. Chaque citoyen est tenu, dans le secteur qui lui est propre, à la maison, sur son lieu de travail et durant ses loisirs, de participer à la préservation du milieu ambiant.
En Rhénanie-du-Nord-Westphalie, on dénombre déjà aujourd'hui environ 1 millier d'entreprises d'importance supra-régionale offrant des biens et des services écologico-orientés. 700 d'entre elles sont consignées dans le fichier «technologie de l'environnement en Rhénanie-du-Nord-Westphalie» établi par le Centre de RNW pour l'Innovation et les Technologiques (ZENIT) de Mülheim.
Plus de 70 000 salariés travaillent déjà dans le secteur de la production de biens et de services écologico-orientés. D'après les estimations du Ministère de l'environnement de RNW à Düsseldorf, si on y ajoute les emplois s'y rattachant indirectement, ce chiffre atteint les 100 000 salariés.
Avec 3,56 milliards de DM, c'est pratiquement la moitié de l'ensemble des moyens investis en Rhénanie-du-Nord-Westphalie dans des mesures de protection du milieu ambiant qui a été versée par les entreprises du secteur des activités de production. Une preuve de l'évolution dynamique connue par le marché des technologies de l'environnement en RNW. Dans le secteur des technologies de l'environnement, une entreprise sur trois n'est active que depuis 1981 sur le marché de la protection du milieu ambiant.

La protection de l'environnement, ça se calcule

L'importante demande de processus et de produits performants et non polluants n'est pas seulement le signe d'un besoin d'écologie, mais aussi d'un intérêt économique. La protection de l'environnement est d'une part un facteur de coûts, d'autre part, elle représente aussi une opportunité en matière d'économie de coûts et de nouveaux débouchés.
On peut également constater au travers de la demande accrue de produits écologiques, combien a évolué la prise de conscience des consommateurs en matière d'environnement. Le nombre des produits marqués de l'ange écologique a été multiplié par six au cours des cinq dernières années.

Le Cercle d'Initiative de la Ruhr

Un nouveau mouvement, appelé «Cercle d'Initiative de la Ruhr», témoigne aussi d l'importance prise par la protection de l'environnement. «Nous autres, habitants de la Ruhr, tous ensemble vers le progrès»: c'est sous cette bannière que se sont réunis en l'espace d'une année, 50 entrepreneurs allemands de pointe. En devenant membres de ce Cercle, ils se sont engagés à matérialiser leur engagement en procédant de manière accrue, dans la zone de concentration industrielle de la Ruhr, à des investissements orientés vers l'avenir. 4,6 milliards de DM ont déjà été investis de la sorte.
L'une des tâches principales est l'amélioration de la situation du milieu ambiant. Les capitaines de l'économie témoignent en quelque sorte aussi par leur engagement, d'une position commune en matière de protection de l'environnement. Pour eux, la protection du milieu ambiant n'est pas seulement la condition économique préalable à la préservation de l'avenir économique et social. Ils y voient également une grande obligation éthique: la protection de l'environnement est pour eux «l'affaire du patron» et se voit attribuer autant d'importance que les autres objectifs de l'entreprise.

Les activités permettant de réduire de manière rapide et efficace les nuisances existantes, ou d'éviter l'apparition de nouveaux risques, sont des plus variées.
Dans ce secteur, l'objectif des technologies améliorées est de modifier les processus de production dans un sens visant à les rendre mieux supportables pour le milieu ambiant, de réduire la consommation des matières premières, de l'énergie, des emplacements et de réduire le volume des déchets par le biais de la réutilisation, d'une prolongation de la durée de vie des produits et par une réduction du volume des emballages.

Une pollution atmosphérique réduite

La notion de «trou de l'ozone» fait apparaître clairement l'importance globale prise de nos jours par la préservation des couches atmosphériques. Le smog qui s'abattit en 1985 sur la Ruhr, a bien démontré que la pollution atmosphérique n'était pas un problème uniquement local ou régional, mais résultait aussi de «l'importation» d'un air hautement pollué et provenant des régions industrielles de RDA et de Tchécoslovaquie.
Avec la catastrophe de Tchernobyl, en 1986, le problème a pris une tout autre dimension.
On étudie systématiquement depuis les années 60, les conséquences catastrophiques de la pollution atmosphérique sur la nature et le milieu ambiant vivant. C'est dans la Ruhr que furent obtenus les premiers résultats. Il était donc logique que ce soit également ici que soient mises en applications les premières mesures visant à préserver la qualité de l'air. Ces mesures concernèrent avant tout le secteur des centrales électriques au charbon et au lignite. L'installation de systèmes de désulfuration et de dénitruration permit de mettre ces centrales en conformité avec les servitudes fixées par le législateur dans l'ordonnance relative aux grandes installations de chauffe «Instructions techniques pour l'air». Condition préalable: des investissments se chiffrant par milliards.
Dans l'optique d'une amélioration rapide de la qualité de l'air, l'accent fut mis sur les entreprises donnant lieu à d'importantes émissions: dans les secteurs de l'industrie du fer et de l'acier, de l'industrie des produits dérivés de la houille et de la production d'énergie. Concernées, des entreprises aussi connues que Hoesch, Krupp, Mannesmann, la Ruhrkohle, RWE, Steag, Thyssen, Veba et VEW.
Les entreprises qui mirent au point les procédés nécessaires sont entre autres la Deutsche Babcock, Lentjes et Hölter, mais aussi des filiales des anciens grands consortiums miniers tels que Thyssen Engineering ou Mannesmann Anlagenbau. Il ne faut pas non plus oublier de citer les nombreuses entreprises de moyenne importance qui ont fait ces dernières années leur entrée sur le marché de l'environnement et dont le know-how a contribué de manière déterminante à accroître l'engagement en faveur de la protections du milieu ambiant.

GDK: la centrale du futur

La réduction des poussières et l'installation des filtres nécessaires ont marqué les débuts d'une évolution des technologies de l'environnement unique en son genre. Leurs qualités extrêmes permettent de planifier aujourd'hui déjà la centrale du futur: la GDK, qui signifie «Centrale à gaz à turbines à vapeur avec carburation partielle au charbon et chauffage par courant dense intégrés», une technique mise au point par le VEW de Dortmund. Ce type de centrale à charbon qui, sans installation supplémentaire de désulfuration et de dénitruration, satisfera aux sévères exigences du législateur en matière de protection de l'environnement, doit être réalisé jusqu'au milieu de la prochaine décennie. La centrale VEW de Werne, qui représente un premier pas vers cette réalisation de demain, est jusqu'à présent la seule et en même temps la plus grande installation au monde à être équipée d'une turbine à gaz alimentée en gaz naturel et elle réalise déjà des économies de combustible de l'ordre de 15%. Par ailleurs, ce procédé soulage l'environnement dans la même proportion, en libérant 15% de moins de substances nuisibles.
Il convient également de citer des installations comme celle de désulfuration par frittage des gaz d'échappement de la Thyssen AG, la première et la seule à l'extérieur de l'Asie orientale depuis 10 ans, ou bien encore également le haut-fourneau à dépoussiérage en hall de coulée dû à Thyssen, le premier du genre en République fédérale d'Allemagne.
Le premier électrofiltre du monde destiné à un convertisseur à soufflage au-dessus du bain, en fonction

depuis les années 60 dans les usines Mannesmann, a ouvert, lui aussi, de nouvelles voies.

Sans que le grand public s'en rende vraiment compte, le secteur économique du pétrole a, lui aussi, modifié son système de distribution de carburant de sorte à réduire les émissions lors du remplissage des réservoirs de véhicules dans les stations service. Les nocives émissions d'hydrocarbure ont été considérablement réduites.

La méthode du verre flotté

Dans l'industrie du verre, également, les émissions ont été considérablement réduites. La Flachglas AG a par exemple réussi, en investissant des millions dans l'usine de Gladbeck, à réduire de deux manières les émissions, essentiellement celles de SO_2: d'une part en modifiant le système de chauffage des cuves de vitrification (méthode du verre flotté), désormais alimentées au gaz naturel, puis en installant deux installations d'épuration des gaz d'échappement qui doivent être mises en service en 1991/92.

Réutilisation des matières premières

Bien avant que le mot «Recycling» ne soit importé des USA, il s'est développé dans l'industrie minière un secteur économique des matériaux résiduels. L'immense volume des matières premières et le manque de place de la zone de concentration située sur les bords du Rhin et de la Ruhr, obligèrent très rapidement à trouver des possibilités de réutilisation pour les matières résiduelles. On intensifia la mise au point d'installation de recyclage.

Nombre d'entreprises s'efforcent de parvenir à des productions pauvres en déchets et favorables au recyclage. L'industrie du fer et de l'acier, en particulier, de même que le secteur des ferrailles, ont mis au point des systèmes de recyclage pratiquement parfaits. Les quotas atteignent en moyenne 80 à 90% pour les scories, sables, ferrailles et autres matériaux de recyclage.

Dans le secteur du recyclage des vieux papiers et du verre, les conteneurs que l'on rencontre aujourd'hui pratiquement à chaque coin de rue, témoignent de la volonté de chacun d'apporter sa contribution à l'élimination des déchets. Mais il faudra venir à bout de l'énorme montagne des emballages. Les arrêtés nécessaires mettront l'industrie des denrées alimentaires et le commerce devant leurs responsabilités.

On peut constater ici aussi des signes encourageants: c'est ainsi par exemple que Joghurtbecher produit déjà pour les produits laitiers des emballages recyclables. On renonce de plus en plus à l'utilisation du PVC. Les grands consortiums commerciaux tels que Karstadt et Aldi veillent à acheter des produits non nuisibles pour l'environnement et poussent les fabricants à améliorer leurs conditions de production et de distribution. Chaque pas accompli en faveur de la réduction des déchets compte, que celle-ci s'effectue par la remise de sacs ou l'apparition de cartons de vente ouverts, pour économiser les couvercles.

Les fabricants d'ordinateurs, eux aussi, jouent en grande partie le jeu du recyclage, en remaniant/réutilisant les appareils usagers, un récupérant des composantes réutilisables telles que prises, cables, plaquettes à circuits imprimés et écrans.

L'imprimerie peut, elle aussi, résoudre de nombreux problèmes grâce à des procédés de retraitement ou de recyclage bien pensés.

On pourrait citer encore d'innombrables exemples des tentatives effectuées dans tous les secteurs de l'industrie en vue d'économiser les matières premières, de réutiliser les matériaux résiduels.

Une alimentation en eau en harmonie avec la nature

L'eau était la condition préalable à l'industrialisation des rives du Rhin et de la Ruhr. Par la force des choses, de nombreux consortiums, essentiellement du secteur de la chimie, vinrent s'implanter sur les bords du Rhin.

La région située entre la Ruhr, l'Emscher et la Lippe ne put devenir la plus grande zone de concentration industrielle d'Europe que grâce à son alimentation suffisante en eau en provenance de la Ruhr et de la Stever. C'est grâce l'enrichissement des eaux souterraines, insuffisantes, par des eaux de surfaces, qu'est assurée depuis plus de 100 ans l'alimentation en eau d'environ 5 millions d'habitants, des activités du secteur artisanal et de l'industrie. L'exploitation de l'eau s'effectue en harmonie avec la nature: le niveau de la nappe phréatique reste constant grâce à l'infiltration des eaux de surface. Pratiquement tous les services d'alimentation de la Ruhr utilisent la technique de l'enrichissement des eaux souterraines: les services de Hamm, Dortmund, Bochum, Witten, Essen, Duisbourg et avant tout le plus grand fournisseur d'eau, la Gelsenwasser AG de Gelsenkirchen.

Une entreprise régionale, la Gelsenwasser, met depuis un siècle de l'eau à la disposition de 2,5 millions d'habitants, du secteur des activités commerciales et artisanales et de l'industrie. Elle s'acquitte de cette tâche en coopération avec 45 communes et 30 services de distribution des eaux des environs, en collaboration aussi avec pratiquement toutes les entreprises industrielles. La moitié environ des 300 millions de mètres cube vendus chaque année le sont à l'industrie. Deux tiers de ces 150 millions de mètres cube sont constitués d'eau potable, un tiers d'eau de service.

L'économie hydraulique de la Ruhr attache une énorme importance aux problèmes de la protection de la nature et des eaux. Depuis des années déjà, la Gelsenwasser et les compagnies des eaux avoisinantes de la Ruhr ont à l'oeil les potentiels écologiques qui sommeillent dans les grandes installations d'exploitation des eaux.

C'est ainsi qu'on a pris dans la vallée de la Ruhr et dans la région de Haltern toute une série de mesures destinées à protéger les espèces et les biotopes. Les mesures prises en faveur du développement et de la préservation de la nature favorisent l'évolution naturelle de la faune et de la flore, en créant de nouveaux espaces de vie. Ces biotopes dits secondaires vont être mis en connexion, une contribution en vue de l'amélioration de la structure écologique de la Ruhr.

Barrages et stations d'épuration

Membres de l'Association de la Ruhr, de la Coopérative de l'Emscher et de l'Association de la Lippe, l'industrie et les communes de la région sont, depuis un siècle déjà, intensivement engagées dans l'économie hydraulique.

Afin d'assurer une alimentation en eau toujours suffisante, 14 barrages ont été construits. 116 stations d'épurations veillent à la propreté des fleuves de la zone d'alimentation de la Ruhr. Afin d'éviter le plus possible que la Ruhr, importante pour l'exploitation de l'eau potable, ne soit polluée par les eaux usées, on a fait de l'Emscher une «canalisation d'égout». Avant que les eaux usées ne s'écoulent dans le Rhin à Duisbourg, elles sont épurées biologiquement dans la plus grande station d'épuration d'Europe, exploitée par la coopérative de l'Emscher.

Régénération de l'Emscher

L'exploitation des mines s'étant en grande partie déplacée de la région de l'Emscher vers le nord, on souhaite désormais réorganiser cette région. On attache également maintenant la plus grande importance au renforcement du potentiel écologique du pays de l'Emscher.

Afin d'accélérer le processus de restructuration économique, écologique et urbanistique de la zone d'Emscher, le gouvernement du Land de RNW veut organiser dans l'Emscherbruch, entre Dortmund et Duisbourg, l'Exposition Internationale d'Architecture (IBA Internationale Bauausstellung).

La transformation de l'actuel «système Emscher» sera aussi une composante du renouvellement du paysage urbain. La réorganisation des cours d'eau dans la région de l'Emscher, intervient en profondeur dans l'ensemble de l'économie hydraulique, jusque dans les canalisations des villes. Il faut que les eaux écoulées soient transportées et traitées séparément. Les cours d'eau doivent être réorganisés, il faut créer des espaces pour les prairies et amener de l'eau dans les lits. Deux experts ont été chargés d'étudier la manière dont doit être organisée une épuration décentralisée des eaux permettant d'atteindre une qualité satisfaisante. Il s'agit aussi essentiellement d'un problème de coûts. Les premièresé évaluations parlent de milliards, une dépense énorme pour les communes et les entreprises de la région de l'Emscher, dépense à laquelle elles ne pourront faire face sans subventions publiques. Jusqu'à présent l'élimination des eaux usées était un système en grande partie ouvert et l'épuration centralisée très peu coûteuse.

Pour une préservation de la Mer du Nord

L'un des grands problèmes en matière de préservation des eaux est celui que pose la réduction des taux d'azote des eaux usées, en vue d'une meilleure préservation de la Mer du Nord.

On évalue à plus de 100 milliards, le coûts de l'assainissement du réseau de canalisations et de la réorganisation des stations d'épuration. L'élimination de l'azote et du phosphore qui polluent l'eau est essentiellement du ressort des communes.

Mais l'industrie doit, elle aussi, réduire les pourcentages de substances nuisibles et d'aliments rejetés, transformer ses procédés de production, construire ou améliorer ses stations d'épuration et utiliser les technologies nouvelles en matière de protection du milieu ambiant.

On attend de la même façon de l'agriculture qu'elle cesse de polluer l'eau, en exploitant les sols de manière écologique.

La biologie en tour

Alors qu'on dispose depuis longtemps de techniques bien connues et éprouvées permettant l'élimination des substances organiques, l'élimination des composés nitreux par la combinaison de diverses niveaux biologiques dans des constructions hautes, est une technique relativement jeune.

En Rhénanie-du-Nord-Westphalie, cette technique appelée la biologie en tour, est utilisée entre autres pour l'épuration des eaux usées de Bayer Leverkusen. Plus de 10 milliards de bactéries s'emploient à cette épuration dans des réservoirs clos. Des buses spécialement mises au point, assurent leur alimentation en oxygène atmosphérique. Les bactéries se nourrissent alors des contaminants.

A côté de ces installations d'épuration hautement technologiques, les procédés proches de la nature tels que les stations d'épuration végétales ou les étangs d'eaux usées représentent une alternative pour des zones limitées.

L'utilisation des boues de curage

On attache également une importance toute particulière au retraitement des énormes quantités de boues de curage des stations d'épuration. Un procédé de déshydratation et d'assèchement mis au point par le Deutsche Babcock, permet de réduire leur volume de manière radicale. Le résidu solide peut tout à fait être réutilisé. L'entreprise est en train de construire pour la ville de Hambourg, 6 de ses installations d'une capacité de 5000 tonnes par jour.

Elimination des vieux matériaux

D'après le Ministère de l'environnement de Düsseldorf, on connaît actuellement en Rhénanie-du-Nord-Westphalie plus de 12 000 dépôts de vieux matériaux. L'assainissement de ces lieux est un grand défi posé au Land, aux communes, à la fédération et au secteur des activités commerciales, industrielles et artisanales. A côté de mesures de mise en valeur relevant des techniques de construction, on peut envisager entre autres un traitement par extraction ou par des procédés thermiques, biologiques et hydrauliques. Là aussi, diverses entreprises d'Allemagne fédérale mettent au point de nouvelles technologies.

La protection de la nature et des sites

Pour un Land industriel comme la Rhénanie-du-Nord-Westphalie, la protection de la nature et des sites a une extrême importance. Le but déclaré du gouvernement du Land est de décréter zone protégée, trois pour-cent de la surface du Land. Les zones dignes d'être préservées, tant dans des régions agricoles que dans les zones de concentration urbaine, doivent être protégées. Il s'agira de rétablir, pas à pas, leur stabilité écologique.

Un plan des sites sert de base à toutes les mesures visant à la protection de la nature, à l'entretien et au développement des sites.

Remise à terre des zones d'exploitation

Pendant longtemps, les contraintes posées au Land en matière d'exploitation à ciel ouvert du lignite dans la région rhénane située entre Cologne, Aix-la-Chapelle et Düsseldorf, mais également en matière de construction de logements, de routes ou de remembrement rural, ont fait que l'on a attaché fort peu d'importance aux problèmes de la protection de la nature et des sites. En matière de réutilisation des terres d'exploitation du lignite, on se limita dans un premier temps à replanter les versants et les bosquets pour éviter l'érosion. Par la suite, des décennies durant, la remise à terre fut placée sous le signe de l'aménagement de surfaces agricoles et forestières. Dans l'intervalle, la disparition de nombreuses espèces végétales et animales, démontrée par des recherches scientifiques et consignée dans une «liste rouge», a amené à repenser le problème.

Entre-temps, on constate à nouveau dans les zones nouvellement créées de forêts et de lacs, la présence d'une grande variété écologique. D'innombrables points d'eau, petits et grands, des fossés humides, des lieux d'implantation secs et les forêts les plus diverses et datant de trois périodes de remise à terre, servent de fondement à une faune et une flore extrêmement variées. Les cartographies établies pendant plusieurs années par les ornithologues, font apparaître que 92 variétés d'oiseaux couvent dans la région de remise à terre et que 70 autres espèces y passent régulièrement l'hiver ou y font une escale, lors de leur migration.

Les réserves de lignite de la République fédérale d'Allemagne sont d'environ 56 milliards de tonnes, dont 55 milliards de tonnes environ dans la région rhénane située entre Cologne, Aix-la-Chapelle et Düsseldorf. De grandes quantités peuvent être exploitées de manière rentable.

La Rheinbraun AG, qui extraie chaque année environ 100 millions de tonnes de lignite, s'efforce, en coopération avec les architectes de paysage, de guérir autant que faire se peut par des mesures optimales de remise à terre, les blessures occasionnées à la nature par ses travaux d'extraction.

Les terrils verts

Du lignite à la houille: l'extraction du charbon donne naissance à d'énormes quantités de déblais. Depuis des décennies, la Ruhr a vu surgir du sol des montagnes qui étaient d'anciens terrils. Ici aussi, l'industrie minière s'efforce depuis des années, de faire naître des collines vertes, par l'intermédiaire de mesures de remise à terre. Elle y est déjà souvent parvenu et plus d'une de ces réalisation a pu être intégrée dans des zones périurbaines de loisirs.

La protection de l'environnement dans la Ruhr, entre économie et écologie. L'ancienne opposition s'est entre-temps transformée en coopération.

Besonders gelungene Projekte der Gartenstadtkonzeption von VEBA WOHNEN sind die »Borgholzstraße« (oben) und das Projekt »Müsendrei« in Hattingen (unten).

Especially successful projects of concepts for garden towns by the VEBA WOHNHEN can be found in the »Borgholzstraße« (top) and the »Müsendrei« project in Hattingen (bottom).

Projets de villes-jardins dus à VEBA WOHNEN et particulièrement réussis: la «Borgholzstraße» (en haut) et le projet «Müsendrei» de Hattingen (en bas).

VEBA Wohnen

»Start in die 90er Jahre«: Unter dieser Überschrift war in einer Ruhrgebiets-Zeitschrift das Konzept der Unternehmensgruppe VEBA WOHNEN dargestellt.
Das städtebaupolitische Ziel des nächsten Jahrzehnts für das Revier ist die Innenentwicklung der Städte. Für die Ansiedlungen muß es heißen: »Gartenstädte aus Kolonien«.
Mit dem Gartenstadtkonzept soll nicht nur wertvolle Bausubstanz gesichert werden, sondern ein wesentlicher Bestandteil dieser Idee ist auch die Gestaltung und Verbesserung des Wohnfeldes, und zwar im öffentlichen wie im privaten Bereich. Ausgehend von einer freundlicheren Gestaltung des Straßenbildes, die den vorhandenen Baumbestand einbezieht, sollen die stark begrünten öffentlich zugänglichen Innen- und Randflächen genutzt werden, um zusätzlich Freizeit-, Naherholungs-, Begegnungs- und Spielmöglichkeiten zu schaffen.
Der Initiativkreis Ruhrgebiet hat die Gartenstadtkonzeption von VEBA WOHNEN als beispielhaftes Projekt vorgestellt. Besonders gelungene Objekte sind z. B. die »Borgholzstraße« in Bochum, das Projekt »Müsendrei« in Hattingen oder die »Teutoburgia-Siedlung« in Herne.

»Starting out into the nineties«: the headline in a local magazine in the Ruhr area summed up the concept of the VEBA WOHNEN group of companies. Inner city development is the primary urban planning objective for the coming decade, turning the old housing estates into »garden cities«.
VEBA WOHNEN's »garden city« concept is designed not only to preserve those buildings worth preserving, but also to improve and redesign the entire residential environment in both the private and the public spheres: the streets are to be made more attractive, integrating the existing trees and public parks in the inner city and suburban areas, thus creating additional possibilities for leisure, recreation, gatherings and games.
The Ruhr Area Association (Initiativekreis Ruhrgebiet) has presented VEBA WOHNEN's garden city concept as an exemplary project. The »Borgholzstrasse« project in Bochum, the »Müsendrei« project in Hattingen and the »Teutoburgia« estate in Herne are some of the most outstanding cases in point.

«En route pour les années 90», c'est sous ce titre que le groupe d'entreprises VEBA WOHNEN présenta ses idées dans un magazine de la Ruhr. L'objectif urbanistique de la prochaine décennie pour la région est le développement intérieur des villes. La devise des agglomérations sera: «Des villes-jardins composées de colonies».
Cette idée de ville-jardin n'aura pas pour seule fin la sauvegarde de bâtiments de valeur; l'organisation et l'amélioration du milieu ambiant, tant dans le secteur public que privé en sera également une composante essentielle; elle commencera par un aménagement plus riant des rues, incluant la préservation des arbres et utilisera les zones vertes accessibles au public dans les centres villes et la périphérie pour en faire de nouvelles zones périurbaines d'animation de plein air et de loisirs.
Le Cercle d'initiatives de la Ruhr a présenté l'idée de ville-jardin de VEBA WOHNEN comme étant un projet exemplaire. Citons au nombre des réalisations particulièrement réussies, la «Bergholzstraße», à Bochum, le projet «Müsendrei», à Hattingen, ou la «Colonie Teutoburgia», à Herne.

Gut Friedrichsruh

Wenn man sich durch's Hauptportal dem 400 Jahre alten Gutsgebäude am Fuße des Teutoburger Waldes nähert, ahnt man nicht, daß es den Stammsitz des größten geflügelverarbeitenden Betriebes Deutschlands beherbergt: Gut Friedrichsruh in Steinhagen/Westfalen. Als dort in den fünfziger Jahren begonnen wurde, Eier und Schlachtgeflügel auf den Markt zu bringen, ließ die begrenzte Fläche des etwa 100 ha großen Gutshofes nur eine geringe Produktionsmenge zu. So entstand die Idee, die Geflügelmast und die Eierproduktion an bäuerliche Kleinbetriebe zu vergeben, die Produkte aber zentral durch Gut Friedrichsruh zu verarbeiten und zu vermarkten. Ein bis heute äußerst erfolgreiches Konzept: »Wiesenhof Landfrisch« aus dem Hause Gut Friedrichsruh ist längst zur bekanntesten und beliebtesten Geflügelmarke Deutschlands geworden.

Approaching through the main gate, it is hard to imagine that the 400 year old manor house at the foot of the Teutoburg Forest is in fact the head office of Germany's largest poultry processing company: Friedrichsruh Estate in Steinhagen, Westphalia. The estate's area of around 100 hectares imposed limits on the volumes produced when the first eggs and poultry were marketed in the fifties. It was therefore decided that small farmers should take over poultry breeding and egg production under contract, the products subsequently being processed and marketed centrally through Friedrichsruh Estate. The concept has proved remarkably successful, right up to the present day. »Wiesenhof farm fresh« from the Friedrichsruh Estate has long since become the best known and most popular brand of poultry in the country.

GUT FRIEDRICHSRUH, das Stammhaus der bekannten Geflügelmarke »Wiesenhof Landfrisch«. Die Freiland-Hähnchen werden nach bewährtem Konzept in bäuerlichen Familienbetrieben aufgezogen.

GUT FRIEDRICHSRUH, the parent factory of the well-known poultry brand »Wiesenhof Landfrisch«. The free-range poultry are bred in accordance with a tried concept on family-run farms.

GUT FRIEDRICHSRUH, siège de la célèbre marque de volaille «Wiesenhof Landfrisch». Les poulets sont élevés en liberté dans des exploitations familiales et selon des principes éprouvés.

Lorsqu'en franchissant son portail, on s'approche des bâtiments du Domaine, vieux déjà de 400 ans et situé au pied du Teutoburger Wald, on est loin de se douter qu'ils abritent le siège de la plus grande entreprise allemande du secteur vollailler: Gut Friedrichsruh, à Steinhagen/Westfalie. Lorsqu'on y entreprit, au cours des années 50, de commercialiser oeufs et volailles, les 100 hectares environ que compte le domaine n'autorisaient qu'une faible production. C'est alors que l'on eut l'idée de confier l'élevage des volailles et la production des oeufs à des entreprises agricoles de taille réduite, le Domaine de Friedrichsruh continuant à traiter et à commercialiser les produits. Une idée jusqu'à nos jours couronnée de succès. La marque «Wiesenhof Landfrisch», du Domaine de Friedrichsruh, est depuis longtemps l'une des marques de volailles préférées et les plus connues d'Allemagne. Gut Friedrichsruh, siège de la célèbre marque de volailles «Wiesenhof Landfrisch».

VEW Kraftwerk Werne

Am Standort Gersteinwerk in Werne-Stockum (bei Hamm) hat VEW durch den Bau und Betrieb von vier Erdgas-Kombi-Kraftwerken (je 400 MW) in den 70er Jahren sowie seit Oktober 1984 durch das Kohle-Kombi-Kraftwerk Werne (750 MW) bewiesen, daß Gas/Dampfturbinenprozesse, insbesondere auch in Verbindung mit kohlegefeuerten Dampferzeugern, großtechnisch beherrschbar sind. Durch den dort erreichten Wirkungsgrad von 42 % wurde eine Brennstoffersparnis von bis zu 15 % je Kilowattstunde erzielt. Im übrigen entlastet der Prozeß in gleichem Umfang — bis zu 15 % — die Umwelt von Schadstoffen.

At the Gersteinwerk site in Werne-Stockum (near Hamm), VEW has proven, through the construction and operation of four natural gas combined power stations (400 MW each) in the 70's and through the coal combination power station in Werne (750 KW) since October 1984, that gas/steam turbine processes can be controlled on a large scale, especially in combination with coal-fired steam producers. Thanks to the degree of efficiency there, 42 %, a fuel saving of up to 15 % per kilowatt hour can be achieved. Further, the process lowers the damage to the environment to the same extent — up to 15 %.

Sur la zone d'implantation des Gersteinwerk, à Werne-Stockum, la VEW a démontré par la construction dans les années 70 de quatre centrales électriques mixtes au gaz naturel (400 MW chacune) et, depuis octobre 1984, par la centrale mixte au charbon de Werne (750 MW), que l'on domine techniquement le principe des turbines à vapeur et à gaz, en particulier lorsqu'elles sont utilisées en liaison avec des producteurs de vapeur alimentés au charbon. Le rendement de 42 % qu'on y a atteint, a permis de réaliser des économies de combustible pouvant atteindre 15 % par kilowatt/heure. Par ailleurs, ce procédé réduit dans une même proportion (jusqu'à 15 %) la pollution atmosphérique.

Der in der Bundesrepublik erreichte technologische Stand bei Kohleverstromung und Kohleveredlung liegt — mit einem Vorsprung gegenüber dem Ausland — auf einem sehr hohen Niveau. Mit der konsequenten Weiterentwicklung dieser Techniken könnte bis zur ersten Hälfte des nächsten Jahrzehnts ein Kohlekraftwerkstyp, das sog. GDK, realisiert werden, der ohne zusätzliche Entschwefelungs- und Entstickungsanlage die strengen Umweltauflagen des Gesetzgebers erfüllt. GDK steht für »Gas-Dampf-Turbinen-Kraftwerk mit integrierter Kohleteilvergasung und Dickstromfeuerung«, eine Kraftwerkstechnik, die von den Vereinigte Elektrizitätswerke Westfalen AG (VEW) in Dortmund entwickelt wird.
Das GDK weist zwei entscheidende Vorzüge auf:
— deutlich höherer Wirkungsgrad; bis zu 25 Prozent bessere Brennstoffausnutzung,
— noch höhere Umweltfreundlichkeit auch ohne den teuren Einbau von Rauchgasreinigungsanlagen zur Entschwefelung und Entstickung.
Der Standard liegt zur Zeit bei 38 Prozent, mit Hilfe von Kombi-Prozessen können wahrscheinlich schon in mittlerer Zukunft Wirkungsgrade von bis zu 50 Prozent erreicht werden. Der daraus resultierende geringere Brennstoffeinsatz hat ganz zwangsläufig eine positive Umweltkonsequenz: Weniger Primärenergie bedeutet automatisch — im gleichen Verhältnis — weniger Schadstoffe — weniger SO_2 und NO_x, aber auch weniger CO_2.
VEW ist seit Anfang der 70er Jahre intensiv mit Gas-Dampfturbinenprozessen und neuartigen Kohlevergasungstechnologien befaßt und verfügt über eine reichhaltige Palette an praktischen Erfahrungen, die die Vorteile des Gas-/Dampfturbinenprinzips belegen.

A very high technological standard has been reached in the Federal Republic of Germany in the coal-fired generation of electricity and upgrading of coal, well ahead of that prevailing abroad. If these technologies are consistently improved, a new type of power plant could be realized in the near future. Known as the GDK, the new power plant would satisfy the stringent environmental restrictions imposed by German law without necessitating additional desulphurization and denitrification plants. GDK stands for »gas steam turbine power plant with integrated partial gasification of coal and slurry firing system«. The technology is being developed by the Vereinigte Elektrizitätswerke Westfalen AG (VEW) in Dortmund.
The GDK has two decisive advantages:
— Very much higher efficiency with up to 25% more efficient fuel utilization.
— Greater environmental safety even without the costly installation of flue gas desulphurization and denitrification plants.
The standard efficiency is currently 38%, but combined processes should make it possible to reach values of up to 50% in the near future. The resultant reduction in fuel required will inevitably have a positive effect on the environment, for less primary energy automatically means an identical reduction in pollutants, i. e. less SO_2 and NO_x, as well as less CO_2.
VEW have concentrated on the development of gas/steam turbine processes and innovative technologies for gasifying coal since the early seventies. The company now has a wide range of practical experience, particularly with the combined coal-and-gas-fired power plant (Werne/Hamm) which went into service in 1984 and demonstrates the advantages of the gas/steam turbine principle.

Le niveau atteint par l'Allemagne dans le secteur technologique de la transformation du charbon en courant électrique et de son ennoblissement est très élevé et possède une longueur d'avance sur l'étranger. Grâce au perfectionnement continu de ces techniques, il se pourrait que l'on soit très bientôt à même de réaliser une centrale à charbon, appelée GDK, remplissant les très sévères conditions imposées par le législateur allemand en matière de protection de l'environnement, et ceci sans nécessiter d'installations complémentaires de désulfuration et de dénitruration. GDK, cela signifie «Gas-Dampfturbinen-Kraftwerk mit integrierter Kohleteilvergasung und Dickstromfeuerung», c.à.d. «une centrale électrique à turbines à vapeur et au gaz, avec système intégré de gazéification partielle du charbon et à chauffage électrique», une technique actuellement mise au point par la compagnie d'électricité Vereinigte Elektrizitätswerke Westfalen AG (VEW).

La GDK présente deux avantages décisifs:
— un rendement nettement plus élevé; utilisation du combustible supérieure de 25 % maximum,
— une pollution encore moins grande, même sans avoir recours aux très coûteuses installations d'épuration des gaz d'échappement pour la désulfuration et la dénitruration.

La norme est actuellement d'environ 38 %, grâce à l'utilisation de processus mixtes, il sera probablement possible d'atteindre à moyenne échéance des rendements de l'ordre de 50 %. La consommation réduite de combustible qui en résulte, a nécessairement un effet positif sur l'environnement: moins d'énergie primaire signifie automatiquement, et dans la même proportion, moins de substances nocives, moins de SO_2 et de NO_x, mais aussi, moins de CO_2. Depuis le début des années 70, VEW s'occupe intensivement des turbines à vapeur/au gaz et des technologies nouvelles en matière de gazéification du charbon et dispose dans ce domaine d'une expérience très étendue, grâce en particulier à la centrale à charbon mixte qui fonctionne à Werne/Hamm depuis 1984, et qui documente les avantages du principe des turbines à vapeur/au gaz.

Ökologie und Binnenschiffahrt

Einen besonderen umweltfreundlichen Verkehrsweg schenkt uns die Natur, die Binnenwasserstraßen. In Deutschland sind sie zu 2/3 natürliche Wasserläufe und nur zu 1/3 künstlich angelegt.

Wasserstraßen sind die einzigen Verkehrswege mit nennenswerten freien Kapazitäten.

Sie weisen den geringsten Geräuschpegel der Binnenverkehrsträger auf und fahren selten durch dicht besiedelte Wohngebiete.

Abgasprobleme kennt die Binnenschiffahrt nicht. Die Abgasemission ist so gering, daß sie sich auf die Umwelt nicht auswirken kann.

Durch die Bewegung der Schiffsschrauben wird der Sauerstoffgehalt des Wassers angereichert.

Bilgenentölerboote verhindern die Verschmutzung der Wasserwege durch Öl. In der Bilge, dem tiefsten Punkt des Schiffes, sammelt sich ein Öl-Wasser-Gemisch, das kostenfrei von Spezialbooten übernommen wird. An Land installierte sogenannte Slopanlagen nehmen verschmutzte Ballastwässer, Reinigungswässer und Ladungsreste auf. Auch für die Lade- und Löschstellen der Verlader besteht auf Grund einer Musterhafenordnung die Verpflichtung zur Übernahme von Ladungsresten, Ballast und Tankwaschwässern. Die Müllabgabe in Kehrichtsäcken an allen Ladestellen sichert die Gewässerreinhaltung auch in diesem Bereich.

Schließlich macht ihre Sicherheit die Binnenwasserstraßen zu besonders umweltfreundlichen Verkehrswegen.

Inland shipping — ecology

Inland waterways are a gift of Nature and ecologically safe. Two thirds of the waterways in Germany are natural, the other one third being manmade.

Waterways are the only transport routes with notable unused capacity.

They are the quietest means of transport in the country and rarely lead through densely populated residential areas. Exhaust gases are not a problem for inland shipping, the emission levels being so low that they have no effect on the environment.

Movement of the ships' screws enhances the oxygen concentration of the water.

Bilge deoiling boats prevent the waterways from becoming polluted with oil. A mixture of oil and water collects in the bilge, the lowest part of the ship, and is transferred free of charge to special deoiling boats.

Slop facilities on shore take over the polluted ballast water, cleaning water and oddments. The shipping agents loading and unloading points are similarly required to accept oddments, ballast and tank-washing water as stipulated in a model harbour directive. Refuse must be packed in rubbish bags for collection at all loading points, thus ensuring that the water is also kept clean in this respect.

The safety of the inland waterways ultimately makes them the ecologically safest transport routes.

Navigation fluviale — Ecologie

La nature nous offre une voie de communication particulièrement non polluante, les voies d'intérieure. 2/3 d'entre elles sont composées en Allemagne de cours d'eau naturels, 1/3 seulement sont dues à la main de l'homme.

Les voies navigables sont les seules voies de communication à disposer encore d'importantes capacités exploitables.

Leurs transporteurs ont le niveau sonore le plus bas qui soit et ne traversent que rarement les agglomérations urbaines.

La navigation fluviale ne connaît pas les problèmes de gaz d'échappement. Les émissions de gaz sont si infimes qu'elles n'ont aucun effet nocif sur le milieu ambiant.

Le mouvement des hélices enrichit l'eau en oxygène. Des pompes spéciales d'assèchement du fond des bateaux évitent que les voies navigables ne soient polluées par l'huile. Il se forme à fond de cale, le point le plus bas du bateau, un mélange d'eau et d'huile que pompent gratuitement des bateaux spéciaux.

A terre, des installations dites «d'huiles non conformes» se chargent des restes d'eaux de ballast, de nettoyage et des restes de cargaison. Des règlements très stricts imposent, sur les lieux de chargement et de transbordement également, que soient repris les restes de cargaison, les eaux de ballast et de nettoyage des

---

Bilgenentölerboote verhindern die Verschmutzung der Wasserwege durch Öl. Sie legen an die Schiffe an, wie hier am Motorgüterschiff STINNES 60, und übernehmen das Öl-Wassergemisch, um es dann am Land zu entsorgen.

Bilge de-oiling boats prevent contamination of the waterways by oil. They dock near the ships, as here with the motor transport ship STINNES 60, and take on the oil/water mixture, in order to dispose of it on land.

Les bateaux à pompe spéciale pour l'assèchement des cales, empêchent la pollution huileuse de l'eau. Ils s'amarrent aux bateaux, ici au cargo STINNES 60, et pompent le mélange eau-huile avant de le retraiter à terre.

réservoirs. Sur tous les lieux de chargement, le ramassage des ordures dans des sacs en plastique garantit, dans ce secteur aussi, la protection des eaux.

Enfin, leur très grande sécurité fait des voies navigables des voies de communication particulièrement peu polluantes.

Kluge Umweltschutz GmbH

In einer Zeit, in der die Umweltbelastungen für Mensch, Tier und die gesamte Natur immer größer und vielfältiger werden, wird der Umweltschutz zu einer der wichtigsten Aufgaben.
Ziel der »Kluge Umweltschutz GmbH« mit Stammsitz in Duisburg ist es, an der Lösung dieser Aufgaben mitzuwirken.
Vor dem Hintergrund einer über dreißigjährigen Erfahrung im Umweltschutz machen Entwicklung und Einsatz fortschrittlicher Techniken das Unternehmen Kluge zum Spezialisten für die Reinigung und Entsorgung aller Industriebereiche sowie von Kraftwerken und kommunaler Infrastruktur.
Zum Leistungsspektrum bei der Sonderabfall-Entsorgung zählt auch die Sanierung von mit Asbest belasteten Gebäuden, in der das Unternehmen Kluge zu den kompetentesten Anbietern Deutschlands gehört.

Environmental protection is becoming increasingly important at a time when the ecological problems confronting people, the animal world and nature as a whole are becoming ever greater and more complex.
The objective of »Kluge Umweltschutz GmbH«, Duisburg, is to work towards solving these problems. With more than thirty years of experience in the field of environmental protection and in the development and use of advanced technologies, Kluge now specializes in treatment systems and waste disposal for all branches of industry, from power plants and municipal sources.
The range of services offered with regard to the disposal of special wastes includes the renovation of buildings contaminated with asbestos. Kluge is one of the most proficient companies in the country in this respect.

A une époque où les nuisances mettant en danger l'homme, l'animal et la nature toute entière ne cessent de croître et de se diversifier, la protection du milieu naturel devient une tâche de toute première importance.
L'objectif de la «Kluge Umweltschutz GmbH», dont le siège est à Duisbourg, est de participer à cette mission.
Ajoutée à une expérience de plus de trente ans dans le secteur de la protection de l'environnement, la mise au point et l'utilisation de techniques modernes font de l'entreprise «Kluge» le spécialiste de l'épuration et de l'évacuation des déchets pour tous les secteurs de l'industrie, les centrales électriques et les infrastructures communales.
Au nombre des activités d'évacuation des déchets spéciaux, figure également le traitement des bâtiments contenant de l'amiante, un secteur dans lequel l'entreprise «Kluge» est l'un des offrants les plus compétitifs d'Allemagne.

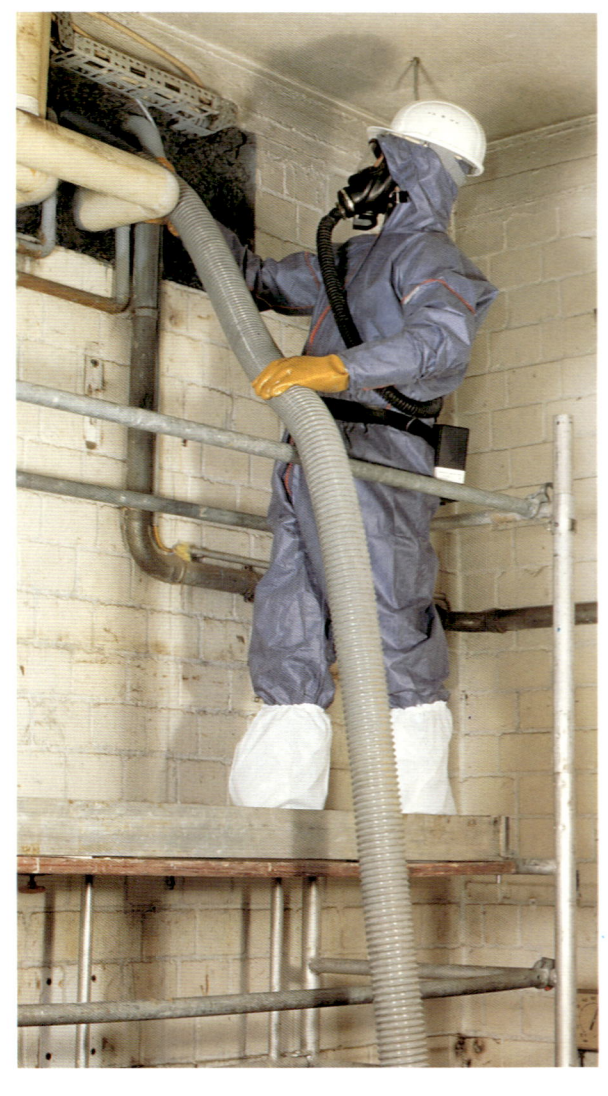

Integrierte mobile Abscheide- und Siebanlage für den Katalysatoren-Wechsel von KLUGE.

Integrated mobile separation and sieving plant for the KLUGE catalyst replacement.

Installation de séparation et de filtrage intégrée et mobile pour le changement de catalyseur de KLUGE.

links
Gesundheitsgefährdender Spritz-Asbest wird unter hohen Sicherheitsvorkehrungen entsorgt.

Sprayed asbestos, which is dangerous to health, is disposed of with high safety precautions.

C'est en prenant des précautions extrêmes que l'on évacue l'amiante pulvérisée, très dangereuse pour la santé.

Die Duisburger Hauptverwaltung koordiniert die Aktivitäten aller Niederlassungen.

The central administration in Duisburg coordinates the activities of all the branches.

L'Administration centrale de Duisbourg coordonne les activités de toutes ses annexes.

Handling von Sonderabfällen unter dem besonderen Aspekt der Arbeitssicherheit.

Handling of special refuse under the special aspect of work safety.

Le maniement des déchets spéciaux, du point de vue particulier de la sécurité sur les lieux de travail.

385

Während der Verarbeitung von Früchten im Produktionsprozeß bei der Firma Zentis werden die Kraftwerke – durch Nutzung von Großspeichern in der Kältetechnik – erheblich entlastet. Diese Speicher werden in den Schwachlastzeiten während der Nacht und an den Wochenenden geladen und entlasten so die Spitzenzeiten am Tag.

During the treatment of fruit in the production process on the premises of the firm of Zentis, the power stations can, for example, be relieved to a great extent by the use of large-scale storage units which are charged in periods of low load such as at night and at the weekend and thus considerably lower the amount of current consumed.

Lors du traitement des fruits, une partie du processus de production de l'entreprise Zentis, les centrales électriques sont considérablement soulagées par l'utilisation d'accumulateurs grande capacité pour la technique frigorifique. Ces accumulateurs sont chargés la nuit et durant les week-ends, périodes de basses sollicitations, ce qui permet de soulager les centrales le jour, lors des périodes de pointe.

Ökologisch schützende, innerbetriebliche Maßnahmen bei der Firma ZENTIS in der Fruchtverarbeitung:

Durch den verstärkten Einsatz von Rückkühlwerken wurde der Wasserverbrauch um über 10 % gesenkt. Zur optimalen Ausnutzung der anfallenden Restwärme wurden zusätzliche Energiesparmaßnahmen durchgeführt und eine Energieersparnis von weiteren 10 % erzielt. Die Dampferzeugung wurde von Schweröl auf umweltfreundliches Erdgas umgestellt. der Schadstoffausstoß und damit die Umweltbelastung um 50 % reduziert. Zusätzlich wurde die Möglichkeit geschaffen, bei extremen Wetterverhältnissen im Winter auf extra leichtes Heizöl umzuschalten. Dadurch kann das Versorgungsunternehmen Spitzenlasten besser abfangen. Der Einsatz computergesteuerter Regelungen und Überwachungen verkürzt die Ausfallzeiten und vermeidet unnötigen Energieverbrauch in der Produktion.

In-house measures to protect the environment when processing fruit.

Water consumption has been reduced by more than 10% through the use of recoolers. Additional measures have been taken to make optimum use of the residual heat, leading to a further 10% saving in energy. Steam generation has been converted from heavy oil to ecologically safe natural gas. Pollutant emission has been reduced by 50% with a corresponding decrease in the environmental load. Special facilities have also been installed, making it possible to switch over to extra-light fuel oil during periods of extremely cold weather in winter, allowing the utility to cope with peak loads more effectively. Downtimes have been reduced by the introduction of computer-aided control and monitoring systems, thus avoiding unnecessary wastage of energy in the production department.

Mesures écologiques internes prises par l'entreprise ZENTIS pour le traitement des fruits:

La consommation d'eau a été réduite de 10 % par l'utilisation accrue d'installations réfrigérantes de retour. Afin de garantir une utilisation optimale des chaleurs résiduelles, d'autres mesures visant à économiser l'énergie ont été prises, mesures qui se sont traduites par des économies de l'ordre de 10 %. L'huile lourde employée autrefois pour la formation de la vapeur, a été remplacée par le gaz naturel, beaucoup moins polluant; les émissions de substances nocives et par là même la pollution de l'environnement, a été réduite de 50 %. Il est par ailleurs désormais possible, lorsque des conditions météorologiques extrêmes l'exige, d'utiliser en hiver un fuel super léger. De la sorte, l'entreprise de service public est mieux à même de faire face aux charges de pointe. L'utilisation d'installations de réglage et de contrôle assistées par ordinateur diminue les temps d'arrêt et évite une utilisation inutile d'énergie dans le processus de production.

Menschen am Arbeitsplatz.

People at their place of work.

Postes de travail.

Ein Klima für Kultur und Wirtschaft

Otto Wolf von Amerongen
Präsident der Industrie- und Handelskammer zu Köln

Bereits im Mittelalter war Köln einer der größten europäischen Marktplätze. Die Gründe lagen nicht nur in der idealen wirtschaftsgeographischen Lage der Stadt, sondern auch in einer einzigartigen Vergünstigung, die sich die Kaufleute erstritten hatten: Dank des Stapelrechts hatten sie die Möglichkeit, drei Tage lang alle durch Köln transportierten Waren ankaufen zu können.

Heute haben sich die Akzente verschoben. Sicherlich ist Köln immer noch eine Stadt des Handels, ein hochkarätiger Distributionsort, dessen Messen jährlich über eine Million Interessenten anziehen — aber Köln ist mehr: Die Stadt hat sich zum Oberzentrum einer Region entwickelt, in der das drittgrößte Industriepotential der Bundesrepublik Deutschland gewachsen ist. Eine bedeutende Rolle spielt dabei die Chemie. Zwischen Leverkusen im Norden und Wesseling im Süden hat sich im Laufe der Jahre ein Chemiegürtel um die Stadt gelegt, in dem 380 Unternehmen etwa 100 000 Mitarbeiter beschäftigen. Rund ein Fünftel des gesamten industriellen Umsatzes von etwa 30 Mrd. DM wird gegenwärtig von der Chemie erbracht.

Ein Blick in die Industriegeschichte macht deutlich, warum Köln bis heute mit Recht auch eine Motorenstadt genannt wird. 1876 entwickelte Nikolaus August Otto hier den ersten Viertaktmotor, der die Welt mobil machen sollte. Als ein halbes Jahrhundert später Konrad Adenauer als Oberbürgermeister die Ford-Werke an den Rhein holte, nahm die Industrialisierung einen großen Aufschwung. Traktoren- und Dieselmotorenfabriken, Werkzeug- und Spezialmaschinenbau sowie die Elektrotechnik erlebten expansive Phasen. Besonders der innovative Maschinenbau verstand es bis heute, seinen exzellenten Ruf zu wahren.

Die Stadt Köln weist aus ihrer reichen Vergangenheit zahlreiche Charakteristika auf. Waren es früher Spitzenerzeugnisse, wie »Kölnisches Tuch«, »Kölnisches Gold und Silber« oder »Kölnisch Eisen«, die Kölsch als Markenbegriff und Herkunftsbezeichnung prägten, so denkt man heute eher an »Kölnisch Wasser« oder an das typische obergärige Bier. Köln ist daneben aber auch die Geburtsstätte eines sehr vertrauten Produktes — des Würfelzuckers — und der ersten Rückversicherung der Welt. Die meisten dieser Entwicklungen haben in ihrer Branche große wirtschaftliche Schubkraft freigesetzt. Wenn man allein an den tertiären Sektor denkt, so ist die Rheinmetropole mit etwa 200 Versicherungen, von denen rund 60 ihren Hauptsitz in der Stadt haben, eines der ganz großen Versicherungszentren der Bundesrepublik. Zahlreiche andere Organisationen der Wirtschaft, 350 Verbände einschließlich des Bundesverbandes der deutschen Industrie, haben sich darüber hinaus im Schatten der Domtürme angesiedelt. Die Gründe sind immer wieder die gleichen. Es sind die kurzen Wege zu den westlichen Regierungssitzen, die, ob man nun an Brüssel, London oder Paris denkt, durch den europäischen Hochgeschwindigkeitszug bald noch näher an den Rhein rücken werden.

Neben Handel, Industrie und dem immer weiter wachsenden Dienstleistungsbereich charakterisieren auch Lehre und Forschung die Stadt. Allein in Köln belegen acht Hochschulen mit rund 70 000 eingeschriebenen Studenten die Lebenskraft einer Tradition, die 600 Jahre zurückreicht. Mit der Eröffnung des Museums für angewandte Kunst verfügt Köln nun auch über acht städtische Museen. Daneben existieren noch zwei Dutzend weitere Museen und Sammlungen, die mit fast 100 Galerien und drei großen Auktionshäusern eine facettenreiche Kulturlandschaft bilden, die ein bedeutsamer Wirtschaftsfaktor geworden ist. Bei diesem kulturellen Umfeld überrascht es nicht, daß Köln sich mit fünf Sendeanstalten, darunter dem WDR und RTL, mit großen, bedeutenden Verlagen und Druckzentren, in denen rund 400 Zeitungen erscheinen, auch zu einem Medienzentrum der Bundesrepublik gewandelt hat. Diese Entwicklung wird konsequent gefördert und soll mit dem Mediapark, einer einzigartigen Investition in die Zukunftsbranche Telekommunikation, in den kommenden Jahren gekrönt werden.

A climate for culture and industry

Otto Wolf von Amerongen,
President of the Chamber of Trade and Industry in Cologne

Even in the Middle Ages, Cologne was already of the largest market centres in the whole of Europe. The reasons included not only the town's ideal geographic location, but also a unique benefit which the merchants had obtained for themselves in a hard battle: the staple right allowed them to purchase all the goods transported through Cologne for three days.

The emphasis has changed today, but Cologne is still a trading city, a high-class distribution centre whose trade fairs attract more than one million visitors every year. But there is more to Cologne: it has become the primary centre of a region in which the third-largest industrial potential of the nation is located. The chemical industry plays a significant part. In the course of the years, a chemical »belt« has formed around the city, from Leverkusen in the north to Wesseling in the south, a belt with 380 companies employing around 100,000 people. The chemical industry now accounts for roughly one-fifth of the total industrial turnover of DM 30 billion.

A quick look at industrial history shows why Cologne is quite rightly also referred to as an engine city. Nikolaus August Otto developed the first four-stroke engine here in 1876 and mobilized the world. Industrialization spread rapidly when the city's Lord Mayor Konrad Adenauer attracted the Ford Motor Company to Cologne fifty years later. These were periods of expansion for the manufacturers of tractors and diesel engines, machine tools and special-purpose machines, as well as for the electrical engineering industry. Above all, the innovative mechanical engineering industry has been able to retain its excellent reputation up to the present day.

With its rich and colourful past, the city of Cologne has a number of characteristic features. The city's name was once associated with first-class products, such as »Cologne cloth«, »Cologne gold and silver« or »Cologne iron«, establishing Cologne as a definition of quality and designation of origin; today, it is usually associated with Eau de Cologne or the typical top-fermented beer known as »Kölsch«. However, Cologne is also the birthplace of a very familiar product — sugar cubes — and of the world's first reinsurance company. Most of these developments proved to be a considerable economic stimulus in their respective industries. Consider the tertiary sector, for instance: with around 200 insurance companies, including the head offices of around 60 insurance companies, the metropolis on the Rhine is one of the major insurance centres in the Federal Republic of Germany. Numerous other economic and industrial organizations and 350 associations, including the Federal Association of German Industry, have all established themselves under the shadow of the cathedral's spires. The reasons are the same every time. The short distances to the western seats of government which, be it Brussels, Paris or London, will soon come even closer to the Rhine when the trans-European high-speed train comes into service.

In addition to trade, industry and the steadily growing service sector, education and research represent two other characteristic features of the city. Eight universities and colleges with 70,000 registered students in Cologne alone are evidence of the vitality of a tradition dating back 600 years. With the opening of the Museum of Applied Art, Cologne now has eight municipal museums, as well as two dozen other museums and the collections of almost 100 galleries. Together with the three major auction houses, they make up a multifaceted artistic landscape which has become a significant economic factor.

It is thus hardly surprising that Cologne should also have become one of the country's media centres with five radio and television companies, including WDR and RTL, major publishing houses and printing centres publishing around 400 newspapers and journals. This development is being promoted consistently and will culminate in the coming years with the opening of a media park, a unique investment in telecommunications as tomorrow's industry.

Un climat favorable à la culture et à l'économie

Otto Wolf von Amerongen
Président de la Chambre de Commerce et de d'Industrie de Cologne

Cologne était, au Moyen Age déjà, l'un des plus grands marchés de l'Europe. Cela n'était pas uniquement dû à la situation géographique idéale de la ville, du point de vue économique, mais aussi à un avantage unique en son genre et que les commerçants s'étaient acquis de haute lutte: grâce au droit d'entrepôt, ils avaient la possibilité, trois jours durant, de'pouvoir acquérir toutes les marchandises transitant par Cologne.

Les accents se sont déplacés, de nos jours. Certes, Cologne est toujours une ville commerçante, un lieu de distribution de haut niveau, dont les Foires attirent chaque année plus d'1 million de visiteurs; mais Cologne est plus encore: la ville est devenue le centre d'une région où s'est développé le troisième potentiel industriel de la République fédérale d'Allemagne. La chimie y joue un rôle important. Entre Leverkusen, au nord, et Wesseling, au sud, il s'est créé au cours des années, tout autour de la ville, comme une ceinture formée de 380 entreprises chimiques employant environ 100 000 persones. Actuellement, un cinquième en gros des 30 milliards de DM environ que représente le chiffre d'affaires du secteur industriel, est dû à la chimie.

Un simple regard sur l'histoire industrielle permet de comprendre pourquoi Cologne est appelée à juste titre, de nos jours, la ville des moteurs. C'est en 1876 que Nikolaus August Otto mit au point le premier moteur à quatre temps qui allait donner la mobilité au monde. Lorsqu'un demi siècle plus tard, Konrad Adenauer, Maire de la ville, fit venir les usines Ford sur les bords du Rhin, l'industrialisation connut un important essor.

Les usines de construction de tracteurs, de moteurs diesel, d'outils et de machines spéciales, ainsi que l'électronique, connurent des phases d'expansion. La construction mécanique, en particulier, très innovatrice, a su préserver jusqu'à aujourd'hui son excellente réputation.

La ville de Cologne porte encore de nombreuses empreintes de son riche passé. Si, autrefois, Cologne était essentiellement connu comme étant le pays d'origine du «drap de Cologne», de «l'or et l'argent de Cologne» ou du «fer de Cologne», on pense aujourd'hui plutôt à «l'eau de Cologne» ou à sa typique bière à fermentation haute. Mais à côté de cela, Cologne est également la ville natale d'un produit bien connu, le sucre en pierre, et de la première compagnie de réassurance du monde. La plupart de ces évolutions ont libéré dans leurs branches une puissance force de poussée économique. Prenons le seul secteur tertiaire: avec environ 200 compagnies d'assurance, une soixantaine d'entre elles ayant leur siège social dans la ville, la métropole rhénane est l'un des plus grands centres allemand de l'assurance. Un grand nombre d'autres organisations économiques, 350 associations, au nombre desquelles la Fédération de l'industrie allemande, se sont installées à l'ombre des tours de la Cathédrale. Et ceci, toujours pour la même raison: la proximité des sièges des gouvernements occidentaux qui, si l'on pense à Bruxelles, Londres ou Paris, seront bientôt encore plus proches du Rhin, grâce au train européen à grande vitesse.

A côté du commerce, de l'industrie et du secteur tertiaire en pleine croissance, la ville est également placée sous le signe de la formation et de la recherche. Uniquement à Cologne, 8 universités comptant environ 70 000 étudiants inscrits, témoignent de la vivacité d'une tradition vieille de 600 ans. Depuis l'inauguration du Musée des arts appliqués, Cologne dispose également de 8 musées municipaux, auxquels il faut ajouter deux douzaines de musées et collections supplémentaires qui, avec une centaine de galeries, quasiment, et trois grandes salles des ventes, forment un paysage culturel aux multiples facettes, qui est devenu un facteur économique d'importance. Etant donné cet environnement culturel, on ne sera pas étonné d'apprendre que Cologne, avec cinq émetteurs, au nombre desquels le WDR et RTL, avec de grandes maisons d'édition de renom d'où sortent environ 400 journaux, que Cologne donc, soit devenu aussi l'un des centres médiatiques de la République fédérale. Cette évolution est encouragée de manière conséquente et elle se verra couronnée au cours des prochaines années par le Mediaparc, un investissement unique en son genre dans le secteur d'avenir des télécommunications.

Das Haus Glockengasse Nr. 4711 im Herzen von Köln erhielt diese berühmte Hausnummer 1796 während der französischen Besatzung. Es ist das Stammhaus der Familie Mülhens. Aus der kleinen Manufaktur zur Herstellung von ECHT KÖLNISCH WASSER entwickelte sich die heutige Weltfirma. Stündlich erklingt am First des Hauses ein Glockenspiel, zu dessen Klängen der französische Korporal, begleitet von Standartenträgern und Fanfarenbläsern, die berühmte Zahl 4711 an die Wand schreibt.

The house Glockengasse No. 4711 in the heart of Cologne was given this famous number in 1796, during the French occupation. It is the parent factory of the Mülhens family. Today's world-famous company developed from the small manufacture for the production of GENUINE EAU DE COLOGNE. Every hour, the chimes ring on the ridge of the house. It is to the ringing of these chimes that a French corporal, accompanied by standard-bearers and fanfare blowers, writes the famous house number 4711 on the wall.

C'est en 1796, durant l'occupation française, que cette maison de la Glockengasse, à Cologne, se vit attribuer le numéro 4711. Elle est la résidence de la famille Mülhens. C'est la petite manufacture qui se consacrait à la fabrication de la ECHT KÖLNISCH WASSER (véritable eau de Cologne) qui est à l'origine de l'entreprise mondiale que l'on connaît. Toutes les heures, un carillon situé sur le faîte du toit, fait entendre une musique aux sons de laquelle un caporal français, accompagné de porte-étendards et d'une fanfare, inscrit sur le mur le célèbre chiffre 4711.

Der Flughafen Köln/Bonn ist Nordrhein-Westfalens südliches Tor zur Welt. Jährlich fliegen über drei Millionen Passagiere zu den 50 in Europa und Übersee nonstop erreichbaren Reisezielen. Im Frachtbereich belegt Köln/Bonn mit einem jährlichen Aufkommen von rund 170 000 Tonnen den zweiten Rang unter den bundesdeutschen Verkehrsflughäfen. Da der »Regierungsflughafen« über ein heutzutage knappes Gut verfügt, nämlich freie Kapazitäten, wird seine Bedeutung für das Land NRW in naher Zukunft weiter steigen.

L'aeroport de Cologne/Bonn est la porte sud de la Rhénanie-du-Nord-Westphalie vers le monde. Chaque année, plus de trois millions de passagers s'envolent d'ici pour l'une des 50 destinations nonstop d'Europe et d'Outre-Mer. Avec un volume de fret aérien annuel de 170 000 tonnes, Cologne/Bonn est le second des aéroports d'Allemagne fédérale. L'aéroport gouvernemental' disposant actuellement d'un léger avantage, à savoir de capacités disponibles, son importance pour le Land de RNW va encore croître dans un prochain avenir.

Cologne/Bonn Airport is North Rhine/Westphalia's southern gateway to the world. More than three million passengers take off from here to one of the 50 European and overseas destinations served nonstop. Cologne/Bonn handles an annual cargo volume of around 170,000 tons and is the second-largest cargo-handling airport in the country. Since the »government airport« has a normally scarce asset, namely unused capacity, its importance for North Rhine/Westphalia will continue to increase in the near future.

Die DEUTSCHE LUFTHANSA AKTIENGESELLSCHAFT ist die nationale Fluggesellschaft der Bundesrepublik Deutschland. Sie hat ihren Sitz in Köln, ihr Flugverkehrsbetriebszentrum in Frankfurt und ihre Werft in Hamburg. Die Lufthansa-Geschichte begann 1926 mit der Gründung in Berlin. Das Ende des Zweiten Weltkrieges 1945 war auch das Ende für die Lufthansa. Erst 1953 nahm die heutige Lufthansa ihren Flugbetrieb wieder auf. Die Lufthansa ist Arbeitgeber von über 43 000 Menschen, die Flotte besteht aus 144 Flugzeugen und befördert jährlich 20 Millionen Passagiere. Ein besonderer Service: Viermal am Tag fährt der Lufthansa-Airport-Express vom Düsseldorfer Flughafen bis zum Flughafen Rhein-Main und zurück.

The DEUTSCHE LUFTHANSA AKTIENGESELLSCHAFT is the national airline of the Federal Republic of Germany. It has its seat in Cologne, its flight operation centre in Frankfurt and its hangars in Hamburg. The history of the Lufthansa began in 1926 with its foundation in Berlin. The end of the Second World War was also the end of Lufthansa, and it was only in 1953 that Lufthansa re-started flight operations. Lufthansa employs over 43,000 staff, the fleet consists of 144 aircraft, and 20 million passengers are transported every year. A special service: four times a day, the Lufthansa Airport Express goes from Düsseldorf Airport to the Rhein-Main Airport and back again.

La DEUTSCHE LUFTHANSA AKTIENGESELLSCHAFT est la compagnie aérienne nationale de la République fédérale d'Allemagne. Elle a son siège à Cologne, son centre technique à Francfort et ses ateliers à Hambourg. C'est en 1926 que commença l'histoire de la Lufthansa, qui fut fondée à Berlin. La fin de la Seconde Guerre signifia aussi la fin de la Lufthansa, qui ne reprit ses activités qu'en 1953. La Lufthansa emploie 43 000 personnes, sa flotte ne compte pas moins de 144 machines et elle transporte chaque année 20 millions de passagers. Un service particulier: chaque jour, le Lufthansa-Airport-Express fait le trajet aéroport de Düsseldorf, aéroport de Francfort-sur-le-Main et retour.

BAYER — ein Weltunternehmen der Chemie

Mit einem Jahres-Umsatz von 43 Milliarden DM und rund 170 000 Mitarbeitern gehört Bayer zu den bedeutendsten Chemieunternehmen der Welt. Neben seinen fünf großen deutschen Werken in Leverkusen, Wuppertal-Elberfeld, Dormagen, Krefeld-Uerdingen und Brunsbüttel verfügt Bayer über Produktionsbetriebe in vielen Teilen der Welt und Tochtergesellschaften in 67 Ländern. Sitz und Hauptverwaltung der Bayer AG befinden sich in Leverkusen.

Die Angebotspalette mit rund 10 000 Produkten reicht von anorganischen und organischen Grundprodukten über Polymerwerkstoffe, Farbstoffe, Pigmente, Arzneimittel und Pflanzenschutzprodukte bis hin zu Filmen und elektronischen Bildverarbeitungsgeräten.

Bayer ist eines der forschungsintensivsten Chemieunternehmen der Welt. Allein 1989 betrugen die Aufwendungen für Forschung und Entwicklung 2,7 Milliarden DM — das waren gut sechs Prozent vom Umsatz. Die Investitionen in Anlagen erreichten 3,4 Milliarden DM.

Schwerpunkte bei Bayer sind Umweltschutz und Sicherheit. Dafür wurden in den vergangenen zehn Jahren 1,8 Milliarden DM investiert, sowie weitere 11 Milliarden DM für Betriebs- und Forschungskosten aufgewendet. Damit konnten die Umweltbelastungen in allen Bereichen trotz gestiegener Produktion ganz erheblich vermindert werden.

Bayer — an international chemical giant

With an annual turnover of DM 43 billion and a workforce of around 170,000, Bayer is one of the largest and most important chemical corporations in the world. In addition to five major plants in Germany - Leverkusen, Wuppertal-Elberfeld, Dormagen, Krefeld-Uerdingen and Brunsbüttel - Bayer also has production facilities spread throughout the world, as well as subsidiaries in 67 countries. Bayer AG's registered head offices are in Leverkusen.

The range of roughly 10,000 products extends from organic and inorganic basic products through polymer materials, dyes, pigments, pharmaceuticals and crop protection agents to films and electronic data processing equipment. Bayer undertakes more research than almost any other chemical company in the world. DM 2. 7 billion or more than 6 % of the total turnover were invested in research and development in 1989 alone. DM 3. 4 billion were invested in plant and machinery.

Environmental protection and safety are key factors at Bayer. DM 1. 8 billion have been invested in this context in the last ten years, plus a further DM 11 billion for operations and research. Despite the higher production output, these investments have led to a major reduction in pollution in all sectors.

Bayer — Une entreprise mondiale de produits chimiques

Avec un chiffre d'affaires annuel de 43 milliards de DM et 170 000 salariés, Bayer est l'une des plus importantes usines de produits chimiques du monde. Outre ses cinq usines d'Allemagne, à Leverkusen, Wuppertal-Elberfeld, Dormagen, Krefeld-Uerdingen et Brunsbüttel, Bayer dispose d'unités de production dans de nombreux points du monde et de filiales dans 67 pays. Le siège de l'administration centrale de la Bayer AG est à Leverkusen.

La palette des quelques 10 000 produits qu'elle propose va des produits de base organiques et inorganiques aux films et aux installations destinées au traitement de l'image, en passant par les polymères, les couleurs, les pigments, les médicaments et les produits de protection pour plantes.

Bayer est l'une des entreprise chimiques mondiales à se livrer le plus à la recherche. Pour la seule année 1989, les dépenses affectées à la recherche et à l'étude se sont élevées à 2,7 milliards de DM, c.à.d. un peu plus de 6 % de son chiffre d'affaires. Les investissements en installations ont atteint un montant de 3,4 milliards de DM.

Les principaux centres d'intérêt de la Bayer sont la protection de l'environnement et la sécurité. Au cours des dix dernières années, elle a investi dans ces secteurs 1,8 milliard de DM auxquels il faut ajouter 11 milliards de DM de frais de fonctionnement et de recherche. Ces efforts ont permis, malgré une croissance de la production, de réduire considérablement dans tous les domaines la pollution du milieu ambiant.

Farbenproduktion bei BAYER in Leverkusen: In Filterpressen werden die Farbstoffe isoliert und kommen anschließend als Preßkuchen zur Weiterverarbeitung in die Trocknerei.

Dye production at BAYER in Leverkusen. After their separation through filter presses, the dye-stuffs are processed as »moulded cakes« in the drying hall.

Production de colorants chez BAYER, à Leverkusen. Les substances colorantes, après avoir été isolées au moyen de presses de filtrage, continuent à être transformées sous forme de «gâteaux» moulés dans le séchoir.

Westfalen

von Hans Günter Borgmann, Präsident der Industrie- und Handelskammer zu Münster

Westfalen umfaßt eine Fläche von 21 414 qkm. Das entspricht etwa 63% der Gesamtfläche des Bundeslandes Nordrhein-Westfalen. Die Bevölkerung stellt jedoch mit 7 760 243 (1987) nur 46% der Gesamtbevölkerung Nordrhein-Westfalens.

Wirtschaftsstrukturell handelt es sich um einen sehr heterogenen Raum. Alleine die naturräumlichen Gegebenheiten bedingen innerhalb des wirtschaftsräumlichen »Gebildes« Westfalen eine große Vielfalt. In der Öffentlichkeit ist man oft geneigt, von dualistischen Strukturen im Wirtschaftsgefüge Westfalens zu reden; auf der einen Seite Städte wie Bottrop, Gelsenkirchen oder Recklinghausen, deren Ruhrgebietscharakter in den hohen Anteilen der Beschäftigten des verarbeitenden Gewerbes am Bergbau zum Ausdruck kommt, und auf der anderen Seite ein stark ländlich — z. T. auch noch stark landwirtschaftlich — geprägter Raum im Münsterland und Ostwestfalen. Wirtschaftshistorisch gesehen ist eine solche Sichtweise sicherlich zulässig.

Wirtschaftsstrukturen sind aber niemals statischer Natur, sondern unterliegen ständig dem Wandel der Zeit. Ohne Zweifel sind die westfälischen Ruhrgebietsstädte noch »relativ« stark vom Bergbau, der Großchemie und Kraftwerkswirtschaft und das Münsterland sowie Ostwestfalen in Teilen noch »relativ« stark von der Landwirtschaft geprägt. Aber insgesamt ist dies nur ein sehr vordergründiges und z. T. vergangenheitsbezogenes Bild einer sehr leistungsfähigen und zukunftsorientierten Region. Hier wie dort, und das betrifft auch das gesamte Ostwestfalen, stellt man sich den ständig neu zu definierenden Anforderungen an die Entwicklung und Anwendung moderner Verfahren, sowohl in der Produktion als auch in der Organisation.

Führende Industriezweige Westfalens sind dabei, gemessen an Beschäftigtenzahlen und Umsatz, der Maschinenbau, die Elektrotechnik und die Eisenschaffende Industrie, die 1987 zusammen etwa 12% aller sozialversicherungspflichtig Beschäftigten Westfalens umfaßten. Bezogen auf die Bedeutung in Nordrhein-Westfalen und der Bundesrepublik muß auch die westfälische Textilindustrie genannt werden, die zum gleichen Zeitpunkt an der Gesamtbeschäftigtenzahl in Westfalen jedoch nur einen Anteil von etwas mehr als 1% aufwies.

Auf diesen typischen westfälischen Wirtschaftszweig sei deshalb etwas näher eingegangen.

Die Textilindustrie in Westfalen, insbesondere im Münsterland, kann auf eine lange Tradition zurückblicken. Sie hat über eineinhalb Jahrhunderte den Industrialisierungsprozeß in diesem Raum maßgeblich mitgeprägt.

1987 konzentrierten sich rd. 13% aller textilen Arbeitsplätze in der Bundesrepublik und 50% aller textilen Arbeitsplätze in Nordrhein-Westfalen auf Westfalen. Innerhalb Westfalens wiederum kristallisiert sich ein eindeutiger räumlicher Schwerpunkt der Textilindustrie heraus. 1987 konzentrierten sich 35% der textilen Arbeitsplätze in Nordrhein-Westfalen auf den IHK-Bezirk Münster und hier insbesondere auf das Westmünsterland.

Ihren Ursprung hatte die Textilherstellung des Münsterlandes im Flachs- und Hanfanbau, der unter dem Einfluß des feuchten Meeresklimas auf das prächtigste gedieh. Die im bäuerlichen Nebenerwerb gewonnenen Kenntnisse des Spinnens und Webens der hier lebenden und arbeitenden Menschen bildeten eine entscheidende Voraussetzung für die Mitte des letzten Jahrhunderts einsetzende Mechanisierung der Produktionsweise.

Heute ist die Herausforderung für die Textilindustrie eine andere, wenn auch nicht minder schwierige. Die Herausforderung der Textilindustrie auch in Westfalen spiegelt sich heute in einer immer stärker werdenden Importkonkurrenz, der weiten Öffnung des deutschen Marktes sowie in dem starken Auftrieb der Lohn- und Lohnnebenkosten wider, die die Bundesrepublik zu einem der teuersten Produktionsstandorte für die Textilindustrie in der Welt gemacht haben. 1989 lagen die Lohnkosten je Arbeitsstunde in der Textilindustrie in der Bundesrepublik bei 25,26 DM, in Italien bei 23,84 DM, in Frankreich bei 18,36 DM, in England bei 14,08 DM, in Japan bei

19,72 DM, in den USA bei 19,51 DM und in Hongkong bei 4,08 DM (1988).

Des weiteren ist speziell die westfälische Textilindustrie, wie bereits angedeutet, durch eine starke räumliche Konzentration gekennzeichnet. Insbesondere im Westmünsterland zeigt sich in vielen Gemeinden bzw. Städten, gemessen an den Industriebeschäftigten insgesamt, eine starke Dominanz der Textilbranche. Bei Strukturveränderungen kann in diesen Gebieten nur schwer ein Ausgleich geschaffen werden.

Schließlich werden Produktionsstandorte der Textilindustrie allgemein, wie andere Produktionsstätten auch, im Zuge eines geänderten Umweltbewußtseins durch gesetzliche Auflagen und Beschränkungen finanziell erheblich belastet.

Zwar gingen aufgrund der geschilderten wirtschaftlichen und sozialen Einflüsse in der westfälischen Textilindustrie Arbeitsplätze verloren, die Leistungsfähigkeit dieses Wirtschaftszweiges aber wurde durch einen gewaltigen Rationalisierungsprozeß stark verbessert. Für den IHK-Bezirk Münster stellt sich das in Zahlen wie folgt dar: Während die Zahl der Beschäftigten pro Betrieb von 1980 194 auf 1988 151 sank, stieg der Umsatz pro Beschäftigten im Jahre 1980 von 125 792 DM auf 185 758 DM in 1988. Trotz der zu berücksichtigenden Preissteigerungsrate bleibt noch ein beachtliches »Plus«.

Die Leistungsfähigkeit der Textilindustrie im Kammerbezirk Münster wird auch dadurch belegt, daß der Exportanteil am Gesamtumsatz der Branche in 1989 ein Viertel betrug.

Ein wesentlicher Grund für diese hohe Anpassungsbereitschaft der Textilindustrie im Münsterland liegt in der starken Stellung der mittelständischen Struktur, die sich bekanntlich durch rasche Anpassung an geänderte Marktkonstellationen auszeichnet. So haben auch Betriebe aus der Textilindustrie in diesem Raum trotz erheblichen Wettbewerbsdrucks und massiver Kostenbelastung durch Rationalisierungsmaßnahmen oder Entwicklung neuer Produkte ihre Marktposition gerade gegenüber ausländischen Wettbewerbern behaupten und verbessern können, indem sie beispielsweise ihre Fertigungsanlagen unter Verwendung der neuesten Technologie, vor allem der elektronischen Überwachung und Steuerung, ausgebaut haben. Aber auch die Umstellung auf neue bzw. moderne Produkte hat diesen Anpassungsprozeß mitgetragen. Das und die ständige Suche nach neuen Märkten eröffnen der westfälischen Textilindustrie gerade mit Blick auf den kommenden EG-Binnenmarkt und die Öffnung des osteuropäischen Raumes günstige Zukunftsperspektiven.

Westphalia

Hans Günter Borgmann,
President of the Chamber of Trade and Industry in Münster

Westphalia covers an area of 21,414 square kilometres or roughly 63% of the total area of North Rhine/Westphalia, yet its population of 7,760,243 (1987) represents only 46% of the total population of the Land.

It is a very heterogenic economic region, the natural conditions in themselves necessitating a great diversity within the economic »structure« of Westphalia. There is a tendency to refer in public to dualistic structures in Westphalia's economy: on the one hand, it includes towns like Bottrop, Gelsenkirchen or Recklinghausen, characteristic towns of the Ruhr area where mining provides a large number of the jobs in the manufacturing industry. On the other hand, there is the distinctly rural — and in some cases still distinctly agricultural — area of the Münsterland and eastern Westphalia. Such a differentiation is no doubt permissible in historical terms, but economic structures are never static in nature: they are subject to constant change. The Westphalian towns belonging to the Ruhr area are certainly still »relatively« strongly characterized by mining, the chemical industry and power generation while parts of the Münsterland and eastern Westphalia are still »relatively« strongly characterized by agriculture. Overall, however, this is only a superficial difference and partly due to the history of a very efficient and forwardlooking region. In both parts, including the whole of east Westphalia, people are taking up the challenge of everchanging requirements in the development and application of modern processes, both in production and organization.

Taken in terms of the number of employees and total turnover, the main industries in Westphalia are mechanical engineering, electrical engineering and the iron and steel producing industry, which employed around 12% altogether of all workers liable to pay social security contributions in Westphalia in 1987. Westphalia's textile industry must also be mentioned in view of its significance in North Rhine/Westphalia and the country as a whole, although it only provided jobs for just over 1% of the region's total workforce in 1987.

It is therefore worthwhile taking a closer look at this typically Westphalian branch of industry. The textile industry in Westphalia, and particularly in the Münsterland, can look back on a long tradition. It played a decisive part in the region's industrialization during the last 150 years.

In 1987, around 13% of textile jobs in the country and 50% of all textile jobs in North Rhine/Westphalia were concentrated in the region of Westphalia. There was a further concentration of the textile industry within the region itself, 35% of North Rhine/Westphalia's textile jobs being concentrated in the district of the Chamber of Trade and Industry in Münster, and particularly the western Münsterland.

The manufacture of textiles in the Münsterland started with the cultivation of flax and hemp which grew splendidly in the moist marine climate. The spinning and weaving skills which the local people had acquired as a sideline to their main farming activities proved to be a decisive prerequisite for the mechanization process which started in the middle of the last century.

The challenge faced by the textile industry today is different but no less difficult. The Westphalian industry is similarly faced with the growing competition from imported textiles, the general opening of the German market and the major increase in wages and ancillary costs which have made the Federal Republic of Germany one of the most expensive production locations for the textile industry anywhere in the world. In 1989, wage costs per working hour totalled DM 25.26 in the German textile industry as compared with DM 23.84 in Italy, DM 18.36 in France, DM 14.08 in Great Britain, DM 19.72 in Japan, DM 19.51 in the USA and DM 4.08 in Hong Kong (1988).

As already mentioned, the Westphalian textile industry is additionally characterized by a very strong concentration in one area. Referred to the overall industrial structure, the textile industry is clearly the dominant industry in many towns and municipalities in the western Münsterland. It is difficult to find equivalent compensation when these areas experience structural changes.

Like other production facilities too, the textile industry's mills have suffered considerable financial pressures through statutory requirements and limitations as our ecological awareness has gradually changed.

Although jobs have been lost in the Westphalian textile industry on account of the economic and social influences mentioned above, the industry's efficiency has been drastically improved through a major process of rationalization. The figures for the Chamber of Trade and Industry's Münster district are as follows: while the number of employees per plant decreased from 194 in 1980 to 151 in 1988, turnover per employee rose from DM 125,792 in 1980 to DM 185,758 in 1988. Even after allowing for inflation, this still represents a considerable increase.

The efficiency of the textile industry in the Chamber's Münster district is also reflected in the fact that exports accounted for one-quarter of the industry's total turnover in 1989.

The strength of the small and medium-sized business structure capable of rapidly adjusting to new market constellations is one of the main reasons behind the flexibility of the textile industry in the Münsterland. Despite considerable competitive pressure and massive cost burdens, the textile companies in this region have been able to secure and improve their market position in relation to foreign competitors by rationalizing and developing new products, modernizing their production lines and incorporating state-of-the-art technology, especially electronic monitoring and control. This process of adjustment has also been facilitated by the changeover to new or more modern products. Together with the constant search for new markets, it augurs well for the Westphalian textile industry as the single European market becomes established and Eastern Europe is opened up.

La Westphalie

par Hans Günter Borgmann,
Président de la Chambre de Commerce et d'Industrie de Münster

La Westphalie a une superfie de 21 414 km², ce qui représente environ 63% de la superficie du Land de Rhénanie-du-Nord-Westphalie. Sa population, toutefois, ne représente, avec ses 7 760 243 habitants (en 1963), que 46% de la population totale de Rhénanie-du-Nord-Westphalie.

Cette région est, du point de vue de ses structures économiques, très hétérogène. Les données physiques conditionnent à elles seules la grande diversité régnant au sein de la «construction» économique de la région de Westphalie. Le public est souvent tenté de parler des structures dualistes de la contexture économique westphalienne; d'une part, des villes comme Bottrop, Gelsenkirchen ou Recklinghausen, dont le caractère «ruhrien» s'exprime au travers des pourcentages élevés de salariés travaillant dans les industries minières de transformation, et de l'autre un espace fortement rural, et en partie encore très agricole, dans le Münsterland et en Westphalie orientale. D'un point de vue historico-économique, une telle manière de voir les choses est certainement recevable.

Mais les structures économiques ne sont jamais statiques; elles sont bien plus en permanence soumises aux mutations du temps. Sans aucun doute, les villes westphaliennes de la Ruhr portent encore l'empreinte «relativement» forte de l'industrie minière, des grandes usines de produits chimiques et des centrales électriques, et le Münsterland, de même que la Westphalie orientale, celle «relativement» forte de l'agriculture. Mais, dans l'ensemble, ce n'est donner d'une région très performante et tournée vers l'avenir qu'une image superficielle et en partie très passéiste. Partout, et dans l'ensemble de la Westphalie orientale également, tant en matière de production que d'organisation, on fait face aux exigences sans cesse nouvelles qui se posent en matière de mise au point et d'utilisation de processus modernes.

Des secteurs industriels de pointe de Westphalie sont en train de le faire, proportionnellement au nombre de leurs employés et de leurs chiffres d'affaires; on peut eiter la construction mécanique, l'électrotechnique et l'industrie sidérurgique qui, en 1987, comptaient ensemble 12% environ de tous les salariés westphaliens assujettis obligatoires à l'assurance sociale. Vu son importance en Rhénanie-du-Nord-Westphalie et en République fédérale, il faut également citer l'industrie textile de Westphalie qui, à la même époque, n'employait toutefois qu'un peu plus d'1% de la population active de la région.

Evoquons donc un peu plus en détail ce secteur économique typiquement westphalien. L'industrie textile a, en Westphalie, et en particulier dans le Münsterland, une longue tradition. Elle a contribué de manière déterminante à marquer, pendant plus d'un siècle et demi, le processus d'industrialisation de cette région. En 1987, 13% environ de tous les emplois du textile de République fédérale et 50% des emplois du textile de Rhénanie-du-Nord-Westphalie étaient concentrés en Westphalie. A l'intérieur de la Westphalie, en revanche, se cristallise un centre de gravité géographique manifeste de l'industrie textile. En 1987, 35% des emplois du textile de Rhénanie-du-Nord-Westphalie étaient concentrés sur la circonscription de la Chambre d'Industrie et de Commerce de Münster, et plus particulièrement sur le Münsterland occidental.

C'est á la culture du lin et du chanvre, poussant merveilleusement sous ce climat maritime humide, que le Münsterland doit de fabriquer des textiles. Le fait que les gens vivant et travaillant dans cette région se livrèrent à des activités annexes secondaires, après avoir acquis des connaissances en matière de filage et de tissage, fut un préalable déterminant à l'introduction, au milieu du siècle dernier, d'une production mécanisée.

Le défi posé de nos jours à l'industrie textile est autre, mais tout aussi délicat. De nos jours, le défi lancé à l'industrie textile se reflète également en Westphalie dans la concurrence sans cesse croissante des importations, la grande ouverture du marché allemand et la forte hausse des salaires et des charges sociales annexes, ce qui fait de la République fédérale l'un des lieux de production de l'industrie textile les plus chers du monde. En 1989, le tarif horaire dans l'industrie textile était en République fédérale de 25,26 DM, en Italie de 23,84 DM, en France de 18,36 DM, en Angleterre de 14,08 DM, au Japon de 19,72 DM, aux USA de 19,51 DM et à Hong Kong de 4,08 DM (1988).

Par ailleurs, comme on l'a déjà laissé entendre, l'industrie textile westphalienne est tout spécialement marquée par une très forte concentration géographique. Dans le Münsterland occidental, en particulier, on constate dans de nombreuses communes ou villes, si on opère une comparaison avec le chiffre global de la population active dans le secteur industriel, une forte domination du textile. En cas de restructuration, il sera très difficile d'y trouver une compensation.

Enfin, tout comme les autres lieux de production, ceux de l'industrie textile doivent faire face, en raison de la nouvelle prise de conscience écologique, à des contraintes et des restrictions légales représentant une charge financière importante.

Certes, les influences économiques et sociales évoquées plus haut, ont fait disparaître des emplois dans l'industrie textile de Westphalie, mais la rentabilité de se secteur économique a été fortement améliorée grâce à un énorme effort de rationalisation. Pour la circonscription de la Chambre d'Industrie et de Commerce de Münster, cela se traduit par les chiffres suivants : alors que le chiffre des employés par entreprise est passé de 194 en 1980, à 151 en 1988, le chiffre d'affaires par employé est passé de 125 792 DM en 1980, à 185 758 DM en 1988. Même après que l'on a tenu compte du taux de la hausse des prix, il ne s'en dégage pas moins un «plus» respectable.

Le fait que le pourcentage d'exportation du chiffre d'affaires global de ce secteur ait été d'un quart, en 1989, apporte la preuve de la rentabilité de l'industrie textile dans la circonscription de la Chambre de Münster.

Une raison importante de cette adaptabilité prononcée de l'industrie textile du Münsterland, est la position de force occupée par les entreprises de moyenne importance, entreprises qui, comme on le sait, se distinguent par leur rapidité d'adaptation aux modifications du marché. C'est ainsi que des entreprises du secteur textile ont été en mesure, dans cette région également, et ceci malgré une pression considérable de la concurrence et des contraintes financières massives, d'affirmer et d'améliorer leur position sur le marché vis-à-vis justement de concurrents étrangers, en ayant recours à des mesures de rationalisation ou à la mise au point de nouveaux produits; en développant par exemple leurs installations par l'utilisation de technologies de pointe, et en tout premier lieu de systèmes électroniques de contrôle et de commande. Mais la conversion à d'autres produits, ou la création de produits nouveaux, ont également contribué à la réussite de ce processus d'adaptation. Tous ces facteurs, auxquels il faut ajouter la recherche permanente de nouveaux débouchés, ouvrent à l'industrie textile westphalienne, en particulier dans l'optique du grand marché unique européen qui se prépare et de l'ouverture de l'Europe de l'est, des perspectives d'avenir favorables.

Wichtiger Luftverkehrspunkt für Westfalen ist der FLUGHAFEN MÜNSTER. Er bietet zeitsparende Verbindungen zu den europäischen Metropolen. Rund 300 000 Passagiere nutzten 1990 diese Angebote.

An important air-traffic point for Westphalia is MÜNSTER AIRPORT. It provides time-saving connections to the main European cities. Around 300,000 passengers took advantage of these offers in 1990.

L'AEROPORT de MÜNSTER est une plaque tournante importante de la Westphalie. Il permet d'atteindre rapidement les métropoles européennes. En 1990, 300 000 passagers ont utilisé ses services.

Fernmeldebau Baumann GmbH, Dorsten

Nicht nur die Großen sind wichtig für ein gesundes Wirtschaftswachstum in Nordrhein-Westfalen. Gesunde Mittelstandsunternehmen bieten Arbeitsplätze und bilden ein Fundament zur Wirtschaftsstabilität. Die Firma Fernmeldebau Baumann GmbH in Dorsten ist ein Unternehmen der Elektro- und Fernmeldebranche sowie Kabel- und Tiefbau. Es werden Kabelverlegungen und Kabelmontagen durchgeführt — im Fernmeldebereich, Niederspannungsbereich und Hochspannungsbereich — sowie Freileitungsbau auf allen Ebenen und Elektroinstallationen aller Art. Mit 220 Mitarbeitern ist die Firma Baumann bundesweit tätig.

Not only the large companies are important for a healthy economic growth in North Rhine/Westphalia. Flourishing medium-sized companies provide places of work and form a foundation for economic stability.
The firm of Fernmeldebau Baumann GmbH in Dorsten is a company in the electrical and telecommunications branch and also cable and underground construction. Laying and assembly of cables is carried out — in the telecommunications, low-voltage and high-voltage areas — as well as open-line construction on all levels and electrical installations of all kinds. The firm of Baumann is active all over Germany with 220 members of staff.

Les Grands ne sont pas les seuls à jouer un rôle déterminant pour une saine croissance économique de la Rhénanie-du-Nord-Westphalie. Les moyennes entreprises en bonne santé offrent des emplois et assurent les bases de la stabilité économique.
La firme Fernmeldebau Baumann GmbH, à Dorsten, est une entreprise du secteur de l'industrie électrique et des télécommunications, des câbles et du génie civil. Dans le secteur télécommunications et celui des câblages basse et haute tension, elle procède à la pose et au montage des câbles, au montage de lignes électriques aériennes à tous les niveaux et aux installations électriques de toutes sortes. Avec ses 220 salariés, la firme Baumann travaille dans l'ensemble de la République fédérale.

Das Unternehmen FERNMELDEBAU BAUMANN GmbH sorgt für reibungslose Installationen in der Elektro- und Fernmeldebranche sowie bei Kabel- und Tiefbau.

The firm of FERNMELDEBAU BAUMANN GmbH ensures unproblematic installation in the electrical and telecommunications branches and also in cable and underground construction.

L'entreprise FERNMELDEBAU BAUMANN GmbH assume la pose d'installations dans le secteur de l'industrie électrique et des télécommunications, ainsi que dans celui du génie civil.

Die VEBA OEL AG in Gelsenkirchen

Die VEBA OEL AG betreibt das Mineralöl- und Petrochemie-Geschäft des VEBA-Konzerns, von der Rohölsuche und -produktion über die Verarbeitung, bis zum Vertrieb der Produkte.

In der Exploration und Produktion von Erdöl und Erdgas ist VEBA OEL über Tochtergesellschaften und die Beteiligungsgesellschaft DEMINEX — Deutsche Erdölversorgungsgesellschaft mbH weltweit tätig.

Den Mittelpunkt der Rohölverarbeitung und Petrochemieproduktion bildet die RUHR OEL GmbH; ein Gemeinschaftsunternehmen der staatlichen venezolanischen Ölgesellschaft Petróleos de Venezuela und VEBA OEL, bei der die Betriebsführung liegt. Neben den Werken in Gelsenkirchen hält RUHR OEL Beteiligungen an den Oberrheinischen Mineralölwerken, Karlsruhe, und der Erdoel-Raffinerie Neustadt.

Die Tochtergesellschaft RAAB KARCHER und ARAL (VEBA OEL-Beteiligung 56%) verkaufen die in den Raffinerien hergestellten Produkte.

Beispielhaft und hervorragend gelungen ist die Einbeziehung der Natur in den Arbeitsplatz: Das neue Verwaltungsgebäude der VEBA OEL AG ist eingebettet in grüne Landschaft.

The integration of nature and place of employment was managed exemplarily and outstandingly by the VEBA OEL AG. The new administrative building is well fitted in a green landscape.

C'est d'une façon exemplaire et bien conçue qu'on a mis en harmonie ici la nature et le lieu de travail. Le nouvel édifice administratif de la VEBA OEL AG est encastré dans un site vert.

VEBA OEL ist eine Unternehmensgruppe mit 21 000 Mitarbeitern und einem Umsatz von rund DM 16 Mrd.

VEBA OEL AG operates the VEBA Group's oil and petrochemical business ranging from crude oil exploration and production to the distribution of the petroleum and petrochemical products.
Crude oil and natural gas exploration and production are carried out worldwide by VEBA OEL through subsidiaries and the affiliated company DEMINEX — DEUTSCHE ERDÖLVERSORGUNGSGESELLSCHAFT mbH.
At the centre of the Group's crude oil processing and petrochemical production stands RUHR OEL GmbH, a joint enterprise of the state-owned Venezuélan oil company Petróleos de Venezuela and VEBA OEL, which provided the management. In addition to the plants in Gelsenkirchen, RUHR OEL has equity interests in Oberrheinische Mineralölwerke, Karlsruhe, and Erdoel-Raffinerie Neustadt. The products manufactured by the refineries are marketed by RAAB KARCHER, a wholly-owned subsidiary of VEBA OEL, and by ARAL (VEBA OEL interest 56 %).
VEBA OEL is a group of companies with 21,000 employees and sales of about DM 16 billion.

La VEBA OEL AG exploite les secteurs «huile minérale» et «pétrochimie» du konzern VEBA, de la recherche et de la production du brut, de son traitement, jusqu'à la commercialisation des produits.
Au travers de ses filiales et de la société de participation DEMINEX, Deutsche Erdölversorgungsgesellschaft mbH, VEBA OEL intervient dans le monde entier dans les secteurs de la recherche et de la production de pétrole et de gaz naturel.
C'est la RUHR OEL GmbH qui forme le centre des activités de transformation du brut et de la production pétrochimique; il s'agit d'une entreprise appartenant en communauté à la société pétrolière vénézuélienne Petróleos de Venezuela et à la VEBA OEL, qui en assure la gestion. Outre ses usines de Gelsenkirchen, VEBA OEL détient des parts des Oberrheinische Mineralölwerke, Karlsruhe et de la Erdölraffinerie de Neustadt. La filiale RAAB KARCHER et ARAL (taux de participation de VEBA OEL: 56 %) commercialisent les produits sortant des raffineries.
VEBA OEL est un groupe d'entreprises employant 21 000 salariés; son chiffre d'affaires est de l'ordre de 16 milliards de DM.

Die VEBA OEL AG ist eine vollintegrierte Ölgesellschaft — von der weltweiten Rohölsuche und Förderung über die Verarbeitung bis zum Vertrieb der Produkte.

VEBA OEL AG is a fully integrated oil company — from the world-wide search for and production of oil via processing down to the distribution of the products.

La VEBA OEL AG est une compagnie pétrolière entièrement intégrée, qu'il s'agisse de la prospection et de l'exploitation des champs pétroliers à l'échelle mondiale, de la transformation et de la commercialisation des produits.

VEBA Kraftwerke Ruhr AG

Die VEBA Kraftwerke Ruhr AG (VKR) betreibt im nördlichen Ruhrgebiet Kraftwerke mit einer Gesamtleistung von 5 200 MW für Unternehmen der öffentlichen Versorgung, die Deutsche Bundesbahn, Industriebetriebe und den Bergbau. Fernwärme aus Kraft-Wärme-Kopplung liefert VKR in 10 Städte des Ruhrgebietes. Die Vertragsleistung liegt bei 1 000 MW. Industriebetriebe und der Bergbau beziehen aus VKR-Kraftwerken Produktionsdampf, Druckluft und vollentsalztes Wasser.

Erfahrungen aus der Planung, dem Bau, dem Betrieb und der Wartung eigener Kraftwerke, Fernwärme-, Umweltschutz- und Entsorgungsanlagen setzt VKR im Arbeitsgebiet Consulting ein.

Die Kraftwerks-Nebenprodukte Aschen und Gips verwertet VKR fast vollständig als Baustoffe. Daneben befaßt sich VKR mit der Entsorgung von Siedlungs- und Sonderabfällen sowie mit der Altlastensanierung und bietet Abfallwirtschaftskonzepte von der Sammlung über die Verwertung bis zur Deponierung. Über etablierte Tochterunternehmen verfügt VKR über den Zugang zu allen wesentlichen Tätigkeitsgebieten der Sonderabfallentsorgung. Gemeinsam mit anderen Unternehmen ist VKR auch in der Wasserversorgung und Abwasserentsorgung tätig.

VEBA Kraftwerke Ruhr AG (VKR) operates power plants with a total installed capacity of 5,200 MW for public utilities, the German Federal Railways, industry and mining operations in the northern Ruhr area. VKR's combined heat and power generating plants supply district heating for ten towns in the Ruhr area. The contractual capacity totals 1,000 MW. Industrial companies and mining operations obtain process steam, compressed air and fully demineralized water from the VKR power plants. VKR's experiences in planning, construction, operation and maintenance of company-owned power plants, district heating plants, pollution control systems and waste disposal systems are passed on to clients through the consulting business.

The ash and gypsum produced by power plants as by-products are almost entirely recycled and used as construction materials. VKR's activities also include the disposal of household and special wastes, as well as the elimination of pollution from the past and offers waste management concepts ranging from the collection of waste through recycling to dumping. VKR's established subsidiaries provide access to all the essential fields of activity related to the disposal of special waste. Cooperative activities with other companies include the supply of drinking water and disposal of wastewater.

Dans le nord de la Ruhr, la VEBA Kraftwerke Ruhr AG (VKR) exploite pour des compagnies publiques d'alimentation, pour la Deutsche Bundesbahn (Société allemande des Chemins de fer), des entreprises industrielles et l'industrie minière, des centrales électriques d'une puissance totale de 5 200 MW. Par une combinaison énergie/chaleur, la VKR fournit à 10 villes de la Ruhr en chauffage à distance. La prestation inscrite dans le contrat concerne 1 000 MW. Des entreprises industrielles, l'industrie minière reçoivent de la VKR de la vapeur, de l'air comprimé et de l'eau totalement déminéralisée. Dans le secteur du Consulting, la VKR propose les connaissances dont elle dispose en matière de planification, de construction, de fonctionnement et d'entretien de ses propres centrales électriques, de chauffage à distance, d'installations destinées à la protection et à l'assainissement de l'environnement.

La VKR utilise pratiquement en totalité pour la construction, les cendres et plâtres, sous-produits résultant des centrales électriques.

La VKR s'occupe par ailleurs de l'évacuation des déchets en provenance des agglomérations ou des déchets spéciaux, du retraitement des vieux matériaux et propose en matière de déchets, des concepts allant de la collecte à l'entrepôt, en passant par le retraitement. Par l'intermédiaire de filiales établies, la VKR a accès à tous les secteurs d'activité importants du secteur de l'évacuation et du retraitement des vieux matériaux. En coopération avec d'autres entreprises, la VKR travaille également dans le secteur de l'approvisionnement en eau et de l'épuration des eaux usées.

Die Anlage des VEBA Kraftwerkes in Scholven demonstriert den Einklang zwischen Natur und Technik, es bedeutet umweltschonende Stromerzeugung aus Steinkohle mit einer Leistung von rd. 3 800 MW. Es besteht aus vier 370-MW-Steinkohleblöcken, einem 740-MW-Steinkohleblock, zwei 714-MW-Ölblöcken und einem steinkohle-gefeuerten Heizkraftwerk mit 150 MW, das 1985 als erstes Kraftwerk in Europa mit Anlagen zur Entschwefelung und Stickstoffoxid-Reduzierung des gesamten Rauchgasvolumens in Betrieb ging.

The VEBA power station in Scholven demonstrates the harmony between nature and technology, meaning production of electricity from hard coal with a performance of about 3,800 MW, at the same time being environmentally beneficial. It consists of four 370 MW hard coal blocks, one 740 MW hard coal block, two 714 MW oil blocks and one hard coal fired heating station with 150 MW, which went into operation in 1985 as the first power station in Europe with units for desulfurization and reduction of nitric oxide for the entire volume of flue-gas.

La VEBA Kraftwerk de Scholven démontre que l'on peut mettre en harmonie la nature et la technique: une centrale thermique à houille non polluante, d'une puissance d'environ 3 800 MW. Elle est composée de quatre blocs de 370 MW et d'un bloc de 740 MW fonctionnant à la houille, d'un bloc de 714 MW fonctionnant au pétrole et d'une centrale thermique à houille de 150 MW et a été, en 1985, la première centrale d'Europe équipée de systèmes de désulfuration et de la réduction des dioxydes d'azote du volume total des gaz brûlés a être mise en service.

FLACHGLAS AG

Die FLACHGLAS AG entstand im Jahre 1970 durch den Zusammenschluß zweier bedeutender Glashersteller — der in Gelsenkirchen ansässigen Deutsche Libbey-Owens-Gesellschaft für maschinelle Glasherstellung AG DELOG und der in Fürth/Bayern beheimateten Deutsche Tafelglas AG DETAG. Basierend auf einer 500jährigen Tradition des Glasmachens gehört der FLACHGLAS-Konzern heute mit einem Umsatz von 1,85 Mrd. DM und rund 11 250 Mitarbeitern als Mitglied der englischen PILKINGTON-GRUPPE zu den führenden Flachglasherstellern und -verarbeitern in Europa.

In insgesamt sechs Werken wird zum einen Floatglas produziert und zum anderen dieses Basisprodukt zu hochwertigen Funtionsgläsern überwiegend für den Bau- und Automobilsektor weiterverarbeitet. Zu den hervorzuhebenden Beteiligungen gehören unter anderem die FLABEG GMBH, Fürth/Bayern — Europas größter Spiegelhersteller —, sowie die FLACHGLAS SOLARTECHNIK GMBH, Köln.

Eine ihrer zukunftsweisenden Entwicklungen sind beispielsweise hochpräzise Parabolspiegel, die in der kalifornischen Mojave-Wüste unter extremen Witterungsverhältnissen als Solarkollektoren heute schon für mehr als 65 000 Haushalte Strom erzeugen.

Auch die Tochtergesellschaft MITRAS KUNSTSTOFFE GMBH, Weiden/Oberpfalz, ist mit ihrer Produktpalette für die Fahrzeug- und Elektroindustrie im In- und Ausland erfolgreich tätig. Eine Neugründung ist die FLACHGLAS CONSULT GMBH in Gelsenkirchen. Sie befaßt sich vornehmlich mit der ingenieurmäßigen Entwicklung, Planung und Realisation innovativer Glasanwendungen, vorwiegend auf dem Gebiet des Umweltschutzes.

Weitere Töchter und Beteiligungen im In- und Ausland, insbesondere in Österreich, der Schweiz, den Niederlanden, den USA und Brasilien haben einen beachtlichen Anteil am Unternehmenserfolg.

The company FLACHGLAS AG was the result of a merger in 1970 between two leading glass manufacturers, namely Deutsche Libbey-Owens-Gesellschaft für maschinelle Glasherstellung AG DELOG in Gelsenkirchen and Deutsche Tafelglas AG DETAG in Fürth/Bavaria. As a member of the British PILKINGTON GROUP, with a 500 year tradition in the making of glass, turnover of DM 1. 85 billion and around 11,250 employees, the Flachglas group is now one of the leading manufacturers and processors of sheet and plate glass in Europe.

The group's six plants produce float glass and also convert this basic product into high-quality functional glass, primarily for the automotive and construction industries. The most important affiliates includes FLABEG GMBH in Fürth, Bavaria, the largest manufacturer of mirror glass in Europe, and FLACHGLAS SOLARTECHNIK GMBH in Cologne. The latter have developed high-precision parabolic mirrors, for instance, which have been installed as solar concentrators exposed to extreme weather conditions in the Mojave desert in California and already generate electricity for more than 65,000 homes.

The subsidiary MITRAS KUNSTSTOFFE GMBH in Weiden, Upper Palatinate, produces a nationally and internationally renowned range of products for the automotive and electrical engineering industries. The company Flachglas CONSULT GMBH has only recently been founded in Gelsenkirchen. It is primarily concerned with the engineering development, planning and realization of innovative glass applications, particularly in the field of environmental protection.

The group's other subsidiaries and affiliates in Germany and other countries, especially Austria, Switzerland, the Netherlands, USA and Brazil, have contributed a great deal towards the company's success.

C'est par la fusion, en 1970, de deux grands fabricants de verre, la Deutsche Libbey-Owens-Gesellschaft für maschinelle Glasherstellung AG DELOG, à Gelsenkirchen, et la Deutsche Tafelglas AG DETAG de Fürth, qu'est née la FLACHGLAS AG. Membre du groupe anglais PILKINGTON, le konzern FLACHGLAS, qui s'appuie sur une tradition de fabrication du verre vieille de 5 siècles, est de nos jours, avec un chiffre d'affaires de 1,85 milliard de DM et 11 250 salariés, l'un des leaders européens de la fabrication et de la transformation du verre plat. Dans six usines au total, elle produit, d'une part, du verre flotté et, d'autre part, transforme ce produit de base en produits de haute qualité essentiellement destinés au secteur de la construction et de l'automobile. Au nombre de ses participations, citons entre autres la FLABEG GMBH, Fürth/Bavière, le plus grand fabricant européen de miroirs, ainsi que FLACHGLAS SOLARTECHNIK GMBH, Cologne. L'une des productions riches d'avenir de cette dernière: les miroirs paraboliques qui, en tant que collecteurs solaires, fournissent aujourd'hui déjà, dans les conditions atmosphériques extrêmes qui sont celles du désert californien de Mojave, du courant électrique à plus de 65 000 foyers. Sa filiale MITRAS KUNSTSTOFFE GMBH, Weiden /Palatinat supérieur, rencontre un vif avec sa gamme de produits destinés aux industries automobiles et électriques.

Création nouvelle: la FLACHGLAS CONSULT GMBH, à Gelsenkirchen. Elle s'occupe essentiellement, du point de vue ingénierie, de l'étude, de la planification et de la réalisation de nouvelles utilisations du verre, en premier lieu dans le secteur de la protection de l'environnement.

Les filiales et participations de la FLACHGLAS AG à l'intérieur des frontières et à l'étranger, en particulier en Autriche, en Suisse, aux Pays-Bas, aux USA et au Brésil, sont pour une bonne part dans les succès de l'entreprise.

Die FLACHGLAS AG hat sich auf die Herstellung hochwertiger Funktionsgläser spezialisiert. Gläser, die beispielsweise durch Schalldämmung, Wärmedämmung, Sonnenschutz, Einbruchhemmung oder Brandschutz unser Leben sicherer und angenehmer gestalten können. Welche konstruktiven Möglichkeiten dieser Werkstoff bietet, zeigt die Glasfassade des Bonner Maritim Hotels, bei der etwa 6 500 qm Sonnenschutzglas INFRASTOP die »Außenhaut« in einem matten Kobaltblau schimmern lassen und gleichzeitig im Inneren eine angenehme Kühle schaffen.

The FLACHGLAS AG has specialized in the production of high-quality functional glass. Glass which can make our life safer and more pleasant, for example by sound insulation, heat insulation, sun protection, protection against burglary or fire protection. The glass facade of the »Maritim« Hotel in Bonn shows the constructional possibilities which this material offers, with about 6,500 m² of INFRASTOP sun protection glass causing the »outer skin« to glimmer in a matt cobalt blue and at the same time creating a pleasant temperature in the inside.

La FLACHGLAS AG s'est spécialisée dans la fabrication de verres fonctionnels de haute qualité. Des verres qui, en nous protégeant par exemple des pollutions acoustiques, de la chaleur, du soleil, des effractions ou du feu, rendent notre vie plus sûre et plus agréable. La façade de verre de l'hôtel Maritim, à Bonn, que 6 500 m² de verre pare-soleil environ font briller d'un reflet bleu cobalt, tout en garantissant à l'intérieur une agréable fraîcheur, montre ce que permet de réaliser ce matériau.

SEPPELFRICKE — Ein Name, der für hochwertige Qualität und modernste Technik steht

Ein Unternehmen, dessen Produkte international seit Jahrzehnten einen guten Ruf genießen und das weltweit als erfahrener und renommierter Hersteller von Armaturen gilt. In Europa nimmt das Unternehmen mit seinen Produkten seit Jahrzehnten einen Spitzenplatz ein.

Internationalen Ruf hat sich SEPPELFRICKE ebenso mit der Herstellung von kompletten Heiz- und Trinkwassersystemen, Gas- und Elektroherden, Allglas-Raumheizern und Einbaugeräten erworben. Maßgebend für diesen Erfolg sind der konsequente Einsatz fortschrittlicher Technologie und das ständige Streben nach höchster Qualität und bestem Service. SEPPELFRICKE ist seit seiner Gründung 1920 ein Familienunternehmen. Mit viel Mut und unternehmerischem Geschick hat ein verantwortungsbewußtes Management den Fortbestand und das Wachstum des Unternehmens sichergestellt. In Gelsenkirchen, mitten im Herzen des Ruhrgebietes, arbeiten heute rund 1 800 Mitarbeiterinnen und Mitarbeiter in Produktion, Entwicklung und Verwaltung.

SEPPELFRICKE. The name for high quality and ultramodern engineering

A company whose products have enjoyed an international reputation for decades and is looked upon worldwide as an experienced and renowned manufacturer of fittings. The company has occupied a leading position with its products in Europe over a period of decades.

SEPPELFRICKE has also gained itself an international reputation with the production of complete heating and drinking water systems, gas and electric stoves, allgas space heaters and fitted appliances.

The persistent employment of progressive technology and a constant striving for a maximum in quality and superlative service are decisive for this success.

Preßmessing — seit 1934 ein spezielles Fertigungsverfahren.

Pressed brass — a special production process since 1934.

Le laiton fritté — un procédé spécial de fabrication utilisé depuis 1934.

Präsentation auf allen wichtigen Messen (Foto: Werk Armaturen)

Presentation at all important fairs (Photo: Fittings plant)

Une présence à tous les Salons importants (Photo: Usine de robinetterie)

Since its formation in 1920 SEPPELFRICKE has been a family enterprise. With a lot of courage and entrepreneurial skill responsible management has ensured continued existence and corporate growth. Today about 1,800 employees work in the production, development and administration departments in Gelsenkirchen, at the heart of the Ruhr region.

SEPPELFRICKE — Un nom synonyme de qualité supérieure et de technologie de pointe

Une entreprise dont les produits jouissent sur le marché international d'une excellente réputation, et ce depuis des décennies, et qui est réputé à l'échelon mondial comme producteur de robinetterie expérimenté et renommé. En Europe, la Société se trouve, grâce à ses produits, parmi les leaders de sa branche depuis des décennies.

SEPPELFRICKE a également acquis une réputation au niveau international avec la fabrication de systèmes complets de chauffage et de distribution d'eau potable, de cuisinières fonctionnant au gaz ou à l'électricité, de radiateurs tous gaz et d'appareils électro-ménagers encastrables.

Ce succès est dû pour une part essentielle à l'utilisation systématique d'une technologie de pointe et à la recherche constante de la plus haute qualité et du meilleur service après-vente.

Depuis sa fondation en 1920, SEPPELFRICKE est une entreprise familiale. Avec beaucoup de courage et d'habileté en matière de gestion, un management conscient de ses responsabilités a assuré la continuation et l'expansion de la Société. A Gelsenkirchen, en plein coeur de la région de la Ruhr, quelque 1 800 salariés, hommes et femmes, travaillent aujourd'hui dans les domaines de la production, du développement et de l'administration.

Die moderne Küche von heute — ausgestattet mit Geräten von SEPPELFRICKE.

Today's modern kitchen — provided with appliances manufactured by SEPPELFRICKE.

La cuisine moderne contemporaine — équipée d'appareils SEPPELFRICKE.

In Gelsenkirchen sind die Standorte aller Werke (Foto: Heiz- und Küchentechnik).

All plants are located in Gelsenkirchen (Photo: Heating and kitchen technology).

C'est à Gelsenkirchen que sont implantées toutes les usines (Photo: technique du chauffage et de la cuisine).

STEILMANN Gruppe

rechts
Ein Modell aus der Kollektion KS. Klaus Steilmann Selection.

A model from the KS. Klaus Steilmann Selection collection.

Un modèle de la collection KS. Klaus Steilmann Selection.

links
Computergesteuerte Bügelstraße.

Computer-controlled ironing line.

Chaîne de repassage à commande électronique.

Mode für Millionen — nicht für Millionäre, das ist die Richtung der Steilmann Gruppe in Bo-Wattenscheid, dem größten Hersteller für Damenoberbekleidung in Europa. Über 8 000 Mitarbeiter in eigenen Betrieben und weitere 12 000 Mitarbeiter in 66 Vertragsbetrieben fertigen jedes Jahr mit modernen computergesteuerten Maschinen 30 Millionen Teile für Damen, Herren und Kinder an.

»Fashion for millions, not for millionaires« - that is the guiding principle of the Steilmann group in Bo-Wattenscheid, Europe's largest manufacturer of ladies, outerwear. With more than 8,000 employees in the group's own plants and another 12,000 employees in the 66 contractually affiliated plants, the group's modern computer-controlled machines produce 30 million articles for men, women and children every year.

Créer une mode pour des millions, et non pour millionnaires, tel est le but que s'est fixé le Groupe Steilmann, à Bo-Wattenscheid, le plus grand fabricant de vêtements féminins d'Europe. Plus de 8 000 salariés employés dans les usines du groupe et 12 000 collaborateurs supplémentaires travaillant dans 66 entreprises sous contrat, confectionnent chaque année à l'aide de machines assistées par ordinateur, 30 millions de vêtements femmes, hommes et enfants.

Im eigenen Schulzentrum werden jedes Jahr 800 Auszubildende geschult.

Each year, 800 apprentices are trained in the firm's own schooling centre.

Chaque année, 800 apprentis sont formés dans un centre scolaire propre à la firme.

Mit diesem Aggregat werden die Pflegehinweis-Etiketten vollautomatisch geschnitten, gefaltet und eingenäht.

The care instruction tags are cut, folded and sewn in fully automatically by this machine.

Ce groupe entièrement automatisé découpe, plie et coud les étiquettes portant les consignes d'entretien.

Ostwestfalen — Wirtschaftsraum mit Zukunft

Dr. Peter von Möller
Präsident der Industrie- und Handelskammer Ostwestfalen zu Bielefeld

Ostwestfalen ist ein Wirtschaftsraum mit Zukunft. Seit Jahren erwirtschaften die hiesigen Unternehmen überdurchschnittliche Zuwachsraten bei Umsätzen, Wertschöpfung und neuen Arbeitsplätzen. In der Region herrscht Aufbruchstimmung — nicht nur in Richtung europäischer Binnenmarkt, sondern auch nach Osten.

Dabei hat sich infolge der Öffnung Osteuropas das Koordinatensystem verschoben: Ostwestfalen ist in eine gesamteuropäische Zentrallage gerückt. Die zwei Hauptentwicklungsachsen nach Osten, Ruhrgebiet-Hannover-Berlin-Warschau und Ruhrgebiet-Leipzig-Prag laufen durch unseren Raum. Ostwestfalen wird gemeinhin als wichtige Drehscheibe und Schaltstelle im Ost-West-Verkehr eingestuft.

Von anderen großen Ballungsräumen der Bundesrepublik Deutschland hebt sich die Region durch ihren gesunden Branchenmix sowie durch ihre mittelständisch geprägte Unternehmensstruktur hervor. Über drei Viertel der Industriegebiete beschäftigen weniger als 50 Mitarbeiter, die Schwelle von 200 Mitarbeitern überschreiten nicht einmal 7 Prozent der insgesamt rund 3 300 Unternehmen des Verarbeitenden Gewerbes. Der weit überwiegende Teil der Unternehmen gehört also zu den als besonders flexibel geltenden Klein- und Mittelbetrieben. Aber auch mehrere Unternehmen mit Weltruf, die zum größten Teil noch in Familienhand sind, prägen die Attraktivität dieser Region.

Ostwestfalens Wirtschaft befindet sich in einem Strukturwandel, der die Wettbewerbsfähigkeit dieses Wirtschaftsraumes gestärkt hat. Das früher überproportionale Gewicht der Verbrauchsgüterindustrie existiert heute nicht mehr.

Nach einer Zehnjahresuntersuchung der Industrie- und Handelskammer Ostwestfalen zu Bielefeld haben besonders die Möbelindustrie sowie die Textil- und Bekleidungsindustrie unter dem Wandel in der Industriestruktur zu leiden gehabt. Im Möbelbereich fiel jeder fünfte Arbeitsplatz weg (— 6 000), im Textilgewerbe zwei von fünf (— 3 2oo) und im Bekleidungsbereich fast jeder dritte (— 5 500). Unterschiedliche Standortbedingungen haben die Hersteller veranlaßt, auf dem Wege der »passiven Lohnveredelung« oder mit Hilfe importierter Vorprodukte Kosten zu sparen, um wettbewerbsfähig zu bleiben.

Gewinner des Strukturwandels in der Wirtschaft Ostwestfalens ist die Investitionsgüterindustrie. Mit 90 000 Beschäftigten und einem prozentualen Anteil von 45 Prozent (1980: 36 Prozent) ist sie seit einigen Jahren Nummer eins im Kammerbezirk. Besonders erfreulich entwickelten sich Elektrotechnik und die Computerindustrie. Aber auch die mit 38 000 Menschen beschäftigungsstärkste Branche der Region, der Maschinenbau, legte überproportional zu.

Konjunkturell behauptet die ostwestfälische Wirtschaft seit Jahren mit die Spitze im Bundesgebiet. Sowohl die Umsatz- als auch die Beschäftigungsentwicklung im Verarbeitenden Gewerbe verlaufen günstiger als im Landes- und Bundesschnitt. Die Zeichen deuten weiterhin auf einen ungebrochenen Aufwärtstrend: Nach der IHK-Konjunkturumfrage erwartet die Mehrzahl der Unternehmen weiteres Wachstum, mehr Beschäftigung und höhere Investitionen.

Zufriedenheit herrscht auch im Exportsektor. In den letzten Jahren haben die ostwestfälischen Unternehmen ihre Auslandsbeziehungen beharrlich verbessert. Noch vor zehn Jahren lag die Exportquote des Verarbeitenden Gewerbes im Kammerbezirk bei 16 Prozent. Heute sind rund 24 Prozent erreicht, der Abstand zu Bund und Land hat sich dabei kontinuierlich verringert. Paradepferde auf den Auslandsmärkten sind vor allem Maschinenbau, Elektrotechnik, Möbel- und Bekleidungsindustrie, deren Exportquoten sich im Bundesvergleich durchaus sehen lassen können, teilweise sogar noch darüber liegen.

Fazit: Die ostwestfälische Wirtschaft ist in guter Verfassung und braucht die künftigen Herausforderungen nicht zu fürchten. Für Fachleute gibt es keinen Zweifel: Ostwestfalen ist ein Wirtschaftsraum mit Zukunft.

Eastern Westphalia — an economic region with a future

Dr. Peter von Möller
President of the Chamber of Trade and Industry for eastern Westphalia in Bielefeld

Eastern Westphalia is an economic region with a future. The industrial companies in this region have been achieving disproportionately high growth rates in sales, added value and new jobs for several years. The mood throughout the region is one of optimism and a new start: not only towards the single European market, but above all towards the east.

The whole coordinate system has been displaced by the opening of Eastern Europe: the eastern part of Westphalia now lies in the centre of Europe as a whole. The two main development axes towards the east, one running through the Ruhr area, Hannover, Berlin and Warsaw, the other through the Ruhr area, Leipzig and Prague, both run straight through our region. Eastern Westphalia is quite simply a major centre where all the routes in east-west traffic come together.

The region stands out against the country's other major urban agglomerations through its healthy mix of industries and its predominantly small and medium-sized industrial structure. More than three-quarters of the region's companies have a workforce of fewer than 50 employees, less than 7% of the 3,300 manufacturing companies exceeding the threshold value of 200 employees. By far the greater majority of the region's companies therefore belong to the group of small and medium-sized enterprises which are considered to be particularly flexible. At the same time, however, the region is also the home of a number of worldfamous companies, most of which are still family-owned.

Eastern Westphalia's industry is currently undergoing a period of structural change which has considerably improved the region's competitiveness. The consumer goods industry has lost its former disproportionately high significance in the region. A ten-year survey by the Chamber of Trade and Industry for eastern Westphalia in Bielefeld has shown that the furniture, textile and garment industries have suffered most as a result of the restructurization of industry. One in five jobs have disappeared in the furniture industry (—6,000), two in five in the textile industry. (—3,200) and almost one in three in the garment industry (—5,500). Various siterelated circumstances have caused manufacturers to cut costs through foreign commission processing or by importing semifinished products in order to remain competititve.

The capital goods industry is the winner in the restructurization of eastern Westphalia's industrial structure. For a number of years, it has been the Number 1 employer in the Chamber's district, providing jobs for 90,000 people and a percentage share of 45% (as compared with 36% in 1980). Developments in the electrical engineering and computer industries have proved particularly satisfactory. Mechanical engineering is the strongest sector in the region, providing jobs for 38,000 people and growing at a disproportionately high rate.

Economically speaking, eastern Westphalia has for a long time held the top position for the country as a whole. Both sales and employment trends in the manufacturing industry are developing more favourably than an average in the Land and in the country as a whole. The upswing is expected to continue undiminished: an economic survey by the Chamber of Trade and Industry revealed that the majority of companies expect further growth, higher employment and higher investments.

Export business is also developing satisfactorily. The eastern Westphalian companies have consistently improved their foreign trade relations in recent years. The export quota for the manufacturing industry in the Chamber's district is now 24% as compared with 16% only ten years ago. The gap between the regional quota and the national and Länder quotas has been shortened continuously. The shining stars in export markets are mechanical engineering, electrical engineering and the furniture and garment industries: their export quotas now compare favourably with the national average or are even higher in some cases. Conclusion: the eastern Westphalian economy is in good shape and need not fear future challenges. All the experts agree that eastern Westphalia is indeed an economic region with a future.

La Westphalie orientale — Une région économique d'avenir

Dr. Peter von Möller
Président de la Chambre de Commerce et d'Industrie de Westphalie orientale, Bielefeld

La Westphalie orientale est une région économique d'avenir. Du fait de leur bonne gestion, ses entreprises y atteignent depuis des années des taux de croissance supérieurs à la moyenne, en matière de recettes, de création de richesses et d'emplois nouveaux. Il règne dans le pays une atmosphère de départ, la région est «en route», non seulement vers le marché intérieur européen, mais aussi vers l'est.

L'ouverture de l'Europe de l'est en a modifié les coordonnées: la Westphalie orientale se retrouve soudain au coeur de l'Europe. Les deux principaux axes se développant en direction de l'est, Ruhr-Hanovre-Berlin-Varsovie et Ruhr-Leipzig-Prague, passent pas notre région. La Westphalie orientale est communément considérée comme une importante plaque tournante, comme un noeud de communication des échanges commerciaux est-ouest.

La région se distingue des autres grandes agglomérations multicommunales de la République fédérale d'Allemagne par la saine variété des branches qui y sont représentées, de même que par ses structures essentiellement caractérisées par des entreprises moyennes. Plus de trois quarts des entreprises industrielles emploient moins de 50 collaborateurs, moins de 7% des 3 300 entreprises dénombrées dans le secteur des activités collectives des industries de transformation atteignent le seuil des 200 collaborateurs. La très grande majorité des entreprises appartiennent à la catégorie des petites et moyennes entreprises, qui passent pour être particulièrement flexibles.

Mais l'activité de cette région est également marquée par plusieurs entreprises de renommée mondiale, pour la plupart encore entre les mains de familles.

L'économie de la Westphalie orientale traverse une phase de mutation structurelle qui renforce la compétitivité de cette région économique. L'ancienne prépondérance de l'industrie des biens de consommation appartient désormais au passé.

Une analyse effectuée sur une dizaine d'année par la Chambre d'Industrie et de Commerce de Westphalie orientale, à Bielefeld, a montré que ce sont avant tout les industries du meuble, du textile et de l'habillement qui ont eu le plus à souffrir de cette mutation des structures industrielles. Dans le secteur des meubles, un emploi sur cinq a disparu (—6 000), dans l'industrie textile, deux sur cinq (—3 200) et dans le secteur de l'habillement presque un sur trois (—5 500). La qualité diverse des lieux d'implantation a amené les producteurs, soit en faisant appel au »travail à façon étranger«, soit en ayant recours à l'importation de préproduits, à faire des économies pour rester compétitifs.

Le gagnant de cette mutation structurelle de l'économie de Westphalie orientale est l'industrie des biens d'investissement. Avec 90 000 employés et un taux de participation annuel de 45% (1980: 36%), elle est depuis quelques années No. 1 dans la circonscription de la Chambre. L'électronique et l'industrie informatique ont connu une évolution particulièrement heureuse. Mais, avec ses 38 000 employés, qui font d'elle le secteur le plus fort de la région du point de vue de l'emploi, la construction mécanique a, elle aussi, connu une évolution plus que proportionnelle.

D'un point de vue conjoncturel, l'économie de la Westphalie orientale est depuis des années dans le peloton de tête de la République fédérale. L'évolution connue tant par ses recettes que par l'emploi dans le secteur des industries transformatrices est plus favorable que celle connue en moyenne à l'échelon régional et national. Tout indique clairement que l'évolution ascendante va se poursuivre: d'après l'enquête conjoncturelle effectuée par la CIC, la majorité des entreprises s'attendent à une nouvelle croissance, à une augmentation du nombre des emplois et à des investissements plus importants.

On est très satisfait aussi dans le secteur des exportations. Les entreprises de Westphalie orientale n'ont cessé, aux cours des dernières années, d'améliorer leurs relations internationales. Il y a dix ans, le quota d'exportation des activités collectives des industries transformatrices était encore, dans la circonscription de la Chambre, de l'ordre de 16%. On atteint aujourd'hui les 24%, l'écart avec le pays et le Land n'a cessé de se réduire. Nos chevaux de parades, sur les marchés étrangers: essentiellement la construction mécanique, l'électronique, les industries du meuble et de l'habillement, dont les quota d'exportation n'ont absolument pas à craindre la comparaison à l'échelon fédéral, sont même parfois supérieurs à ceux d'autres régions.

Bilan: l'économie de la Westphalie orientale est en bonne forme et n'a pas à redouter les défis à venir. Aucun expert n'en doute: la Westphalie orientale est une région économique d'avenir.

Wichtige Verkehrsfunktionen erfüllt inzwischen der FLUGHAFEN PADERBORN/LIPPSTADT.
In seiner 3. Ausbaustufe mit einer 2 180 m langen Start- und Landebahn wird dieser Flughafen jetzt auch im Touristik-Charterflugverkehr mit Mittelstreckenverkehrsflugzeugen an die Ferienreiseländer des Mittelmeerraumes angebunden. Im Linienflugverkehr werden mit modernen Turboprop-Flugzeugen die Städte Berlin, Frankfurt, München, Stuttgart, Leipzig, Dresden und London angeflogen.

PADERBORN/LIPPSTADT AIRPORT also fulfils important traffic functions in the meantime.
In its 3rd phase of extension with a 2,180 m runway, this airport is now used for charter flights with medium-range jets to holiday areas in the Mediterranean. Berlin, Frankfurt, Munich, Stuttgart, Leipzig, Dresden and London are the destinations in scheduled flight services with modern turboprop aircraft.

L'AEROPORT de PADERBORN/LIPPSTADT ne cesse de prendre de l'importance. Grâce à la construction d'une piste de 2 180 mètres, prévue dans la troisième phase des travaux, cet aéroport fera désormais également partie du réseau touristique des vols charter; il proposera en effet des vols moyens courriers en direction de divers lieux de vacances. Il propose par ailleurs, sur des machines modernes à turbopropulseurs, des liaisons directes vers Berlin, Francfort, Munich, Stuttgart, Leipzig, Dresden et Londres.

Ein Blick auf TIELSA, einer der bedeutendsten Anbieter von exklusiven Küchen in Europa mit Sitz im international bekannten Badeort Bad Salzuflen. Hier werden tielsa Küchen auf fast 70 000 qm nach modernsten Fertigungsmethoden in vorbildlichem Design und technischer Perfektion produziert.

A look at TIELSA, one of the most important suppliers of exclusive kitchens in Europe with its seat at the internationally famous spa of Bad Salzuflen. This is where tielsa kitchens are produced in accordance with the latest production methods in exemplary design and technical perfection on an area of almost 70,000 m².

Un regard sur TIELSA, l'un des fabricants de meubles de cuisine les plus importants en Europe. Une entreprise moderne située à Bad Salzuflen, dans le nord de l'Allemagne. On y fabrique là, sur près de 70 000 m², selon les méthodes de production les plus modernes, d'un design idéal et d'une perfection technique.

Auf 15 Jahrzehnte Webstuhl-Tradition blickt das Bielefelder Unternehmen STRUNKMANN & MEISTER zurück. Mit der ersten industriellen Revolution wurde die Leinenproduktion auf mechanische Fertigung umgestellt. Der Absatz reichte weit über Deutschlands Grenzen bis hinein ins Zarenreich. So trug — einst wie heute — auf eigenen Webstühlen gefertigte Damast-Tafelwäsche bei Hofe in der Hauptstadt des Reiches das kaiserliche Wappen; jetzt ist es der Bundesadler auf Tischdecken und Servietten diplomatischer Vertretungen der Bundesrepublik Deutschland in vielen Metropolen jenseits der Grenzen.

The Bielefeld company of STRUNKMANN & MEISTER can look back on 15 decades of tradition in weaving. Linen production was changed to mechanical production with the first Industrial Revolution. Sales extended a long way over the German borders as far as the Russia of the Tsars. Damask tablecloths, which were produced on the firm's own looms, bore the Emperor's coat-of-arms at the Court in the capital of the Russian empire — just as they do now; but now it is the Federal eagle on tablecloths and serviettes of diplomatic representations of the Federal Republic of Germany in a number of cities outside the borders of the country.

L'entreprise STRUNKMANN & MEISTER, de Bielefeld, peut s'enorgueillir d'une tradition vieille de 15 décennies en matière de tissage. C'est lors de la première révolution industrielle que la fabrication mécanique de la toile vit le jour. Ce produit était distribué bien au-delà des frontières de l'Allemagne, jusque dans l'Empire russe. C'est ainsi que, dans la capitale de l'Empire, du linge de table damassé, fabriqué sur les métiers de l'entreprise, portait les armes impériales. Les nappes et les serviettes figurant aujourd'hui à l'inventaire des représentations diplomatiques de l'Allemagne dans de nombreuses métropoles étrangères, portent, elles, l'aigle fédéral.

Region Düsseldorf

Rolf Schwarz-Schütte
Präsident der Industrie- und Handelskammer Düsseldorf

Die Region Düsseldorf verdankt ihren wirtschaftlichen Aufstieg ihrer zentralen Lage im Dreieck zwischen der Rheinschiene, den bergischen Großstädten und dem Ruhrgebiet. Die Stadt Düsseldorf versteht sich vor allem als Dienstleistungsmetropole mit weiter überregionaler Ausstrahlung. Auf den Dienstleistungssektor entfallen hier mittlerweile über zwei Drittel der Wertschöpfung. Weite Teile des Dienstleistungssektors — so z. B. Handel, Kredit und Verkehrsgewerbe — verdanken ihre Bedeutung jedoch Nachfrageimpulsen aus der Industrie. Dies gilt vor allem für den Groß- und Außenhandel, wo Düsseldorf insbesondere bei Stahlprodukten eine internationale Spitzenposition erreicht hat. Insgesamt bieten in Düsseldorf mehr als 2 000 Groß- und Außenhandelsbetriebe über 30 000 Beschäftigten einen Arbeitsplatz. Überregionale Bedeutung haben darüber hinaus die Geschäftsbanken, die mehr als 200 Werbeagenturen und die zahlreichen Unternehmens- und Steuerberater sowie Wirtschaftsverbände. Für regen Besucherverkehr sorgen aus dem In- und Ausland die international führenden Messeveranstaltungen wie Kunststoffmesse, DRUPA, Interpack, um nur einige zu nennen. Die Industrie mit ihren über 90 000 Arbeitnehmern weiß diese interessante Mischung von Dienstleistungen zu schätzen. Dies zeigt sich auch an der außerordentlichen Standortgunst, die Düsseldorf bei den Hauptverwaltungen industrieller Großunternehmen genießt. Schwerpunkte der industriellen Aktivität liegen im Investitionsgütersektor, und hier vor allem in Maschinen-, Anlagen- und Fahrzeugbau sowie in der Grundstoffindustrie mit der Chemie als wichtigstem Arbeitgeber und der Stahlrohrproduktion als »klassischer« Schwerpunktaktivität. Ein besonderes Merkmal der Düsseldorfer Industrie ist ihre intensive Einbindung in die Weltmärkte, mit einer Exportquote von mehr als einem Drittel.

Der Kreis Mettmann als zweiter Teilraum des Kammerbezirks ist durch zahlreiche mittelständische Unternehmen mit Schwerpunkt in der Metallverarbeitung geprägt. Besonders verbreitet sind hier Zulieferbetriebe, wie beispielsweise die Schloß-, Beschlag- und Gießereiindustrie, die besonders eng mit der Automobil- und Bauwirtschaft verflochten sind.

Aber auch der Dienstleistungssektor hat in den vergangenen Jahren im Kreis Mettmann für einen beachtlichen Arbeitsplatzzuwachs gesorgt. Dies gilt besonders für die der Rheinschiene nahegelegenen Gemeinden Ratingen, Erkrath und Hilden, die einerseits von der räumlichen Nähe zu Düsseldorf profitieren und andererseits infolge der akuten Verknappung von Gewerbeflächen interessante Investoren anziehen konnten. So haben sich einige Städte im Kreis Mettmann geradezu als High-tech-Standorte mit zahlreichen Aktivitäten im Bereich Hard- und Software entwickeln können. Die reizvolle Hügellandschaft des Kreises Mettmann sorgt für einen hohen Freizeitwert, den auch die Düsseldorfer schätzen.

Stadt Düsseldorf und Kreis Mettmann sehen sich heute als Teilregionen, die einander sinnvoll ergänzen. So ist die Zusammenarbeit in der Wirtschaftsförderung, in Verkehrsfragen und der Abfallentsorgung heute schon selbstverständlich. Die Region setzt darauf, daß auch sie erhebliche Impulse vom Europäischen Binnenmarkt empfangen wird.

So belegen die heute schon mehr als 3 000 Unternehmen mit ausländischer Kapitalbeteiligung in der Region Düsseldorf, daß sich von hier aus der europäische Markt besonders gut bearbeiten läßt. Unternehmensleiter finden in der Region Düsseldorf ein qualitativ hochwertiges Arbeitskräfteangebot, eine verkehrsgünstige Lage im Zentrum der europäischen Absatzmärkte, die räumliche Nähe zu wichtigen Geschäftspartnern und nicht zuletzt zahlreiche Konsulate und sonstige ausländische Wirtschaftsförderer. Die Industrie- und Handelskammer ist sicher, daß auch die Öffnung der östlichen Märkte für weitere Standortattraktivität in der Region Düsseldorf sorgen wird.

Düsseldorf region

Rolf Schwarz-Schütte,
President of the Chamber of Trade and Industry in Düsseldorf

The economic region around Düsseldorf owes its strength to its central position between the Rhine axis, the cities of the Bergisches Land and the Ruhr area. The city of Düsseldorf itself is a service metropolis of supraregional significance. The service sector now accounts for more than two-thirds of the net product here. However, major parts of the service sector, such as trade, banking and transportation, owe their significance to the stimulus of demand from industry. This is particularly true for wholesale and foreign trade in which Düsseldorf now holds a leading international position, especially for steel products. More than 2,000 wholesale and foreign trade companies provide more than 30,000 jobs in Düsseldorf altogether. The commercial banks, more than 200 advertising agencies and numerous management and tax consultants, as well as economic associations enjoy supraregional significance. Leading international trade fairs, such as the plastics processing fair, DRUPA, Interpack and many others, attract a steady stream of visitors from around the country and abroad.

This interesting mixture of services is highly valued by industry and its workforce of more than 90,000, something which is reflected in the extraordinary preference shown by numerous major industrial companies which have chosen Düsseldorf as the site of their head offices. Industrial activity is concentrated in the capital goods sector, primarily mechanical engineering, plant engineering and automotive engineering, as well as basic industry with chemical engineering as the main source of employment and the manufacture of steel tubing as a »classical« focus of activity. One of the special feature of Düsseldorf's industry is its intensive integration in world markets; exports account for more than one-third of all sales.

The administrative district of Mettmann is a further subarea of the Chamber's district and characterized by numerous small and medium-sized companies, particularly in the metalworking sector. Supply industries, such as locksmiths, fitters and foundries are particularly widespread and closely associated with the automotive and construction industries.

The service sector has also brought a considerable increase in the number of jobs available in the administrative district of Mettmann. This applies particularly for the towns of Ratingen, Erkrath and Hilden which are located close to the Rhine axis, the north-south link running roughly parallel to the river. These towns profit form their proximity to Düsseldorf and have also been able to attract interresting investors as land for industrial development has become scarcer. A number of towns in the administrative district of Mettmann have developed into high-tech centres with a multitude of activities in the hardware and software sectors. The pleasant hills and valleys of the administrative district have additionally turned Mettmann into a recreational area which also attracts the people of Düsseldorf.

The city of Düsseldorf and the administrative district of Mettmann are now mutually complementary subareas. Cooperation has become a matter of course where economic development, traffic, transport and waste disposal are concerned. The region is confident that it will also benefit from the considerable stimuli expected as the single European market is realized. The fact that there are now more than 3,000 companies which are at least partly owned by foreigners in the economic region of Düsseldorf shows that this must be an eminently suitable location for working the entire European market.

Düsseldorf can offer company managers a good reservoir of highly qualified personnel, excellent traffic connections in the heart of the European markets, proximity to all their major business partners and finally also numerous consulates and other foreign trade promotion agencies. The Chamber of Trade and Industry is confident that the region's attractiveness will be further enhanced as the markets in Eastern Europe are opened up.

La région de Düsseldorf

Rolf Schwarz-Schütte,
Président de la Chambre de Commerce et d'Industrie Düsseldorf

C'est à sa position centrale, dans le triangle formé par le Rhin, les grandes villes du Bergisches Land et la Ruhr, que la région de Düsseldorf doit son essor économique. La ville de Düsseldorf veut avant tout être une métropole des services au grand rayonnement supra-régional. Plus de deux tiers de la création de valeurs est dû désormais au secteur des services. De vastes parties de se secteur, le commerce, le crédit, les transports, par exemple, doivent toutefois leur importance à la demande en provenance du secteur industriel. Ceci vaut essentiellement pour le commerce de gros et le commerce extérieur, secteurs dans lesquels Düsseldorf occupe désormais, en particulier pour les produits en acier, une position de leader international. Au total, plus de 2 000 entreprises de commerce en gros et de commerce extérieur offrent un emploi à plus de 30 000 salariés. Par ailleurs, les banques d'affaires, plus de 200 agences de publicité et les très nombreux conseillers d'entreprises et conseillers fiscaux, ainsi que les chambres syndicales, ont une importance supra-régionale. Des Salons de réputation internationale tels que le Salon de la Plasturgie, la DRUPA, Interpack, pour ne citer que quelques-uns d'entre eux, amènent un flot important de visiteurs nationaux et étrangers.

Avec plus de 90 000 salariés, l'industrie sait apprécier ce cocktail de services. Cela s'exprime également dans la faveur exceptionnelle dont, en tant que lieu d'implantation, Düsseldorf jouit auprès de l'administration des grandes entreprises industrielles. Citons comme centres de gravité des activités industrielles, le secteur des biens d'investissement, avec en tête, la construction mécanique, la construction d'installations et la construction automobile, celui de l'industrie des produits de base, avec la chimie comme principal patron, et la production de tubes d'acier, un secteur clé de production «classique». Une des caractéristiques de l'industrie düsseldorfoise est son intensive implication dans les marchés mondiaux, avec un taux d'exportation de plus d'un tiers.

Le district de Mettmann, second secteur de la circonscription de la Chambre, se distingue par le nombre important des moyennes entreprises, essentiellement transformatrices de métaux, qui y sont implantées.

On y recontre en particulier beaucoup d'entreprises de sous-traitance, dans les secteurs par exemple de la serrurerie, des ferrures et de la fonderie, tout particulièrement impliqués dans l'industrie automobile et celui de la construction.

Mais le secteur des services, a lui aussi, contribué au cours des dernières années, et de manière appréciable, à la création d'emplois dans le district de Mettmann. Cela vaut tout particulièrement pour les communes de Ratingen, Erkrath et Hilden, proches de la voie fluviale que représente le Rhin, communes qui profitent d'une part de leur proximité de Düsseldorf et sont d'autre part à même, étant donné la pénurie aiguë de terrains industriels, d'attirer des investisseurs intéressants. Et c'est ainsi que quelques villes du district de Mettmann ont pu devenir de véritables centres de la High-Tech aux activités multiples, dans le secteur des progiciels et des logiciels. Les charmantes collines de Mettmann sont un attrait touristique apprécié aussi des düsseldorfois.

La ville de Düsseldorf et le district de Mettmann sont aujourd'hui l'une pour l'autre des régions partielles se complètant de manière judicieuse. La coopération en matière de promotion de l'économie, de transports, d'élimination des déchets, est aujourd'hui déjà la chose la plus naturelle du monde. La région compte profiter, elle aussi, d'importantes impulsions venant du grand marché unique européen.

Plus de 3 000 entreprises à participations étrangères installées dans la région de Düsseldorf, démontrent que l'on peut, à partir d'ici, travailler de manière particulièrement efficace sur le marché européen. Les chefs d'entreprise trouvent dans la région de Düsseldorf un potentiel de main-d'oeuvre hautement qualifié, une situation géographique favorable et de bons moyens de communication, au coeur des marchés européens, la proximité de leurs partenaires importants et, last but not least, un grand nombre de consulats et autres organismes étrangers d'encouragement à l'économie. La Chambre d'Industrie et de Commerce est convaincue que l'ouverture des marchés de l'est aura, elle aussi, pour conséquence, d'accroître l'attrait de la région de Düsseldorf en tant que lieu d'implantation.

S. 423
Messen made in Düsseldorf sind in: international, informativ, innovativ. Ob eine DRUPA — Internationale Messe für Druck und Papier, eine BOOT, eine MEDICA oder eine IGEDO, sie sind Synonyme für die Qualität der Messen und die Wirtschaftskraft des Landes.
In harmonischer Form verbindet der Eingang Nord, 1989 fertiggestellt, Funktionalität und Ästhetik und läutet mit seinem futuristischen Äußeren das kommende Messe-Jahrtausend ein.

Trade fairs made in Düsseldorf are in: international, informative, innovative. Whether it is the DRUPA, the International Trade Fair for Printing and Paper, the BOOT, the MEDICA or the IGEDO, they are all synonyms for the quality of the Trade Fairs and the economic strength of the country.
The North Entrance, which was completed in 1989, combines functionallity and aesthetics in a harmonious way, and its futuristic appearance rings in the coming millennium of Trade Fairs.

Les foires «made in Düsseldorf» sont «in»: internationales, informatives et innovatrices. Qu'il s'agisse de la DRUPA, la foire internationale de l'impression et du papier, de la BOOT, MEDICA ou IGEDO, toutes symbolisent la qualité des foires et la puissance économique du pays. Par ses formes harmonieuses, l'entrée nord, terminée en 1989, allie fonctionalisme à esthétique, sonnant, par son aspect futuriste, l'avènement du nouveau millénaire de foires.

Der RHEIN-RUHR FLUGHAFEN Düsseldorf steht nach Frankfurt an zweiter Stelle in der Rangliste der deutschen und an 14. Stelle der größten europäischen Verkehrsflughäfen. Unter den bedeutendsten Flughäfen der Welt nimmt er den 44. Platz ein.

Im Jahre 1989 wurden 10 405 039 Fluggäste befördert. Das Einzugsgebiet des Flughafens Düsseldorf ist vergleichbar mit dem der Flughäfen London und New York und ist sogar noch größer als das der Flughäfen von Paris. Er liegt in einem der größten Ballungszentren Europas. Fast 3/4 der Abflüge verbinden Nordrhein-Westfalen mit dem europäischen und außereuropäischen Ausland und ermöglichen dadurch schnelle Verkehrsverbindungen zu den wichtigen Absatzmärkten in der ganzen Welt. Das breiteste Charterflugangebot in der Bundesrepublik Deutschland wird hier geboten.

The RHEIN-RUHR AIRPORT in Düsseldorf is the second largest German airport (after Frankfurt) and the 14th largest European airport. It is 44th in the list of the world's most important airports.

In the year of 1989, 10,405,039 passengers were checked in. The catchment area of Düsseldorf Airport is comparable with that of London Airport or New York Airport and is even larger than that of Paris Airport. It is in one of the largest conurbations in Europe. Almost three-quarters of the flights connect North Rhine/Westphalia with Europe and overseas, thus making quick connection to the important sales markets all over the world possible. The broadest spectrum of charter flights in the Federal Republic of Germany is offered from here.

L'AEROPORT RHIN/RUHR de Düsseldorf est, après Francfort, le second des aéroports allemands et occupe la 14ème place dans la liste des grands aéroports européens. Dans celle des plus grands aéroports mondiaux, il figure en position 44. En 1989, il a transporté 10 405 039 passagers. La zone de desserte de l'aéroport de Düsseldorf est comparable à celles des aéroports de Londres et New York et est même plus étendue que celle des aéroports de Paris. Il est situé au coeur d'un des plus grands centres de concentration urbaine et industrielle d'Europe. Pratiquement 3/4 des vols au départ relient la Rhénanie-du-Nord-Westphalie à des pays étrangers européens et extra-européens, ce qui permet d'atteindre rapidement les marchés les plus importants du monde entier. C'est d'ici également que part la grande majorité des vols charter de République fédérale d'Allemagne.

Der Niederrhein — ungewöhnlicher Wirtschafts- und Lebensraum

Dr.-Ing. Wolf Aengeneyndt, Präsident der Niederrheinischen Industrie- und Handelskammer Duisburg — Wesel — Kleve

Einen Wirtschafts- und Lebensraum als ungewöhnlich zu bezeichnen, erscheint zunächst gewagt. Für den Niederrhein, die Region der Stadt Duisburg und der Kreise Wesel und Kleve, allerdings gibt es genügend Gründe für dieses Attribut. Auch wegen eines neuen Aufbruchs, eines neuen Gefühls der Zusammengehörigkeit und eines gewandelten Erscheinungsbildes.

Für die Rheinreisenden des 18. und 19. Jahrhunderts, so schreibt der Chefredakteur der »Niederrheinischen Blätter«, Dr. Wilhelm Cuypers, war dieses Land zwischen Rhein und Maas eine »terra incognita«; und nun ist unter Wirtschaftsexperten davon die Rede, daß diese Region unter den »Aufsteigern der 90er Jahre«, die mit der Vollendung des Europäischen Binnenmarktes und durch die von Osten her wirkenden Impulse ungeahnte Wachstums- und Entwicklungsperspektiven erhalten haben, sogar eine Spitzenstellung einnimmt.

Die Voraussetzungen dazu sind jedenfalls gegeben. Immerhin kann der Niederrhein im Hinblick auf Fläche und Bevölkerung durchaus mit einigen kleinen Bundesländern Schritt halten: Auf rund 2500 Quadratkilometern leben und arbeiten hier 1,2 Millionen Menschen. Rund 38 000 Unternehmen sind hier in Industrie, Handel, Verkehr und Dienstleistung tätig.

Früher galt zumindest der Teil der Region, der westlich der damaligen »Stadt Montan«, Duisburg, lag, lediglich als »Grenzland«. Heute ist darin ein wertvoller Standortvorteil zu sehen: Wenn die 138 Kilometer lange Grenze zu den Niederlanden vollends durchlässig ist, wird sich — noch stärker, als es bereits jetzt der Fall ist — die Eurozentralität des Niederrheins bewähren. Schon heute machen die zentrale Lage im Europäischen Binnenmarkt und die starke Verzahnung mit den Niederlanden und Belgien diesem Raum mit seinen traditionellen grenzüberschreitenden Bindungen zu einem echten Zentrum. Von hier bis zur Europazentrale Brüssel benötigt man gerade zwei Autostunden.

Im übrigen bildet der Niederrhein den Schnittpunkt der beiden großen kontinentalen Wirtschafts- und Verkehrsachsen. Hier treffen die strukturgestaltenden Kräfte der internationalen Rheinschiene, die sich vom Ärmelkanal bis Südeuropa erstreckt, mit dem transkontinentalen Wachstumsgürtel, der von Paris über Belgien kommend über das Ruhrgebiet und Mitteldeutschland bis nach Osteuropa zusammenführt. Insofern ist der Niederrhein ein ideales Sprungbrett für wirtschaftliches Engagement in ganz Europa.

Seine geographische Lage ist zweifelsohne ein Glücksfall. Was sich daraus entwickelt hat, ist durchaus unter dem Aspekt der Leistungsfähigkeit und Kreativität der hier lebenden und arbeitenden Menschen zu sehen. Sie haben das »Logistikzentrum Niederrhein« geschaffen. Die Region ist in alle europäischen Verkehrssysteme eingebunden. Vom Rhein aus werden mit Fluß- und Seeschiffen alle europäischen Hafenplätze erreicht; Binnenschiffe erreichen über Kanäle Mitteldeutschland, sogar die Tschechoslowakei und Polen und demnächst über den Main-Donau-Kanal auch die Häfen aller Donau-Anliegerstaaten. »Deutsche Westküste« — auch so wird der Niederrhein genannt, vor allem wegen des größten Binnenhafens der Welt in Duisburg, der sich immer mehr zu einem leistungsstarken Universalhafen entwickelt; der Freihafen hat sich in kürzester Zeit als zusätzlicher Magnet erwiesen. Das Fernstraßennetz der Region verbindet sie mit allen wichtigen Wirtschaftszentren Europas, im Eisenbahngüterverkehr ist sie der größte deutsche Umschlagplatz. Um nach »Wasser« und »Land« auch noch die »Luft« zu berücksichtigen: Der Niederrhein liegt im Fadenkreuz internationaler Flugverbindungen. Der zweitgrößte deutsche Airport Düsseldorf liegt unmittelbar vor der Haustür; der größte niederländische Flughafen Amsterdam und der größte belgische Flughafen Brüssel sind über die Autobahn ebenso schnell wie Frankfurt erreichbar.

Diese Standortqualitäten wissen bereits zahlreiche Unternehmen aus dem In- und Ausland zu nutzen. Sie bestätigen die Internationalität des Niederrheins seit langem. Neue Impulse kommen in stärkerem Maße aus Fernost hinzu. Hier hat zum Beispiel Japan an Bedeutung zugenommen. Japanischen Unternehmen bietet der Niederrhein die gewünschten Entfaltungsmöglichkeiten, und in der Nachbarschaft, in Düsseldorf, steht die Infrastruktur des japanischen Zentrums in der Bundesrepublik zur Verfügung. Ansiedlungen japanischer Unternehmen und Verflechtungen zwischen niederrheinischen und ostasiatischen Unternehmen sprechen im übrigen eine deutliche Sprache.

Angesichts der hier beispielhaft genannten Standortvorteile könnte der Eindruck entstehen, als sei die Welt zumindest hier völlig in Ordnung. Das ist noch nicht der Fall, da die Strukturprobleme der Vergangenheit mit der Dominanz des Montanbereiches noch nicht vollständig gelöst sind. Tatsache ist, daß der Bergbau, der am Niederrhein rund 20 Prozent der bundesdeutschen Steinkohle fördert, einen tiefgreifenden Wandlungs- und Abschmelzungsprozeß durchmacht. Die Stahlproduzenten, mit rund 40 Prozent Anteil an der bundesweiten Stahlproduktion an dem in Europa wohl günstigsten Hüttenstandort, müssen sich im unvergleichlich harten internationalen Wettbewerb behaupten. Zweifelsohne gibt es auch Probleme industrieller Altlasten, und trotz aller Erfolge in der Luftreinhaltung sind die Wunschwerte noch nicht erreicht. Aber es wird daran erfolgreich gearbeitet.

Von Zeit zu Zeit wird auch von krisenhaften Situationen geredet. Nicht nur hier. Aber am Niederrhein, wo die »Krise« nun einmal kein lähmendes Fremdwort ist, hat man auch gelernt, sie zu meistern. Gerade auch im Umweltschutz: Die hier erworbenen Kenntnisse wurden und werden in neue geschäftliche Betätigung umgesetzt.

Insgesamt ist die Umstrukturierung in vollem Gange: nicht nur in der Wirtschaft, die mit neuen Produkten neue Märkte erschlossen hat, sondern auch in der Wissenschaft. Hier hat sich die Universität als bedeutender Impulsgeber im Strukturwandel der Region betätigt. Längst hat sie internationale Anerkennung erworben. Das Zusammenspiel von Wissenschaft und Wirtschaft hat hier bereits neue innovative Kräfte freigesetzt und auch Magnetwirkung auf Feldern gezeigt, an die vor wenigen Jahren noch niemand in dieser Region dachte. Die Mikroelektronik ist ein herausragendes Beispiel. Das Fraunhofer-Institut für mikroelektronische Schaltungen und Systeme, das permanent wachsende Technologiezentrum Duisburg mit dem Projekt des Technologiepark nach den Plänen des britischen Architekten Norman Foster, das Technologiezentrum in Kleve ebenso wie Eurotec in Moers — das sind beispielhafte Schrittmacher in der Umstrukturierung dieser Wirtschaftsregion.

Zukunftssicherung erfordert aber mehr. Um sich mit Blick auf die Globalisierung der Märkte im internationalen Standort-Wettbewerb der Regionen behaupten zu können, ist es erforderlich, auch neue Wege zu gehen. Das Schlüsselwort heißt »Kooperation«. Eine kommunale Gebietskörperschaft ist heute kaum noch in der Lage, ohne ihr Umfeld im Wettbewerb ein ernsthafter Konkurrent zu sein. Mit dem Nachbarn zusammenarbeiten und gemeinsam die Stärken einbringen — das eröffnet neue Perspektiven. Am Niederrhein haben die Verantwortlichen in Wirtschaft, Politik und Verwaltung dieses erkannt. Eines der Ergebnisse: Die Stadt Duisburg und die Kreise Wesel und Kleve sind — über ein gemeinsames Handlungskonzept für die gesamte Region hinaus — dabei, im Ausland potentielle Investoren über die Vorzüge des ungewöhnlichen und unverwechselbaren Niederrheins zu informieren.

Wer hinter dieser Initiative allerdings nur reine, nüchterne Wirtschaftsinformationen vermutet, täuscht sich: Hier geht es auch um die liebenswerten Dinge, die den Niederrhein auszeichnen: Kultur und Freizeit, Geschichte und Tradition, die Menschen und ihre Lebensart — ob in den pulsierenden Stadtzentren oder in den ländlichen Bereichen mit ihren unberührten Naturlandschaften. Auch sie machen seine Stärke aus — und letztlich auch das Ungewöhnliche.

The Niederrhein — an exceptional economic and residential area

Dr.-Ing. Wolf Aengeneyndt
President of the Chamber of Trade and Industry for the Niederrhein region — Duisburg — Wesel — Kleve

It may appear somewhat daring to call an economic and residential area exceptional, but there are a number of reasons justifying the use of this attribute to describe the region made up of the city of Duisburg and the administrative districts of Wesel and Kleve. It is also justified by a new departure, a new feeling of togetherness and a new appearance.

According to the editor-in-chief of the journal »Niederrheinische Blätter«, Dr. Wilhelm Cuypers, the region between the rivers Rhine and Maas was »terra incognita«, unknown territory, to travellers of the 18th and 19th centuries. Economic experts today refer to the region as one of the »winners of the nineties« which could even come to acquire a leading position, one of those with undreamt-of prospects for growth and development as the single European market is established and the stimuli from the east begin to take effect.

The prerequisites have already been established. In terms of area and population, the Niederrhein can at least compare favourably with some of the smaller Länder: more than 1.2 million people live and work on an area of roughly 2,500 square kilometres in which around 38,000 companies engage in industry, trade, transport and services.

The part of the region to the west of Duisburg, the former iron and steel city, used to be known simply as the »border region«, »Grenzland«. Today, it is a highly advantageous location, for the region's Eurocentrality will prove still more important when the 138 kilometre border with the Netherlands is opened up completely. The Niederrhein's central location in the single European market and the close links with the Netherlands and Belgium have already made this a real centre with its traditional cross-border connections. It is only two hours' drive from there to the European centre in Brussels.

The Niederrhein also represents the intersection between the continent's two major economic and traffic axes. The structurally decisive forces of the international Rhine axis linking the English Channel with Southern Europe meet the transcontinental growth belt extending from Paris, through Belgium, the Ruhr area and central Germany to Eastern Europe. This makes the Niederrhein an ideal starting point for economic activities throughout the whole of Europe.

Its geographical location is certainly a product of fate, but what has become of it is something which must be seen in terms of the efficiency and creativity of the people who live and work here. They have turned the Niederrhein into a »logistic centre«. The region is integrated into all the European traffic systems. All European harbours can be reached by river boats and seagoing ships on the Rhine. River boats can travel via canals into the heart of Germany and as far away as Czechoslovakia and Poland; before long, the Main-Danube canal will also provide access to the ports of all the countries through which the Danube flows. The Niederrhein is also known as the »German west coast«, primarily on account of Duisburg harbour, the largest inland harbour in the world and one which is increasingly developing into a highly efficient all-purpose harbour. The free port has already become an additional magnet within a very short space of time. The region's network of trunk roads connects it with all the important economic centres in Europe; it is the largest German transshipment centre for rail cargo. In addition to water and land-borne traffic, we must also mention air traffic: the Niederrhein lies in the centre of all the major international air connections. Germany's second-largest airport is just down the road, in Düsseldorf; the largest Dutch and Belgian airports in Amsterdam and Brussels can be reached just a quickly on the motorway as Frankfurt airport.

Numerous German and foreign companies have already taken advantage of these qualities and have for a long time confirmed the internationality of the Niederrhein. The Far East is a growing source of new stimuli, with Japan proving more and more important. The Niederrhein can offer Japanese companies the development potential they seek while the infrastructure of the Japanese centre in Germany is within easy reach in Düsseldorf. The establishment of Japanese companies and the close links between Far Eastern companies and local industry speak for themselves.

The advantages mentioned here by way of example could give rise to the impression that everything is exactly as it should be, at least here. However, that is not the case, for the structural problems of the past and the domination of the iron and steel sector have not yet been overcome entirely. The mining industry, which extracts around 20% of the total German coal output in the Niederrhein region, is in the throes of a far-reaching process of change and slimming-down. The steelmakers here account for around 40% of all steel produced in Germany and have the advantage of being located at what is probably the most favourable site in the whole of Europe, but they are confronted with incomparably strong international competition. There are doubtlessly also problems in the form of industrial wastes dumped at some time in the past and in spite of the general efforts to combat atmospheric pollution, the desired values have still not been reached. But things are improving steadily. Reference is occasionally made to crisis situations and not just here. Here in this region, however, »crisis« is not a crippling foreign word, for the people have learned to master them. Particularly where conservation of the environment is concerned: the insights won in this respect have been used to develop new business activities.

The restructurization process is in full swing everywhere, not just in industry which has developed new products in order to capture new markets, but also in the sciences. The university has proved a major stimulant of structural change in the region. It acquired an international reputation long ago. The combination of industry and science has already released innovative new forces and exercised a magnetic effect in fields of which no-one here had dreamed of only a few years ago. Microelectronics is one outstanding example. The Fraunhofer Institute for microelectronic circuitry and systems, the constantly growing technology centre in Duisburg with the project for a technology park based on plans drawn up by the British architect Norman Foster, the technology centre in Kleve and Eurotec in Moers have all helped to set the pace of the restructurization process in this economic region.

However, that alone is not enough to secure the future. New roads must be taken in order to maintain the region's position in the international fight for locations as markets become more global. The key word is »cooperation«. Municipal and regional authorities rarely present any serious competition without their surrounding areas. Working together with the neighbours and pooling strengths: that is the way to open up new possibilities for the future. That is something of which the politicians, economic experts and administrative authorities in the Niederrhein region have already become aware. One of the results is that, in addition to a common concept of action for the region as a whole, the city of Duisburg and the administrative districts of Kleve and Wesel are currently engaged in a campaign to inform potential foreign investors about the advantages of the unusual and unmistakable Niederrhein.

It would be wrong to presume that this initiative involves no more than naked economic information. It also involves all the pleasant aspects characterizing the Niederrhein: culture and recreation, history and tradition, the people and their way of life, be it in the pulsating city centres or in rural areas with their untouched natural landscapes. They too are part of the Niederrhein, its strength and its uniqueness.

Le Rhin inférieur — un espace économique, un espace de vie inhabituel

Dr.-Ing. Wolf Aengeneyndt
Président de la Chambre de Commerce et de l'Industrie Commerce de Duisbourg — Wesel — Clèves

Il paraît à première vue osé de dire d'un espace économique, d'un espace de vie, qu'il est inhabituel. Les raisons d'utiliser cet attribut ne manquent toutefois pas, pour ce Rhin inférieur, cette région de la ville de Duisbourg et des districts de Wesel et de Clèves. Ne serait-ce qu'à cause du nouveau départ qu'elle a pris, du nouveau sentiment d'appartenance qui l'anime et d'une image de marque qui a connu une mutation. Pour ceux qui, au 18ème et 19ème siècle, voyageaient dans cette région du Rhin, ce pays situé entre le Rhin et la Meuse était, comme l'écrit le Dr. Wilhelm Cuypers, rédacteur en chef des »Niederrheinische Blätter«, une »terra incognita«; aujourd'hui, les experts économiques parlent à propos de cette région de »valeur montante des années 90«, et ils pensent que la réalisation du grand marché unique européen, ainsi que les impulsions en provenance de l'est lui ont donné des perspectives de croissance et de développement inattendues, qu'elle occupe même maintenant une position de leader. Quoi qu'il en soit, les conditions préalables sont réunies. Le Rhin inférieur peut tout à fait, pour ce qui est de sa superficie et de sa population, tenir la comparaison avec certains petits Länder de République fédérale: plus d'1,2 millions d'habitants y vivent et y travaillent sur environ 2500 km². On y dénombre en gros 38 000 entreprises actives dans les secteurs industriel, commercial, des transports et des services.

Autrefois, tout au moins la partie de la région située à l'ouest de la «ville minière» de Duisbourg, ne passait pour être qu'une région frontalière. Cette situation représente aujourd'hui un précieux avantage du point de vue de l'implantation des entreprises: lorsque les 138 kilomètres de la frontière avec les Pays-Bas seront totalement perméables, la situation centrale du Rhin inférieur en Europe s'avèrera être encore meilleure qu'elle ne l'est déjà actuellement. De nos jours, cette situation centrale au coeur du marché intérieur européen et l'imbrication de cette région, des Pays-Bas et de la Belgique, font d'elle et de ses liaisons interfrontalières un véritable centre. Deux heures suffisent pour gagner d'ici en voiture la centrale européenne qu'est Bruxelles.

En outre, le Rhin inférieur est situé à l'intersection des deux grands axes européens du commerce et des transports. C'est ici que se recontrent les forces structurantes de la voie internationale de transport que représente le Rhin, voie qui va de la Manche à l'Europe du sud, et la ceinture de croissance transcontinentale qui, partant de Paris, via la Belgique, la Ruhr et l'Allemagne centrale, s'étend jusqu'à l'Europe de l'est. Aussi le Rhin inférieur est-il le tremplin idéal pour qui veut s'engager dans toute l'Europe.

Sa situation géographique est incontestablement un heureux hasard. Mais ce qu'elle en a fait, c'est du point de vue des performances et de la créativé des êtres qui y vivent et y travaillent qu'il faut la considérer. Ce sont eux qui ont fait naître le «Rhin inférieur, centre logistique». La région est reliée à tous les systèmes de transport européen. A partir du Rhin, on peut atteindre, en bateau ou en péniche, tous les ports européens; les navire fluviaux atteignent l'Allemagne centrale par les canaux, et même la Pologne et la Tchécoslovaquie; ils pourront bientôt, par l'intermédiaire du canal Main-Danube, atteindre tous les ports des pays riverains du Danube. «La côte ouest de l'Allemagne», tel est l'autre nom que l'on donne au Rhin inférieur, et cela est essentiellement dû à Duisbourg, le plus grand port fluvial du monde, qui devient de plus en plus un port universel hautement performant; le port franc a constitué en peu de temps un attrait supplémentaire. Le rèseau des voies de communications de la région la relient à tous les grands centres économiques d'Europe et elle est, dans le réseau ferroviaire, le lieu de transbordement le plus important d'Allemagne. Après «l'eau» et «la terre», voyons «l'air»: le Rhin inférieur est à l'intersection de liaisons aériennes internationales. Le second aéroport allemand, Düsseldorf, est à sa porte; le plus grand aéroport hollandais, Amsterdam, et le plus grand aéroport de Belgique, Bruxelles, sont par l'autoroute aussi faciles à atteindre que Francfort.

De nombreuses entreprises nationales et étrangères ont déjà su tirer parti de ces avantages. Elles confirment depuis longtemps le caractère international du Rhin inférieur. Il vient s'y ajouter de nouvelles impulsions en provenance d'Extrême-Orient. Le Japon par exemple, a pris ici beaucoup d'importance. Le Rhin inférieur offre aux entreprises japonaises les possibilités de croissance qu'elles souhaitent et, à proximité, à Düsseldorf, elles ont à leur disposition l'infrastructure du centre japonais en République fédérale. Les implantations d'entreprises japonaises et les interconnexions entre les entreprises japonaises et celles du Rhin inférieur parlent d'ailleurs d'elles-mêmes.

Vu ces avantages exemplaires du point de vue de l'implantation d'entreprises, on pourrait avoir l'impression, qu'ici tout au moins, tout est pour le mieux dans le meilleur des mondes. Ce n'est pas encore le cas, les problèmes structuraux hérités de la domination exercée dans le passé par l'industrie minière n'étant pas encore compètement résolus. Il faut reconnaître que l'industrie minière, qui extraie dans la région du Rhin inférieur 20% de la production allemande de houille, vit actuellement un profond processus mutationnel et est en recul. Les producteurs d'acier, avec environ 40% de la production allemande d'acier dans la région la plus favorable d'Europe pour ce qui est de l'implantation des usines métallurgiques, doivent s'affirmer dans une concurrence internationale extraordinairement dure. Il y a aussi sans aucun doute des problèmes dus aux nuisances industrielles et malgré les succès remportés en matière de préservation de la qualité de l'air, les valeurs idéales ne sont pas encore atteintes. Mais on y travaille avec succès. On entend aussi parler de temps en temps de situations de crise. Pas seulement ici. Mais dans cette région du Rhin inférieur, où le mot «crise» n'a pas d'effet paralysant, on a appris à le maîtriser. Dans le domaine de la protection de l'environnement, en particulier, les connaissances acquises dans ce secteur se voient transformées en activités nouvelles.

En règle générale, la restructuration marche à fond: pas seulement dans le secteur de l'économie, qui, grâce à des produits nouveaux, a conquis de nouveaux marchés, mais aussi dans le domaine des sciences. Là, c'est de l'université que la mutation structurelle de la région a reçu ses impulsions. Une université internationalement reconnue depuis longtemps. L'interaction de la science et de l'économie a déjà libéré ici de nouvelles forces innovatrices et joué le rôle d'aimant dans des secteurs auxquels, dans cette région, personne ne pensant il y encore a quelques années. La micro-électronique en est un excellent exemple. L'Institut Frauenhofer, qui se consacre aux circuits et systèmes micro-électroniques, le Centre technologique de Duisbourg, qui ne cesse de se développer, avec le projet de Parc technologique dus aux plans de l'architecte britannique Norman Forster, le Centre technologique de Clèves, de même qu'Eurotec à Moers, sont autant de moteurs exemplaires de la restructuration de cette région économique.

Mais garantir le futur exige plus encore. Pour pouvoir s'affirmer, étant donnée la globalisation des marchés dans la concurrence internationale en matière d'implantation d'entreprises, il est nécessaire d'emprunter aussi de nouvelles voies. Le mot clé c'est la «coopération». Une collectivité territoriale communale est de nos jours difficilement en mesure de devenir, sans son environnement, un concurrent sérieux. Travailler avec son voisin, mettre toutes les forces en commun, voilà ce qui ouvre de nouvelles perspectives. Dans la région du Rhin inférieur, les responsables économiques, politiques et administratifs l'ont reconnu. L'un des résultats de cette prise de conscience: la ville de Duisbourg et les districts de Wesel et de Clèves sont, par-delà un plan d'action commune pour l'ensemble de la région, en train d'informer à l'étranger les éventuels investisseurs des avantages du Rhin inférieur, inhabituel et incomparable.

Mais qui pense que derrière cette initiative ne se cache qu'une pure et sobre information économique, se trompe: il y est aussi question des choses agréables de la vie, qui sont aussi la marque du Rhin inférieur: la culture et les loisirs, l'Histoire et la tradition, les êtres et leurs coutumes, tant dans les grands centres urbains débordant d'activité que dans les campagnes aux paysages intacts. Ce sont eux aussi qui lui donnent sa force et son aspect «inhabituel».

Szene aus der erfolgreichen Ruhrgebiets-Film-Serie »Rote Erde« unter der Regie von Klaus Emmerich. Vom WDR ausgestrahlt, wurde sie zu einer der erfolgreichsten Serien, eine Dokumentation, anknüpfend an das Leben und Arbeiten in einer Bergarbeitersiedlung. Vom Ende des vorigen Jahrhunderts, durch die zwanziger Jahre, durch Wirtschaftskrise, Nationalsozialismus, Krieg, Verwüstung, Aufbau und Zechenschließung führt die Handlung.

A scene from the successful film series »Rote Erde« directed by Klaus Emmerich, which took place in the Ruhr area. It was transmitted by West German Television (WDR) and became one of the most successful series, a documentation based on the life and work in a coal-miners' settlement at the end of the last century, the plot leading through the 20's, the economic crisis, National Socialism, the war, destruction, reconstruction and the closing of the mines.

Une scène de la série «Rote Erde» (terre rouge) tournée par Klaus Emmerich sur la Ruhr. Programmée par le WDR, elle est devenue l'une des séries les plus populaires de la télévision; l'action de ce film-document s'inspire de la vie et des conditions de travail dans une colonie minière à la fin du siècle dernier, au cours des années 20, pendant la crise économique, le national-socialisme, la guerre, les destructions, la reconstruction et la fermeture des mines.

THYSSEN STAHL AG Duisburg

Die THYSSEN STAHL AG in Duisburg ist das größte Stahl-Unternehmen in der Bundesrepublik Deutschland und zählt weltweit zu den führenden Hüttenwerken. Zusammen mit ihren in- und ausländischen Tochtergesellschaften erzielte die Thyssen Stahl AG im Geschäftsjahr 1988/89 einen Gesamtumsatz von 11,8 Mrd. DM. Zu den Belegschaften zählten über 43 000 Mitarbeiter. Die Rohstahlerzeugung betrug 11 Mio t, der Stranggußanteil lag bei rund 90 %.

1983 aus der Thyssen AG vormals August-Thyssen-Hütte ausgegliedert, ist Thyssen Stahl ein traditionsreiches Unternehmen: Schon vor fast 100 Jahren, im Dezember 1891, wurde am gleichen Standort im Norden Duisburgs der erste Stahl erschmolzen.

Thyssen Stahl bietet dem Weltmarkt rund 2 500 Stahlsorten an. Zusätzlich wird das technische Stahl-Know-How vermarktet. Auf modernen Produktionsanlagen hat das Unternehmen den Werkstoff Stahl so weiterentwickelt, daß neue Produktideen und innovative Anwendung möglich sind. Die Forschungs- und Entwicklungsaktivitäten sind in erster Linie anwendungsorientiert. Sie verfolgen das Ziel, die Stahl-Produkte exakt auf die Anforderungen des Kunden abzustimmen. Jahr für Jahr werden für Forschung, Entwicklung und Qualitätssicherung rund 350 Mio DM aufgewendet.

Das 12 km² große Werksgelände in Duisburg bietet einen ausgesprochen günstigen Standort. Die modernen Hochöfen, Stahl- und Walzwerke werden als integriertes Hüttenwerk mit eigener Stromversorgung durch zwei Kraftwerke betrieben. Große Vorteile bietet die Verkehrslage. Über den Rhein werden kostengünstig Rohstoffe an- und Fertigprodukte abtransportiert. Unsere Bilder zeigen den Hafen Schwelgern in einer Nachtaufnahme sowie einen Konverter. Das flüssige Roheisen wird nach dem Abschlacken aus der Chargierpfanne in einen der TBM-Konverter des Oxygenstahlwerkes Beeckerwerth der THYSSEN STAHL AG gefüllt. Der dabei entstehende »braune« Rauch wird oberhalb der Konvertermündung abgefangen. Durch die starke Saugwirkung der Nebenentstaubung werden diese Gase vollständig abgesaugt.

The factory premises in Duisburg, 12 square kilometres in size, provide an exceptionally favourable site. The modern blast-furnaces, steel and rolling works are driven as an integrated steel mill with its own energy supply by two power stations. The position with regard to transport offers great advantages. Raw materials are delivered and finished products are removed across the Rhine at a favourable price. Our pictures show Schwelgern harbour at night and a converter. The liquid pig-iron is slagged off and poured from the charging pan into one of the TBM converters of the Beeckerwerth oxygen steel factory of the THYSSEN STAHL AG. The »brown« smoke which comes about in this is trapped above the mouth of the converter. These gases are completely sucked off due to the strong suctional effect of the secondary dust separation.

The Thyssen Stahl AG in Duisburg is the largest steel company in the Federal Republic of Germany and is one of the leading steel mills in the world. Together with its domestic and foreign subsidiaries, the Thyssen Stahl AG achieved a total turnover of 11.8 billion DM in the 1988/89 business year. The company employs more than 43,000 staff. The production of raw steel reached 11 million tons, the share of extruded steel being around 90 %.

Thyssen Stahl was disincorporated from the Thyssen AG, formerly the August-Thyssen-Hütte, in 1983 and is a company rich in tradition: almost 100 years ago, in December 1891, the first steel was smelted at the same site in the north of Duisburg.

Thyssen Stahl offers around 2,500 sorts of steel on the world market. In addition, the technical steel know-how is marketed. The company has developed the working material steel on modern production plant in such a way that new product ideas and innovative applications are possible. The research and development activities are primarily orientated towards applications. They aim at adapting the steel products exactly to the requirements of the clients. Year for year, around 350 million DM are spent on research, development and quality assurance.

La Thyssen Stahl AG, à Duisbourg, est la plus grande entreprise de République fédérale à fabriquer de l'acier et est l'un des complexes sidérurgiques de pointe du monde entier. Avec ses succursales nationales et étrangères, la Thyssen Stahl AG a réalisé au cours de l'exercice 1988/89 un chiffre d'affaires global de 11,8 milliards de DM. Durant ce même exercice, elle a employé 43 000 salariés. La production d'acier brut a atteint 11 millions de tonnes, avec un pourcentage de coulée continue de l'ordre de 90 %. Séparée en 1983 de la Thyssen Stahl AG, anciennement August-Thyssen-Hütte, la Thyssen STAHL est une entreprise riche de tradition: c'est en décembre 1891, il y a presque 100 ans déjà, que fut coulé le premier acier, sur le même emplacement, dans le nord de Duisbourg.

La Thyssen AG propose en gros 2500 sortes c'acier sur le marché mondial. Par ailleurs, elle commercialise son know-how. Sur des installations de production modernes, l'entreprise a amené le matériau «acier» à un niveau de perfection tel, qu'il est possible d'imaginer de nouveaux produits et de nouvelles utilisations. Les activités de l'entreprise en matière de recherche et d'étude sont en premier lieu tournées vers l'avenir. Leur but est d'adapter très exactement les produits en acier aux attentes de la clientèle. Année après année 350 millions de DM sont consacrès à la recherche, à l'étude et à la garantie de la qualité.

L'usine de Duisbourg, d'une superficie de 12 km², jouit d'une implantation particulièrement bénéfique. Les hauts fourneaux modernes, les aciéries et les usines de laminage, forment un complexe sidérurgique intégré qui pourvoit lui-même à son alimentation en courant par l'intermédiaire de deux centrales électriques. Sa situation est également très avantageuse pour ce qui est des transports. Le Rhin permet de transporter de manière très économique les matières premières aussi bien que les produits finis. Sur nos photos, une vue de nuit du port de Schwelgern et un convertisseur. Après que la crasse ait été ôtée, la fonte brute est versée, à l'état liquide, depuis la poche de coulée dans l'un des convertisseurs TBM équipant l'aciérie à l'oxygène à Beeckerwerth des Ets. THYSSEN STAHL AG. La fumée «brune» dégagée à cette occasion est récupérée au-dessus du bec du convertisseur. Le système de dépoussiérage latéral, en raison de sa forte puissance d'aspiration, assure l'évacuation intégrale de ces gaz.

Issumer Privatbrauerei Diebels

Ein kluger Kopf hat einmal gesagt: »Bier braucht Heimat.« Ein Satz, der prägnant den Wunsch der Konsumenten beschreibt, sich nicht nur mit dem Geschmack, sondern auch mit der Herkunftsregion ihres bevorzugten Gerstensaftes zu identifizieren.
Beispielhaft für eine solch starke Verbundenheit zu ihrer Heimat, dem Altbier-Stammland Niederrhein, ist die Issumer Privatbrauerei Diebels. Seit Jahren engagiert sich der Marktführer im Altbierbereich hier auf vielfältige Weise.
So war es nicht verwunderlich, daß die Issumer als logische Konsequenz ihrer Bemühungen um die Heimatregion eine Initiative gründeten, den »Diebels Freundeskreis Niederrhein«. In ihm werden Aktivitäten vereinigt, die der gesamten Region zugute kommen, und das in den Bereichen Kunst und Kultur, Sitten und Gebräuche, Natur und Umwelt und Tradition und Geschichte.
Den Diebels Freundeskreis Niederrhein riefen die Familien Bösken-Diebels und Hasebrink-Diebels, Eigentümer der Privatbrauerei Diebels, als Bindeglied zwischen heimatverbundenen Bürgern aus allen Bevölkerungsschichten und Berufsgruppen ins Leben.
Nicht nur Literatur hat in Issum Heimatbezug. Niederrheinische Bräuche können auch im wahrsten Sinne »durch den Magen« nachempfunden werden. Denn gutes Essen und Trinken gehörten schon immer zu den Vorlieben der Menschen am Niederrhein.
Grund genug für die Privatbrauerei Diebels, anhand regionaler Kochbücher aus der Zeit der Jahrhundertwende einen kulinarischen Brauch wiederzubeleben, der sich bereits in der Vergangenheit einen legendären Ruf erwarb, »die Niederrheinische Altbiertafel«. Seit 1987 fördert der Diebels Freundeskreis Niederrhein auf Empfehlung von namhaften Fachleuten die Essener Künstlerin Elisabeth Corvey.

The Diebels Private brewery in Issum is an excellent example of such an attachment to its home, the origin of »Altbier« (top-fermented beer), the Lower Rhine. The market leader in the area of Altbier has been committed in this area in various ways for years now.
So it came as no surprise that the people of Issum formed an initiative, as the logical consequence of their efforts for the native area, the »Diebels Freundeskreis Niederrhein«. In this initiative, activities have been united which are for the benefit of the entire region, in the areas of art and culture, customs and practices, nature and environment, tradition and history.
The »Diebels Freundeskreis Niederrhein« was called to life by the Bösken—Diebels and Hasebrink—Diebels families, the owners of the Diebels Private Brewery, as a link between citizens attached to their native region from all classes of the population and all professional spheres.
Not only literature has an attachment to the area in Issum. The customs of the Lower Rhine can be sensed, in the literal sense of the word »through the stomach«. Good food and drink have always been amongst the preferences of the inhabitants of the Lower Rhine.
Sufficient reason for the Diebels Private Brewery to reactivate a culinary custom on the basis of regional cooking books from the turn of the century, a custom which had allready obtained a legendary reputation in the past: the »Niederrheinische Altbiertafel«.
Since 1987, the »Diebels Freundeskreis Niederrhein« has been supporting the artist Elisabeth Corvey, who comes from Essen and was recommended to them by well-known experts from the field.

A clever person once said: »Beer needs a home«. A sentence which concisely describes the consumers' wish not only to identify with the taste, but also the region of origin of his favourite beer.

Un esprit cultivé a déclaré un jour que «la bière a besoin d'une patrie», exprimant ainsi remarquablement le voeu de tout consommateur: s'identifier non seulement au goût mais aussi à la région d'origine de son jus d'orge préféré.

La brasserie privée Diebels, établie à Issum, représente le parfait exemple de cette union intime avec le terroir, la basse vallée, du Rhin, patrie de la bière brune. Depuis des années, Diebels, qui domine le marché de la bière brune, s'investit dans la région de multiples façons.

Il n'y a donc rien d'étonnant à ce que les gens d'Issum aient fondé le «Diebels Freundeskreis Niederrhein» (Cercle Diebels de la Basse Vallée du Rhin); cette fondation n'est en effet que la conséquence logique de leurs efforts en faveur de leur région. Le cercle promeut des activités profitables à l'ensemble de la région, tant dans les domaines de l'art et de la culture, des usages et des coutumes, de la nature et de l'environnement que de la tradition et de l'histoire..

Le «Cercle Diebels de la Basse Vallée du Rhin» a été créé par les familles Bösken-Diebels et Hasebrink-Diebels, propriétaires de la brasserie privée Diebels, qui ont ainsi coordonné les initiatives de nombreux habitants venus de tous les horizons sociaux et professionnels, tous profondément attachés à leur région.

Mais, à Issum, ce n'est pas seulement la littérature qui entretient des liens privilégiés avec le terroir. Les us et les coutumes de la Basse Vallée du Rhin peuvent également être appréciés par l'intermédiaire du palais. Car les gens de la région ont toujours eu un goût prononcé pour la bonne chère...

Pour la brasserie privée Diebels, c'est là une raison suffisante pour faire revivre, à l'aide de livres de cuisine régionale datant de la Belle Epoque, une coutume culinaire qui a déjà acquis dans le passé une renommée légendaire: «le plateau de bière brune».

Depuis 1987, le Cercle Diebels de la Basse Vallée du Rhin oeuvre, sur recommandation de spécialistes renommés, à la promotion d'Elisabeth Corvey, artiste d'Essen.

Reederei Stinnes AG

Die STINNES REEDEREI befördert jährlich über 16 Millionen Tonnen Güter aller Art. Damit gehört sie zu den größten und leistungsfähigsten Binnenschiffahrtsunternehmen auf den europäischen Wasserstraßen. Als Tochtergesellschaft der Stinnes AG, Mülheim, ist sie ein Unternehmen der VEBA. Für die Bewältigung der Transportaufgaben steht eine Flotte mit einer Tragfähigkeit von über 300 000 t in unterschiedlichen Betriebsformen und Schiffsgrößen zur Verfügung. Dazu gehören eigene moderne Schub- und Koppelverbände und einzelfahrende Motorschiffe sowie über 150 Hauspartikuliere. Es begann im Jahre 1808, als Mathias Stinnes in Mülheim/Ruhr ein Schiffahrts- und Kohlenhandelsgeschäft gründete. Schon zehn Jahre später war er mit 66 Binnenschiffen der bedeutendste Reeder am Rhein. In der langen, wechselvollen Geschichte wurde die Flotte in ihrer Struktur stets den sich wandelnden Anforderungen des Marktes, dem veränderten Güteraufkommen und der verbesserten Infrastruktur angepaßt. In der Sparte Trockenschiffahrt transportiert die Stinnes Reederei heute jährlich 11 Mio. t Ladung, in der Tankschiffahrt, in der auch die Tochtergesellschaft Reederei Jaegers tätig ist, über 4 Mio. t. Das Containergeschäft betreibt die Stinnes Reederei mit der Beteiligungsgesellschaft CCS Combined Container Service. Die Organisation der Stinnes Reederei mit modernsten Kommunikationsmitteln bietet den Full-Service durchgehender Transportketten. Die rechtzeitige Einstellung auf neue Entwicklungen hat bei der Stinnes Reederei Tradition.

Das Schubboot STINNES-SCHUB I mit 6 Schubleichtern — Ladung 15 000 t Erz — legt von Rotterdam kommend im Ruhrorter Hafen an. Transportiert werden u. a. auch Schwerlasten und Großkonstruktionen, wie z. B. Turbinen, Generatoren, Brückenteile oder Kräne.
Schiffe unter der rot-weiß-grünen Flagge sind auf allen Wasserstraßen zu Hause.
Jährlich transportieren sie über 11 Mio. t trockene Güter. Ein dichtes Netz von Niederlassungen und Vertretungen in den Seehäfen und im Binnenland sorgen für einen reibungslosen Transport der Güter. Durch den Einsatz regelmäßig beschäftigter Partikuliere wird die Leistung noch verstärkt. Der Steuerstand wird in seiner technischen Ausstattung allen wachsenden Anforderungen ständig angepaßt.

The Stinnes Reederei shipping company transports more than 16 million tons of goods each year. This makes the company one of the largest and most competitive inland navigation companies on European waterways. As a subsidiary of the Stinnes AG, Mülheim, it is a part of the VEBA group. For the execution of the transport tasks, a fleet with a capacity of more than 300,000 tons is available in various shapes and sizes. This includes the company's own push and coupling units, single motor ships and more than 150 company captains. It all began in 1808, when Mathias Stinnes founded a shipping and coal trading company in Mülheim/Ruhr. Ten years later, this was the most important shipping company on the Rhine with 66 inland ships. In the long, varied history, the structure of the fleet has permanently been adapted to the changing demands of the market, the altered goods and the improved infra-structure. In the area of dry shipping, the Stinnes Reederei now transports a load of 11 million tons in tank shipping, in which the subsidiary Jaeger Reederei is active. The container business is carried out by the Stinnes Reederei with the special partner CCS Combined Container Service. The organization of the Stinnes Reederei with most up-to-date means of communication offers the full service of continuous transport chains. Adjustment to new developments at the right time is tradition with the Stinnes Reederei.

La Stinnes Reederei (compagnie de navigation) transporte chaque année plus de 16 millions de tonnes de marchandises de toutes sortes, ce qui fait d'elle l'une des entreprises les plus importantes et les plus performantes de la navigation fluviale européenne. Filiale de la Stinnes AG, Mülheim, elle est une entreprise de la VEBA. Elle dispose pour s'acquitter de sa tâche, d'une flotte d'une capacité de plus de 300 000 tonnes, sous forme de navires de toutes tailles. Font entre autres partie de cette flotte, des convois poussés modernes, des bateaux à moteur individuels, ainsi que plus de 150 patrons bateliers. C'est en 1808 que tout commença, lorsque Mathias Stinnes fonda à Mülheim/Ruhr une Compagnie de Navigation et de Charbon. 10 ans plus tard, il était déjà, avec ses 66 bateaux fluviaux, l'armateur le plus important du Rhin. Au cours de son histoire, longue et mouvementée, la structure de la flotte a été sans cesse adaptée aux exigences du marché, en mutation permanente, aux nouvelles marchandises et à une infrastructure améliorée. Aujourd'hui, la Stinnes Reederei transporte chaque année dans le secteur des marchandises solides plus de 11 millions de tonnes, et plus de 4 millions de tonnes dans celui des biens liquides, un secteur dans lequel travaille également la filiale Jaegers. Pour les conteneurs, la Stinnes Reederei travaille avec la société en participation CCS Combined Container Service. Grâce à un ensemble de moyens de communication modernes, la Stinnes Reederei est à même d'offrir une chaîne de transport ininterrompue. Savoir s'adapter à temps aux nouvelles évolutions repose pour la Stinnes Reederei sur une longue tradition.

The push-boat »STINNES-SCHUB I«, with its 6 barges — a load of 15,000 tons of ore — is arriving from Rotterdam in the harbour at Ruhrort.
Amongst other things, heavy loads and large constructions such as turbines, generators, parts of bridges or cranes are transported.
Ships under the red, white and green Stinnes flag are at home on all waterways.
Every year, they transport more than 11 million tons of dry goods. A close-knit network of branches and representations in the seaports and inside the country ensure unproblematic transportation of the goods. The performance is increased by the use of regularly employed captains.
The technical equipment in the control room is permanently adapted to all increasing demands.

En provenance de Rotterdam, le chaland poussé STINNES-SCHUB I avec 6 bâtiments de charge (chargement, 15 000 tonnes de minerai), s'amarre dans le port de Ruhrort.
Sont entre autres transportées: des pièces lourdes et de grandes dimensions telles que turbines, générateurs, sections de ponts ou grues.
Les bateaux battant le pavillon rouge-blanc-vert de Stinnes sont chez eux sur toutes les voies navigables. Ils transportent chaque année plus de 11 millions de tonnes de marchandises solides. Un réseau serré de succursales et de représentations dans les ports maritimes et intérieurs, garantit un transport sans problèmes des marchandises. Le rendement est encore accru par la présence de maîtres bateliers régulièrement employés. L'équipement technique des passerelles de commande est sans cesse adapté aux exigences croissantes.

Die Zukunft hat schon begonnen

Von Dr. Alfred Voßschulte,
Präsident der Industrie- und Handelskammer zu Dortmund

Die Zeiten, in denen sich manche Medien mit Untergangsszenarien vom Ruhrgebiet beschäftigten, gehören der Vergangenheit an. Anstelle solch düsterer Bilder ist vielmehr eine realistische Berichterstattung getreten. Nach langen Jahren der Stahl- und Kohlenkrise hat die Wirtschaft in dieser Region wieder Fuß gefaßt. Und nicht nur das: Hier hat die Zukunft schon vor mehreren Jahren begonnen.

Diese bessere wirtschaftliche Zukunft ist den hier lebenden Menschen jedoch nicht einfach in den Schoß gefallen, sondern wurde hart erarbeitet. Eine »Königsidee« hierbei war sicherlich der Beschluß Mitte der achtziger Jahre, in unmittelbarer Nähe der Universität ein Technologie-Zentrum zu errichten. Was damals nur vage gehofft werden durfte, ist heute eingetreten. Das innovatorische Know-how des Technologie-Flaggschiffes Dortmund konnte mit der Region vernetzt werden.

So existieren heute weitere Technologiezentren in Hamm, Unna und Schwerte. Ergänzt werden sie durch regionale Transferstellen in Lünen und Unna. Was jedoch um das Technologie-Zentrum in Dortmund, von dem Mercedes-Chef Edzard Reuter einmal behauptete, es genieße einen Ruf wie Blitz und Donner, entstanden ist, läßt das Herz eines jeden Unternehmers höher schlagen. Hier hat sich zusätzlich ein Technologie-Park entwickelt, und die Namen der Firmen, die sich dort niedergelassen haben, sind nicht nur für den High-Tech-Kenner erste Adressen. Besonders wichtig erscheint der Aspekt, daß schon jetzt von hier aus künftige europäische Chancen zielstrebig genutzt werden. So besteht heute bereits eine intensive Zusammenarbeit mit Brüssel, Amiens, Leeds, Edingburgh und Eindhoven. Neue Kooperationen sind angebahnt mit Nimes, Barcelona und Genua. Ein Büro in Boston bearbeitet den amerikanischen Markt. Vergessen werden darf in diesem Zusammenhang nicht das stark von Dortmund geförderte, schon jetzt erfolgversprechende Projekt Technologie-Zentrum Dresden. Diese beispielhafte deutsch-deutsche Kooperation wird erhebliche Impulse nicht nur für den engeren Bereich Dresdens und den IHK-Bezirk, sondern weit darüber hinaus auslösen.

Diese Beispiele zeigen, daß im Bezirk der Industrie- und Handelskammer zu Dortmund vielfältige positive Weichenstellungen vorgenommen sind. Große Chancen liegen auch im gemeinsamen Europäischen Binnenmarkt 1993, einem bis dahin sicherlich realisierten vereinten Deutschland und einer Neuorientierung auf die Märkte Osteuropas. Hier bieten sich der Wirtschaft nicht nur dieser Region künftig große Potentiale. Insbesondere die geographisch zentrale Lage im Herzen Europas wird Impulsgeber für das östliche Ruhrgebiet sein. Dabei liegt es sowohl auf der europäischen Achse Barcelona, Mailand, Großraum Stuttgart, Rhein-Main-Region, Ruhrgebiet, Amsterdam, London, die heute von Experten als künftig wachstumskräftigste Schiene angesehen wird, als auch besonders verkehrsgünstig in einem gemeinsamen Deutschland.

Vor allem von der zu erwartenden Belebung des Handelsverkehrs werden für das Ruhrgebiet Wachstumsimpulse ausgehen. So dürften die Steinkohlelieferungen in die jetzt noch bestehende DDR von erheblichem Interesse sein. Auch werden die Eisen- und Stahlindustrie sowie der Anlagenbau profitieren. Eine besondere Aufwertung werden die jetzt schon vorhandenen schwerpunktmäßigen Betriebe bundesweiter Warendistribution und Logistik erfahren.

Gerade die Lage des östlichen Ruhrgebiets sowohl im Herzen Deutschlands als auch Europas wird für weitere positive Impulse sorgen. Dabei kommt ihr die hervorragende Verkehrsinfrastruktur zugute. Schon jetzt besitzt der Dortmunder Raum ein Verkehrsnetz, das über Straße und Schiene, zu Wasser und in der Luft diese Region in hervorragender Weise erschließt. Investitionen in Milliardenhöhe, insbesondere im größten Kanalhafen Europas, haben in den letzten Jahren die Weichen gestellt. Dennoch müssen weitere Vorhaben schnell realisiert werden. Dabei denke ich in erster Linie an einen Ausbau des Flughafens Dortmund und an die Schienenschnellstrecke Dortmund-Kassel, damit unsere Region ihrem Ruf als Drehscheibe Europas weiterhin gerecht wird.

Wo Wirtschaft ist, da ist Leben! Und so bietet die Region nicht nur wirtschaftliche Qualität, sondern gerade auch Lebensqualität und Vielfalt. Der Bürger lebt hier eingebettet in der größten Kulturregion dieser Welt; er kann relativ preiswert wohnen, die Innenstädte sind attraktiv, die Einkaufsmöglichkeiten exzellent, die Bildungsmöglichkeiten vorzüglich und die Freizeit- und Sportmöglichkeiten nahezu unerschöpflich. Vieles hat sich in dieser ursprünglich alten Industrielandschaft — die heute immer mehr durch den tertiären Sektor geprägt wird — zum Besseren verändert. Die wirtschaftlichen, kulturellen und gesellschaftlichen Entwicklungen in dieser Region werden sicherlich auch weiterhin für positive Schlagzeilen sorgen. Dabei denke ich vor allem auch daran, daß diese Region mit ihrem wissenschaftlichen und wirtschaftlichen Potential und den hier gemachten Erfahrungen als Ideenlieferant für andere Gebiete wirken kann. Ich bin sicher, daß das Selbstvertrauen der hier lebenden Menschen ein Garant für wirtschaftliche Prosperität bis weit ins Jahr 2000 sein wird.

The future has already begun

Dr. Alfred Voßschulte,
President of the Chamber of Trade and Industry in Dortmund

The times in which some media constructed scenarios representing the demise of the Ruhr area are well and truly past. These dark and gloomy descriptions have been replaced by more realistic reports. The region's economy has become re-established, overcoming the years of crisis in the steel and coal industries. More than that, however, the future started here several years ago.

The better economic future did not simply fall into the laps of the people living here: they had to work hard to achieve it. One of the key factors was no doubt the decision taken in the mid-eighties to build a technology centre in the immediate vicinity of the university. The vague hopes entertained then have now become reality. The innovative know-how of Dortmund as a centre of technology has been thoroughly integrated into the entire region.

Technology centres have also been opened in Hamm, Unna and Schwerte since then. They are supplemented by regional transfer centres in Lünen and Unna. Yet the technology park that has grown up around Dortmund's technology centre — of which Mercedes' Executive Director Edzard Reuter once said it had a reputation akin to thunder and lightning — is enough to make every businessperson's heart beat faster: the companies which have set up operations here include more than a few of the world's leading names in the field of high technology.

One aspect of particular importance in this context is that future European opportunities are already being seized quite deliberately from here. Close cooperation has already been established with Brussels, Amiens, Leeds, Edingburgh and Eindhoven. Further cooperation is being prepared with Nimes, Barcelona and Genoa. The American market is looked after by an office in Boston. And the technology centre Dresden is another highly promising project strongly promoted by Dortmund which must not be overlooked. This exemplary cooperation between the two parts of Germany will bring considerable stimuli for the area around Dresden, as well as for other areas far outside the Chamber of Trade and Industry's district. These examples show that a whole variety of positive and highly significant steps have already been taken in the Dortmund Chamber of Trade and Industry's district. The single European market in 1993 will also bring major opportunities, as will the reunification of Germany and the reorientation towards Eastern European markets. There is great potential here, not just for industry and commerce in our region. Its central geographic location in the heart of Europe will be a major source of stimulation for the eastern Ruhr area. It lies on the European axis running from Barcelona through Milan, Stuttgart, the Rhine-Main region and Ruhr area to Amsterdam and London, which experts currently consider to be the axis with the strongest future growth potential. And it is located at a major crossroads in the centre of a reunited Germany.

The expected revitalization of trade should stimulate considerable growth in the Ruhr area. Deliveries of coal to the present GDR should prove relatively interesting. The iron and steel industry will also profit, as will plant engineering. The strong operations already established and specializing in national goods distribution and logistics will experience a significant boom.

The eastern Ruhr area's location in the heart of both Germany and Europe will bring further positive stimuli. The outstanding traffic infrastructure will be a great advantage. The network of roads, rivers, canals, railways and airports in and around the Dortmund area guarantees optimum access to the entire region. Billions have been invested in recent years, particularly in Europe's largest canal harbour, setting the signs for the future. However, additional projects must be brought to a speedy conclusion, particularly the enlargement of Dortmund airport and the high-speed rail link between Dortmund and Kassel, so that our region can remain true to its reputation of being a turntable for Europe. Wherever there is industry and commerce there is also life! Our region thus offers not only economic qualities, but also a quality of life and diversity. The people here live in the largest cultural region worldwide; the cost of living is relatively low, the inner cities are attractive, with very good shopping opportunities, the educational facilities are excellent and the sports and leisure amenities virtually inexhaustible. A great deal has improved in this originally old industrial landscape which is now inreasingly being dominated by the tertiary sector.

The economic, cultural and social developments in our region will no doubt continue to make the headlines — in a positive sense. Above all, the region can serve as a source of ideas for other areas, thanks to its scientific and economic potential and its experiences. I am certain that the self-confidence of the people who live here will guarantee the region's prosperity until well after the turn of the century.

L'avenir a déjà commencé

par le Dr. Alfred Voßschulte, Président de la Chambre de Commerce et d'Industrie de Dortmund

L'époque où certains média s'occupaient d'élaborer pour la Ruhr des scénarios de fin du monde appartient désormais au passé. Bien plus, ces sombres visions ont cédé la place à des compte-rendus réalistes. Après avoir, de longues années durant, traversé une crise de l'acier et du charbon, l'économie de cette région a repris pied. Mais plus encore: ici, l'avenir a commencé il y a des années déjà.

Ce meilleur avenir économique, les hommes vivant ici ne l'ont toutefois pas reçu en cadeau; il leur a fallu travailler durement, pour en faire une réalité. On peut certainement qualifier «d'idée royale», la décision prise au milieu des années quatre-vingt d'ériger, à proximité immédiate de l'Université, un Centre de Technologie. Ce qui n'était alors qu'un vague espoir est devenu aujourd'hui réalité. Le savoir-faire innovateur de Dortmund, vaisseau amiral de la technologie, a pu être imbriqué dans la région.

C'est ainsi que l'on trouve aujourd'hui d'autres centres technologiques à Hamm, Unna et Schwerte. Ils sont complétés par des lieux de transfert régionaux à Lünen et Unna. Mais ce qui s'est développé autour du Centre de Technologie de Dortmund, dont Eduard Reuter, Directeur de Mercédès, affirma un jour qu'il avait une réputation «à tout casser», tout cela fait battre plus fort le coeur de chaque entrepreneur. C'est un véritable parc technologique qui a vu le jour, ici, et les noms des entreprises venues s'y implanter ne sont pas pour le seul spécialiste de la High-Tech, des adresses de toute première qualité.

Il est particulièrement intéressant de noter combien on exploite ici déjà résolument les possibilités que va offrir l'Europe. Il existe déjà une intensive coopération avec Bruxelles, Amiens, Leeds, Edimbourg et Eindhoven. De nouveaux accords sont en train d'être passés avec Nîmes, Barcelone et Gênes. A Boston, un bureau s'occupe du marché américain. Et n'oublions pas non plus dans ce contexte, le projet de Centre de Technologie de Dresde, fortement encouragé par Dortmund et aujourd'hui déjà riche de promesses. Cette exemplaire coopération germano-allemande va être à l'origine d'importantes impulsions, non seulement pour les secteurs limités de Dresde et de la circonscription de la CIC, mais bien au delà.

Ces exemples montrent que l'on a, dans la circonscription de la Chambre d'Industrie et de Commerce de Dortmund, procédé à des aiguillages variés et positifs. Le grand marché intérieur européen de 1993, de même que l'unification de l'Allemagne, certainement devenue alors réalité, et une réorientation sur les marchés de l'Europe de l'est, représentent autant d'autres possibilités prometteuses. Sa situation géographique au coeur de l'Europe, en particulier, donnera des impulsions à la Ruhr orientale. Située sur l'axe européen Barcelone, Milan, zone de Stuttgart, région Rhin-Main, Ruhr, Amsterdam, Londres, une voie dont les experts pensent aujourd'hui qu'elle est celle qui connaîtra les plus grands développements, cette région bénéficie également d'une situation très favorable dans une Allemagne unie.

C'est essentiellement de la stimulation prévisible des transports commerciaux que la Ruhr va recevoir ses impulsions de croissance. Les livraisons de houille à l'actuelle RDA devraient être particulièrement intéressantes. L'industrie du fer et de l'acier devrait elle aussi en tirer bénéfice. Les entreprises de distribution et de logistique déjà existantes et travaillant à l'échelon allemand, vont connaître une revalorisation toute particulière.

La situation de la Ruhr orientale en particulier, au coeur de l'Allemagne et de l'Europe, sera à l'origine de nouvelles impulsions positives. L'excellente infrastructure de son réseau de communications sera pour elle un atout supplémentaire. La région de Dortmund possède d'ores et déjà un réseau routier, ferroviaire, fluvial et aérien la mettant remarquablement en valeur. Au cours des dernières années, des investissements se chiffrant par milliards, dans le plus grand port de canal d'Europe, en particulier, ont fait passer les feux au vert. Il n'en faut pas moins réaliser rapidement de nouveaux projets, et je pense en premier lieu au développement de l'aéroport de Dortmund et à la ligne de chemin de fer rapide Dortmund-Kassel, afin que notre région puisse continuer à bénéficier de sa réputation de plaque tournante européenne.

Qui dit économie, dit vie! Aussi cette région offre-t-elle, à côté de qualités économiques, une grande qualité de vie et une variété extrême. Celui qui vit ici, est situé au coeur de la région la plus culturelle du monde; il peut par ailleurs se loger à des prix relativement raisonnables, les centres des villes sont attrayants, les possibilités éducatives remarquables, l'offre en matière d'activités sportives et de loisirs quasiment inépuisable. Bien des choses ont changé à leur avantage, dans cette région, industrielle à l'origine, de plus en plus marquée de nos jours par le secteur tertiaire.

L'évolution économique, culturelle et sociale de cette région continuera certainement à faire parler d'elle en bien. En disant cela, je pense surtout au fait qu'avec son potentiel scientifique et économique, avec l'expérience accumulée, cette région pourra servir à d'autres de fournisseur d'idées. Je suis sûr que la confiance qu'ont en eux-mêmes les êtres vivant ici sera le garant d'une prospérité économique qui ira bien au-delà de l'an 2000.

Unterhalb der Ebene der internationalen Verkehrsflughäfen werden seit einem Jahrzehnt nunmehr auch Flughäfen und Verkehrslandeplätze in einer größeren Zahl durch Linienverbindungen verknüpft, die solche Wirtschaftsräume miteinander verbinden, die ebenfalls auf Luftverkehr angewiesen sind. »Startbahn Ruhrgebiet« — in Dortmund-Wickede ist der Flugplatz der kurzen Wege. Nach diesem Konzept ist der moderne Terminal für die besonderen Bedürfnisse des regionalen Luftverkehrs eingerichtet.

Below the level of international passenger airports, an increasing number of airports and airfields has been included in scheduled flights in the last decade, thus connecting economic areas which are also dependent upon air traffic. The »Ruhrgebiet runway« in Dortmund-Wickede is an airfield for short distances, which is the concept according to which the modern terminal has been equipped for the requirements of regional air traffic.

A côté des grands aéroports internationaux, un nombre sans cesse croissant d'aéroports sont réliés entre eux par des liaisons aériennes, depuis une dizaine d'années, liaisons reliant également entre eux les espaces économiques dépendant du trafic aérien. La «Startbahn Ruhrgebiet» (piste de la Ruhr), à Dortmund-Wickede, est l'aéroport des courtes distances. C'est d'après ce concept que son Terminal moderne a été conçu, pour répondre aux besoins spécifiques du trafic aérien régional.

Vom Eisenwerk zum Industriegüter-Konzern

HOESCH gehört zu den traditionsreichen Unternehmen im Ruhrgebiet. Gegründet im Jahre 1871, konzentrierten sich die wirtschaftlichen Interessen zunächst überwiegend auf die Eisen- und Stahlerzeugung und den Bergbau. In der mehr als 100jährigen Firmengeschichte haben sich die Konturen des Konzerns nachhaltig verändert: Vom Eisenwerk über den Hersteller von Massenstahl zum Anbieter von Spezialitäten im Flachstahlbereich; vom reinen Stahlunternehmen zu einem diversifizierten Industriegüter-Konzern. Heute ist Hoesch eine weltweit operierende Unternehmensgruppe mit Tochtergesellschaften im In- und Ausland, die ein breitgefächertes Produktions- und Leistungsprogramm anbieten.

Zu den Tätigkeitsfeldern gehören u. a. die Rohstoffgewinnung, die Werkstofferzeugung und -veredelung, die Komponenten- und Bauteilfertigung, der Bau kompletter Anlagen und Systeme, der Handel mit Metallen und das Recycling von Reststoffen sowie die Entwicklung von Software, Komponenten und Systemlösungen für die Industrieautomation, die Meß- und Steuerungstechnik sowie die Kommunikationstechnik.

Die Gesellschaften der Hoesch-Gruppe sind den Unternehmensbereichen Stahl und Stahlveredelung, Verarbeitung und Industrietechnik, Handel und Dienstleistungen sowie Automation und Systemtechnik zugeordnet. Insgesamt erzielte Hoesch 1989 weltweit einen Umsatz von fast 16 Mrd. DM. Beschäftigt werden weltweit rund 50 000 Mitarbeiter.

Hoesch hat in den letzten Jahren erhebliche Anstrengungen unternommen, um den Ausbau des Konzerns in neue, zukunftsträchtige Geschäftsfelder voranzutreiben, und dabei durch den Erwerb von Unternehmen und Beteiligungen eine Reihe von Stützpunkten im In- und Ausland hinzugewonnen. Das Schwergewicht der Aktivitäten liegt jedoch nach wie vor in Nordrhein-Westfalen bzw. im Ruhrgebiet.

From an ironworks to a concern producing industrial goods

HOESCH is one of the companies in the Ruhr area rich in tradition. Founded in the year of 1871, the economic interests were to start with mainly concentrated on production of iron and steel and coalmining. In more than one hundred years of the firm's history, the concern's contours have changed decisively: from an ironworks via the producer of mass steel to a supplier of specialities in the flat steel area, from a pure steel firm to a diversified concern in the area of industrial goods. Today, Hoesch is a group of companies active all over the world with subsidiaries and special partnerships at home and abroad, supplying a broad production and service programme. The fields of activity include mining of raw materials, production and refining of work materials, production of components and construction parts, the construction of complete units and systems, trade with metals and re-cycling of residual materials, as well as the development of software, components and system solutions for industrial automation, measuring and control technology and communication technology.

The companies of the Hoesch group are split up in the areas Steel and Steel Refining, Treatment and Industrial Technology, Trade and Services, and also Automation and System Technology. All told, Hoesch achieved a world-wide turnover of almost 16 billion DM in 1989. A world-wide total of 50,000 staff are employed.

In the past few years, Hoesch has undertaken considerable efforts in order to further the expansion of the concern into new, promising fields of business and has obtained a series of bases at home and abroad through the acquisition of companies and special partnerships. The focal point of the activities is however still in North-Rhine Westphalia and in the Ruhr district.

D'une usine de produits ferreux à un konzern de biens industriels

HOESCH est une des nombreuses entreprises de la Ruhr à s'appuyer sur une longue tradition. Fondée en 1871, elle concentra dans un premier temps ses intérêts commerciaux essentiellement sur la production de fer et d'acier, ainsi que sur les mines. Au cours de l'histoire plus que centenaire de l'entreprise, le profil du konzern s'est modifié de manière durable: de producteur de fer, il est devenu offrant de spécialités dans le secteur de l'acier plat, via l'acier de grosse production; l'entreprise qui se consacrait exclusivement à la production de l'acier est devenue un konzern diversifié, spécialisé dans les biens industriels. Aujourd'hui, Hoesch est un groupe d'entreprises présent dans le monde entier, avec des succursales et des participations en Allemagne et à l'étranger, un groupe offrant une vaste palette de produits et de services.

Figurent entre autres au nombre de ses activités: la production de matières premières, la production et l'ennoblissement de matériaux, la construction de composantes et d'éléments de structure, la construction d'installations et de systèmes complets, le commerce des métaux et le recyclage des matériaux résiduels, ainsi que la création de logiciels, de composantes électroniques et de systèmes pour l'automatisme industriel, la métrologie et la technique de commande, ainsi que les techniques de communication.

Les sociétés du groupe Hoesch se rangent dans les secteurs de l'acier et de son ennoblissement, de la transformation et des techniques industrielles, du commerce et des services, ainsi que dans ceux de l'automation et de la technique des systèmes. En 1989, Hoesch a réalisé un chiffre d'affaires mondial de près de 16 milliards de DM. Le groupe emploie dans le monde entier 50 000 salariés.

Au cours des dernières années, Hoesch a entrepris des efforts considérables afin de développer le konzern vers des secteurs nouveaux porteurs d'avenir et acquis grâce à des acquisitions d'entreprises et des participations, toute une série de bases opérationnelles en Allemagne et à l'étranger. C'est toutefois en Rhénanie-du-Nord-Westphalie, plus exactement dans la Ruhr, que la majorité des activités du groupe restent concentrées.

Überwachungszentrale bei Hoesch

Monitoring system by Hoesch

Centre de contrôle chez Hoesch

Die Wirtschaftsregion Aachen

Dr. Heinz Malangre,
Präsident der Industrie- und Handelskammer zu Aachen

Die Wirtschaftsregion Aachen, flächenmäßig rund 40 Prozent größer als das Saarland ist nicht nur der westlichste Wirtschaftsraum der Bundesrepublik Deutschland, sondern auch einer ihrer ältesten. Vor über 150 Jahren erlebte sie, begünstigt durch reiche Erz- und Kohlevorkommen und die von England auf den Kontinent übergreifende industrielle Revolution, ihre erste wirtschaftliche Blüte. Tuche und Nadeln aus Aachen, Papier aus Düren und vor allem die Steinkohle aus dem Aachener Revier dominierten über viele Jahrzehnte die wirtschaftliche Struktur des Landes zwischen Rhein und Maas. Die Lage an der Grenze, weit ab von den wirtschaftlichen Ballungszentren und ihre frühindustrielle Vergangenheit, haben die Region immer wieder zu harten Anpassungsprozessen gezwungen, die heute zwar im wesentlichen gemeistert, aber keineswegs ganz abgeschlossen sind.

Wie einschneidend der Strukturwandel gewesen ist, wird an der Tatsache deutlich, daß allein im Bergbau und in der Textilindustrie die Zahl der Beschäftigen in den letzten 30 Jahren um fast 35 000 abgenommen hat.

Heute darf die Wirtschaftsstruktur als ausgewogen gelten; keine der großen Branchen vereinigt in sich einen Anteil von mehr als zehn Prozent am industriellen Gesamtumsatz. Von den 330 000 Beschäftigten sind heute mehr als die Hälfte im Dienstleistungssektor tätig. Die alte Kaiserstadt Aachen, wirtschaftliches und kulturelles Zentrum der Region, ist zu einem Einkaufsmagneten für die Nachbarn aus Belgien und den Niederlanden geworden. Immer mehr wird aus dem Drei-Länder-Eck zwischen Lüttich, Maastricht und Aachen, der »Euregio-Maas-Rhein«, ein »Land ohne Grenzen« im »Herzen Europas«, das, wenn erst der Europäische Binnenmarkt verwirklicht sein wird, alle Chancen hat, ein Wirtschaftsstandort von internationalem Rang zu werden. Denn neben ihrer zentralen nordwesteuropäischen Lage hat die Wirtschaftsregion Aachen einen weiteren, möglicherweise zukunftsentscheidenden Standortfaktor zu bieten. Die Rheinisch-Westfälische Technische Hochschule und die Fachhochschule in Aachen, das Forschungszentrum Jülich (KFA) und einige privatwirtschaftliche Einrichtungen stellen eine Ballung von Forschungs- und Entwicklungskapazitäten dar, wie sie an höchstens zehn Plätzen in der Welt gegeben ist.

»Technologietransfer« ist hier kein reines Modewort, sondern erprobte und bewährte Praxis seit Mitte der siebziger Jahre. Das erste Technologiezentrum in Westdeutschland entstand in Aachen, und sein Erfolg ließ es zum Herzstück eines ganzen Netzwerkes ähnlicher Einrichtungen im Aachener Raum werden. Dank eines Gewerbekonzeptes ganz neuen Zuschnittes, das von den Verantwortlichen in Politik, Wirtschaft und Verwaltung gemeinsam erarbeitet wurde, hat der Begriff »Technologieregion Aachen« inzwischen weltweit einen guten Klang.

International tätige Konzerne aus Europa, Japan und den USA haben sich entschieden, forschungsnahe Produktionsbetriebe und Entwicklungsabteilungen mit einem in die Milliarden gehenden Investitionsvolumen im Aachener Raum zu errichten, weil sie hier engen Kontakt zu einer der führenden Technischen Hochschulen Europas halten und auf hochqualifizierten Nachwuchs rechnen können. Erleichtert wurde ihr Entschluß sicherlich auch durch die hohe Lebensqualität der landschaftlich reizvollen Region, die — hier wurde die Grenzlage zum Vorteil — ein unübersehbares internationales Flair besitzt.

Aachen as an economic region

Dr. Heinz Malangre, President of the Chamber of Industry and Trade in Aachen

With an area that is around 40% larger than that of the Saarland, the economic region around Aachen is not only the most westerly in the Federal Republic of Germany, it is also one of the oldest. Thanks to its large deposits of ore and coal, it experienced its first economic upswing more than 150 years ago, as the industrial revolution in England began to spread to the European continent. The economic structure of the land between the rivers Rhine and Maas was for many decades dominated by cloth and needles from Aachen, paper from Düren and above all by coal from the Aachen mining district. Due to its location near the border, far away from the economic metropolises and their early industrial history, the region has repeatedly been compelled to adjust in a series of processes which, although they have largely been mastered, are by no means complete, even today.

One fact alone may suffice to show just how decisive the structural change has been: the number of people employed in the mining and textile industries alone has declined by almost 35,000 in the last 30 years. The economic structure today could be called balanced; none of the major industries accounts for more than 10% of the total industrial turnover. More than half the 330,000 jobs are now provided by the service sector. Aachen, the old imperial city and now the region's economic and cultural centre, has become a shopping centre for our neighbours from Belgium and the Netherlands. This region at the junction of three countries with the cities of Lüttich, Maastricht and Aachen is increasingly becoming a »Euregio Maas-Rhine«, a land without borders in the heart of Europe which has every chance of turning into an economic centre of international significance once the single European market has been established. In addition to its location in the heart of northwestern Europe, the economic region around Aachen also has another advantage to offer, and one which may be of decisive importance for the future: the Rhenisch-Westphalian Technical University and the Technical College in Aachen, the Nuclear Research Centre (KFA) in Jülich and a number of private institutions make up a concentration of research and development capacities such as is only to be found in perhaps ten other centres worldwide.

»Technology transfer« is not just a catch phrase here; it has been tried and proved successful ever since the midseventies. West Germany's first technology centre was opened in Aachen and proved so successful that it became the centrepiece of a whole network of similar institutions around Aachen. Thanks to the totally new commercial concept jointly developed by politicians, economic experts and administrative officers, the »Aachen technological region« is now renowned around the world.

International companies from Europe, Japan and the USA have decided to invest billions to build production facilities and development departments near the research institutions in the Aachen region where they can count on close contact with one of Europe's leading technical universities and a source of highly qualified personnel. Their decision was no doubt facilitated by the high quality of life in this scenically beautiful region with its unmistakably international flair — one of the advantages of being situated so close to the border.

La région économique d'Aix-la-Chapelle

Dr. Heinz Malangre,
Président de Commerce et d'Industrie d'Aix-la-Chapelle

La région économique d'Aix-la-Chapelle, d'une superficie supérieure de 45% à celle de la Sarre, n'est pas seulement la zone économique la plus occidentale de la République fédérale d'Allemagne, mais aussi l'une des plus anciennes. C'est il y a plus de 150 ans déjà, qu'elle connut sa première apogée, favorisée par la présence d'importants gisements de minerais et de charbon, et par la révolution industrielle qui, d'Angleterre, se propagea sur le continent. Les étoffes et les aiguilles d'Aix-la-Chapelle, le papier de Düren et, avant tout, la houille du bassin d'Aix-la-Chapelle, ont dominé, des décennies durant, les structures économiques de ce Land entre Rhin et Meuse. Sa situation frontalière, son éloignement des zones de concentration économiques, ainsi que son passé, marqué par une industrialisation précoce, ont sans cesse obligé la région à se soumettre à de rudes processus d'adaptation, en grande partie surmontés, aujourd'hui, mais nullement achevés.

La fait que dans les seules industries minière et textile, le nombre des personnes actives ait baissé de 35 000 au cours des 30 dernières années, montre à quel point les modifications structurelles ont été radicales.

On peut dire aujourd'hui que la structure économique est équilibrée; aucune des grandes branches ne réunit sur elle-même plus de dix pour-cent du volume global des affaires. Plus de la moitié des 330 000 salariés travaille aujourd'hui dans le secteur tertiaire. La vieille ville impériale d'Aix-la-Chapelle, centre économique et culturelle de la région, est devenu un véritable aimant pour les acheteurs en provenance des pays voisins de Belgique et des Pays-Bas. Le triangle que forment les trois pays situés entre Liège, Maastricht et Aix-la-Chapelle, l'«Euregio-Meuse-Rhin», devient de plus en plus un «pays sans frontières» au «coeur de l'Europe», pays auquel il sera donné, lorsque le grand marché unique européen sera devenu réalité, de devenir un lieu d'implantation économique de rang international. Car, en plus de sa situation centrale, au nord-ouest de l'Europe, la zone économique d'Aix-la-Chapelle est en mesure de proposer un facteur supplémentaire favorable aux implantations, facteur qui sera éventuellement déterminant pour l'avenir. L'Université Technique de Rhénanie-Westphalie et l'Ecole supérieure technique d'Aix-la-Chapelle, le Centre de recherches de Jülich (KFA) et quelques institutions d'économie privée, représentent une concentration de capacités de recherches et d'études n'ayant son pareil que dans une dizaine d'endroits au monde.

Le «transfert de technologie» n'est pas ici un simple mot à la mode, mais bien une réalité mise en pratique et éprouvée, depuis le milieu des années soixante-dix. C'est à Aix-la-Chapelle que le premier Centre technologique d'Allemagne de l'Ouest a vu le jour et le succès qu'il a connu a fait de lui la pièce centrale de tout un réseau d'institutions similaires dans la région d'Aix-la-Chapelle. Grâce à un concept industriel et commercial d'un genre tout nouveau, mis au point par une collaboration entre responsables politiques, économiques et administratifs, la «Région technologique d'Aix-la-Chapelle» bénéficie entre-temps dans le monde entier d'une excellente réputation.

Des consortiums internationaux d'Europe, du Japon et des USA, ont décidé d'implanter dans la région d'Aix-la-Chapelle, en y investissant plusieurs milliards, des entreprises de production et des départements d'études proches de la recherche, car ils peuvent entretenir ici d'étroits contacts avec l'une des premières Universités techniques d'Europe et peuvent compter par là même voir arriver sur le marché de l'emploi, une génération de jeunes hautement qualifiés. Leur prise de décision a certainement été facilitée aussi par le niveau élevé de la qualité de vie de cette région aux paysages attrayants et sur laquelle plane, du fait d'une situation frontalière devenant alors un avantage, un indéniable parfum d'internationalisme.

Zentis GmbH Aachen — Der Fruchtspezialist

Als größter Hersteller für Fruchtzubereitungen im EG-Bereich stehen Qualitätsprüfung und -sicherung durch strengste Hygienevorschriften sowie durch lückenlose Kontrollen von der Urproduktion bis zum Endprodukt an erster Stelle. Alleine über 20 Mitarbeiter sind bei Zentis ausschließlich mit der Qualitätskontrolle betraut. Größtenteils zunehmend ökologisch-biologische Anbaugebiete optimieren die Qualitätsgarantie der Endprodukte.

For the largest producer of fruit products in the EC area, quality checking and securing by very strict hygiene directives and perfect checks from the start of production right down to the finished product are of primary importance. More than 20 members of the staff are entrusted solely and exclusively with quality control. The guarantee of the quality of the finished products is optimized by cultivation areas, most of which are increasingly on an ecological/biological basis.

Zentis, le plus grand producteur de la CEE dans le secteur des fruits en conserve, place en tête de ses préoccupations les contrôles et la garantie de la qualité, grâce à de sévères réglementations d'hygiène et des contrôles sans failles, du début de la production jusqu'au produit fini. Chez Zentis, pas moins d'une vingtaine de salariés se consacrent exclusivement au contrôle de la qualité. Un nombre sans cesse croissant de zones de culture écologique et biologique, optimise la garantie de qualité des produits finis.

Die exklusiven Fruchterzeugnisse kommen nicht zuletzt durch einen sorgfältigst ausgesuchten Einkauf zustande. So werden nur Früchte mit festem Fruchtfleisch, köstlichem Geschmack und beständigem Aroma eingekauft.
Während des Produktionsprozesses sorgen höchste technische Voraussetzungen für einen ausgeklügelten Ablauf und eine besonders schonende Behandlung der Früchte. Damit bleiben die Fruchteigenschaften optimal erhalten.

The exclusive fruit products come about not least thanks to a most careful and selective buying policy. Only fruit with firm flesh, excellent taste and consistent aroma is purchased.
During the production process, the highest technical preconditions guarantee a cleverly thought-out course and especially gentle treatment of the fruit. In this way, the properties of the fruit are maintained in the best possible way.

Ce n'est pas en dernier lieu aux achats minutieux de matières premières que les produits fruitiers doivent leur extrême qualité. Seuls sont achetés les fruits dont la chair est ferme, ayant du goût et un arôme persistant. Durant la fabrication, des installations techniques hypermodernes assurent un déroulement très étudié des opérations et un traitement en douceur des fruits, qui gardent ainsi leurs propriétés de manière optimale.

AKZO in Oberbruch
Tradition und Fortschritt

1891 gründeten Johann Urban und Max Fremery in Oberbruch gemeinsam die »Rheinische Glühlampenfabrik Dr. Max Fremery & Cie«. Dort entwickelten sie auch ein Verfahren zur Herstellung künstlicher Seide. »Glanzstoff« nannten sie ihr Produkt, das Namensgeber für die »Vereinigte Glanzstoff Fabriken AG« wurde. Oberbruch war der erste Produktionsstandort dieses weltbekannt gewordenen Konzerns, der später mit anderen Unternehmen zur niederländischen Akzo Gruppe zusammengeschlossen wurde. Heute werden im Werk Oberbruch des Unternehmensbereichs Fasern und Polymere von Akzo auf modernsten Spinnmaschinen Polyestergarne für textile Einsatzgebiete hergestellt. Technische Garne, Kohlenstoffasern und Präzisionstechnik sind weitere Produkte aus dieser traditionsreichen und für den Heinsberger Raum bedeutenden Fabrik.

AKZO in Oberbruch
Tradition and Progress

In 1891, Johann Urban and Max Fremery founded the »Rheinische Glühlampenfabrik Dr. Max Fremery & Cie.«, a filement lamp factory. This is where they also developed a process for producing artificial silk, which they named »Glanzstoff«, a »shining material«. This gave the company its name »Vereinigte Glanzstoff Fabriken AG«. Oberbruch was the first production site of this business concern which acquired worldwide renown. Later on it was merged with other companies to form the Dutch Akzo group. Today, the Oberbruch plant of Akzo's fibres and polymers division produces polyester yarns for textile applications on most advanced spinning machines. Industsrial yarns, carbon fibres and precision engineering products are also manufactured at this plant with its long tradition and great importance for the Heinsberg region.

AKZO à Oberbruch
Tradition et progrès

En 1891, Johann Urban et Max Fremery fondent à Oberbruch la «Rheinische Glühlampenfabrik Dr. Max Fremery & Cie», une fabrique de lampes à incandescence. Ils y mettent au point un procédé de fabrication de soie artificielle. Leur produit, qu'ils appellent «Glanzstoff» (la matière qui brille) donnera son nom à la «Vereinigte Glanzstoff Fabriken AG». Oberbruch est la premier site de production de ce groupe dont la renommée deviendra mondiale et qui fera plus tard partie avec d'autres entreprises du groupe néerlandais Akzo. Aujourd'hui, le site d'Oberbruch de la division fibres et polymères d'Akzo produit sur des machines ultra-modernes des fils de polyester pour applications textiles. Les autres produits de cette usine riche en traditions et très importante pour la région de Heinsberg sont les fils techniques, les fils de carbone et les techniques de précision.

Kohlenstoffasern aus dem Akzo-Werk in Oberbruch gehören zur Generation moderner »High-Tech« Fasern.

Carbon fibres from Akzo's Oberbruch plant belong to a new generation of advanced high-tech fibres.

Les fibres de carbone de l'usine Akzo d'Oberbruch appartiennent à la génération des fibres «high-tech».

Technische Universität Aachen.

The Technical University of Aachen.

L'Ecole Polytechnique d'Aachen.

Das Ruhrgebiet mit neuem Gesicht

Dr. Hans Singer, Präsident der Industrie- und Handelskammer zu Essen, Vorsitzender des Vorstandes der Ferrostaal AG und Mitglied des Vorstandes der MAN GHH AG

Das Ruhrgebiet in seinem heutigen Erscheinungsbild kurz zu beschreiben, dürfte inzwischen zu den schwierigsten Aufgaben gehören, die einem Präsidenten einer Industrie- und Handelskammer im Ruhrgebiet übertragen werden können. Denn in dem einstigen Land der Hochöfen und Gruben muß man heute schon beide förmlich suchen. Gäbe es nicht die engagierten, an der Geschichte des Ruhrgebietes interessierten Bürger, man würde die Dokumente jener Zeit, die das Revier prägten, kaum mehr finden. Das Ruhrgebiet trägt ein neues Gesicht.

Erinnern wir uns: Kohle und Stahl haben den Raum zwischen Hagen und Recklinghausen, Hamm und Duisburg groß gemacht. Namen wie Thyssen, Krupp, Stinnes, Hoesch, Klöckner, MAN/GHH stehen für Unternehmensverbände, die Tausenden von Arbeitern Arbeit und Brot, aber auch bereits zu einem sehr frühen Zeitpunkt außerbetriebliche Leistungen wie Wohnungen, Krankenhäuser und Alterssicherungen boten. Leistungen, die erst viel später klassische Bereiche der mehr oder minder staatlichen Daseinsvorsorge wurden.

Vor gut 30 Jahren die Struktur des Ruhrgebiets zu beschreiben, wäre — wie gesagt — vergleichsweise einfach gewesen: Kohle und Stahl beschäftigten etwa 580 000 Mitarbeiter. Würde man die davon abhängigen Bereiche hinzunehmen, den sogenannten Montankomplex, so hätte man etwa eine Million Mitarbeiterinnen und Mitarbeiter direkt bzw. indirekt dem Montanbereich zuzurechnen. Ein Vergleich zu heute zeigt sehr rasch, wie sich diese Region, oft außerhalb ihrer Grenzen und damit auch von den gelegentlich Unkundigeren abwertend »Ruhrpott« genannt, verändert hat: Die ehemaligen Standbeine Kohle und Stahl beschäftigen heute noch 180 000 Menschen. Rechnet man wiederum die damit verbundenen Bereiche hinzu, so dürften es etwa 300 000 sein. Die Differenz der letzten 30 Jahre macht deutlich, was an strukturellem Wandel hier an der Ruhr verkraftet wurde. An der Tatsache, daß die Zahl der sozialversicherungspflichtig Beschäftigten im Ruhrgebiet seit 1984 ständig steigt, erkennt man, welche Anstrengungen Bund, Land, Gemeinden und Wirtschaft unternommen haben, um aus dem Risiko die Chance zu Neuem zu nutzen. Dabei darf jedoch nicht vergessen werden, daß Kohle und Stahl die Basis für hohe Einkommen und damit für einen Reichtum gelegt haben, der die Umstrukturierung — von einzelnen Schicksalen abgesehen — doch vergleichsweise sozialverträglich hat ablaufen lassen. Es ist das Verdienst von Staat und Sozialpartnern, hier ein lehrreiches Beispiel vom Wandel einer altindustriellen zu einer modernen technologie-, welthandels- und dienstleistungsorientierten Region gegeben zu haben. 62% aller Beschäftigten sind heute im Dienstleistungssektor tätig. Die Exportquote der Ruhrgebietsindustrie liegt bei fast 30%. Eine Kette von Technologiezentren und Universitäten zieht sich von West nach Ost.

Die ehemaligen traditionsreichen Montankonzerne erzielen ihre Umsätze zunehmend in nicht mehr angestammten Bereichen, sondern im Handel und in den Dienstleistungen. Immer mehr etablieren sich — anders als früher — mittelständische Strukturen im Ruhrgebiet. Handel, Banken, Versicherungen haben ihre Position regional wie überregional ständig ausbauen können. Gerade für den Handel wird das Ruhrgebiet mit seinen fünf Millionen Einwohnern wieder fast zu einem »Subsystem« der bundesdeutschen Volkswirtschaft. Die großen Handelshäuser wie Karstadt, Raab Karcher, Stinnes, Tengelmann und Albrecht, um nur einige wenige Beispiele zu nennen, bauen ihre europäischen und außereuropäischen Aktivitäten aus. Durch die Öffnung im Osten tun sich gerade für die im Ruhrgebiet ansässigen Unternehmen neue Chancen auf.

Die unbestreitbaren Umweltprobleme dieses ehemals größten europäischen Industriegebietes, das behutsame, aber doch konsequente Angehen ihrer Beseitigung, hat früh zum Entwickeln von spezifischen Umwelttechnologien in diesem Raum geführt. Technologien, die heute mehr denn je auch Anwendung in anderen Ländern finden. Für das »neue« Revier bedeutet dies Absatz und Beschäftigung.

Und auch das äußere Erscheinungsbild hat sich gewandelt: Der »blaue Himmel«, das zahlreiche Grün, die Freizeitparks und das kulturelle Angebot, das sicherlich an Quantität und Qualität kaum Vergleichbares findet. Die Menschen zwischen Hamm und Duisburg, zwischen Recklinghausen und Hagen haben auch mental den Wandel vollzogen. »Wir gemeinsam nach vorn« ist Slogan und Willensbekundung zugleich. So gesehen findet wieder einmal die »Abstimmung mit den Füßen« statt: Man bleibt im Revier. Die Abwanderungstendenz aus dem Ruhrgebiet ist seit einiger Zeit gestoppt!

A new look for the Ruhr area

Dr. Hans Singer, President of the Chamber of Trade and Industry in Essen,
Chairman of the Board of Ferrostaal AG and member of the board of MAN GHH AG

One of the most difficult tasks that could possibly be demanded of a President of a Chamber of Trade and Industry in the Ruhr area is to ask him briefly to describe the Ruhr area as it is today. Furnaces and mines are few and far between in the former mining and steel-making area. It would be virtually impossible to find any evidence of the times that characterized the Ruhr area if there were not still at least a few highly motivated people interested in the area's history, for the appearance of the Ruhr area has changed completely.

The area between Hagen and Recklinghausen, Hamm and Duisburg owes its strength to coal and steel. Names like Thyssen, Krupp, Stinnes, Hoesch, Klöckner, MAN/GHH are representative of company groups which not only provided jobs and a living for thousands of men and women, but which also provided additional benefits in the form of housing, hospital care and old-age pension schemes as from a very early time. These are benefits which only became classical areas of the more or less state-supported welfare system at a much later date.

As already said, it would have been relatively simple to describe the structure of the Ruhr area over 30 years ago: coal and steel provided jobs for around 580,000 people. If the dependent industries and branches making up what was known as the Montan complex are also included, roughly one million men and women would have earned their living directly or indirectly through this complex. A comparison with today's figures quickly shows just how strongly this region — which is also derisively known as the »Ruhrpott« in less informed circles outside the region — has changed: only 180,000 people still find employment in the traditional coal and steel industries today, the number rising to no more than roughly 300,000 if the associated branches and industries are also included. The difference between these two sets of figures illustrates the magnitude of the structural change that has taken place here in the last 30 years. On the other hand, the fact that the number of working people liable to pay social security contributions has increased steadily since 1984 shows how much effort industry and the Federal, Land and municipal authorities have put into turning the dangers into an opportunity for a fresh start. However, it must not be forgotten that coal and steel provided the basis for the high income and prosperity ensuring that the structural changes can be completed without undue social hardship, other than in a few individual instances. The state and both sides of industry have set an instructive example of how a traditionally industrial area can be successfully converted into a modern region oriented towards technology, world trade and the service sector. 62% of the working population are now employed in services. The Ruhr area's industries have an export quota of almost 30% and a chain of technology centres and universities runs through the entire area, from east to west.

To an ever-growing extent, the former coal, iron and steel companies now achieve a higher turnover through trade and services than in their traditional fields of activity. More and more small and medium-sized companies are becoming established in the Ruhr area. Commerce, banking and insurance services have been able steadily to expand their positions both regionally and outside the region. With a population of 5 million, the Ruhr area is once again rapidly becoming something like a »subsystem« in the German economy, especially where trade and commerce are concerned. Leading trading companies like Karstadt, Raab Karcher, Stinnes, Tengelmann and Albrecht, to mention but a few, are constantly expanding their activities in Europe and other parts of the world. The new freedom in the east offers new opportunities, particularly for companies based in the Ruhr area.

Specific environmental technologies have for a long time been developed as a result of the indisputable environmental problems in what was once the largest industrial area in Europe and the careful, yet consistent attempts to overcome them. These technologies are now being used to an increasing extent in other countries, bringing business and employment to the »new« Ruhr area. Its external appearance has also changed: a »blue« sky, numerous parks and gardens, leisure centres and a cultural diversity of almost incomparable quality and quantity. The people between Hamm and Duisburg, Recklinghausen and Hagen have also changed mentally. »Stepping forward together« is both a slogan and a declaration of intent. In that respect, people are voting with their feet again: they are staying in the Ruhr area and its depopulation trend has been halted for some time!

La Ruhr et son nouveau visage

Dr. Hans Singer, Président de la Chambre de Commerce et d'Industrie d'Essen, Président du conseil d'administration de la Ferrostaal AG et membre du conseil d'administration de la MAN GHH AG

Décrire en quelques mots la Ruhr telle qu'elle s'offre aujourd'hui aux regards, est certainement devenu l'une des tâches les plus ardues que puisse se voir assigner un Président de Chambre d'Industrie et de Commerce de la Ruhr. Car, dans cet ancienne région de hauts-fourneaux et de mines, il faut véritablement chercher des deux symboles, de nos jours. Si nous n'avions pas parmi nous des citoyens engagés s'intéressant à l'histoire de la Ruhr, on aurait du mal à trouver des documents relatifs à cette époque qui a donné sa marque à la région. La Ruhr a un nouveau visage.

Rappelons-nous: ce sont le charbon et l'acier qui ont donné son importance à la zone située entre Hagen et Recklinghausen, Hamm et Duisburg. Les noms de Thyssen, Krupp, Stinnes, Hoesch, Klöckner, MAN/GHH sont ceux de groupements d'entreprises qui donnèrent à des milliers de travailleurs du travail et du pain, mais très tôt aussi, leur proposèrent des prestations étrangères à l'entreprise telles qu'appartements, hôpitaux et une pension de vieillesse. Prestations qui ne devinrent que bien plus tard des secteurs classiques d'organismes de prévoyance plus ou moins publics.

Décrire la structure de la Ruhr il y a trente ans serait, comme je l'ai dit, facile, en comparaison: le charbon et l'acier occupaient environ 580 000 salariés. En y adjoignant les secteurs qui en dépendent, ce qu'on appelait le complexe minier, ce secteur des mines se verrait attribuer, directement ou indirectement, 1 million environ de salariés. Une comparaison avec aujourd'hui, montre très rapidement à quel point s'est transformée cette région, souvent péjorativement appelée à l'extérieur de ses frontières, par ceux donc ne la connaissant pas bien, le »Ruhrpott«, le »pot« de la Ruhr. Les anciens piliers que furent le charbon et l'acier emploient encore aujourd'hui 180 000 personnes. Si l'on y adjoint à nouveau les secteurs dépendants, on arrive à un chiffre d'environ 300 000. La différence que cela représente par rapport à il y a 30 ans, montre clairement ce que la Ruhr a dû digérer, en matière de restructuration. Au fait que, dans la Ruhr, le nombre des travailleurs assujettis obligatoires à l'assurance sociale ne cesse d'augmenter depuis 1984, on reconnaît les efforts qui ont été entrepris par le Gouvernement fédéral, le Land, les communes et l'économie, en vue de transformer en opportunité favorable le risque encouru. Il ne faut toutefois pas oublier que le charbon et l'acier ont servi de base à des revenus élevés, contribuant par là même à une richesse permettant de faire se dérouler la restructuration de manière supportable du point de vue social, mis à part quelques destins isolés. C'est à l'Etat et aux partenaires sociaux que revient le mérite d'avoir donné ici un exemple instructif de la mutation en une région moderne, orientée vers la technologie, le commerce mondial et les services, d'une vieille zone industrielle. 62% de l'ensemble des personnes actives travaillent aujourd'hui dans le secteur tertiaire. Le quota des exportations industrielles de la Ruhr atteint presque 30%. D'ouest en est s'étire une chaîne de centres technologiques et d'universités. Les anciens consortiums miniers riches de tradition, réalisent de plus en plus leurs chiffres d'affaires dans des secteurs qui ne sont pas ceux dont ils ont hérité, mais dans le commerce et les services. D'une manière différente de celle d'autrefois, on voit s'installer dans la Ruhr un nombre de plus en plus grand de structures d'importance moyenne. Le commerce, les banques, les compagnies d'assurance, ont pu en permanence développer leur position tant régionale que supra-régionale. Pour le commerce en particulier, la Ruhr et ses 5 millions d'habitants redevient presque un »sous-système« de l'économie nationale de la République fédérale. Les grandes maisons commerciales telles que Karstadt, Raab Karcher, Stinnes, Tengelmann et Albrecht, pour ne citer que quelques exemples, développent leurs activités européennes et extra-européennes. L'ouverture à l'est représente une nouvelle chance, en particulier pour les entreprises établies dans Ruhr.

Les indéniables problèmes de l'environnement de cette zone industrielle, qui fut en son temps la plus grande d'Europe, et tout ce qui, prudemment mais de manière fort conséquente, est désormais entrepris afin de les résoudre, a amené très tôt à développer dans cette région des technologies spécifiques de l'environnement. Des technologies qui, plus que jamais, trouvent une utilisation dans d'autres pays. Pour la »nouvelle« région, tout cela est synonyme de marché et d'emploi.

Mais l'aspect extérieur s'est, lui aussi, modifié: le »ciel bleu«, la verdure, les parcs de loisirs et une offre culturelle à peine égalée, tant du point de vue quantitatif que qualitatif. Qui vit entre Hamm et Duisburg, entre Recklinghausen et Hagen a, lui aussi, opéré une mutation psychologique. »Nous autres, unis pour aller de l'avant«, c'est à la fois un slogan et une profession de foi. Vu sous cet angle, il s'agit une fois de plus d'un »vote avec les pieds«: on reste dans la région. Depuis quelques temps, le tendance à l'exode de la Ruhr s'est arrêtée!

In der Lehrgärtnerei der Zentralausbildung der RUHRKOHLE AG Emscher-Lippe werden viele seltene Pflanzen gezüchtet, zu denen auch der im Bild erkennbare Storchenschnabel gehört.

In the teaching garden of the central training unit of the RUHRKOHLE AG at Emscher-Lippe, many rare plants are cultivated, amongst them the cranesbill visible in the picture.

L'école d'horticulture de la formation centrale de la RUHRKOHLE AG Emscher-Lippe, cultive de nombreuses plantes rares, entre autres le «bec de cigogne» reconnaissable sur notre photo.

Ferrostaal ist weltweit tätig

Die im nationalen und internationalen Handel seit 1919 gesammelten Erfahrungen stehen hinter dem Export von Stahl und Stahlerzeugnissen von Anlagen, Maschinen, Schiffen und anderen Transportmitteln.

Beachtliche Aktivitäten von Ferrostaal richten sich auf die Planung, Lieferung, Errichtung und Finanzierung von schlüsselfertigen Industrieanlagen. Alles aus einer Hand.

Als Generalunternehmer genießt Ferrostaal hohes Ansehen. Ferrostaal arbeitet allein oder in Konsortien auf nationaler und internationaler Ebene.

Das Wissen und die Erfahrung der Fachleute von Ferrostaal sind seit Jahren in allen Kontinenten willkommen und gefragt.

Ihren Erfolg verdankt die Ferrostaal AG nicht zuletzt auch der Technologie des MAN-Konzerns.

Wer ist Ferrostaal?

Sie kennen die Bundesrepublik Deutschland, haben von der Stahl- und Eisenlandschaft an der Ruhr gehört. Dort liegt die Stadt Essen, in der Ferrostaal seit 60 Jahren ihren Sitz hat. Ferrostaal ist eine Tochtergesellschaft der MAN Aktiengesellschaft in München und somit ein Mitglied des MAN-Konzerns. Die MAN wiederum ist eines der großen deutschen Unternehmen mit weitgestreutem Aktienkapital. Der MAN-Konzern ist einer der größten europäischen Maschinenbau-Konzerne und erzielt pro Geschäftsjahr einen Umsatz von ca. 20 Milliarden DM. Über 60 000 Mitarbeiter werden beschäftigt. Auch die Zahlen von Ferrostaal können sich sehen lassen — so der Jahresumsatz von ca. 4 Milliarden DM.

Ferrostaal is active all over the world

Experience gained in national and international trading since 1919 is the background to exports of steel and steel products, of plant, machines, ships and other means of transport. Ferrostaal undertakes considerable activities in the planning, supply, setting-up and financing of ready-to-use industrial units. All under one roof. Ferrostaal has a good reputation as a general company. Ferrostaal works alone or in consortia on a national and international level.

The knowledge and the experience of Ferrostaal's experts have been welcome and in demand on all continents for years. Not least, Ferrostaal AG can put its success down to the technology of the MAN concern.

Who is Ferrostaal?

You know the Federal Republic of Germany, have heard of the steel and iron landscape by the Ruhr. This is where the town of Essen can be found, where Ferrostaal has had its seat for over 60 years. Ferrostaal is a subsidiary of the MAN AG in Munich and thus a member of the MAN concern. MAN for its part is one of the largest German companies with share capital in a variety of sectors.

The MAN concern is one of the largest European machine construction concerns and has a turnover of about 20 billion DM per business year. More than 60,000 members of staff are employed. Ferrostaal's figures are also worth looking at — an annual turnover of about 4 billion DM.

Ferrostaal est présent dans le monde entier

L'exportation d'acier et de produits d'acier, d'installations, de machines, de bateaux et d'autres moyens de transport, repose sur une expérience acquise depuis 1919 au travers d'activités nationales et internationales. Autres secteurs d'activité importants de la Ferrostaal: la planification, la fourniture, la construction et le financement d'installations industrielles clés en mains. Le tout effectué en régie propre. Ferrostaal jouit d'une excellente réputation d'entrepreneur général. Ferrostaal travaille seul ou en consortiums au niveau national et international. Les connaissances techniques et l'expérience des spécialistes de Ferrostaal sont depuis des années très recherchées et les bienvenues sur tous les continents. La technologie du konzern MAN n'est bien sûr pas étrangère au succès de la Ferrostaal AG.

Qui est Ferrostaal?

Vous connaissez la République fédérale d'Allemagne, avez entendu parler de la région de la Ruhr, dont le visage est marqué par l'acier et le fer. C'est là qu'est située la ville d'Essen, où la Ferrostaal a son siège depuis 60 ans. Ferrostaal est une filiale de la MAN Aktiengesellschaft de Munich et est par là même, membre du groupe MAN. La MAN est, pour sa part, l'une des plus grandes entreprises allemandes au capital actions très dispersé.

Le konzern MAN est l'un des plus grands konzerns de la construction mécanique d'Europe et réalise par exercice un chiffre d'affaires d'environ 20 milliards de DM. Il emploie plus de 80 000 salariés. Les chiffres de la Ferrostaal sont, eux aussi, loin d'être négligeables: elle peut faire état d'un chiffre d'affaires annuel d'environ 4 milliards de DM.

Adam Opel AG Bochum

Im Karosserie-Rohbau übernehmen Roboter (Handhabungsautomaten) die anstrengenden Schweißarbeiten. Sie setzen insgesamt rund 4 000 Schweißpunkte.

In the body carcass construction, robots (handling machines) carry out the fatiguing welding work. They set a total of roughly 4,000 welded points.

Les gros travaux de soudure des carrosseries sont assumés par des robots. Ils procèdent au total à 4 000 points de soudure.

Mit 31 089 im August 1990 in den Bochumer Opel-Werken gebauten Kadett erzielte der Automobilhersteller an der Ruhr eine neue Rekordhöhe. Noch nie seit Bestehen der Werke wurden derart viele Wagen innerhalb eines einzigen Monates produziert. An insgesamt 23 Arbeitstagen wurden damit im Durchschnitt 1351 Autos gebaut. Die letzte Rekordmarke lag bei 27 352 Fahrzeugen der Baureihe Kadett. Sie wurde im Oktober 1989 erreicht. Die neuerliche Bestmarke wurde in der größten »Sommer-Universität« an der Ruhr erzielt. Zusätzlich zur bewährten Mannschaft von nunmehr 19 000 Mitarbeitern sind derzeit in der Produktion durchschnittlich 500 Studenten und Studentinnen beschäftigt. Insgesamt haben 1 000 während der Semesterferien einen Arbeitsplatz bei Opel in Bochum erhalten. Mit einer Investitionssumme von knapp 40 Millionen Mark trugen die Opel-Werke Bochum in den vergangenen Wochen wieder einen großen Schritt zur Standortsicherung bei. Alleine 15 Millionen flossen in die Installation eines Stapelsystems für Karosseriesteuerung, das bei General Motors in Europa bislang Einmaligkeit besitzt. Mit diesem neuen System kann die Modell- und Sonderausführungsfolge durch Zugriff auf jede sich im System befindende Karosserie gesteuert werden. Bis zu 148 Karosserien haben in dem neuen System Platz. Sie werden je nach Bedarf zum Band gesteuert. Durch die nähere Anbindung des Karosseriestapels an die Lackiererei konnte die Hauptmontagelinie der Fertigmontage um 63 Stationen verlängert werden. Das macht eine bessere Verteilung der Mitarbeiter und Arbeitsstationen möglich. Dafür wurde der alte Karosseriestapel demontiert, ein neuer Fertigmontageförderer installiert.

31,089 Kadetts were built in Opel's Bochum factory in August 1990, a new record amount for the car producer by the Ruhr. Never before in the existence of the factory had this amount of cars been produced within one single month. With a total of 23 working days, an average of 1,351 cars were built. The previous record was 27,352 Kadetts in October 1989. The new top mark was achieved in the largest »Summer University« by the Ruhr. In addition to the tried and tested team of 19,000 staff, an average of 500 male and female students are additionally employed in production at present. All told, 1,000 of them were given employment by Opel at Bochum in the holidays. With a total investment of nearly 40 million Marks, the Opel factory in Bochum has taken a large step to securing the site in the past few weeks. 15 million Marks flowed into the installation of a stacking system for automobile-body control, which up to now is unique to General Motors in Europe. With this new system, the sequence of model and special versions can be controlled by access to any automobile body in the system. Up to 148 bodies can be accommodated in the new system. They are steered to the belt according to need. Through the proximity of the stack of bodies to the paint shop, it has been possible to extend the main assembly line of final assembly by 63 stations. This makes a better distribution of the staff and the work stations possible. Instead of this, the old body stack has been dismantled and a new assembly conveyor has been installed.

Avec 31 089 Opel Kadett fabriquées en août 1990 dans les usines Opel de Bochum, le fabricant automobile de la Ruhr signale un nouveau record. Jamais depuis la fondation des usines, on n'avait produit autant de véhicules en un seul mois. Si l'on sait que le mois a compté 23 jours ouvrés, on arrive à une moyenne journalière de 1 351 automobiles. Le record précédent, qui date du mois d'octobre 1989, était de 27 352 véhicules du modèle Kadett. C'est dans la plus grande »Université d'été« de la Ruhr que ce nouveau record a été atteint. Aux côtés d'une équipe qui a fait ses preuves et compte actuellement 19 000 salariés, 500 étudiantes et étudiants en moyenne ont participé à la production. Pendant les vacances d'été, ce sont 1 000 étudiants au total qui ont obtenu un emploi chez Opel, à Bochum. Avec un volume d'investissements de 40 millions de DM, les Usines Opel de Bochum ont à nouveau, au cours des dernières semaines, fait un grand pas en vue de garantir l'implantation. 15 millions de DM ont été consacrés à la seule installation d'un système d'empilage pour la commande des carrosseries, système jusqu'à présent unique en son genre chez General Motors Europe. Avec ce nouveau système, il peut être fait appel, en fonction des modèles et aménagements spéciaux à traiter, à n'importe quelle carrosserie se trouvant dans le système qui peut en contenir jusqu'à 148. Elles sont amenées sur la chaîne selon les besoins. L'ancien système ne permettait de disposer que de 20 carrosseries. La commande s'en est immédiatement trouvée très améliorée. Le fait que les carrosseries soient désormais empilées plus près des ateliers de peinture a permis de rallonger la chaîne de montage principale, ce qui a permis également de procéder à une meilleure répartition des ouvriers et des diverses stations. Il a fallu pour cela démonter l'ancien système d'empilage des carrosseries. Opel a placé la cabine de scellage des cavités à proximité de l'empilage, et la station de fabrication des portes juste derrière la nouvelle cabine d'encirage. Cette dernière sert à l'extension du programme déjà existant de protection contre la corrosion.

700 000 qm umfaßt die Fläche des OPEL-Werkes I in Bochum. Hier wird der Kadett zusammengebaut.

The OPEL Factory I in Bochum has an area of 700,000 m². This is where the Kadett is put together.

Les usines OPEL AG de Bochum occupent une superficie de 700 000 m². C'est ici qu'il est procédé au montage de l'Opel Kadett.

→ unten
Im Jahre 1989 förderten die Bergwerke der RAG insgesamt 50,5 Millionen Tonnen Steinkohle. Leistungsfähiges Kohlengewinnungssystem im Flöz Zollverein 2/3 auf Haltern 1/2: Walzenschrämlader und Kettenförderer mit Schildausbau. Der Einsatz modernster Maschinen untertage hat die Arbeit im Bergwerk völlig verändert und erleichtert. Im Maschinenübungszentrum Grullbad werden notwendige Kenntnisse im Umgang mit moderner Technik vermittelt. Der überwiegende Teil der Tätigkeiten im betrieblich-technischen Bereich des Bergbaus erfordert Kenntnisse und Erfahrungen.

In the year of 1989, the coalmines in the Ruhr area extracted a total of 50.5 million tons of hard coal. A heavy duty coal extraction system in the »Zollverein« seam 2/3 in Haltern 1/2: roller cutters and chain conveyors with an extended shield. The use of most modern machines underground has completely changed and facilitated work in coal-mining. In the Grullbad machine practice centre, the necessary knowledge in dealing with modern technology is imparted. The majority of the activity in the operational/technical field of coalmining requires knowledge and experience.

En 1989, les mines de la RAG ont exploité 50,5 millions de tonnes de houille. Système performant d'exploitation houillère de la mine Zollverein 2/3, à Haltern 1/2: abatteuse-chargeuse multidisques et transporteur à traction par chaîne avec piles à flèche. L'utilisation souterraine de machines hyper modernes a complètement bouleversé et simplifié le travail dans la mine. Le centre de formation Grullbad communique les connaissances nécessaires à l'utilisation des techniques modernes. La grande majorité des activités du secteur exploitation technique des mines, exigent des connaissances spécialisées et de l'expérience.

Die RUHRKOHLE AG — moderner Bergbau und mehr

Die Ruhrkohle AG ist das größte Unternehmen des deutschen Steinkohlenbergbaus. Sie betreibt im Ruhrgebiet 17 Bergwerke, 5 Kokereien und eine Brikettfabrik. Die Kohle wird mit modernsten Methoden gewonnen. Hochleistungsmaschinen — von über Tage gesteuert —, Prozeßrechner und Mikroprozessoren werden zur Gewinnung eingesetzt. Mit einer Jahresförderung von rd. 50 Millionen Tonnen Steinkohle leistet die Ruhrkohle AG einen wichtigen Beitrag zur Sicherung der deutschen Energieversorgung. Steinkohle hat viele Eigenschaften — sie ist Energieträger und Rohstoff zugleich. Ruhrkohle und Ruhrkoks werden an die Kraftwirtschaft, die Stahlindustrie und weitere Kunden in Industrie und Gewerbe sowie an private Haushalte, Behörden und Verwaltungen geliefert.

Von den zahlreichen Aktivitäten, die die Ruhrkohle AG um ihren Kernbereich herum entwickelt hat, sind die Dienstleistungen zur Lösung von Umweltproblemen für die Wirtschaft der Region besonders attraktiv. Unter dem Dach der Ruhrkohle Umwelt GmbH wird ein leistungsfähiger Verbund von Transport- und Entsorgungskapazitäten, Ingenieurwissen, Laboranlagen und Sanierungsverfahren zur Verfügung gestellt.

Ein Beispiel für aktiven Umweltschutz sind die deutschen Steinkohlenkraftwerke, die zu den saubersten der Welt zählen. Die STEAG, ebenfalls ein Konzernunternehmen der Ruhrkohle AG, plant, baut und betreibt Steinkohlenkraftwerke. Mit den zusätzlichen Aktivitäten in der Energietechnik, Entsorgung, Fernwärmeversorgung, Kernenergie sowie Medien- und Prozeßtechnik arbeitet das Unternehmen auf insgesamt sechs innovativen Gebieten.

Modern coalmining and more

The Ruhrkohle AG is the largest company in German hard coal mining. In the Ruhr area, the company operates 17 coal mines, 5 coking plants and one briquette factory. The coal is extracted by using most modern methods. Heavy-duty machines — controlled from above ground —, process computers and micro-processors are used for the extraction. With an annual extraction of around 50 million tons, the Ruhrkohle AG makes an important contribution to securing the German energy supply.

Hard coal has a number of features — it is a bearer of energy and a raw material at the same time. Ruhr coal and Ruhr coke are supplied to the power industry, the steel industry and further customers in trade and industry as well as private households, authorities and administrations.

Amongst the numerous activities which the Ruhrkohle AG has developed around its central area, the services for the solution of environmental problems for the economy of the region are especially attractive. Under the cover of the Ruhrkohle Umwelt GmbH, a high-performance group of transport and waste-disposal capacities, engineering knowledge, laboratory plants and improvement methods are made available.

One example of active environmental protection is the German hard coal power stations, which are amongst the cleanest in the world. The STEAG, also a part of the Ruhrkohle AG concern, plans, builds and operates hard coal power stations. With the additional activities in energy technology, waste-disposal, long-distance heat supply, nuclear energy and media and process technology, the company works in a total of six innovative areas.

Industrie minière et plus encore

La Ruhrkohle AG est la plus grande entreprise des charbonnages allemands. Elle exploite dans la Ruhr 17 houillères, 5 cokeries et une usine de fabrication d'agglomérés. L'extraction du charbon s'effectue par les méthodes les plus modernes qui soient: machines haute performanance, commandées de la surface, ordinateurs industriels et microprocesseurs. Avec une production annuelle de 50 millions de tonnes de houille, la Ruhrkohle AG contribue de manière déterminante à l'approvisionnement énergétique de l'Allemagne.

La houille a des propriétés multiples, est à la fois porteuse d'énergie et matière première. Le charbon et le coke de la Ruhr sont livrés au secteur de la production d'électricité, à l'industrie sidérurgique et à d'autres clients des secteurs industriel et commercial, ainsi qu'aux personnes privées, aux services publics et à l'administration.

Particulièrement intéressantes, au nombre des nombreuses activités développées par la Ruhrkohle AG autour de son secteur clé: les prestations de service en vue de résoudre les problèmes de pollution de l'environnement rencontrés par l'économie de la région. La Ruhrkohle Umwelt GmbH propose un ensemble performant de capacités de transport et d'assainissement, un service d'ingéniérie, des laboratoires et des techniques d'assainissement.

Les centrales électriques à charbon, qui comptent parmi les plus propres du monde, sont un exemple de protection active de l'environnement. La STEAG, une autre entreprise du konzern de la Ruhrkohle AG, planifie, construit et exploite des centrales électriques à charbon. L'entreprise travaille par ailleurs dans six secteurs innovateurs: technique énergétique, évacuation des déchets, alimentation en chauffage à distance, énergie nucléaire, technique des médias, technique des processus industriels.

Der Seilfahrt-, Wetter- und Materialschacht Romberg in Werne ist ein Beispiel heutiger Bergbauarchitektur.

The Romberg man-riding, air and material shaft in Werne is an example of modern coal-mining architecture.

Le puit du personnel, d'aérage et de matériel de Romberg, à Werne, est un exemple d'architecture minière moderne.

→ *unten*
Mit einem Patent begann vor über 60 Jahren die erfolgreiche Geschichte von KRUPP WIDIA GmbH, Essen. Das Unternehmen ist heute geprägt durch vorbildliche, anerkannte Leistungen und hohe Innovationskraft. 1926 wurde von Krupp Widia als erstes Unternehmen in der Welt Sinterhartmetall auf Wolframcarbid-Basis industriell produziert und in den Markt eingeführt — in Härte und E-Modul vergleichbar mit einem Diamanten. Der neue Werkstoff wurde Widia genannt.
Auf dem Weltmarkt mit an der Spitze: Dauermagnete von Krupp Widia. Diese winzigen Bauteile — unser Bild zeigt eine Fertigungsstufe für KOEROX-Magnete — sind unentbehrliche Komponenten, z. B. in der Mikroelektronik oder in Meßinstrumenten.

More than 60 years ago, the successful story of the KRUPP WIDIA GmbH, Essen, began with a patent. Today, the company is marked by exemplary, recognized performances and a high power of innovation. In 1926, Krupp Widia was the first company which had industrially produced sintered carbide on a tungsten carbide basis and launched it on the market — comparable in its hardness and modulus of elasticity with a diamond. The new material was called Widia. Up at the top on the world market: permanent magnets from Krupp Widia. These tiny parts — our picture shows a phase of production for KOEROX magnets — are indispensible components for example in microelectronics or in measuring equipment.

C'est par un brevet d'invention que commença, il y a 60 ans, l'histoire de la KRUPP WIDIA GmbH, à Essen. L'entreprise se caractérise aujourd'hui par des performances reconnues et une puissante force d'innovation. En 1926, la Krupp Widia fut la première entreprise au monde à produire industriellement et à introduire sur le marché, des métaux durs frittés à base de carbure de tungstène, comparables au diamant par leur dureté et leur coefficient d'élasticité. Ce nouveau matériau fut appelé le Widia. En position de tête sur le marché mondial: les aimants permanents de Krupp Widia. Ces pièces minuscules (sur notre photo: une étape de la production d'aimants KOEROX) sont des composantes indispensables dans le secteur de la microélectronique ou de la fabrication d'instruments de métrologie, par exemple.

Krupp: Es begann im Jahre 1811 in Essen

Die Geschichte von Krupp ist eine Kette von Ideen und Innovationen. Sie beginnt wenige Jahre nach der Firmengründung 1811 mit der fabrikmäßigen Herstellung hochwertigen Gußstahls und dem 1852/53 entwickelten nahtlos geschmiedeten und gewalzten Eisenbahnradreifen. Heute gehört Krupp zur Spitze der europäischen Investitionsgüterindustrie. Von Anfang an war der Name Krupp ein Sinnbild für unternehmerischen Pioniergeist, technischen Fortschritt und wirtschaftliche Bedeutung — aber auch soziale Verantwortung. Der letzte, 1967 verstorbene Alleininhaber Alfried Krupp von Bohlen und Halbach hinterließ sein Vermögen der von ihm errrichteten gemeinnützigen Stiftung. Nicht nur Erfahrung und Tradition, sondern Ideen und Problemlösungen für viele Bereiche unseres Lebens — das ist Krupp. In den fünf Unternehmensbereichen Maschinenbau, Anlagenbau, Elektronik, Stahl und Handel erwirtschaften mehr als 60 000 Mitarbeiter einen Umsatz von rd. 18 Milliarden DM. Das Stammkapital beträgt 700 Mio. DM. Anteilseigner: Die gemeinnützige Alfried Krupp von Bohlen und Halbach-Stiftung (74,99%) und die Islamische Republik Iran (25,01%).

Krupp: It all began in Essen in 1811

The history of Krupp is a chain of ideas and innovations. It begins a few years after the formation of the company in 1811 with factory production of high-quality cast steel and the development of railway tyres forged and rolled without seams in 1852/53. Nowadays, Krupp is at the head of the European investment goods industry. From the very outset, the name of Krupp was a symbol for entrepreneurial pioneering spirit, technical progress and economic importance — but also for social responsibility. The last sole owner, Alfried Krupp von Bohlen und Halbach, who died in 1967, left his estate to the charitable foundation which he had founded. Not only experience and tradition, but also ideas and solutions for many areas of our lives — that is Krupp. In the five areas of the company — Machine Construction, Plant Construction, Electronics, Steel and Trade — more than 60,000 employees achieve a turnover of around 18 billion German Marks. The basic capital is 700 million Marks. Shareholders: the charitable foundation Alfried Krupp von Bohlen und Halbach (74.99 %) and the Islamic Republic of Iran (25.01 %).

Krupp: tout commença en 1811, à Essen

L'histoire de Krupp est un enchaînement d'idées et d'innovations. Elle commence peu d'années après la fondation de la firme, en 1811, avec la fabrication manufacturée d'acier fondu de qualité et la mise au point en 1852/53, de roues de chemin de fer sans soudure et laminées. Krupp se situe aujourd'hui en tête de l'industrie européenne des biens d'investissement. Dès le début, le nom de Krupp a été synonyme d'esprit pionnier, de progrès technique et d'importance économique, mais aussi de responsabilité sociale. Le dernier propriétaire exclusif, Alfried Krupp von Bohlen und Halbach, mort en 1967, laissa sa fortune à la Fondation d'intérêt public à laquelle il avait donné le jour. Krupp, ce ne sont pas seulement l'expérience et la tradition, mais aussi des idées permettant de solutionner bien des problèmes dans de nombreux secteurs de notre vie. Plus de 60 000 salariés, employés dans les cinq secteurs de la construction mécanique, de la construction d'installations, de l'électronique, de l'acier et du commerce, réalisent un chiffre d'affaires de 18 milliards de DM. Le capital social est de l'ordre de 700 millions de DM. Actionnaires: la Fondation d'intérêt public Alfried Krupp von Bohlen und Halbach (74,99 %) et la République Islamique d'Iran (25,01 %).

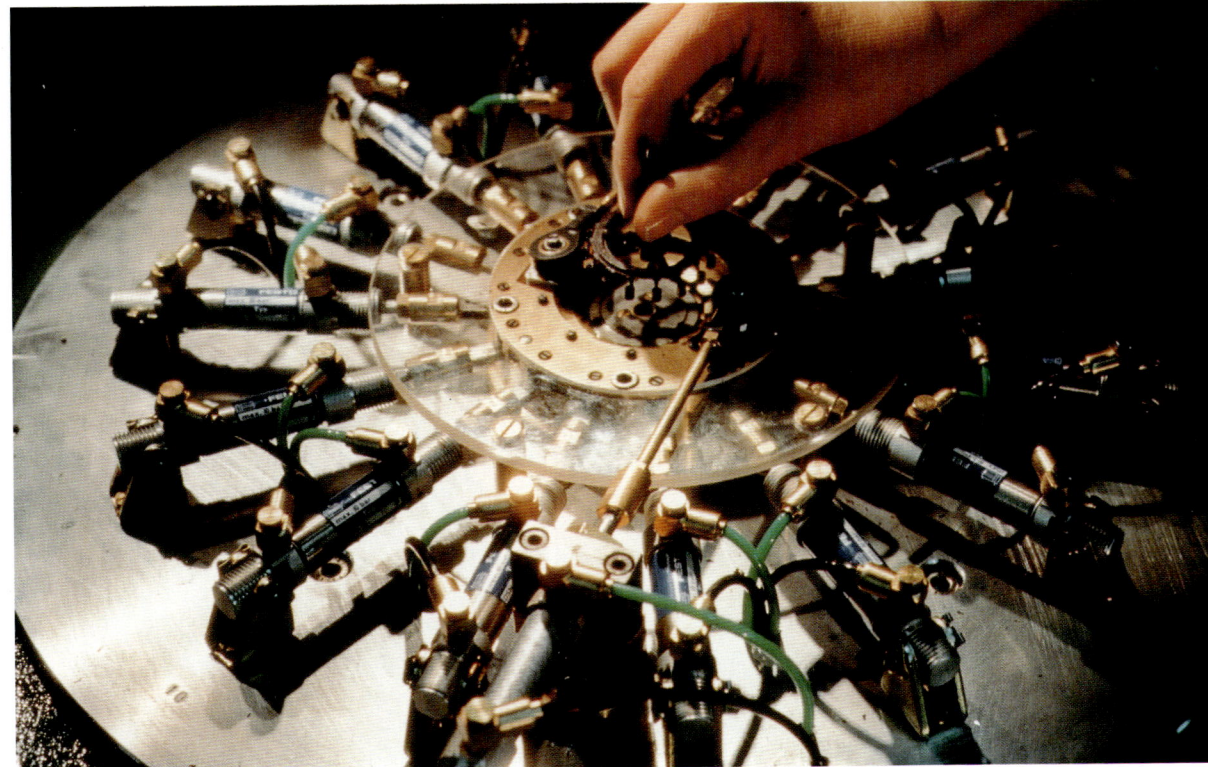

← *oben*

Im August 1982 wurde die KRUPP KOPPERS GmbH von den MANNESMANN - RÖHRENWERKEN AG mit dem Bau und der Inbetriebnahme einer neuen Koksofenbatterie der Hüttenwerke Huckingen, Duisburg, beauftragt. Zu Beginn 1985 nahm die Batterie die Produktion auf. Der Betrieb der neuen Anlage, die mit ihrer Dimension weltweit Maßstäbe gesetzt hat, hat bewiesen, daß es heute möglich ist, aus dem klassischen Grundkonzept der Kokerei eine moderne, leistungsstarke und umweltfreundliche Anlage zur Erzeugung von hochwertigem Hüttenkoks zu entwickeln.

In August 1982, the KRUPP KOPPERS GmbH was commissioned with the construction and start of operation of a new range of coking furnaces for the Hüttenwerke Huckingen, Duisburg, by the MANNESMANN - RÖHRENWERKE AG. At the start of 1985, the range started production. The operation of the new plant, which has set standards all over the world due to its size, has proven that it is now possible to develop a modern, high-performance and environmentally non-detrimental plant for the production of high-quality metallurgical coke from the classical basic concept of a coking plant.

C'est en août 1982 que la KRUPP KOPPERS GmbH fut chargée par les MANNESMANN-RÖHRENWERKE AG de construire et de mettre en service un nouveau groupe de fours à coke dans les usines sidérurgiques Huckingen, à Duisbourg. C'est au début de 1985 que le nouveau groupe a commencé sa production. Cette nouvelle installation qui, de par sa taille, a donné l'accent dans le monde entier, a démontré qu'il était aujourd'hui possible de transformer le concept de base de la cokerie en une installation moderne, performante et non polluante pour la production de coke sidérurgique.

Die Haubenglüherei im Kaltwalzwerk Bochum wurde 1971 in Betrieb genommen. Bis dahin betrug die Kapazität 55 000 t im Monat. Seit Januar 1986 sind 20 Sockelplätze mit 12 Heizhauben umgebaut und mit dem neuen Wasserstoff-Hochkonvektions-Glühverfahren ausgerüstet worden. Dadurch konnte die notwendige Kapazitätssteigerung der Glüherei um 20 % erreicht werden. Jeder Sockel verfügt über einen eigenen mikroprozessorgesteuerten Einschub zum Messen, Steuern und Regeln des Glühvorgangs. Bei Glühen des Stahls bis auf 710° C bildet sich eine neue Gefügeform des kaltgewalzten Stahls, die mit ausschlaggebend für Umformungseigenschaften des Kaltbandes ist.

The annealing section in the Bochum cold-rolling mill was put into operation in 1971. Up to then, the capacity had been 55,000 tons/month. Since January 1986, 20 bases with 12 heaters have been refitted and equipped with the new hydrogen high-convention annealing method, as a result of which the necessary increase in capacity of the annealing section of 20 % was achieved. Each base possesses its own micro-processor controlled plug-in unit to measure, control and regulate the annealing process. When steel is annealed up to 710 °C, a new structural form of the cold-rolled steel results, which has a decisive influence on the forming properties of the steel.

Le four à cloche à recuire des usines de laminage à froid de Bochum a été mis en service en 1971. Jusqu'à cette date, ses capacités mensuelles étaient de l'ordre de 55 000 tonnes. Depuis janvier 1986, 20 socles à cloches chauffantes ont été transformés et équipés du nouveau système de recuit complet à hydrogène à haute convection. Il a été de la sorte possible d'augmenter de 20 % les capacités des installations de recuit. Chaque socle dispose d'un système commandé par microprocesseur et permettant le mesurage, la commande et le réglage du processus de recuit. Lorsque l'acier est détrempé jusqu'à des températures de l'ordre de 710 °C, l'acier laminé à froid reçoit une autre structure, essentielle pour ses propriétés de déformation.

Vom Stahlpionier zum Edelstahl-Spezialisten

Als Wegbereiter der industriellen Stahlerzeugung hat Krupp zu jeder Zeit Maßstäbe gesetzt. Von der patentierten Entwicklung nichtrostender Edelstähle im Jahre 1912 bis zur heutigen Plasma-Schmelztechnik hieß das Ziel immer, in der Qualität der Produkte Vorreiter zu sein.

Das Erzeugungsprogramm der Krupp Stahl Gruppe reicht von Flach- und Profilprodukten in Qualitäts- und Edelstahlgüten über daraus hergestellte Umformteile bis zur Pulvermetallurgie. Die zunehmende Spezialisierung der jüngsten Zeit hat zu einem dominierenden Umsatzanteil von Edelstahl geführt. Das Programm ist in der Produktvielfalt und in den Materialgüten marktgerecht auf die Qualitätsanforderungen der verarbeitenden Industrie abgestimmt. Durch den Erwerb der VDM Nickel-Technologie AG hat Krupp Stahl das NIROSTA-Lieferprogramm mit einer breiten Palette von Hochleistungswerkstoffen aus Nickellegierungen abgerundet und seine starke Position im Markt für hochlegierte Werkstoffe weiter ausgebaut. In der Weiterverarbeitung haben sich die Unternehmen der Krupp Stahl-Gruppe auf Produkte und Komponenten spezialisiert, in denen Stahl mit seinen überlegenen Materialeigenschaften überzeugt. So besetzen Krupp-Unternehmen eine internationale Spitzenposition mit Kurbelwellen und weiteren Gesenkschmiedestücken für Motor-, Fahrwerks- und Sicherheitsteile. Andere technische Weiterverarbeitungsstufen liegen in der Fertigung von Federelementen und Stabilisatoren, die in den Fahrwerken von Pkw, Lkw und Schienenfahrzeugen wesentliche Einflußgrößen der aktiven Fahrsicherheit sind. Stahl ermöglicht in der industriellen Fertigung vielfältige Problemlösungen.

From a steel pioneer to a specialist in fine steel

As a forerunner of industrial steel production, Krupp has set standards at all times. From the patented development of non-rusting fine steels in the year of 1912 right down to today's plasma melt technology, the aim has always been to be in the lead with the quality of the products.

The production programme of the Krupp Stahl group extends from flat and sectional products in quality and fine steel categories via formed parts produced from them right down to powder metallurgy. The increase in specialization in modern times has led to fine steel having a predominant share of the turnover. The programme has been adapted to the quality requirements of the processing industry as regards the variety of the products and the qualities of the materials, thus doing justice to the market. Thanks to the acquisition of the »VDM Nickel-Technologie AG«, Krupp Stahl has rounded off the NIROSTA supply programme with a broad spectrum of heavy-duty work materials made of nickel alloys and has extended its strong position in the market for high-alloyed materials.

In further processing, the companies of the Krupp Stahl group have specialized in products and components in which steel convinces with its superior material properties. Thus, Krupp companies have a top international position with cranking and other die forged pieces for motor, chassis and safety parts. Other technical phases of further processing are the production of spring elements and stabilizers, which have a considerable positive influence on the active traffic safety of cars, lorries and track vehicles. Steel makes a variety of solutions to problems possible in industrial production.

Un pionnier de l'acier devenu le spécialiste de l'acier fin

Pionnier de la fabrication industrielle de l'acier, Krupp a, de tous temps, donné l'accent. De la mise au point patentée d'aciers fins antirouilles, en 1912, jusqu'à la technique moderne du découpage par fusion plasma, son objectif a toujours été d'avoir une longueur d'avance en matière de qualité.

La gamme des produits du groupe Krupp Stahl va des produits plats et profilés en acier de qualités fines, des produits transformés qui en résultent, jusqu'à la métallurgie des poudres. La spécialisation croissante des derniers temps a pour effet un pourcentage dominant de l'acier fin dans le chiffre d'affaires. Par la variété de ses qualités de matériaux et de ses produits, la gamme offerte est adaptée aux exigences de qualité de l'industrie de transformation. En faisant l'acquisition de la VDM Nickel-Technologie AG, Krupp Stahl a complété la gamme NIROSTA avec une vaste palette de matériaux hautement performants en alliages de nickel et amélioré sa position sur le marché des matériaux fortement alliés.

Dans le secteur de la transformation, les entreprises du groupe Krupp Stahl se sont spécialisées dans des produits et des composantes dans lesquels l'acier convainc par ses propriétés spécifiques. C'est ainsi que les entreprises Krupp occupent une position de leader mondial dans le secteur des manivelles et d'autres pièces matricées pour les moteurs, châssis et sytèmes de sécurité. Autres niveaux techniques de transformation : la fabrication d'éléments de ressorts et de barres anti-roulis, qui influencent de manière décisive la sécurité des châssis des automobiles, des camions et des véhicules sur rails. Dans le secteur de la fabrication industrielle, l'acier permet de trouver des solutions très variées.

Das Sauerland — leistungsfähige Industrieregion in reizvoller Landschaft

Dipl.-Ing. Dieter Henrici,
Präsident der Industrie- und Handelskammer zu Arnsberg

Wenn vom Sauerland die Rede ist, denken die meisten Menschen an den hohen Freizeit- und Erholungswert dieser Region. Die reizvolle Mittelgebirgslandschaft mit Winterberg als international bekanntem Ferienort und Wintersportzentrum, die zahlreichen Talsperren, das reizvolle Ortsbild vieler Städte und Dörfer sowie die leistungsfähige Gastronomie und Hotellerie begründeten den guten Ruf des Sauerlandes als dominierender Fremdenverkehrs- und Naherholungsregion Nordrhein-Westfalens. Weniger bekannt ist, daß die leistungsfähige, überwiegend mittelständisch geprägte Industrie das eigentlich strukturbestimmende Element Südostwestfalens ist und rund die Hälfte der Beschäftigten dieser Region ihre Arbeit im industriellen Bereich findet.

In den knapp 490 Industriebetrieben Südostwestfalens, zu dem neben dem Hochsauerlandkreis auch der Kreis Soest zählt, waren im Jahresdurchschnitt 1989 62 500 Beschäftigte tätig. Die wesentlichen Industriebranchen sind dabei die Elektrotechnik mit 29,1%, die EBM-Industrie mit 8,4%, der Maschinenbau mit 8,3% und die Gießereiindustrie mit 7,7% sowie die übrige metallverarbeitende Industrie mit insgesamt 9,5% der Beschäftigten. Aber auch die Holzindustrie mit 5,8%, die Kunststoffverarbeitung mit 5,6%, die Textilindustrie mit 3,9%, die Herstellung von Nahrungs- und Genußmitteln mit 3,7%, die Industrie der Steine und Erden mit 3,3% und die Papier- und Papperzeugung mit 2,1% der Beschäftigten bilden wichtige Industriezweige für den südostwestfälischen Wirtschaftsraum.

Diese Strukturdaten zeigen zudem folgendes: Die Wirtschaftsregion Südostwestfalen verfügt über eine breit gefächerte Branchenstruktur, in der zwar die Bereiche Elektrotechnik und Metallverarbeitung eine herausgehobene Bedeutung haben; eine absolute Dominanz einzelner Industriezweige ist jedoch — anders als in anderen Teilregionen des Landes — nicht gegeben. Auffällig ist aber auch, daß bestimmte, für die Wirtschaft Nordrhein-Westfalens sehr wichtige Industriebranchen in Südostwestfalen keine oder nur geringe Bedeutung haben; so fehlen nahezu die chemische Industrie und die Stahlerzeugung.

Nur wenige sauerländische Industriebetriebe überschreiten die Grenze von 1 000 Beschäftigten. Aber auch die mittelständischen Industriebetriebe haben bewiesen, daß sie im internationalen Wettbewerb in den vergangenen Jahren ihre Marktposition beständig haben festigen können. So erwirtschaftete das verarbeitende Gewerbe 1989 einen Gesamtumsatz von über 13 Mrd. DM, wobei eine Steigerung von 10,7% gegenüber dem Vorjahr erfolgte. Der Exportanteil betrug dabei 21,5% mit einer deutlich über dem Landesdurchschnitt liegenden Wachstumsrate von 11,3%. Mit einem Gesamtexportvolumen von 2,8 Mrd. DM 1989 wurde eine neue Rekordmarke für die südostwestfälische Wirtschaft erreicht. Ähnlich erfreulich verlief in den vergangenen Jahren auch die Entwicklung auf dem Arbeitsmarkt im Sauerland: Die Arbeitslosenquote Südostwestfalens ist im Landesvergleich sehr niedrig. Die mittelständischen Industriebetriebe mit ihrer hohen Flexibilität und großen Innovationsbereitschaft, aber auch das Potential an gut ausgebildeten Facharbeitern und einsatzwilligen Arbeitskräften haben mit dazu beigetragen, daß die Südostwestfalen aufgrund der erheblichen Wachstumsdynamik ihrer Wirtschaft bereits in den Ruf gekommen sind, sie seien die »Schwaben Nordrhein-Westfalens«.

Doch diese positiven Zahlen sollten nicht den Blick für einige negative Aspekte versperren: Bruttoinlandsprodukt, Steueraufkommen oder Einkommensniveau pro Einwohner hinken hinter dem Landesdurchschnitt her. In diesen Vergleichswerten macht sich auch das Defizit bemerkbar, das der sauerländische Raum nach wie vor im Bereich des Dienstleistungssektors aufweist. Zugleich leidet die Wirtschaft im sauerländischen Raum unter den im Landesvergleich schlechteren Standortbedingungen. Die Verkehrsanbindung ist noch immer unbefriedigend, und die geographische Randlage im Südosten Westfalens bereitet

Kopfschmerzen. Doch das könnte sich im Rahmen der deutsch-deutschen Entwicklung ändern. Immerhin ist Südostwestfalen der zum Gebiet der heutigen DDR nächstgelegene Bereich Nordrhein-Westfalens mit direkten Verkehrsverbindungen zu den thüringischen und sächsischen Wirtschaftszentren. Eine Vielzahl von Verhandlungen, aber auch schon konkret abgeschlossene Kooperationen der südostwestfälischen Wirtschaft mit DDR-Unternehmen machen deutlich, daß sich die Sauerländer bereits sehr aktiv um die Nutzung ihrer Chancen im nahegelegenen DDR-Markt bemühen.

So zeigt sich wieder einmal, daß es die Wirtschaft dieser »Rand- und Grenzregion« verstanden hat, trotz ihrer vergleichsweise ungünstigen Startbedingungen in den letzten Jahrzehnten erfolgreich mit anderen Wirtschaftsräumen zu konkurrieren. Sie hat beweisen können, daß es sich in einer reizvollen Landschaft nicht nur gut leben, sondern auch erfolgreich wirtschaften läßt.

The Sauerland — a strong industrial region with a scenic landscape
Dipl.-Ing. Dieter Henrici, President of the Chamber of Trade and Industry in Arnsberg

Whenever the Sauerland is mentioned, people tend to think of the region's importance as a centre for leisure and recreation. The Sauerland owes its good reputation as a dominant tourist and recreational region in North Rhine/Westphalia to its scenic upland landscape with the internationally renowned holiday town and winter sports centre Winterberg, the numerous dams, the picturesque towns and villages and its efficient hotel and catering industry. What is far less well known is that efficient, mostly small and medium-sized companies are the real elements determining the structure of southeastern Westphalia and that roughly half the region's working people are employed in industry.

Almost 490 industrial companies in southeastern Westphalia, including the administrative districts of Hochsauerlandkreis and Soest, provided jobs for 62,500 people on average in 1989. The main industries are electrical engineering employing 29.1% of the workforce, metalworking (8.4%), mechanical engineering (8.3%) and foundries (7.7%), as well as other metalworking industries (9.5%). Other important industries in this economic region include the timber industry with jobs for 5.8% of the workforce, plastics processing (5.6%), textiles (3.9%), food processing and luxury goods (3.7%), quarrying (3.3%) and paper (2.1%).

These structural data also illustrate another fact: the economic region of southeastern Westphalia has a very widely spread industrial structure in which electrical engineering and metalworking hold a significant position, but there is no single dominant industry as is found in many of the Land's other economic regions. Another point worth noting is that some of the industries of decisive importance in North Rhine/Westphalia's economy, such as the chemical and steel industries, have little or no significance in southeastern Westphalia.

Very few industrial companies in the Sauerland employ a workforce of more than 1,000. Nevertheless, the small and medium-sized companies have been able steadily to improve their competitive position in the international markets in recent years. The manufacturing industry, for instance, achieved a total turnover of more than DM 13 billion in 1989, an increase of 10.7% over the preceding year. Exports accounted for 21.5% of the total, with a growth of 11.3% which was distinctly higher than the average for the Land. Southeastern Westphalia's industry reached a new record level with the volume of exports totalling DM 2.8 billion in 1989. Employment trends in the Sauerland have developed equally satisfactorily in the past years: southeastern Westphalia has a very low unemployment quota in comparison with the remainder of the Land. With their great flexibility and high readiness for innovation, as well as their reservoir of highly qualified skilled staff and a willing workforce, the small and medium-sized industrial companies have helped southeastern Westphalia to acquire a reputation as the »Swabians of North Rhine/Westphalia« on account of the dynamic rate a which their economy is growing.

However, these positive figures should not make us overlook a number of negative aspects: the gross domestic product, tax revenues and per capita income are below the average for the Land. The comparison also reveals the region's continuing deficit in the service sector. Furthermore, industry and commerce suffer on account of the poorer conditions associated with their location in the Sauerland as compared with the rest of the Land. Traffic links are still unsatisfactory and the region's geographic position on the southeastern edge of Westphalia has caused many a headache. This could change as relations between the two Germanys change, for southeastern Westphalia is the part of North Rhine/Westphalia that is closest to what is at the moment still East Germany and has direct traffic connections with the economic centres of Thuringia and Saxony. Innumerable negotiations and a number of specific cooperation agreements which have already been concluded between southeast Westphalian companies and East German companies show that the region's people are already actively seeking to seize the opportunities presented by the nearby East German market.

Once again, industry and commerce in this »border region« have been able to compete successfully with other economic regions despite their comparatively less advantageous starting conditions in the past decades. They have shown that a scenic countryside is not only a pleasant place to live, but also a good place to work.

Le Sauerland — une région industrielle performante dans un cadre attrayant

par Dieter Henrici,
Ingénieur diplômé, Président de la Chambre d'Industrie et de Commerce d'Arnsberg

Lorsqu'ils parlent du Sauerland, la plupart des gens pensent aux multiples possibilités de loisirs et de détente qu'offre cette région. Les charmants paysages du Mittelgebirge et de Winterberg, station de sports d'hiver de réputation mondiale, les nombreux barrages, les villes et villages pleins d'attrait, ainsi que la qualité de la gastronomie et de l'hôtellerie, sont à l'origine de la fort bonne réputation de région touristique et de détente de Rhénanie-du-NordWestphalie dont jouit le Sauerland. Ce que l'on sait moins, c'est que son industrie performante, marquée essentiellement par des entreprises de taille moyenne, est à proprement parler l'élément structurel constituant de la Westphalie du sud-est et que la moitié environ des personnes actives de cette région sont employées dans le secteur industriel.

Les 490 entreprises industrielles de la Westphalie du sud-est, à laquelle est rattaché, en plus du district du Haut Sauerland, celui de Soest, ont, en 1989, employé en moyenne 62 500 personnes. Les principaux secteurs industriels sont ceux de l'électronique, avec 29,1%, de la sidérurgie, avec 8,4%, de la construction mécanique, avec 8,3% et de la fonderie, avec 7,7%, ainsi que ceux des autres industries de transformation des métaux, avec un chiffre total de 9,5% des salariés. Mais l'industrie du bois, avec 5,8%, de la plasturgie, avec 5,6%, de l'industrie textile, avec 3,9%, de la fabrication de denrées alimentaires et de stimulants, avec 3,7%, de l'industrie des pierres et de la terre, avec 3,3% et de la fabrication du papier et du carton, avec 2,1%, sont autant d'autres branches industrielles importantes pour la Westphalie du sud-est.

Ces données structurelles montrent également que la Westphalie du sud-est dispose d'une structure sectorielle très diversifiée, où l'électronique et les industries de transformation des métaux occupent certes une place prépondérante; il n'y a toutefois pas, comme c'est le cas dans d'autres districts de la région, de domination absolue de secteurs industriels déterminés. Il est également frappant de voir que certaines branches industrielles d'extrême importance pour l'économie de la Rhénanie-du-Nord-Westphalie, ne jouent qu'un rôle infime, voire inexistant, en Westphalie du sud-est; c'est ainsi par exemple que l'industrie chimique et la préparation de l'acier sont pratiquement absents de la région. Seules quelques-unes des entreprises industrielles du Sauerland dépassent les 1 000 salariés. Mais les entreprises industrielles de moyenne importance ont elles aussi prouvé qu'elles avaient pu, au sein de la concurrence internationale, affirmer leur position sur le marché. Les industries de transformation, par exemple, ont en 1989 atteint grâce à leur bonne gestion, un chiffre d'affaires global de plus de 13 milliards de DM, ce qui a représenté une augmentation de 10,7% par rapport à l'année précédente. Le pourcentage des exportations a été de 21,5%, signalant ainsi un taux de croissance de 11,3%, très nettement supérieur aux chiffres moyens du Land. Avec un volume global d'exportations de 2,8 milliards de DM en 1989, l'économie de la Westphalie du sud-est établit un nouveau record. Au cours des dernières années, le Sauerland a connu une évolution tout aussi réjouissante du marché de l'emploi: le pourcentage des travailleurs sans emploi est en Westphalie du sud-est très bas, en comparaison avec le reste du Land. Grâce à leur extrême flexibilité et leur volonté d'innovation prononcée, mais aussi à leur potentiel d'ouvriers spécialisés disposant d'une bonne formation et ne demandant qu'à s'engager, les entreprises industrielles de moyenne importance ont contribué à faire appeler les Westphaliens du sud-est, en raison de la grande dynamique de leur croissance économique, «les Souabes de Rhénanie-du-Nord-Westphalie».

Mais ces chiffres positifs ne doivent pas cacher certains aspects négatifs: produit régional brut, produit fiscal et niveau des revenus par habitant, sont à la traîne par rapport à la moyenne du Land. Ces valeurs comparatives font également apparaître le déficit inchangé que connaît la région du Sauerland dans le secteur des services. Par ailleurs, l'économie souffre dans le Sauerland de conditions d'implantation moins bonnes que dans le reste du Land. Les communications continuent à ne pas être satisfaisantes et la situation périphérique de la région, au sud-est de la Westphalie, est un vrai casse-tête. Mais l'évolution des relations inter-allemandes pourraient faire évoluer les choses. Car la Westphalie du sud-est est bien la zone de Rhénanie-du-Nord-Westphalie la plus proche de l'actuel territoire de la RDA et elle possède des liaisons directes avec les centres économiques de Thuringe et de Saxe. Les nombreuses négociations en cours, mais également des accords concrets de coopération déjà conclus entre l'économie de la Westphalie du sud-est et des entreprises de RDA, montrent clairement que les Sauerländer sont déjà très actifs pour tirer parti des opportunités qui s'offrent à eux sur le marché voisin de la RDA.

Il est ainsi une fois de plus démontré que l'économie de cette «région périphérique et frontalière» a su, au cours des dernières années, et malgré des conditions au départ défavorables, comparées à celles des autres districts, concurrencer avec succès d'autres régions économiques. Elle est parvenue à démontrer que, dans une région pleine de charme, il n'était pas seulement possible de bien vivre, mais aussi de faire des affaires, et ceci avec succès.

Die holzverarbeitende Industrie ist ein für das Sauerland typischer Gewerbezweig.

The wood manufacturing industry is one of the branches of industry which are typical of the Sauerland.

Les manufactures de bois représentent une branche de l'industrie typique du Sauerland.

WARSTEINER BRAUEREI Gebr. Cramer GmbH & Co. KG

In der Verknüpfung jahrhundertealter Traditionen mit modernster Brautechnologie liegt das Geheimnis des Erfolges, den die Warsteiner Brauerei in den vergangenen Jahrzehnten feiern konnte. Auf einem bundesweit stagnierenden Biermarkt steigerte sie von Jahr zu Jahr ihre Ausstoßzahlen und avancierte zur größten Privatbrauerei Deutschlands.

Das goldgelbe, kristallklare »Warsteiner« geht aus der Kleinstadt am nördlichen Rande des Naturparks Arnsberger Wald mittlerweile in über 30 Länder auf dem gesamten Erdkreis.

Aus der kleinen Landbrauerei, deren Geschichte bis in das Jahr 1753 zurückreicht, ist ein weltweit agierendes Unternehmen geworden, das im Jahre 1990 weit über 3 Millionen Hektoliter Warsteiner produzierte.

Dabei gilt der unverrückbare Grundsatz, daß Warsteiner Premium Verum auch immer aus Warstein stammt. Ganz gleich, ob man es auf den Malediven oder in Moskau genießt.

Wer selbst einmal miterleben möchte, wie eines der besten Biere unserer Zeit gebraut wird, der ist in der »Brauerei im Waldpark« jederzeit herzlich willkommen. Die Warsteiner Brauer lassen sich gern bei ihrer Arbeit über die Schulter schauen. In jedem Jahr nutzen rund 60 000 Besucher diese Gelegenheit. Vom Sudhaus über die Abfüllung bis hin zur Verladehalle erleben die Brauerei-Gäste hautnah mit, welcher Aufwand betrieben wird, um ein international renommiertes Spitzenpilsener zu brauen.

The combination of centuries of tradition and state-of-the-art brewing technology is the key to the success enjoyed by the Warsteiner brewery in the last few decades. In spite of stagnation on the German beer market, it has increased its productivity from one year to the next and become the largest privately owned brewery in the country. The golden-coloured, crystal clear »Warsteiner« beer is produced in the small town on the northern edge of Arnsberg Forest, a designated conservation area, and exported to more than 30 countries around the world. Its traditions reaching back to 1753, the small rural brewery has grown into an internationally active concern producing well over 3 million hectolitres »Warsteiner« beer in 1990. Production has always been based on the unshakeable principle that Warsteiner Premium Verum must always be produced in Warstein, no matter whether it is enjoyed in Moscow or the Maldive Islands. The »brewery in the woodland park« is always open to anyone who would like to see first-hand how one of today's best beers is actually brewed. The brewers in Warstein have no objection to others watching them at work and around 60,000 visitors take up the offer every year. The brewery's visitors can follow the beer's progress from the brewhouse to the bottling plant and on to the dispatch-hall to see just how much effort goes into producing an internationally renowned first-class pilsener.

C'est dans le mariage de traditions séculaires et de technologies de pointe en matière de brassage que réside le secret du succès remporté par la Warsteiner Brauerei au cours des dernières décennies. Alors qu'à l'échelon fédéral, le marché de la bière était en pleine stagnation, elle a vu, année après année, augmenter ses chiffres de production, jusqu'à devenir le premier brasseur privé d'Allemagne.

A l'heure actuelle, la «Warsteiner», blonde, dorée et cristalline, quitte la petite ville située à la limite nord du parc naturel de l'Arnsberger Wald pour être expédiée dans plus de 30 pays du monde entier. La petite Brasserie campagnarde, dont l'histoire remonte jusqu'en 1753, est devenue une entreprise au rayon d'action mondial dont la production a de très loin dépassé en 1990 les 3 millions d'hectolitres de Warsteiner.

Mais il n'en reste toujours pas moins vrai, comme le veut le principe de base de l'entreprise, que la Warsteiner Premium Verum continue à venir de Warstein. Qu'on la déguste aux Malédives ou à Moscou. Tous ceux qui désirent voir de près comment est brassée l'une des meilleures bières de notre époque seront toujours les bienvenus dans notre «Brasserie du Parc». Les brasseurs de Warstein n'ont rien contre le fait qu'on les regarde travailler. Chaque année, près de 60 000 visiteurs font usage de cette possibilité. De la salle de brassage jusqu'aux hangars de chargement, en passant par les installations de remplissage, ils peuvent voir de près tout le mal que nous nous donnons pour brasser une pils de haute qualité et de renom international.

Abfüllanlagen bei der WARSTEINER Brauerei. Jeder Gast ist in der Brauerei herzlich willkommen. Das Haus ist offen für jedermann. Eingebettet in die sauerländische Landschaft liegt das moderne Verwaltungsgebäude, ein Zeugnis für gelungenes Industriedesign.

The filling plant of the WARSTEINER brewery. All guests are cordially welcome to the brewery. The house is open for everyone. The modern administration building is embedded in the landscape of the »Sauerland«, a testimonial to successful industrial design.

Les installations de remplissage des Brasseries WARSTEINER. Chaque visiteur est ici le bienvenu. La maison est ouverte à tous. Dans un paysage typique du Sauerland, le moderne bâtiment de l'administration est un exemple de design industriel réussi.

Die Bergische Region - eine Werkstatt für Europa

Von Dr. Jörg Mittelsten Scheid, Präsident der Industrie- und Handelskammer Wuppertal—Solingen—Remscheid

Das bergische Städtedreieck Wuppertal—Solingen—Remscheid, dessen Wirtschaft von der gleichnamigen Industrie- und Handelskammer betreut wird, ist ein traditionsreiches und zugleich modernes industrielles Ballungsgebiet in einem »Kranz der grünen Berge« mit zentraler Lage zwischen den westeuropäischen Wirtschaftszentren. Im Winkel zwischen Rheinschiene und Ruhrgebiet ist es gleichsam der Bindestrich in Nordrhein-Westfalen. Aufgrund gleichartiger Strukturmerkmale und enger sozio-ökonomischer Verflechtungen bilden die drei bergischen Städte mit ihren 665 000 Einwohnern einen einheitlichen und eigenständigen Wirtschaftsraum.

Den bergischen Menschen ist eine besonders starke Neigung zur Selbständigkeit eigen. So setzten Wuppertaler Unternehmer im Juni 1830 beim König von Preußen durch, daß sie erstmals eine Handelskammer errichten konnten, deren Präsident von den Kaufleuten frei gewählt wird. Diese Kammer ist zum Modell der modernen wirtschaftlichen Selbstverwaltung geworden.

Wenngleich der Dienstleistungsbereich in der Bergischen Region, dem allgemeinen Trend folgend, während der vergangenen vier Jahrzehnte ständig an Bedeutung zugenommen hat, so prägt die hochkonzentrierte Industrie nach wie vor die gesamte Wirtschaftsstruktur.

Die Dominanz der Industrie hat ihren historischen Grund in der frühen und starken Industrialisierung der bergischen Region, deren Wurzeln bis in das späte Mittelalter zurückreichen. Das Wupper-Tal war dank seiner aufblühenden Textilindustrie, in der 1860 mehr als 70 Prozent aller gewerblich Beschäftigten arbeiteten, der erste voll industrialisierte Landstrich in Deutschland; es galt als das deutsche »Manchester«. Die Solinger spezialisierten sich schon früh auf die Herstellung von Schwertern, Hieb- und Stichwaffen (»me fecit Solingen«) und später auf Schneidwaren und Bestecke mit weltweit anerkannter Qualität, und die Remscheider konzentrierten sich auf die Fertigung von Werkzeugen, die heute fast die Hälfte der westdeutschen Werkzeugfabrikation ausmacht.

In den vergangenen vier Jahrzehnten hat sich in der bergischen Industrie ein lautloser, aber intensiver Strukturwandel vollzogen. Die Industriestruktur hat sich immer weiter aufgefächert; sie ist zu einem »industriellen Tausendfüßler« geworden. Heute dominiert zwar die Eisen- und Metallverarbeitung im weiten Sinne mit einem Beschäftigtenanteil von 70 Prozent; sie ist aber in sich stark differenziert und ausgewogen. Die beiden größten Einzelbranchen mit Beschäftigtenanteilen von 15 bzw. 14 Prozent sind der Maschinenbau und die Elektroindustrie. Es folgen die chemische Industrie (einschließlich der Herstellung von Chemiefasern und Pharmazeutika) mit 9 Prozent, die Werkzeugfabrikation sowie die Fertigung von Fahrzeugteilen und -zubehör mit je 8 Prozent. Weil auch andere Sparten Zulieferanten für die Autoindustrie sind, hängt insgesamt gut ein Viertel des bergischen Industrieumsatzes vom Kraftfahrzeugmarkt ab — das Auto ist also unser bester Kunde. Die einst in Wuppertal vorherrschende Textil- und Bekleidungsindustrie hat hier nur noch einen Beschäftigtenanteil von 9 Prozent, im ganzen bergischen Städtedreieck 6 Prozent.

Die Verflechtung der bergischen Industrie mit dem Ausland ist immer intensiver geworden. Heute erreicht der Exportanteil am Gesamtumsatz von rund 22 Mrd. DM gut 30 Prozent; er ist damit ebenso hoch wie im Land und Bund. In der Stadt Remscheid beträgt die Exportquote sogar 42 Prozent, sie wird deshalb zu Recht auch »die Seestadt auf dem Berge« genannt. Für den bis 1993 angestrebten europäischen Binnenmarkt ist die bergische Wirtschaft aufgrund ihrer Struktur und ihrer günstigen Lage im Kernraum der EG gut gerüstet. Weil etwa 60 Prozent ihrer Exportgüter Ausrüstungsprodukte sind, kann sie von den Wachstumsimpulsen und der erhöhten Nachfrage nach Investitionsgütern aus der EG in besonderem Maße profitieren.

Die Unternehmensstruktur in der bergischen Industrie ist ausgeprägt mittelständisch. Der Anteil der kleinen und mittleren Betriebe, die häufig noch als Familienunternehmen geführt werden, ist außerordentlich hoch: Im Schnitt beschäftigt hier ein Betrieb nur 45 Arbeitskräfte, im Land NRW aber 75 und im Ruhrgebiet gar 120.

Ein typisches Merkmal der bergischen Industrielandschaft ist auch die intensive und breit in die Fläche gestreute »Gemengelage« von Gewerbebetrieben und Wohnhäusern. Die drei bergischen Großstädte haben eindeutig die dichtesten Gemengelagen von allen 54 kreisfreien Städten und Kreisen in Nordrhein-Westfalen.

Die mittelständische Struktur und die Gemengelage sind hauptsächlich bedingt durch die frühe Industrialisierung und durch das bergige Gelände, die berühmt-berüchtigte Topographie. (Die Bezeichnung »Bergisch« kommt allerdings nicht von der hügeligen Landschaft, sondern von den hier im Mittelalter herrschenden Grafen, später Herzögen von Berg.)

Die dargestellten Hauptmerkmale geben dem bergischen Wirtschaftsraum den besonderen Charakter einer »klassischen Werkstattregion«, der ihn deutlich unterscheidet von anderen Wirtschaftsgebieten. Wenngleich die Merkmale auch mit spezifischen Problemen verbunden sind, so ist und bleibt das bergische Städtedreieck ein »starkes Stück Deutschland« mit einer überdurchschnittlich hohen Wirtschaftskraft und einer sehr günstigen Lage in Europa.

The Bergisches Land — A Workshop for Europe

By Dr. Jörg Mittelsten Scheid,
President of the Chamber of Industry and Commerce of Wuppertal—Soligen—Remscheid

The city triangle in the Bergisches Land formed by Wuppertal—Solingen—Remscheid and served by the Chamber of Industry and Commerce bearing the same name, is a modern industrial region that is able to look back on a long tradition at the same time. Nestling into verdent hills in the west, the region lies at heart of the industrial centers of Western Europe. Forming an angle between the lowlands of the Rhine and the Ruhr region, one could say the Bergisches Land is the geographic hyphen, so to speak, between North Rhine and Westphalia. Due to their similar structural features and close socio-economic bonds, these three cities of the Bergisches Land with 665 000 inhabitants can be regarded as a uniform and independant economic region in their own right.

The inhabitants of the Bergisches Land have always shown a strong bent towards independence. As early as June, 1830, a group of enterpreneurs from Wuppertal sought and obtained permission to establish a Chamber of Commerce from the King of Prussia. This type of Chamber of Commerce, headed by a president elected by the merchants, has served as a model for modern economic self-administration.

Although the service sector in the Bergisches Land has gained increasing significance over the past four decades in accordance with the general trend, the entire economic structure is still determined by the high concentration of industrial undertakings.

The predominance of industry is historically grounded in the early and extensive industrialization having taken place in the Bergisches Land, the roots of which, however, reach back to the Late Middle Ages. Thanks to its prospering textile industry employing more than 70 percent of all industrial workers in 1860, the Wupper Valley was the first completely industrialized region in Germany, and was even referred to as the German »Manchester«. Solingen's famous sword making craft dates back to the Middle Ages (»me fecit Solingen«), while in more recent times the emphasis has shifted to the production of knives and cutlery which have succeeded in gaining worldwide acclaim. In the neighbouring Remscheid, the focus has always been on toolmaking and the city presently accounts for almost half of the West German tool production.

During the past four decades industry in the Bergisches Land has undergone a silent, but far-reaching process of structural change. The industrial structure has become more and more diversified, and has evolved into a veritable »industrial millepede«. While the metallurgical industry is still predominant, employing some 70 percent of the working population, the branch itself has become highly diversified and therefore more balanced. The machine building and electrical engineering industry are the two largest individual branches with an employee share of 15 and 14 percent respectively. These two are followed by the chemical industry (including the production of synthetic fibers and pharmaceuticals) with 9 percent and the manufacture of tools and vehicle parts and accessories with 8 percent respectively. Due to the fact that other branches are also suppliers to the automotive industry, a total of one quarter of the industrial turnover in the Bergisches Land is dependent on the automobile market — in other words, the car ist our best customer. A mere 9 percent find employment in the once so extensive textile and clothing industry, while their share in the city triangle of Wuppertal—Solingen—Remscheid amounts to only 6 percent.

Over the years, industry and commerce in the Bergisches Land have become more and more integrated into foreign markets. Today the share of exports accounts for 30 percent of the total turnover of 22 billion marks and is as high as the average share in the Land of North Rhine-Westphalia and the average throughout West Germany. Remscheid's top export rate of 42 percent has earned the city the nickname »the seaport in the hills«. Due to the favorable location at the heart of the European Community and its healthy, well diversified structure, the economy in the Bergisches Land is well prepared for the European Single Market which will become a reality in 1993. The fact that some 60 percent of the exported goods consist of machinery and equipment means that the Bergische economy stands to profit appreciably from the growth impulses and the increased demand for capital goods in tomorrow's European Community.

The industry of the Bergisches Land displays a company structure that is dominated by small and medium-sized firms. There is an extraordinarily high share of family owned small and medium sized companies. The average company here accounts for only 45 employees, while the average in the Land North Rhine-Westphalia lies around 75 persons and in the Ruhr region even at 120 employees.

Densely populated and extensive areas consisting of industrial and commercial developments interspersed with housing and resdidential districts, a so-called »Gemengelage«, is a special characteristic of industrial development in the Bergisches Land. The three large Bergische cities have the most dense »Gemengelagen« of all 54 independent municipalities and rural districts in North Rhine-Westphalia.

The economic structure with its predominance of small to medium size business and the »Gemengelage« kind of developments are mainly attributable to the region's early industrialization and the typical hilly landscape. (The term »Bergisch«, however, has nothing to do with geography — Berg being German for mountain, hill — but dates back to the Middle Ages when the region was ruled by Dukes von Berg.) Thanks to the main characteristics outlined above, the economic area of the Bergisches Land has the special character of a »workshop region par excellence« which sets the area off from other economic locations. While these characteristics are also associated with specific problems, the city triangle formed by Wuppertal—Solingen—Remscheid in the Bergisches Land remains an »industrial powerhouse« with above average economic strength and a very favorable European location.

La région bergeoise — un atelier pour l'Europe

par Dr. Jörg Mittelsten Scheid,
Président de la Chambre de Commerce et d'Industrie Wuppertal—Solingen—Remscheid

Le triangle urbain bergeois [1] Wuppertal—Solingen—Remscheid, dont l'économie est assistée par la Chambre de l'Industrie et du Commerce du même nom, est une agglomération industrielle à la foin riche on traditions et moderne, dans une »couronne des montagnes verdoyantes« avec une position centrale entre les centres économiques de l'Ouest de l'Europe. Dans l'angle formé entre Rheinschiene et la région de la Ruhr, elle fait en quelque sorte office de trait d'union en Westphalie-Rhénanie-du-Nord. En raison des caractéristiques structurelles de même type et d'entrelacements socio-économiques resserrés, les trois villes bergeoises avec 665 000 inhabitants constituent un espace économique unitaire et autonome. Les bergeois se distinguent par une tendance fortement marquée à l'indépendance. Ainsi, des entreprises de Wuppertal obtenaient en juin 1830 du roi de Prusse le droit d'instituer pour la première fois une chambre du commerce dont le président serait librement élu par les commerçants. Cette chambre est devenue le modèle de l'autonomie administrative économique moderne.

Bien que, suivant la tendance générale, le domaine de la prestation de service dans la région bergeoise a pris de plus en plus d'importance au cours de ces dernières quatre décennies, l'industrie fortement concentrée continue néanmoins de marquer l'ensemble de la structure économique.

La dominance de l'industrie a ses raison historiques dans l'industrialisation forte et précoce de la région bergeoise dont les racines remontent jusqu'à la fin du moyen âge. La vallée de la Wupper était, grâce à son industrie textile florissante, dans laquelle en 1860 plus de 70 pour-cent de la main d'oeuvre salariée travaillait, la première contrée entièrement industrialisé d'Allemagne on disait d'elle qu'elle était le «Manchester» allemand. Les habitants de Solingen se spécialisèrent très tôt dans la fabrication d'épées, d'armes tranchantes et d'estoc (»me fecit Solingen») et plus tard de coutellerie et de couverts dont la qualité jouit d'une réputation mondiale, et les habitants de Remscheid se concentrèrent sur la fabrication d'outils qui représente aujourd'hui presque la moitié de la fabrication d'outils de l'ouest de l'Allemagne.

Au cours de ces dernières quatre années, une évolution structurelle discrète mais intense s'est accomplie dans l'industrie bergeoise. La structure industrielle a sans cesse continué de se diversifier; elle s'est métamorphosée en un «mille-pattes indstriel». Quoi que la transformation du fer et de l'acier domine au sens large avec une proportion de main d'oeuvre de 70 pour-cent, elle n'en est pas moins fortement différenciée et équilibrée. Les deux branches maîtresses, comptant des proportions de main d'oeuvre respectives de 15 et 14 pour-cent, sont la construction mécanique et l'industrie de l'équipement électrique. Suivent ensuite l'industrie chimique (y compris la production de fibres synthétiques et de produits pharmaceutiques) avec 9 pour-cent, la fabrication d'outillages ainsi que la production de pièces et d'équipement automobile avec chacune 8 pour-cent. Comme d'autres branches sont également fournisseurs de l'industrie automobiles, un bon quart en tout du chiffre d'affaire de l'industrie bergeoise dépend du marché du véhicule de tourisme. L'automobile est donc notre meilleur client. L'industrie du textile et de l'habillement, qui occupait autrefois à Wuppertal une place prédominante, n'a plus ici qu'une proportion de main d'oeuvre de 9 pour-cent, et de seulement 6 pour-cent sur l'ensemble de l'agglomération bergeoise.

L'interpénétration de l'industrie bergeoise avec l'étranger s'est intensifiée de plus en plus. Le taux d'exportation par rapport au chiffre d'affaire total de 22 milliards de DM en gros atteint aujourd'hui un bon 30 pour-cent; il est ainsi comparable à celui du Land et de la Fédération. Dans la ville de Remscheid, le quota d'exportation s'élève même à 42 pour-cent; c'est pourquoi on l'appelle avec raison «la ville portuaire dans les montagnes». En raison de sa structure et de sa situation favorable au centre géographique de la CEE, l'économie bergeoise est bien armée pour affronter le marché intérieur à l'horizon 1993. Comme environ 60 pour-cent de ses produits d'exportation sont des produits d'équipement, elle peut profiter dans une large mesure des impulsions de croissance et de la demande accrue provenant de la communauté européenne.

La structure d'entreprise dans l'industrie bergeoise est foncièrement de type PME. La proportion des petites et moyennes entreprises qui souvent encore sont gérées en tant qu'entreprises familiales est extrêmement élevée: une entreprise n'emploie ici en moyenne que 45 employés, alors que la moyenne est de 75 en Westphalie-Rhénanie-du-Nord et même de 120 dans la région de la Ruhr.

Une marque distinctive typique du paysage industriel bergeois et aussi le «méli-mélo» intense et largement répandu sur la superficie d'exploitations industrielles et de maisons d'habitations. Les trois capitals bergeoises ont sans nul doute la population la plus dense de toutes les 54 communes indépendantes et districts de Westphalie-Rhénanie-du-Nord.

La structure de petites et moyennes entreprises et leur concentration sont dues essentiellement à l'industrialisation précoce et au terrain bergeois, cette topographie ô combien réputée.

Les principales caractéristiques représentées confèrent à l'espace économique bergeois le caractère particulier d'une «région industrieuse classique» qui la distingue nettement des autres régions économiques. Quoique les signes particuliers soient aussi liés à des problèmes spécifiques, le triangle urbain bergeois est et reste un «sacré morceau d'Allemagne» avec un potentiel économique supérieur à la moyenne et une situation géographique très favorable dans l'Europe.

[1] La désignation «bergeoise» ne vient cependant pas de «Berg», c'est-à-dire paysage montagneux mais des contes qui régnaient ici au moyen âge, et, plus tard, des ducs von Berg.

AKZO NV, Wuppertal

Die niederländische Akzo NV gehört zu den bedeutenden internationalen Unternehmen der Chemischen Industrie. Salz und Basischemie, Chemiefasern, Chemische Produkte, Farben und Lacke sowie Produkte für die Gesundheit sind die Kerngebiete des in fünf Unternehmensbereiche gegliederten Konzerns. Der Unternehmensbereich Fasern und Polymere von Akzo hat seinen Hauptsitz in Wuppertal, Werke in 14 Ländern und zählt zu den weltweit führenden Chemiefaserproduzenten. Das Produktionsprogramm umfaßt Chemiefasern für technische und textile Einsatzgebiete, technische Vliesstoffe, Membranen und Kunststoffe.

The Dutch Akzo NV is one of the chemical majors operating on a worldwide basis. Salt and basic chemicals, man-made fibres, chemical products, coatings, and healthcare products make up the company's core business organized in five divisions. The fibres and polymers division of Akzo, which is based in Wuppertal and has production plants in 14 countries is one of the leading man-made fibre producers worldwide. Its product range comprises man-made fibres for industrial and textile applications, industrial nonwovens, membranes, and plastics.

Chemiefaserherstellung

Production of man-made fibres

Production de fibres chimiques

Le groupe néerlandais Akzo NV est une des plus importantes entreprises internationales de l'industrie chimique. Ses activités de base, sels et chimie de base, fibres chimiques, peintures et vernis, produits chimiques ainsi que produits sanitaires sont réparties sur les cinq divisions du groupe. La division fibres et polymères est sise à Wuppertal. Elle possède des usines dans 14 pays et compte parmi les premiers producteurs mondiaux de fibres chimiques. Le programme de production comprend des fibres chimiques pour applications techniques et textiles, des montissés techniques, des membranes et des plastiques.

Der Unternehmensbereich Fasern und Polymere von Akzo hat seinen Firmensitz in Wuppertal und setzt die Tradition fort, die dort 1899 mit der Gründung der Vereinigte Glanzstoff Fabriken AG begann.

The fibres and polymers division of Akzo, based in Wuppertal, follows a tradition that had its origin in 1899 when the Vereinigte Glanzstoff-Fabriken AG was founded in Elberfeld.

Le secteur «fibres et polymères» d'Akzo a son siège à Wuppertal, où il poursuit une tradition qui remonte à l'année 1899, date de fondation des «Vereinigte Glanzstoff Fabriken AG».

474

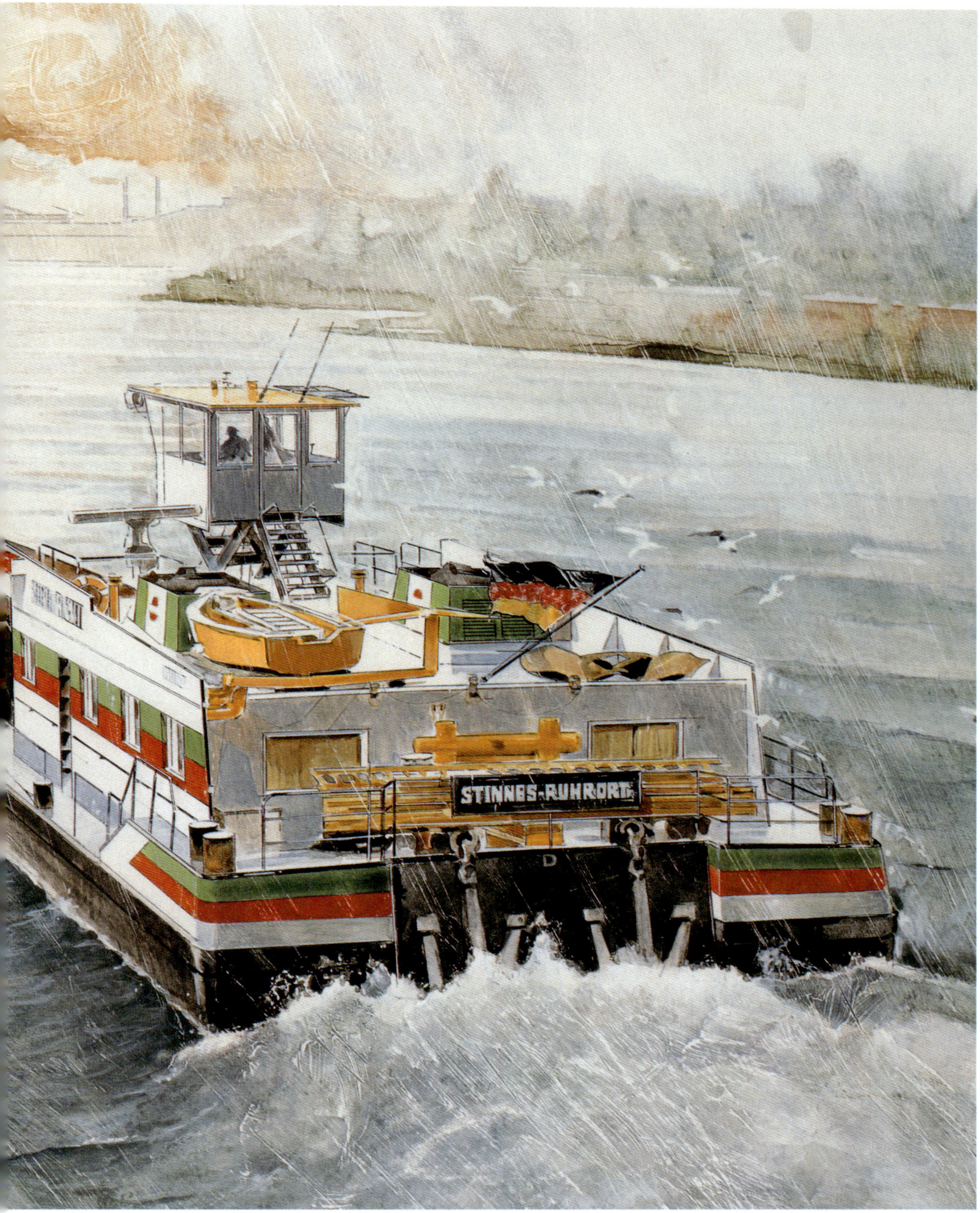
STINNES-RUHRORT

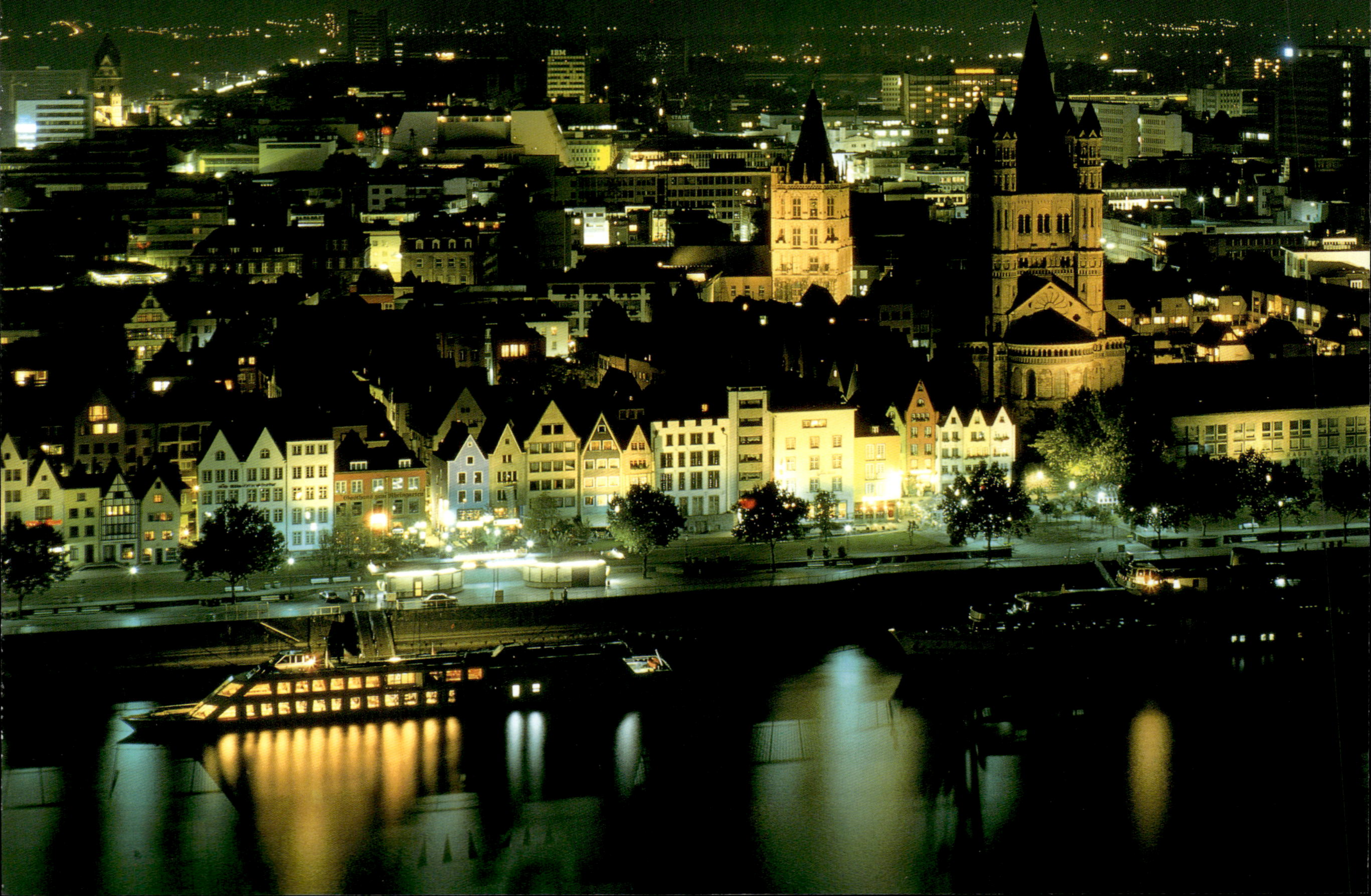
IBM

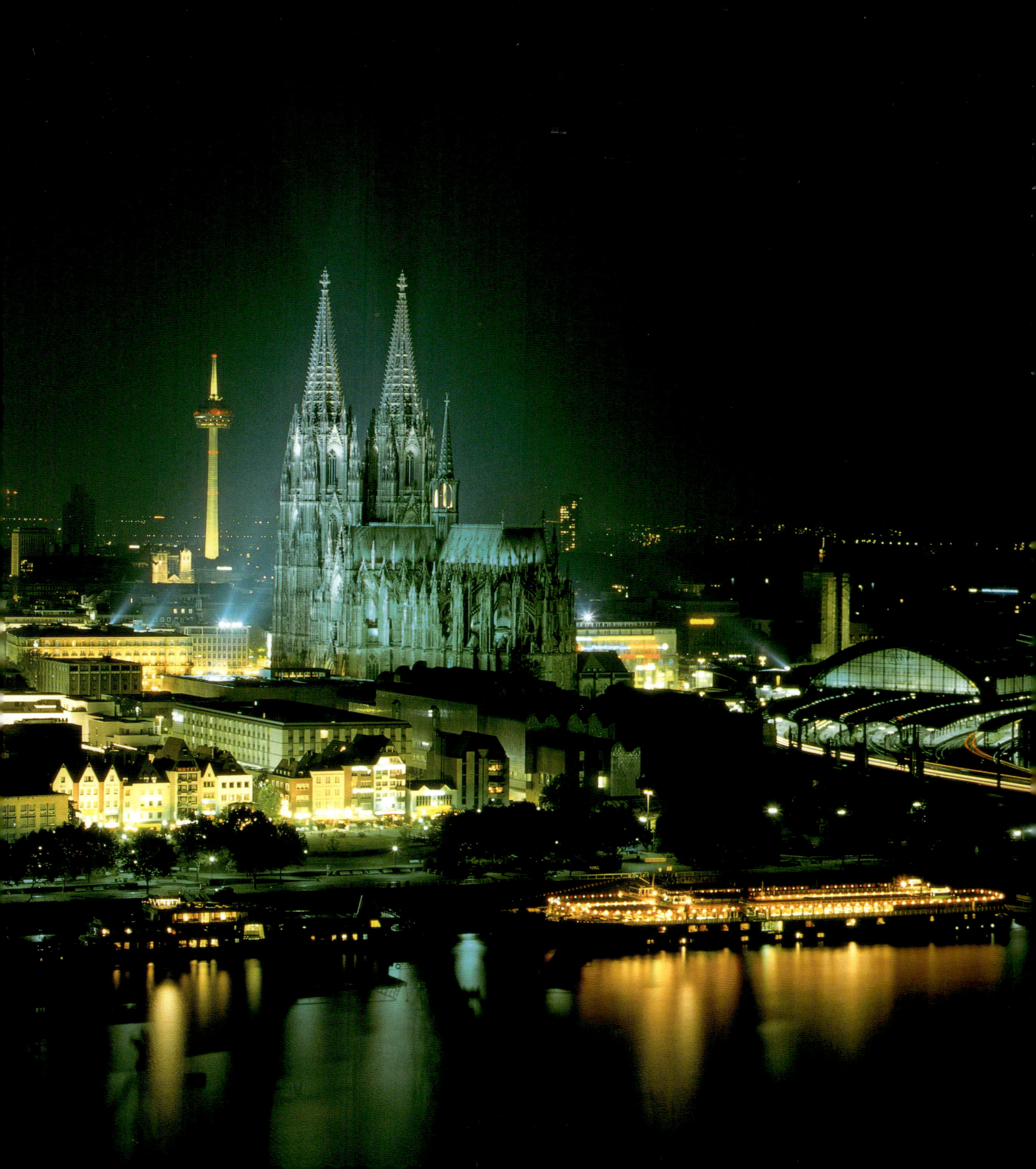

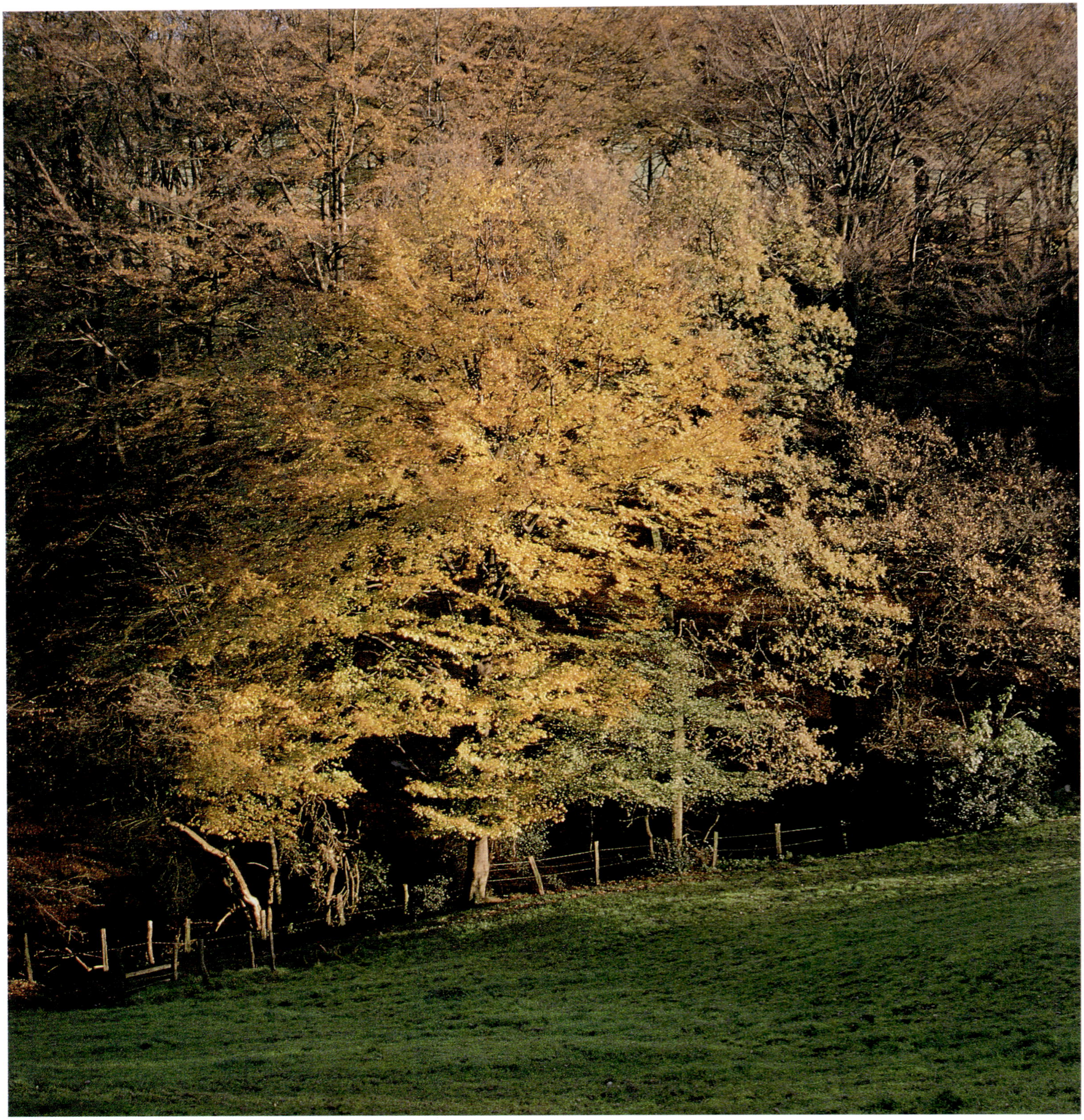

Bildnachweis

Achim Schüler, Jürgen Knepper, Stadt Düsseldorf (Foto Kiedrowsky/Ursula Klerlein/O. Reyermann), Stadt Köln (Foto Musch/G. Ventur/F. Damm/Klaus Barisch/Inge Decker), Stadt Detmold, Jörg-Stefan Kleinkauf, Foto Wedewald, Foto Gaertner, Stadt Münster, Stadtbildstelle Essen (Peter Happel, Peter Prengel, Peter Wieler, Horst W. Bühne, M. Frank - Luftbild freigeg. Reg. Pr. Münster Nr. 162 175), Manfred Ehrich, Stadtmuseum Münster (Foto Tomasz Samek), Archiv Fr.-Engels-Haus Wuppertal, Friedr. Krupp GmbH Essen, Archiv Ruhrkohle AG Essen, Butzweiler Hof e. V Luftfahrtmuseum Köln, Propyläen-Weltgeschichte-Verlag, NRW Hauptarchiv Düsseldorf, Stadt Bielefeld, Deutsche Lufthansa AG Köln, Kommunalverband Ruhr, Stadt Olpe, Stadt Mülheim, Stadt Essen, Stadt Bochum, VEBA Wohnen, Stadt Hattingen (Wilfried Ruthmann), Stadt Borken, Hans Scheidulin, Stadt Herten, Foto Muth, Duisburg (entnommen aus dem Bildband »Niederrhein. Brunnen«, herausgegeben von Niederrhein. Wasser- und Gaswerke GmbH, Duisburg), Stadt Gescher, Stadt Coesfeld (Heinrich Erkmann), Gemeinde Nordkirchen, Ivan Köves, Fotowerbung Vlotho - Wiese u. Bartneck KG, Gut Friedrichsruh, Stadt Bad Oeynhausen, Stadt Bad Salzuflen, Stadt Lemgo, Stadt Lage, Stadt Rietberg, Stadt Paderborn (Matthias Schüssler), Stadt Büren, Westdeutsche Spielbanken Münster, Stadt Hagen (freigeg. Reg. Pr. Münster Nr. 2770/75 Foto Udo Ernst Block), Kultur- und Informationsamt Hagen Hans Hemann, Stadt Hamm (R. Paulus), Dr. Uwe Peters, Stadt Iserlohn (Foto Goscert), Werner Ringhand, Stadt Arnsberg, Stadt Brilon, Stadt Reichshof-Eckenhagen, Fort Fun, Jacques Breuer, Panorama Park, Stadt Winterberg, Stadt Attendorn, Stadt Hemer, Stadt Siegen (Karin Stahl), Stadt Freudenstadt (Foto Korn), Stadt Königswinter, Stadt Rheinbach, Stadt Blankenheim, Stadt Bad Münstereifel, Stadt Aachen, Stadt Bonn (M. Sondermann), Stadt Brühl (Foto Blondiau), Phantasialand, WDR Köln Hajo Wohl/Hans-Joachim Schulze - Luftbildfreigabe Reg. Pr. Düsseldorf Nr. 14 465/89 - Klaus Barisch/Foto Hohl/Foto Hens/Foto Klausmann, Maritim-Hotel Köln, Bayer AG Leverkusen, Stadt Meinerzhagen, Stadt Gummersbach, Kur-, Verkehrsverein Homburger Land e. V., Stadt Wuppertal, Stadt Breckerfeld (Fotodesign Jörg Windel Dortmund), Orthopädische Anstalten Wetter-Volmarstein, Foto Horstmüller Düsseldorf, Horten AG Düsseldorf, Norbert Schinner, Laci Perényi Meerbusch, Stadt Neuss (Herbert Dörnemann), Stadt Meerbusch, Eri Krippner, Stadt Mönchengladbach (Klaus Medau/Uwe Pietzner), Stadt Krefeld, Stadt Kalkar (Fotoservice Bernd Mörsen), Stadt Kleve, Stadt Oberhausen, Stadt Gelsenkirchen (Foto Nickel), Deutsches Textilmuseum Krefeld, Kulturstiftung Ruhr Essen, Städt. Galerie Schloß Oberhausen, Kultur- u. Verkehrsamt Soest, Stadt Dortmund (Margret Reimann), D. Schwartz Basel/CH., Stadt Herne, Landesverband Rheinland/Rheinisches Freilichtmuseum Kommern, Galerie Gmurzynska Köln, Museum Morsbroich Leverkusen, Keramion Frechen, Kantorei Barmen-Gemarke, Wolfgang-Borchert-Theater Münster, ULK-Unterbarmer Laienspielkreis Wuppertal, Karl-May-Festspiele Elspe, Stadt Xanten, Holiday on Ice, Starlight Express, Circus Roncalli (Udo Weger), Traumtheater Salome, Foto Kühle Studio Hagen, Landesinstitut für Arabische, Chinesische u. Japanische Sprache NRW Bochum, Frauenhofer-Institut für Produktionstechnologie Mülheim, Gesamtverband des deutschen Steinkohlebergbaus Essen, ERNO Raumfahrttechnik GmbH Bremen, DLR Köln-Porz/Deutsche Forschungsanstalt f. Luft- und Raumfahrt, Universität Gesamthochschule Essen, Universität Gesamthochschule Duisburg, Forschungszentrum Jülich, Krupp-Maschinentechnik GmbH Essen, CSB-System GmbH Geilenkirchen, Universität Gesamthochschule Siegen, Max-Planck-Institut für Strahlenchemie Mülheim, Flachglas AG Gelsenkirchen, Universität Köln (Klaus Flesch), AKZO Wuppertal (Foto Enka.), Bundeswirtschaftsministerium f. Post- u. Fernmeldewesen Bonn, Uni-Klinik Aachen, DMT Bochum, Klöckner Duisburg, Thyssen Stahl AG Duisburg, Gelsenwasser AG Gelsenkirchen, Emschergenossenschaft Essen, Rheinbraun AG Köln, VEW Dortmund (P. Wiese), Stinnes Reederei Duisburg (Bernd Kirtz), Zentis GmbH Aachen, Kluge Umweltschutz GmbH Duisburg, Mülhens 4711 Köln, Flughafen Köln/Bonn GmbH, Flughafen Münster/Osnabrück GmbH, Seppelfricke AG Gelsenkirchen (Foto Bischof + Broel KG/Industrie- und Werbefoto Peter Koerber - freigeg. Bez. Reg. Weser-Ems Nr. 37/5583/15), KS. Klaus Steilmann Selection Bo-Wattenscheid, VEBA Öl AG Gelsenkirchen, VEBA Kraftwerke Ruhr AG Gelsenkirchen, Flughafen Paderborn GmbH, Tielsa Gustav Wellmann GmbH & Co. KG Bad Salzuflen, Strunkmann & Meister Bielefeld, Flughafen Düsseldorf GmbH, Privatbrauerei Diebels GmbH & Co. KG Issum, Flughafen Dortmund GmbH, Hoesch AG Dortmund, Ferrostaal AG Essen, Adam Opel AG Bochum, Krupp Widia Essen, Krupp Stahl AG Bochum, Warsteiner Brauerei Geb. Cramer GmbH & Co. KG Warstein.

dccxxij Colonia Agrippina/das ist Cöln/bey den a